쉽게 풀어쓴 HS 품목분류

Harmonized System

Harmonized System

박형래 김구태

도서출판 청람

머리말

HS는 수출입업무, 그 중에서도 관세행정에 있어서 무엇보다도 중요한 지위를 차지하고 있습니다. 왜냐하면 수출입 업무에 있어서 중요하게 여겨지는 관세율이나 각종 개별법상의 의무가 HS에 따라 달라질 수 있고, 그 외에도 여러 중요하고 민감한 사항들이 HS에 따라 희비를 달리할 수 있기 때문입니다. 따라서 HS 품목분류번호는 이견이나 시비가 없이 관련 당사자들의 동의 가운데 정해지는 것이 가장 바람직하다고 할 수 있습니다.

그러나 실제로 실무현장에서는 HS 품목분류에 있어서 관세당국과 수출입자, 관세사, 운송업자나 보관업자 및 각종 관련기관 등 관세행정 참여자들 사이에 견해차이가 있어, 이러한 이견으로 인해 업무지연이나 분쟁 발생 등 각종의 원하지 않는 일들이 많이 발생하고 있는 것을 볼 수 있습니다. 이렇게 HS에 대해 관련자들의 견해에 차이가 많이 발생하는 이유는 HS 자체가 품고 있는 분야가 너무 방대하고, 그 내용이 일반인들이 이해하기에 쉽지 않는 내용을 담고 있기 때문입니다.

HS는 국제협약입니다. 이로 인하여 HS협약을 채택한 국가 사이에서는 품목분류 6단위까지 공통으로 사용하도록 되어 있습니다. 따라서 수출국에서 수출신고된 HS는 수입국에서 수입신고 시에 그대로 신고되어야 합니다. 그러나 현실적으로는 다양한 이유로 인해 한 품목에 대해 수출국과 수입국에서 신고되는 HS가 다른 경우가 많이 나타납니다. 특히 최근에는 FTA의 동시다발적인 체결과 발효로 인해 우리나라와 FTA 체결상대국과의 HS 업무 연계성이 깊어지고 있는데, 만일 특혜관세가 적용되는 물품에 대해 FTA 상대국에서 특혜관세 비적용 HS로 분류하고자 할 때에는 대단히 어려운 상황에 처하게 됩니다. 최근에는 관세청에서 이러한 상황에 대해 대책반까지 가동하며 대민 서비스에 나서고 있는 바, 풍부하고 정교한 품목분류 근거와 논리가 권리방어 차원에서도 요구된다고 할 수 있습니다. 이와 같이 품목분류능력은 한 개인이나 회사의 경쟁력을 넘어 이제는 국력의 일부라고도 할 수 있을 정도로 중요한 사안이 되었습니다.

본서는 일반인들이 매우 어렵게 느끼는 HS품목분류에 있어서 중요한 각종의 주(註, legal note)를 중심으로 쉽게 설명하고 그 의미를 해석하여, 수출입업무 실무자, 물류분야 종사자, 학계 종사자, 관세사, 각종 시험을 준비하는 수험생 등을 위해 "쉬운 품목분류"라는 모토를 가지고 준비한 것입니다. 특히 될 수 있으면 문맥이나 용어 등에서 일반인들이 이해할 수 있도록 가급적 일상용어를 사용하려고 노력하였습니다. 또한 HS의 내용에는 평소 접해보지 못한 용어가 대단히 많이 등장하는데, 이러한 용어의 이해와 그 밖의 복잡한 논의의 쉬운 설명을 위해 많은 사진을 통해 풀어보려고 하였습니다.

부디 본서를 통해 많은 분들이 쉽게 HS를 접하고 습득하며, 보다 좋은 품목분류환경이 만들어지도록 하는 디딤돌이 되기를 소원합니다.

2014년 2월

저자 씀

차례

Part 1 품목분류제도와 HS

Part 2 관세율표의 해석에 관한 통칙

Part 3 HS 각론

차례

차례

Part 01

품목분류제도와 HS

Part 01 품목분류제도와 HS

제1절 품목분류

제2절 HS품목분류제도

제3절 HS품목분류의 중요성

제01절 품목분류

1. 품목분류의 의의

1) 품목분류(品目分類, nomenclature, classification)란 상품분류라고도 하며, 여러 가지 물품을 일정한 기준에 따라 체계적으로 분류하여 물품별로 일정한 명칭 및 부호를 부여하고 배열하는 작업이다. 또한 구체적으로 어떤 물품이 이와 같이 작성된 물품배열표상의 어느 물품에 해당하는가를 확인하는 작업의 의미로도 사용된다.

2) 국제적으로 거래되는 수많은 물품에 대해 간단한 세율체계가 존재하거나 단순하고 균등한 정책이 적용된다면 품목분류의 중요성이 덜하겠고, 품목분류체계도 대분류로만 단순하게 운용될 수 있겠지만, 국가마다 물품별로 중요한 정책적인 요구사항들이 다양하게 제시됨으로써 품목분류표는 시간이 지나면서 일정한 분류규칙을 가지는 방대한 양의 표로 발전하였다.[1]

3) 품목분류는 관세, 내국세, 통계, 원산지, 감시행정, 가격통제, 물류분야와 그 밖의 여러 개별법의 규정 등에서 중요하게 사용되고 있다. 품목분류체계에 의해 만들어진 하나의 공통된 표를 가지고 세율이나 가격, 또는 통계나 관련 규정을 적용하면 편리하게 운용할 수 있기 때문이다.

품목분류제도는 다양한 분야에서 중요하게 다루어지지만, 그 중에서도 품목분류제도의 발전과 관련하여 가장 중요한 분야는 **관세**와 **무역통계**분야라고 할 수 있다. 왜냐하면 품목분류제도의 속성상 국제적인 통일규칙을 요구하게 되고, 이로 인해 품목분류제도도 관세와 무역통계분야를 중심으로 여러 경로를 통해 발전을 거듭하였고, 결국은 조화제도로서의 HS로 발전하게 되었기 때문이다.

2. 품목분류제도의 연혁

1) 국제협약의 형식으로 채택된 최초의 **통계품목분류**는 브뤼셀에서 개최된 제2차 국제무역통계회의(International Conference on Commercial Statistics)에서 채택된 품목분류제도로서, 1913년 12월 31일에 29개국이 서명하였다.

관세율표의 품목분류를 국제적으로 표준화하기 위한 노력으로 1927년 국제연맹 주관하에 개최된 세계경제회의의 권고에 따라 **제네바품목분류표(Geneva Nomenclature)**가 작성되었으나, 국

1 초기의 품목분류는 간단하게 알파벳 순서대로 물품을 나열하는 정도의 것이었지만, 시간이 지나면서 제도의 복잡성으로 인하여 이렇게 나열하는 데에 한계를 느끼게 되고, 물품의 성질을 기준으로 한 품목분류가 개발되었다.

제연맹의 와해로 빛을 못 보게 된다.
2차 대전 후에 1948년부터 시작된 유럽관세동맹의 추진과정에서 각 회원국은 관세동맹 회원국에서 공동으로 사용할 관세율표의 제정이 필요함을 공감하였다. 그리하여 제네바품목분류표를 기초로 이를 대폭 수정하여 공동관세율표의 초안을 만들었다. 이에 유럽관세동맹 내부 뿐 아니라 국제협약으로 제정하여 모든 국가에 개방하기로 결론을 내리고, 1950년에 브뤼셀 관세품목분류표(BTN: Brussels Tariff Nomenclature)를 제정하여 1959년에 발효하게 된다. BTN은 관세협력이사회(CCC: Customs Cooperation Council)의 주관하에 운영되는데, 1974년에 책임 있는 국제기구를 명백히 하기 위해 **CCCN**(Customs Cooperation Council Nomenclature)으로 명칭을 변경하였다.

2) 제네바품목분류표는 1938년 국제연맹이 제정한 "국제무역통계를 위한 최소 품목표"의 기초로 사용된다. 이 표는 국제연합(UN)에 의해 약간 수정되어 SITC(Standard International Trade Classification)로 제정되는데, SITC는 대외무역통계를 위하여 사용되었다.
관세와 국제무역통계는 모두 수출입을 대상으로 하기 때문에 서로 밀접한 연관을 갖는데, 대부분의 국가에서 무역통계를 작성하기 위해서는 세관수출입데이터를 바탕으로 하였기 때문에, CCCN으로 된 품목분류를 통계목적의 SITC 품목분류로 전환하는 데 큰 애로가 있었다.
이러한 애로를 타개하기 위해 CCC와 UN통계위원회는 CCCN과 SITC를 계속적으로 수정·보완하여 상호 전환이 용이하게 되도록 노력하였다. 이렇게 하여 CCCN을 지속적으로 수정·보완하였고, SITC도 SITC Rev, SITC Rev2, SITC Rev3 등을 꾸준히 내놓았다.

3) CCCN은 1987년까지 관세부과목적으로 사용되어 왔으나, 미국과 캐나다와 같은 무역대국을 포함한 약 20여 개국이 CCCN을 채택하지 않았었고, 이러한 미채택국과 채택국 간의 무역교섭의 공통기반이 없는 문제점이 있었다. 또한 CCCN은 HS보다 품목분류의 범위를 좁게 잡아 로켓이나 광섬유 등과 같은 주요 물품이 BASKET호(기타호)에 분류되어 자세한 물류흐름이 안 잡히고 통계자료로서도 의미가 반감되었다.
또한 CCCN, SITC뿐 아니라 미국과 캐나다 등이 독자적으로 관세목적으로 개발한 품목분류와, 철도·항공 등 특수목적의 품목분류까지 모두 통일시키는 새로운 품목분류제도가 필요하다는 인식이 점차 확산되어, 1970년 CCC 주관하에 모든 이해관계국가 및 국제기구가 참가하여 새로운 통일된 품목분류체계의 제정에 착수하게 되었다. 이렇게 하여 13년의 노력 끝에 드디어 1983년 **통일상품명 및 부호체계에 관한 국제협약**(**International Convention on the Harmonized Commodity Description and Coding System**)을 제정하여 1988년 1월 1일에 발효시키게 되었다.
HS는 관세와 무역통계를 비롯하여 물류, 보험, 행정분야 등에서 통일된 하나의 품목분류표를 사용할 수 있게 해주었다. 기존의 SITC는 관세율 등 관세목적과는 관계없이 국제무역량이 많은 물품을 중심으로 세분화되어 있었고, CCCN은 통계에 중요한 국제무역량에 관계없이 산업보호나 관세징수 등 관세목적상 중요한 품목들을 중심으로 세분화되어 있었다. 현실적으로는 주요한 통계 산출 시에 CCCN 체계하의 세관통계를 주로 이용하였기 때문에 SITC를 CCCN에 통합하는 방향으로 통합 작업이 전개되어 왔다.

제02절 HS품목분류제도

1. HS협약

1) HS협약(HS Convention)의 정식명칭은 International Convention on the Harmonized Commodity Description and Coding System, 즉 통일상품명 및 부호체계에 관한 **국제협약**이다. HS협약은 전문(Preamble)과 20개의 조문을 가진 협약 본문으로 되어 있고, 중요한 HS품목분류표 자체는 부속서(Annex)의 형식으로 협약의 일부분을 이룬다.

2) HS협약은 세계관세기구(WCO)의 주관하에 1983년에 제정되고, 1988년에 발효된 상품의 품목분류와 관련된 협약이다. 이 협약은 크게 HS협약 본문과 그 부속서인 HS품목분류표로 되어 있는데, 또한 협약과 별도로 HS의 해석과 적용의 일관성을 확보하기 위해 WCO 산하의 HS위원회에서 HS해설서와 HS품목분류의견서를 만들어 품목분류의 지침으로 사용하도록 하고 있다.

2. 세계관세기구(WCO)

세계관세기구(WCO)는 1947년 유럽경제협력위원회(The Committee for European Economic Co-operation)에 참석한 13개 유럽 국가들이 연구단을 창설하기로 합의한 데에서 비롯되었다. 1948년 경제위원회와 관세위원회가 설치된 후 경제위원회는 경제협력개발기구(OECD : Organization for Economic Co-operation and Development)의 전신이 되었고, 관세위원회는 관세협력이사회(CCC : Customs Cooperation Council)로 명칭을 바꿨다.

1952년 정식으로 관세협력이사회가 설립되었고, 1953년 브뤼셀에서 유럽 17개국 대표가 참석한 가운데 첫 이사회를 가졌다. 1994년 이름을 세계관세기구(World Customs Organization)로 바꾸고 이후 세계기구로 확대되었다. 한국은 1968년에 가입하고, 기본 3조약(설립조약, 품목분류협약, 평가협약)의 가입통고를 받아서 효력이 발생하게 되었다.

WCO에서는 HS협약을 비롯하여 19개의 협약을 제정, 운영하고 있다. 회의체로는 총회와 8개의 (RSC)와 과학소위원회(SSC) 등 2개의 소위원회를 두고 있다. 연 2회 개최되는 HS위원회에 매회 우리나라 정부 대표단도 참석하고 있다.

그림 1-1 ▌ WCO의 조직도

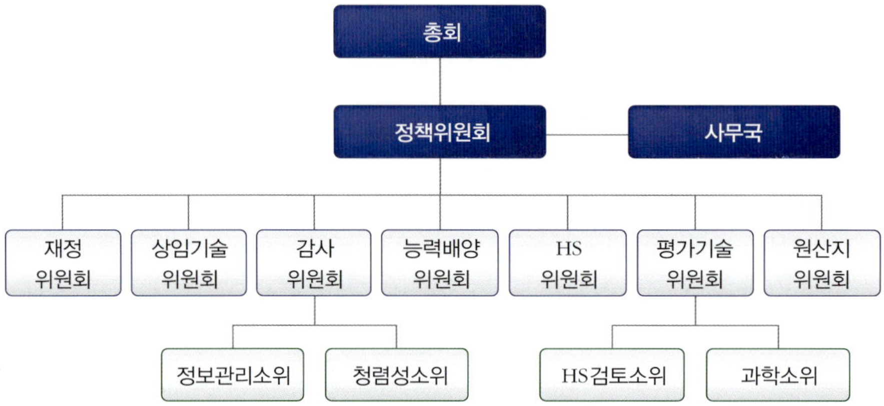

* 총회는 이사회(council)라고도 하며, 2013년 현재 179개국 회원국의 관세행정 최고책임자로 구성되는 최고의사결정 기관이다. 위원회 중 하나인 HS위원회는 가장 중요한 위원회 중 하나로 꼽힌다.

3. HS품목분류표

1) HS품목분류표의 의의

HS는 국제무역의 대상이 되는 물품뿐만 아니라 수송이 가능한 모든 물품에 적용이 가능하도록 고안된 다목적의 품목분류제도이다. HS의 품목분류표는 모든 물품을 21개의 부(部, Section)로 분류한 후, 이를 96개의 류(類, Chapter)로 분류하고, 이를 다시 4단위 호(號, Heading)로 분류하고 있다. 4단위 호는 다시 5단위 또는 6단위의 소호(小號, Sub-heading)로 분류한다.

HS협약상으로는 6단위 소호까지만 분류되어 있으나, 이를 사용하는 회원국이 관세목적이나 통계목적 및 그 밖의 목적상 이를 더 세분하여 사용할 수 있도록 되어 있다(HS협약 제3조 제3항). 이 규정에 의하여 우리나라의 관세법에서는 수출입물품의 신속한 통관, 통계파악 등을 위하여 HS협약 및 관세법 별표 관세율표를 기초로 하여 품목을 세분한 관세·통계통합품목분류표(HSK : HS of Korea)를 고시할 수 있도록 하고 있는 바(관세법 시행령 제98조 제1항), 우리나라는 이 규정에 의하여 현재 10단위까지 세분하여 품목분류를 하고 있다.

2) HS품목분류표의 유형

위의 내용과 관련하여 HS협약 본문 제1조(정의)에는 4가지 유형의 품목분류표 개념을 제시하고 있는데, 이를 소개하면 다음과 같다. 아래에 열거한 품목분류표는 첫 번째의 HS품목분류표를 제외하면 실제로 HS협약에 존재하는 표는 아니고, 단지 각 체약국에서 HS체계를 가지고 운용할 수 있는 유형을 보여주고 있다.

① the Harmonized Commodity Description and Coding System : 줄여서 "Harmonized System"

이라고도 부르며, 호와 소호 및 이들과 관련된 숫자로 된 코드, 부·류 및 소호주, 그리고 HS 통칙으로 구성된 품목분류표를 말한다. 이 표는 실제로 협약의 부속서로 존재하는 HS품목분류표를 의미한다.

② Customs tariff nomenclature : 체약국에서 수입물품에 대해 부과하는 관세목적으로 입법화된 품목분류표를 말한다. 우리나라의 관세법 별표 관세율표가 여기에 해당된다.

③ Statistical nomenclature : 수출입 무역통계를 위한 자료수집을 위해 체약국에 의해 규정된 품목분류표를 말한다.

④ Combined tariff/statistical nomenclature : 수입신고를 위해 체약국에서 제정한 관세·통계 통합품목분류표를 말한다. 우리나라의 관세·통계통합품목분류표(HSK)에 해당한다고 할 수 있다.

3) HS품목분류표의 개정

HS품목분류표는 기술개발 및 신제품을 반영하고, 사회적 및 환경적 요구에 따라(changes in technology or in patterns of international trade) 해당 사항을 품목분류표에 반영하기 위해 주기적으로 검토하여 개정하고 있다. WCO에서는 5년 주기(5-year review cycle)를 원칙으로 하나, 사정에 따라 4년 또는 6년 만에 개정을 하기도 한다.

아래는 1988년 처음 발효된 이후에 최근 개정인 2012년 개정까지의 5차례의 개정사항을 요약한 것이다.

표 1-1 HS품목분류표의 제·개정내용

연도	품목코드체계	배경 및 주요 개정내용
1988년 제정	1241호, 5019소호	관세목적 CCCN에서 다목적 HS로 전면 개편
1992년 1차 개정	1241호, 5018소호	HS 제정 작업과정에서 도출된 미비점 반영 및 호의 용어 보완
1996년 2차 개정	1241호, 5113소호	① 무역상품패턴의 변화수용 : 영상전화기, 팩시밀리, PC 등 반영 ② UN 등 국제기구에서 요청한 품목수용 : 마약원료물질, 오존층파괴물질
2002년 3차 개정	1244호, 5224소호	① 지구환경 보존물질 규제물품 추가신설 : 생활폐기물, CITES, 유해물질 ② 국제거래량 변화(증가, 감소)품목 조정
2007년 4차 개정	1221호, 5052소호	① 반도체 및 평판디스플레이 장비(제8486호에 통합) ② 복합구조칩 직접회로를 제8542호에 분류 ③ 프린터, 복사기, 팩시밀리를 제8443호에 통합 ④ 유선통신장비와 무선통신장비를 제8517호에 통합 ⑤ CRT, LCD, PDP(TV, 모니터를 제8528호에 통합)
2012년 5차 개정	1224호, 5205소호	제3826호 바이오디젤, 제9619호 생리용품 신설

4. HS품목분류표의 기본체계

품목분류표 자체는 부-류-절-호-소호라는 계층적인 구조를 가진 각 상품목록과 이에 짝지어진 숫자코드로 구성되어 있다.

부(Section)는 별도로 21개의 그룹으로 **대분류**한 것이고, 류(Chapter)는 21개의 부를 97개(제77류는 비어 있음)로 **중분류**한 것이다. 특히 류는 HS 숫자코드체계에서 맨 앞의 두 자리를 구성하고 있으므로 의미가 있다. 호(Heading)는 류를 세분한 것으로 두 자릿수의 류에 두 자리를 더한 4자리 숫자코드의 **소분류**체계이고, 소호(Sub-heading)는 이것을 더 세분하여 5자리 또는 6자리 숫자코드로 만든 **세분류**체계의 것이다.[2] 아래 그림은 HS협약의 부속서로서의 품목분류표 중 제01류의 일부이다.[3]

현재 적용되고 있는 HS의 경우에, 21개의 부, 97개의 류(제77류가 비어 있어 실제로는 96개), 1,224개의 4단위 호 및 5,205개의 6단위 소호로 구성되어 있다.

그림 1-2 ▌ HS협약의 부속서로서의 품목분류표 일부

Chapter 1

Live animals

Note.

1.- This Chapter covers all live animals except :

(a) Fish and crustaceans, molluscs and other aquatic invertebrates, of heading 03.01, 03.06, 03.07 or 03.08;

(b) Cultures of micro-organisms and other products of heading 30.02; and

(c) Animals of heading 95.08.

Heading	H.S. Code	
01.01		**Live horses, asses, mules and hinnies.**
		- Horses :
	0101.21	-- Pure-bred breeding animals
	0101.29	-- Other
	0101.30	- Asses
	0101.90	- Other

* HS협약 중에 품목분류표는 부속서 형식으로 자리 잡고 있다. 이는 우리나라 관세율표가 관세법 별표 관세율표의 형식으로 자리 잡고 있는 것과 유사한 형식의 규정체계라 할 수 있다.

---

2 6단위 소호까지 국제적으로 공통 적용되는 HS협약사항이고, 우리나라는 여기에 4자리를 더하여 HSK(HS of Korea)를 제정하여 사용하고 있다.

3 자료 : WCO 홈페이지(www.wcoomd.org/en/topics/nomenclature)

5. HS품목분류표의 구성요소

1) HS품목분류표를 이루는 요소 중에서 HS해석에 관한 통칙, 호의 용어 및 관련 주를 "HS의 3대 구성요소"라 하여 법적인 구속력(legally binding force)을 인정하고 있다. 반면에 부와 류의 표제 등은 단지 참조의 편의를 위한 것일 뿐 법적인 구속력은 부여하지 않고 있다.

2) 법적인 구속력을 인정하는 요소들

① **HS해석에 관한 통칙** : HS 전체를 통하여 품목분류의 대원칙을 제공해 주는 것으로서, 아래에서 자세히 다루도록 한다.

② **호의 용어 및 소호의 용어** : 4자리 또는 5자리나 6자리로 이루어진 HS숫자코드(numerical codes)에 대응되는 물품의 이름 또는 기능이나 용도 등의 설명을 말하는 것이다. 예로 제8509호의 호의 용어는 "가정용 전기기기(전동기를 갖춘 것으로 한정하며, 제8508호의 진공청소기는 제외한다)"이고, 그 호 내에서 소호 제8509.40의 소호의 용어는 "식품용 그라인더와 믹서, 과즙·채소즙 추출기"이다. 호의 용어는 숫자코드 4단위에 대응되고, 소호의 용어는 숫자코드 5단위나 6단위에 대응된다. 이렇게 이들은 4단위 또는 5단위나 6단위 코드와 사실상 일체이기 때문에 품목분류를 위한 도구가 되는 동시에 품목분류의 목적이기도 하다.

③ **부주, 류주 및 소호주** : 여기서 말하는 주(註, Note)는 법적인 구속력이 인정되는 법정주(legal notes)를 말하는 것이다. 주에는 부주, 류주 및 소호주가 있다. 호에 대한 주가 별도로 없고 그 하위인 소호주가 존재하는 것이 특이해 보인다.

주는 법적인 구속력을 지니는 HS의 3대 구성요소 중 하나로서, 당해 부나 류에서 제외될 물품을 먼저 배제하고, 분류범위를 일반적으로 설정하고, 용어를 정의한다. 또한 다른 부·류와의 관계를 설정해 주고, 경합이 될 만한 물품을 언급하며 해당 물품이 각각 어디에 분류가 되는지 가려줌으로써 품목분류의 중요한 지침이 되어 준다. 이러한 각종의 주는 품목분류에 있어서 법적인 지위를 인정받는 중요한 사항이면서도, 설명적인 요소를 두루 갖추어 품목분류에서는 대단히 긴요하게 사용할 수 있는 사항이다. 그러나 아쉬운 것은 부주, 류주 및 소호주를 모두 합해도 그 양이 그리 많지 않다는 것이다. 이런 현실로 인해 각국에서는 법적인 구속력이 인정되는 자국의 추가주를 별도로 설정해 사용하기도 한다.

3) 법적인 구속력이 인정되지 않는 요소들

① **부(部)·류(類)·절(節)의 표제** : 이들은 참조하기 위하여 규정한 제목(title)에 해당할 뿐이고 법적인 구속력은 인정되지 않는 요소이다.

② 그 외에 협정의 일부로서의 HS품목분류표에는 해당하지 않지만, HS위원회에서 작성하여 이사회의 승인을 얻어 집행하는 HS해석의 지침으로서의 해설서(Explanatory Notes as guides to the interpretation of the Harmonized System)와 HS품목분류의견(HS Classification

Opinions)이 있다.

이들은 모두 HS의 해석과 적용의 통일성을 확보하기 위해 HS해석을 위한 지침으로 만들어진 것으로서, HS해설서는 부나 류 또는 호나 소호의 내용을 자세하게 설명해 주는 방대한 양의 해설집이고, HS품목분류의견은 실제로 적용된 분류사례를 HS코드 순서로 소개한 일종의 사례집이다. 이들은 기본적으로 법적인 구속력을 인정한다는 내용이 없기 때문에 법적 구속력을 부여하고 있지 않지만, 특히 HS해설서의 경우에 실제 품목분류업무에 있어서는 실질적으로 품목분류 판단에 영향력을 미치고 있다.

이러한 전반적인 HS의 구조를 [그림 1-1]에서 설명한다.

그림 1-3 ▌ 전반적인 HS의 구조

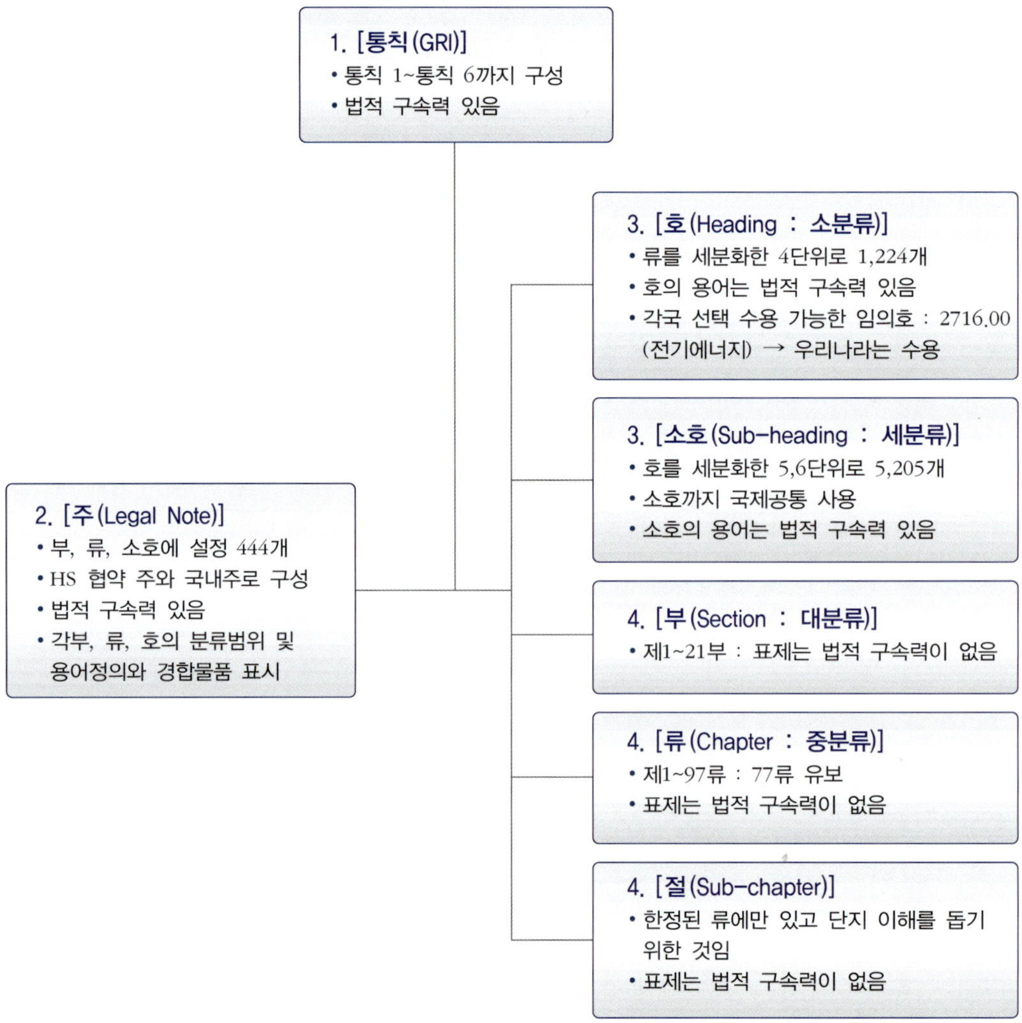

제 03 절 HS품목분류의 중요성

국제무역에 있어서 HS품목분류의 영향력은 한마디로 표현할 수 없을 정도로 지대(至大)하다고 할 수 있다. HS로 인해 수입관세율이 결정되고, FTA 원산지업무의 핵심이 되며, 관세환급에서도 간이정액환급률의 결정 등 중요한 역할을 하며, 관세법 제226조 세관장확인대상 여부의 결정기준이 되고, 원산지표시대상 여부를 결정하는 등 중요한 영향력을 발휘하고 있다.

이와 같이 HS가 위에서 언급한 다양한 업무부문에서 중요한 이해관계를 갈라주는 기준선 역할을 하게 된 것은 HS가 국제적으로 가장 보편적으로 사용되는 품목분류기준이라는 점뿐만 아니라, HS가 그만큼 체계적이고 합리적인 품목분류체계라는 것을 보여준다. 반대로 국제무역의 민감성과, 날로 증가하는 국경에서의 범죄에 대한 우려가 HS를 "진정한 스위스 군용칼(veritable Swiss Army Knife)"과 같은 다목적 품목분류 역할을 수행할 수 있도록 진화시켜 놓았다고도 할 수 있을 것이다.[4] 지금부터는 HS품목분류가 어떤 역할을 하는지 하나씩 구체적으로 살펴보기로 한다.

1. 수입관세율의 결정

원칙적으로 관세는 수입신고를 하는 때의 물품의 성질과 그 수량에 따라 부과한다.[5] 즉 수입신고 시점의 물품의 성질과 수량에 따라 HS코드가 결정이 되고, 그 HS코드별로 관세율이 정해진다는 것이다. 다시 말해 HS분류규정에 따라 HS코드가 결정이 되면 관세율에 영향을 미치는 것은 그 HS코드가 전부라는 것이다.[6]

예로 자동차 부분품 중 중요한 안전기능을 수행하는 에어백(HSK 제8708.95-1000)의 수입관세율체계를 보면 다음과 같다.

4 WCO 홈페이지(http://www.wcoomd.org/home_hsoverviewboxes_hsharmonizedsystem.htm)

5 관세법 제16조(과세물건 확정의 시기)

6 70% 완성된 야구배트가 완전한 야구배트의 본질적인 특성을 가지고 있다면 70% 완성된 야구배트나 완전한 야구배트나 같은 HS코드에 분류되고, 이렇게 완성되지 않았음을 이유로 완성된 야구배트와 다른 별도의 감안요소를 적용하지 않고, 단지 정해진 HS코드로만 관세율을 적용받는다는 것이다.

표 1-2 HSK 제8508.95-1000호의 수입관세율

관세율 종류(세율코드)	세율
기본세율(A)	8%
WTO협정관세(C)	4%
아 · 태협정-일반양허관세(E1)	4%
아 · 태협정-방글라데시에대한양허관세(E2)	0%
아 · 태협정-라오스에대한양허관세(E3)	0%
최빈개발도상국에대한특혜관세(R)	0%
한 · 칠레(FCL1)	0%
한 · 아세안(FAS1)	0%(적용배제 : 말레이시아, 베트남, 태국, 필리핀)
한 · 싱가포르(FSG1)	0%
한 · EFTA(FEF1)	0%
한 · 인도(FIN1)	3.2%
한 · EU(FEU1)	0%
한 · 페루(FPE1)	0%
한 · 미(FUS1)	0%

법 별표 관세율표에서 규정하고 있는 기본세율 이외에 수입관세율은 위의 예에서 보듯 다양하게 존재하고, 특히 최근의 동시다발적 FTA의 체결 · 발효로 인해 한 상품에 대한 수입관세율이 대단히 많아져 혼란을 주고 있다. 하지만 다행히도 이들은 모두 한 HS코드하에 체계적으로 존재하기 때문에, 사용자들은 큰 어려움 없이 어떤 물품에 대해 적용되는 세율을 선택해서 사용할 수 있다. 즉 HS코드라는 통일 분류규정이 있기 때문에, 여러 세율이 존재하여 복잡해질 수 있는 상황에서도 한 눈에 세율리스트를 보고 해당 세율을 선택하여 사용할 수 있는 것이다.

2. FTA 원산지업무의 핵심

HS품목분류는 최근 우리나라를 유행처럼, 그리고 열병처럼 휩쓸고 있는 FTA에서도 핵심적인 지위를 차지하고 있다. 왜냐하면 자유무역협정에서 가장 중요한 분야인 상품의 관세인하는 수출 · 수입상품의 원산지 충족 여부에 따라 좌우되고, 원산지는 수출 · 수입상품의 HS에 따라 정해진 원산지결정기준에 따라야 하기 때문이다.

예로 최근 많이 사용하는 태블릿 PC 등 휴대용 자동자료처리기계의 HS 6단위는 제8471.30호인데, 우리나라 정부는 FTA협정 협상 시에 제8471.30호에 대해 체결대상국과 협상을 통해 다음과 같이 원산지결정기준을 정하였다.

▌표 1-3▐ HS 제8471.30호 [휴대용 자동자료처리기계(중량이 10킬로그램 이하인 것으로서 적어도 중앙처리장치, 키보드, 디스플레이를 갖추고 있는 것으로 한정한다)의 원산지결정기준]

협정명	HS (6단위)	원산지결정기준
한-칠레 FTA	8471.30	다음 각 호의 어느 하나에 해당하는 것에 한정한다. 1. 다른 호에 해당하는 재료(제8473호의 것은 제외한다)로부터 생산된 것 2. 제8473호에 해당하는 재료로부터 생산된 것. 다만, 공제법의 경우 45% 또는 집적법의 경우 30% 이상의 역내부가가치가 발생한 것에 한정한다.
한-EFTA FTA	8471.30	해당 물품의 생산에 사용된 모든 비원산지재료의 가격이 해당 물품의 공장도거래가격의 50%를 초과하지 아니한 것
한-아세안 FTA	8471.30	다음 각 호의 어느 하나에 해당하는 것에 한정한다. 1. 다른 호에 해당하는 재료로부터 생산된 것 2. 40% 이상의 역내부가가치가 발생한 것
한-인도 CEPA	8471.30	다른 소호에 해당하는 재료로부터 생산된 것. 다만, 35% 이상의 역내부가가치가 발생한 것에 한정한다.
한-미 FTA	8471.30	다른 소호에 해당하는 재료로부터 생산된 것
한-EU FTA	8471.30	다음 각 호의 어느 하나에 해당하는 것에 한정한다. 1. 모든 호(그 제품의 호는 제외한다)에 해당하는 재료로부터 생산된 것 2. 해당 물품의 생산에 사용된 모든 비원산지재료의 가격이 해당 물품의 공장도가격의 45%를 초과하지 아니한 것
한-페루 FTA	8471.30	다른 소호에 해당하는 물품에서 변경된 것

위의 원산지결정기준을 보면, 한-칠레 FTA와 한-아세안 FTA, 그리고 한-EU FTA의 경우에는 세번변경기준과 부가가치기준 중에 선택하여 하나만 충족하면 원산지가 인정되도록 하는 방식을 취하고 있다. 또한 한-미 FTA와 한-페루 FTA의 경우에는 세번변경기준 단일방식을, 한-EFTA FTA의 경우에는 부가가치기준 단일방식을 취하고 있다. 그리고 한-인도 CEPA의 경우에는 세번변경기준과 부가가치기준을 동시에 충족해야만 원산지 상품으로 인정하도록 하였다.

원산지의 충족 여부를 판단하기 위해서는 우선 제품의 HS코드를 결정하고 관련 원산지결정기준을 파악한다. 그 후에 당해 제품의 제조에 투입된 원재료나 부품의 리스트, 즉 BOM(Bill Of Material)을 펼쳐 놓아야 업무가 진행되고, 이들 BOM상에 때로는 수백 가지의 원재료나 부분품이 포함될 수도 있는 바, 이들은 모두 HS결정을 해야 하는 대상이 된다. 세번변경기준에서는 말할 나위 없이 HS가 핵심이고, 실무상으로 부가가치기준에서조차도 일단 모든 제품과 원재료의 HS는 결정되어야 하는 만큼 HS의 중요성은 FTA업무에서 절정에 달하는 듯하다. 물론 원산지의 검증업무에서도 가장 핵심은 HS품목분류와 관련된다.

3. 관세환급 유형 중 간이정액환급률의 결정

관세환급업무에서도 HS코드는 중요하다. 특히 관세환급방법 중 하나인 간이정액환급에 있어서의 간이정액률은 최근 6월 이상 기간 동안의 수출물품의 품목번호별 평균환급액 또는 평균납부세액 등을 기초로 하여 적정한 환급액을 정하여 관세청장이 고시하는 것으로서,[7] 간이정액환급을 적용하는 중소수출업체의 입장에서는 수출품의 HS코드에 따라서 적지 않은 금액의 관세환급금을 받을 수 있는지 여부가 결정된다.

예를 들어 일반적으로 플라스틱의 스크랩과 웨이스트는 HS 제3915호에 분류되는데, 이러한 스크랩과 웨이스트를 재활용하여 칩 형태의 재생원재료로 만들면 HS 제39류의 주 제6호와 제7호의 규정에 의해 제3915호에 분류되지 않고, 1차 원재료로 분류하게 된다.[8] 이렇게 일차제품으로 변형된 플라스틱 중 몇 가지의 간이정액환급률을 비교해 보면 다음과 같다.

표 1-4 플라스틱 일차제품과 스크랩의 간이정액률 비교

플라스틱 종류	일차제품 HSK	스크랩 HSK	일차제품 간이정액환급률 (만 원당, 2013년 기준)	스크랩 간이정액환급률
폴리스틸렌 (발포성)	3903.11 -0000	3915.20 -0000	20원	간이정액률 없음
폴리프로필렌	3902.10 -0000	3915.90 -1000	30원	간이정액률 없음
폴리에틸렌테레프탈레이트(PET)	3907.60 -0000	3915.90 -9000	80원	간이정액률 없음
폴리아마이드(-6)	3908.10 -1000	3915.90 -5000	30원	간이정액률 없음

위의 표에서 보듯이 플라스틱 재생칩을 플라스틱 스크랩으로 보느냐, 아니면 일차제품으로 분류하느냐에 따라 간이정액방법으로 관세환급업무를 진행하는 수출업자에게는 경제적인 이해관계가 엇갈린다. 만일 국내에서 수집된 폴리에틸렌테레프탈레이트(PET) 스크랩을 구매한 후에 이를 가지고 재생칩을 생산하여 수출하는 업자는 수출신고금액 FOB원화가 1억 원인 경우에 플라스틱 스크랩으로 보는 HS 제3915호에 분류하게 되면 한 푼도 관세환급금을 받을 수 없으나, 만일 제3907.60-0000호로 정확하게 분류하여 수출신고를 하게 되면 80만 원의 관세환급금을 받을 수 있다.

---

7 수출용 원재료에 대한 관세 등 환급에 관한 특례법 시행령 제16조

8 **제39류 주 제6호** : 제3901호부터 제3914호까지에서 "일차제품(primary form)"은 다음 각 목의 형태인 것에만 적용한다.

가. 액체나 페이스트(paste)[분산물(에멀션·서스펜션)과 용액을 포함한다]

나. 불규칙한 모양의 블록·럼프(lump)·가루(몰딩 가루를 포함한다)·알갱이·플레이크(flake)와 이와 유사한 벌크 모양

제39류 주 제7호 : 제3915호에서는 일차제품(primary form)으로 변형된 단일 열가소성 물질의 웨이스트(waste)·페어링(paring)·스크랩(scrap)은 제외한다(제3901호부터 제3914호까지).

4. 통합공고 및 관세법 제226조 세관장확인대상 여부의 결정

산업통상자원부고시로 고시되는 통합공고 제5조(품목분류)에는 "고시상의 요건확인품목은 HS (Harmonized Commodity Description and Coding System)에 따라 분류하여 지정함을 원칙으로 한다. 다만, 무역정책목적 및 해당법령의 목적 수행상 필요에 의해 세분류하여 표기할 수 있다"라고 하고 있다.

통합공고대상 물품 중에 특히 중요하여 국경조치의 필요성에 따라 요건확인기관의 장이 관세청장에게 통관 시에 확인을 요청하는 경우에도 **HSK를 명시하여** 요청해야 한다.[9] 이렇게 지정된 물품은 관세법 제226조의 **세관장확인대상물품**이 되어 수출입 통관 시에 당해 요건을 사전에 구비해야 통관이 가능하다.[10]

이 영역은 수출입자에게 일반적으로 관세와 더불어 무역에 큰 부담을 주는 의무사항으로 당연히 민감하게 받아들여질 수밖에 없다. 만일 HSK가 불명확하여 세관장확인대상인 경우와 아닌 경우가 다툼이 된다면, 통관단계에서 세관과 수출입자 모두에게 큰 부담이 되는 것이다. 일반적으로 HS로 인해 관세율이 문제가 된 경우에는 수입신고 시에 신고에 하자가 있으면 정정, 보정, 수정신고, 경정청구 또는 경정을 거쳐 이들 하자를 치유하는데, 이렇게 HS에 따른 관세율의 차이에 대해서는 통관단계에서 세관 – 관세사 – 화주의 합의에 따라 문제를 어떻게 해결할 것인지 비교적 단시간에 결정하여 처리할 수 있다. 하지만 요건확인의 경우에는 하자수정의 절차가 수입신고의 수정절차보다 훨씬 힘들거나 복잡하고, 경우에 따라서는 그 기간이 너무 오래 걸리거나 요건확인 자체가 불가능하여 수입된 물품을 돌려보내야 하는 경우도 많다. 따라서 요건확인대상을 수출입하는 수출입자는 반드시 HSK를 정확히 결정하고, 이와 연관된 요건확인대상 여부를 사전에 준비해야 하는 것이다.

5. 원산지표시대상의 결정

원산지표시대상 여부도 수출입 시에 부딪히는 민감한 문제 중의 하나이다. 물론 원산지표시대상도 HSK에 연계되어 있기 때문에 HSK 여하에 따라 원산지표시의 대상이 되기도 하고, 아닐 수도 있다.

6. 기타

사실상 수출입물품에 대한 품목분류는 HS 중심으로 모든 업무가 자리를 잡았기 때문에, 위에서 설명한 다섯 가지 외에도 통계, 전략물자의 관리, 운송이나 보험 등 많은 업무분야에서 HS를 이용하고 있다. 또한 수출입물품에도 적용되지만 동시에 국내에서의 물품거래에서도 적용되는 내국세

---

9 관세법 제226조의 규정에 의한 세관장확인물품 및 확인방법지정고시 제4조 제1항.

10 제226조(허가·승인 등의 증명 및 확인) ① 수출입을 할 때 법령에서 정하는 바에 따라 허가·승인·표시 또는 그 밖의 조건을 갖출 필요가 있는 물품은 세관장에게 그 허가·승인·표시 또는 그 밖의 조건을 갖춘 것임을 증명하여야 한다.

와 관련된 영역에서도 HS에 기반한 품목분류체계를 이용하고 있다. 예로 부가가치세법에서 면세대상 미가공식료품과 과세대상 미가공식료품의 목록도 관세법 별표 관세율표를 기준으로 하고 있다.[11]

11 부가가치세법 시행규칙

제24조(면세하는 미가공식료품의 범위)

① 영 제34조제1항 및 제2항(영 제49조 제1항 본문에서 준용하는 경우를 포함한다)에 따른 미가공식료품의 범위는 별표 1의 면세하는 미가공식료품 분류표에 따른다.

② 제1항에 따른 미가공식료품 분류표를 적용할 때에는 「관세법」 별표의 관세율표를 기준으로 한다.

제37조(면세하지 아니하는 수입 미가공식료품의 범위)

① 영 제49조 제1항 단서에 따른 관세가 감면되지 아니하는 식료품으로서 과세되는 수입 미가공식료품의 범위는 별표 2의 면세하지 아니하는 수입 미가공식료품 분류표에 따른다.

② 제1항에 따른 면세하지 아니하는 수입 미가공식료품 분류표를 적용할 때에는 「관세법」 별표의 관세율표를 기준으로 한다.

Part 02

관세율표의 해석에 관한 통칙

Part 02 관세율표의 해석에 관한 통칙

제1절 통칙의 의의와 체계

제2절 통칙의 내용

제01절 통칙의 의의와 체계

1. 통칙의 의의

1) HS협약상에 통칙은 "the General Rules for the interpretation of the Harmonized System", 즉 "HS해석에 관한 통칙"으로 명명되어 있다. 통칙은 품목분류의 대원칙을 제공해 주며, 호의 용어 및 각종 주와 함께 통칙 자체도 법적인 구속력을 가지고 있음도 통칙 제1호에서 스스로 선언하고 있다.
통칙은 품목분류에 관한 일반법이라고 할 수 있다. HS품목분류에서 법적인 구속력이 인정되는 요소는 호의 용어와 각종 주, 그리고 통칙인데, 이 중에 호의 용어와 각종 주에서 **특별히 정하고 있지 않는 경우**에는, 통칙을 적용하여 분류를 수행해야 한다. 따라서 통칙의 적용범위는 대단히 넓고, 성격상 특정성보다는 일반성을 강하게 보인다고 할 수 있다.

2) 통칙은 품목분류표의 맨 앞부분에 위치하며, HS의 분류기준에 관한 일반원칙을 담고 있다. 이러한 관점에서 통칙은 통칙 아래에 위치하는 방대한 양의 품목분류 내용을 품으면서 이들에 대한 통일성과 조화성, 간결성, 해결성을 제시하는 것을 목적으로 한다.

2. 통칙의 체계

1) HS해석에 관한 통칙은 모두 6개의 원칙으로 구성되어 있다. 또한 우리나라의 관세법 별표 관세율표에는 관세율표 해석에 관한 통칙이 있는데, 여기에서는 HS해석에 관한 통칙 6개를 그대로 수용하여 사용하고 있으며, 여기에 "이 표에 규정되지 아니한 품목분류에 관한 사항은 「통일상품명 및 부호체계에 관한 국제협약」에 따른다"라는 내용으로 국내통칙인 통칙 제7호를 추가하고 있다.

2) 6개의 통칙 조문은 각기 중요한 내용을 담고 있는데, 이들을 간략하게 보면 다음과 같다.
   ① **통칙 제1호** : 주와 호의 용어가 최우선으로 적용해야 할 원칙임을 규정하는 동시에, 주와 호의 용어와 더불어 통칙이 품목분류에 관하여 법적인 구속력이 있음을 선언하고 있다.
   ② **통칙 제2호** : 성격상 품목분류표에 문자로 담기에 곤란한 물품들에 대해 품목분류표상의 내용의 개념을 확장하여 분류할 수 있도록 해주고 있다.
   ③ **통칙 제3호** : 경합하는 복수의 후보 HS코드에 있어서 우선적으로 적용해야 하는 사항을 정하고 있다.

④ **통칙 제4호** : 통칙 제3호까지의 내용으로 품목분류에 성공하지 못한 경우에 분류할 물품과 가장 유사한 물품의 코드로 분류하도록 하는 규정이나, 현실적으로 HS가 통칙 제3호까지의 규정으로 분류하는 데 충분한 구조로 되어 있어 자주 적용되는 규정은 아니라고 보고 있다.

⑤ **통칙 제5호** : 용기와 포장에 대한 품목분류원칙을 담고 있다.

⑥ **통칙 제6호** : 소호에 대한 규정을 담고 있다.

아래에서는 통칙의 내용을 자세하게 다루고자 한다.[1]

제02절 통칙의 내용

[통칙 1]

이 표의 부(部)·류(類)·절(節)의 표제는 참조하기 위하여 규정한 것이다. 법적인 목적상 품목분류는 각 호(號)의 용어와 관련 부나 류의 주(註)에 따라 결정하되, 각 호나 주에서 따로 규정하지 않은 경우에는 이 통칙 제2호부터 제7호까지에서 규정하는 바에 따른다.

The titles of sections, chapters and sub-chapters are provided for ease of reference only; for legal purposes, classification shall be determined according to the terms of the headings and any relative section or chapter notes and, provided such headings or notes do not otherwise require, according to the following provisions.

[해설]

HS	품명
	제1절 일차재료와 알갱이 모양이나 가루 모양인 제품
7201	선철(銑鐵)과 스피그라이즌(spiegeleisen)[피그(pig)·블록(block) 모양이나 그 밖의 일차제품(primary form) 형태인 것으로 한정한다]
7202	합금철(ferro-alloy)
7203	철광석을 직접 환원하여 제조한 철제품과 그 밖의 해면질의 철제품[럼프(lump)·펠릿(pellet)이나 이와 유사한 모양인 것으로 한정한다]과 순도가 최저 전 중량의 100분의 99.94인 철[럼프(lump)·펠릿(pellet)이나 이와 유사한 모양인 것으로 한정한다]

1 통칙뿐만 아니라 통칙의 해설도 규정의 일부이기 때문에, 본 서에서는 통칙의 해설에 있어서는 통칙규정과 이에 대한 해설의 내용을 그대로 옮기면서 충분한 이해를 위해 그림을 추가하거나 추가적인 설명을 덧붙였다. 특히 통칙의 해설에 있어서 불완전한 번역으로 혼란을 주는 부분을 수정하여 문맥이 자연스럽도록 하였다.

7204	철의 웨이스트(waste)와 스크랩(scrap), 철강의 재용해용 스크랩 잉곳(scrap ingot)
7205	알갱이와 가루[선철(銑鐵)·스피그라이즌(spiegeleisen)·철강의 것으로 한정한다] "이하 생략"

제72류 철강
류주 :
1. 이 류에서 다음 각 목의 용어는 아래에서 정하는 바에 따른다(라목·마목·바목은 이 표의 전체에 적용한다).
   가. 선철(銑鐵)
      '선철(銑鐵)'이란 실용상 단조(鍛造)에 적합하지 않은 철-탄소의 합금으로서 탄소의 함유량이 전 중량의 100분의 2를 초과하고, 다음에 열거한 하나 이상의 그 밖의 원소의 함유량이 중량비로 다음 한도 이하인 것을 말한다.(이하 생략)

* 제72류를 구성하는 여러 요소 중에 제72류의 표제인 "철강"과, 제1절의 표제인 "일차재료와 알갱이 모양이나 가루 모양인 제품"은 단지 참조의 편의상 설정한 것으로서 법적인 구속력은 인정되지 않는다. 반면 위에서 법적인 구속력이 인정되는 것은 호의 용어, 예로 제7201호의 "선철(銑鐵)과 스피그라이즌(spiegeleisen)[피그(pig)·블록(block) 모양이나 그 밖의 일차제품(primary form) 형태인 것으로 한정한다]"과 류주의 내용이다.

1) 이 표는 국제무역에서 취급되고 있는 상품을 체계적인 형식으로 표시하고 있다. 이것은 그들이 포괄하는 상품의 범주 또는 형태를 가능한 한 간소하게 표시하고 있는 표제가 주어진 부, 류 및 절에 이들 상품을 계통적으로 분류하고 있다. 그러나 대부분의 경우, 부 및 류에 분류되는 물품의 다양성과 많은 수로 인하여 이들 모두를 표제에 구분하여 포함시키는 것이라든지 또는 열거하는 것은 불가능한 일이다.
2) 그러므로 통칙 제1호의 서두에 표제는 "참조의 편의를 위하여(for ease of reference only)" 설정한 것이라고 규정해 놓고 있다. 따라서 표제는 분류에 관한 법률상 기준으로는 되지 아니한다.
3) 통칙 제1호의 두 번째 부분에서 품목분류는,
   가. 호 및 이에 관련되는 부 또는 류의 주 규정과,
   나. 호 또는 주에서 따로 규정한 것이 없는 경우에는, 통칙 제2호, 제3호, 제4호 및 제5호의 규정에 따라 결정하도록 규정하고 있다.
4) 위의 3) 가항의 규정은 명백하기 때문에, 많은 종류의 물품은 해석에 관한 통칙을 더 이상 고찰하지 않아도 분류가 가능하다(예 : 제0101호의 살아 있는 말, 제30류 주 제4호에 규정된 의료용품(제3006호)).
5) 위의 3) 나항에서
   가. "호 또는 주에서 따로 규정한 것이 없는 경우"란 **호의 규정** 및 이에 관련되는 부 또는 류의 **주의 규정**이 분류결정상 최우선한다는 것, 즉 그것들이 품목분류를 결정하는 데 있어서 제일 우선의 고려사항이라는 것을 명확히 하기 위한 것이다. 예를 들면 제31류의 주는, 제31류의 특정의 호는 특정의 물품에 한하여 분류하도록 정하고 있다. 따라서 통칙 2 (나)의 규정의 적용을 받는 물품까지도 포함할 수 있도록 이 호를 확대하여 적용할 수 없다.[2]

---

2 예로 제3102호에는 "질소비료(광물성 비료나 화학비료로 한정한다)"가 분류된다. 그런데 제31류의 주 제2호에서는 "제3102호는 다음 각 목의 물품에만 적용한다(제3105호에 열거한 모양이나 포장으로 한 것은 제외한다)"고 하

나. "통칙 제2호, 제3호, 제4호와 제5호의 규정들에 따른다"라는 표현에서 통칙 제2호를 언급한 것은 다음을 의미한다.

① 불완전 또는 미완성 상태로 제시된 물품(예 : 안장과 타이어가 없는 자전거) 및

② 미조립 또는 분해되어 제시된 물품(예 : 미조립 또는 분해된 자전거로 모든 구성부품이 함께 제시된 경우)은, 이들의 일부가 어떤 경우에는 각각 해당하는 호에 분류될 수 있거나(예 : 타이어, 튜브) 또는 조립될 제품의 "부분품"으로 분류될 수 있는 상태로 제시되었다고 하더라도, 통칙 제2호 (가)의 조건이 충족되고 그 호 또는 주에서 따로 규정한 것이 없는 한, 완전 또는 완성된 물품과 같이 분류한다.

[통칙 2]

이 통칙 제1호에 따라 품목분류를 결정할 수 없는 것은 다음 각 목에 따른다.

가. 각 호에 열거된 물품에는 불완전한 물품이나 미완성된 물품이 제시된 상태에서 완전한 물품이나 완성된 물품의 본질적인 특성을 지니고 있으면, 그 불완전한 물품이나 미완성된 물품이 포함되는 것으로 본다. 또한 조립되지 않거나 분해된 상태로 제시된 물품도 완전한 물품이나 완성된 물품(이 통칙에 따라 완전한 물품이나 완성된 물품으로 분류되는 것을 포함한다)에 포함되는 것으로 본다.

나. 각 호에 열거된 재료·물질에는 해당 재료·물질과 다른 재료·물질과의 혼합물 또는 복합물이 포함되는 것으로 본다. 특정한 재료·물질로 구성된 물품에는 전부 또는 일부가 해당 재료·물질로 구성된 물품이 포함되는 것으로 본다. 두 가지 이상의 재료나 물질로 구성된 물품의 분류는 이 통칙 제3호에서 규정하는 바에 따른다.

(a) Any reference in a heading to an article shall be taken to include a reference to that article incomplete or unfinished, provided that, as presented, the incomplete or unfinished article has the essential character of the complete or finished article. It shall also be taken to include a reference to that article complete or finished (or falling to be classified as complete or finished by virtue of this rule), presented unassembled or disassembled.

(b) Any reference in a heading to **a material or substance** shall be taken to include a reference to mixtures or combinations of that material or substance with other materials

---

면서 몇 가지의 특정 물품을 열거하고 그 이외에는 제3102호에서 제외하도록 하고 있다. 이러한 경우에는 어떤 물질이 통칙 제2호 이후의 규정으로 볼 때 질소비료에 해당된다고 하더라도 류주의 규정이 우선하여 적용되어야 한다는 것이다.

or substances. Any reference **to goods of a given material or substance** shall be taken to include a reference to goods consisting wholly or partly of such material or substance. The classification of goods consisting of more than one material or substance shall be according to the principles of rule 3.

[해설]

통칙 2 (가) – 첫째 부분. 불완전 또는 미완성 물품

1) 통칙 제2호 (가)의 첫부분은 특정한 물품을 규정하고 있는 각 호의 범위를 확장시켜서, 완전한 물품뿐만 아니라 불완전 또는 미완성된(incomplete or unfinished) 물품도 분류되도록 한다. 다만, 불완전 또는 미완성 물품은 제시될 때에 완전한 물품 또는 완성된 물품의 **주요한 특성**을 갖추어야 한다. 예로 바퀴만 장착되지 않은 자동차는 불완전 또는 미완성의 자동차이지만, 완전 또는 완성된 자동차의 주요한 특성을 갖추고 있으므로 자동차로 품목분류하는 데 문제가 없다.

2) 또한 이 통칙의 규정은 특정한 호에 열거되어 있지 않은 반가공품(Blanks)에도 적용된다. "반가공품"이라 함은 직접 사용할 수 있는 완성된 물품은 아니지만 완성된 물품 또는 부분품의 대체적인 형상 또는 윤곽을 갖추고 있는 물품으로서, 예외적인 경우를 제외하고는 오직 완성된 물품 또는 부분품으로 완성하기 위하여만 사용될 수 있는 물품을 말한다(예 : 플라스틱 재질로서 튜브의 모양을 가진 병제조용 중간제품으로 한쪽은 막혀 있고 다른 쪽은 뚫려 있음. 뚫린 쪽은 뚜껑을 돌려 닫을 수 있도록 홈이 파져 있으며 홈이 파져 있는 밑부분을 원하는 크기와 모양으로 팽창시킨 후 사용함). 다만 소호차원에서 단추의 블랭크는 제9606.30호에 분류되어 제9606.2호에 분류되는 단추완제품과 달리 분류되고, 코르크마개의 경우에도 가장자리에 각이 진 마개용의 블랭크도 제4502호에 분류되어 제4503호에 분류되는 코르크마개 완제품과 호를 달리한다. 이들은 본 통칙을 적용하지 않고 통칙 1을 적용하여 우선 분류하여야 한다.

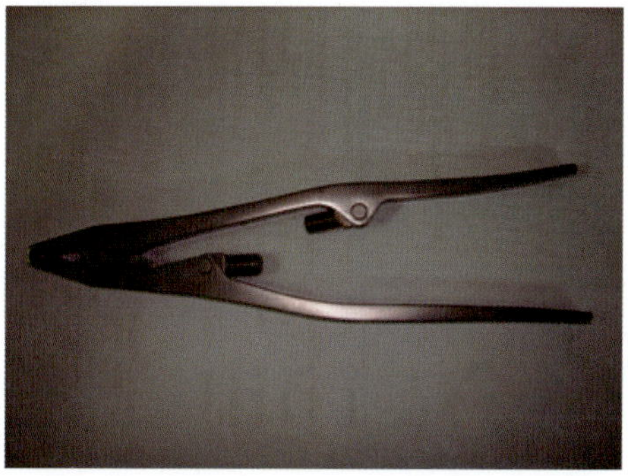

[의료기기 반가공품. 반제품과 달리 이 제품은 추가 가공을 거쳐 될 최종완성품이 어떤 물품이 될 것인지 정해져 있다.]

반면에 봉(bar)이나 디스크(disc) 또는 관(tube) 등의 경우와 같이 완성된 물품의 주요한 형상을 갖추고 있지 않은 반제품(semi-manufactures)은 "반가공품(Blanks)"으로 보지 않는다. 이들 반제품은 이후의 가공으로 어떤 유형의 제품이 될지 결정되지 않은 것이다.

3) 제1부부터 제6부까지의 각 호의 범위에 있어서, 통칙의 이 부분은 일반적으로 제1부부터 제6부까지의 물품에는 적용되지 아니한다.

4) 이 통칙이 적용되는 사례는 여러 부 또는 류의 총설에 예시되어 있다(예 : 제16부, 제61류, 제62류, 제86류, 제87류 및 제90류).

통칙 2 (가) – 둘째 부분. 미조립 또는 분해되어 제시되는 물품

[수송이나 보관의 편의를 위해 미조립상태나 또는 일부러 분해하여 거래되는 물품들이 많다. 통칙상의 미조립 · 분해물품은 조립작업만이 연관되고, 개개의 구성요소에 대해서는 추가적인 작업을 거칠 필요가 없어야 한다.]

5) 통칙 제2호 가목의 둘째 부분은, 미조립 또는 분해되어(unassembled or disassembled) 제시되는 물품도 조립된 물품과 같이 완전 또는 완성된 물품으로 분류되도록 규정하고 있다. 여기에서 미조립(unassembled) 물품은 부분품 상태에서 아직 조립 · 완성되지 않은 상태를 의미하고, 분해(disassembled)물품은 완성된 물품을 운송이나 보관 등의 이유로 다시 부분품으로 분해한 물품을 말한다. 물품이 이러한 상태로 제시되는 경우는 보통 포장, 취급 또는 운송상의 요구 혹은 편의 같은 이유 때문이다. 또한 조립 · 가공과 같은 다양한 이유로 완전 또는 완성된 물품의 본질적인 특성을 갖는 부분품 상태의 물품, 즉 knock down 상태의 물품을 거래하는 경우에도 적용될 수 있다.

6) 미조립 또는 분해물품이 조립공정을 통해 완전 또는 완성된 물품의 본질적인 특성을 가지게 되는 경우에는 미조립 또는 분해상태의 부분품 각각에 대해 품목번호를 부여하지 않고 완전 또는 완성된 조립품에 대해 부여하는 것과 같이 하나의 품목번호를 부여한다. 또한 이 통칙은 이 통칙의 첫째 부분에 의하여 완전 또는 완성된 물품으로 취급되는 것인 한, 미조립 또는 분해되어 제시되는 불완전 또는 미완성물품에도 적용된다.

7) 이 통칙에서 "미조립 또는 분해된 상태로 제시되는 물품"은 **조립작업만이 연관**됨을 전제로 하여 그 구성요소의 고정장치(나사 · 너트 · 볼트 등) 또는 예를 들면 리베팅이나 용접에 의하여 조립되는 물품을 말한다. 이때 조립방법의 복잡성은 고려하지 않지만, 완성된 상태로 만들기 위해 구성요소가 더 이상의 작업을 거칠 필요가 없어야 한다. 완성되었을 때 그 물품이 필요로 하는 수를 초과하는 어떤 물품의 미조립된 구성요소는 별도로 분류하여야 한다.

8) 이 통칙이 적용되는 사례는 여러 부 또는 류의 총설에 예시되어 있다(예 : 제16부, 제44류, 제86류, 제87류 및 제89류). 대관 제9110호의 미조립 상태의 시계 무브먼트처럼 호의 용어로 특징하고 있는 미조립 물품은 본 통칙이 아닌 통칙 제7호에 근거하여 분류하여야 한다.

9) 제1부부터 제6부까지의 각 호의 범위에 있어서, 통칙의 이 부분은 이들 부의 물품에는 적용되

지 않는다.

통칙 2 (나) – 재료 또는 물질의 혼합물과 복합물

10) 통칙 제2호 (나)는 재료 또는 물질의 혼합물과 복합물(mixtures or combinations) 및 2종 이상의 재료나 물질로 조성된 물품에 관한 규정이다. 이 규정에 관계되는 호는 특정의 재료 또는 물질이 열거되어 있는 호(예 : 제0507호의 아이보리) 및 특정의 재료 또는 물질로 만들어진 물품을 표시한 호(예 : 제4503호의 천연의 코르크제품)가 있다.
이 통칙은 호 또는 이에 관련되는 부 또는 류의 주에 별도의 규정이 없는 경우에 한하여 적용된다. 예로 아래와 같이 제1503호에는 라드유(lard oil)로서 혼합하지 않은 것을 분류하도록 하고 있는데, 라드유에 다른 물질이나 성분을 혼합하는 경우에는 제1503호의 라드유로 분류할 수 없다. 이와 같이 부나 류의 주 또는 호의 본문에서 별도로 조제 혼합물을 규정한 경우에는 통칙 제1호에 의거 분류하여야 한다. 이는 본 통칙보다 통칙 제1호를 우선 적용해야 한다는 것을 말한다.

HSK				품명	Description
1503	00			라드스테아린(lard stearin), 라드유(lard oil), 올레오스테아린(oleostearin), 올레오유(oleo-oil), 탤로우유(tallow oil)로서 유화 · **혼합 그 밖의 조제를 하지 않은 것**	Lard stearin, lard oil, oleostearin, oleo-oil and tallow oil, not emulsified or mixed or otherwise prepared.
		20	00	라드유(lard oil)	Lard-oil
		90	00	기타	Other

11) 이 통칙의 효과는 어떤 재료 또는 물질에 대하여 규정하고 있는 각호에 해당 재료 또는 물질(material or substance)에 다른 재료 또는 물질을 혼합 또는 결합한 것도 포함되도록 범위를 확대하는 것이다. 예로 제1509호에는 올리브유가 분류되는데, 100% 순수한 올리브유만을 분류하는 것이 아니라, 올리브유의 성질이 유지되는 한도 내에서는 공정 중에 첨가되거나 제품의 성격을 보완 또는 유지하기 위해 다른 성분이 첨가되어도 올리브유에 분류한다는 것이다. 같은 맥락에서, 이 통칙의 효과는 어떤 재료나 물질로 된 **물품**(goods of a given material or substance)에 대하여 규정하고 있는 각 호에 해당 재료 또는 물질의 일부로 구성되어 있는 물품도 포함되도록 범위를 확대하는 것이다. 예로 우유에 초코나 바닐라향을 넣은 경우, 가죽허리띠에 비금속(卑金屬)재료의 고리가 달린 경우 등을 들 수 있겠다.

12) 그러나 통칙 제1호의 규정이 우선적으로 적용되기 때문에, 일정한 호에 해당하는 것으로 인정되지 않는 물품까지도 포함하도록 해당 호의 범위를 확대하는 것은 아니다. 이 문제는 그 밖의 재료 또는 물질을 첨가함에 따라서 호에 열거된 물품의 특성을 빼앗기는 물품의 경우에 생긴다.

13) 결국 이러한 통칙을 적용할 때에 품목분류가 명확하지 않을 경우, 즉 재료 또는 물질의 혼합

물과 복합물 및 2종 이상의 재료 또는 물질로 구성된 물품으로서 일견 둘 이상의 호에 분류될 수 있을 것 같은 것은 통칙 제3호의 원리에 따라 분류하여야 한다.

[통칙 3]

이 통칙 제2호 나목이나 그 밖의 다른 이유로, 동일한 물품이 둘 이상의 호로 분류되는 것으로 볼 수 있는 경우의 품목분류는 다음 각 목에서 규정하는 바에 따른다.

가. 가장 구체적으로 표현(most specific description)된 호가 일반적으로 표현된 호에 우선한다. 다만, 둘 이상의 호가 혼합물이나 복합물에 포함된 재료나 물질의 일부에 대해서만 각각 규정하거나, 소매용으로 하기 위하여 세트로 된 물품의 일부에 대해서만 각각 규정하는 경우에는 그 중 하나의 호가 다른 호보다 그 물품에 대하여 더 완전하거나 상세하게 표현하고 있다 할지라도 각각의 호를 그 물품에 대하여 동일하게 구체적으로 표현된 호로 본다.

나. 혼합물(mixtures), 서로 다른 재료로 구성되거나 서로 다른 구성요소로 이루어진 복합물(composite goods)과, 소매용으로 하기 위하여 세트로 된 물품으로서 가목에 따라 분류할 수 없는 것은 가능한 한 이들 물품에 본질적인 특성을 부여하는 재료나 구성요소로 이루어진 물품으로 보아 분류한다.

다. 가목이나 나목에 따라 분류할 수 없는 물품은 동일하게 분류가 가능한 호 중에서 그 순서상 가장 마지막 호로 분류한다.

When, by application of rule 2(b) or for any other reason, goods are prima facie classifiable under two or more headings, classification shall be effected as follows:

(a) the heading which provides the most specific description shall be preferred to headings providing a more general description. However, when two or more headings each refer to part only of the materials or substances contained in mixed or composite goods or to part only of the items in a set put up for retail sale, those headings are to be regarded as equally specific in relation to those goods, even if one of them gives a more complete or precise description of the goods;

(b) mixtures, composite goods consisting of different materials or made up of different components, and goods put up in sets for retail sale, which cannot be classified by reference to 3(a), shall be classified as if they consisted of the material or component which gives them their essential character, in so far as this criterion is applicable;

(c) when goods cannot be classified by reference to 3(a) or (b), they shall be classified under the heading which occurs last in numerical order among those which equally merit consideration.

[해설]

1) 이 통칙은 통칙 제2호 (나)의 규정, 또는 그 밖의 이유로 일견(prima facie) 둘 이상의 호에 해당되는 것으로 보이는 물품에 대한 세 가지 분류방법을 규정하고 있다. 이들 방법은 이 통칙에 기술된 **순서에 따라** 적용한다. 그러므로 통칙 제3호 (나)는 통칙 제3호 (가)에 의해 분류할 수 없는 경우에 한하여 적용되고, 통칙 제3호 (가) 및 (나)의 두 규정으로도 분류할 수 없는 경우에는 통칙 제3호 (다)의 규정을 적용한다. 따라서 우선순위는 (가) 가장 구체적인 표현, (나) 본질적인 특성, (다) 순서상 마지막 호의 순이다.

2) 이 통칙은 호의 규정 및 부 또는 류의 주에 별도의 규정이 없는 경우에 한하여 적용된다. 예로 제97류(예술품·수집품·골동품)의 주 제4호 나목을 보면, 제작 후 백년이 경과한 골동품은 제9706호에 분류되지만, 이러한 물품이 제9701호에서 제9705호까지의 호 중 어느 하나의 호에도 동시에 해당하는 경우에는 마지막 호에 해당하는 제9706호에 분류하지 않고 그 앞의 각 호 중 어느 하나의 호에 분류하도록 하고 있다. 이러한 물품은 이 통칙(정확하게는 다목의 마지막 호 분류)에 의해서가 아니라 제97류 주 제4호 나목[3]에 따라 분류하여야 한다.

통칙 3 (가)

3) 분류상의 제일의 방법은, 그 물품에 대하여 가장 **구체적으로 표현**(specific description)된 호가 이것보다 더 **일반적으로 표현**(general description)되어 있는 호에 우선한다는 것이다.

4) 분류하여야 할 물품에 관하여 어떤 호가 다른 호보다 더 구체적으로 표현된 호인지 아닌지를 확실하고 신속하게 결정할 수 있는 규칙을 설정하는 것은 현실적으로 쉽지 않은 일이나, 일반적으로 다음에 따라 정할 수가 있다.

가. 물품명(name)으로 열거되어 있는 것은 종류(class)로 열거되어 있는 것보다 더 한정적인 의미를 지니고 있다(예 : 전동기를 갖춘 면도기와 이발기는 제8510호에 분류되므로, 전동기를 갖춘 수지식 전동공구로 보아 제8467호에 분류하거나, 전동기를 갖춘 가정용 전기기기로 보아 제8509호에 분류해서는 안 된다[4]).

나. 만약 특정 물품의 어느 품명이 그 물품을 좀 더 분명히 표현(more clearly identifies)하고 있는 경우, 그 품명은 그 물품을 좀 더 불완전하게 표시하고 있는 품명보다 더욱 구체적이다. 이러한 경우에 해당하는 물품의 예로는 다음과 같은 것이 있다.

① 자동차용의 것으로 인정할 수 있는 직물제의 터후트한(tufted) 양탄자는 제8708호의 자동차 부속품으로 분류할 것이 아니라, 그들을 양탄자로서 보다 구체적으로 규정하고 있는 제5703호에 분류하여야 한다.

---

3 제97류 주 제4호 나. 제9706호는 이 류의 다른 호로 분류되는 물품에는 적용하지 않는다.

4 제8510호 : 면도기·이발기·모발제거기(전동기를 갖춘 것으로 한정한다)
제8467호 : 수지식 공구(압축공기식, 유압식, 전동기를 갖추거나 비전기식 모터를 갖춘 것으로 한정한다)
제8509호 : 가정용 전기기기(전동기를 갖춘 것으로 한정하며, 제8508호의 진공청소기는 제외한다)

② 강화 또는 합판유리로 구성된 틀에 끼우지 않은 안전유리로서 항공기용의 것으로 인정할 수 있는 형상을 하고 있는 것은, 제8801호부터 제8802호까지의 물품의 부분품이 해당되는 제8803호에 분류할 것이 아니라, 안전유리로서 보다 구체적으로 규정되어 있는 제7007호에 분류하여야 한다.[5]

5) 그러나 둘 이상의 호가 각각 혼합(또는 복합)한 물품에 함유된 재료(또는 물질)의 단지 **일부** 또는 소매용으로 하나의 세트로 포장한 물품의 단지 **일부에 대해서 규정**하고 있는 경우, 비록 이들 호 중의 하나가 다른 호에 비해서 보다 더 철저하고 상세하게 규정하고 있을지라도 이들 호는 그러한 물품에 관해서 동등하게 구체적으로 규정하고 있는 것으로 간주한다. 그러한 경우에, 물품의 분류는 통칙 제3호의 (나) 또는 제3호의 (다)에 의하여 결정하여야 한다.

[tufted carmat는 제87류의 자동차용이라 하더라도 자동차의 부속품이 아닌 제57류의 tufted carpet으로 분류한다. tufted carpet이 자동차 부속품보다 분명한 표현이기 때문이다.]

통칙 3 (나)

6) 이 두 번째의 방법은 다음의 것에 한해서 적용한다.
  ① 혼합물
  ② 서로 다른 재료로 구성된 복합물(composite goods consisting of different materials)
  ③ 서로 다른 구성요소로 이루어진 복합물(composite goods made up of different components)
  ④ 소매용으로 하기 위하여 세트로 한 물품

이들은 통칙 제3호 (가)를 적용할 수 없는 경우에 한해서 적용한다.

7) 위에 열거된 것들 중 하나에 속하는 경우에 있어서는, 이들 물품에 **본질적인 특성(essential character)을 부여한 재료 또는 구성요소에 따라** 분류하여야 한다. 다만 이 기준을 적용할 수 있는 범위까지에 한한다. 즉 본질적인 특성을 부여하는 재료나 구성요소를 판단할 수 없는 경우에는 통칙 제3호 (다)를 적용해야 한다.

8) 본질적인 특성을 결정하는 요소는 물품의 종류에 따라 달라진다. 예로, 그 재료 또는 구성요소의 성질 · 용적 · 수량 · 중량 또는 가격에 의하여 결정되거나, 그 물품을 사용할 때의 그 구성물질의 역할에 따라서 결정된다.

---

5 제8801호 : 기구 · 비행선 · 글라이더 · 행글라이더와 그 밖의 무동력 항공기
제8802호 : 그 밖의 항공기(예 : 헬리콥터 · 비행기), 우주선(인공위성을 포함한다), 서보비틀(suborbital), 우주선 운반로켓
제8803호 : 부분품(제8801호나 제8802호의 것으로 한정한다)
제7007호 : 안전유리(강화유리나 접합유리로 된 것으로 한정한다)

9) 이 통칙에서 서로 다른 구성요소로 이루어진 복합물(위의 세 번째에 해당)은, 그 구성요소가 상호부착되어 실제적으로 분리할 수 없는 전체를 형성하고 있는 것뿐만 아니라, 분리할 수 있는 구성요소로 되어 있는 것까지도 해당된다. 다만 후자의 물품에 있어서는 그 구성요소가 서로 적응되고 서로 보완적이며, 분리된 부분품으로서는 정상적 거래가 곤란할 정도로 전체로서 하나의 물품을 형성하고 있는 경우에 한한다. 후자의 범주에 속하는 물품의 예는 다음과 같다.
① 스탠드에 재를 담는 용기가 부착된 재떨이로서, 스탠드에서 용기를 분리할 수 있는 것
② 특수하게 디자인된 틀(보통 나무로 됨)과 적당한 모양과 크기로 된 여러 개의 빈 양념통으로 구성된 가정용 양념선반

일반적으로 이들 복합물을 이루는 구성요소는 별도로 거래되는 것이 아니라, 함께 포장되어 하나의 물품으로 거래된다.

10) 위에서, "소매용으로 하기 위하여 세트로 한 물품(a set put up for retail sale)"이라 함은 다음의 요건을 갖춘 물품을 의미한다.
가. 일견 서로 다른 호에 분류될 수 있을 것으로 보이는, 최소한 둘 이상의 서로 다른 물품으로 구성되어야 한다. 그러므로, 예를 들어 6개의 폰듀 포크는 이 통칙에서 의미하는 세트로 간주할 수 없다.
나. 어떤 요구를 충족시키기 위해서나 또는 어떤 특정의 활동을 행하기 위해 함께 조합한 제품이나 물품으로 구성되어야 한다.
다. 예로 상자나 케이스로 포장하거나 판 위에 구성요소를 조합시키는 등 재포장 없이 소비자에게 직접 판매하는 데 적합한 형상의 것

따라서 "세트"로 된 물품의 예로, 어떤 즉석요리를 준비할 때 함께 사용하기로 예정된 여러 종류의 식료품을 조합시킨 것을 들 수 있다. 통칙 제3호의 (나)에 따라 분류되는 세트의 실례는 다음과 같다.

예 **[세트의 예]**

① 빵 사이에 쇠고기를 넣은 샌드위치(제1602호)와 냉동 프렌치프라이(제2004호)를 같이 포장한 세트의 경우에는 구성요소 중에 쇠고기를 넣은 샌드위치가 본질적인 특성을 부여한다고 보아 제1602호에 분류한다.
② 스파게티요리를 준비할 때 같이 사용하기로 예정된 조리하지 않은 스파게티의 꾸러미(제1902호), 잘게 갈아 놓은 치즈(제0406호) 및 토마토소스의 작은 깡통(제2103호)으로서 상자에 넣은 것은 스파게티의 꾸러미가 본질적인 특성을 부여하는 것으로 보아 제1902호에 분류한다.
※ 그러나 통칙 제3호 (나)는 함께 조합해서 구성된 물품 중 다음과 같은 물품에는 적용하지 않는다.
- 새우통조림(제1605호), 치즈통조림(제0406호), 엷게 썰어 놓은 베이컨통조림(제1602호) 및 소시지 통조림(제1601호)

• 제2208호의 증류주 1병 및 제2204호의 포도주 1병

이들 두 가지 예 및 이와 유사한 물품은 "소매용으로 하기 위하여 세트로 한 물품"이 요구하는 위의 조건을 충족하지 못하기 때문에,[6] 이들 물품의 각 구성요소들은 적절한 호에 별도 분류되어야 한다.

③ 한 쌍의 전기식 이발기(hair clipper)(제8510호), 빗(제9615호), 한 쌍의 가위(제8213호), 브러시(제9603호) 및 직물제의 타월(제6302호)로 구성되어 있고, 가죽제의 케이스(제4202호)에 넣어진 이발용 세트는 구성 물품 중에 전기식 이발기를 전체 세트에 본질적인 특성을 부여하는 물품으로 보아 제8510호에 분류하였다.

④ 자(제9017호), 계산반(제9017호), 제도용컴퍼스(제9017호), 연필(제9609호) 및 연필깎기(제8214호)로 되어 있고 인조플라스틱제의 케이스(제4202호)에 넣어진 제도용 키트는 전체를 제도세트로 보아 제9017호에 분류한다.

위에서 규정한 '세트'의 경우, 구성요소 또는 함께 조합된 구성요소들에 따라 분류하여야 하는데, 전체로 볼 때 그 세트의 **본질적인 특성을 부여**하고 있는 구성요소 또는 함께 조합된 구성요소들에 따라 분류해야 한다.

11) 이러한 세트규정은 전체로서는 하나로 포장되었다고 하더라도, 각 성분별로 별도로 개별 포장되고, 이것들을 음료 제조의 예와 같이 공업용으로 사용하기 위해 정해진 비율로 함께 투입하기 위한 성분으로 조합한 물품에는 적용하지 않는다. 왜냐하면 통칙에서의 세트물품은 소매용 포장으로 한 것(goods put pup in sets for retail sale)으로, 사용자에게 **재포장 없이 직접 판매**하기에 적합해야 하기 때문이다.

통칙 3 (다)

12) 통칙 제3호 (가) 및 제3호 (나)의 규정에 의하여 물품의 분류를 결정할 수 없을 경우에는, 그들 물품의 품목분류결정 시에 **동등하다고 고려되는 호 중 번호순서상 마지막 호**에 분류한다.

[통칙 4]

이 통칙 제1호부터 제3호까지에 따라 분류할 수 없는 물품은 그 물품과 가장 유사한 물품이 해당되는 호로 분류한다.

Goods which can not be classified in accordance with the above rules shall be classified under the heading appropriate to the goods to which they are most akin.

6 주로 두 번째 요건인 "어떤 요구를 충족시키기 위해서나 또는 어떤 특정의 활동을 행하기 위해 함께 조합한 제품이나 물품으로 구성되어야 한다"는 요건을 충족시키지 못하고 있다.

[해설]

1) 이 통칙은 통칙 제1호부터 제3호까지에 의해서 분류할 수 없는 물품에 관련된 것이다. 이 통칙은 이들 물품이 가장 유사한 물품에 해당하는 적당한 호에 분류하도록 규정한 것이다.
2) 통칙 제4호의 규정에 의한 분류상, 제시된 물품이 어느 물품과 가장 유사한 물품인가를 결정하기 위해서는 제시된 물품을 유사한 물품과 비교하는 것이 필요하다. 제시된 물품은 그들과 가장 유사한 물품이 분류되는 호와 같은 호에 분류된다.
3) 물론 유사관계는 물품의 명칭, 특성, 용도 등과 같은 많은 요인에 의하여 결정된다.

[통칙 5]

다음 각 목의 물품에는, 이 통칙 제1호부터 제4호까지를 적용하는 외에 다음 사항을 적용한다.

가. 사진기 케이스 · 악기 케이스 · 총 케이스 · 제도기 케이스 · 목걸이 케이스와 이와 유사한 용기는 특정한 물품이나 물품의 세트를 담을 수 있도록 특별한 모양으로 되어 있거나 알맞게 제조되어 있고, 장기간 사용하기에 적합하며, 그 내용물과 함께 제시되어 그 내용물과 함께 정상적으로 판매되는 종류의 물품인 때에는 그 내용물과 함께 분류한다. 다만, 용기가 전체 물품에 본질적인 특성을 부여하는 경우에는 그렇지 않다.

나. 가목에 해당하는 것은 그에 따르고, 내용물과 함께 제시되는 포장재료와 포장용기는 이들이 그러한 물품의 포장용으로 정상적으로 사용되는 것이라면 그 내용물과 함께 분류한다. 다만, 그러한 포장재료나 포장용기가 명백히 반복적으로 사용하기에 적합한 것이라면 그렇지 않다.

In addition to the foregoing provisions, the following rules shall apply in respect of the goods referred to therein:

(a) camera cases, musical instrument cases, gun cases, drawing instrument cases, necklace cases and similar containers, specially shaped or fitted to contain a specific article or set of articles, suitable for long-term use and presented with the articles for which they are intended, shall be classified with such articles when of a kind normally sold therewith. This rule does not, however, apply to containers which give the whole its essential character;

(b) subject to the provisions of rule 5(a), packing materials and packing containers presented with the goods therein shall be classified with the goods if they are of a kind normally used for packing such goods. However, this provision is not binding when such packing materials or packing containers are clearly suitable for repetitive use.

[해설]

통칙 제5호는 어떤 물품이 케이스와 함께 제시되거나 포장된 상태로 제시된 경우에, 본품인 내용물에 대해 품목분류하고 이와 별도로 케이스나 포장재료 또는 포장용기에 대해 품목분류하는 것이 아니라, 전체를 본품의 해당 호로 분류한다는 내용이다.

통칙 5 (가) – 케이스·상자 및 유사한 용기

1) 이 통칙은 다음과 같은 용기에 한해서 적용한다.

① 특정한 형상을 가지고 있거나 특정한 물품 또는 세트로 된 물품을 수용하기에 적합한 것. 즉, 이들 용기는 용기에 담길 예정인 물품에 적합하도록 특별히 설계되어 있다. 어떤 용기는 그들이 수용하는 물품의 형태와 같은 형상을 하고 있다.

[바이올린 케이스는 별도로 HS를 부여하지 않고 바이올린의 HS를 따라 바이올린과 함께 분류한다.]

② 장기간 사용하기에 적합한 것. 즉, 이들 용기는 용기에 담길 물품만큼의 내구성을 가지도록 설계되어 있다. 또한 이들 용기는 사용되고 있지 않는 물품을 보호하는 데도 기여한다(예 : 운송 중 또는 보관 중).

③ 용기가 용기에 담길 예정인 물품과 함께 제시되는 것. 이때 용기에 물품이 꼭 담겨 있을 필요는 없고, 수송의 편의상 분리 포장되어도 상관은 없다. 이렇게 용기와 용기의 내용물이 함께 제시되는 경우에는 용기의 내용물의 HS를 따라 함께 분류한다. 용기에 담길 예정인 물품이 없이 따로 제시되는 용기는 별도로 적합한 호에 분류된다.

④ 용기가 용기에 담길 물품과 함께 정상적으로 판매되는 것

⑤ 전체로 보았을 때 용기가 본질적인 특성을 부여하지 않을 것. 예로 고급 재료로 만들어진 고가의 항아리로서 사탕을 담은 용기는 사탕의 HS로 분류하지 않고, 용기의 HS를 따라 분류한다.

2) 용기에 담길 예정인 물품과 함께 제시되는 것으로서, 이 통칙에 의해 분류하여야 할 것의 예는 다음과 같다.

① 신변장식용품을 담는 상자와 케이스(제7113호)

② 전기면도기 케이스(제8510호)

③ 쌍안경 또는 망원경 케이스(제9005호)

④ 악기의 케이스, 상자 및 가방(예 : 제9202호)

⑤ 총 케이스(예 : 제9303호)

3) 예를 들면 차(茶)가 담겨 있는 은으로 된 통이나, 또는 캔디가 담겨 있는 장식용 도자기와 같은 용기에는 이 통칙이 적용되지 않는다.

통칙 5 (나) – 포장재료와 포장용기

4) 이 통칙은 통칙 제5호의 가목의 케이스(case)를 제외하고, 어떤 물품의 포장을 위해 정상적으로 사용되는 종류의 포장재료와 포장용기(packing materials and packing containers)의 분류에 관해서 적용한다. 내용물과 함께 제시되는 포장재료와 포장용기는, 이들이 그러한 물품의 포장용으로 정상적으로 사용되는 것이라면 그 내용물과 함께 분류한다. 즉 포장재료와 포장용기에 대해 따로 HS코드를 부여하지 않고 당해 물품의 내용물의 HS를 따라 같이 분류한다는 것이다.[7]

이 규정은 포장재료 또는 포장용기로서 재사용하기에 명백히 적합한 것의 경우에는 적용되지 않는다(예 : 어떤 종류의 금속제 드럼이나 압축 또는 액화가스용의 철강제 용기).

5) 통칙 제5호 (가)는 이 통칙보다 우선하여 적용되므로, 통칙 제5호의 (가)에 해당하는 케이스나 박스 및 이와 유사한 용기의 분류는 이 규정의 적용을 받지 않고, 통칙 제5호 (가)의 규정 적용에 의해서 결정한다.

[통칙 6]

법적인 목적상 어느 호(號) 중 소호(小號)의 품목분류는 같은 수준의 소호(小號)들만을 서로 비교할 수 있다는 점을 조건으로, 해당 소호(小號)의 용어와 관련 소호(小號)의 주(註)에 따라 결정하며, 위의 모든 통칙을 준용한다. 또한 이 통칙의 목적상 문맥에서 달리 해석되지 않는 한 관련 부(部)나 류(類)의 주(註)도 적용한다.

For legal purposes, the classification of goods in the subheadings of a heading shall be determined according to the terms of those subheadings and any related subheading notes and, mutatis mutandis,[8] to the above rules, on the understanding that only subheadings at the same level are comparable. For the purposes of this rule, the relative section and chapter notes also apply, unless the context requires otherwise.

---

7 여기서 포장재료와 포장용기라 함은 외포장 또는 내포장의 용도로 사용되는 물품을 감싸는 포장지나 용기 등을 말한다. 따라서 운송컨테이너와 같은 운송수단으로서의 포장기기 등을 말하는 것이 아니다.

8 mutatis mutandis는 "필요한 부분만 약간 수정하여"라는 의미의 라틴어이다. 즉 어느 4단위 호 내의 5단위나 6단위의 소호 수준의 분류에 있어서는, 일차적으로 소호의 용어나 관련 소호주에 따라 분류하되, 이들에 근거하여 분류할 수 없는 경우에는 통칙1부터 통칙5까지의 규정을 준용하여 적용한다는 것이다. 준용한다는 것은 통칙 제1호부터 통칙제5호까지가 4단위 호 수준에서 규정하고 있으므로, 소호 수준의 분류에 있어서 적용할 때에는 당해 통칙들을 그대로 적용하되 통칙의 내용 중에 "호"를 "소호"와 같이 필요한 사항만을 약간 수정하여 적용한다는 것이다.

[해설]

1) 위의 통칙 제1호부터 제5호까지의 규정은, 하나의 4단위 호 내의 소호레벨에서의 품목분류에 대하여 준용하여 적용한다.

2) 통칙 제6호에서, 다음 표현의 의미하는 바는 아래와 같다.

가. "같은 수준의 소호(subheadings at the same level)" : 5단위 소호(레벨 1) 또는 6단위 소호(레벨 2)

따라서 통칙 제3호 (가)[9]를 적용한다고 할 때, 예로 하나의 4단위 호 안에서 둘 이상의 5단위 소호를 비교하여 보다 구체적으로 표현된 호를 찾는 경우에, 주어진 물품에 대한 구체적으로 표현된 정도 또는 유사함의 정도는 경합하는 5단위 소호만의 내용을 기초로 하여 평가한다. 만약에 5단위 소호 중에 가장 구체적으로 표현된 소호가 선택되었고, 그 선택된 소호 내에서 다시 6단위 소호가 세분되어 있는 경우에는 당해 6단위 소호만의 내용을 고려하여 하나의 6단위 소호를 선택해야 한다.

나. "문맥에서 달리 해석되지 않는 한(unless the context requires otherwise)" : 부주 또는 류주는 일반적인 경우에는 소호 수준의 품목분류에도 적용될 수 있으나, 부주 또는 류주가 소호 본문이나 소호 주와 상충되는 경우에는 부주나 류주를 적용하지 않는다.

이러한 것의 예를 들면 다음과 같다. 제71류 주 제4호 나목에서 "백금이란 플라티늄(platinum)·이리듐(iridium)·오스뮴(osmium)·팔라듐(palladium)·로듐(rhodium)·루테늄(ruthenium)을 말한다"라고 정의하고 있는 반면에, 제71류 소호주 제2호에서는 "이 류의 주 제4호 나목에도 불구하고, 소호 제7110.11호와 제7110.19호에서 백금(platinum)이란 이리듐(iridium)·오스뮴(osmium)·팔라듐(palladium)·로듐(rhodium)·루테늄(ruthenium)은 포함하지 않는다"라고 하여 류주의 내용과 소호주의 내용이 서로 상충하고 있다. 이런 경우에는 소호주의 규정이 우선 적용되므로 류주 제4호의 나목은 적용되지 않는다.

HS		품명	Description
7110		백금(가공하지 않은 것·반가공한 모양이나 가루 모양인 것으로 한정한다)	Platinum, unwrought or in semi-manufactured forms, or in powder form.
	1	플라티늄(platinum)	Platinum :
	11	가공하지 않은 것이나 가루 모양인 것	Unwrought or in powder form
	19	기타	Other
	2	팔라듐(palladium)	Palladium : (이하 생략)

9 가장 구체적으로 표현(most specific description)된 호가 일반적으로 표현된 호에 우선한다. 다만, 둘 이상의 호가 혼합물이나 복합물에 포함된 재료나 물질의 일부에 대해서만 각각 규정하거나, 소매용으로 하기 위하여 세트로 된 물품의 일부에 대해서만 각각 규정하는 경우에는 그 중 하나의 호가 다른 호보다 그 물품에 대하여 더 완전하거나 상세하게 표현하고 있다 할지라도 각각의 호를 그 물품에 대하여 동일하게 구체적으로 표현된 호로 본다.

3) 6단위 소호의 범위는 그것이 속해 있는 5단위 소호의 범위를 벗어나서는 안 되며, 5단위 소호는 그것이 속해 있는 4단위 호의 범위를 벗어나서는 안 된다.

[통칙 7] (국내통칙)

이 표에 규정되지 않은 품목분류에 관한 사항은 「통일상품명 및 부호체계에 관한 국제협약」에 따른다.

[해설]

관세율표는 관세법의 별표로서 존재하는 것으로서, "조세의 종목과 세율은 법률로 정한다"는 대한민국 헌법 제59조에 의거하여, 국회에서 정한 기본세율을 적시한 관세율표를 관세법의 일부로서 담고 있는 것이다. 관세율표의 해석에 관한 통칙은 이러한 관세율표를 해석함에 있어서 국제협약사항인 통일 상품명 및 부호체계에 관한 국제협약, 즉 HS협약상의 "HS해석에 관한 통칙(General Rules For the Interpretation of the Harmonized System)"을 국내법으로 받아들인 것이다.

관세율표의 해석에 관한 통칙은 HS협약상의 "HS해석에 관한 통칙"을 그대로 옮겼으나, 통칙 하나를 추가함으로써 국내통칙을 신설하였다. 다만 그 내용은 별다른 것이 아닌 관세율표에서 규정하고 있지 않은 품목분류에 관한 사항은 국제협약사항인 통일상품명 및 부호체계에 관한 국제협약, 즉 HS협약을 따른다는 것이다.

Part 03

HS 각론

Part 03 HS 각론

제 01 부 산 동물 및 동물성 생산품

류	류의 표제
01	살아 있는 동물
02	육과 식용 설육(屑肉)
03	어류 · 갑각류 · 연체동물과 그 밖의 수생(水生)무척추동물
04	낙농품, 새의 알, 천연꿀, 다른 류로 분류되지 않은 식용인 동물성 생산품
05	다른 류로 분류되지 않은 동물성 생산품

◉ 부주

1. 이 부에 열거된 동물의 특정의 속(屬, genus)이나 종(種, species)은 문맥상 따로 규정한 경우를 제외하고는 그 속이나 종의 어린 것도 포함한다.

   1) 생물분류의 계급은 주로 "종-속-과-목-강-문-계" 이렇게 7개의 순위를 많이 사용하는데, 이 중에 "계(界, kingdom)"가 가장 큰 분류단위(동물계, 식물계, 균계 등)이고, 종(種)이 가장 낮은 단계이다.
   2) 이 부에 열거된 동물의 특정의 속(屬, genus)이나 종(種, species)은 문맥상 따로 규정한 경우를 제외하고는 그 속이나 종의 어린 것도 포함한다. 즉 어떤 속(屬)이나 종(種)의 새끼에 대해 따로 분류할 호나 소호를 만들지 않았다는 것이다.

2. 이 표에서 "건조한 것(dried)"이라 함은 문맥상 따로 규정한 경우를 제외하고는 탈수 · 증발 또는 동결건조(dehydrated, evaporated or freeze-dried)한 것을 포함한다.

건조란 물체에 포함되어 있는 습기와 수분을 분리해 제거하는 것을 말한다. HS에서 건조의 개념에는 탈수 및 증발과 함께 동결건조한 것까지 포함한다. 동결건조란 수용액이나 다량의 수분을 함유한 재료를 동결시키고 감압(減壓)함으로써 얼음을 승화시켜 수분을 제거하여 건조물을 얻는 방법으로, 조작이 저온에서 이루어지므로 열에 약한 물질의 건조법으로 유용하다.

[생식을 만들 때에는 일반적으로 열로 인한 영양소 파괴를 막기 위해 동결건조법을 쓴다.]

Chapter 01

제 01 류 살아 있는 동물

호	호의 용어
0101	말 · 당나귀 · 노새 · 버새
0102	소
0103	돼지
0104	면양과 산양
0105	가금(家禽)류[닭(갈루스 도메스티쿠스(Gallus domesticus)종으로 한정한다) · 오리 · 거위 · 칠면조 · 기니아새로 한정한다]
0106	그 밖의 살아 있는 동물

류주

1. 이 류에는 다음 각 목의 것을 제외한 모든 살아 있는 동물이 포함된다.
   가. 제0301호 · 제0306호 · 제0307호 · 제0308호의 어류 · 갑각류 · 연체동물과 그 밖의 수생(水生) 무척추동물
   나. 제3002호의 미생물 배양체와 기타의 물품
   다. 제9508호의 동물

총설

이 류에는 위의 제외규정에서 열거한 것을 제외한 모든 산 동물(식용 또는 그 밖의 용도)이 분류된다. 운송 도중에 죽은 동물은 그들이 식용에 적합한 경우에 한하여 제0201호~제0205호, 제0207호 또는 제0208호에 분류하고, 그 밖의 경우에는 제0511호[1]에 분류한다.

1 제5011호 : 따로 분류되지 않은 동물성 생산품과, 제1류나 제3류의 동물의 사체로서 식용에 적합하지 않은 것

Chapter 02

제 02 류 육과 식용 설육(屑肉)

호	호의 용어
0201	쇠고기(신선한 것이나 냉장한 것으로 한정한다)
0202	쇠고기(냉동한 것으로 한정한다)
0203	돼지고기(신선한 것, 냉장하거나 냉동한 것으로 한정한다)
0204	면양과 산양의 고기(신선한 것, 냉장하거나 냉동한 것으로 한정한다)
0205	말·당나귀·노새·버새의 고기(신선한 것, 냉장하거나 냉동한 것으로 한정한다)
0206	소·돼지·면양·산양·말·당나귀·노새·버새의 식용 설육(屑肉)(신선한 것, 냉장하거나 냉동한 것으로 한정한다)
0207	제0105호의 가금(家禽)류의 육과 식용 설육(屑肉)(신선한 것, 냉장하거나 냉동한 것으로 한정한다)
0208	그 밖의 육과 식용 설육(屑肉)(신선한 것, 냉장하거나 냉동한 것으로 한정한다)
0209	살코기가 없는 돼지 비계와 가금(家禽)의 비계(기름을 빼지 않은 것이나 그 밖의 방법으로 추출하지 않은 것으로서 신선한 것·냉장하거나 냉동한 것·염장하거나 염수장한 것·건조하거나 훈제한 것으로 한정한다)
0210	육과 식용 설육(屑肉)(염장하거나 염수장한 것·건조하거나 훈제한 것으로 한정한다), 육이나 설육(屑肉)의 식용 고운 가루·거친 가루

◉ 류주

1. 이 류에서 다음 각 목의 것은 제외한다.
   가. 제0201호부터 제0208호까지·제0210호에서 열거한 물품 중 식용에 적합하지 않은 것
   나. 동물의 장·방광·위(제0504호), 동물의 피(제0511호나 제3002호)
   다. 제0209호의 물품 외의 동물성 지방(제15류)

◉ 총설

1) 이 류에는 식용에 적합한 모든 동물의 육(肉)으로서 도체(屠體)·이분도체(二分屠體)[2]·사분도체와 더 잘게 자른 육의 조각을 분류하고, 설육(屑肉), 그리고 육 또는 설육의 고운 가루와 거친 가루 또한 분류된다. 다만 제3류의 어류·갑각류·연체동물과 그 밖의 수생무척추동물은 제외한다. 식용에 적합하지 않은 육과 설육은 제외되며(제0511호), 육 또는 설육에서 얻어진 식용에 적합하지 않은 고운 가루와 거친 가루(flour and meal) 및 펠릿도 제외된다(제2301호).

2 도체(屠體, carcasses)는 동물의 죽은 몸통을 말하고, 이때 머리가 붙었는지는 불문한다. 또한 이분도체는 도체를 둘로 가른 것이다.

2) 설육(屑肉, meat offal)은 다음의 4종류로 구분된다.

① **주로 식용에 쓰이는 것** : 예로 머리와 그 절단 육(귀를 포함한다)·족·꼬리·염통·혀·두꺼운 횡경막·얇은 횡경막·대망막·목·흉선 등. 신선한 것·냉장·냉동·염장·염수장·건조 또는 훈제한 것은 이 류에 분류되지만, 식용에 적합하지 않은 경우에는 제0511호에 분류된다.

② **오로지 의료용품의 조제에 사용되는 것** : 예로 담낭(膽囊)·부신(副腎)[3]·태반 등. 신선한 것·냉장·냉동한 것과 그 밖의 일시적인 보존처리를 한 경우에는 제0510호에 분류되며, **건조된** 경우에는 제3001호에 분류된다.

③ **식용 또는 의료용품의 조제에 사용될 수 있는 것** : 예로 간·콩팥·허파·뇌·췌장·비장·척수·난소·자궁·불알·유방·갑상선·뇌하수체 등. 의료용품 조제용으로 글리세롤·아세톤·알코올·포름알데히드 등에 일시적인 저장이 된 경우에는 제0510호에 분류하고, **건조된** 경우에는 제3001호, 식용에 적합한 것은 제2류, 식용에 적합하지 아니한 것은 제0511호에 각각 분류된다.

④ **식용 또는 앞에서 설명한 이외의 용도에 사용될 수 있는 것** : 예로 가죽으로 사용될 수 있는 동물의 껍질부분 등. 식용에 적합한 경우에 한하여 제2류에 분류하며, 식용에 부적합한 것은 일반적으로 제0511호 또는 제41류에 분류한다.

※ 동물(어류 제외)의 **장·방광 및 위**(guts, bladders or stomachs)는 식용에 적합한 경우라 하더라도 제0504호[4]에 분류된다.

3) **이 류의 육·설육과 제16류의 육·설육의 구분** : 이 류에는 미리 대강 열처리되었거나 이와 유사한 처리가 된 것을 불문하고 다음 상태의 육과 설육이 분류된다. 다만 조리된 것(cooked)은 제외된다.

① **신선한 것** : 수송 중 일시적인 저장을 목적으로 소금을 사용하여 포장된 육과 설육도 포함한다.

② **냉장한 것** : 동결되지 않고 대략 0℃ 정도로 온도가 강하된 상태의 것

③ **냉동한 것** : 전체적으로 동결될 때까지 제품의 온도를 그 빙점 아래로 냉각시키는 것

④ **염장·염수장·건조 또는 훈제한 것**

4) 설탕 또는 설탕물을 약간 뿌린 육과 설육도 이 류에 분류된다. 또한 위 3)에 열거된 상태의 육과 설육은 단백질 분해효소(예 : papain)[5]로 유연처리하거나 또는 절단·다진 것(분쇄한 것)인지의 여부를 불문하고 이 류에 분류된다. 그 이외에 이 류의 각기 다른 호에 해당하는

3 담낭(膽囊, gall bladder)은 쓸개의 다른 말이며, 쓸개즙을 농축하고 저장하는 주머니이다. 부신(副腎, adrenal gland)은 콩팥 위에 위치한 내분비기관으로 여러 호르몬을 분비한다.

4 제0504호 : 동물(어류는 제외한다)의 장·방광·위의 전체나 부분(신선한 것·냉장이나 냉동한 것·염장이나 염수장한 것·건조한 것·훈제한 것으로 한정한다)

5 파파인(papain)은 파파야 과실에서 결정 상태로 얻어지는 단백질 가수분해효소를 말한다.

물품의 혼합물과 복합물도 이 류에 분류된다[예 : 제0209호의 돼지비계를 입힌 제0207호의 가금(家禽)의 육].

또한 식용에 적합한 육과 설육으로서 고운 가루 또는 거친 가루 모양의 것은 조리한 것인지 여부를 불문하고 이 류에 포함한다.

이 류의 육과 설육은 밀폐용기에 넣은 것(예 : 건육통조림)이라 할지라도 이 류에 분류된다. 그러나 대개의 경우는 이들 밀폐용기에 넣은 것은 이 류에서 규정하는 것 이외의 방법으로 조제되었거나 저장처리된 것으로서 제16류에 분류된다. 마찬가지로 이 류에 해당하는 육과 설육이 공기조절포장(MAP : Modified Atmospheric Packaging)[6] 공정에 따른 방법으로 포장된 경우에도 이 류(예 : 신선 또는 냉장한 쇠고기 육)에 분류한다.

5) 이 류의 어느 호에도 속하지 않는 육과 설육은 제16류에 분류된다. 예를 들면 다음과 같다.

① 소시지와 이와 유사한 것. 조리한(cooked) 것인지의 여부를 불문한다(제1601호).

② 끓이거나, 증기로 찌거나, 석쇠로 굽거나, 후라이하거나 또는 볶는 등 어떤 방법으로 조리한(cooked) 육과 설육, 또는 이 류에 규정되지 아니한 어떤 다른 방법으로 조제되거나(prepared) 보존처리된(preserved) 육과 설육. 예로 단순히 배터(batter) 또는 빵가루를 입힌 것, 송로(松露)를 첨가한 것, 후추나 소금으로 조미한 육과 설육(제1602호).

[송로(truffle)는 주로 얇게 썰어서 음식에 첨가하는데, 육이나 설육에 송로를 첨가했다는 것만으로 조제된 것으로 보아 제16류에 분류한다.]

6 변형공기포장(MAP : Modified Atmospheric Packaging) 또는 공기조절포장이란 포장공정과정에서 제품을 둘러싸고 있는 공기를 변경하거나 조절하는 것으로, 예로 산소를 제거한 후 질소 또는 이산화탄소로 대체하거나 산소량을 감소시킨 후 질소 또는 이산화탄소를 증가시키는 등의 처리를 한다. 식품류의 저장기간을 대폭 늘릴 수 있다.

Chapter 03

제03류 어류 · 갑각류 · 연체동물과 그 밖의 수생(水生)무척추동물

호	호의 용어
0301	활어
0302	신선하거나 냉장한 어류[제0304호의 어류의 필레(fillet)와 그 밖의 어육은 제외한다]
0303	냉동어류[제0304호의 어류의 필레(fillet)와 기타 어육은 제외한다]
0304	어류의 필레(fillet)와 그 밖의 어육(잘게 썰었는지에 상관없으며 신선한 것, 냉장 · 냉동한 것으로 한정한다)
0305	건조한 어류, 염장이나 염수장한 어류, 훈제한 어류(훈제과정 중이나 훈제 전에 조리한 것인지에 상관없다), 어류의 고운 가루 · 거친 가루와 펠릿(pellet)(식용에 적합한 것으로 한정한다)
0306	갑각류[껍데기가 붙어 있는 것인지에 상관없으며 살아 있는 것과 신선한 것 · 냉장이나 냉동한 것 · 건조한 것 · 염장이나 염수장한 것, 훈제한 것(껍데기가 붙어 있는 것인지 또는 훈제 전이나 훈제과정 중에 조리한 것인지에 상관없다), 껍데기가 붙어 있는 상태로 물에 찌거나 삶은 것(냉장이나 냉동한 것 · 건조한 것 · 염장이나 염수장한 것인지에 상관없다), 갑각류의 고운 가루 · 거친 가루와 펠릿(pellet)(식용에 적합한 것으로 한정한다)을 포함한다]
0307	연체동물[껍데기가 붙어 있는지에 상관없으며 살아 있는 것과 신선한 것 · 냉장이나 냉동한 것 · 건조한 것 · 염장이나 염수장한 것, 훈제한 것(껍데기가 붙어 있는 것인지 또는 훈제 전이나 훈제과정 중에 조리한 것인지에 상관없다), 연체동물의 고운 가루 · 거친 가루와 펠릿(pellet)(식용에 적합한 것으로 한정한다)을 포함한다]
0308	수생(水生)무척추동물[갑각류와 연체동물은 제외하며, 살아 있는 것과 신선한 것 · 냉장이나 냉동한 것 · 건조한 것, 염장이나 염수장한 것, 훈제한 것(갑각류와 연체동물은 제외하며, 훈제 전이나 훈제과정 중에 조리한 것인지에 상관없다), 수생(水生)무척추동물(갑각류와 연체동물은 제외한다)의 고운 가루 · 거친 가루와 펠릿(pellet)(식용에 적합한 것으로 한정한다)을 포함한다]

류주

1. 이 류에서 다음 각 목의 것은 제외한다.
   가. 제0106호의 포유동물
   나. 제0106호의 포유동물의 육(제0208호나 제0210호)
   다. 죽은 것으로서 그 종(種)이나 상태로 보아 식용에 적합하지 않은 어류[간과 어란(魚卵)을 포함한다] · 갑각류 · 연체동물이나 그 밖의 수생(水生)무척추동물[7](제5류), 식용에 적합하지 않은 어류 · 갑각류 · 연체동물이나 그 밖의 수생(水生)무척추동물의 고운 가루 · 거친 가루나 펠릿(pellet)(제2301호)

7 제03류에서 그 밖의 수생무척추동물(other aquatic invertebrates)이란 갑각류와 연체동물 이외의 수생무척추동물을 말하는 것으로서, 대표적인 종류로는 해삼, 성게, 멍게, 해파리 등이 있다.

라. 캐비아, 어란(魚卵)으로 조제한 캐비아 대용물(제1604호)

2. 이 류에서 "펠릿(pellet)"이란 직접 압축하거나, 소량의 점결제(small quantity of binder)를 첨가하여 응결시킨 물품을 말한다.

[캐비아(caviar)는 철갑상어알로, 상어를 잡자마자 알을 꺼내 알 가장자리의 막을 제거하고 소금에 절여 보존처리한 것이다. 이 물품은 조제한 것으로 보아 제16류에 분류한다.]

펠릿은 일반적으로 원래의 물질을 압축하여 만든 작은 입자 덩어리를 말한다. 그런데 직접 압축이 곤란한 경우에는 소량의 점결제를 넣어 응결시키기도 한다.

◉ 총설

1) 이 류에는 생사를 불문하고 모든 어류・갑각류・연체동물과 그 밖의 수생무척추동물이 분류되는데, 이들은 직접 식용・공업용(통조림 등)・부화용・관상용 등으로 제시된다. 다만, 이들 종류나 상태로 보아 식용에 사용할 수 없거나 부적합한 죽은 어류・갑각류・연체동물과 그 밖의 수생무척추동물은 제외한다(이들은 제5류에 분류).

[펠릿형태를 만들 때 직접 압축이 되지 않는 재료인 경우에는 소량의 점결제를 첨가하여 응결시킨다.]

또한 이 류에는 모든 종류의 식용이 가능한 어란(edible fish roe)이 분류되는데, 이것은 조제 또는 저장처리하지 아니한 것 또는 단지 이 류에서 규정한 공정에 의하여 조제 또는 저장처리된 것에 한정한다. 이 외의 방법으로 조제 또는 보존처리된 어란은 자궁막에 싸여 있는지 여부를 불문하고 제1604호에 분류된다.

2) **이 류의 물품과 제16류 물품의 구분** : 이 류에는 간장(livers)과 어란(roes)을 포함한 어류, 갑각류, 연체동물과 그 밖의 수생무척추동물로서 이 류의 각 호에 기술된 상태의 것들이 분류된다. 이러한 전제에 해당하는 경우에는 절단한 것・다진 것 등 처리의 유무를 불문하고 이 류에 분류된다. 그 이외에 이 류의 각기 다른 호에 해당하는 물품의 혼합물과 복합물(예 : 제0306호의 갑각류와 결합시킨 제0302호~제0304호의 어류)은 이 류에 분류된다.

[batter를 입힌 fillet. batter는 밀가루에 물이나 우유, 달걀, 설탕, 샐러드유 등을 섞은 걸죽한 반죽을 말한다. 배터를 입힌 필레는 제16류에 분류한다.]

반면에 어류・갑각류・연체동물과 그 밖의 수생무척추동물이 조리되었거나(cooked), 또는 이 류에 규정되지 않은 방법으로 조제되었거나(prepared) 보존처리된(preserved) 경우에는 제16류에 분류된다. 이러한 예로 단순히 배터(batter) 또는 빵가루를 입힌 어류의 필레(fillets)나 조리된 어류 등을 들 수 있겠다.

그러나 훈제한 어류(smoked fish) 및 훈제한 갑각류·연체동물과 그 밖의 수생무척추동물[이들은 훈제과정이나 훈제이전에 조리될(cooked) 수도 있다], 그리고 껍질이 붙은 채로 단순히 물에 찌거나 삶은 갑각류는 각각 제0305호, 제0306호, 제0307호 및 제0308호에 분류된다. 그리고 조리된(cooked) 어류·갑각류·연체동물 또는 그 밖의 수생무척추동물로부터 얻어진 고운 가루·거친 가루와 펠릿(pellet)은 각각 제0305호, 제0306호, 제0307호 및 제0308호에 분류된다는 것을 유의하여야 한다.

또한 이 류의 어류·갑각류·연체동물 및 그 밖의 수생무척추동물은 밀폐용기에 든 것이라도 이 류에 분류된다(예 : 훈제 연어 통조림). 그러나 밀폐용기에 든 것들의 대부분의 경우는 이 류의 각 호에 규정된 이외의 방법으로 조제되었거나 저장된 것이며, 따라서 이들은 제16류에 분류된다.

마찬가지로 이 류에 해당하는 어류·갑각류·연체동물과 그 밖의 수생무척추동물이 변형공기포장(MAP: Modified Atmospheric Packaging) 공정에 따른 방법으로 포장된 경우에도 이 류(예 : 신선 또는 냉장한 어류)에 분류한다.

Chapter 04

제 04 류 낙농품, 새의 알, 천연꿀, 다른 류로 분류되지 않은 식용인 동물성 생산품

호	호의 용어
0401	밀크와 크림(농축하지 않은 것으로서 설탕이나 그 밖의 감미료를 첨가하지 않은 것으로 한정한다)
0402	밀크와 크림(농축하였거나 설탕이나 그 밖의 감미료를 첨가한 것으로 한정한다)
0403	버터밀크 · 응고밀크와 응고크림 · 요구르트 · 케피어(kephir)와 그 밖의 발효되거나 산성화된 밀크와 크림(농축한 것인지 또는 설탕이나 그 밖의 감미료를 첨가한 것인지 또는 향 · 과실 · 견과류 · 코코아를 첨가한 것인지에 상관없다)
0404	유장(농축한 것인지 또는 설탕이나 그 밖의 감미료를 첨가한 것인지에 상관없다)과 따로 분류된 것 외의 천연밀크의 성분을 함유하는 물품(설탕이나 그 밖의 감미료를 첨가한 것인지에 상관없다)
0405	버터와 그 밖의 지방과 기름(밀크에서 얻은 것으로 한정한다), 데어리 스프레드(dairy spread)
0406	치즈와 커드(curd)
0407	새의 알(껍질이 붙은 것으로서 신선한 것, 보존처리하거나 조리한 것으로 한정한다)
0408	새의 알(껍질이 붙지 않은 것)과 알의 노른자위(신선한 것, 건조한 것, 물에 삶았거나 찐 것, 성형한 것, 냉동한 것이나 그 밖의 보존처리를 한 것으로 한정하며, 설탕이나 그 밖의 감미료를 첨가한 것인지에 상관없다)
0409	천연꿀
0410	따로 분류되지 않은 식용인 동물성 생산품

◉ 류주

1. 이 류에서 "밀크"란 전유(全乳)나 탈지(脫脂)유[일부 탈지(脫脂)나 완전 탈지(脫脂)를 한 것으로 한정한다]를 말한다.

보통 소를 기준으로 대략적으로 우유 100g에는 물 87.8g, 지방 3.9g, 단백질 3.2g, 탄수화물 4.8g이 들어 있고, 나머지는 기타 성분으로 구성되어 있다. 이 류에서 밀크는 원래 상태인 전유(全乳, full cream milk) 외에도 밀크의 가장 중요한 성분 중 하나인 지방을 뽑아낸 탈지유(skimmed milk)도 포함한다.

2. 제0405호에서

가. "버터"란 오로지 밀크에서 얻은 천연버터, 유장(乳漿)버터, 환원버터(신선한 것, 소금을 첨가한 것, 고약한 냄새가 나는 것으로서 버터통조림을 포함한다)를 말한다[유지방의 함유량이 전 중량의 100분의 80 이상 100분의 95 이하이고, 무지유(無脂乳) 고형분의 최대함유량이 전 중량의 100분의 2 이하이며, 최대수분함유량이 전 중량의 100분의 16 이하인 것으로 한정한

다. 버터는 유화제(첨가된 것)를 함유하고 있지 않으나, 염화나트륨 · 식용색소 · 중화염 및 인체에 무해한 유산균을 함유하기도 한다.

나. "데어리 스프레드(dairy spread)"란 유중수적형의 스프레더블 에멀션(spreadable emulsion)을 말한다(지방은 유지방만 함유하여야 하며, 유지방 함유량이 전 중량의 100분의 39 이상 100분의 80 미만인 것으로 한정한다).

1) 버터(butter)는 밀크 중의 **지방을 분리**하여 크림을 만들고, 이것을 휘저어 엉기게 한 다음 응고시켜 만든 유제품이다. 밀크에서 분리한 크림을 천천히 휘저으면 지방만이 유출되어 뭉쳐져서 좁쌀과 같은 크기의 입자(버터과립)을 형성한다. 이것을 이겨서 남아 있는 물이 지방에 분산되도록 유화한 것을 버터라 하며, **유지방이 80% 이상** 되어 상온에서 고체상태로 된다.

제0405호에 분류되는 버터는 다음의 종류가 있다.

① **천연버터(natural butter)** : 밀크로부터 분리한 크림을 추가가공하여 만든 것이다.

② **유장버터(whey butter)** : 치즈나 카세인의 제조 시에 배출되는 유장(乳漿, whey)으로부터 분리하여 얻은 크림으로 제조한 버터로서, 대부분 조성이나 풍미가 보통 버터와 비슷하지만 천연버터보다 품질이 떨어진다.

③ **환원버터(recombined butter)** : 환원버터는 버터의 성분이 되는 요소들을 거꾸로 다시 결합하여 버터를 만드는 것이다. 즉 밀크지(milk fat), 탈지유 분말, 물 소금 및 레시틴을 성분비율로 맞추어 결합시켜 만든다.

2) 제0405호의 버터는 다음과 같은 일정한 성분의 구성조건을 만족해야 한다.

① 유지방의 함유량이 전 중량의 80% 이상 95% 이하이어야 한다.

② 무지유(無脂乳) 고형분(milk solids-not-fat content)의 최대함유량이 전 중량의 2% 이하이어야 한다. 무지유 고형분이란 밀크에서 유지방과 물 이외의 성분을 말한다. 무지유 고형분의 구성성분으로는 카세인, 유당(lactose), 비타민, 무기질 등이 있다.

③ 최대수분함유량이 전 중량의 100분의 16 이하인 것으로 한정한다.

3) 버터에는 유화제(첨가된 것)를 함유하고 있지 않으나, 염화나트륨 · 식용색소 · 중화염(neutralising salts)이나 인체에 무해한 유산균을 함유하기도 한다. 유화제(乳化劑, emulsifier)란 서로 잘 섞이지 않는 물질을 잘 섞이도록 도와주는 물질을 말한다. 버터는 기존의 밀크에 함유되어 있는 레시틴(lecithin)이 유화제로서 작용하므로, 기존 성분 이외에 별도의 유화제를 첨가하여서는 안 된다. 다만 염화나트륨 · 식용색소 · 중화염이나 인체에 무해한 유산균을 함유하기도 한다.

4) 데어리 스프레드(dairy spread)는 지방으로 **유지방만 함유**하는 버터의 일종으로 "가공버터"라고도 한다. 이것은 밀크 중의 지방을 분리하고, 여기에 유화제 · 조미료 · 향료 · 색소 및 보존료 등을 가하여 만든다. 데어리 스프레드는 유지방의 함유량이 전 중량의 39% 이상 80% 미만인데, 이는 일반 버터보다 빵 등에 잘 발라진다[스프레드블(spreadable)하다].

데어리 스프레드는 유지방에 각종의 여러 성분을 섞어야 하는데, 이때 유화제(乳化劑)를 별도로 첨가하게 된다. 유화(乳化)란 물과 기름과 같이 서로 잘 혼합되지 않는 두 종류의 액체를 안정되게 혼합시켜 장시간 그 상태를 유지하는 것을 말한다. 이렇게 유화상태를 장시간 유지하기 위해 사용되는 물질을 유화제라 한다. 유화의 종류에는 수중유적형(水中油滴型, oil-in-water type)과 유중수적형(油中水滴型, water-in-oil type)이 있다. 수중유적형이란 분산매인 물속에 기름이 가는 입자모양으로 분산되어 있는 것을 말하고, 반대로 유중수적형이란 기름 속에 물이 분산되어 있는 것을 말한다. 이 중에 데어리 스프레드는 유중수적형의 에멀션을 말한다.[8]

5) 데어리 스프레드는 마가린과 구별이 되어야 한다. 마가린은 버터를 대체하기 위해 만든 것으로, 데어리 스프레드가 지방으로 유지방만 사용하는 것과는 달리, 마가린은 액체인 **식물성 기름**을 주로 사용하여 부분적으로 고체화시킨 제품이다. 버터와 비슷한 맛을 내기 위해 소금과 색소·비타민 등을 첨가한다. 마가린은 주요 성분이 식물성 유지이고, 유지방은 39% 미만으로 소량 들어 있어 제4류의 낙농품으로 분류하지 않고 제15류에 분류한다.

3. 유장의 농축물에 밀크나 유지방을 첨가하여 얻은 물품으로서, 다음의 세 가지 특성을 가지는 경우에는 제0406호의 치즈로 분류한다.
   가. 유지방의 함유량이 건조중량으로 전 중량의 100분의 5 이상인 것
   나. 건조물(dry matter content)의 함유량이 전 중량의 100분의 70 이상 100분의 85 이하인 것
   다. 성형되어 있거나 성형될 수 있는 것

1) 치즈란 전유·탈지유·크림이나 버터밀크[9] 등의 원료 밀크를 유산균에 의해 약간 발효시키고, 레네트(rennet) 등 응유효소를 가하여 응고시킨 후 유장(whey)을 제거한 커드(curd)를 숙성시킨 것을 말한다. 본 주에서 정의하는 것은 일반적인 치즈가 아니고, 유장에서 거꾸로 성분을 첨가하여 치즈를 만든 유장치즈(whey cheese)이다.

2) 밀크의 주요 단백질인 카세인은 레네트(rennet)라는 효소로 응고된다. 유장(乳漿, whey)은 이와 같이 밀크가 커드로 응고되고 이를 걸러낸 뒤 남은 액체로서, 밀크로 치즈 또는 카세인을 제조할 때 생기는 부산물이다. 미황색의 액체로 수분이 대부분을 차지하며, 4~5%의 유당, 1% 이하의 단백질, 소량의 지방과 회분으로 되어 있다.

[치즈공정 중 레네트(rennet)를 붓고 있는 모습. 레네트는 카세인을 응고하게 하는 효소이다.]

유장은 그 함유된 성분을 활용하여 유장버터나 유장치즈 등의 제조에 사용되는데, 유장치즈의 경우에는 유장의 농축물에 밀크나 유지방을 첨가하여 얻은 물

8 유중수적형에는 버터, 데어리 스프레드와 마가린 등이 있고, 수중유적형에는 마요네즈나 아이스크림 등이 있다.
9 버터밀크(butter milk)란 크림을 휘저어 버터로 응고시킨 이후에 남은 액체부분을 말한다.

품으로서, 유지방의 함유량이 전 중량의 5% 이상이어야 하고, 건조물의 함유량(dry matter content)이 전 중량의 70% 이상 85% 이하이어야 하며, 성형되어 있거나 성형될 수 있어야 한다.

[커드와 유장. 하얗게 덩어리진 것이 커드이고 이는 치즈로 가공된다. 나머지 액체가 유장이다.]

4. 이 류에서 다음 각 목의 것은 제외한다.
   가. 유장으로부터 얻어진 물품으로서 건조물 상태에서 계산하여 무수유당(無水乳糖)으로 표시한 유당(乳糖)의 함유량이 전 중량의 100분의 95를 초과하는 것(제1702호)
   나. 알부민[건조물 상태에서 계산한 유장단백질(whey protein)의 함유량이 전 중량의 100분의 80을 초과하는 둘 이상의 유장단백질의 농축물을 포함한다(제3502호)]과 글로불린(globulin)(제3504호)

1) 밀크에는 지방과 단백질 이외에도 유당(乳糖, lactose)이 들어 있다. 유장으로부터 얻어진 물품으로서 건조물 상태에서 계산하여 무수유당(無水乳糖, anhydrous lactose)으로 표시한 유당의 함유량이 전 중량의 95%를 초과하는 것은 당류로 보아 제1702호에 분류한다.
2) 제35류에는 "**단백질계 물질**, 변성전분, 글루(glue), 효소"가 분류된다. 이 중에 단백질계 물질에는 다양한 단백질이 분류되는데, 밀크의 단백질 성분 중에 대부분을 차지하는 **카세인**(제3501호)이 분류되고, 또한 알부민(제3502호)과 글로불린(제3504호) 등도 분류된다.
   유장단백질은 탈지유에서 카세인을 제거한 유장에 함유되어 있는 가용성 단백질들을 말한다. 유장단백질은 몇 종류가 알려져 있는데, 건조물 상태에서 계산한 유장단백질의 함유량이 전 중량의 80%를 초과하는 둘 이상의 유장단백질의 농축물은 제3502호에 분류하고, 80% 이하이면 제0404호[10]에 분류한다.

◉ 소호주

1. 소호 제0404.10호에서 "변성유장(modified whey)"이란 유장의 성분으로 구성된 물품(예 : 유장으로부터 유당·단백질·무기질의 전부나 일부를 제거한 것, 유장에 유장의 천연성분을 첨가한 것, 유장의 천연성분을 혼합하여 얻은 것)을 말한다.

2. 소호 제0405.10호의 "버터"는 탈수한 버터(dehydrated butter)나 버터기름(ghee)이 포함되지 않는다(소호 제0405.90호).

10 제0404호 : 유장(농축한 것인지 또는 설탕이나 그 밖의 감미료를 첨가한 것인지에 상관없다)과 따로 분류된 것 외의 천연밀크의 성분을 함유하는 물품(설탕이나 그 밖의 감미료를 첨가한 것인지에 상관없다)

HSK				품명	Description
0405				버터와 그 밖의 지방과 기름(밀크에서 얻은 것으로 한정한다), 데어리 스프레드(dairy spread)	Butter and other fats and oils derived from milk; dairy spreads.
	10	00	00	버터	Butter
	20	00	00	데어리 스프레드(dairy spread)	Dairy spreads
	90	00	00	기타	Other

탈수한 버터는 주로 분말형태로 포장되어 거래된다. 또한 버터기름(ghee)은 동남아시아에서 만들어지는 버터로 주로 물소의 밀크로부터 만드는데, 고체형태가 아닌 묽은 형태이다. 이들은 제0405.10호에 분류되지 않고, 제0405.90호의 "기타"로 분류된다.

[버터기름(ghee)은 묽은 형태의 버터이다.]

◉ 총설

이 류에는 다음의 물품이 분류된다.

① **낙농품** : 전지유(全脂乳)와 일부 또는 완전하게 탈지한 밀크, 크림, 버터밀크·응고밀크와 응고크림(curdled milk and cream)·요구르트·케피어(kephir)[11] 및 그 밖의 발효 또는 산성화된 밀크와 크림, 유장(乳漿), 천연밀크 성분으로 구성된 제품(다른 류에 분류되지 않은 것에 한함), 밀크로부터 얻어진 버터와 기타 유지(油脂), 치즈와 커드

② 새의 알과 알의 노른자위

③ 천연꿀

④ 식용의 동물성 생산품(다른 류에 분류되지 않은 것에 한한다). 제4류는 식용의 동물성 생산품으로서 다른 류에 분류되지 않은 것을 분류하도록 한 중요한 잔여 호이다.

11 케피어(kephir)는 코카서스 지방에서 소, 양, 염소 등의 젖을 발효시킨 것을 말한다.

Chapter 05

제05류 다른 류에 분류되지 아니한 동물성 생산품

호	호의 용어
0501	사람 머리카락(가공하지 않은 것으로 한정하며, 세척이나 세정을 했는지에 상관없다)과 그 웨이스트(waste)
0502	돼지털 · 멧돼지털 · 오소리털과 그 밖의 브러시 제조용 동물의 털과 이들의 웨이스트(waste)
0504	동물(어류는 제외한다)의 장 · 방광 · 위의 전체나 부분(신선한 것 · 냉장이나 냉동한 것 · 염장이나 염수장한 것 · 건조한 것 · 훈제한 것으로 한정한다)
0505	새의 깃털이나 솜털이 붙은 가죽과 그 밖의 부분, 깃털과 그 부분(가장자리를 정리했는지에 상관없다), 새의 솜털(청정 · 소독 · 보존을 위한 처리 이상의 가공을 하지 않은 것으로 한정한다), 새의 깃털이나 그 부분의 가루와 웨이스트(waste)
0506	뼈와 혼코어(horn-core)[가공하지 않은 것, 탈지(脫脂)한 것, 단순히 정리한 것(특정한 형상으로 깎은 것은 제외한다), 산(酸)처리를 하거나 탈교한(degelatinised) 것], 이들의 가루와 웨이스트(waste)
0507	아이보리(ivory) · 귀갑(龜甲) · 고래수염과 그 털 · 뿔(horn) · 사슴뿔 · 발굽 · 발톱 · 부리(가공하지 않은 것과 단순히 정리한 것으로 한정하며, 특정한 모양으로 깎은 것은 제외한다), 이들의 가루와 웨이스트(waste)
0508	산호와 이와 유사한 물품(가공하지 않은 것과 단순히 정리한 것으로 한정하며, 더 이상의 가공을 한 것은 제외한다), 연체동물 · 갑각류 · 극피동물의 껍데기와 오징어뼈(가공하지 않은 것과 단순히 정리한 것으로 한정하며, 특정한 모양으로 깎은 것은 제외한다)와 이들의 가루와 웨이스트(waste)
0510	용연향(ambergris) · 해리향(castoreum) · 시빗(civet)과 사향, 캔대리디즈(cantharides), 쓸개즙(건조했는지에 상관없다), 의약품 제조용 선(腺)이나 그 밖의 동물성 생산품(신선한 것, 냉장 · 냉동이나 그 밖의 방법으로 일시적으로 보존하기 위하여 처리한 것으로 한정한다)
0511	따로 분류되지 않은 동물성 생산품과 제1류나 제3류의 동물의 사체로서 식용에 적합하지 않은 것

◉ 류주

1. 이 류에서 다음 각 목의 것은 제외한다.
   가. 식용에 적합한 것(동물의 장 · 방광 · 위의 전체나 부분, 액체상태이거나 건조한 동물의 피는 제외한다)
   나. 원피(모피를 포함한다)(제41류 · 제43류). 다만, 제0505호에 해당하는 물품이나 제0511호에 해당하는 원피의 페어링(paring)과 이와 유사한 웨이스트(waste)는 제외한다.
   다. 동물성 직물용 재료(제11부). 다만 말의 털과 그 웨이스트(waste)는 제외한다.
   라. 비나 브러시 제조용으로 묶었거나 술(tuft)의 모양으로 정돈한 물품(제9603호)

2. 사람 머리카락을 길이에 따라 선별한 것(양끝을 정돈하지 않은 것으로 한정한다)은 제0501호에서의 가공하지 않은 것으로 본다.

사람의 머리카락을 길이에 따라 선별한 것(sorting of hair by length)이란 머리카락의 길이별로 구분했다는 것이다. 그러나 머리카락의 양끝을 가지런하게 정돈한 것은 가공한 사람의 머리카락으로 보아 제6703호[12]에 분류한다.

[사향(麝香, musk)은 사향노루의 분비물로서, 천연의 동물성 향료이다. 제13류의 식물성 생산품과 대비된다.]

3. 이 표에서 코끼리·하마·해마·일각고래·산돼지의 엄니, 서각과 모든 동물의 이는 아이보리(ivory)로 본다.

아이보리는 원래 코끼리의 상아(象牙)를 말하지만, HS에서 아이보리는 코끼리뿐만 아니라 하마·해마·일각고래·산돼지의 엄니(tusk), 서각[13]과 모든 동물의 이를 포괄한다.

4. 이 표에서 "말의 털(horsehair)"이란 마속동물이나 소의 갈기털과 꼬리털을 말한다.

말의 털의 의미도 위 주 3호과 유사하게 그 의미의 범위를 넓힌다. 즉 말의 털을 마속동물(equine)뿐만 아니라 소(bovine)의 갈기털과 꼬리털까지 적용한다.

◉ 총설

이 류에는 가공하지 않았거나 단순히 정리한 각종의 동물성 재료가 분류되는데, 이것은 일반적으로 **식용에 사용되지 않는** 것으로서 이 표의 다른 류에서는 취급하고 있지 않은 것에 한한다.

다만 동물의 피와 장·방광 및 위는 식용으로 사용한다 하더라도 제05류에 분류한다. 이 중 동물의 피는 식용가능 여부를 불문하고 액체상태나 건조상태의 것은 제05류에 분류한다. 다만 치료·예방 또는 진단용으로 조제한 동물의 피는 이 호에서 제외한다(제3002호).

동물의 장(腸, intestines)으로 만드는 물품 중에 캣거트(catgut)라는 것이 있다. 캣거트는 주로 양이나 염소 장(腸)의 벽에서 발견되는 천연섬유질로 만든 끈(cord)이다. 이 캣거트는 살균한 외과수술용의 캣거트(제3006호), 정구채의 줄(제4206호)과 악기의 현(弦)(제9209호)의 제조에 사용된다.

[첼로용의 현. 동물의 장은 식용여부를 불문하고 제5류에 분류되지만, 이를 재료로 만든 캣거트(catgut)는 용도에 따라 분류된다. 첼로현은 제9209호에 분류된다.]

12 제6703호 : 사람 머리카락(정돈·표백이나 그 밖의 가공을 한 것으로 한정한다), 가발이나 이와 유사한 것을 제조하기 위한 양모나 그 밖의 동물의 털이나 그 밖의 방직용 섬유재료

13 엄니(tusk)란 길고 강하게 발달한 포유류의 송곳니를 말하고, 서각(犀角, rhinoceros horns)은 코뿔소의 뿔을 말한다.

제 02 부 식물성 생산품

류	류의 표제
06	살아 있는 수목과 그 밖의 식물, 인경(鱗莖) · 뿌리와 이와 유사한 물품, 절화(切花)와 장식용 잎
07	식용의 채소 · 뿌리 · 괴경(塊莖)
08	식용의 과실과 견과류, 감귤류 · 멜론의 껍질
09	커피 · 차 · 마테(mate) · 향신료
10	곡물
11	제분공업의 생산품과 맥아, 전분, 이눌린(inulin), 밀의 글루텐(gluten)
12	채유(採油)에 적합한 종자와 과실, 각종 종자와 과실, 공업용 · 의약용 식물, 짚과 사료용 식물
13	락(lac), 검 · 수지 · 그 밖의 식물성 수액과 추출물(extract)
14	식물성 편조물(編組物)용 재료와 다른 류로 분류되지 않은 식물성 생산품

◉ 부주

1. 이 부에서 "펠릿"이라 함은 직접 압축하거나 또는 전 중량의 100분의 3 이하의 점결제(binder)를 첨가하여 응결시킨 물품을 말한다.

제03류에서는 "펠릿"의 정의에서 "**소량의 점결제**를 첨가하여 응결시킨 물품"이라고 하여, 본 부주의 "**100분의 3 이하의 점결제**를 첨가하여 응결시킨 물품"과 약간의 차이가 있다.

Chapter 06

제06류 살아 있는 수목과 그 밖의 식물, 인경(鱗莖)·뿌리와 이와 유사한 물품, 절화(切花)와 장식용 잎

호	호의 용어
0601	인경(鱗莖)·괴경(塊莖)·괴근(塊根)·구경(球莖)·근경(根莖)으로서 휴면(休眠)상태이거나 자라고 있거나 꽃이 피어 있는 것, 치커리·치커리 뿌리(제1212호의 뿌리는 제외한다)
0602	그 밖의 살아 있는 식물(뿌리를 포함한다)·꺾꽂이용 가지·접붙임용 가지, 버섯의 종균(種菌)
0603	절화(切花)와 꽃봉오리(신선한 것과 건조·염색·표백·침투나 그 밖의 가공을 한 것으로서 꽃다발용이나 장식용에 적합한 것으로 한정한다)
0604	식물의 잎·가지와 그 밖의 부분(꽃과 꽃봉오리가 없는 것으로 한정한다), 풀·이끼·지의(地衣)(신선한 것과 건조·염색·표백·침투나 그 밖의 가공을 한 것으로서 꽃다발용이나 장식용에 적합한 것으로 한정한다)

◉ 류주

1. 이 류에서는 제0601호의 후단 외에는 통상 육묘·육종업자나 판매업자가 재배용이나 장식용으로 공급하는 살아 있는 수목이나 상품(채소의 모종을 포함한다)으로 한정한다. 다만, 제7류의 감자·양파·쪽파·마늘이나 기타의 물품은 제외한다.

[치커리와 치커리 뿌리. 볶아서 커피대용물로 사용하는 치커리 뿌리는 제1212호에 분류된다.]

   1) 제0601호 : 인경(鱗莖)·괴경(塊莖)·괴근(塊根)·구경(球莖)·근경(根莖)[14]으로서 휴면(休眠)상태이거나 자라고 있거나 꽃이 피어 있는 것, 치커리·치커리 뿌리(제1212호의 뿌리는 제외한다)

   2) 제0601호의 후단이란 "치커리·치커리 뿌리(제1212호의 뿌리는 제외한다)"를 말한다. 치커리의 뿌리는 볶아서 중요한 커피대용물로 사용하는데, 이렇게 커피대용물로 사용하는 치커리 뿌리는 제1212호에 분류하고, 볶은 치커리의 뿌리는 제21류에 분류한다. 기타의

14 인경(鱗莖, bulbs) : 비늘줄기. 짧은 줄기 둘레에 많은 양분을 가진 두꺼운 잎이 많이 겹쳐져 만들어진 땅속줄기. 양파, 마늘 등.
괴경(塊莖, tubers) : 덩이줄기. 덩이 모양을 이룬 땅속줄기. 감자, 토란 등.
괴근(塊根, tuberous roots) : 뿌리 변태형의 하나로서, 식물의 뿌리가 영양분을 저장하기 위해 크고 뚱뚱해진 것으로 녹말 등이 저장되어 있다. 덩이뿌리. 고구마, 무 등이 있다.
구경(球莖, corms) : 땅속줄기가 구형으로 뚱뚱해진 알뿌리의 한 형태이다. 토란·글라디올러스 등이 있다.
근경(根莖, rhizomes) : 식물의 줄기가 뿌리처럼 땅속으로 뻗어서 자라나는 땅속줄기이다. 연근, 죽순대 등이 속한다.

치커리(chicory plants)와 치커리 뿌리(chicory roots)는 제0601호에 분류하는데, 치커리와 치커리 뿌리는 육묘·육종업자나 판매업자가 공급하지 않아도 제0601호에 분류한다.
치커리에 대한 내용을 제외하고, 제06류에는 통상 육묘·육종업자나 판매업자가 **재배용이나 장식용**으로 공급하는 **살아 있는**(live) 수목이나 상품(채소의 모종을 포함한다)으로 한정한다. 다만, 제06류의 인경(鱗莖)·괴경(塊莖)·괴근(塊根) 등에는 제7류에 속하는 채소인 감자·양파·쪽파·마늘이나 그 밖의 물품이 속할 수 있는데, 이들은 제6류에서 제외된다.

2. 제0603호나 제0604호에 열거한 물품에는 해당 물품의 전부나 일부로 제조한 꽃다발·꽃바구니·화환과 그 밖에 이와 유사한 물품을 포함한다(다른 재료로 된 부속품을 사용했는지에 상관없다).
다만, 이들 호에서는 제9701호의 콜라주와 이와 유사한 장식판은 제외한다.

콜라주(collage)는 벽지, 낡은 서책의 삽화, 사진, 무늬가 있는 천 등을 모아 **붙여서 화면을 구성**하는 기법 또는 그러한 기법에 의해 제작되는 회화를 가리킨다. 절화나 꽃봉오리, 식물의 잎이나 가지와 풀·이끼·지의(地衣) 등을 붙여 만든 콜라주와 이와 유사한 장식판은 제97류에 분류된다.

[꽃과 줄기로 만든 콜라주. 절화나 꽃봉오리, 식물의 잎이나 가지 등을 붙여 만든 콜라주는 제97류에 분류된다.]

◉ 총설

이 류에는 육묘·육종업자나 판매업자에 의하여 공급되는 것으로서 재배용이나 장식용에 적합한 상태의 모든 종류의 살아 있는 식물(植物)이 포함되며, 또한 육묘·육종업자나 판매업자가 일반적으로 공급하지 않는 것이라 할지라도 치커리 및 치커리 뿌리(제1212호의 뿌리를 제외한다)가 분류된다. 다만 이 류에는 식용인지 재배용인지의 구분이 명확하지 않은 종자와 열매 또는 괴경과 인경(감자·양파·쪽파·마늘 등)은 제외된다. 이 류에는 또한 다음의 것이 분류된다.

① 절화(切花)·꽃봉오리·잎·가지와 식물의 그 밖의 부분으로서 신선한 것·건조한 것·염색한 것·표백한 것 또는 장식용으로 만들어진 것
② 꽃다발·화환·꽃바구니 및 이와 유사한 화훼제품

Chapter 07

제 07 류 식용의 채소 · 뿌리 · 괴경(塊莖)

호	호의 용어
0701	감자(신선한 것이나 냉장한 것으로 한정한다)
0702	토마토(신선한 것이나 냉장한 것으로 한정한다)
0703	양파 · 쪽파 · 마늘 · 리크(leek)와 그 밖의 파속의 채소(신선한 것이나 냉장한 것으로 한정한다)
0704	양배추 · 꽃양배추 · 구경(球莖)양배추 · 케일(kale)과 그 밖에 이와 유사한 식용 배추속(신선한 것이나 냉장한 것으로 한정한다)
0705	상추[락투카 사티바(Lactuca sativa)]와 치커리(chicory)[시커리엄(Cichorium)종](신선한 것이나 냉장한 것으로 한정한다)
0706	당근 · 순무 · 샐러드용 사탕무뿌리 · 선모(仙茅) · 셀러리액(celeriac) · 무와 그 밖에 이와 유사한 식용 뿌리(신선한 것이나 냉장한 것으로 한정한다)
0707	오이류(신선한 것이나 냉장한 것으로 한정한다)
0708	채두류(菜豆類)(꼬투리가 있는지에 상관없으며 신선한 것이나 냉장한 것으로 한정한다)
0709	그 밖의 채소(신선한 것이나 냉장한 것으로 한정한다)
0710	냉동채소(조리하지 않은 것이나 물에 삶거나 쪄서 조리한 것으로 한정한다)
0711	일시적으로 보존하기 위하여 처리(예 : 이산화유황가스 · 염수 · 유황수나 그 밖의 저장용액으로 보존처리)한 채소(그 상태로는 식용에 적합하지 않은 것으로 한정한다)
0712	건조한 채소(원래 모양인 것, 절단한 것, 얇게 썬 것, 부순 것, 가루 모양인 것으로 한정하며, 더 이상 조제한 것은 제외한다)
0713	건조한 채두류(菜豆類)(꼬투리가 없는 것으로서 껍질을 제거한 것인지 또는 쪼갠 것인지에 상관없다)
0714	매니옥(manioc) · 칡뿌리 · 살렙(salep) · 돼지감자(Jerusalem artichoke) · 고구마와 그 밖에 이와 유사한 전분이나 이눌린(inulin)을 다량 함유한 뿌리 · 괴경(塊莖)[자른 것인지 또는 펠릿(pellet) 모양인지에 상관없으며 신선한 것, 냉장 · 냉동한 것, 건조한 것으로 한정한다], 사고야자(sago)의 심(pith)

◉ 류주

1. 이 류에서 제1214호의 사료용 식물은 제외한다.

   1) 제1214호 : 스위드(swede) · 맹골드(mangold) · 사료용 뿌리채소류(根菜類) · 건초 · 루우산(lucerne) (알팔파) · 클로버(clover) · 샌포인(sainfoin) · 사료용 케일(kale) · 루핀(lupine) · 베치(vetch)와 이와 유사한 사료용 식물[펠릿(pellet) 모양인지에 상관없다]

   2) 제07류에는 사람이 먹기에 적당한 채소 · 뿌리 및 괴경

[마늘은 인경(鱗莖)의 일종이지만, 제07류의 채소로 분류된다.]

이 분류된다. 따라서 동물의 먹이로서의 사료용 식물은 제12류에 분류된다.

2. 제0709호·제0710호·제0711호·제0712호의 "채소(vegetables)"에는 식용 버섯, 송로(松露), 올리브, 케이퍼(caper), 호박류, 가지, 스위트콘[자메이스 변종 사카라타(Zea mays var. saccharata)], 고추류[캡시컴(Capsicum)속]의 열매나 피멘타(Pimenta)속의 열매, 회향(茴香), 파슬리(parsley), 취어빌(chervil), 타라곤(tarragon), 크레스(cress), 스위트 마조람(sweet marjoram)[마요라나 호텐시스(Majorana hortensis)·오리가늄 마요라나(Origanum majorana)]이 포함된다.

제07류의 구성을 보면, 제0701호~제0708호까지는 채소의 종류에 따라 신선한 것과 냉장한 것을 분류한다. 그리고 제0709호에서는 앞부분에 분류되지 않은 그 밖의 신선 및 냉장채소가 분류되고, 제0710호부터 제0712호까지는 채소의 상태나 이들 채소에 가한 처리에 따라 냉동한 것, 일시적 보존을 위한 처리를 한 것, 건조한 것 등으로 분류된다.

3. 제0712호는 제0701호부터 제0711호까지에 해당하는 채소의 건조한 것을 모두 포함하며, 다음 각 목의 것은 제외한다.
   가. 건조한 채두류(菜豆類)(꼬투리가 없는 것으로 한정한다)(제0713호)
   나. 제1102호부터 제1104호까지에 열거된 모양의 스위트콘
   다. 감자의 고운 가루·거친 가루·가루·플레이크(flake)·알갱이·펠릿(pellet)(제1105호)
   라. 제0713호의 건조한 채두류(菜豆類)의 고운 가루·거친 가루·가루(제1106호)

[채두류(菜豆類, leguminous vegetables)는 기름을 짤 수 있는 대두(soya bean)와 달리 채소로서의 콩과식물로서 제07류에 분류된다.]

1) HS에서 콩은 채소류로 분류하는 채두류(제07류)와, 기름을 짜는 데 사용될 수 있는 대두(제1201호), 그리고 점질물과 시커너(thickener)를 얻는 로커스트콩(제1212호)으로 구분할 수 있다. 여기서 건조한 채두류는 중요하여 일반적인 건조채소가 분류되는 제0712호와 달리 별도의 호인 제0713호에 따로 분류된다.
2) 제11류에는 주로 곡분이 분류된다. 제7류의 채소로서 가루형태일 경우에 제11류의 곡분으로 분류되는 것으로는 스위트콘과 감자, 뿌리나 괴경(塊莖)그리고 채두류 등이 있다.
   옥수수는 당의 함유도가 높은 스위트콘과 녹말의 함유도가 높은 일반 옥수수로 나뉘며, 스위트콘은 제07류에, 일반 옥수수는 제10류에 각각 분류된다. 스위트콘은 곡류의 성격보다는 채소의 성격을 주목하여 제07류의 채소로 분류하나, 이 중에 제1102호부터 제1104호[15]의 형상

15 제1102호 : 곡물가루[밀가루나 메슬린(meslin) 가루는 제외한다]
제1103호 : 곡물의 부순 알곡·거친 가루·펠릿(pellet)
제1104호 : 그 밖의 가공한 곡물[예 : 껍질을 벗긴 것·압착한 것·플레이크(flake) 모양인 것·진주 모양인 것·얇은 조각으로 만든 것·거칠게 빻은 것(제1006호의 쌀은 제외한다)], 곡물의 씨눈으로서 원래 모양인 것·압착

으로 된 것, 즉 곡물가루 · 곡물의 부순 알곡 · 거친 가루 · 펠릿 및 그 밖의 형태(예로 껍질을 벗긴 것 · 압착한 것 · 플레이크 모양인 것 · 진주 모양인 것 · 얇은 조각으로 만든 것 또는 거칠게 빻은 것)로 가공한 스위트콘은 제07류에 분류하지 않고 제11류의 해당 호에 분류된다.

4. 이 류에서 건조하거나 부수거나 잘게 부순 고추류[캡시컴(Capsicum)속]의 열매나 피멘타(Pimenta)속의 열매는 제외한다(제0904호).

◉ 총설

1) 이 류에는 이 류의 주 제2호에 열거된 물품을 포함하여, 신선 · 냉장 · 냉동(조리하지 않은 것 또는 **물에 삶거나 찐 것**) 또는 건조한 것이 분류된다. 이들 물품 중의 어떤 종류의 것은 건조되거나 가루모양으로 된 경우에는 때로는 향미료(香味料, flavouring materials)로 사용되는 때도 있으나, 그럼에도 불구하고 제0712호에 분류된다.
   또한 이산화유황가스 · 염수 · 유황수나 그 밖의 저장용액으로 보존처리한 채소가 분류된다. 이러한 채소는 사용 전의 수송이나 보관 중에 단지 일시적인 저장성을 확보하기 위해 처리를 한 채소로서 그대로 **식용에 공할 수 없는** 상태의 것에 한해서 분류한다.
   이 표의 다른 문맥에서 따로 규정한 것을 제외하고는 이 류의 채소에는 원래 모양의 것, 얇게 썬 것, 잘게 썬 것, 조각으로 된 것, 펄프상태의 것, 부스러진 것, 탈피 또는 탈각한 것들이 있다.
   이 류에는 또한 전분이나 이눌린을 다량포함하고 있는 어떤 종류의 괴경(塊莖)과 뿌리(신선 · 냉장 · 냉동 또는 건조한 것에 한함)도 포함되는데, 절단한 것인지 또는 펠릿 모양인지 여부를 불문한다.
2) 이 류의 어느 호에도 해당되지 않는 상태로 제시되는 채소류는 제11류나 또는 제4부에 분류된다. 예를 들어 건조한 채두류의 고운가루와 거친 가루, 감자의 고운가루와 거친 가루 · 플레이크 · 알갱이 및 펠릿은 제11류에 분류되고, 이 류에 규정되지 않은 방법으로 조제(調製)되거나 보존처리된 채소는 제20류에 분류된다.
3) 이 류의 채소는 밀폐용기에 넣은 것(예 : 깡통에 넣은 양피가루)이라도 이 류에 분류된다. 그러나 보통의 경우에는 이러한 용기에 포장된 물품들은 이 류의 각 호에 규정된 이상의 방법으로 조제되거나 저장된 것이므로 이 류에서 제외된다(제20류).
   마찬가지로 이 류에 해당하는 생산품이 변형공기포장(MAP : Modified Atmosphefic Packing) 공정에 따른 방법으로 포장된 경우에도 이 류(예 : 신선 또는 냉장한 채소)에 분류한다. 변형공기포장(MAP) 공정에서는 산소를 제거한 후에 질소나 이산화탄소로 대체하거나, 산소량을 감소시킨 후에 질소나 이산화탄소를 증가시키는 방법과 같이 제품을 둘러싸고 있는 공기를 변경하거나 조절한다.

한 것 · 플레이크(flake) 모양인 것 · 잘게 부순 것

4) 이 류에 해당하는 신선 또는 건조한 채소는 식용, 파종용 또는 재배용인지 여부를 불문한다(예 : 감자·양파·쪽파·마늘·채두류). 단, 이식에 적합한 상태의 묘목(제0602호)은 이 류에서 제외된다.

Chapter 08

제 08 류 식용의 과실과 견과류, 감귤류 · 멜론의 껍질

호	호의 용어
0801	코코넛 · 브라질너트 · 캐슈너트(cashew nut)(신선한 것이나 건조한 것으로 한정하며, 껍데기나 껍질을 벗겼는지에 상관없다)
0802	그 밖의 견과류(신선하거나 건조한 것으로 한정하며, 껍데기나 껍질을 벗겼는지에 상관없다)
0803	바나나[플랜틴(plantain)을 포함하며, 신선하거나 건조한 것으로 한정한다]
0804	대추야자 · 무화과 · 파인애플 · 아보카도(avocado) · 구아바(guava) · 망고(mango) · 망고스틴(mangosteen)(신선하거나 건조한 것으로 한정한다)
0805	감귤류의 과실(신선하거나 건조한 것으로 한정한다)
0806	포도(신선하거나 건조한 것으로 한정한다)
0807	멜론(수박을 포함한다)과 포포(papaw)[파파야(papaya)](신선한 것으로 한정한다)
0808	사과 · 배 · 마르멜로(quince)(신선한 것으로 한정한다)
0809	살구 · 체리 · 복숭아[넥터린(nectarine)을 포함한다] · 자두 · 슬로(sloe)(신선한 것으로 한정한다)
0810	그 밖의 과실(신선한 것으로 한정한다)
0811	냉동 과실과 냉동 견과류(조리하지 않은 것이나 물에 삶거나 찐 것으로 한정하며, 설탕이나 그 밖의 감미료를 첨가했는지에 상관없다)
0812	일시적으로 보존하기 위하여 처리(예: 이산화유황가스 · 염수 · 유황수나 그 밖의 저장용액으로 보존처리)한 과실과 견과류(그 상태로는 식용에 적합하지 않은 것으로 한정한다)
0813	건조한 과실(제0801호부터 제0806호까지에 해당하는 것은 제외한다), 이 류의 견과류나 건조한 과실의 혼합물
0814	감귤류의 껍질과 멜론(수박을 포함한다)의 껍질(신선한 것, 냉동하거나 건조한 것, 염수 · 유황수나 그 밖의 저장용액으로 일시적으로 보존하기 위하여 처리한 것으로 한정한다)

◉ 류주

1. 이 류에서 식용에 적합하지 않은 견과류와 과실은 제외한다.

2. 냉장한 과실과 견과류는 해당 과실과 견과류의 신선한 것이 해당하는 호로 분류한다.

   제8류의 호의 용어를 보면 냉장한 과실과 견과류가 적시되어 있지 않다. 이러한 냉장과실과 냉장견과류는 신선한 것이 해당하는 호에 분류하면 된다.

3. 이 류의 건조한 과실이나 건조한 견과류는 부분적으로 재가수(再加水)하거나, 다음 각 목의 목적을 위하여 처리할 수도 있다(건조한 과실이나 건조한 견과류의 특징을 유지하는 범위로 한정한다).

가. 추가적인 보존이나 안정(예 : 적정한 열처리, 황처리, 소르빈산이나 소르빈산칼륨의 첨가)
나. 외관의 개선이나 유지(예 : 식물성 기름이나 소량의 글루코스 시럽의 첨가)

1) 건조한 과실이나 건조한 견과류는 추가적인 보존이나 안정을 위해 적정한 열처리 외에도 몇몇 필요한 처리를 하는데, 그 중 황처리(sulphuring)는 건조과일의 산화를 막아 맛을 지키고 색깔을 보존하는 데 유용하다. 또한 소르빈산(sorbic acid)과 소르빈산칼륨(potassium sorbate)은 미생물의 번식을 억제하는 식품 보존을 위한 첨가제로 사용된다.
2) 외관의 개선이나 유지를 위해서는 식물성 기름이나 소량의 글루코스 시럽(glucose syrup)[16]을 첨가하기도 한다.

◉ 총설

1) 이 류에는 일반적으로 그대로 또는 가공 후에 식용에 공하여지는 과실과 견과류가 분류되고, 또한 감귤류와 멜론의 껍질이 분류된다. 이들은 신선(냉장한 것 포함), 냉동(**물에 삶거나 쪄서 사전에 조리**한 것인지, 감미료를 첨가한 것인지 여부를 불문한다) 또는 건조한 경우라도 이 류에 분류되며, 아황산가스·염수·유황수나 그 밖의 보존용액으로 일시적으로 보존처리한 것은 그 상태가 바로 식용에 적합하지 않은 것에 한해 이 호에 분류된다.
   이 류의 과실은 원래 모양의 것·얇게 썬 것·잘게 썬 것·채를 친 것·씨를 제거한 것·펄프 모양으로 한 것·으깨거나 탈피 또는 탈각한 것(whole, sliced, chopped, shredded, stoned, pulped, grated, peeled or shelled)이라도 상관하지 않으나, 단독으로 균질화한 것은 제20류의 조제품으로 분류된다. 소량의 설탕을 첨가하는 것은 이 류의 과실로 분류하는 데 영향을 미치지 않는다.
2) 이 류에는 또한 건조과실(예 : 대추야자·프룬)이 포함되며, 과실 자체의 천연당이 삼출(滲出)·건조되어 마치 제2006호에 분류되는 설탕절임 과실과 약간 유사한 외관을 갖는 것도 있다. 그러나 이 류에는 삼투탈수방식으로 보존처리한 과실은 분류되지 않는다. '삼투탈수(滲透脫水, osmotic dehydration)'란 과실조각을 장시간 농축설탕 시럽에 담가 과실의 수분과 자연당(糖) 대부분을 시럽의 설탕으로 대체하는 방식을 말한다. 삼투탈수 후에 수분함량을 더 줄이기 위해 열풍 건조하기도 한다. 이러한 과실은 제20류에 분류된다(제2008호).
3) 과실(fruits)로 인식될 수 있는 물품 중에 다른 류에 열거된 몇몇 물품은 이 류에서 제외된다. 예를 들면 다음과 같다.
   ① 제07류에 분류되는 올리브·토마토·오이류·호박류·가지·고추류(캡시컴속 또는 피멘타속의 열매).
   ② 제09류에 분류되는 커피·바닐라·주니퍼의 열매와 그 밖의 물품

16 글루코스 시럽은 포도당 시럽으로서, 그 자체로는 제17류의 당류에 분류된다.

③ 땅콩과 그 밖의 채유용 열매, 주로 의료용으로 사용되는 열매, 로커스트두, 살구와 이와 유사한 과실의 핵(제12류)

④ 코코아두(제1801호)

Chapter 09

제09류 커피 · 차 · 마테(mate) · 향신료

호	호의 용어
0901	커피(볶았는지, 카페인을 제거했는지에 상관없다), 커피의 껍데기와 껍질, 커피를 함유한 커피대용물
0902	차류(맛과 향을 첨가했는지에 상관없다)
0903	마테(mate)
0904	후추[파이퍼(Piper)속의 것으로 한정한다], 건조하거나 부수거나 잘게 부순 고추류[캡시컴(Capsicum)속]의 열매나 피멘타(Pimenta)속의 열매
0905	바닐라
0906	계피와 계피나무의 꽃
0907	정향(丁香)(과실 · 꽃 · 꽃대로 한정한다)
0908	육두구(肉荳蔻) · 메이스(mace) · 소두구(小荳蔻)
0909	아니스(anise) · 대회향(大茴香) · 회향(茴香) · 코리앤더(coriander) · 커민(cumin) · 캐러웨이(caraway)의 씨와 주니퍼(juniper)의 열매
0910	생강 · 사프란(saffron) · 심황[강황(薑黃)] · 타임(thyme) · 월계수 잎 · 카레와 그 밖의 향신료

◉ 류주

1. 제0904호부터 제0910호까지의 물품의 혼합물(mixtures) 분류는 다음 각 목에서 정하는 바에 따른다.
   가. 같은 호에 해당하는 물품의 두 가지 이상의 혼합물은 해당 호로 분류한다.
   나. 다른 호에 해당하는 물품의 두 가지 이상의 혼합물은 제0910호로 분류한다.

   제0904호부터 제0910호까지의 물품(또는 가목, 나목의 혼합물)에 다른 물품을 첨가한 것은 그 결과로서 생긴 혼합물이 해당 호에 해당하는 물품의 주요한 특성을 유지하는 한 그 분류에 영향을 미치지 않는다. 그렇지 않은 그 밖의 혼합물은 이 류로 분류하지 않으며, 혼합조미료로서 사용되는 것은 제2103호로 분류한다.

1) 제0904호~제0910호 : 후추, 바닐라, 계피, 정향, 육두구, 메이스, 소두구, 아니스, 대회향, 회향, 코리앤더, 커민, 캐러웨이의 씨와 주니퍼의 열매, 생강, 사프란, 심황, 타임(thyme), 월계수 잎, 카레와 그 밖의 **향신료**(香辛料, spices)
2) 향신료(spices)는 정유(精油)와 방향성분이 풍부하며 그들의 독특한 맛 때문에 주로 조미료(condiments)로 사용되는 식물성 생산품을 말한다. 제0904호~제0910호의 향신료의 혼합물에 있어서, 같은 호에 속하는 2종 이상의 향신료 혼합물은 그 호에 분류하면 되고, 다른 호에 속하는 2종 이상의 향신료 혼합물은 제0910호에 분류한다.

3) 향신료나 향신료의 혼합물에 **다른 물품을 첨가**한 것은 그 결과로서 생긴 혼합물이 향신료의 주요한 특성을 유지하는 한 제9류의 해당 호에 분류한다. 그러나 그렇지 않은 그 밖의 혼합물은 이 류로 분류하지 않고 제2106호에 분류되며, 혼합조미료(mixed condiments and mixed seasonings)로서 사용되는 것은 제2103호로 분류한다.
혼합조미료는 기본적으로 향신료를 함유하고 있어야 한다. 다만 혼합조미료는 제0904호부터 제0910호까지의 향신료나 향신료 혼합물과는 다르며, 제9류 이외의 류에 해당하는 향미료 또는 조미료(flavouring or seasoning substances)를 하나 이상 함유하고, 그 비율이 제9류에서 말하는 향신료의 본질적 특성을 더 이상 가지고 있지 않은 것을 말한다.

2. 이 류에서 제1211호의 쿠베브 페퍼(Cubeb pepper)[파이퍼 쿠베바(Piper cubeba)]와 기타의 물품은 제외한다.

1) 제1211호 : 주로 향료용 · **의료용** · 살충용 · 살균용과 그 밖에 이와 유사한 용도에 적합한 식물과 그 부분(종자와 과실을 포함하고, 신선하거나 건조한 것으로 한정하며, 절단하거나 잘게 부순 것인지 또는 가루로 된 것인지에 상관없다)

2) 향신료는 근대 서양인들이 해양에 진출하도록 만든 직접적인 원인을 제공했다고 알려진 중요한 물품이다. 많은 종류의 향신료가 있지만, 이 중에 쿠베브 페퍼(Cubeb pepper)는 향신료로도 쓰이지만 의료용으로 사용된다고 하여 제9류에 분류되지 않고 제1211호의 의료용 작물로 분류하고 있다.

[일반적으로 pepper는 제9류의 향신료로 분류되지만, cubeb pepper는 동시에 의료용으로도 사용이 가능하여 제1211호에 분류된다.]

◉ 총설

1) 이 류에는 다음의 것이 분류된다.

① 커피 · 차(tea) · 마테(mate). 여기에서 차(茶)는 식물학상 차속[茶屬, genus Thea(Camellia)]에 속하는 식물로부터 얻어지는 각종의 차를 말한다. 녹차(green tea)는 미발효차로서, 주로 미숙한 잎을 가열하고 비빈 다음에 이를 건조시켜서 만든다. 홍차는 발효차로서, 미숙한 잎을 불에 쪼이거나 건조시키기 이전에 뭉개지고(rolled) 발효된다. 또한 이 호에는 반발효 차(예 : Oolong tea)도 포함된다.

[마테(mate)는 커피, 차, 코코아와 함께 중요한 음료 중 하나이다.]

※ 인삼차, 유자차, 생강차 등과 같이 통상적으로 "차(茶)"로 불리기는 하지만 식물학상 차속(genus Thea)에 해당되지 않는 식물로 만든 물품은 제09류에서 제외한다.

② 향신료(香辛料, spices), 즉 정유와 방향성분이 풍부하며 그들의 독특한 맛 때문에 주로 조미료로 사용되는 식물성 생산품(종자 등을 포함한다)

2) 이 류에는 다음의 것도 제외된다.

① 제7류의 채소(예 : 파슬리 · 처빌 · 타라건 · 크래스 · 단마저럼 · 코리앤더와 딜)

② 채유용의 종자로서의 겨자종자는 제1207에 분류되고, 조제 여부와 관계없이 겨자분은 소스류의 성격이 있다고 보아 제2103호에 분류된다.

③ 호프(제1210호)

④ 향신료로도 사용되지만 주로 향료용(perfumery) 또는 의약용으로 사용되는 종류의 과실 · 씨 또는 그 밖의 식물의 부분(예 : 카시카꼬투리 · 로즈메리 · 야생마저럼 · 박하 · 보리지 · 히솝 · 민트류 · 루우 및 세이지)(제1211호)

⑤ 혼합 조미료(제2103호)

Chapter 10

제10류 곡물

호	호의 용어
1001	밀과 메슬린(meslin)
1002	호밀
1003	보리
1004	귀리
1005	옥수수
1006	쌀
1007	수수
1008	메밀 · 밀리트(millet) · 카나리시드(canary seed)와 그 밖의 곡물

◉ 류주

1. 가. 이 류의 각 호에 열거된 곡물은 이삭이나 줄기에 붙어 있는지에 상관없으며, 낟알(grains)이 형성되어 있는 것이면 해당 호로 분류한다.
   나. 이 류에서 껍질을 벗긴 곡물이나 그 밖의 가공한 곡물은 제외한다. 다만, 쌀은 현미 · 정미 · 연마미 · 광택미 · 반숙미(parboiled) · 쇄미(broken rice)도 제1006호로 분류한다.

제10류의 다른 곡물은 껍질만 벗겨도 제10류에서 제외되어 제11류에 옮겨 분류된다. 하지만 쌀은 예외적으로 현미 · 정미 · 연마미 · 광택미 · 반숙미(parboiled) · 쇄미(broken rice)도 제1006호에 분류된다. 이 중에는 반숙미(parboiled)도 포함되는데, 이는 제1904호에 분류될 수 있는 찐쌀과 구분된다.

우리나라의 경우에 쌀은 제10류, 제11류 쌀뿐만 아니라, 제1901호의 쌀가루제품까지 의무수입량 이외에는 수입이 불가능하지만, 제1904호의 찐쌀 또는 삶은 쌀의 경우에는 수입이 가능하여 수입통관현장에서 업무 당사자 간 입장차이가 나는 경우가 있다. 제1904호의 찐쌀 또는 삶은 쌀은 쌀 내부의 전분입자 모양이 중심부까지 완전히 파괴되어 호화(糊化)되어야 한다.

[스위트콘은 당(sugar)이 전분으로 변하기 전에 먹기 때문에 곡물보다는 채소로 소비된다.]

2. 제1005호에서는 스위트콘은 제외한다(제7류).

충분히 익어 마르고 녹말로 변한 옥수수와 달리, 스위

트콘은 덜 익었을 때 따서 소비된다. 단맛이 강하고 조직이 연하다.

◉ 소호주

1. "듀럼종 밀(durum wheat)"이란 트리티컴 듀럼(Triticum durum)종 밀과, 해당 종간교잡(種間交雜)에 의하여 생긴 잡종 중에서 염색체수가 트리티컴 듀럼(Triticum durum)종과 같은 것(28)을 말한다.

HSK				품명	Description
1001				밀과 메슬린(meslin)	Wheat and meslin.
	1			듀럼종 밀(Durum wheat)	Durum wheat :
	11	00	00	종자	Seed
	19	00	00	기타	Other
	9			기타	Other :
	91			종자	Seed
		10	00	메슬린(meslin)	Meslin
		90	00	기타	Other
	99			기타	Other
		10		사료용	For feeding
				"이하 생략"	

듀럼종 밀(durum wheat)은 밀의 품종 중 하나로서, 단백질의 함량이 풍부하고 파스타나 마카로니를 만드는 데 주로 사용된다. 듀럼종 밀은 트리티컴 듀럼종 밀뿐만 아니라 종간잡종 중에 염색체수가 트리티컴 듀럼종과 같은 것을 포함한다.

또한 위의 표에서 메슬린(meslin)은 일반적으로 밀(wheat)과 호밀(rye)을 2 : 1의 비율로 혼합한 것이다.

◉ 총설

이 류에는 이삭이나 줄기에 붙어 있는지에 상관없이 곡물의 낟알(cereal grains)만을 분류한다. 미숙한 곡물은 채소용에 적합한지 여부를 불문하고 이 류에 분류하나, 제7류의 스위트콘은 예외로 한다.

껍질을 벗긴 것이거나 기타 가공을 한 곡물은 이류에서 제외되나, 예외적으로 쌀은 현미 · 정미 · 연마미 · 광택미 · 반숙미 · 쇄미(broken rice)로 된 것이라도 더 이상의 가공을 하지 아니한 경우에는 제1006호에 분류된다.

Chapter 11

제11류 제분공업의 생산품과 맥아, 전분, 이눌린(inulin), 밀의 글루텐(gluten)

호	호의 용어
1101	밀가루나 메슬린(meslin) 가루
1102	곡물가루[밀가루나 메슬린(meslin) 가루는 제외한다]
1103	곡물의 부순 알곡 · 거친 가루 · 펠릿(pellet)
1104	그 밖의 가공한 곡물[예: 껍질을 벗긴 것 · 압착한 것 · 플레이크(flake) 모양인 것 · 진주 모양인 것 · 얇은 조각으로 만든 것 · 거칠게 빻은 것(제1006호의 쌀은 제외한다)], 곡물의 씨눈으로서 원래 모양인 것 · 압착한 것 · 플레이크(flake) 모양인 것 · 잘게 부순 것
1105	감자의 고운 가루 · 거친 가루 · 가루 · 플레이크(flake) · 알갱이 · 펠릿(pellet)
1106	건조한 채두류(菜豆類)(제0713호의 것), 사고(sago) · 뿌리나 괴경(塊莖)(제0714호의 것), 제8류 물품의 고운 가루 · 거친 가루 · 가루
1107	맥아(볶은 것인지에 상관없다)
1108	전분과 이눌린(inulin)
1109	밀의 글루텐(gluten)(건조했는지에 상관없다)

◉ 류주

1. 이 류에서 다음 각 목의 것은 제외한다.
   가. 볶은 맥아로서 커피대용물로 조제한 것(제0901호 · 제2101호)
   나. 제1901호의 조제한 고운 가루 · 부순 알곡 · 거친 가루 · 전분
   다. 제1904호의 콘플레이크와 그 밖의 물품
   라. 제2001호, 제2004호, 제2005호의 조제하거나 보존처리한 채소
   마. 의료용품(제30류)
   바. 조제향료, 화장품, 화장용품의 특성을 가지는 전분(제33류)

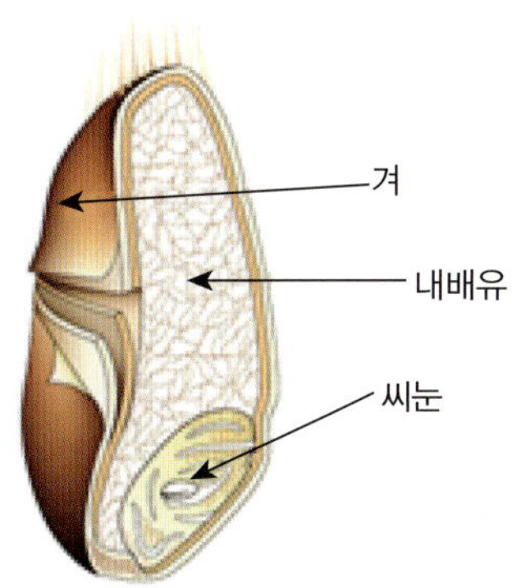

[밀알(wheat kernel)의 구조. 왕겨(husk)를 벗기면 겨(bran)–내배유(endosperm)–씨눈(germ)으로 구성된다. 왕겨는 제1213호에 분류되고, 겨는 주로 회분으로 구성되어 제2302호에 분류된다.]

2. 가. 아래 표에 열거한 곡물의 제분 생산품은 건조한 상태의 중량에 따라 다음의 두 가지 조건에 모두 해당하면 이 류로 분류하며, 그 외의 것은 제2302호로 분류한다. 다만, 곡물의 씨눈으로서 원래 모양인 것 · 압착한 것 · 플레이크(flake) 모양인 것 · 잘게 부순 것은 항상 제1104

호로 분류한다.

(1) 전분의 함유량[개량 "유어"식 편광계 방법(modified Ewers polarimetric method)에 따라 결정된다]이 아래 표의 (2)란의 양을 초과하는 것

(2) 회분의 함유량(첨가된 무기물을 공제한 후의 함유량을 말한다)이 아래 표의 (3)란의 양 이하인 것

나. 가목에 따라 이 류에 해당하는 물품은 아래 표의 (4)란이나 (5)란에 표시한 금속망의 체를 통과하는 중량비율이 해당 곡물에 대하여 표시된 비율 이상인 경우에만 제1101호나 제1102호로 분류하며, 그 외의 것은 제1103호나 제1104호로 분류한다.

곡물명(1)	전분함유량(2)	회분함유량(3)	체를 통과하는 비율	
			315 마이크론(4)	500 마이크론(5)
밀과 호밀	45%	2.5%	80%	–
보리	45%	3%	80%	–
귀리	45%	5%	80%	–
옥수수와 수수	45%	2%	–	90%
쌀	45%	1.6%	80%	–
메밀	45%	4%	80%	–

1) 제2302호 : 밀기울·쌀겨와 그 밖에 이와 유사한 박(residue)류[펠릿(pellet) 모양인지에 상관없으며 곡물·채두류(菜豆類)의 선별·제분 그 밖의 처리과정에서 생기는 것으로 한정한다]

2) 제11류의 곡물의 제분제품으로 분류되기 위해서는 소정의 전분함유량(starch content) 기준과 회분함유량(ash content) 기준을 모두 충족해야 한다. 둘 중의 하나라도 만족시키지 못하는 경우에는 제2302호에 분류한다. 다만 곡물의 씨눈(germ of cereals)으로서 원래 모양인 것·압착한 것·플레이크 모양인 것·잘게 부순 것은 이러한 전분이나 회분함유량 기준의 충족요건으로부터 자유롭기 때문에 항상 제1104호로 분류한다.

3) 일단 전분과 회분함유량 요건을 충족하여 제11류에 분류된 곡물의 제분제품은 체를 통과하는 비율에 따라 각각 제1101호·제1102호 또는 제1103호·제1104호에 분류된다. 체의 구경이 315마이크론 또는 500마이크론인 바, 1mm=1,000마이크론(μ)이므로, 315마이크론은 0.315mm이고, 500마이크론은 0.5mm가 된다. 이러한 체 통과비율 조건은 아래의 주 제3호와도 연관이 된다.

3. 제1103호에서 곡물의 "부순 알곡(groats)"과 "거친 가루(meal)"란 곡물을 잘게 부수어 얻는 것으로서 다음 각 목에 해당되는 것을 말한다.

가. 옥수수는 2밀리미터의 금속망의 체를 통과하는 중량비율이 100분의 95 이상인 것

나. 그 밖의 곡물은 1.25밀리미터의 금속망의 체를 통과하는 중량비율이 100분의 95 이상인 것

위의 주 제2호의 나목에서 정하는 기준만큼 체를 통과하지 못해 제1103호에 분류하도록 된 곡물의 부순 알곡과 거친 가루에 대해 다시 금속망의 체를 통과하는 테스트를 하게 되는 데, 위의 가목과 나목의 테스트를 통과하는 곡물의 부순 알곡과 거친 가루는 제1103호의 부순 알곡과 거친 가루로 분류되고, 이 기준을 만족시키지 못한 것은 제1104호에 분류된다.

[옥수수의 부순 알곡(corn groat). 부순 알곡은 곡물을 분쇄하여 만든 작은 조각이다. 옥수수에는 금속망 통과비율 조건을 다른 곡물과 다르게 설정하고 있다.]

◉ 총설

1) 이 류에는 다음의 것을 포함한다.

① 제10류의 곡물, 제7류의 스위트콘의 제분제품. 단 제2302호의 제분 박(residue)을 제외한다.

② 이 류의 각 호에 규정되어 있는 방법(예 : 맥아의 제조, 전분 또는 글루텐의 추출 등)에 의하여 제10류의 곡물로부터 얻어지는 물품 : 맥아(malt), 전분(starch), 이눌린(inulin), 글루텐(gluten).[17]

③ 앞에서 설명한 ① 및 ②와 같은 방법에 의하여 다른 류의 원재료(예 : 건조한 채두류, 뿌리나 괴경, 감자, 과실 등)에서 얻어지는 물품

2) 커피대용물로 조제된 볶은 맥아는 제11류에서 제외되는데, 커피를 함유한 커피대용물로서의 볶은 맥아는 제0901호에 분류되고, 커피를 함유하지 않은 커피대용물로서의 볶은 맥아는 제2101호에 분류된다. 또한 곡물의 껍질은 제1213호(곡물의 짚과 껍질)에 분류된다.

17 **맥아**는 밀이나 보리 따위에 물을 부어 싹이 나게 한 다음에 말린 것으로 엿이나 식혜를 만드는 데 쓰이며, 맥주의 양조에도 쓰인다. **전분**(starch)은 녹말이라고도 하며, 백색 무취의 분말이다. 수많은 포도당이 축합반응을 일으키면서 길게 연결되어 만들어지는 다당류이다. 전분에 요오드(iodine)를 가하면 진한 암청색을 보통 나타낸다. **이눌린**은 화학적으로는 전분과 유사하나 요오드를 가하면 암청색 대신에 밝은 황갈색을 나타낸다. 또한 **글루텐**은 밀가루에서 추출되는 것으로, 전분 등으로부터 단순히 수분을 분리함으로써 추출된다. 글루텐은 본질적으로 각종단백질의 혼합물로서 구성되어 식품의 조제에 있어서 단백질을 높이는 데 사용된다.

Chapter 12

제12류 채유(採油)에 적합한 종자와 과실, 각종 종자와 과실, 공업용·의약용 식물, 짚과 사료용 식물

호	호의 용어
1201	대두(부수었는지에 상관없다)
1202	땅콩(볶거나 그 밖의 조리를 한 것은 제외하며, 껍데기를 벗겼는지, 부수었는지에 상관없다)
1203	코프라(copra)
1204	아마씨(부수었는지에 상관없다)
1205	유채(rape, colza)씨(부수었는지에 상관없다)
1206	해바라기씨(부수었는지에 상관없다)
1207	그 밖의 채유(採油)에 적합한 종자와 과실(부수었는지에 상관없다)
1208	채유(採油)에 적합한 종자와 과실의 고운 가루와 거친 가루(겨자의 고운 가루와 거친 가루는 제외한다)
1209	파종용 종자·과실·포자(胞子)
1210	홉(hop)[신선하거나 건조한 것으로서 잘게 부순 것인지 또는 가루나 펠릿(pellet) 모양인지에 상관없다], 루플린(lupulin)
1211	주로 향료용·의료용·살충용·살균용과 그 밖에 이와 유사한 용도에 적합한 식물과 그 부분(종자와 과실을 포함하고, 신선하거나 건조한 것으로 한정하며, 절단하거나 잘게 부순 것인지 또는 가루로 된 것인지에 상관없다)
1212	로커스트콩(locust bean)·해초류와 그 밖의 조류(藻類)·사탕무와 사탕수수(신선한 것·냉장이나 냉동한 것·건조한 것으로서 잘게 부수었는지에 상관없다), 주로 식용에 적합한 과실의 핵(核)과 그 밖의 식물성 생산품[볶지 않은 시코리엄 인티부스 새티범(Cichorium intybus sativum) 변종의 치커리(chicory) 뿌리를 포함한다]으로서 따로 분류되지 않은 것
1213	곡물의 짚과 껍질[조제하지 않은 것으로 한정하며, 절단하거나 잘게 부수거나 압착한 것인지 또는 펠릿(pellet) 모양인지에 상관없다]
1214	스위드(swede)·맹골드(mangold)·사료용 뿌리채소류(根菜類)·건초·루우산(lucerne)(알팔파)·클로버(clover)·샌포인(sainfoin)·사료용 케일(kale)·루핀(lupine)·베치(vetch)와 이와 유사한 사료용 식물[펠릿(pellet) 모양인지에 상관없다]

◉ 류주

1. 제1207호에는 특히 팜너트(palm nut)와 핵(核)·목화씨·피마자·참깨·겨자씨·잇꽃씨·양귀비씨·시어너트(shea nut)[캐리트너트(karite nut)]가 포함된다. 제0801호나 제0802호에 해당하는 물품과 올리브(제7류나 제20류)는 제외한다.

제1201호~제1206호까지는 대표적으로 식물성의 기름채취에 적합한 종자와 과실이 분류되는데, 이들 호에는 각각 대두, 땅콩, 코프라, 아마씨, 유채 및 해바라기씨가 분류된다. 그리고 제1207호에는 이들을 제외한 그 밖의 채유에 적합한 종자와 과실을 분류하는데, 여기에 해당하는 물품을 본 주에서 예시하고 있다. 다만 제0801호(코코넛·브라질너트·캐슈너트)와 제0802호(기타의 견과류)에 해당하는 물품과, 올리브(제7류나 제20류)는 채유가 가능하다고 하더라도 제12류에 분류하지 않는다.

[올리브유는 제15류에 분류되지만, 올리브유를 채취하는 올리브는 채유용이라 하더라도 제12류에 분류하지 않고 제7류에 분류한다]

2. 제1208호에는 탈지(脫脂)하지 않은 고운 가루와 거친 가루뿐만 아니라, 일부 탈지한 것이나 탈지한 것의 전체나 일부분에 본래의 기름을 다시 첨가한 것도 포함된다. 다만, 제2304호부터 제2306호까지의 잔유물에는 적용하지 않는다.

제1208호에는 제1201호~제1207호까지에 해당하는 채유에 적합한 종자와 과실을 분쇄하여 얻어진 탈지하지 않은 고운 가루와 거친 가루가 분류된다. 또한 이 호에는 일부 탈지한 것이나 탈지한 고운 가루와 거친 가루의 전체나 일부분에 본래의 기름을 다시 첨가한 것도 분류된다.

3. 제1209호에 해당하는 사탕무의 종자, 풀이나 그 밖의 목초의 종자, 관상용 화초의 종자, 채소의 종자, 삼림수의 종자, 과수목의 종자, 베치(vetches)의 종자[비시아 파바(Vicia faba)종의 것은 제외한다], 루핀(lupine)의 종자는 파종용 종자로 본다. 다만, 다음 각 목의 것은 파종용이라도 제1209호에는 해당하지 않는다.
   가. 채두류(菜豆類)와 스위트콘(제7류)
   나. 제9류의 향신료와 그 밖의 물품
   다. 곡물(제10류)
   라. 제1201호부터 제1207호까지나 제1211호의 물품

제1209호에는 파종용으로(for sowing) 사용되는 종류의 모든 종자·과실 및 포자(seeds, fruit and spores)가 분류된다. 그러나 위의 가목~라목에 열거된 물품은 제1209호에 분류되지 않는데, 이들은 파종하는 데 쓰려고 하는 것이라 할지라도 보통 파종용과 파종용 이외의 용도 사이에 구분이 어렵기 때문에 이 표의 다른 곳에 분류된다.

[루핀(lupine)은 콩과의 식물로 다양한 용도로 이용된다.]

위에서 베치(vetches)는 콩과의 식물인데, 주로 사료용이나 퇴비용으로 사용된다. 베치(vetches)의 파종용의 종자는 이 호에 분류되나, 비시아 파바(vicia faba)종의 것은 누에콩(broad bean)으로서 채소의 일종으로 제7류에 분류된다. 또한 루핀(lupine)의 종자도 제1209호에 분류된다.

4. 제1211호에는 바질(basil)·보리지(borage)·인삼·히솝(hyssop)·감초·민트류·로즈마리·루우(rue)·세이지(sage)·쓴쑥(wormwood)과 이들의 부분을 포함한다. 다만, 제1211호에서 다음 각 목의 것은 제외한다.

가. 제30류의 의약품

나. 제33류의 조제향료 · 화장품 · 화장용품

다. 제3808호의 살충제 · 살균제 · 제초제 · 소독제와 그 밖에 이와 유사한 물품

1) 제1211호에는 주로 향료용, 의료용 또는 의약용, 살충용, 살균용, 구충용 또는 이와 유사한 목적(perfumery, in pharmacy or medicine, or for insecticidal, fungicidal, parasiticidal or similar purposes)에 사용되는 종류의 식물성 생산품이 분류된다.

이들은 신선 · 건조 · 원래 모양 · 절단 · 파쇄 · 분쇄 · 분말로 한 것 또는 비벼서 뭉개거나 껍질을 제거한 것이라도 이 호에 분류된다. 또한 이 호의 물품에 알코올을 침투시킨 것도 이 호에 분류된다.

식물과, 수목 · 관목 또는 그 밖의 식물의 부분(종자와 과실을 포함한다)은 앞에서 설명한 목적에 직접 사용되거나 이들 목적에 적합한 추출물 · 알칼로이드 또는 정유(extracts, alkaloids or essential oils)의 제조에 사용되는 것이라도 이 호에 분류된다. 그러나 이 호에는 불휘발성유(fixed oils)[18]의 추출에 사용되는 종류의 종자와 열매는 제외된다. 이들은 비록 그 불휘발성유가 이 호에 열거된 목적에 사용되는 것이라 하더라도 채유에 적합한 종자와 과실로 보아 제1201호부터 제1207호까지에 분류된다.

2) 다음과 같은 형태의 물품은 제3003호 · 제3004호, 제3303호부터 제3307호까지, 또는 제3808호로 분류된다.

① 이 호의 물품으로서 혼합하지는 않았지만, 치료용 또는 예방의 목적으로 일정투여량으로 한 것이나 소매용 모양이나 포장으로 한 것, 또는 향료용 · 살충용 · 살균용 및 이와 유사한 물품으로서 소매용으로 된 것

② 바로 위의 ①에 열거된 목적에 사용하기 위하여 혼합된 물품

※ 다만 의료용에 주로 사용되어 제1211호에 분류되는 식물성 물품이 혼합되거나, 혼합되지 않더라도 일정한 투여량으로 하거나 소매용의 형상이나 포장으로 하는 경우에 반드시 제3003호나 제3004호의 의약품으로 분류되어야 한다는 것은 아니다. 이는 제3003호나 제3004호에 분류되는 "의약품(medicaments)"이라는 용어가 치료용이나 예방용(therapeutic or prophylactic uses)의 것인 반면에, 더 넓은 의미를 가진 "의료용(pharmacy)"이라는 용어는 의약품이 가지고 있는 의미와 함께 치료용이나 예방용의 것이 아닌 것도 포함

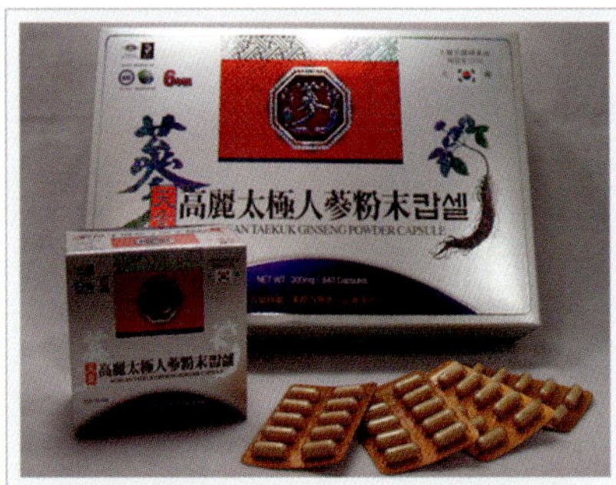

[홍삼 분말만으로 만들어진 캡슐제품은 의약품으로 분류되지 않고, 일정한 투여량이나 소매용의 포장으로 하더라도 제12류에 분류된다.]

18 비휘발성유(fixed oil)는 휘발성이 없는 천연의 동식물성 기름, 즉 채유용에 적합한 식물성 생산품을 말한다. 이는 휘발성이 있는 정유(essential oil)와 대비된다.

하기 때문이다(예로 강장음료 · 강화식품 · 혈액형 분류용 시약 등).

5. 제1212호의 "해초류와 그 밖의 조류"에서 다음 각 목의 것은 제외한다.
 가. 제2102호의 죽은 단세포미생물
 나. 제3002호의 미생물배양체
 다. 제3101호나 제3105호의 비료

1) **제1212호** : 로커스트콩(locust bean) · 해초류와 그 밖의 조류(藻類) · 사탕무와 사탕수수(신선한 것 · 냉장이나 냉동한 것 · 건조한 것으로서 잘게 부수었는지에 상관없다), 주로 식용에 적합한 과실의 핵(核)과 그 밖의 식물성 생산품[볶지 않은 시코리엄 인티부스 새티범(Cichorium intybus sativum) 변종의 치커리(chicory) 뿌리를 포함한다]으로서 따로 분류되지 않은 것
2) 제1212호에는 식용 가능 여부에 상관없이 모든 해초류와 그 밖의 조류(seaweeds and other algae)를 분류한다. 조류(藻類, algae)란 수중에서 생육하며 광합성색소를 가지고 독립영양생활을 하는 식물의 총칭이다.[19] 이들은 신선 · 냉장 · 냉동 · 건조 또는 분쇄한 것일 수 있다.
3) 제1212호의 해초류와 그 밖의 조류에서는 다음의 물품을 제외한다.
 ① **제2102호의 죽은 단세포미생물** : 죽은 단세포미생물에는 단세포 조류(藻類)로서 죽은 것이 포함된다. 이러한 물품은 특히 단백질이 풍부하므로 보통 건강기능식품이나 동물사료에 이용된다.
 ② **제3002호의 미생물배양체(cultures of micro-organisms)** : 이들에는 요구르트와 같은 유제품을 만들 때에 사용되는 유산발효균, 식초 제조용의 초산발효균, 페니실린이나 그 밖의 항생물질을 제조하기 위한 곰팡이(moulds), 그리고 식물성장 촉진제와 같은 공업용의 미생물 배양체가 포함된다.
 ③ **제3101호나 제3105호의 비료**

[스피루리나 정제는 죽은 단세포 미생물로 만든 제품으로 제2102호에 분류한다. 스피루리나(spinulina)는 남조류의 일종이고, 클로렐라는 녹조류의 일종이다. 이들 모두 단백질이 풍부하여 건강기능식품으로 애용되고 있다.]

◉ 소호주

1. 소호 제1205.10호에서 "저에루크산(low erucic acid) 유채(rape, colza)씨"란 에루크산 함유량이 전 중량의 100분의 2 미만의 비휘발성 기름과, 글루코시놀레이트(glucosinolate) 함유량이 그램당 30마이크로몰 미만인 고형(固形)성분을 만들어 내는 유채(rape, colza)씨를 말한다.

---

19 조류(藻類)가 어떤 생물인지 한마디로 명쾌하게 설명하기는 어렵다. 종류에 따라 너무나도 다양한 특징을 갖고 있기 때문이다. 눈에 보이지도 않는 플랑크톤도 조류이고, 수십 미터의 다시마도 조류이다. 조류는 광합성을 하지만, 여느 육상식물에 비해 구조가 아주 단순하고, 꽃이나 열매를 맺지 않고, 포자로 번식하기 때문에 전통적으로 하등식물로 분류되어 왔다.

HSK				품명	Description
1205				유채(rape, colza)씨(부수었는지에 상관없다)	Rape or colza seeds, whether or not broken.
	10			저에루크산(low erucic acid) 유채(rape, colza)의 씨	Low erucic acid rape or colza seeds
		10	00	사료작물 재배용 종자	Seeds for fodder planting
		90	00	기타	Other
	90			기타	Other
		10	00	사료작물 재배용 종자	Seeds for fodder planting
		90	00	기타	Other

[카놀라씨(canola seed)는 대표적인 저에루크산의 유채씨이다.]

1) 에루크산(erucic acid)은 유채과의 종자에 많이 있는 불포화지방산이다. 에루크산을 많이 함유하는 유채유를 실험동물에 투여하면 심장장해를 보이기 때문에, 캐나다산의 유채는 에루크산이 적은 품종으로 개량되었다. 제1205.10호에는 저에루크산의 유채씨(대표적으로 카놀라씨)가 분류되고, 제1205.90호에는 원래의 재래종 유채씨가 분류된다.
2) 재래종 유채씨에는 에루크산이 40~50%가 함유되어 있으나, 저에루크산 유채씨에는 2% 미만의 에루크산만이 함유되어 있다.
   또한 브로콜리나 양배추에 많이 들어 있는 항암물질로 알려진 글루코시놀레이트는 그램당 30마이크로몰 미만이어야 저에루크산의 유채씨로 인정된다.

◉ 총설

1) 제12류는 이전의 류에 분류되지 않은, 각각 일정한 용도로 사용되는 식물성 생산품을 모아 분류하고 있다. 이러한 용도에는 채유용의 여러 종자와 과실, 파종용의 종자와 과실, 향료용·의료용·살충용·살균용의 식물, 그 밖의 식용에 적합한 식물 및 짚과 사료용 식물 등이 분류된다.
2) 제1201호~제1207호에는 식용 또는 공업용 유지를 채취(압착법 또는 용제법에 의해)하는 데 쓰이는 종류의 종자와 과실이 분류된다(이들은 파종용 또는 기타용으로 제시되는 것인지 여부를 불문한다).
   그러나 이들 호에는 제0801호 또는 제0802호에 해당하는 각종의 견과류, 올리브(제7류 또는 제20류) 및 채유할 수는 있으나 채유용 이외의 용도에 주로 쓰이는 어떤 종자와 과실(예 : 제1212호 살구·복숭아 또는 자두의 핵과 제1801호의 코코아두) 등은 분류되지 않는다.
3) 제1201호~제1207호에 해당하는 채유용의 종자와 과실은 원래의 모양·파쇄한 것·분쇄한 것·탈곡한 것 또는 껍질을 벗긴 것 등이 있을 수 있다. 또한 그들은 열처리를 거치기도 하는데, 이러

한 열처리는 보존성을 높이거나, 쓴맛을 제거하거나, 항영양인자(anti-nutritional factors)를 불활성화시키거나, 또는 그들 용도에 적합하게 할 목적으로 계획적으로 행한다. 그러나 이러한 열처리는 본래의 물품으로서의 종자와 과실의 특성을 변화시키지 않고, 일반적인 용도가 아닌 어떤 특정한 용도에 더 적합하게 되도록 하지 않는 범위 내에서만 인정된다.

이들 호에는 채유용에 적합한 종자와 과실로부터 식물성 기름을 짜고 남은 고체상태의 잔유물(기름을 짜고 남은 고운 가루 및 거친 가루 포함)은 제외된다(제2304호·제2305호 또는 제2306호).

Chapter 13

제 13 류 락(lac), 검 · 수지 · 그 밖의 식물성 수액과 추출물(extract)

호	호의 용어
1301	락(lac), 천연 검 · 수지 · 검 수지 · 올레오레진(oleoresin)[예: 발삼(balsam)]
1302	식물성 수액과 추출물(extract), 펙틴질, 펙티닝산염(pectinate)과 펙틴산염(pectate), 식물성 원료에서 얻은 한천 · 그 밖의 점질물과 시커너(thickener)(변성 가공했는지에 상관없다)

◉ 류주

1. 제1302호에는 감초 추출물(extract) · 제충국 추출물 · 홉(hop) 추출물 · 알로에 추출물과 아편이 포함되며, 다음 각 목의 것은 제외한다.
   가. 감초 추출물(extract)로서 자당(蔗糖)의 함유량이 전 중량의 100분의 10을 초과하는 것이나 과자로 만들어진 것(제1704호)
   나. 맥아 추출물(extract)(제1901호)
   다. 커피 · 차 · 마테(mate)의 추출물(extract)(제2101호)
   라. 식물성 수액이나 추출물(extract)로서 알코올음료에 사용되는 것(제22류)
   마. 제2914호나 제2938호의 장뇌 · 글리시리진(glycyrrhizin)이나 기타의 물품
   바. 전 중량의 100분의 50 이상의 알칼로이드를 함유하는 양귀비줄기 농축물(제2939호)
   사. 제3003호 · 제3004호의 의약품과 제3006호의 혈액형 분류용 시약
   아. 유연용 추출물(extract)과 염색용 추출물(제3201호 · 제3203호)
   자. 정유(essential oil), 콘크리트, 앱설루트(absolute), 레지노이드(resinoid), 추출된 올레오레진(oleoresin), 정유의 애큐어스 디스틸레이트(aqueous distillate)나 애큐어스 솔루션(aqueous solution) 또는 음료 제조에 사용되는 방향성(芳香性) 물질을 기본재료로 한 조제품(제33류)
   차. 천연고무 · 발라타(balata) · 구타페르카(gutta-percha) · 구아율(guayule) · 치클(chicle)과 이와 유사한 천연검(제4001호)

1) 제13류는 제1301호와 제1302호, 두 개의 호로만 구성되어 있다. 제1301호는 "락(lac), 천연검 · 수지 · 검수지 · 올레오레진"을 분류하고, 제1302호에는 "식물성 수액과 추출물(extract), 펙틴질, 펙티닝산염(pectinate)과 펙틴산염(pectate), 식물성 원료에서 얻은 한천 · 그 밖의 점질물과 시커너(thickener)(변성가공했는지에 상관없다)"가 분류된다.
2) 제1302호에는 각종의 식물성 수액(sap)과 추출물(extract)이 분류되는데, 본 주에서는 제1302호에 분류되는 수액 · 추출물과, 제13류에서 제외되는 수액 · 추출물을 예시하고 있다.

HS에서는 수액과 추출물에 대한 구분을 하지 않고 있다. 수액(樹液)은 일반적으로 자연적으로 분비되거나 수목에 새겨놓은 홈에서 새어 나오게 하여 모은 것을 말하고, 추출물(extract)은 알맞은 용제로 특정한 가용성분을 용해 분리하고 난 다음에 용제를 증류 등으로 분리하여 농축한 것을 말한다. 제1302호에는 다른 호에 열거되지 아니한 수액 및 추출액에 한하여 분류된다.

3) 이들 수액과 추출물은 특히 제3301호의 정유(精油, essential oil)·레지노이드 및 추출된 올레오레진과 구별된다. 즉 제13류의 수액과 추출물은 향기가 나는 휘발성의 성분(volatile odoriferous constituents)을 함유하고 있는 점에서는 정유 등과 같지만, 제13류의 수액과 추출물은 엽록소·탄닌산·고미질(苦味質, 식물체 안의 쓴 성분)·탄수화물 등과 같은 그 밖의 식물성 물질을 높은 비율로 함유하고 있다는 점에서 제3301호의 정유·레지노이드 및 추출된 올레오레진과 차이가 있다.

4) 본 주에서는 제13류에서 제외되는 수액과 추출물을 예시하고 있는데, 몇 가지 내용만 살펴보면 다음과 같다.

① "나목"의 맥아 추출물은 육아식용·식이요법용 또는 요리용 조제품의 제조나 의료품의 제조용으로 사용된다. 이는 조제식료품으로서의 성격이 강해 제19류에 분류한다.

② "마목"의 장뇌(樟腦, camphor)는 녹나무의 목질부분과 가지 및 잎을 절단한 후에 이들을 수증기 증류하여 얻은 장뇌유(樟腦油)를 냉각시켜 석출한 결정체이다. 장뇌는 강한 냄새가 나는 녹나무 정유의 주성분으로서, 케톤(ketone)의 일종으로 화학적으로 단일한 물품[20]으로 보아 제2914호에 분류된다. 장뇌는 의약품, 살충제나 방충제 등의 제조에 사용된다.

※ 아래의 그림에서 보는 바와 같이 C=O와 같이 탄소와 산소가 이중결합하고 있는 것을 카르보닐기(carbonyl group)라고 한다. 이러한 카르보닐기에 두 개의 유기원자단(R과 R′)이 붙어 있는 것을 케톤(ketone)이라 한다.

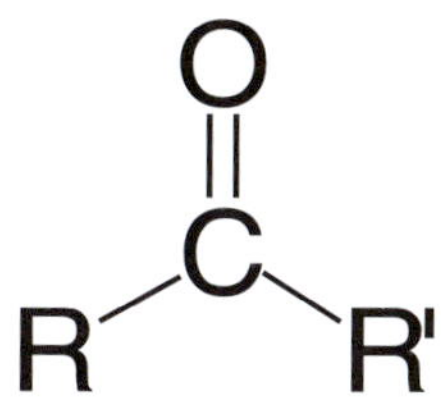

[케톤]

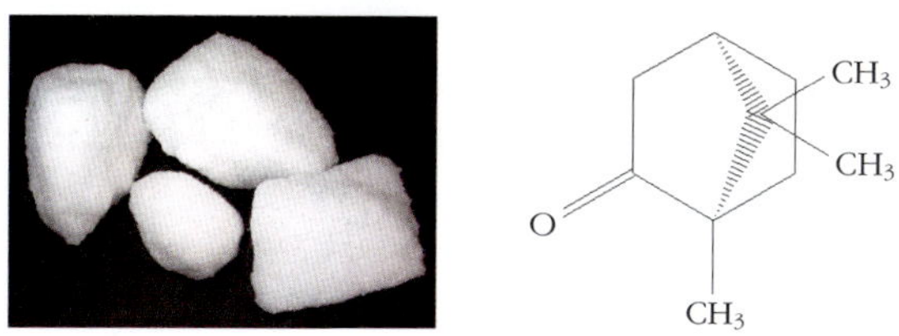

[장뇌는 강한 냄새가 나는 녹나무 정유(essential oil)의 주성분으로서, 분자식은 $C_{10}H_{16}O$이다. 케톤의 일종으로 제2914호에 분류된다.]

20 나중에 제28류 및 제29류에서 다루겠지만, HS 영문 원문의 "separate chemically defined"를 우리 번역본으로는 "화학적으로 단일한"으로 표현하고 있다. 즉 화학적으로 단일한 물질로 정의가 가능하여 별도의 화학식으로 표현이 가능하다는 의미로 이해할 수 있겠다. 장뇌의 경우에도 장뇌의 성분을 보니 화학적으로 케톤에 해당하는 것으로 정의가 가능하다는 것이다.

③ 또한 같은 "마목"의 글리시리진(glycyrrhizin)은 제2938호에 분류되는데, 글리시리진은 감초의 뿌리에서 채취하며, 설탕보다 30~50배 단맛을 가져 인공감미료로 사용된다. 당(sugar)이 비탄수화물성분(non-carbohydrate moiety)과 결합하여 생성되는 분자를 **글리코시드(glycoside)**라고 하는데, 글리시리진은 이 글리코시드의 일종으로 글리코시드가 분류되는 제2938호에 분류한다.

④ "바목"에는 전 중량의 50% 이상의 알칼로이드[21]를 함유하는 양귀비의 줄기 농축물(concentrates of poppy straw)은 제2939호에 분류하도록 하고 있다. 한편, 양귀비의 추출물을 굳힌 것을 아편이라 하는데, 아편은 제1302호에 분류된다.

◉ 총설

1) 제1301호에는 락(lac), 천연검·수지·검 수지·올레오레진(oleoresin)이 분류된다.

① **락(lac)** : 락(lac)은 일정한 곤충류가 열대수목에 분비하여 놓은 수지성 물질이다.

② **천연검(natural gums)·수지(resins)·검수지(gum resins) 및 올레오레진(oleo-resins)** : 락(lac)이 동물성 분비물이라면 이들은 식물성 분비물이다. 이들은 공기에 닿으면 굳어지는 물질로서, 그 명칭은 흔히 구별이 없이 사용되고 있다.

[스틱락(stick lac)은 곤충류가 나뭇가지에 분비한 물질이다.]

[안식향(安息香, benzoin)은 안식향 나무의 레진이다. 나쁜 기운을 물리쳐서 편안하게 안식(安息)시켜 주는 향기를 가지고 있다고 해서 '안식향'이라는 이름이 붙었다. 식품의 방부제 원료나 약재로 사용된다.]

2) 제1302호에는 "식물성 수액과 추출물(extract), 펙틴질, 펙티닝산염(pectinate)과 펙틴산염(pectate), 식물성 원료에서 얻은 한천·그 밖의 점질물과 시커너(thickener)(변성가공했는지에 상관없다)"가 분류된다.

21 알칼로이드(alkaloid)는 질소를 함유하는 염기성 유기화합물로서 식물계에 널리 분포하며, 동물에 대해서 매우 특이하면서도 강한 생리작용을 나타낸다. 단일 물질에 주어진 명칭이 아니라 화학적으로 매우 광범위한 물질을 가리키며, 담배의 니코틴, 커피의 카페인, 아편의 모르핀 등 현재 250종 이상의 것이 알려져 있다.

① **식물성 수액(saps)과 추출물(extracts)** : 식물성의 수액과 추출물은 일반적으로 자연적으로 분비되거나 수목에 새겨놓은 홈에서 삼출(滲出)하게 함으로써 얻어지거나, 용제에 의하여 추출된 식물성 생산품이다. 수액(saps)은 일반적으로 농축되거나 고화되어 있으며, 추출물(extracts)은 액체형상·페이스트형상 또는 고체형상으로 되어 있다.

추출물 중에 "팅크츄어(tinctures)"는 추출된 그대로 **알코올**에 용해되어 있는 상태의 추출물(extract)이다. 또한 소위 "유동엑스(fluid extracts)"라고 불리는 물품이 있는데, 이 물품은 추출물이 알코올·글리세롤 또는 광유 등에 용해된 용액이다. 이러한 팅크츄어(tinctures)와 유동엑스(fluid extracts)는 일반적으로 표준화되어 있는데, 예를 들어 제충국[22]의 추출물(pyrethrum extract)은 2%·20% 또는 25%의 표준 피레트린(pyrethrin)을 함유하는 상관례상의 규격품을 만들기 위하여 광유를 첨가함으로써 표준화시킨다.

② **펙틴질(pectic substances), 펙티닝산염(pectinate)과 펙틴산염(pectate)** : 펙틴질은 보통 펙틴(pectins)이라고 불리는데, 펙틴은 채소나 과일 등에 포함된 일종의 식이섬유로서, 주로 과일이나 채소의 세포막이나 세포막 사이의 엷은 층에 존재한다. 적당량의 산(acid) 및 당과 결합하면 겔(gel)화가 되는데, 대표적으로 잼을 만들 때 과일과 설탕 등을 넣고 불에 졸이면 나중에 끈적끈적한 잼이 되며, 펙틴이 이러한 겔화의 주된 원인을 제공해 준다.

펙티닝산염(pectinates)은 펙티닝산의 염(鹽, salt)이고, 펙틴산염(pectates)은 펙틴산의 염이다. 이들은 펙틴의 성질 및 용도와 같다.

[펙틴은 식품첨가물로서 잼이나 그 밖의 사탕절임 과실을 조제하는 데 경화제(setting agents)로 사용된다.]

③ **식물성 원료에서 얻은 한천·그 밖의 점질물과 시커너(agar-agar and other mucilages and thickeners)** : 한천(寒天, agar-agar)은 보통 해조류의 일종인 우뭇가사리의 열수추출액(熱水抽出液)의 응고물인 우무를 얼려 말린 해조가공품을 말한다. 젤리·잼과 아이스크림 등의 식품공업에 많이 쓰인다.

로커스트콩(locust beans)은 점질물인 로커스트검(locust gum)을 만드는 데 주로 사용되는 것으로서 제1212호에 분류된다. 그리고 이러한 로커스트콩의 내배유 가루(內胚乳粉, endosperm flour)인 로커스트검은 제1302호의 점질물로 분류된다. 이는 식품의 점착성 및 점도를 증가시키고 유화안정성을 증진하며 식품의 물성 및 촉감을 향상시키기 위한 식품첨가물로서, 식품의 증점제·안정제·호료·품질개량제 등으로 사용한다.

22 제충국(除蟲菊)은 이름에서 볼 수 있는 바와 같이 벌레를 제거해 주는 성분이 있는 국화이다. 제충국에 들어있는 피레트린(pyrethrin)은 곤충에 대해 강한 살충작용을 가지므로 모기향 등에 사용된다.

[한천(agar-agar)은 해조류에서 뽑아낸 성분을 말린 것이다.]

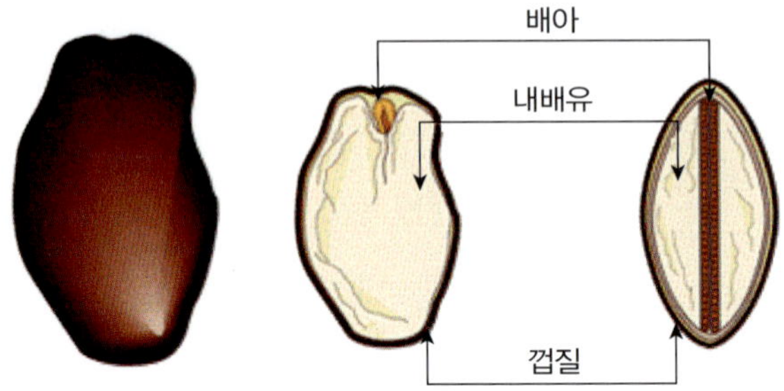

[로커스트콩(locust bean)의 내배유(endosperm) 부분을 취하여 가루를 낸 것을 로커스트검(locust gum)이라 한다.]

Chapter 14

제14류 식물성 편조물(編組物)용 재료와 다른 류로 분류되지 않은 식물성 생산품

호	호의 용어
1401	편조물(編組物)에 주로 사용되는 식물성 재료[예 : 대나무, 등나무, 갈대, 골풀, 버드나무 가지(osier), 라피아(raffia), 청정 · 표백 · 염색한 곡물의 짚과 라임나무(lime) 껍질]
1404	따로 분류되지 않은 식물성 생산품

류주

1. 이 류에서 제11부로 분류되는 물품으로서, 주로 직물의 제조에 사용하는 식물성 재료와 식물성 섬유(조제한 것을 포함한다) · 방직용 섬유의 제조에만 적합하도록 가공한 그 밖의 식물성 재료는 제외한다.

2. 제1401호에는 대나무(세로로 쪼개거나 톱으로 썬 것, 일정한 길이로 절단한 것, 끝을 둥글게 한 것, 표백한 것, 불가연성으로 한 것, 연마하거나 염색한 것을 포함한다) · 쪼갠 버드나무 가지(osier) · 갈대와 그 밖에 이와 유사한 것, 등나무의 심(core), 등나무를 뽑아서 늘리거나 쪼갠 것이 포함되며, 칩우드(chipwood)는 제외한다(제4404호).

   1) 이 호에는 주로 매트 · 쟁반 · 다양한 종류의 바구니 · 광주리 · 여행용 가방 · 가구 · 모자 등을 **결합 또는 편조하여(by joining or plaiting)** 제조하는 데 사용하는 식물성 편조물용 재료(plaiting materials)를 분류한다.

   2) 조제하지(unprepared) 않은 곡물의 짚은 제1213호[23]에 분류된다. 다만 청정 · 표백 또는 염색한 짚은 편조물용 재료로 보아 제1401호에 분류한다.
   제1401호에 해당되는 식물성의 편조물용 재료는 세척 여부를 불문하며, 가공하지 않은 것 · 스트립 모양으로 쪼갠 것 · 탈피한 것 · 연마한 것 · 표백한 것 · 염색한 것 · 바니시나 래커를 칠한 것 · 불가연성으로 한 것이 포함된다. 이 호의 물품은 또한 일정한 길이로 절단한 것을 포함하며, 이때 이들이 끝을 둥글게 한 것인지의 여부는 불문한다. 이 호의 물품은 여러 편조물용 재료의 조합을 포장이나 저장 및 운반의 편리성을 위해 **살짝 꼬아** 다발이나 꾸러미 상태(in bundles or hanks)로 만든 것도 포함한다. 다만 이 호의 재료를 편조하는 방법 대신 꼬는 방법으로 결합하여 그대로 사용할 수 있도록 만든 것은 제4601호에 분류된다.

23 제1213호 : 곡물의 짚과 껍질[조제하지 않은 것으로 한정하며, 절단하거나 잘게 부수거나 압착한 것인지 또는 펠릿(pellet) 모양인지에 상관없다]

3. 제1404호에는 목모(木毛)(제4405호)와, 비·브러시 제조용으로 묶거나 술의 모양으로 정돈한 물품은 제외한다(제9603호).

1) 목모(木毛, wood wool)는 목재의 미세한 슬리버(sliver)가 곱슬곱슬 또는 꼬여서 헝크러진 덩어리로 된 것으로, 주로 포장용 또는 충전용으로 사용되며 응결패널(agglomerated panels)의 제조용으로도 사용된다. 목모는 제4405호(목모와 목분)에 분류된다.

2) 비나 브러시를 만드는 데 주로 사용되는 기본적인 동물성 재료는 제05류에 분류되고, 식물성 재료는 제1404호에 분류된다. 이러한 재료는 절단한 것·표백한 것·염색한 것·빗질한 것(방적용의 것은 제외) 또는 다발이나 꾸러미 상태(in hanks or bundles)로 되어 있는지의 여부에 상관없이 제05류 또는 제14류에 분류된다.

비나 브러시의 제조용으로 묶었거나 술의 모양으로 정돈한 물품(prepared knots and tufts for broom or brush making)은 위의 기본적인 재료를 한 단계 가공하여 만든 것으로, 완제품 비나 브러시 사이의 중간제품이라 할 수 있다. 이러한 물품은 묶었거나 술의 모양으로 정돈한 물품으로서 소량으로 나누지 않고 바로 비나 브러시가 될 수 있는 것이나, 끝부분에 트리밍(trimming)과 같은 추가적인 단순가공만을 필요로 하는 상태의 물품이다. 이들은 아직 비나 브러시의 틀에 장착되지 않은(unmounted) 상태인데, 그렇다 하더라도 이러한 물품은 가공한 비나 브러시의 특성을 갖추고 있다고 보아 제9603호에 분류된다.[24]

◉ 총설

1) 제14류는 제15류에 분류되는 식물성 유지를 제외하고는 식물성 생산품의 마지막 류로서, 식물성 편조물용 재료와 다른 류에 분류되지 않은 식물성 생산품이 분류된다. 특히 제1212호가 다른 류에 분류되지 않은 식용의 식물성 생산품을 분류함으로써 식용의 식물성 생산품에 대한 잔여 호인 것에 비해, 제1404호는 나머지 비식용의 식물성 생산품에 대한 최후의 잔여 호로서 중요하다.

2) 이 류에는 다음의 물품이 분류된다.

① 주로 편조물용, 브러시 또는 비의 제조용, 또는 충전물(stuffing or padding)에 사용하는 원료 또는 간단한 가공을 한 식물성 재료

② 단추와 장신구류의 제조를 위한 조각용의 씨·껍질 및 너트

③ 다른 류에 분류되지 않는 그 밖의 식물성 생산품

24 제96류의 주 제3호 : 제9603호에서 "비나 브러시의 제조용으로 묶었거나 술의 모양으로 정돈한 물품"이란 동물의 털·식물성 섬유나 그 밖의 재료를 묶었거나 술(tuft)의 모양으로 정돈한 것으로서 소량으로 나누지 않고 바로 비나 브러시가 될 수 있는 것이나, 끝부분에 트리밍(trimming)과 같은 추가적인 단순가공만을 필요로 하는 상태의 물품을 말한다.

Section 제 03 부

동물성 · 식물성 지방과 기름 및 이들의 분해생산물, 조제한 식용 지방과 동물성 · 식물성 납(蠟)

류	류의 표제
15	동물성 · 식물성 지방과 기름 및 이들의 분해생산물, 조제한 식용 지방과 동물성 · 식물성 납(蠟)

Chapter 15

제 15 류 동물성·식물성 지방과 기름 및 이들의 분해생산물, 조제한 식용 지방과 동물성·식물성 납(蠟)

호	호의 용어
1501	돼지의 지방[라드(lard)를 포함한다]과 가금(家禽)의 지방(제0209호나 제1503호의 것은 제외한다)
1502	소·면양·산양의 지방(제1503호의 것은 제외한다)
1503	라드스테아린(lard stearin), 라드유(lard oil), 올레오스테아린(oleostearin), 올레오유(oleo-oil), 탤로우유(tallow oil)로서 유화·혼합 그 밖의 조제를 하지 않은 것
1504	어류나 바다에서 사는 포유동물의 지방과 기름 및 그 분획물(정제했는지에 상관없으며 화학적으로 변성 가공한 것은 제외한다)
1505	울그리스(wool grease)와 이것에서 얻은 지방성 물질[라놀린(lanolin)을 포함한다]
1506	그 밖의 동물성 지방과 기름 및 그 분획물(정제했는지에 상관없으며 화학적으로 변성 가공한 것은 제외한다)
1507	대두유와 그 분획물(정제했는지에 상관없으며 화학적으로 변성 가공한 것은 제외한다)
1508	땅콩기름과 그 분획물(정제했는지에 상관없으며 화학적으로 변성 가공한 것은 제외한다)
1509	올리브유와 그 분획물(정제했는지에 상관없으며 화학적으로 변성 가공한 것은 제외한다)
1510	그 밖의 올리브유와 그 분획물(올리브에서 얻은 것으로서 정제했는지에 상관없으며 화학적으로 변성 가공한 것은 제외하고, 이들의 기름이나 그 분획물이 제1509호의 기름이나 그 분획물과 혼합된 것을 포함한다)
1511	팜유와 그 분획물(정제했는지에 상관없으며 화학적으로 변성 가공한 것은 제외한다)
1512	해바라기씨유·잇꽃유·목화씨유와 그 분획물(정제했는지에 상관없으며 화학적으로 변성 가공한 것은 제외한다)
1513	야자[코프라(copra)]유, 팜핵유(palm kernel oil), 바바수유(babassu oil)와 이들의 분획물(정제했는지에 상관없으며 화학적으로 변성 가공한 것은 제외한다)
1514	유채유(rape oil, colza oil), 겨자유와 이들의 분획물(정제했는지에 상관없으며 화학적으로 변성 가공한 것은 제외한다)
1515	그 밖의 비휘발성인 식물성 지방과 기름[호호바유(jojoba oil)를 포함한다]과 그 분획물(정제했는지에 상관없으며 화학적으로 변성 가공한 것은 제외한다)
1516	동물성·식물성 지방과 기름 및 이들의 분획물[전체적으로나 부분적으로 수소를 첨가한 것, 인터에스텔화한(inter-esterified)것, 리에스텔화한(re-esterified) 것, 엘라이딘화한(elaidinised) 것으로 한정하며, 정제했는지에 상관없으며 더 이상 가공한 것은 제외한다]
1517	마가린, 동물성·식물성 지방이나 기름 또는 이 류의 다른 지방이나 기름의 분획물로 만든 식용 혼합물이나 조제품(제1516호의 식용 지방이나 기름 또는 이들의 분획물은 제외한다)
1518	동물성·식물성 지방과 기름 및 이들의 분획물(끓이거나 산화·탈수·황화·취입하거나 진공상태나 불활성 가스에서 가열중합하거나 그 밖의 화학적 변성을 한 것으로 한정하며, 제1516호의 물품은 제외한다), 따로 분류되지 않은 것으로서 식용에 적합하지 않은 동물성·식물성 지방이나 기름 또는 이 류의 다른 지방이나 기름의 분획물의 혼합물이나 조제품
1520	글리세롤(glycerol)(가공하지 않은 것으로 한정한다), 글리세롤 수(水), 글리세롤 폐액(廢液)
1521	식물성 납(蠟)[트리글리세라이드(triglyceride)는 제외한다]·밀랍(蜜蠟)과 그 밖의 곤충납(昆蟲蠟)·경납(鯨蠟)(정제했는지 또는 착색했는지에 상관없다)
1522	데그라스(degras), 지방성 물질이나 동물성·식물성 납(蠟)을 처리할 때 생기는 잔유물

◉ 류주

1. 이 류에서 다음 각 목의 것은 제외한다.
   가. 제0209호의 돼지나 가금(家禽)의 비계
   나. 코코아 버터(지방이나 기름)(제1804호)
   다. 제0405호의 물품의 함유량이 전 중량의 100분의 15를 초과하는 조제식료품(통상 제21류)
   라. 수지박(粕)(제2301호)이나 제2304호부터 제2306호까지의 박(粕)류
   마. 지방산 · 조제 납(蠟) · 의약품 · 페인트 · 바니시(varnish) · 비누 · 조제향료 · 화장품 · 화장용품 · 황산화유나 그 밖의 제6부의 물품
   바. 기름에서 제조한 팩티스(factice)(제4002호)

제0209호에는 살코기가 없는 돼지 또는 가금의 비계가 분류된다. 이들 비계는 살코기가 없는 100% 비계만 있는 상태라도 이 류에 분류되지 않고 제02류에 분류된다.
제0405호에는 버터와 그 밖의 밀크지가 분류되는데, 밀크로부터 얻은 지방과 기름은 이 류에서 제외된다. 또한 버터와 그 밖의 밀크지의 함유량이 전 중량의 15%를 초과하는 조제식료품은 통상 제21류에 분류한다.
기름에서 제조한 팩티스는 식물유에 염화황을 반응시키거나, 식물유나 어유(魚油)에 황을 가해서 가열반응시킨 고무모양의 물질이다. 이것은 제40류에 분류된다.

2. 제1509호에서는 용제로 올리브에서 추출하여 얻은 기름은 제외한다(제1510호).

올리브유에 대해서는 제1509호와 제1510호, 2개의 4단위 호를 할애하여 분류하고 있다. 제1509호의 올리브유는 압착과 같은 기계적이나 그 밖의 **물리적** 수단으로 얻은 버진 올리브유(virgin olive oil)와, 이러한 버진 올리브유를 글리세라이드 구조의 변화 또는 지방산 구성요소의 구조에 대한 어떤 변성도 초래하지 않는 정제방법에 의해서 얻은 정제 올리브유(refined olive oil), 그리고 이들의 분획물과 혼합물로 분류된다. 그리고 제1510호에는 제1509호에서 규정한 올리브유 이외의 올리브유가 분류된다.

3. 제1518호에서는 단순히 변성(merely denatured)만을 한 지방이나 기름 또는 그 분획물(fractions)은 제외하며, 이들은 변성하지 않은 지방과 기름 또는 그 분획물이 해당하는 호로 분류한다.

여기서 단순히 변성(merely denatured)하였다는 것은 제1518호에서 분류하는 화학적으로 변성(chemically modified)한 것과는 의미가 다르다. 즉 단순히 변성하였다는 것은 단순히 식용에 사용할 수 없도록 하기 위해 어유 · 페놀 · 석유 등과 같은 변성제(denaturant)를 첨가한 유지 및 그들의 분획물을 말하는 것으로서, 이들은 원래의 유지로서 분류된다.

4. 소프 스톡(soap-stock) · 기름의 잔재 · 스테아린피치(stearin pitch) · 글리세롤피치(glycerol pitch) ·

울그리스(wool grease) 잔유물은 제1522호로 분류한다.

제1522호에는 주로 유지공업과 관련된 부산물이 분류된다.

① 데그라스(degras)는 가죽을 무두질할 때 쓰는 유지이다.

② **소프 스톡(soap-stock)** : 유지의 정제[25] 시에 유리지방산의 제거를 위해 알칼리로 중화시킴으로써 비누의 형태로 가라앉은 것을 분리해 낸 것이다.

③ **기름의 잔재(oil foots and dregs)** : 유지의 정제 시에 생기는 잔재물이다. 이는 비누와 윤활제의 제조에 사용된다.

④ **스테아린피치(stearin pitch)와 글리세롤피치(glycerol pitch)** : 이들은 각각 스테라인과 글리세롤의 **증류 시에 발생**하는 잔재물이다.

⑤ **울그리스 잔유물(wool grease residues)** : 울그리스는 양모를 세정할 때 그 발생한 폐액을 중화하고 원심분리하여 회수하는 지방을 말하는데, 이러한 울그리스의 증류 이후에 남는 잔재물을 말한다.

◉ 소호주

1. 소호 제1514.11호와 제1514.19호에서 "저에루크산 유채유(레이프유 또는 콜자유)"라 함은 에루크산의 함유량이 전 중량의 100분의 2 미만인 비휘발성유를 말한다.

HSK				품명	Description
1514				유채유(rape oil, colza oil), 겨자유와 이들의 분획물(정제했는지에 상관없으며 화학적으로 변성가공한 것은 제외한다)	Rape, colza or mustard oil and fractions thereof, whether or not refined, but not chemically modified.
	1			저에루크산(low erucic acid) 유채유(rape oil, colza oil)와 그 분획물	Low erucic acid rape or colza oil and its fractions :
	11	00	00	조유(粗油)	Crude oil
	19			기타	Other
		10	00	정제유(精製油)	Refined oil
		90	00	기타	Other
	9			기타	Other :
	91			조유(粗油)	Crude oil
				"이하 생략"	

25 동물이나 식물성 원료로부터 얻은 조유(crude oil)는 원래의 불순물과 유지채취 과정에서 혼입된 불순물이 많이 섞여 있다. 이러한 유지의 정제에는 정치법(靜置法)·여과법·원심분리법·가열법 등의 물리적인 방법과 알칼리 정제법 등의 화학적 방법이 사용되는데, 이 중 많이 사용되는 방법이 알칼리정제법이다. 유지정제에서는 유리지방산(Free Fatty Acid)의 제거가 중요한데, 유리지방산은 유지로부터 분리된 지방산으로 유지의 맛을 나쁘게 하기 때문이다. 유리지방산의 제거를 위한 것이 수산화나트륨 같은 알칼리로서, 유리지방산의 산과 알칼리가 만나 중화되면서 비누의 형태로 가라앉게 되고, 이를 분리해 낸 것이 소프 스톡(soap stock)이다. 애시드유(acid oil)는 이러한 소프 스톡을 무기산으로 분해하여 조제한 것으로서, 바이오디젤의 원료로 사용된다.

재래종 유채씨에서 얻은 유채유에는 에루크산이 40~50%가 함유되어 있으나, 저에루크산 유채유에는 2% 미만의 에루크산만이 함유되어 있다.

"제12류의 소호주 제1호"와 비교할 때 글루코시놀레이트 함유량 조건이 제외되었다. 제12류의 저에루크산 유채씨에 대한 정의에서는 글루코시놀레이트 함유량 조건이 필요했지만, 제15류의 저에루크산 유채유의 정의에서는 유지만 추출한 것이므로 에루크산의 함유량만 보면 되기 때문이다.

◉ 총설

1) **유지**[26] : 유지(油脂, fat and oil)는 카르복시산을 가진 **지방산**과 **알코올**의 일종인 글리세롤이 반응하여 얻어진 일종의 **에스테르**[27]이다.

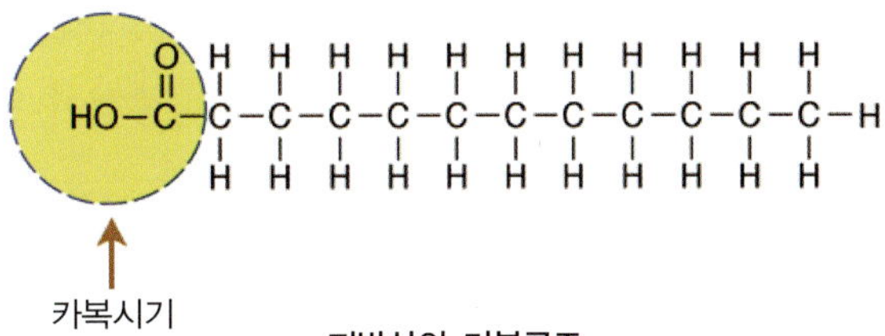

지방산의 기본구조

[지방산은 탄화수소의 사슬에 하나의 카르복시기 –COOH가 붙어 있다.]

① **지방산(脂肪酸, fatty acid)** : 한 개의 카르복시기(–COOH)를 가지는 탄화수소 사슬의 카르복시산으로 사슬모양의 1가의 카르복시산을 말한다. 지방을 가수분해하면 생기기 때문에 이러한 이름이 붙었다. 지방산의 종류에는 팔미트산, 스테아르산, 올레산 등이 있다.

고급지방산(higher fatty acid)은 긴 탄소 사슬이 있는 지방산의 총칭으로 탄소수에 대한 명확한 규정은 없으나, 보통 11개 또는 12개 이상의 탄소수를 가진 지방산을 말한다.

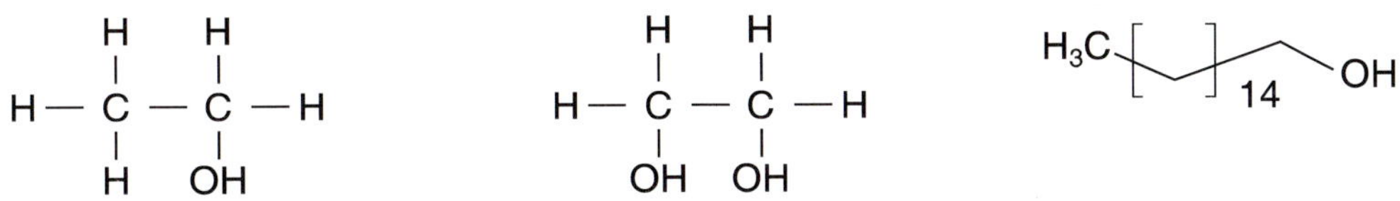

[왼쪽부터 에탄올(1가 알코올), 에틸렌글리콜(2차 알코올), 세틸알코올. 세틸알코올은 고급 알코올의 하나이다.]

② **알코올(alcohol)** : 탄화수소의 수소원자가 히드록시기(–OH)로 치환된 화합물의 총칭이다. 일반식은 ROH(R=알킬기)로 나타내며, 알킬기[28]가 메틸기일 때는 메탄올, 알킬기가 에틸기일 때는 에탄올로 부르는 등 알킬기의 이름에 올(–ol)을 붙인다.

탄화수소의 수소원자가 하나 이상 히드록시기(–OH)로 치환될 수도 있는데, 하나가 치환

---

26 관세율표의 용어순화작업을 통해 호의 용어에 있어서 유지를 "지방과 기름"으로 변경하였다. 본 교재에서는 "유지"라는 용어의 사용이 문제가 되지 않는다고 판단하여 이들을 혼용하여 사용한다.

27 에스테르(ester)란 알코올 또는 페놀이 유기산(有機酸) 또는 무기산(無機酸)과 반응하여 물을 잃고 축합하여 생긴 화합물을 말한다.

28 메틸기는 메탄에서 수소원자 하나를 뺀 상태를 말하고, 에틸기는 에탄에서 수소원자 하나를 뺀 상태이다. 즉, 알킬기(alkyl group)는 원래의 탄화수소에서 수소원자 하나를 뺀 상태를 말한다.

되었을 경우에는 1가 알코올이라 하며, 두 개가 치환되었을 경우 2가 알코올이라 한다. 그 이상의 경우에도 이와 같은 방법으로 이름을 붙인다. 1가 알코올의 대표적인 예로 에탄올을 들 수 있으며, 2가 알코올의 대표적인 예로 에틸렌글리콜, 3가 알코올은 글리세롤[29]을 들 수 있다.

고급알코올은 탄소수가 6개 이상인 알코올을 말하는데, 탄소수가 증가하고 포화도가 높아질수록 고체상태이고 물에는 잘 녹지 않으며 중성이다.

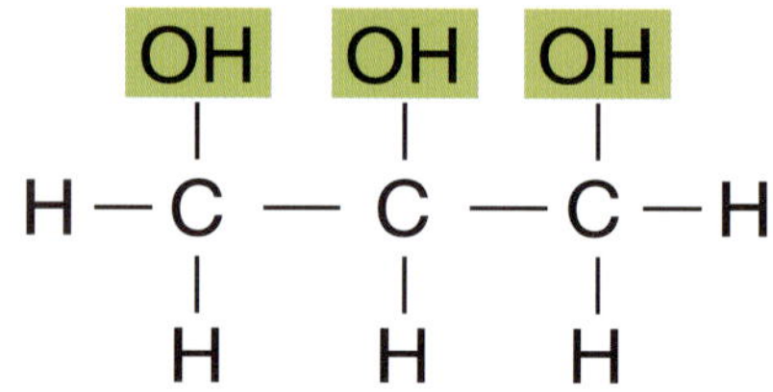

[글리세롤. 3가 알코올의 하나이다. 유지는 지방산과 글리세롤의 에스테르이다. 즉 유지는 글리세롤 하나에 세 개의 지방산이 결합한 것이다.]

③ **에스테르(ester)** : 알코올(ROH)과 카르복시산(R′COOH)이 반응하면서 H_2O가 떨어져서 이루어지는 R−O−CO−R′의 구조를 가진 화합물이다(R, R′는 알킬기).

④ **유지** : 유지는 카르복시산을 가진 지방산과 알코올의 일종인 글리세롤이 반응하여 얻어진 일종의 에스테르이다. 즉 상온에서 액체상태로서의 유(油, oil) 및 고체상태로서의 지(脂, fat)인, 지방산의 글리세롤에스테르이다.[30] 글리세롤의 경우에 −OH가 3개이기 때문에 이들 모두가 지방산과 결합하면 트리글리세라이드(triglyceride)가 되는데, 식용유지의 대부분은 이러한 트리글리세라이드이다.

유지는 여러 가지 글리세라이드(gliceride)[31]로 이루어져 있고, 이 외에 유리지방산·복합지질류·스테린·비타민류·탄수화물과 색소 등을 소량 함유하고 있다.

2) 유지의 출처는 여러 가지이지만, 제15류에는 동식물성의 유지 및 이들의 분해생산물(cleavage products)이 분류된다. 여기에는 밀크지(乳脂, milk fat) 및 코코아 버터는 제외된다. 이 류에는 다음의 물품을 분류한다.

① 동식물성의 유지로서 가공하지 않은 것, 특정 방법으로 정제한 것, 끓이거나 황으로 처리(sulphurised)하거나 또는 수소첨가(hydrogenated)하는 등의 처리를 한 것

29 글리세롤은 유지를 만드는 두 개의 요소 중 하나로서, 알코올의 일종이다. 가공하지 않은 글리세롤(crude glycerol)은 건조중량으로 계산하여 순소 95% 미만의 것으로서 제1520호에 분류한다. 이것은 유지에서 분리하거나 프로필렌에서 인공적으로 만들어진다. 가공하지 않은 글리세롤의 제법으로는 다음과 같은 것들이 있다.
① 유지를 물·산 또는 알칼리로서 가수분해하여 얻음
② 유지를 촉매 또는 효소로서 가수분해하여 얻음
③ 비누의 제조 시에 발생하는 부산물인 글리세롤 폐액(glycerol lyes)에서 얻음
④ 비누의 제조 후에 남은 잔재물에서 유도하여 만듦
⑤ 유지와 글리세롤 이외의 알코올과의 인터에스텔화함으로써 얻음
가공하지 않은 글리세롤(crude glycerol)을 정제하여 얻은 순도 95% 이상의 글리세롤은 제2905호에 분류된다.

30 반면에 왁스(wax)는 주로 특정 종류의 고급 지방산(팔미틴산 등)과 글리세롤 이외의 특정 종류의 알코올로 된 에스테르이다.

31 −ide는 ~의 화합물의 뜻이다.

② 유지에서 얻은 특정의 물품, 특히 그의 분해생산물(cleavage products). 예로 가공하지 않은 글리세롤(crude glycerol)이 있다.

③ 조제 식용유지. 예로 마가린은 정제된 동식물성 기름과 경화유를 적당한 비율로 배합하고 유화제 · 향료 · 색소 · 소금물 또는 발효유를 가하여 잘 섞고 유화시켜서 버터상태로 만든 것이다. 다만 제0405호의 버터와 데어리 스프레드 및 제1804호의 코코아 버터는 이 호에서 제외한다.

④ 동식물성의 납(蠟, wax). 동식물성의 납은 주로 특정 종류의 고급 지방산(팔미트산, 세로트산, 미리스트산)과 글리세롤 이외의 특정 종류의 알코올(세틸알코올 등)의 에스테르로 구성되어 있다. 이는 지방산과 알코올을 특정한 비율로 함유하고 있으며 약간의 탄화수소도 함유하고 있다. 이들 납은 가수분해하여도 글리세롤을 생성치 않고 가열하여도 지방에서와 같은 자극취를 발생치 않으며, 부패하지도 않는다. 납은 일반적으로 지방보다 딱딱하다.

⑤ 지방성 물질 또는 동식물성 납(蠟)을 처리하여 생긴 잔류물

3) 제1504호와 제1506호~제1515호에는 그들 호에서 규정한 유지의 분획물(fractions)도 포함한다. 유지의 분획화(fractionation)는 **물리적인 방법**으로 이질적인 성분의 유지를 필요에 따라 분리하는 것을 말한다. 이러한 분획화는 i) 압착, 침전(decatation), 윈터리제이션(winterisation)[32] 및 여과를 포함하는 건조분획화, ii) 용제분획화, iii) 계면활성제의 보조에 의한 분획화가 있다. 분획화는 유지의 **화학적 구조**상의 여하한 변화도 일으키지 않는다.

유지의 분획물은 별도의 분류할 호가 주어지지 않고, 해당 유지에 함께 분류하도록 되어 있다. 다만 이 표의 다른 곳에 보다 더 구체적으로 규정되지 않은 것에 한한다. 예로 제1521호의 경랍(鯨蠟, spermaceti)은 제1504호의 경유(鯨油, sperm oil)로부터 뽑아낸 분획물이지만 제1521호에 별도로 분류하도록 하고 있기 때문에 제1504호에 분류하지 않는다.

4) 화학적으로 변성(chemically modified)한 물품은 분획화와는 다르다. 이들은 주로 제1518호에 분류된다. 화학적으로 변성한 유지는 끓이거나, 산화, 탈수, 황화, 취입,[33] 진공 또는 불활성 가스하에서 가열 중합하거나 기타 화학적 변성을 한 것을 말한다.

제1518호의 화학적으로 변성한 유지는 점도를 향상시키거나 공기 중에 방치할 경우 산소를 흡수하여 탄력성의 피막을 형성하는 특성, 즉 건성(乾性)을 증진시키거나 기타의 특성을 변화시키기 위하여 그 화학적 구조를 변화시키는 가공을 한 동물성 또는 식물성 유지와 그들의 분획물을 분류한다. 다만 이러한 물품은 그들의 유지로서의 본래의 기본적인 구조를 유지해야 하며 다른 호에 열거되지 않았어야 한다.

32 침전(decantation)은 유지를 오랫동안 놓아 둔 후에 용기를 기울여 윗부분의 액체를 따라 내고 가라앉은 부분을 분리하는 방법이고, 윈터리제이션(winterisation)은 유지를 냉각시켜 먼저 고체로 굳어지는 부분을 분리하는 방법이다. 샐러드에 사용하는 유지는 냉장상태에서 굳어지면 곤란하므로 낮은 온도에서도 액체상태를 유지하는 부분만을 분리해야 할 필요성이 있는 것이다.

33 취입유(吹入油, blown oil) : 유지를 가열하면서 공기를 취입하여 점도를 증가시킨 것을 말한다.

5) 화학적으로 변성한 유지는 류주 제3호에서 정의한 "단순히 변성(merely denatured)"만을 한 유지 또는 그 분획물과 구별해야 한다. 이러한 물품은 단순히 식용에 사용할 수 없도록 하기 위해 어유·페놀·석유 등과 같은 변성제(denaturant)를 첨가한 유지 및 그들의 분획물을 말하는 것으로서, 이들은 원래의 유지로서 분류된다. 이러한 물질은 유지 및 그들의 분획물이 역한 냄새나 신맛 또는 쓴맛이 나게 하거나, 자극성을 갖도록 하기 위해서 소량(보통 1% 이하)으로 첨가된다.

   다만 유지와 그들의 분획물의 변성한 **혼합물 또는 조제품**(denatured mixtures or preparations of fats or oils or their fractions)은 "단순히 변성(merely denatured)"만을 한 유지 또는 그 분획물과 달리 제1518호에 분류해야 한다.

6) 또한 제1518호의 화학적으로 변성한 유지는 제1516호에 해당하는 물품을 제외한다. 제1516호에는 동·식물성의 지방과 기름 및 이들의 분획물로서 전체적으로나 부분적으로 수소를 첨가한 것, 인터에스텔화한(inter−esterified) 것, 리에스텔화한(re−esterified) 것, 엘라이딘화한(elaidinised) 것이 분류된다.

   ① **전체적으로나 부분적으로 수소를 첨가한 것(hydrogenated)** : 수소첨가는 유지를 촉매의 존재하에 적당한 온도와 압력에서 순수한 수소와 접촉하여 행하여지는데, 불포화 글리세라이드(예 : 올레산·리놀레산 등)를 고융점의 포화 글리세라이드(예 : 팔미트산·스테아린산 등)로 변형시켜 줌으로써 순지방의 융점이 높아지게 하고 유지의 경도를 증가시켜 준다.

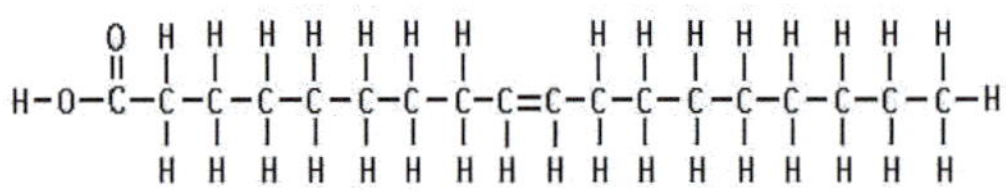

[대표적인 불포화지방산인 올레산으로 중간에 C=C의 이중결합이 보인다.]

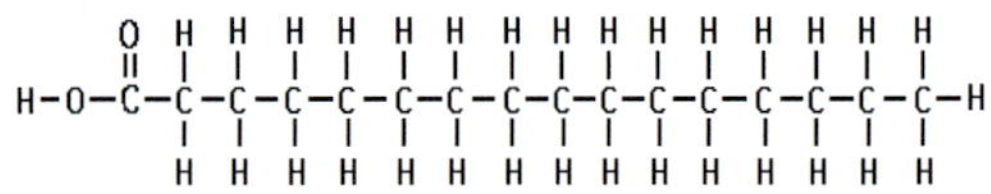

[포화지방산인 팔미트산으로 탄소의 줄기에 있어서 이중결합이나 삼중결합이 없다.]

그림에서 보는 바와 같이 지방산을 이루는 탄소의 줄기에 있어서 탄소 사이에 불포화결합이 있는 것을 불포화지방산이라고 하고, 불포화결합이 없는 것을 포화지방산이라고 한다. 포화라는 말은 수소를 더 이상 받아들일 수 없다는 것이다. 일반적으로 불포화지방산은 액체상태이고 포화지방산은 고체상태를 가진다. 따라서 만일 불포화지방산에 수소를 첨가하게 되면 액체상태에서 고체상태로 경화하게 된다.[34]

[마가린은 액체상태의 식물성 유지에 수소첨가를 통해 고체상태로 된 유지로 만든 것이다.]

34 이렇게 불포화지방산에 수소를 첨가하는 공정 중에 수소가 붙으면서 분자구조가 트랜스지방 모양으로 변경되기도 하는데, 트랜스지방은 건강에 매우 좋지 않은 것으로 알려져 있다.

② 인터에스텔화한(inter-esterified) 것 : 어떤 글리세리드에 결합하고 있는 지방산을 다른 지방산과 교환하는 것을 에스테르 교환한 지방(inter-esterified fat)이라고 하는데, 지방산을 교환함으로써 유지의 개질(改質), 즉 융점의 변화, 산화안정성의 향상, 영양가의 향상, 물성의 개량 등이 가능하다.

③ 리에스텔화한(re-esterified) 것 : 이것은 유지의 정제 시에 얻어진 유리지방산(free fat acid)이나 애시드유(acid oil)의 혼합물을 글리세롤과 직접 합성하여 얻어진 트리글리세라이드이다. 트리글리세라이드 내에서의 지방산의 배열은 천연의 유지에서 발견되는 배열과 상이하다.

④ 엘라이딘화한(elaidinised) : 천연에 존재하는 지방을 구성하는 불포화지방산의 이중결합은 대부분이 시스형인데, 이것을 트랜스형으로 바꾼 것을 말한다.

7) 이 류의 제1507호~제1515호에는 그 호에서 규정하고 있는 단일한 불휘발성의 식물성 유지(즉, 성질이 다른 유지를 혼합하지 않은 것)와 그들의 분획물이 분류된다(정제 여부를 불문하며 화학적으로 변성가공한 것은 제외한다). 유지의 정제과정에서 발생되는 부산물, 예를 들면 기름의 잔재(oil foots and dregs)와 소프 스톡은 제1522호에 해당된다. 정제로부터 생기는 애시드유는 제3823호에 해당되며, 이는 유지를 정제하는 과정에서 얻어진 소프 스톡을 무기산으로 분해하여 만든다.

Section 제04부 조제식료품, 음료 · 주류 · 식초, 담배 · 제조한 담배대용물

류	류의 표제
16	육류 · 어류 · 갑각류 · 연체동물이나 그 밖의 수생(水生)무척추동물의 조제품
17	당류(糖類)와 설탕과자
18	코코아와 그 조제품
19	곡물 · 고운 가루 · 전분 · 밀크의 조제품과 베이커리제품
20	채소 · 과실 · 견과류나 식물의 그 밖의 부분의 조제품
21	각종 조제식료품
22	음료 · 주류 · 식초
23	식품공업에서 생기는 잔재물과 웨이스트(waste), 조제 사료
24	담배와 제조한 담배대용물

◉ 부주

1. 이 부에서 "펠릿(pellet)"이란 직접 압축하거나 전 중량의 100분의 3 이하의 점결제를 첨가하여 응결시킨 것을 말한다.

Chapter 16

제16류 육류 · 어류 · 갑각류 · 연체동물이나 그 밖의 수생(水生)무척추동물의 조제품

호	호의 용어
1601	소시지나 그 밖에 이와 유사한 물품[육 · 설육(屑肉)이나 피로 조제한 것으로 한정한다]과 이들 물품을 기본재료로 한 조제식료품
1602	그 밖의 조제하거나 보존처리한 육 · 설육(屑肉)이나 피
1603	육 · 어류 · 갑각류 · 연체동물이나 그 밖의 수생(水生)무척추동물의 추출물(extract)과 즙
1604	조제하거나 보존처리한 어류, 캐비아, 어란(魚卵)으로 조제한 캐비아대용물
1605	조제하거나 보존처리한 갑각류 · 연체동물 · 그 밖의 수생(水生)무척추동물

◉ 류주

1. 이 류에서 제2류 · 제3류나 제0504호에 규정된 방법에 따라 조제하거나 보존처리한 육 · 설육(屑肉) · 어류 · 갑각류 · 연체동물이나 그 밖의 수생(水生)무척추동물은 제외한다.

   1) 제0504호 : 동물(어류는 제외한다)의 장 · 방광 · 위의 전체나 부분(신선한 것 · 냉장이나 냉동한 것 · 염장이나 염수장한 것 · 건조한 것 · 훈제한 것으로 한정한다)

   2) 본 주는 제2류 · 제3류나 제0504호와 제16류의 분류 구분을 말하고 있다. 제16류에는 제2류와 제3류 및 제0504호에서 규정된 조제나 보존처리방법을 따른 물품을 제외하도록 하고 있다. 제2류 · 제3류나 제0504호에 규정된 조제나 보존처리방법을 정리해 보면 다음과 같다.

구분	제2류	제3류	제0504호
공통	신선, 냉장, 냉동, 염장, 염수장, 건조, 훈제한 것	신선, 냉장, 냉동, 염장, 염수장, 건조한 것	신선, 냉장, 냉동, 염장, 염수장, 건조, 훈제한 것
특이사항	• 설탕이나 설탕물을 약간 뿌린 것 • 단백질 분해효소로 유연처리한 것 • 조리된 육(肉)과 설육(屑肉)의 고운 가루 또는 거친 가루	• 훈제한 어류 · 갑각류 · 연체동물 · 그 밖의 수생무척추동물(훈제 전이나 훈제과정 중에 조리될 수 있다) • 껍질이 붙은 채로 단순히 물에 찌거나 삶은 갑각류 • 조리된 어류 · 갑각류 · 연체동물과 그 밖의 수생무척추동물로부터 얻어진 고운 가루와 거친 가루 및 펠릿	제0504호에는 식용 여부에 불문하고 장, 방광, 위가 분류되는데, 이 중에 식용으로 가능한 것만이 제16류와 관련

2. 이 류에 해당하는 조제식료품은 소시지 · 육 · 설육(屑肉) · 피 · 어류나 갑각류 · 연체동물 · 그 밖의 수생(水生)무척추동물이나 이들 배합물의 함유량이 전 중량의 100분의 20을 초과하는 것으로 한

정하며, 위에 열거한 물품을 두 가지 이상 함유하는 조제식료품인 경우에는 중량이 큰 성분에 따라 제16류의 해당 호로 분류한다. 다만, 제1902호의 속을 채운 물품, 제2103호나 제2104호의 조제품에는 이 규정을 적용하지 않는다.

이 류에는 소시지·육·설육(屑肉)·피·어류·갑각류·연체동물과 그 밖의 수생무척추동물과 채소·스파게티·소스 등으로 이루어진 조제식료품이 분류되는데, 이들 조제식료품은 소시지·육·설육(屑肉)·피·어류·갑각류·연체동물과 그 밖의 수생무척추동물 또는 이들의 배합물을 전 중량의 20% 초과하여 함유하는 것에 한한다. 위에서 규정한 물품을 둘 이상(예 : 육과 어류) 함유한 조제식료품의 경우에는 중량이 더 큰 성분에 따라 제16류의 해당 호에 분류한다. 특히 유의하여야 할 점은 위의 경우에 있어 중량은 제시 당시의 조제품에 들어 있는 육이나 어류 등의 실중량을 말하는 것이며, 조제하기 전의 그 물품의 중량이 아니라는 것이다.

[제2104호의 수프나 브로드(broth)는 육이나 어류 등의 성분이 20%를 초과하더라도 제2104호에 호의 용어로 명시하고 있으므로 제16류보다 우선하여 분류한다.]

그러나 **제1902호의 속을 채운 물품, 제2103호의 소스와 소스 제조용의 조제품·혼합조미료, 제2104호의 수프·부로드와 수프·부로드 제조용의 조제품 및 균질화한 혼합조제식료품들**은 각기 그들 해당 호에 분류된다.

◉ 소호주

1. 소호 제1602.10호에서 "균질화한 조제품(homogenised preparations)"이란 유아용이나 식이요법용으로 육이나 설육(屑肉)이나 피를 곱게 균질화한 조제품으로서, 순중량 250그램 이하인 것을 용기에 넣어 소매용으로 만든 것을 말한다. 이 정의를 적용하는 경우 조미·보존이나 그 밖의 목적을 위하여 어떠한 성분을 소량 첨가한 것은 무방하며, 그 조제품에는 육이나 설육(屑肉)이 눈에 보일 정도의 조각이 소량 함유될 수도 있다. 이 소호는 제1602호의 모든 다른 소호에 우선한다.

2. 제1604호나 제1605호의 소호에 일반명으로만(common names only) 열거한 어류와 갑각류는 제3류에서 동일 명칭으로 열거한 것과 같은 종(種)의 것이다.

   예로 제0304호에는 명태에 대해 "명태(테라그라 찰코그라마)"로 일반명과 학명으로 표현한 바, 이러한 표현은 제1604호와 제1605호의 경우에 일반명이 동일하면 제03류의 학명도 같이 적용된다는 것이다.

◉ 총설

이 류에는 육 또는 설육(屑肉) · 피 · 어류(어류의 껍질 포함) · 갑각류 · 연체동물과 그 밖의 수생무척추동물로 제조한 조제식료품이 분류된다. 이 류에는 제2류 · 제3류 또는 제0504호에서 규정한 이외의 방법으로 조제한 것 또는 보존처리한 것이 분류되는데, 그 예는 다음과 같다.

① 소시지 또는 이와 유사한 조제품

② 끓인 것, 증기로 찐 것, 구운 것, 기름에 튀긴 것, 볶거나 그 밖의 방법으로 조리한 것. 다만 훈제 이전이나 훈제 시에 조리(cooked)되기도 하는 훈제한 어류 · 갑각류 · 연체동물 및 그 밖의 수생무척추동물, 껍질이 붙은 채로 물에 찌거나 삶아서 조리한 갑각류, 조리된 육 또는 설육(屑肉) · 어류 · 갑각류 · 연체동물 또는 그 밖의 수생무척추동물로부터 얻어진 고운 가루 · 거친 가루 및 펠릿은 제외한다.

[연어 마리네이드. 마리네이드(marinade)란 고기나 생선 또는 채소를 재워두는 액상의 양념을 말한다]

③ 추출물과 즙 또는 마리네이드형으로 제조 또는 저장처리한 것, 어란으로 조제한 캐비아 또는 캐비아대용물, 단순히 배터(batter) 또는 빵가루를 입힌 것, 송로(truffle)를 첨가하거나 후추나 소금 등으로 조미한 것

④ 제16류의 물품만을 기본재료로 하여(based solely on products of this Chapter) 곱게 균질화한 것. 그러나 균질화 그 자체만으로는 물품이 제16류의 조제품으로 분류되는데 충분하지 않고 소호주 제1호를 충족해야 한다.

Chapter 17

제17류 당류(糖類)와 설탕과자

호	호의 용어
1701	사탕수수당이나 사탕무당, 화학적으로 순수한 자당(蔗糖)(고체상태인 것으로 한정한다)
1702	그 밖의 당류(糖類)[화학적으로 순수한 유당(乳糖)·맥아당·포도당·과당을 포함하며, 고체상태인 것으로 한정한다], 당시럽[향미제(香味劑)나 착색제를 첨가하지 않은 것으로 한정한다], 인조꿀(천연꿀을 혼합했는지에 상관없다), 캐러멜당
1703	당밀(糖蜜)[당류(糖類)를 추출하거나 정제할 때 생긴 것으로 한정한다]
1704	설탕과자(백색 초콜릿을 포함하며, 코코아를 함유한 것은 제외한다)

◉ 류주

1. 이 류에서 다음 각 목의 것은 제외한다.
   가. 코코아를 함유한 설탕과자(제1806호)
   나. 제2940호의 화학적으로 순수한 당류(糖類)[자당(蔗糖)·유당(乳糖)·맥아당·포도당·과당은 제외한다]와 기타 물품
   다. 제30류의 의약품과 기타의 의료용품

◉ 소호주

1. 소호 제1701.12호, 제1702.13호, 제1701.14호에서 "조당(粗糖, raw sugar)"이란 건조상태에서 중량 기준으로 자당(蔗糖, sucrose)의 함유량이 편광도수 99.5도 미만에 해당하는(corresponds to a polarimeter reading of less than 99.5°) 당을 말한다.

HSK				품명	Description
1701				사탕수수당이나 사탕무당, 화학적으로 순수한 자당(蔗糖)(고체상태인 것으로 한정한다)	Cane or beet sugar and chemically pure sucrose, in solid form.
	1			조당(粗糖)[향미제(香味劑)나 착색제가 첨가되지 않은 것으로 한정한다]	Raw sugar not containing added flavouring or colouring matter :
	12			사탕무당	Beet sugar
		10	00	당도(糖度)가 98.5도 이하인 것	Of a polarization not exceeding 98.5°
		20	00	당도(糖度)가 98.5도를 초과하는 것	Of a polarization exceeding 98.5°
	13	00	00	이 류의 소호주 2에 규정된 사탕수수당	Cane sugar specified in Subheading Note 2 to this Chapter

14			그 밖의 사탕수수당	Other cane sugar
	10	00	당도(糖度)가 98.5도 이하인 것	Of a polarization not exceeding 98.5°
	20	00	당도(糖度)가 98.5도를 초과하는 것	Of a polarization exceeding 98.5° (이하 생략)

1) 조당(raw sugar)이란 정제당(refined sugar)의 원료로 제공되는 원료당을 말한다. 우리나라에서는 정제당의 원료로 사용되는 것은 대부분 사탕수수이다. 사탕수수를 잘게 부순 후에 압착하여 압착액을 얻고, 여기에서 불순물을 제거하고 농축과 건조과정을 거쳐 조당을 얻게 된다. 사탕수수의 당은 자당이 주성분인데, 사탕수수로부터 위와 같은 여러 공정을 거쳐 다갈색의 조당을 얻게 되는 것이다.

2) 당도의 측정은 주로 편광계(polarimeter)를 통해 행해진다. 편광계 중에서도 특히 당도의 측정을 주목적으로 만들어진 것을 당도계(saccharimeter)라고 부른다. 조당은 건조상태에서 중량 기준으로 자당(蔗糖, sucrose)의 함유량이 편광도수 99.5도 미만이고, 정제당의 당도는 99.5도 이상이 된다.

[당밀(molasses)은 설탕을 제조할 때에 부산물로 생산되는 자당을 함유하는 액체의 총칭으로, 더 이상 설탕을 회수하기 어려운 것이다. 당밀 자체는 제1703호에 분류한다.]

2. 소호 제1701.13호는 원심분리법을 거치지 않고 얻어진 사탕수수당 중에서 건조상태에서 중량 기준으로 자당(蔗糖)의 함유량이 편광도수 69도 이상 93도 미만인 것만을 포함한다. 이 물품은 육안으로 보이지 않는 비정형인 천연 타형(他形) 미세결정만을 함유하는데, 이러한 미세결정들은 당밀(糖蜜)과 그 밖의 사탕수수의 구성요소들에 의하여 둘러싸여 있다.

제1701.13호에는 당도가 낮은 사탕수수당을 분류하도록 하고 있다. 사탕수수를 설탕으로 만드는 과정에서는 원심분리를 통해 당의 순도를 높여 가는데, 이러한 원심분리과정을 거치지 않고 얻은 사탕수수당만을 분류한다.

육안으로 보이지 않는 비정형인 천연 타형(他形) 미세결정(natural anhedral microcrystals, of irregular shape)만을 함유한다는 것은 정상적인 설탕의 결정(sugar crystals)을 갖지 못하고 결정이 뭉개져 있는 상태로 존재한다는 것이다.

◉ 국내주

1. 제1701호에서 당(糖)의 편광도수 시험방법은 국제설탕분석통일위원회(ICUMSA[35])에서 규정한 방법에 따른다.

35 국제설탕분석통일위원회(ICUMSA) : The International Commission for Uniform Methods of Sugar Analysis

◉ 총설

1) 이 류에는 자당・유당・맥아당・포도당 및 과당과 같은 당류가 분류될 뿐 아니라, 당시럽・인조 꿀・캐러멜당[36]・설탕의 정제 또는 추출의 부산물로 얻어지는 당밀 및 설탕과자가 분류된다. 이 류에 분류되는 고체 설탕과 당밀에는 향미와 착색제가 첨가된 것이 포함될 수도 있다. 이 류에는 다음의 물품은 제외된다.

① 코코아 또는 초콜릿(백색 초콜릿 제외)을 함유(코코아의 함유량을 불문한다)한 설탕과자와 감미를 가한 코코아분(제1806호)

② 제19류, 제20류, 제21류와 제22류의 감미를 가한 조제식료품

③ 감미를 가한 사료(제2309호)

④ 화학적으로 순수한 당류(자당・유당・맥아당・포도당・과당은 제외)와 그의 수용액(제2940호)

⑤ 설탕을 함유한 의약품(제30류).

2) 당(糖, sugars)이란 당류 중 수용성이고 감미가 있는 것의 총칭이다. 단당류와 대다수의 올리고당류가 이에 해당한다. 명칭은 기원을 나타내는 말에 오스(-ose) 또는 당을 붙여 사용한다. 자당, 유당, 맥아당, 포도당 및 과당은 화학적으로 순수하더라도 이 류에 분류한다.

① **자당(蔗糖, sucrose)** : 자(蔗)는 사탕수수를 말한다. 광합성 능력이 있는 모든 식물, 특히 사탕수수와 사탕무에 많다.

② **유당(乳糖, lactose)** : 젖당. 포유류의 젖에 많다.

③ **맥아당(麥芽糖, maltose)** : 엿당. 포도당 2개가 글리코시드결합(glycosidic bond)으로 결합한 이당류이다. 명칭은 맥아인 malt로부터 유래하였다.

④ **포도당(葡萄糖, glucose)** : 천연적으로 과실과 벌꿀에서 생긴다.

⑤ **과당(果糖, fructose)** : 감미가 있는 과실과 벌꿀에 포도당과 함께 다량으로 존재한다.

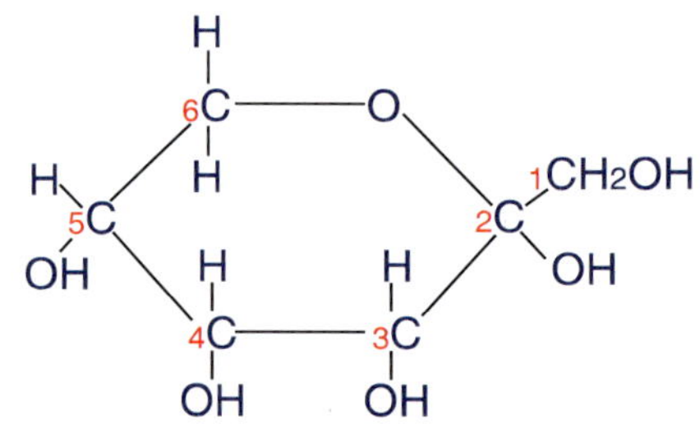

[과당(fructose)은 화학적으로 순수하더라도 제29류에 분류되지 않고 제17류에 분류한다. 분자식은 $C_6H_{12}O_6$인데, 탄소와 물이 결합한 모양처럼 보여 이러한 종류의 물질을 탄수화물이라고 부른다.]

3) **제2940호[37]에 분류되는 당** : 일반적으로 제29류에는 화학적으로 단일한(separate chemically defined) 유기화합물이 분류되나, 제2940호에 분류되는 당류(sugars)에 있어서는 "화학적으로 순수한 것(chemically pure)"이라는 표현을 쓰고 있다. 화학적으로 순수하다는 것은 화학적으로 단일한 물질에서 일반적으로 허용하는 불순물을 배제하는 개념으로 이해된다. 제2940호에는 화학적으로 순수한 당류가 분류되나, 대표적인 당이라고 할 수 있는 자당・유당・맥아당・포도당・과당은 모두 제외되어 제17류에 분류하도록 하고 있다.

---

36 캐러밀당은 당이나 당밀을 장시간 120~180도에서 열처리하여 얻는다.

37 제2940호 : 당류(화학적으로 순수한 것으로 한정하며, 자당・유당・맥아당・포도당・과당은 제외한다), 당에테르・당아세탈・당에스테르와 이들의 염(제2937호・제2938호・제2939호의 물품은 제외한다)

제2940호에 분류되는 화학적으로 순수한 당류로는 유당(lactose)을 가수분해해서 얻는 갈락토오스(galactose), 비타민 C의 제조원료가 되는 소르보오스(sorbose)와, 목당(木糖, wood sugar)이라고 불리는 크실로오스(xylose) 등이 있다. 제2940호에는 또한 당에테르 · 당아세탈 · 당에스테르와 이들의 염도 분류된다.

Chapter 18

제 18 류 코코아와 그 조제품

호	호의 용어
1801	코코아두(원래 모양이나 부순 것으로서 생 것이나 볶은 것으로 한정한다)
1802	코코아의 껍데기와 껍질, 그 밖의 코코아 웨이스트(waste)
1803	코코아 페이스트(paste)[탈지(脫脂)한 것인지에 상관없다]
1804	코코아 버터[지(fat)나 유(oil)]
1805	코코아 가루(설탕 그 밖의 감미료를 첨가한 것은 제외한다)
1806	초콜릿과 코코아를 함유한 그 밖의 조제식료품

◉ 류주

1. 이 류에서 제0403호·제1901호·제1904호·제1905호·제2105호·제2202호·제2208호·제3003호·제3004호의 조제품은 제외한다.

[카카오 열매에서 씨 부분인 코코아두(cocoa bean)를 이용하여 초콜릿 등을 만든다. 모든 형태의 코코아는 제18류에 분류된다.]

1) 제0403호의 버터밀크·응고밀크와 응고크림·요구르트·케피어(kephir)와 그 밖의 발효되거나 산성화된 밀크와 크림에는 코코아가 첨가될 수도 있는데, 코코아가 첨가된다 하더라도 이들은 제0403호에 분류된다.

2) 제1901호에 분류되는 다음의 물품은 코코아 함유와 관련하여, 다음의 경우에는 제1901호에 분류한다.

① 고운 가루·부순 알곡·거친 가루·전분이나 맥아 추출물의 조제식료품으로서 코코아를 함유하지 않은 것이나, 완전히 탈지한 상태에서 측정한 코코아의 함유량이 전 중량의 40% 미만인 것으로서 따로 분류되지 않은 것

② 제0401호부터 제0404호[38]까지에 해당하는 물품의 조제식료품으로서 코코아를 함유하지 않

38 제0401호 : 밀크와 크림(농축하지 않은 것으로서 설탕이나 그 밖의 감미료를 첨가하지 않은 것으로 한정한다)
제0402호 : 밀크와 크림(농축하였거나 설탕이나 그 밖의 감미료를 첨가한 것으로 한정한다)
제0403호 : 버터밀크·응고밀크와 응고크림·요구르트·케피어(kephir)와 그 밖의 발효되거나 산성화된 밀크와 크림(농축한 것인지 또는 설탕이나 그 밖의 감미료를 첨가한 것인지 또는 향·과실·견과류·코코아를 첨가한 것인지에 상관없다)
제0404호 : 유장(농축한 것인지 또는 설탕이나 그 밖의 감미료를 첨가한 것인지에 상관없다)과 따로 분류된 것 외의 천연밀크의 성분을 함유하는 물품(설탕이나 그 밖의 감미료를 첨가한 것인지에 상관없다)

은 것이나, 완전히 탈지한 상태에서 측정한 코코아의 함유량이 전 중량의 **5%** 미만인 것으로 따로 분류되지 않은 것

3) 제1904호의 "곡물이나 곡물가공품을 팽창시키거나 볶아서 얻은 조제식료품[예 : 콘플레이크(corn flake)]과 낟알 모양이나 플레이크(flake) 모양인 곡물(옥수수는 제외한다)과 그 밖의 가공한 곡물(고운 가루 · 부순 알곡 · 거친 가루는 제외하고 사전조리나 그 밖의 방법으로 조제한 것으로서 따로 분류되지 않은 것으로 한정한다)"로서, 완전히 탈지한 상태에서 측정한 코코아의 함유량이 전 중량의 **6%**를 초과하거나, 초콜릿을 완전히 입힌 조제품이나, 제1806호의 코코아를 함유한 조제식료품은 제1806호[39]에 분류한다. 여기에 해당하지 않는 해당 물품은 제1904호에 분류한다.

[코코아의 함유량이 전 중량의 6%를 초과하거나, 초콜릿을 완전히 입힌 조제품이나, 제1806호의 코코아를 함유한 조제식료품은 제1806호에 분류한다.]

4) 제1905호의 빵 · 파이 · 케이크 · 비스킷과 그 밖의 베이커리제품과 제2105호의 아이스크림과 그 밖의 빙과류는 코코아 함유량에 관계없이 이들 호에 분류된다.
5) 제2202호의 "설탕이나 그 밖의 감미료 또는 맛이나 향을 첨가한 물(광천수와 탄산수를 포함한다)과 그 밖의 알코올을 함유하지 않은 음료"와, 제2208호의 "변성하지 않은 에틸알코올(알코올의 용량이 전 용량의 100분의 80 미만인 것으로 한정한다), 증류주 · 리큐르(liqueur)와 그 밖의 주정음료" 및 제3303호와 제3304호의 의약품도 코코아 함유량에 관계없이 이들 호에 분류된다.

2. 제1806호에는 코코아를 함유한 설탕과자와 코코아를 함유한 그 밖의 조제식료품(주 제1호에 열거한 물품은 제외한다)이 포함된다.

1) 초콜릿은 가장 중요한 원료인 코코아 페이스트[40]와 설탕 및 그 밖의 감미료로 조성되어 있으며, 보통 향료와 코코아 버터를 가한 것이다. 코코아 페이스트는 어떤 경우에는 코코아 분말과 기타 식물유로 대체될 수도 있다. 또한 이 초콜릿에는 밀크 · 커피 · 헤즐너트 · 아몬드 · 오렌지 껍질 등이 첨가될 때도 있다.
2) 제1806호에는 함량에 관계없이 코코아를 함유한 모든 설탕과자 · 감미를 부여한 코코아 분말 · 초콜릿 분말 · 초콜릿 스프레드와 일반적으로 코코아를 함유하는 모든 조제식료품이 포함된다.

39 제1806호 : 초콜릿과 코코아를 함유한 그 밖의 조제식료품
40 코코아 페이스트(cocoa paste)는 볶은 코코아두에서 껍질과 배아를 제거한 후에 가열한 그라인드 스톤 또는 원판 파쇄기(disc crushers)로 분쇄하여 얻는다. 코코아 페이스트는 이 상태로도 바로 과자를 만들 수 있으나, 보통은 코코아 버터 · 코코아 분말과 초콜릿 제조에 사용된다. 이 물품은 제1803호에 분류되지만, 설탕이나 그 밖의 감미료를 함유하고 있는 코코아 페이스트는 제1806호에 분류된다.

다만 이 류의 주 제1호를 포함하여 총설에서 제외하도록 규정한 것은 예외로 한다.

◉ 총설

이 류에는 코코아두를 포함하여 모든 형태의 코코아(cocoa in all forms), 코코아 버터, 코코아 유지와 코코아를 함유하는 조제품이 분류되나, 다음의 것은 제외된다.

① 코코아가 함유된 제0403호의 요구르트와 그 밖의 물품(발효, 산성화된 밀크와 크림)

② 백색 초콜릿(제1704호). 백색 초콜릿(white chocolate)은 설탕·코코아 버터·분유 및 향미료로 조성된 것으로서, 코코아를 미량 이상으로 함유하지 아니한 것은 제17류의 설탕과자로서 분류된다. 이는 백색 초콜릿에 함유된 코코아 버터를 코코아로 보지 않기 때문이다.

③ 제1901호의 물품(위의 주 제1호의 설명 참조)

④ 완전히 탈지한 상태에서 측정한 코코아를 전 중량의 6% 이하로 함유하고 있는 팽창 또는 볶은 곡물(제1904호)

⑤ 파이(pastry), 케이크, 비스킷과 기타 베이커리제품으로서 코코아를 함유하고 있는 것(제1905호)

⑥ 코코아를 함유하고 있는 아이스크림과 기타 식용의 얼음(제2105호)

⑦ 비알코올성 또는 알코올성의 음료로서 코코아를 함유하고 있고 즉시 식용에 공할 수 있는 것(제22류)

⑧ 의약품(제3003호 또는 제3004호)

※ 또한 이 호에는 코코아에서 추출한 알칼로이드인 테오브로민(theobromine)은 제외된다(제2939호). 테오브로민은 사람에게는 큰 독성이 없지만, 일반 동물에게는 뇌로 가는 혈류량을 감소시키거나 심장마비 등을 일으킬 정도로 매우 큰 독성을 띤다고 한다.

Chapter 19

제 19 류 곡물 · 고운 가루 · 전분 · 밀크의 조제품과 베이커리제품

호	호의 용어
1901	맥아 추출물(extract)과 고운 가루 · 부순 알곡 · 거친 가루 · 전분이나 맥아 추출물(extract)의 조제식료품[코코아를 함유하지 않은 것이나 완전히 탈지(脫脂)한 상태에서 측정한 코코아의 함유량이 전 중량의 100분의 40 미만인 것으로 따로 분류되지 않은 것으로 한정한다], 제0401호부터 제0404호까지에 해당하는 물품의 조제식료품[코코아를 함유하지 않은 것이나 완전히 탈지(脫脂)한 상태에서 측정한 코코아의 함유량이 전 중량의 100분의 5 미만인 것으로 따로 분류되지 않은 것으로 한정한다]
1902	파스타[조리한 것인지 또는 육(肉)이나 그 밖의 물품으로 속을 채운 것인지에 상관없으며 스파게티 · 마카로니 · 누들 · 라자니아(lasagne) · 뇨키(gnocchi) · 라비올리(ravioli) · 카넬로니(cannelloni) 등과 같이 그 밖의 방법으로 조제한 것을 포함한다]와 쿠스쿠스(couscous)(조제한 것인지에 상관없다)
1903	타피오카와 전분으로 조제한 타피오카대용물[플레이크(flake) 모양 · 낟알 모양 · 진주 모양 · 무거리 모양 · 그 밖에 이와 유사한 모양의 것으로 한정한다]
1904	곡물이나 곡물 가공품을 팽창시키거나 볶아서 얻은 조제식료품[예: 콘플레이크(corn flake)]과 낟알 모양이나 플레이크(flake) 모양인 곡물(옥수수는 제외한다)과 그 밖의 가공한 곡물(고운 가루 · 부순 알곡 · 거친 가루는 제외하고 사전조리나 그 밖의 방법으로 조제한 것으로서 따로 분류되지 않은 것으로 한정한다)
1905	빵 · 파이 · 케이크 · 비스킷과 그 밖의 베이커리제품(코코아를 함유하였는지에 상관없다), 성찬용 웨이퍼 · 제약용에 적합한 빈 캡슐 · 실링웨이퍼(sealing wafer) · 라이스페이퍼(rice paper)와 그 밖에 이와 유사한 물품

◉ 류주

1. 이 류에서 다음 각 목의 것은 제외한다.
   가. 제1902호의 속을 채운 물품의 경우를 제외한 조제식료품으로서 소시지 · 육 · 설육(屑肉) · 피 · 어류나 갑각류 · 연체동물 · 그 밖의 수생(水生)무척추동물이나 그 배합물의 함유량이 전 중량의 100분의 20을 초과하는 것(제16류)
   나. 사료용 비스킷과 그 밖의 곡물의 고운 가루나 전분으로 만든 조제 사료(제2309호)
   다. 제30류의 의약품과 기타의 의료용품

2. 제1901호에서,
   가. "부순 알곡(groat)"이란 제11류의 곡물의 부순 알곡을 말한다.
   나. "고운 가루와 거친 가루(flour and meal)"란
      ① 제11류의 곡물의 고운 가루와 곡물의 거친 가루, 그리고
      ② 다른 류의 식물성의 고운 가루 · 거친 가루 및 가루(flour, meal and powder of vegetable origin)[제0712호의 건조한 채소, 제1105호의 감자, 제1106호의 건조한 채두류(菜豆類)의

고운 가루·거친 가루·가루는 제외한다]를 말한다.

1) 제1901호 : 맥아 추출물(extract)과 고운 가루·부순 알곡·거친 가루·전분이나 맥아 추출물(extract)의 조제식료품[코코아를 함유하지 않은 것이나 완전히 탈지(脫脂)한 상태에서 측정한 코코아의 함유량이 전 중량의 100분의 40 미만인 것으로 따로 분류되지 않은 것으로 한정한다], 제0401호부터 제0404호까지에 해당하는 물품의 조제식료품[코코아를 함유하지 않은 것이나 완전히 탈지(脫脂)한 상태에서 측정한 코코아의 함유량이 전 중량의 100분의 5 미만인 것으로 따로 분류되지 않은 것으로 한정한다]
2) 제1901호의 부순 알곡, 고운 가루와 거친 가루의 개념은 기본적으로 제11류의 곡물(cereal)의 그것과 일치한다. 다만 제1901호의 "고운 가루 및 거친 가루"에는 제11류 외의 류에 분류되는 식물성의 고운 가루·거친 가루 및 가루도 포함된다. 그러나 제0712호의 건조한 채소, 제1105호의 감자, 제1106호의 건조한 채두류(菜豆類)의 고운 가루·거친 가루·가루는 제외한다(이들의 조제품은 제20류 주 제3호 참조).

3. 제1904호에는 완전히 탈지(脫脂)한 상태에서 측정한 코코아의 함유량이 전 중량의 100분의 6을 초과하거나 초콜릿을 완전히 입힌 조제품이나 제1806호의 코코아를 함유한 조제식료품은 제외한다(제1806호).

1) 제1904호 : 곡물이나 곡물가공품을 팽창시키거나 볶아서 얻은 조제식료품[예 : 콘플레이크(corn flake)]과 낟알 모양이나 플레이크(flake) 모양인 곡물(옥수수는 제외한다)과 그 밖의 가공한 곡물(고운 가루·부순 알곡·거친 가루는 제외하고 사전조리나 그 밖의 방법으로 조제한 것으로서 따로 분류되지 않은 것으로 한정한다)
2) 제1904호에 분류되는 물품이 코코아를 함유하는 경우에 제1904호에서 제외되어 제1806호로 분류되는 경우는 다음의 3가지가 있다.
   ① 완전히 탈지(脫脂)한 상태에서 측정한 코코아의 함유량이 전 중량의 6%를 초과하는 경우
   ② 초콜릿을 완전히 입힌 조제품
   ③ 제1806호에 분류되는 코코아를 함유한 조제식료품의 형상을 가진 물품

4. 제1904호에 있어서 "그 밖의 방법으로 조제한 것"이란 제10류와 제11류의 주나 각 호에서 규정한 것 이상으로 조제하거나 가공한 것을 말한다.

제1904호에서 "그 밖의 방법으로 조제한 것"이란 제10류와 제11류의 주나 각 호에서 규정한 것 이상으로 조제하거나 가공한 것, 예를 들면 사전에 조리한 쌀에 채소 또는 양념과 같은 성분을 첨가한 것으로 구성된 물품도 포함된다. 이러한 성분들은 쌀 조제품으로서의 제품의 특성을 변경시키지 않는 것이다.

◉ 총설

1) 이 류에는 제10류의 곡물로부터 직접 조제하거나, 제11류의 가공곡물 또는 그 밖의 류에 해당하는 식물성의 고운 가루 · 거친 가루 및 가루(곡물의 고운 가루 · 부순 알곡과 거친 가루, 전분, 과실 또는 채소의 고운 가루 · 거친 가루 및 가루) 또는 제0401호부터 제0404호(밀크 · 크림 · 요구르트 · 유장 등)까지의 상품으로부터 제조한 것으로, 일반적으로 식용에 공하는 조제품을 분류한다.

   또한 곡물의 고운 가루 · 전분 또는 그 밖의 곡물의 생산품을 함유하지 않아도 제과제품(pastrycooks' products)과 비스킷은 이 류에 분류된다.

2) 제19류에는 다음의 물품이 분류된다.

   ① 맥아 추출물(malt extract)과 곡분 · 전분 또는 맥아 추출물의 조제식료품. 이때 완전히 탈지한 상태에서 측정한 코코아의 함유량이 전 중량의 40% 미만인 것으로 따로 분류되지 않은 것으로 한정한다(제1901호).

   ② 제0401호부터 제0404호[41]까지에 해당하는 물품의 조제식료품. 이때 완전히 탈지한 상태에서 측정한 코코아의 함유량이 5% 미만인 것으로 따로 분류되지 않은 것으로 한정한다(제1901호).

[제1902호에 분류되는 속을 채운 물품은 육이나 설육 등이 전중량의 20%를 초과하더라도 제16류에 분류하지 않는다]

   ③ 파스타. 조리한 것인지 또는 육이나 그 밖의 물품으로 속을 채운 것인지에 상관없다(제1901호).

   ④ 타피오카[42]와 전분으로 조제한 타피오카대용물로서, 플레이크 모양, 낟알 모양, 진주 모양, 무거리 모양, 그 밖에 이와 유사한 모양의 것(제1903호)

   ⑤ 곡물이나 곡물가공품을 팽창시키거나 볶아서 얻은 조제식료품(예 : 콘플레이크)과 낟알 모양이나 플레이크 모양인 곡물(옥수수는 제외한다)과 그 밖의 가공한 곡물(고운 가루 · 부순 알곡 · 거친 가루는 제외하고 사전조리나 그 밖의 방법으로 조제한 것으로서 따로 분류되지 않은 것으로 한정한다)(제1904호)

---

41 제0401호 : 밀크와 크림(농축하지 않은 것으로서 설탕이나 그 밖의 감미료를 첨가하지 않은 것으로 한정한다)
제0402호 : 밀크와 크림(농축하였거나 설탕이나 그 밖의 감미료를 첨가한 것으로 한정한다)
제0403호 : 버터밀크 · 응고밀크와 응고크림 · 요구르트 · 케피어(kephir)와 그 밖의 발효되거나 산성화된 밀크와 크림(농축한 것인지 또는 설탕이나 그 밖의 감미료를 첨가한 것인지 또는 향 · 과실 · 견과류 · 코코아를 첨가한 것인지에 상관없다)
제0404호 : 유장(농축한 것인지 또는 설탕이나 그 밖의 감미료를 첨가한 것인지에 상관없다)과 따로 분류된 것 외의 천연밀크의 성분을 함유하는 물품(설탕이나 그 밖의 감미료를 첨가한 것인지에 상관없다)

42 일반적으로 타피오카(tapioca)란 열대작물인 카사바(매니옥)의 뿌리에서 채취한 식용 전분을 말한다. 다만 HS에서는 카사바(매니옥)에서 채취한 전분 자체는 제1108호에 분류하고, 타피오카는 이러한 전문을 플레이크 모양이나 낟알 모양 등으로 일정하게 가공한 것만을 의미하며, 이는 제1903호에 분류한다.

⑥ 빵 · 파이 · 케이크 · 비스킷과 그 밖의 베이커리제품(코코아를 함유하였는지에 상관없다), 성찬용 웨이퍼와 제약용에 적합한 빈 캡슐 등(제1905호)

3) 다음의 물품은 제외한다.

① 소시지 · 육 · 설육 · 피 · 어류 또는 갑각류 · 연체동물 또는 그 밖의 수생무척추동물 또는 그들의 배합물을 전 중량의 20% 초과하여 함유하고 있는 조제식료품(제16류). 단 제1902호의 속을 채운 물품은 제외한다.

② 완전히 탈지한 상태에서 측정한 코코아의 함유량이 전 중량의 40% 이상인 고운 가루 · 부순 알곡 · 거친 가루 · 전분 또는 맥아 추출물의 조제식품과, 완전히 탈지한 상태에서 코코아의 함유량이 전 중량의 5% 이상인 제0401호~제0404호 상품의 조제식료품(제1806호)

③ 함유량에 관계없이 커피를 함유하는 볶은 커피대용물(제0901호)과 그 밖의 볶은 커피대용물(예 : 볶은 보리)(제2101호)

④ 카스터드 · 디저트 · 아이스크림 또는 이와 유사한 조제품의 조제용 분말로서, 곡물의 고운 가루나 거친 가루 · 전분 · 맥아 추출물 또는 제0401호부터 제0404호까지의 상품을 기본재료로 하지 않은 제품(보통 제2106호)

⑤ 고운 가루 또는 전분으로 제조한 물품으로서, 특히 동물용 사료로 조제한 것(예 : 개가 먹는 비스킷)(제2309호)

⑥ 제30류에 분류되는 의약품과 그 밖의 물품

Chapter 20

제20류 채소 · 과실 · 견과류나 식물의 그 밖의 부분의 조제품

호	호의 용어
2001	식초나 초산으로 조제하거나 보존처리한 채소 · 과실 · 견과류와 그 밖의 식용에 적합한 식물의 부분
2002	조제하거나 보존처리한 토마토(식초나 초산으로 처리한 것은 제외한다)
2003	조제하거나 보존처리한 버섯과 송로(松露)(식초나 초산으로 처리한 것은 제외한다)
2004	조제하거나 보존처리한 그 밖의 채소(식초나 초산으로 처리한 것은 제외하고, 냉동한 것으로 한정하며, 제2006호의 물품은 제외한다)
2005	조제하거나 보존처리한 그 밖의 채소(식초나 초산으로 처리한 것은 제외하고, 냉동하지 않은 것으로 한정하며, 제2006호의 물품은 제외한다)
2006	설탕으로 보존처리한 채소 · 과실 · 견과류 · 과피와 식물의 그 밖의 부분[드레인한(drained) 것, 설탕을 입히거나 설탕에 절인 것]
2007	잼 · 과실젤리 · 마멀레이드(marmalade) · 과실이나 견과류의 퓨레(puree) · 과실이나 견과류의 페이스트(paste)(조리해서 얻은 것으로 한정하며, 설탕이나 그 밖의 감미료를 첨가했는지에 상관없다)
2008	그 밖의 방법으로 조제하거나 보존처리한 과실 · 견과류와 그 밖의 식용에 적합한 식물의 부분(설탕이나 그 밖의 감미료나 주정을 첨가했는지에 상관없으며 따로 분류되지 않은 것으로 한정한다)
2009	과실 주스(포도즙을 포함한다)와 채소 주스(설탕이나 그 밖의 감미료를 첨가했는지에 상관없으며 발효하지 않은 것으로 주정을 함유하지 않은 것으로 한정한다)

◉ 류주

1. 이 류에서 다음 각 목의 것은 제외한다.
   가. 제7류 · 제8류 · 제11류에서 규정한 방법에 따라 조제하거나 보존처리한 채소 · 과실 · 견과류
   나. 소시지 · 육 · 설육(屑肉) · 피 · 어류나 갑각류 · 연체동물 · 그 밖의 수생(水生)무척추동물이나 그 배합물의 함유량이 전 중량의 100분의 20을 초과하는 조제 식료품(제16류)
   다. 베이커리제품과 그 밖의 제1905호[43]의 제품
   라. 제2104호의 균질화한 혼합 조제식료품

2. 제2007호와 제2008호에서는 설탕과자(제1704호)나 초콜릿과자(제1806호) 모양인 과실젤리 · 과실 페이스트(paste) · 설탕을 입힌 아몬드나 이와 유사한 것은 제외한다.

제2007호와 제2008호의 물품 중에 과실젤리 · 과실 페이스트(paste) · 설탕을 입힌 아몬드는 풍

43 제1905호 : 빵 · 파이 · 케이크 · 비스킷과 그 밖의 베이커리 제품(코코아를 함유하였는지에 상관없다), 성찬용 웨이퍼 · 제약용에 적합한 빈 캡슐 · 실링웨이퍼(sealing wafer) · 라이스페이퍼(rice paper)와 그 밖에 이와 유사한 물품

부한 당분으로 인하여 제17류에 분류되는 설탕과자 및 제18류의 초콜릿과자와 구분이 모호할 수 있다. 제2007호와 제2008호에서는 제1704호 및 제1806호에서 열거 또는 설명하는 모양, 즉 설탕과자나 초콜릿과자 모양의 과실젤리·과실페이스트(paste)·설탕을 입힌 아몬드나 이와 유사한 것은 제외한다.

3. 제2001호·제2004호·제2005호에는 경우에 따라 제7류나 제1105호·제1106호(제8류 물품의 고운 가루·거친 가루·가루는 제외한다)의 물품으로서, 이 류의 주 제1호 가목 외의 방법으로 조제하거나 보존처리한 것만이 포함된다.

1) 제2001호 : 식초나 초산으로 조제하거나 보존처리한 채소·과실·견과류와 그 밖의 식용에 적합한 식물의 부분

제2004호 : 조제하거나 보존처리한 그 밖의 채소(식초나 초산으로 처리한 것은 제외하고, **냉동한** 것으로 한정하며, 제2006호의 물품은 제외한다)

제2005호 : 조제하거나 보존처리한 그 밖의 채소(식초나 초산으로 처리한 것은 제외하고, **냉동하지 않은 것**으로 한정하며, 제2006호의 물품은 제외한다)

제1105호 : 감자의 고운 가루·거친 가루·가루·플레이크(flake)·알갱이·펠릿(pellet)

제1106호 : 건조한 채두류(菜豆類)(제0713호의 것), 사고(sago)·뿌리나 괴경(塊莖)(제0714호의 것), 제8류 물품의 고운 가루·거친 가루·가루

2) 제20류에는 채소·과실·견과류나 식물의 그 밖의 부분의 조제품, 즉 기본적으로 제7류와 제8류에 분류되는 물품으로 만들어진 조제품이 분류된다. 그 중에서 제2001호·제2004호·제2005호의 물품은 특히 제7류의 채소와 제1105호 및 제1106호의 가루 종류를 조제한 물품이 포함되는데, 여기에서 **제8류 물품의 고운 가루·거친 가루·가루는 제외한다.** 이때 조제는 제7류·제8류·제11류에서 규정한 것 외의 방법에 따라 조제하거나 보존처리한 것만을 말한다.

4. 토마토주스로서 내용물의 건조 중량이 전 중량의 100분의 7 이상인 것은 제2002호로 분류한다.

토마토주스로서 내용물의 건조 중량이 전 중량의 7% 이상인 것은 제2009호의 주스로 분류하지 않고, 제2002호에 분류된다. 주스는 그 내용물이 정상적인 주스의 조성으로 된 것과 농축주스도 포함하지만, 예외로 토마토의 경우에 내용물의 건조 중량이 전 중량의 7% 이상인 것은 농축주스로 보지 않고 별도의 호로 존재하는 "조제하거나 보존처리한 토마토"로 분류하게 된다. 반대로 정상적인 주스보다 물을 많이 함유하는 것은 제22류의 음료로 분류해야 한다.

5. 제2007호에서 "조리해서 얻은(obtained by cooking)"이란 탈수나 다른 수단을 통하여 제품의 점성(粘性)을 증가시키기 위하여 상압(常壓)이나 감압(減壓)상태에서, 열처리하여 얻은 것을 말한다.

1) 제2007호 : 잼·과실젤리·마멀레이드(marmalade)·과실이나 견과류의 퓨레(puree)·과실이

나 견과류의 페이스트(paste)(조리해서 얻은 것으로 한정하며, 설탕이나 그 밖의 감미료를 첨가했는지에 상관없다)

2) 제2007호의 물품은 공통적으로 열처리를 통하여 재료의 수분을 없애 점성을 증가시킨 것이다.

잼은 원형의 과실 등에 대략 같은 양의 설탕을 넣고 끓여서 만든다. 냉각하면 적당한 굳기를 갖게 되며 과실의 조각들을 함유하고 있다. **마멀레이드**는 보통 감귤류의 과실로 만든 잼의 변종이다.

[퓨레는 체로 거른 과실의 과육이나 견과류의 분말을 끓여서 진한 농도로 조제한 것이다.]

과실젤리는 과실주스에 설탕을 넣고 끓여서 만드는데, 냉각시키면 굳어지고 투명하며 과실조각이 없어진 상태이다.
과실 또는 견과류 **퓨레**(puree)는 체로 거른 과실의 과육이나 견과류의 분말을 끓여서 진한 농도로 조제한 것이다. 잼과 다른 점은 과실의 함유성분이 더 높고 잼보다 덜 질다는 것이다.
과실 또는 견과류 페이스트는 퓨레(puree)를 증발시켜 고상 또는 거의 고형농도가 되도록 만든 것이다.

6. 제2009호에서 "발효하지 않은 것으로서 주정을 함유하지 않은 주스"란 알코올의 용량이 전 용량의 100분의 0.5 이하인 주스를 말한다(제22류의 주 제2호 참조).

제2009호 : 과실 주스(포도즙을 포함한다)와 채소 주스(설탕이나 그 밖의 감미료를 첨가했는지에 상관없으며 발효하지 않은 것으로 주정을 함유하지 않은 것으로 한정한다)

◉ 소호주

1. 소호 제2005.10호에서 "균질화한 채소"란 유아용이나 식이요법용으로 채소를 곱게 균질화한 조제품으로서 순중량 250그램 이하의 것을 용기에 넣어 소매용으로 만든 것을 말한다. 이 정의를 적용하는 경우 조미·보존이나 그 밖의 목적을 위하여 어떠한 성분을 소량 첨가한 것은 무방하며, 그 조제품에는 눈에 보일 정도의 채소 조각이 소량 함유될 수도 있다. 이 소호는 제2005호의 모든 다른 소호에 우선한다.

[균질화한 채소. 유아용이나 식이요법용의 것으로 순중량 250g 이하로 포장한 것이다.]

2. 소호 제2007.10호에서 "균질화한 조제품"이란 유아용이나 식이요법용으로 과실을 곱게 균질화한 조제품으로서, 순중량 250그램 이하의 것을 용기에 넣어 소매용으로 만든 것을 말한다. 이 정의를 적용하는 경우 조미·보존이나 그 밖의 목적을 위하여 어떠한 성분을 소량 첨가한 것은 무방하며, 그 조제품에는 눈에 보일 정도의 채소 조각이 소량 함유될 수도 있다. 이 소호는 제2007호의 모든 다른 소호에 우선한다.

HSK				품명	Description
2007				잼·과실젤리·마멀레이드(marmalade)·과실이나 견과류의 퓨레(puree)·과실이나 견과류의 페이스트(paste)(조리해서 얻은 것으로 한정하며, 설탕이나 그 밖의 감미료를 첨가했는지에 상관없다)	Jams, fruit jellies, marmalades, fruit or nut puree and fruit or nut pastes, obtained by cooking, whether or not containing added sugar or other sweetening matter.
	10	00	00	균질화한 조제품	Homogenised preparations
	9			기타	Other :
	91			감귤류의 과실	Citrus fruit
		10	00	잼·과실젤리과 마멀레이드(marmalade)	Jams, fruit jellies and marmalades
		90	00	기타	Other
				이하 생략	

3. 소호 제2009.12호, 제2009.21호, 제2009.31호, 제2009.41호, 제2009.61호, 제2009.71호에서 "브릭스(Brix)값"이란 브릭스(Brix) 판독용 액체 비중계(hydrometer)에서 직접 판독한 값을 의미하거나, 굴절계(refractometer)에 나타난 당(糖) 함유량(sucrose content) 백분율로 표시된 굴절률을 판독한 값을 말한다[섭씨 20도나 섭씨 20도가 아니라면 섭씨 20도로 보정(補正)한 상태에서 측정한 값을 말한다].

HSK				품명	Description
2009				과실 주스(포도즙을 포함한다)와 채소 주스(설탕이나 그 밖의 감미료를 첨가했는지에 상관없으며 발효하지 않은 것으로 주정을 함유하지 않은 것으로 한정한다)	Fruit juices(including grape must) and vegetable juices, unfermented and not containing added spirit, whether or not containing added sugar or other sweetening matter.
	1			오렌지주스	Orange juice :
	11	00	00	냉동한 것	Frozen
	12	00	00	냉동하지 않은 것으로서 브릭스(Brix)값이 20을 초과하지 않은 것	Not frozen, of a Brix value not exceeding 20
	19	00	00	기타	Other(이하 생략)

브릭스값(brix value)이란 어떤 용액 100g에 1g의 당이 함유되어 있는 때의 값이다. 당도(sugar contents)를 측정할 때의 기준값으로서, 브릭스(Brix) 판독용 액체 비중계(hydrometer)나 굴절계(refractometer)를 이용하여 측정한다.

◉ 국내주

1. 찌거나 삶은 고구마, 찌거나 삶은 옥수수, 볶거나 튀긴 은행은 다음 각 목의 요건에 모두 해당하는 경우로 한정하여 제2008호로 분류한다.

가. 단면을 전자현미경으로 관찰할 때 그 내부의 전분 입자의 모양이 중심부까지 완전히 파괴된 것
나. X-선 회절분석시 결정구조가 비결정질로 변형된 것

◉ 총설

이 류에는 다음의 것이 포함된다.

① 식초 또는 초산으로 조제나 보존처리한 채소 · 과실 · 견과류 및 그 밖의 식용에 적합한 식물의 부분

② 설탕으로 보존처리한 채소 · 과실 · 견과류 · 과피 및 식물의 그 밖의 부분

③ 잼 · 과실젤리 · 마멀레이드(marmalade) · 과실이나 견과류의 퓨레(puree) · 과실이나 견과류의 페이스트(조리해서 얻은 것으로 한정한다).

④ 균질화한 채소와 과실(조제 또는 보존처리한 것)

⑤ 과실주스 또는 채소주스. 발효하지 않은 것이나 알코올을 첨가하지 않은 것, 또는 알코올의 용량이 전 용량의 0.5%를 초과하지 않는 것에 한한다.

⑥ 제7류 · 제8류 · 제11류 또는 이 표의 다른 곳에 규정되어 있지 않는 가공방법으로 조제나 보존처리한 채소 · 과실 · 견과류 및 그 밖의 식용에 적합한 식물의 부분

⑦ 제7류 또는 제11류에 규정된 것 이외의 가공방법으로 조제 또는 보존처리한 제0714호, 제1105호 또는 제1106호의 물품.[44] 다만 제8류 물품, 즉 과실과 견과류의 고운 가루 · 거친 가루 및 가루는 제외한다.

⑧ 삼투 탈수방식(osmotic dehydration)으로 보존처리한 과실

---

44 제0714호 : 매니옥(manioc) · 칡뿌리 · 살렙(salep) · 돼지감자(Jerusalem artichoke) · 고구마와 그 밖에 이와 유사한 전분이나 이눌린(inulin)을 다량 함유한 뿌리 · 괴경(塊莖)[자른 것인지 또는 펠릿(pellet) 모양인지에 상관없으며 신선한 것, 냉장 · 냉동한 것, 건조한 것으로 한정한다], 사고야자(sago)의 심(pith)
제1105호 : 감자의 고운 가루 · 거친 가루 · 가루 · 플레이크(flake) · 알갱이 · 펠릿(pellet)
제1106호 : 건조한 채두류(菜豆類)(제0713호의 것), 사고(sago) · 뿌리나 괴경(塊莖)(제0714호의 것), 제8류 물품의 고운 가루 · 거친 가루 · 가루

Chapter 21

제21류 각종의 조제식료품

호	호의 용어
2101	커피 · 차 · 마테(mate)의 추출물(extract) · 에센스(essence) · 농축물과 이것들을 기본재료로 한 조제품, 커피 · 차 · 마테(mate)를 기본재료로 한 조제품, 볶은 치커리(chicory) · 그 밖의 볶은 커피대용물과 이들의 추출물(extract) · 에센스(essence) · 농축물
2102	효모(활성이거나 불활성인 것으로 한정한다), 그 밖의 단세포 미생물(죽은 것으로 한정하며, 제3002호의 백신은 제외한다)과 조제한 베이킹 파우더
2103	소스와 소스용 조제품, 혼합조미료, 겨자의 고운 가루 · 거친 가루와 조제한 겨자
2104	수프 · 브로드(broth)와 수프 · 브로드(broth)용 조제품, 균질화한 혼합 조제식료품
2105	아이스크림과 그 밖의 빙과류(코코아를 함유했는지에 상관없다)
2106	따로 분류되지 않은 조제식료품

◉ 류주

1. 이 류에서 다음 각 목의 것은 제외한다.
   가. 제0712호의 채소의 혼합물
   나. 커피를 함유한 볶은 커피대용물(제0901호)
   다. 맛이나 향을 첨가한 차(제0902호)
   라. 제0904호부터 제0910호까지의 향신료와 기타의 물품
   마. 제2103호나 제2104호[45]에 열거한 물품을 제외한 조제식료품으로서 소시지 · 육 · 설육(屑肉) · 피 · 어류나 갑각류 · 연체동물 · 그 밖의 수생(水生)무척추동물이나 그 배합물의 함유량이 전 중량의 100분의 20을 초과하는 것(제16류)
   바. 제3003호나 제3004호의 의약품 등으로 조제한 효모(酵母)
   사. 제3507호의 조제한 효소(酵素)

[제빵효모. 효모(酵母, yeast)를 넣어 적당하게 발효시킨 빵반죽은 두 배가량으로 부푼다.]

1) 제2102호에는 효모(활성 또는 불활성의 것)가 분류되는데, 이들은 양조효모나 제빵효모와 같은 활성효모 또는 그 자체가 영양소의 근원이 되는 불활성효모처럼 주로 식용과 관련이 있다. 의약품 등으로 조제한 효모는 제21류에서 제외된다.

45 제2103호 : 소스와 소스용 조제품, 혼합조미료, 겨자의 고운 가루 · 거친 가루와 조제한 겨자
제2104호 : 수프 · 브로드(broth)와 수프 · 브로드(broth)용 조제품, 균질화한 혼합 조제식료품

2) 효소(酵素, enzyme)는 효모와 혼동될 수 있는데, 효소는 단백질로 이루어진 생체촉매를 말하는 것이고, 효모는 활성 또는 불활성의 미생물을 말하는 것이다. 효소는 소화효소처럼, 생체세포에 의하여 생산되는 유기물질로서 효소 자체의 화학구조는 변화되지 않으면서 생체세포의 내부 또는 외부에서 특정의 화학반응을 일으키고 조절하는 특성을 가지고 있다. 즉 이는 단백질로 만들어진 촉매라고 할 수 있다. 최근에 매실이나 약초 따위를 발효시켜서 담근 것을 '효소'라고 부르는 경우도 있는데, 이는 잘못된 표현이다. 효소는 식용의 대상이 아닌 것으로서, 제21류에 분류되지 않고 제3507호에 분류된다.

2. 이 류의 주 제1호 나목에 열거한 볶은 커피대용물의 추출물(extract)은 제2101호로 분류한다.

커피와 커피를 함유한 커피대용물은 제09류에 분류되고, 커피를 함유하지 않은 커피대용물로서 가공하지 않은 것은 각각의 적절한 호(예로 맥아는 제11류, 치커리는 제12류)에 분류된다. 그러나 커피를 함유하지 않은 것으로서 볶는 등의 가공을 통하여 커피대용물로 만든 것과 이들의 추출물 · 에센스 및 농축물은 제2101호에 분류한다.

3. 제2104호에서 "균질화한 혼합 조제식료품"이란 유아용이나 식이요법용으로 육 · 어류 · 채소 · 과실 · 견과류 등의 기본 성분을 두 가지 이상 혼합하여 곱게 균질화한 조제품으로서 순중량 250그램 이하의 것을 용기에 넣어 소매용으로 만든 것을 말한다. 이 정의를 적용하는 경우 조미 · 보존이나 그 밖의 목적으로 어떠한 성분을 소량 첨가했는지에 상관없다. 이들 조제품에는 눈에 보일 정도의 성분 조각이 소량 함유될 수도 있다.

1) 수프 · 브로드(broth)와 수프 · 브로드(broth)용 조제품, 균질화한 혼합 조제식료품(homogenised composite food preparations)
2) 균질화한 혼합 조제식료품은 유아용 또는 식이요법용으로 육 · 어류 · 채소 또는 과실 등의 기본 성분을 **2종 이상 혼합하여** 곱게 균질화한 혼합물로 구성된 것으로서, 순중량 250g 이하의 것을 용기에 넣어 소매용으로 한 것이다. 기본 성분 외에 이들 조제품은 식이요법의 목적(완전영양식) · 조미 또는 보존이나 그 밖의 목적으로 치즈 · 알의 노른자위 · 전분 · 덱스트린 · 소금 또는 비타민과 같은 물질을 소량으로 첨가하기도 한다. 이들은 눈에 보일 정도의 성분의 조각을 함유할 수도 있으나, 그러한 조각은 단지 소량으로 존재하는 것, 즉 균질화한 조제품으로서의 성질을 변경시키지 아니하는 것에 한한다.

   균질화한 혼합 조제식료품은 보통 유아식으로 사용되는데, 이것은 직접 또는 가열하여 먹기에 알맞도록 여러 가지 편리한 형태로 잘 반죽된 페이스트 형상으로 되어 있다. 이들은 일반적으로 한 끼분에 상응한 양으로 밀폐된 병 또는 캔에 들어 있다.

◉ 총설

1) 제21류에는 이전의 류에 분류되지 않은 각종의 조제식료품이 분류된다. 제2101호부터 제2105호까지는 커피 · 차 · 마테의 조제품(제2101호), 효모 등 단세포미생물과 베이킹파우더(제2102호), 소스 · 혼합조미료 · 겨자조제품(제2103호), 스프와 브로드(제2104호), 아이스크림과 빙과류(제2105호) 등 **특정한 부류**의 조제품이 각각 분류된다. 그리고 제2106호에는 그 밖의 따로 분류되지 않은 조제품이 분류된다.

2) 제2106호에는 이 표의 어떤 호에도 분류되지 않는 조제식료품으로서, 다음과 같은 것이 이 호에 분류된다.

   ① 직접 식용에 제공되는 조제품과, 조리 · 용해 또는 물이나 밀크 등에 끓이는 등의 가공 후에 식용에 제공되는 조제품

   ② 전부 또는 일부가 식료품(食料品, foodstuffs)으로 이루어진 조제품으로서, 음료 또는 조제식료품의 제조에 사용되는 것. 이 호에는 화학품(유기산 · 칼슘염 등)과 식료품(곡분 · 설탕 · 밀크분 등)과의 혼합물로 이루어진 조제품으로서, 조제식료품에 혼입되어 그 구성성분을 이루거나 또는 그 특성(외관 · 품질보존 등)을 개량하기 위하여 사용되는 것을 포함한다.

Chapter 22

제 22 류 음료 · 주류 · 식초

호	호의 용어
2201	물(천연이나 인조 광천수와 탄산수를 포함하며, 설탕이나 그 밖의 감미료 또는 맛이나 향을 첨가하지 않은 것으로 한정한다)과 얼음과 눈
2202	설탕이나 그 밖의 감미료 또는 맛이나 향을 첨가한 물(광천수와 탄산수를 포함한다)과 그 밖의 알코올을 함유하지 않은 음료(제2009호의 과실 주스와 채소 주스는 제외한다)
2203	맥주
2204	포도주(생포도로 제조한 것으로 한정하며, 알코올로 강화한 포도주를 포함한다)와 포도즙(제2009호의 것은 제외한다)
2205	베르무트(vermouth)와 그 밖에 이와 유사한 포도주[생포도로 제조한 것으로서 식물이나 방향성(芳香性) 물질로 맛이나 향을 첨가한 것으로 한정한다]
2206	그 밖의 발효주[예 : 사과술 · 배술 · 미드(mead)], 따로 분류되지 않은 발효주의 혼합물, 발효주와 비알코올성 음료와의 혼합물
2207	변성하지 않은 에틸알코올(알코올의 용량이 전 용량의 100분의 80 이상인 것으로 한정한다), 변성 에틸알코올, 그 밖의 변성 주정(알코올의 용량은 상관없다)
2208	변성하지 않은 에틸알코올(알코올의 용량이 전 용량의 100분의 80 미만인 것으로 한정한다), 증류주 · 리큐르(liqueur)와 그 밖의 주정음료
2209	식초와 초산으로 만든 식초대용물

◉ 류주

1. 이 류에서 다음 각 목의 것은 제외한다.
   가. 조리용으로 조제된 이 류(제2209호의 것은 제외한다)의 물품으로서, 음료로 사용하기에 부적합하게 변성된 물품(일반적으로 제2103호)
   나. 바닷물(제2501호)
   다. 증류수(distilled water) · 전도수(傳導水, conductivity water) · 그 밖에 이와 유사한 순도의 물(제2853호)
   라. 초산의 수용액(초산의 함유량이 전 중량의 100분의 10을 초과하는 농도의 것으로 한정한다)(제2915호)
   마. 제3003호와 제3004호의 의약품
   바. 조제향료나 화장용품(제33류)

1) **가목 및 라목** : 제2209호에는 식초와 초산(醋酸, acetic acid)으로 만든 식초대용물이 분류된다. 식초는 3~5%의 초산과 유기산·아미노산·당·알코올·에스테르 등이 함유된 산성 식품으로, 이러한 조제품과 초산농도가 10% 이하인 초산음료용액(제2209호)은 제2209호에 분류되나, 농도가 10%를 초과하는 초산의 수용액은 이 호에 분류되지 못한다(제2915호).
   또한 제2209호의 식초를 제외하고는, 조리용으로 조제된 이 류의 물품으로서 음료로 사용하기에 부적합하게 변성된 물품은 일반적으로 소스류에 해당되어 제2103호로 분류된다.
2) **다목** : 증류수(distilled water)란 물을 가열했을 때 발생하는 수증기를 냉각시켜 정제된 물을 말한다. 보통의 물, 즉 수돗물이나 우물물 등은 각종 유기물과 무기물을 함유하기 때문에 순수하지 못하다. 그런데 각종 화학반응에 있어 순수한 물이 필요한 경우가 많기 때문에 이런 경우에 증류수를 사용한다. 또한 전도수(傳導水, conductivity water)란 어떤 물질의 전기 전도율을 재는 데 쓰는 순수한 물을 말한다.
   이들 증류수나 전도수(傳導水) 또는 그 밖에 이와 유사한 순도의 물은 제22류에 분류하지 않고 제2853호에 분류한다.

2. 제20류·제21류·제22류에서 "알코올의 용량(alcoholic strength by volume)"이란 섭씨 20도에서의 알코올의 용량을 말한다.

알코올 용량의 측정값은 온도에 따라 달리 나오게 되므로 기준 온도를 설정해야 한다. 우리나라의 경우에 주세법상 섭씨 15도를 기준으로 하나, EU나 미국에서는 섭씨 20도를 기준으로 하고, HS에서도 섭씨 20도를 기준으로 알코올 용량을 측정한다.

3. 제2202호에서 "알코올을 함유하지 않은 음료"란 알코올의 용량이 전 용량의 100분의 0.5 이하인 음료를 말하며, 알코올을 함유한 음료는 제2203호부터 제2206호까지나 제2208호의 해당 호로 분류한다.

◉ 소호주

1. 소호 제2204.10호에서 "발포성 포도주(sparkling wine)"란 밀폐용기에서 섭씨 20도가 유지되었을 때의 압력이 3바 이상인 것을 말한다.

HSK				품명	Description
2204				포도주(생포도로 제조한 것으로 한정하며, 알코올로 강화한 포도주를 포함한다)와 포도즙(제2009호의 것은 제외한다)	Wine of fresh grapes, including fortified wines; grape must other than that of heading 20.09.
	10	00	00	발포성(發泡性) 포도주	Sparkling wine
	2			그 밖의 포도주와 포도즙(알코올 첨가에 따라 발효를 중지한 것으로 한정한다)	Other wine; grape must with fermentation prevented or arrested by the addition of alcohol :

	21			2리터 이하의 용기에 넣은 것	In containers holding 2 ℓ or less
		10	00	붉은 포도주	Red wine
		20	00	흰 포도주	White wine
		90	00	기타	"이하 생략"

발포성 포도주는 병 안에 기포와 거품을 가지고 있는 와인으로 1차 발효가 끝난 와인을 병입(bottling)한 후 당분과 효모를 첨가한 와인이다. 병 안에서 2차 발효를 일으키면 자연적으로 탄산가스가 발생하여 와인 속에 용해되고 병 안에 머물게 된다. 이러한 탄산가스는 와인병 속에 가라앉아 있다가 마개를 땀과 동시에 분출되어 행사나 파티의 분위기를 높여주는 역할을 한다. 샴페인(Champagne)이 대표적이다.

[베르무트(vermouth)는 원료인 포도주에 다른 성분을 넣어 향미를 낸 발효주의 일종이다.]

◉ 총설

제22류에 분류되는 제품은 **주로 액체상**의 것으로 직간접적으로 음용에 사용된다. 이들은 4개 주요군으로 대별된다

① 물 · 비알코올 음료와 얼음

② 발효알코올 음료(맥주 · 포도주 · 사과술 등)

③ 증류한 알코올용액과 음료(리큐르 · 주정 등) 및 에틸알코올

④ 식초와 식초의 대용품

Chapter 23

제23류 식품공업에서 생기는 잔재물과 웨이스트(waste), 조제 사료

호	호의 용어
2301	육ㆍ설육(屑肉)ㆍ어류ㆍ갑각류ㆍ연체동물이나 그 밖의 수생(水生) 무척추동물의 고운 가루ㆍ거친 가루ㆍ펠릿(pellet)(식용에 적합하지 않은 것으로 한정한다)과 수지박
2302	밀기울ㆍ쌀겨와 그 밖에 이와 유사한 박(residue)류[펠릿(pellet) 모양인지에 상관없으며 곡물ㆍ채두류(菜豆類)의 선별ㆍ제분 그 밖의 처리과정에서 생기는 것으로 한정한다]
2303	전분박과 이와 유사한 박(residue)류, 비트펄프(beet-pulp), 버개스(bagasse)와 그 밖의 설탕을 제조할 때 생기는 웨이스트(waste), 양조하거나 증류할 때 생기는 박과 웨이스트[펠릿(pellet) 모양인지에 상관없다]
2304	대두유를 추출할 때 얻는 오일 케이크와 고체 형태의 유박[잘게 부순 것인지 또는 펠릿(pellet) 모양인지에 상관없다]
2305	땅콩기름을 추출할 때 얻는 오일 케이크와 고체 형태의 유박[잘게 부순 것인지 또는 펠릿(pellet) 모양인지에 상관없다]
2306	오일 케이크와 그 밖의 고체 형태인 유박[잘게 부순 것인지 또는 펠릿(pellet) 모양인지에 상관없으며 제2304호나 제2305호의 것은 제외한 식물성 지방이나 기름을 추출할 때 생기는것으로 한정한다]
2307	포도주박(wine lees)과 생주석(argol)
2308	사료용 식물성 물질ㆍ식물성 웨이스트(waste)ㆍ식물성 박(residue)류와 부산물[펠릿(pellet) 모양인지에 상관없으며 따로 분류되지 않은 것으로 한정한다]
2309	사료용 조제품

◉ 류주

1. 제2309호에는 따로 분류되지 않은 것으로서 동물성ㆍ식물성 원료를 그 본래의 특성을 잃을 정도로 가공처리하여 만들어지는 사료용 물품이 포함된다[그 처리과정에서 생기는 식물성 웨이스트(waste)ㆍ식물성 박(residue)류ㆍ부산물은 제외한다].

제2308호에는 "사료용 식물성 물질ㆍ식물성 웨이스트(waste)ㆍ식물성 박(residue)류와 부산물"이 분류된다. 제2309호에는 이러한 사료용의 식물성 물질과 동물성 물질 및 그 밖의 원료로 조제한 사료 조제품이 분류된다. 또한 제2309호에는 따로 분류되지 않은 것으로서 동물성ㆍ식물성 원료를 **그 본래의 특성을 잃을 정도로** 가공처리하여 만들어지는 사료용 물품이 포함된다. 이러한 예로 식물성 재료에서 얻어진 물품의 경우, 본래의 식물성 재료의 특징적인 세포구조를 현미경하에서 더 이상 식별할 수 없을 정도로 처리한 것을 들 수 있겠다.

◉ 소호주

1. 소호 제2306.41호에서 "저에루크산(low erucic acid) 유채(rape, colza)씨"란 제12류의 소호주 제1호에서 정의된 것을 말한다.

◉ 총설

1) 이 류에는 식품공업에 사용된 식물성 재료의 여러 잔유물과 웨이스트, 그리고 동물성의 특정 생산품이 분류된다. 이들 중 어떤 물품은 비록 사람의 식용에 적합하도록 되어 있을지라도, 이들 물품의 대부분의 주요 용도는 단독으로 또는 기타 물품을 혼합하여 동물용 사료로 사용된다. 또한 특정 물품(예 : 포도주박 · 생주석 · 오일 케이크[46]은 공업용으로도 사용된다.

[땅콩으로부터 유지를 짜고 난 이후에 남은 오일 케이크. 유박(油粕)이라고도 한다.]

2) 제23류에 분류되는 물품들을 보면 다음과 같다.

① 육 · 설육(屑肉) · 어류 · 갑각류 · 연체동물이나 그 밖의 수생(水生)무척추동물의 고운 가루 · 거친 가루 · 펠릿(pellet)(식용에 적합하지 않은 것으로 한정한다)과 수지박[47](樹脂粕, greaves)

② 밀기울 · 쌀겨[48](barn, sharps)와 그 밖에 이와 유사한 박(residue)류. 펠릿 모양인지에 상관없으며, 곡물 · 채두류의 선별 · 제분, 그 밖의 처리과정에서 생기는 것으로 한정한다.

③ 전분박과 이와 유사한 박(residue)류, 비트펄프(beet-pulp), 버개스(bagasse)[49]와 그 밖의 설탕을 제조할 때 생기는 웨이스트(waste), 양조하거나 증류할 때 생기는 박과 웨이스트

④ 대두유나 땅콩기름 또는 그 밖의 기름을 추출할 때 얻는 오일 케이크와 고체 형태의 유박 [잘게 부순 것인지 또는 펠릿(pellet) 모양인지에 상관없다]

⑤ 포도주박(wine lees)과 생주석(argol)

⑥ 사료용의 식물성 물질 · 식물성 웨이스트(waste) · 식물성 박(residue)류 및 부산물과 사료용의 조제품

---

46 포도주박(wine lees) : 포도주의 발효탱크 바닥에 가라앉은 침전물, 앙금을 말한다. 효모, 포도씨, 포도껍질, 펄프, 줄기 등으로 이루어져 있다.
생주석(生酒石, argol) : 포도주 발효 중 또는 보관 중에 생기는 응결체
오일 케이크(oil-cake) : 식물의 종자에서 기름을 짜고 난 찌꺼기의 총칭. 유박(油粕)이라고도 한다. 전분 및 단백질, 기타 영양성분의 함량이 높아서 가축사료로 사용될 뿐만 아니라 비료로도 사용된다.

47 수지박(樹脂粕, greaves)이란 돼지나 다른 동물의 지방을 짜고 난 후에 남는 막질 조직이다. 주로 동물의 먹이(예 : 개 비스켓)로 사용한다.

48 밀기울은 밀을 빻아 채로 쳐서 남은 찌꺼기로서, 제분한 밀로부터 밀가루와 배아를 분리한 나머지 것이다. 또한 쌀겨는 벼에서 왕겨를 뽑고 난 다음 현미를 백미로 도정하는 공정에서 분리되는 고운 속겨를 말한다.

49 버개스(bagasse)는 사탕수수에서 즙을 빼내고 난 후에 남은 섬유의 잔류물로 제지산업 등에 사용된다. 다만 버개스 펄프는 제4706호에 분류한다.

Chapter 24

제24류 담배와 제조한 담배대용물

호	호의 용어
2401	잎담배와 담배 부산물
2402	시가(cigar) · 셔루트(cheroot) · 시가릴로(cigarillo) · 궐련(담배나 담배대용물인 것으로 한정한다)
2403	그 밖의 제조 담배, 제조한 담배대용물, 균질화하거나 재구성한 담배 · 담배 추출물(extract)과 에센스(essence)

◉ 류주

1. 이 류에서는 의약용의 궐련은 제외한다(제30류).

◉ 소호주

1. 소호 제2403.11호에서 "워터파이프(water pipe) 담배"란 워터파이프(water pipe)로 흡연을 하도록 만들어진 담배(담배와 글리세롤의 혼합물로 구성된 것)를 말하며, 방향성(芳香性) 기름 · 추출물(extract)과 당밀(糖蜜)이나 당(糖)을 함유하였는지 또는 과일로 향을 첨가하였는지에 상관없다. 그러나 워터파이프(water pipe)를 통하여 흡연하기 위한 물품으로 담배가 함유되지 않은 것은 이 소호에서 제외한다.

[워터파이프 담배]

◉ 총설

담배의 채집방법과 건조법은 담배의 종류(형태)에 따라 달라진다. 담배는 그들의 완숙상태(priming)에 따라서 평균적인 완숙상태에서 줄기채로 절단하거나, 담배 잎을 별도로 딸 수도 있다. 이렇게 하여 담배는 줄기채로 전체를 건조하거나 분리한 잎상태로 건조한다. 담배는 발효 · 건조에 의해서 향미 및 방향이 결정되는데, 경우에 따라서는 발효 이외에 향미료 또는 습윤물질을 가하기도 한다.

제 05 부 광물성 생산품

류	류의 표제
25	소금, 황, 토석류(土石類), 석고 · 석회 · 시멘트
26	광(鑛) · 슬래그(slag) · 회(灰)
27	광물성 연료 · 광물유(鑛物油)와 이들의 증류물, 역청(瀝靑)물질, 광물성 왁스

Chapter 25

제 25 류 소금, 황, 토석류(土石類), 석고 · 석회 · 시멘트

호	호의 용어
2501	소금(식탁염과 변성염을 포함한다), 순염화나트륨[수용액(水溶液)인지 또는 고결(固結)방지제나 유동제를 첨가한 것인지에 상관없다]과 바닷물
2502	황화철광[배소(焙燒)하지 않은 것으로 한정한다]
2503	황[승화황(昇華黃) · 침강황(沈降黃) · 콜로이드황은 제외한다]
2504	천연 흑연
2505	천연 모래(착색된 것인지에 상관없으며 제26류의 금속을 함유하는 모래는 제외한다)
2506	석영(천연 모래는 제외한다)과 규암[톱질이나 그 밖의 방법으로 거칠게 다듬거나 단순히 절단하여 직사각형(정사각형을 포함한다)의 블록 모양이나 슬래브 모양으로 한 것인지에 상관없다]
2507	고령토와 그 밖의 고령토질의 점토[하소(煆燒)한 것인지에 상관없다]
2508	그 밖의 점토(제6806호의 팽창된 점토는 제외한다) · 홍주석(紅柱石) · 남정석(藍晶石) · 규선석(硅線石)[하소(煆燒)한 것인지에 상관없다], 멀라이트(mullite), 샤모트(chamotte)나 다이나스 어스(dinas earth)
2509	초크
2510	천연 인산칼슘 · 천연 인산알루미늄칼슘 · 인산염을 함유한 초크
2511	천연 황산바륨[중정석(重晶石)], 천연 탄산바륨[독중석(毒重石)][하소(煆燒)한 것인지에 상관없으며 제2816호의 산화바륨은 제외한다]
2512	규조토[예 : 키절구어(kieselguhr) · 트리폴리트(tripolite) · 다이어토마이트(diatomite)]와 이와 유사한 규산질의 흙[하소(煆燒)한 것인지에 상관없으며 겉보기 비중이 1 이하인 것으로 한정한다]
2513	부석(浮石), 금강사(金剛砂), 천연 커런덤(corundum) · 천연 석류석과 그 밖의 천연 연마재료(열처리한 것인지에 상관없다)
2514	슬레이트[톱질이나 그 밖의 방법으로 거칠게 다듬거나 단순히 절단하여 직사각형(정사각형을 포함한다)의 블록 모양이나 슬래브 모양으로 한 것인지에 상관없다]
2515	대리석 · 트래버틴(travertine) · 에코신(ecaussine)과 그 밖의 석비(石碑)용 · 건축용 석회질의 암석(겉보기 비중이 2.5 이상인 것으로 한정한다)과 설화석고(alabaster)[톱질이나 그 밖의 방법으로 거칠게 다듬거나 단순히 절단하여 직사각형(정사각형을 포함한다)의 블록 모양이나 슬래브 모양으로 한 것인지에 상관없다]
2516	화강암 · 반암(斑巖) · 현무암 · 사암과 그 밖의 석비(石碑)용 · 건축용 암석[톱질이나 그 밖의 방법으로 거칠게 다듬거나 단순히 절단하여 직사각형(정사각형을 포함한다)의 블록 모양이나 슬래브 모양으로 한 것인지에 상관없다]
2517	자갈 · 왕자갈 · 쇄석(碎石)[콘크리트용 · 도로포장용 · 철도용이나 그 밖의 밸러스트(ballast)용에 일반적으로 사용되는 것으로 한정한다], 싱글(shingle)과 플린트(flint)(열처리한 것인지에 상관없다), 슬래그(slag) · 드로스(dross)나 이와 유사한 산업폐기물의 머캐덤(macadam)(이 호의 앞부분에 열거한 물품들과 혼합한 것인지에 상관없다), 타르 머캐덤(tar macadam), 제2515호나 제2516호의 암석의 알갱이 · 파편 · 가루(열처리한 것인지에 상관없다)
2518	백운석(白雲石)[하소(煆燒)한 것인지 또는 소결(燒結)한 것인지에 상관없으며 톱질이나 그 밖의 방법으로 거칠게 다듬거나 단순히 절단하여 직사각형(정사각형을 포함한다)의 블록 모양이나 슬래브 모양으로 한 것을 포함한다]과 응결(凝結) 백운석(白雲石)

2519	천연 탄산마그네슘(마그네사이트), 용융(溶融) 마그네시아, 소결(燒結)한 마그네시아[소결(燒結)하기 전에 첨가된 기타 산화물을 소량 함유한 것인지에 상관없다], 그 밖의 산화마그네슘(순수한 것인지에 상관없다)
2520	석고, 무수(無水)석고, 플라스터(plaster)[하소(煆燒)한 석고나 황산칼슘을 원료로 한 것으로서 착색한 것인지 또는 촉진제나 지연제를 소량 첨가한 것인지에 상관없다]
2521	석회석 융제(融劑), 석회석과 그 밖의 석회질의 암석(석회나 시멘트 제조용으로 한정한다)
2522	생석회(生石灰), 소석회(消石灰), 수경성(水硬性) 석회(제2825호의 산화칼슘과 수산화칼슘은 제외한다)
2523	포틀랜드(Portland) 시멘트 · 알루미나(aluminous) 시멘트 · 슬래그(slag) 시멘트 · 슈퍼설페이트(super sulphate) 시멘트와 이와 유사한 수경성(水硬性) 시멘트[착색한 것인지 또는 클링커(clinker) 형태로 된 것인지에 상관없다]
2524	석면
2525	운모(쪼갠 것을 포함한다)와 운모 웨이스트(waste)
2526	천연 동석(凍石)[톱질이나 그 밖의 방법으로 거칠게 다듬거나 단순히 절단하여 직사각형(정사각형을 포함한다)의 블록 모양이나 슬래브 모양으로 한 것인지에 상관없다]과 활석
2528	천연 붕산염과 그 정광(精鑛)[하소(煆燒)한 것인지에 상관없으며 천연 염수(鹽水)에서 분리한 붕산염은 제외한다], 천연 붕산(건조한 상태에서 측정한 붕산의 함유량이 전 중량의 100분의 85 이하인 것으로 한정한다)
2529	장석(長石), 백류석(白榴石), 하석(霞石)과 하석 섬장암(霞石 閃長巖), 형석(螢石)
2530	따로 분류되지 않은 광물

◉ 류주

1. 문맥상 달리 해석되지 않거나 이 류의 주 제4호에서 따로 규정되지 않는 한, 이 류에는 가공하지 않은 것, 세척한 것(물품의 구조의 변화 없이 불순물을 제거하기 위하여 화학물질로 세척하는 것을 포함한다), 부순 것, 잘게 부순 것, 가루 모양인 것, 체로 친 것, 부유선광(浮遊選鑛) · 자기선광(磁氣選鑛) 등 기계적 방법이나 물리적 방법에 따라 선광(選鑛)한 것[결정법(結晶法)으로 선광(選鑛)한 것은 제외한다]만 분류하며, 배소(焙燒)한 것 · 하소(煆燒)한 것 · 혼합한 것과 각 호에서 규정한 처리방법 외의 방법으로 가공한 것은 제외한다.
   이 류의 생산품에는 항분제(抗粉劑)를 첨가한 것도 포함되나, 그 첨가로 해당 물품이 일반적 용도가 아니라 특정한 용도에 특별히 더 적합하게 되는 것은 제외한다.

   1) 아래의 주 제4호와 그 밖에 따로 규정한 경우를 제외하고, 제25류에는 가공하지 않은 것 · 세척한 것(물품의 구조의 변화 없이 불순물을 제거하기 위하여 화학물질로 세척하는 것을 포함한다) · 부순 것 · 잘게 부순 것 · 가루 모양의 것 · 체로 친 것 · 부유선광 · 자기선광 등 기계적 방법이나 물리적 방법에 따라 선광한 것(결정법으로 선광한 것을 제외한다)에 한하여 분류한다. 이를 하나씩 살펴보면 다음과 같다.
      ① 가공하지 않은 것(in the crude state) : 별도의 가공을 거치지 않은 것이다.
      ② 세척한 것 : 물로 세척한 것과, 물품의 구조의 변화 없이 불순물을 제거하기 위하여 화학물질로 세척하는 것을 포함한다. 세척의 목적은 불순물 제거로 한다.
      ③ 부순 것 · 잘게 부순 것 · 가루 모양의 것 · 체로 친 것 : 물품의 크기를 변경시킨 것이다.

④ 부유선광·자기선광(concentrated by flotation, magnetic separation) 등 기계적 방법 또는 물리적 방법에 따라 선광한 것(결정법으로 선광한 것을 제외한다) : 기계적인 방법에 의해 필요한 부분만을 얻은 경우에는 제25류에 분류한다. 다만 결정법으로 선광한 것을 제외하는데, 결정법(結晶法)이란 불순물이 섞인 고체나 그 혼합물을 용매에 완전히 용해하고 그 물질이 결정으로 변화되기에 적당한 농도로 용매를 방치하여 결정을 얻는 것을 말한다.

2) 배소(焙燒, roasted)와 하소(煆燒, calcined) : 배소는 광석이 용융하지 않을 정도의 온도에서 광석과 산소·수증기·탄소·염화물 또는 염소 등을 상호작용시켜 그 후 제련 조작에서 처리하기 쉬운 화합물로 변화시키기도 하고, 어느 성분을 기체화시켜 없애기도 하는 제련의 조작을 말한다. 배소는 하소와 온도대가 비슷하지만 어떤 경우에는 하소보다 높아 소결점까지 가기도 한다. 하소는 어떤 물질을 고온으로 가열하여 그 휘발성분의 일부 또는 전부를 제거하는 조작이다. 배소는 하소보다 복잡한 반응(complex gas-solid reaction)을 수반한다.

2. 이 류에서 다음 각 목의 것은 제외한다.

가. 승화황(昇華黃)·침강황(沈降黃)·콜로이드황(제2802호)

나. 산화제이철로서 계산한 화합철분의 함유량이 전 중량의 100분의 70 이상인 어스컬러(earth colour)(제2821호)

다. 제30류의 의약품이나 그 밖의 의료용품

라. 조제향료·화장품·화장용품(제33류)

마. 포석(鋪石)·연석(緣石)·판석(板石)(제6801호), 모자이크큐브(mosaic cube)나 이와 유사한 물품(제6802호), 지붕용·외장용(facing)·방습층용 슬레이트(제6803호)

바. 귀석과 반귀석(제7102호나 제7103호)

사. 제3824호의 염화나트륨이나 산화마그네슘의 배양한 결정(한 개의 중량이 2.5그램 이상인 것으로 한정하며, 광학용품은 제외한다)과 염화나트륨이나 산화마그네슘으로 제조한 광학용품(제9001호)

아. 당구용 초크(제9504호)

자. 필기용·도화용 초크나 재단사용 초크(제9609호)

1) 가목 : 황(黃, Sulphur)은 일반적으로 자연황을 함유하는 광석으로부터 얻는데, 소취법(燒取法)이라고 불리는 건류법이 가장 많이 채용되고 있다. 이 방법에서는 가마에 광석을 넣고 1,000℃ 정도까지 가열하면 황을 기화해서 노의 양쪽 날개에 있는 침전관에 유도되어 여기서 냉각·액화하는데, 다시 이 액체황을 용기에 넣어 형틀에 주입시켜 제품으로 만든다. 황의 정제는 보통 실온보다 다소 높게 데운 이황화탄소에 녹여서 여과한 후 급랭시켜 재결정시키지만, 의약품으로 사용되는 황은 순도 99.5%가 되어야 하며, 이러한 고순도의 황에는 다음의 것들이 있다. 이들은 제28류에 분류된다.

① 승화황(sublimed sulphur) : 황을 서서히 증류하여 기체를 고형의 가루로 승화시켜 얻은 것

② 침강황(precipitated sulphur) : 보통 황화물의 용액 또는 알칼리·알칼리토류금속의 폴리황화물의 용액에 염산을 가하여 침전시켜 얻는다.

③ 콜로이드황(colloidal sulphur) : 정제한 황가루에 젤라틴 등을 통해 콜로이드 형상으로 한 것

2) **나목** : 어스컬러(earth color)는 보통 백색 또는 유색의 광물성 물질(특히 산화철)을 함유하고 있는 천연의 점토인데, 이들은 색깔을 낼 수 있는 특성으로 인해 일반적으로 안료(pigment)로 사용된다. 천연의 산화철[50](natural iron oxide)을 기본재료로 하는 어스컬러에 있어서 만일 산화제2철로 계산한 화합철분(combined iron)의 함량이 전체 어스컬러의 70% 이상이면 제2821호에 분류되고, 70% 미만인 경우에는 제2530호에 분류된다(이 류 주 제4호 참조).

[산화제2철. 철과 산소가 결합된 화합물의 일종으로 어스컬러 화합철분의 함량계산 기준이 된다.]

[여러 종류의 어스컬러. 색깔을 내는 산화철을 함유한 천연점토이다.]

3) **사목** : 결정(結晶, crystal)과 단결정(單結晶, single crystal)으로 고체는 단결정, 다결정 및 비결정질로 나눌 수 있다. 결정(結晶, crystal)이란 **분자의 규칙적인 배열**이라고 정의할 수 있다. 이 규칙적인 배열이 고체 전체에 균일하게 이루어져 있으면 단결정이라고 하며, 부분적으로 결정을 이루지만 전체적으로는 하나의 균일한 결정이 아닌 경우를 다결정이라 부른다. 비결정질은 고체이지만 분자가 무작위로 배열되어 규칙이 없는 것을 말한다. 대부분의 고체는 결정이며, 유리·아교 등은 비결정질이다. 때로는 액체 중에서도 결정구조를 가진 경우가 있다. 자연상태에서 저절로 결정을 이루는 것이 아니라 외부에서 전압을 걸어주었을 때 결정과 같이 규칙적인 배열구조가 나타난다. 이것을 액정(liquid crystal)이라 부르며, 이것은 LCD와 같은 디스플레이에 응용된다.

보통의 반도체나 금속은 미세한 결정들이 모여서 이루어진 다결정이지만, 트랜지스터 등을

50 철은 반응성이 큰 금속이다. 산소가 거의 없는 조건에서는 자연상태에서 원소 형태로 있기는 하나, 대부분은 화합물로 존재한다. 화합물에서 철은 7가지(−2, 0, +1, +2, +3, +4, +6) 산화상태를 가지는데, 그 중에서도 +2와 +3인 화합물들이 가장 흔하다. 철의 산화수가 +2인 화합물[철(II)화합물]을 '산화제1철(ferrous) 화합물', 그리고 산화수가 +3인 철(III)화합물을 '산화제2철(ferric) 화합물'이라 부른다.

만드는 반도체는 단결정이어야 한다. 단결정을 만들기 위해 일반적으로 사용되는 방법으로는 인상법(引上法, pulling method)이 있는데, 이 방법은 도가니 속에서 재료를 녹이고, 일정 온도의 상태에서 거기에 담긴 단결정의 종자를 조용히 회전하면서 매우 느린 속도로 끌어올리면 그 아래에 단결정이 성장하여 붙어온다.

염화나트륨이나 산화마그네슘의 배양한 결정으로 제조한 광학용품은 제9001호에 분류하고, 광학용품이 아닌 단순배양결정으로 한 개의 중량이 2.5g 이상인 것은 제3824호에 분류하며, 2.5g 미만의 경우에는 이 호에 분류한다.[51]

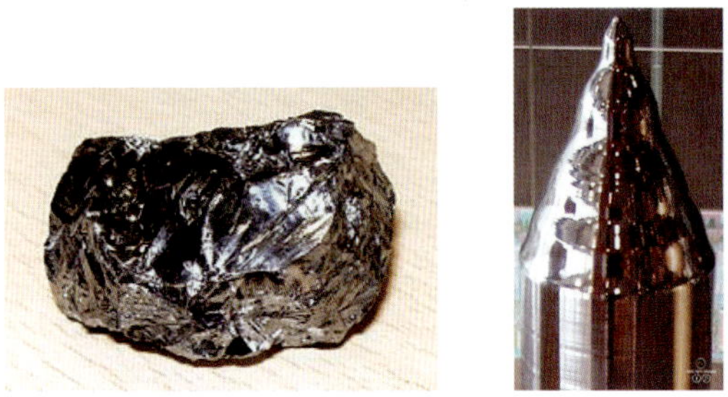

[다결정 실리콘(좌)과 그것을 성장시킨 단결정 실리콘(우)]

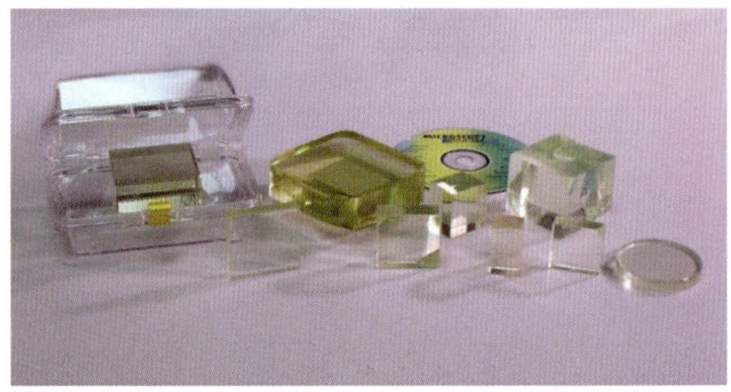

[산화마그네슘 단결정]

4) 아목 및 자목 : 제2509호에는 초크(chalk)가 분류된다. 이것은 백악(白堊)이라고도 하는 석회질[52]의 암석으로, 다공질의 미세한 입자를 가져 부서지기 쉽다. 이를 가공한 당구용 초크는 오락용구 또는 유희용구의 일종으로 제9504호에 분류되고, 필기용·도화용 초크나 재단사용 초크는 제9609호에 분류된다.

3. 제2517호에도 해당하고, 이 류의 다른 호에도 해당하는 물품은 제2517호로 분류한다.

1) 제2517호에서는 당해 호의 앞뒤의 호와는 달리 광물의 종류에 따른 분류가 아닌 광물의 외적인 상태나 용도에 따른 분류를 하고 있다. 제2517호는 제25류 내에서 다른 호에 우선하여 분류한다.

2) 싱글(shingle)과 플린트(flint)는 볼 분쇄기(ball mill)에 사용되는데, 볼 분쇄기란 원통 속에 분쇄하고자 하는 물건을 단단한 물체(ball)와 함께 넣고 회전시켜 서로의 충돌로 분쇄하는 장치를 말한다. 만일 이들이 볼 분쇄기에서 사용하기 위해 인공적으로 가공이 되었다면 제6802호에 분류한다.

또한 머캐덤(macadam)은 머캐덤 도로포장법을 개발한 엔지니어인 머캐덤(McAdam)에서 유

51 자세한 내용은 제38류의 주 제3호와 관련한 내용을 참고하기 바란다.

52 석회질(石灰質, calcareous)이란 탄산칼슘 CaCO3을 포함하는 물질을 수식하는 용어이다. 또한 석회(石灰, lime)는 보통 석회석(limestone)을 태워서 이산화탄소를 제거하여 얻는 생석회(生石灰, burned lime, quick lime), 즉 산화칼슘 CaO과, 이것이 물과 화합한 소석회(消石灰, slaked lime), 즉 수산화칼슘 Ca(OH)2을 통틀어 이르는 말이다. 참고로 석고(石膏, gypsum)는 황산칼슘의 이수화물(二水化物)로 된 석회질 광물을 말한다. 이것에 열을 가하여 소석회를 만들어 도자기 제조용 원형으로 쓰거나 분필, 시멘트원료, 깁스 등으로 사용한다.

래된 명칭으로, 대략적으로 선별한 부순 돌·잘게 부순 돌·슬래그·드로스 또는 이와 유사한 산업폐기물 또는 이들 재료의 상호 혼합물로 구성된 것이다. 이들이 타르 또는 역청물질 등과 혼합된 경우는 타르머캐덤이라 칭한다. 이들은 제2517호에 분류된다.

4. 제2530호에는 팽창되지 않은 질석(蛭石)·진주암(眞珠巖)·녹니석(綠泥石), 어스컬러(earth colour)[하소(煆燒)한 것인지 또는 서로 혼합한 것인지에 상관없다], 천연의 운모(雲母) 모양 산화철, 해포석(海泡石)(연마한 것인지에 상관없다), 호박(琥珀), 판(板) 모양·막대(rod, stick) 모양이나 이와 유사한 모양으로 응결시킨 해포석(海泡石)과 응결시킨 호박(琥珀)(성형한 후 가공한 것은 제외한다), 흑옥, 스트론티아나이트(strontianite)[하소(煆燒)한 것인지에 상관없이, 산화스트론튬은 제외한다], 도자(陶瓷), 벽돌이나 콘크리트제품의 파편이 분류된다.

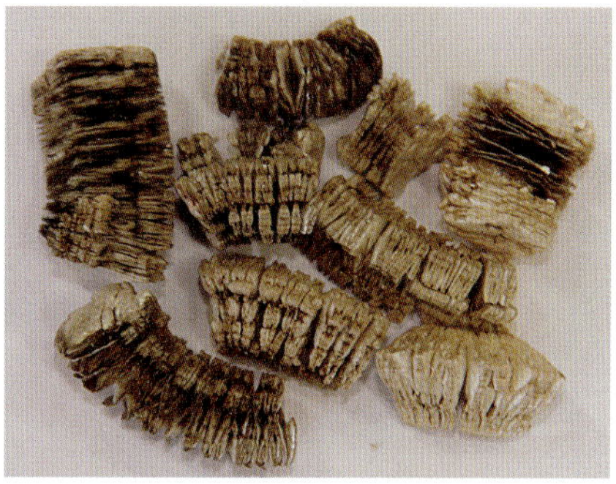

[팽창한 질석(蛭石, vermiculite). 질석은 가열하면 수배에서 수십 배 팽창한다. 팽창한 질석은 제68류에 분류한다.]

1) 제2530호에는 제25류의 어느 호에도 분류되지 않는 광물이 분류되는데, 이 호는 제25류의 주 제1호에서 별도로 언급이 된 바와 같이 제25류에 분류되는 일반적인 가공 정도의 예외를 많이 담고 있다. 제2530호에 분류되는 물품을 열거해 보면 다음과 같다.

① **팽창되지 않은(unexpanded) 질석·진주암·녹니석** : 이 광물들은 가열하면 팽창하는 성질을 가지고 있는 것들로서, 주로 단열재 등의 재료로 사용된다. 가열을 통해 팽창시킨 경우에는 제68류에 분류한다.

② **어스컬러(하소 또는 서로 혼합한 것인지의 여부를 불문한다)** : 제2530호에 분류되는 어스컬러는 보통 백색 또는 유색의 광물성 물질(특히 산화철)을 함유하고 있는 천연의 점토인데, 이들은 색깔을 낼 수 있는 특성으로 인해 일반적으로 안료(pigment)로 사용된다. 그러나 천연 산화철을 기본재료로 하는 어스컬러에 있어서 만일 산화제2철로 계산한 화합철분(combined iron)의 함량이 전체 어스컬러의 70% 이상이면 제2821호에 분류된다.

③ **천연의 운모 모양 산화철** : 운모 모양(micaceous)이라는 말은 비늘조각 모양이라는 뜻이다. 운모 모양의 산화철(MIO : Micaceous Iron Oxide)은 주로 방청안료(anti-rust pigments)로 사용되는 물질로서 제2530호에 분류된다.

④ **해포석(연마한 것인지에 상관없다)과 호박, 판 모양·막대 모양이나 이와 유사한 모양으로 응결시킨 해포석과 응결시킨 호박(성형한 후 가공한 것은 제외한다), 흑옥** : 이들은 조각용 재료로 사용되는 공통점이 있다. 이들은 해포석이나 호박의 럼프 또는 블록, 해포석이나 호박의 스크랩을 응결하여 판 모양·막대 모양이나 이와 유사한 모양으로 응결시킨 것 및 흑옥을 말한다. 특히 흑옥(jet)은 신변장식용품을 만드는 재료로 사용되지만 HS에서는 귀석으로

[운모(雲母, mica). 비늘모양의 완전한 쪼개짐을 가지고 있어 돌비늘이라고도 한다. 운모 모양(micaceous)이란 비늘조각 모양이라는 뜻이다. 운모암석은 제2525호에 분류된다.]

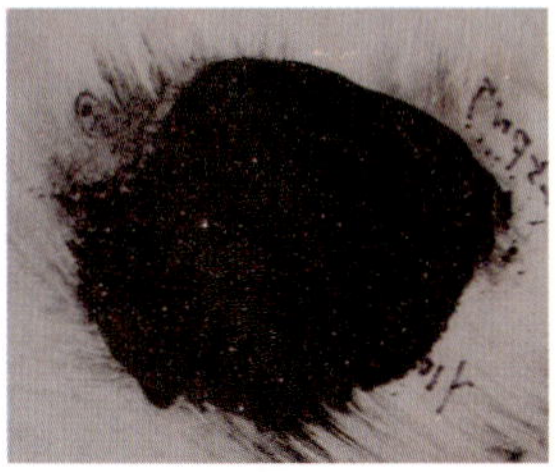

[운모상의 산화철. 확대해 보면 비늘 모양을 가지고 있다. 주로 방청안료로 사용된다. 제2530호에 분류된다.]

[해포석 담배파이프. 입에 무는 부분은 호박이다. 해포석은 조각용 재료로서 연마공정까지 한 해포석은 제25류에 분류하지만, 그 이상 가공하면 제96류에 분류한다.]

간주하지 않는다.

⑤ **스트론티아나이트(하소한 것인지에 상관없이, 산화스트론튬은 제외한다)** : 스트론티아나이트(strontianite)는 스트론튬(Sr)을 얻는 중요한 광석이다. 제2530호에 분류되는 스트론티아나이트는 천연의 탄산스트론튬($SrCO_3$)인 스트론티아나이트와, 주로 불순한 산화스트론튬으로 구성된 하소한 스트론티아나이트를 포함하나, 순수한 산화스트론튬(pure strontium oxide)은 제외한다(제2816호).

⑥ **도자, 벽돌이나 콘크리트제품의 파편** : 일종의 광물성 물품의 웨이스트와 스크랩에 해당하는 물품이다. 이들 물품은 별도의 호에 규정되지 않아 제2530호의 따로 분류되지 않은 광물로 분류한다.

◉ 총설

1) 주 제1호에서 규정한 것과 같이, 일반적으로 이 류에는 광물성 생산품으로서 가공하지 않은 것, 또는 세척한 것(산품 그 자체의 구조는 변화 없이 화학물질에 의하여 불순물을 제거한 것을 포함한다), 부순 것, 잘게 부순 것, 가루 모양인 것, 체로 친 것, 부유선광·자기선광 등 기계적 방법이나 물리적 방법에 따라 선광한 것(결정법으로 선광한 것은 제외)을 분류한다. 이 류의 물품은 수분이나 불순물의 제거 또는 그 밖의 목적으로 열처리를 허용하는 경우도 있으나, 이러한 열처리도 화학구조나 결정구조를 변성시키지 않는 것이어야 하며, 일반적으로 제25류에서는 배소·융해 또는 소성 등의 열처리는 호의 본문에 특별히 허용되어 있지 않는 한 허용되지 않는다.
   그 밖의 처리방법에 의하여 얻어진 광물성 생산품, 예로 재결정방법에 의하여 순수화시킨 것이나 이 류에 속하는 같은 호 또는 다른 호에 해당하는 광물을 혼합하여 얻어진 것, 그리고 성형 또는 조각을 통해 만들어진 물품은 일반적으로 다른 류에 분류된다(예 : 제28류 또는 제68류).
2) 이 류에는 제71류에 해당되는 귀석 또는 반귀석은 제외한다.

Chapter 26

제26류 광(鑛)·슬래그(slag)·회(灰)

호	호의 용어
2601	철광과 그 정광(精鑛)[배소(焙燒)한 황화철광을 포함한다]
2602	망간광과 그 정광(精鑛)[건조 상태에서 측정한 망간의 함유량이 전 중량의 100분의 20 이상인 철망간광과 그 정광(精鑛)을 포함한다]
2603	구리광과 그 정광(精鑛)
2604	니켈광과 그 정광(精鑛)
2605	코발트광과 그 정광(精鑛)
2606	알루미늄광과 그 정광(精鑛)
2607	납광과 그 정광(精鑛)
2608	아연광과 그 정광(精鑛)
2609	주석광과 그 정광(精鑛)
2610	크로뮴광과 그 정광(精鑛)
2611	텅스텐광과 그 정광(精鑛)
2612	우라늄광이나 토륨광과 그 정광(精鑛)
2613	몰리브덴광과 그 정광(精鑛)
2614	티타늄광과 그 정광(精鑛)
2615	니오븀광·탄탈륨광·바나듐광·지르코늄광과 이들의 정광(精鑛)
2616	귀금속광과 그 정광(精鑛)
2617	그 밖의 광과 그 정광(精鑛)
2618	철강을 제조할 때 생기는 알갱이 모양의 슬래그(slag)[슬래그 샌드(slag sand)]
2619	철강을 제조할 때 생기는 슬래그(slag)·드로스(dross)[알갱이 모양의 슬래그(slag)는 제외한다], 스케일링(scaling)과 그 밖의 웨이스트(waste)
2620	슬래그(slag), 회(灰), 잔재물(금속·비소나 이들의 화합물을 함유한 것으로 한정하며, 철강을 제조할 때 생기는 것은 제외한다)
2621	그 밖의 슬래그(slag)와 회(灰)[해초의 회(켈프)를 포함한다], 생활폐기물의 소각으로 생기는 회(灰)와 잔재물

◉ 류주

1. 이 류에서 다음 각목의 것은 제외한다.
   가. 슬래그(slag)나 이와 유사한 산업폐기물의 머캐덤(macadam)(제2517호)
   나. 천연 탄산마그네슘(마그네사이트)[하소(煆燒)한 것인지에 상관없다](제2519호)

다. 주로 제2710호의 석유를 주성분으로 하는 석유 저장탱크에서 나온 슬러지(sludge)
라. 제31류의 염기성 슬래그(slag)
마. 슬래그 울(slag wool)·암면(rock wool)이나 이와 유사한 광물성 울(wool)(제6806호)
바. 귀금속이나 귀금속을 입힌 금속의 웨이스트(waste)·스크랩(scrap), 주로 귀금속의 회수에 사용되는 귀금속이나 귀금속화합물을 함유하고 있는 그 밖의 웨이스트(waste)와 스크랩(scrap)(제7112호)
사. 제련공정에서 생산되는 구리·니켈·코발트의 매트(matte)(제15부)

1) **라목** : 염기성 슬랙(basic slag)은 철강의 제조 시에 발생하는 웨이스트 중 하나이지만, 비료로서 주로 사용되기 때문에 이 류에 분류하지 않고 제31류의 비료로서 분류된다.
2) **사목** : 매트(matte)는 동·니켈 또는 코발트의 제련공정에서 얻는 **중간생산물**로서, 해당 광물과 함께 다른 성분도 많이 함유하고 있는 상태이다. 매트(matte)는 추가가공을 통해 이들 다른 성분을 분리해내 얻고자 하는 광물의 순도를 높이게 된다. 제15부에 분류한다.

2. 제2601호부터 제2617호까지에서 "광(鑛, ore)"이란 수은, 제2844호의 금속, 제14부나 제15부의 금속을 채취하기 위하여 야금(冶金)공업에서 실제로 사용되는 종류의 광물학상 광물을 말하며, 금속 채취용에 실제 사용하는지에 상관없다. 다만, 제2601호부터 제2617호까지에는 야금(冶金)공업에서 일반적으로 행하지 않은 공정을 거친 광물은 포함되지 않는다.

제2601호~제2617호에 분류되는 광(鑛)은 수은, 방사성원소나 방사성동위원소로서의 제4부의 금속, 귀금속 또는 제15부의 비금속(卑金屬)을 채취하기 위하여 야금공업에 있어서 실제로 사용되는 종류의 광물을 말한다. 따라서 제14부에 분류되는 귀석과 반귀석은 금속이 아니므로 제외된다.
야금공업에 있어서는 광에 대해 여러 가지 처리를 하게 되는데, 이 호에 분류되기 위해서는 이들 처리공정 중에 야금공업에 있어서 일반적으로 행하지 않는 공정을 거친 광물은 이 호에서 제외된다. 즉 이들 공정은 광으로부터 금속을 뽑아내기 위한(for the extraction of metal) 공정으로 적합해야지, 금속 성분 자체의 변경을 일으키거나 하는 공정은 허용되지 않는다는 것이다.

[비소(arsenic). 금속과 비금속의 중간성질을 가진 준금속이다. 구리·납·아연 등의 금속을 제련할 때 부산물로서 생기고, 또한 여러 합금 첨가제로 사용된다.]

3. 제2620호는 다음 각 목의 것에만 적용한다.
가. 슬래그(slag), 회(灰), 잔재물로서 공업적으로 금속의 채취용이나 금속화합물의 제조원료용의 것. 다만, 생활폐기물 소각에서 발생하는 회(灰)와 잔재물(제2621호)은 제외한다.
나. 비소를 함유한 슬래그(slag), 회(灰), 잔재물로서 다른 금

속을 함유하고 있는지에 상관없으며 비소나 다른 금속 채취용이나 이들 화합물 제조용의 것

1) **제2620호** : 슬래그(slag), 회(灰), 잔재물(금속 · 비소나 이들의 화합물을 함유한 것으로 한정하며, 철강을 제조할 때 생기는 것은 제외한다)

2) 제2620호에는 금속 · 비소 또는 그들의 화합물을 함유하고 있는 슬래그 · 회와 잔재물(slag, ash and residues)이 분류되는데, 여기에서는 철강 제조 시에 발생하는 부산물과 귀금속의 스크랩과 웨이스트는 제외한다.

   이들은 금속이나 비소의 추출공업 또는 화학적 금속화합물의 제조용의 기본재료로 사용되는 종류의 것이다. 다시 말하면 이들은 어떤 공정을 거친 후에 남은 부산물의 성격을 가진 물질로서, 금속이나 비소의 회수 또는 이들 성분을 이용한 화합물의 제조를 통한 재활용이 가장 중요한 용도인 것이다. 단 귀금속의 회수용으로 사용되는 것은 제71류에 분류된다.

   이들은 광물이나 중간광물 제품의 처리 결과로 만들었거나, 전기분해나 화학적 또는 그 밖의 공정(금속의 기계적 작업을 하지 않는 공정)의 결과로 생성된다. 금속의 기계적 작업에서 나온 웨이스트나, 중고 또는 부서진 금속제품으로 구성된 스크랩은 제외한다(제14부 또는 제15부).

소호주

1. 소호 제2620.21호에서 "유연(有鉛) 가솔린 슬러지(sludge)와 유연(有鉛) 안티녹(anti-knock)화합물 슬러지(sludge)"란 유연(有鉛) 가솔린과 유연(有鉛) 안티녹(anti-knock)화합물(예 : 테트라에틸납)의 저장탱크에서 얻는 슬러지(sludge)를 말한다. 기본적으로 납, 납화합물과 산화철로 구성되어 있다.

   슬러지(sludge)란 액체 속의 부유물이 침전하여 진흙상으로 된 것을 말한다. 유연 가솔린이나 유연 안티녹화합물을 오래 놓아두면 바닥에 슬러지가 생기는데, 모두 유연(有鉛)이기 때문에 슬러지의 주요 성분은 납, 납화합물과 산화철로 구성되어 있다. 이들 또한 슬러지로부터 납이나 납화합물, 그리고 산화철 등을 회수하는 것이 주목적이므로 제2620호에 분류한다.

HSK				품명	Description
2620				슬래그(slag), 회(灰), 잔재물(금속 · 비소나 이들의 화합물을 함유한 것으로 한정하며, 철강을 제조할 때 생기는 것은 제외한다)	Slag, ash and residues (other than from the manufacture of iron or steel) containing metals, arsenic or their compounds.
	1			주로 아연을 함유한 것	Containing mainly zinc :
	11	00	00	경(硬)아연 스펠터(spelter)	Hard zinc spelter
	19	00	00	기타	Other
	2			주로 납을 함유하는 것	Containing mainly lead :

	21	00	00	유연(有鉛) 가솔린 슬러지(sludge)와 유연(有鉛) 안티녹(anti-knock) 화합물 슬러지(sludge)	Leaded gasoline sludges and leaded anti-knock compound sludges
	29	00	00	기타	Other
	30	00	00	주로 구리를 함유하는 것	Containing mainly copper
	40	00	00	주로 알루미늄을 함유하는 것	Containing mainly aluminium
	60	00	00	비소, 수은, 탈륨이나 그 혼합물을 함유하는 것으로 비소나 이들 금속들의 채취용이나 그 화합물의 제조용	Containing arsenic, mercury, thallium or their mixtures, of a kind used for the extraction of arsenic or those metals or for the manufacture of their chemical compounds

2. 비소, 수은, 탈륨이나 그 혼합물을 함유하는 것으로 비소나 이들 금속들의 채취용이나 그 화합물의 제조용 슬래그(slag), 회(灰), 잔재물은 소호 제2620.60호로 분류한다.

◉ 총설

1) 제2601호~제2617호에는 다음과 같은 금속광과 그 정광에 한하여 분류한다.
   ① **제14부 또는 제15부에 열거한 귀금속 또는 비금속, 수은이나 제2844호(방사성원소 · 방사성동위원소)의 금속**을 채취하기 위하여 야금공업에 있어서 실제로 사용되는 종류의 것(금속채취용에 실제로 공하는지의 여부를 불문한다)으로서,
   ② 야금공업에 있어서 일반적으로 행하지 않는 공정을 거치지 않은 것. 제26류의 금속광과 정광은 금속의 채취를 주목적으로 하고 있기 때문에, 야금공업에 일반적으로 행하지 않는 공정을 거친 것은 금속채취 외에 다른 특정 용도에 사용할 목적으로 처리되었다고 보아 제2601호~제2617호에서 제외한다.
2) 위에서 "광(鑛, ore)"이라 함은 자연상태에서 얻거나 광산에서 채굴한 금속을 함유하는 광물(metalliferous minerals)을 말하며, 맥석에 갇혀 있는 천연상태의 금속도 포함한다(예 : 금속을 함유하는 모래).
   광은 다음에 거칠 야금작업공정을 위한 사전 처리를 거치기 전의 상태로는 잘 거래되지 않는다. 가장 중요한 사전 처리로는 정광으로 만드는 것(concentrating)이다. 제2601부터 제2617호에 있어서 "정광(精鑛, concentrates)"이라 함은 운송에 있어서의 경제성이나, 야금공정에서 방해되는 요소를 없애기 위해 특별 처리를 하여 이물질의 전부 또는 일부를 제거한 광석을 말한다.
3) 제2601호부터 제2617호의 물품에 허용되고 있는 처리공정은 금속 추출용의 광에 일반적으로 사용되고 있는 물리적, 물리화학적 또는 화학적 처리이다. 하소나 배소 등의 열처리에서 오는 변화를 제외하고 이 같은 조작은 원하는 금속을 공급하는 기초적 화합물의 화학성분을 변화시키지 않아야 한다.
   물리 또는 물리화학적 조작은 파쇄나 분쇄, 자기선광 · 비중선광 · 부유선광, 체로 분리(screening)

하거나 등급별로 분리(grading), 분말을 알갱이나 볼(ball) 또는 조개탄 모양으로 응결, 건조, 광을 산화나 환원 또는 자성화하기 위한 하소나 배소 등을 포함한다. 단 황산화하거나 염화하는 등의 목적으로 하는 배소는 제외한다. **화학적** 처리의 주요 목적은 불필요한 물품을 제거하는 데 있다(예 : 용해).

[구리를 품고 있는 맥석. 맥석(脈石, gangue)이란 광석에서 필요한 광물을 싸고 있거나 광물과 섞여 있는 경제적으로 가치가 없는 부분을 말한다. 맥석에 갇힌 상태의 비금속(卑金屬)은 제26류에 분류된다. 다만 맥석(脈石)으로부터 분리된 천연상태의 금속(native metals)은 제15부에 분류된다.]

하소나 배소 외에, 기초광의 화학적 조성이나 결정학상의 구조를 변경시키는 처리를 통해 얻은 정광은 이 류에서 제외된다(제28류). 또한 기초광의 화학적 조성에 변화가 없다 하더라도, 분별결정이나 승화와 같은 반복적인 물리적인 변화로 얻어지는 다소 순수한 물품도 제외된다.

4) 제2601호~제2617호에 분류되는 광은 제14부 또는 제15부에 열거한 귀금속 또는 비금속, 수은 및 제2844호(방사성원소·방사성동위원소)의 금속을 추출하기 위한 것들이다. 다만 다음의 것은 제2601호부터 제2617호에서 제외된다.

① 금속을 함유하는 광물로서 다른 호에 분류된 것. 예로 배소하지 않은 황화철광[53](제2502호)과 천연 빙정석과 천연 치올라이트(제2530호).

② 금속을 함유하는 광물이지만 상관례상 금속을 채취하지 않는 것. 예로 어스컬러, 명반석(alunite or alumstone)(제2530호), 귀석 또는 반귀석(제71류)

③ 마그네슘을 채취하는 데 사용되는 광물. 예로 백운석(제2518호), 마그네사이트 또는 지오버타이트(magnesite or giobertite)(제2519호)와 카아널라이트(제3104호)

④ 제2805호에 분류되는 **알칼리금속 또는 알칼리토류금속**, 즉 리튬·나트륨·칼륨·루비듐·세슘·칼슘·스트론튬 및 바륨을 채취할 수 있는 광물. 이러한 광물은 소금(제2501호), 중정석(barytes)과 독중석(witherite)(제2511호), 스트론티아나이트·천청석(celestite)·방해석(iceland sper) 및 산석(aragonite)(제2530호)을 포함한다.

⑤ 제14부 또는 제15부에 분류되는 천연상태의 금속과 자연합금(native metals and natural alloys)과 같이, 맥석 또는 모암에서 분리된 덩어리 모양이나 알갱이 모양의 천연상태의 금속과 자연합금

⑥ 제2530호의 **희토류 금속광**

53 배소하지 않은 황화철광(iron pyrites)은 제2502호에 분류되지만, 배소한 황화철광은 제2601호에 분류된다.

Chapter 27

제 27 류 광물성 연료 · 광물유(鑛物油)와 이들의 증류물, 역청(瀝靑)물질, 광물성 왁스

호	호의 용어
2701	석탄과 석탄으로 제조한 연탄 · 조개탄(ovoid)과 이와 유사한 고체 연료
2702	갈탄(응결시킨 것인지에 상관없으며 흑옥은 제외한다)
2703	토탄(토탄 찌꺼기를 포함하며, 응결시킨 것인지에 상관없다)
2704	코크스와 반성(半成) 코크스(석탄 · 갈탄 · 토탄으로 제조한 것으로 한정하며, 응결시킨 것인지에 상관없다), 레토르트 카본(retort carbon)
2705	석탄가스 · 수성(水性)가스 · 발생로(發生爐)가스와 이와 유사한 가스(석유가스와 그 밖의 가스 상태의 탄화수소는 제외한다)
2706	석탄 · 갈탄 · 토탄을 증류해서 얻은 타르와 그 밖의 광물성 타르(탈수나 부분 증류한 것과 재구성한 타르를 포함한다)
2707	고온 콜타르(coal tar)의 증류물과 그 밖에 이와 유사한 물품[방향족(芳香族) 성분의 중량이 비방향족(非芳香族) 성분의 중량을 초과하는 것으로 한정한다]
2708	피치(pitch)와 피치코크스[콜타르(coal tar)나 그 밖의 광물성 타르에서 얻은 것으로 한정한다]
2709	석유와 역청유(瀝靑油)(원유로 한정한다)
2710	석유와 역청유(瀝靑油)(원유는 제외한다), 따로 분류되지 않은 조제품[석유나 역청유(瀝靑油)의 함유량이 전 중량의 100분의 70 이상인 것으로서 조제품의 기초 성분이 석유나 역청유(瀝靑油)인 것으로 한정한다], 웨이스트 오일(waste oil)
2711	석유가스와 그 밖의 가스 상태의 탄화수소
2712	석유젤리 · 파라핀왁스 · 마이크로크리스털린(microcrystalline)석유왁스 · 슬랙왁스(slack wax) · 오조케라이트(ozokerite) · 갈탄왁스 · 토탄왁스, 그 밖의 광물성 왁스와 합성이나 그 밖의 공정에 따라 얻은 이와 유사한 물품(착색한 것인지에 상관없다)
2713	석유코크스 · 석유역청(瀝靑)과 그 밖의 석유나 역청유(瀝靑油)의 잔재물
2714	천연의 역청(瀝靑) · 아스팔트, 역청질 혈암(瀝靑質 頁巖), 유모 혈암(油母 頁巖), 타르샌드(tar sand), 아스팔타이트와 아스팔트질의 암석
2715	역청질(瀝靑質) 혼합물[천연 아스팔트, 천연 역청(瀝靑), 석유역청(瀝靑), 광물성 타르, 광물성 타르 피치(tar pitch)를 기본재료로 한 것으로 한정한다(예: 역청질 매스틱과 컷백)]
2716	전기에너지

◉ 류주

1. 이 류에서 다음 각 목의 것은 제외한다.
   가. 화학적으로 단일한 유기화합물(제2711호로 분류되는 순수한 메탄과 프로판은 제외한다)
   나. 제3003호나 제3004호의 의약품
   다. 제3301호, 제3302호, 제3805호의 혼합 불포화탄화수소

2. 제2710호의 "석유와 역청유(瀝青油)"에는 석유와 역청유(瀝青油)뿐만 아니라 이와 유사한 오일과 혼합 불포화탄화수소를 주성분으로 하는 오일로서, 그 제조방법과 관계없이 비방향족(非芳香族) 성분의 중량이 방향족(芳香族) 성분의 중량을 초과하는 것도 포함된다. 다만, 액체상태의 합성폴리올레핀의 경우에는 섭씨 300도(감압증류법으로 증류한 경우에는 1,013밀리바로 환산한 온도)에서 유출된 용량이 전 용량의 100분의 60 미만인 것은 이 규정에서 제외한다(제39류).

[유모혈암(oil shale). 혈암은 대표적인 퇴적암으로, 역청유를 품고 있는 것이 유모혈암(油母頁岩)이다. 또한 혈암(shale)의 퇴적층 사이에서 뽑아내는 가스가 셰일가스(shale gas)이다.]

1) 제2710호 : 석유와 역청유(瀝青油)[54](원유는 제외한다), 따로 분류되지 않은 조제품[석유나 역청유(瀝青油)의 함유량이 전 중량의 100분의 70 이상인 것으로서 조제품의 기초 성분이 석유나 역청유(瀝青油)인 것으로 한정한다], 웨이스트 오일(waste oil)
2) 제2710호에는 i) 석유 및 역청유와, ii) 이와 유사한 오일, 그리고 iii) 혼합 불포화탄화수소를 주성분으로 하는 오일로서 그 제조방법과 관계없이 비방향족 성분의 중량이 방향족 성분의 중량을 초과하는 것이 분류된다. 방향족 성분의 중량이 더 큰 것은 콜타르(coal tar)와 관련이 있는데, 이는 제2707호에 분류된다.
3) 다만, 액체상태의 합성폴리올레핀의 경우에는 섭씨 300도(감압증류법으로 증류한 경우에는 1,013밀리바로 환산한 온도)에서 유출된 용량이 전 용량의 100분의 60 미만인 것은 이 규정에서 제외한다(제39류에 분류).

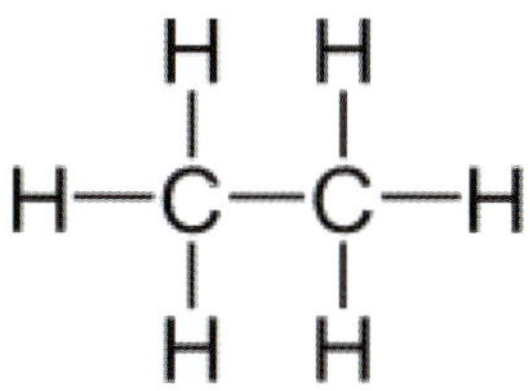

[에탄. C_2H_6. 일반명 알칸. C_nH_{2n+2}]

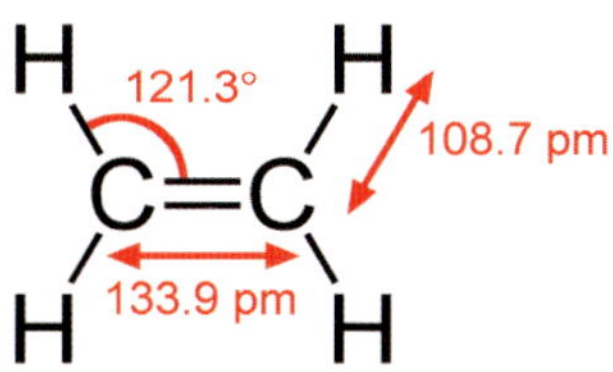

[에틸렌. C_2H_4. 일반명 알켄. 올레핀. C_nH_{2n}]

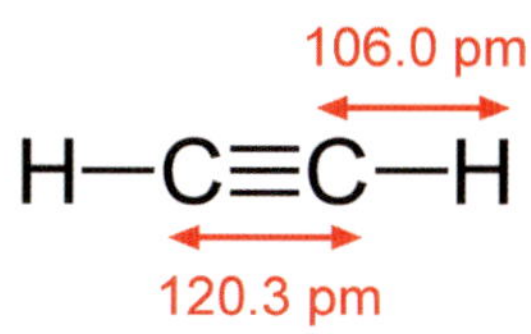

[아세틸렌. C_2H_2. 일반명 알킨. C_nH_{2n-2}]

탄소와 수소로 이루어진 유기화합물을 탄화수소(炭化水素, hydrocarbon)라고 한다. 이는 유기화합물의 골격으로서, 대부분의 화합물은 탄화수소의 수소를 다른 원자 혹은 기(基)로 치환한 것이다. 탄소-탄소의 결합에 있어서 단일결합으로만 되어 있는 탄화수소를 알칸(alkane)이라고 하고,

54 역청유(oils obtained from bituminous minerals)는 셰일암, 석회질 암석 및 모래 등의 역청질 광물로부터 뽑아낸 것이다. 기술의 발달에 따라 셰일오일(shale oil)을 중심으로 생산량이 급증하고 있다.

탄소-탄소의 결합에 있어서 이중결합이 있는 것을 알켄(alkene)이라고 하며, 삼중결합이 있는 것을 알킨(alkyne)이라고 한다. 위의 그림은 이들의 한 종류씩 예로 든 것으로, 각각 탄소 사이에 단일결합, 이중결합 및 삼중결합을 볼 수 있다.

올레핀(olefin)이란 이 중에 탄소-탄소 사이에 이중결합을 가진 알켄의 다른 이름으로, 석유화학 공업에서 흔히 불리어지는 이름이다. 올레핀의 종류에는 에틸렌, 프로필렌 등이 있다. 폴리올레핀은 올레핀의 중합으로 생기는 고분자화합물을 말한다.

기본적으로 중합체인 고분자화합물은 제39류나 제40류에 분류되고 섬유의 경우에는 합성섬유로 분류되지만, 폴리올레핀 중 일부는 액체상태를 유지하면서 일반적인 고분자로서 사용되지 않고 일반 석유제품처럼 사용(예 : 윤활유 원료)된다. 이러한 액체상태의 폴리올레핀이 제27류에 분류되기 위해서는 섭씨 300도(감압증류법으로 증류한 경우에는 1,013밀리바로 환산한 온도)에서 유출된 용량이 전 용량의 60% 이상이어야 한다.

3. 제2710호에서 "웨이스트 오일(waste oil)"이란 주로 이 류의 주 제2호에 따른 석유와 역청유를 함유하는 폐유(廢油)를 말한다(물과 혼합되었는지에 상관없다). 여기에는 다음 각 목의 것이 포함된다.
   가. 본래의 제품으로 사용하기에 적합하지 않은 오일[예 : 사용한 윤활유, 사용한 유압유(油壓油)와 절연유(絶緣油)]
   나. 석유 저장탱크의 슬러지 오일(sludge oil)로서 본래의 제품 제조에 사용된 오일과 고농도 첨가제(예 : 화학제품)를 주로 함유하는 것
   다. 유출된 오일, 저장탱크 청소나 기계 작동을 위한 절삭유(切削油)와 같이 물에 유화(乳化)되거나 물과 혼합된 오일

◉ 소호주

1. 소호 제2701.11호에서 "무연탄(無煙炭, anthracite)"이란 건조하고 광물질이 없는 상태에서(on a dry, mineral-matter-free basis) 휘발성 물질의 함유량이 전중량의 100분의 14 이하인 석탄을 말한다.

2. 소호 제2701.12호에서 "유연탄(有煙炭, bituminous coal)"이란 건조하고 광물질이 없는 상태에서 휘발성 물질의 함유량이 전 중량의 100분의 14를 초과하고, 물을 함유하고 광물질이 없는 상태에서 발열량이 1킬로그램당 5,833킬로칼로리 이상인 석탄을 말한다.

HSK				품명	Description
2701				석탄과 석탄으로 제조한 연탄 · 조개탄(ovoid)과 이와 유사한 고체 연료	Coal; briquettes, ovoids and similar solid fuels manufactured from coal.
	1			석탄(잘게 부수었는지에 상관없으며 응결시킨 것은 제외한다)	Coal, whether or not pulverised, but not agglomerated :
	11	00	00	무연탄	Anthracite
	12			유연탄	Bituminous coal
		10	00	강점결성 코크스용 탄	Coking coal, heavy
		20	00	그 밖의 코크스용 탄	"이하 생략"

1) 석탄(coal)은 식물의 유해가 변형된 것이다. 식물의 주성분은 셀룰로오스와 리그닌인데, 이들을 구성하는 성분 중에 산소와 수소는 빠지고 탄소가 남게 된 것이 석탄이다.
석탄은 제2701호에 분류된다. 석탄보다 탄화도가 낮은 갈탄(褐炭, lignite)과 토탄(土炭, peat)은 각각 제2702호와 제2703호에 분류되는데, 갈탄은 석탄과 토탄의 중간 위치에 있는 연료이고, 토탄은 가장 탄화도가 낮은 것으로 식물성 물질이 부분 탄화하여 형성된 것이며 일반적으로 가볍고 섬유질이다.

[갈탄은 탄화도에 있어서 토탄과 석탄의 중간위치에 있는 연료이다.]

2) 무연탄(anthracite)은 석탄 중에서는 탄화작용이 가장 진전된 것으로서, 휘발분이 적고 연소시에 매연을 발생하지 않으므로 무연탄이라 한다. 주로 연료나 전극재료 등으로 쓰이고, 최근에는 폐수 처리의 활성탄 원료로 사용되어 효과를 인정받고 있다.
반면에 유연탄(bituminous coal)은 무연탄보다 탄화가 덜 되어 탄소의 양은 적으나 휘발성분이 많아 불이 잘 붙으며, 탈 때 불꽃을 내며 화력이 무연탄보다 강하다. 주로 화력발전용, 시멘트 소성용, 제철소의 코크스 제조용, 화학공업 원료용 등으로 쓰인다.

3. 소호 제2707.10호, 제2707.20호, 제2707.30호, 제2707.40호에서 "벤조올(벤젠)" · "톨루올(톨루엔)" · "크실롤(크실렌)" · "나프탈렌"은 각각 벤젠 · 톨루엔 · 크실렌 · 나프탈렌의 함유량이 전 중량의 100분의 50을 초과하는 물품에 대하여 적용한다.

HSK				품명	Description
2707				고온 콜타르(coal tar)의 증류물과 그 밖에 이와 유사한 물품[방향족(芳香族) 성분의 중량이 비방향족(非芳香族) 성분의 중량을 초과하는 것으로 한정한다]	Oils and other products of the distillation of high temperature coal tar; similar products in which the weight of the aromatic constituents exceeds that of the non-aromatic constituents.
	10	00	00	벤조올(벤젠)	Benzol (benzene)
	20	00	00	톨루올(톨루엔)	Toluol (toluene)
	30	00	00	크실롤(크실렌)	Xylol (xylenes)
	40	00	00	나프탈렌	Naphthalene
	50	00	00	그 밖의 방향족(芳香族) 탄화수소의 혼합물[섭씨 250도에서 에이·에스·티·엠 디(ASTM D)86의 방법으로 증류한 양이 전 용량의 100분의 65 이상(손실분을 포함한다)인 것으로 한정한다]	Other aromatic hydrocarbon mixtures of which 65 % or more by volume (including losses) distils at 250℃ by the ASTM D 86 method

1) 제2706호에는 다음과 같은 각종의 광물성 타르(tar)[55]를 분류한다.

① 석탄(coal)을 고온 증류하여 얻은 타르. 이들은 대부분 벤젠·페놀·나프탈렌·안트라센 등의 방향족 구성요소로 이루어져 있다.

② 갈탄이나 토탄의 증류 및 석탄의 저온증류를 통해 얻은 타르. 이들은 위와 유사한 성분으로 구성되어 있지만, 위의 물품보다 지방족화합물·나프텐화합물 및 페놀화합물이 차지하는 비율이 다소 높다.

③ 그 밖의 광물성 타르

2) 제2707호에는 위의 타르 중에서 석탄(coal)을 고온 증류하여 얻은 **타르의 증류물**과 그 밖에 이와 유사한 물품으로서 방향족(芳香族) 성분의 중량이 비방향족(非芳香族) 성분의 중량을 초과하는 것이 분류된다.

소호 제2707.10호, 제2707.20호, 제2707.30호, 제2707.40호에서 "벤조올(벤젠)"·"톨루올(톨루엔)"·"크실롤(크실렌)"·"나프탈렌"은 각각 벤젠·톨루엔·크실렌·나프탈렌의 함유량이 전 중량의 50%를 초과하는 물품에 대하여 적용한다.

4. 소호 제2710.12호에서 "경질(輕質)석유와 조제품(light oils and preparations)"이란 에이·에스·티·엠 디(ASTM D) 86방법에 의하여 섭씨 210도에서 전 용량(by volume)의 100분의 90 이상(손실분을 포함한다)이 증류되는 것을 말한다.

55 타르(tar)는 유기물을 분해증류(destructive distillation)하여 나오는 점성의 검은색 액체이다. 대부분의 타르는 석탄으로부터 만들어지며 석유나 나무, 이탄(peat)으로부터도 만들 수 있다(자료 : 두산백과).

HSK				품명	Description
2710				석유와 역청유(瀝青油)(원유는 제외한다), 따로 분류되지 않은 조제품[석유나 역청유(瀝青油)의 함유량이 전 중량의 100분의 70 이상인 것으로서 조제품의 기초 성분이 석유나 역청유(瀝青油)인 것으로 한정한다], 웨이스트 오일(waste oil)	Petroleum oils and oils obtained from bituminous minerals, other than crude; preparations not elsewhere specified or included, containing by weight 70 % or more of petroleum oils or of oils obtained from bituminous minerals, these oils being the basic constituents of the preparations; waste oils.
	1			석유와 역청유(瀝青油)(원유는 제외한다), 따로 분류되지 않은 조제품[석유나 역청유(瀝青油)의 함유량이 전 중량의 100분의 70 이상인 것으로서 조제품의 기초 성분이 석유나 역청유(瀝青油)인 것으로 한정하며, 바이오디젤을 함유하는 것과 웨이스트 오일(waste oil)은 제외한다]	Petroleum oils and oils obtained from bituminous minerals(other than crude) and preparations not elsewhere specified or included, containing by weight 70 % or more of petroleum oils or of oils obtained from bituminous minerals, these oils being the basic constituents of the preparations, other than those containing biodiesel and other than waste oils :
	12			경질(輕質)석유와 조제품	Light oils and preparations
		10	00	자동차 휘발유	Motor spirit
		20	00	항공 휘발유	Aviation spirit
		30	00	프로필렌테트라머(propylene tetramer)	Propylene tetramer
		40	00	나프타	Naphtha
		50	00	엔 · 지 · 엘(NGL)	Natural gas liquid
		90	00	기타	Other
	19			기타	Other
		10		그 밖의 휘발유와 그 조제품	"이하 생략"

5단위 소호 제2710.1호의 "석유와 역청유(원유를 제외한다), 따로 분류되지 않은 조제품"은 제2710.12호의 "경질석유와 조제품(Light oils and preparations)"과 제2710.19호의 "기타", 즉 경질석유와 조제품이 아닌 것으로 나뉜다. 여기에서의 경질석유(light oil)와 조제품의 증류조건은 ASTM(American Society for Testing and Materials) D 86방법에 의해 정한 기준에 따른 것이다. 또한 경질석유라는 용어는 일반적으로 디젤차량에 연료로 이용하는 경유와는 구별된다.

5. 제2710호의 소호에서 "바이오디젤"이란 동물성 · 식물성 지방과 기름(사용한 것인지에 상관없다)에서 얻은 것으로서 연료로 사용되는 지방산의 모노알킬 에스테르를 말한다.

1) 바이오디젤(biodiesel)은 콩기름 · 유채기름 · 폐식물기름 · 해조유(海藻油) 등의 식물성 또는 동물성의 지방과 기름을 원료로 해서 만든 무공해 연료를 통틀어 일컫는다. 주로 경유를 사용하는 디젤자동차의 경유 첨가제 또는 그 자체로 차량 연료로 사용된다. 보통 메탄올을 이용해 원래의 지방산 에스테르인 트라이글리세리드로부터 글리세롤을 분리한 다음, 원래의 지방산

에스테르와 다른 지방산 에스테르를 만들어 내는 에스테르 교환방법(trans-esterification)을 통하여 만든다. 이때 만든 바이오디젤이 바로 지방산 메틸에스테르(FAME : Fatty Acid Methyl Ester)이다. 따라서 FAME가 보통 말하는 바이오디젤인 셈이다.

2) 제2710.12호와 제2710.19호는 바이오디젤이 **함유되지 않은** 석유와 역청유 및 따로 분류되지 않은 조제품이 분류되고, 제2710.20호에는 바이오디젤을 **함유하는** 석유와 역청유 및 따로 분류되지 않은 조제품이 분류된다. 바이오디젤은 그 자체로는 석유나 역청유를 함유하지 않으며 제3826호에 분류된다. 다만 바이오디젤은 일반 디젤과 혼합하여 많이 사용되고 거래되는데, 바이오디젤이 함유되지 않은 석유와 역청유 및 따로 분류되지 않은 조제품은 제2710.12호 또는 제2710.19호에 분류되고, 바이오디젤이 함유되어 있는 것으로서 석유나 역청유를 중량 기준으로 70% 이상 함유한 경우에는 제2710.20호, 그리고 석유나 역청유를 함유하지 않거나 중량 기준으로 70% 미만을 함유한 바이오디젤은 제3826호에 분류된다.

◉ 총설

1) 일반적으로 이 류에는 석탄과 그 밖의 천연광물성 연료, 석유와 역청유 및 이들의 증류물과 그 밖의 공정으로 얻은 이와 유사한 물품을 분류한다. 이 류에는 또한 광물성 왁스와 천연역청물질도 포함한다.

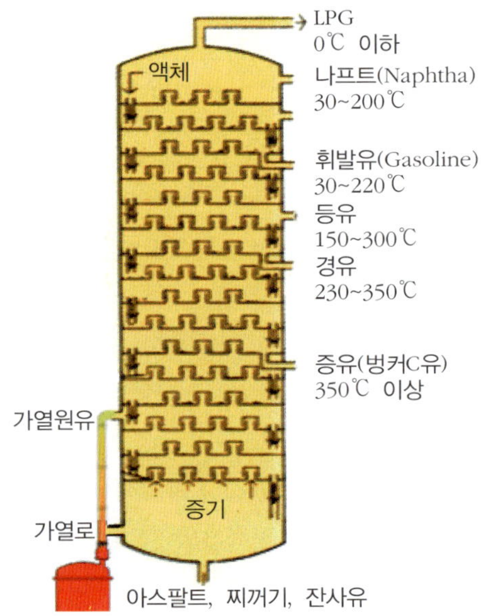

[분별증류탑. 원유는 끓는점의 차이를 이용하여 각 성분으로 나눈다.]

2) 현재 전 세계적으로 가장 중요한 자원은 석유자원이라고 할 수 있다. 원유는 증류(distillation)를 거쳐 필요한 성분을 뽑아 사용하는데, 원유를 분별증류장치(fractional distillation unit)에서 끓이면 원유가 증발되어 끓는점이 낮은 물질부터 차례로 분리된다. 원유를 분별증류장치에 넣고 끓였을 때 배출되는 순서대로 함유량과 물질을 정리하면 대략 LPG 2%, 나프타 12%, 휘발유 8%, 등유 9%, 경유 26%, 중유 38%, 기타 5%가 생성된다. 기타에는 각종 윤활유와 아스팔트, 석유코크스 등이 포함되어 있다. 이때 석유정제공정에서 생산되는 나프타를 나프타분해공장(NCC : Naphtha Cracking Center)에서 열분해를 통해 석유화학공업용으로 사용되는 에틸렌이나 프로필렌 등으로 생산한다.

3) 이 류에 해당하는 물품은 정제하기 전과 정제한 후의 물품을 포함한다. 그러나 메탄과 프로판 이외에, 화학적으로 순수하거나 상관습상 순수한 상태의 화학적으로 단일한(separate chemically defined organic compounds in the pure or commercially pure state) 유기화합물은 제29류에 분류한다. 이들 중에 특정의 화합물(예 : 에탄, 벤젠, 페놀, 피리딘[56])은 순수하다는 판단의 기준

으로 제2901호, 제2907호, 제2933호의 주에 순도가 규정되어 있다. **메탄과 프로판**은 화학적으로 순수한 것이라도 제2711호에 분류된다.

56 예로 순도가 용적으로 95% 이상의 에탄은 제2901호, 그 미만인 것은 제2711호에 분류된다. 또한 순도가 전 중량의 90% 이상의 페놀은 제2907호, 그 미만의 저순도 페놀은 제2707호에 분류된다.

제06부 화학공업이나 연관공업의 생산품

류	류의 표제
28	무기화학품, 귀금속 · 희토류(稀土類)금속 · 방사성원소 · 동위원소의 유기화합물이나 무기화합물
29	유기화학품
30	의료용품
31	비료
32	유연용 · 염색용 추출물(extract), 탄닌과 이들의 유도체, 염료 · 안료와 그 밖의 착색제, 페인트 · 바니시(varnish), 퍼티(putty)와 그 밖의 매스틱(mastic), 잉크
33	정유(essential oil)와 레지노이드(resinoid), 조제향료와 화장품 · 화장용품
34	비누 · 유기계면활성제 · 조제 세제 · 조제 윤활제 · 인조 왁스 · 조제 왁스 · 광택용이나 연마용 조제품 · 양초와 이와 유사한 물품 · 조형용 페이스트(paste) · 치과용 왁스와 플라스터(plaster)를 기본재료로 한 치과용 조제품
35	단백질계 물질, 변성전분, 글루(glue), 효소
36	화약류, 화공품, 성냥, 발화성 합금, 특정 가연성 조제품
37	사진용이나 영화용 재료
38	각종 화학공업 생산품

부주

1. 가. 제2844호나 제2845호에 열거된 것에 해당하는 물품(방사성 광물은 제외한다)은 해당 각 호로 분류하며, 이 표의 다른 호로 분류하지 않는다.

   나. 가목에 규정한 물품을 제외하고는 제2843호, 제2846호, 제2852호에 열거된 것에 해당하는 물품은 해당 각 호로 분류하며, 이 부의 다른 호로 분류하지 않는다.

1) 제2844호 : 방사성원소 · 방사성동위원소(핵분열성이나 연료핵친원소와 동위원소를 포함한다)와 이들의 화합물, 이들의 물품을 함유한 혼합물과 잔재물

제2845호 : 동위원소(제2844호의 것은 제외한다)와 그 동위원소의 무기화합물이나 유기화합물(화학적으로 단일한 것인지에 상관없다)

제2843호 : 콜로이드 귀금속, 귀금속의 무기화합물이나 유기화합물(화학적으로 단일한 화합물

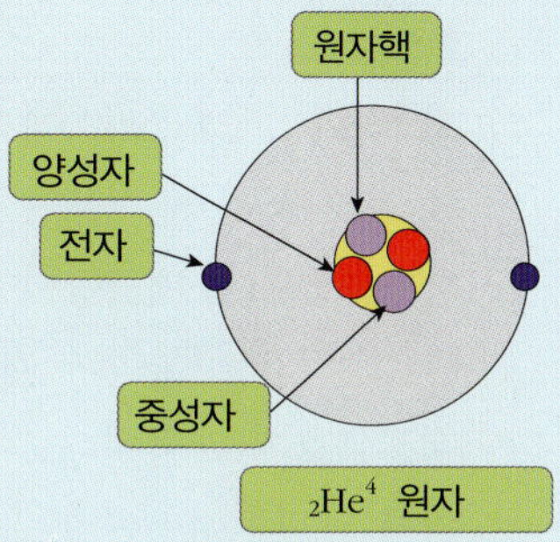

[헬륨원자의 구조]

인지에 상관없다), 귀금속의 아말감(amalgam)

제2846호 : 희토류(稀土類)금속·이트륨·스칸듐이나 이들 금속혼합물의 무기-유기화합물

제2852호 : 무기나 유기의 수은화합물[화학적으로 단일한 것인지에 상관없으며 아말감(amalgam)은 제외한다]

2) 방사성원소(放射性元素, radioactive element) : 원자핵 속의 양성자와 중성자는 강한 핵력에 의하여 결합되어 있으며 동시에 양성자들은 서로 전기적 반발력을 작용하고 있다. 대부분의 핵자들은 전기적 반발력보다 더 큰 핵력에 의하여 안정한 상태를 유지하고 있다. 그러나 양성자가 아주 많은 원자핵의 경우에는 양성자들 사이의 전기적 반발력이 크고, 핵자의 수가 많으므로 그들 사이의 거리가 멀어져 서로 끌어당기는 핵력은 상대적으로 작아지기 때문에 불안정한 상태가 된다. 질량수가 많은 원자핵들은 불안정하므로 입자나 전자기파를 방출하고 보다 안정한 원자핵이 되려고 한다. 이와 같이 원자핵이 불안정한 원소를 방사성원소라고 하고, 이들이 붕괴될 때 방출하는 입자와 전자기파를 방사선이라고 한다. 방사선의 종류에는 α선, β선, γ선 등이 있다.

3) 동위원소(同位元素, isotope) : 원자번호는 같지만 질량수가 다른 원소를 말한다. 일반적으로 어떤 원소의 화학적 성질은 그 원소를 구성하고 있는 원자의 원자핵 내에 있는 양성자의 수, 즉 원자번호에 의해 결정된다. 한편 원자의 질량은 양성자와 중성자의 수의 합, 즉 질량수에 거의 비례하므로 동위원소란 **같은 수의 양성자를 가지고 중성자의 수만이 다른** 원자핵으로 이루어지는 원소들이라 할 수 있다. 자연계의 산소는 8개의 양성자와 8개의 중성자를 가지는 질량 16인 원자핵이 대부분이지만, 9개의 중성자를 가지는 질량수 17인 것과 10개의 중성자를 가지는 질량수 18개인 것이 혼재한다. 우라늄도 234, 235, 238의 질량수를 갖는 3종의 동위원소 혼합물이 일체가 된 것으로서 자연계에 존재한다. 동위원소에는 방사선을 방출하는 방사성동위원소(RI : radioisotope)와 비방사성동위원소, 즉 안정동위원소(SI : Stable Isotope)가 있다.

4) 위에서 가의 규정에 따라, 모든 방사성원소와 방사성동위원소, 그리고 이 같은 원소와 동위원소의 화합물(무기 또는 유기화합물의 여부와 화학적으로 단일한지의 여부를 불문한다)은 이 표의 다른 호에 분류할 수 있다 하더라도 제2844호에 분류하여야 한다. 그러므로 방사성 염화나트륨과 방사성 글리세롤은 제2501호나 제2905호에 분류되지 않고 제2844호에 분류한다. 방사성 에틸알콜, 방사성 금과 방사성 코발트는 어떤 상태로 되어 있든 제2844호에 분류하고, 이리듐은 백금족이지만 이리듐 192는 제2844호에 분류한다. 다만 방사성 광물은 제5부에 분류한다.

비방사성동위원소, 즉 안정동위원소와 이들의 화합물은 제2845호에 분류한다. 따라서 탄소의 동위원소는 제2803호에 분류되지 않고 제2845호에 분류해야 한다. 이들 중에 유기화합물의 동위원소는 유기화합물이라 하더라도 제29류가 아닌 제28류에 분류된다는 것에 유의하여야 한다.

5) 제2843호, 제2846호, 제2852호는 제2844호나 제2845호에 분류되는 경우를 제외하고는 **이 부의** 어느 호보다 우선 적용한다.

[가돌리나이트는 여러 희토류금속이 다량 함유된 광석으로, 제2530호에 분류된다.]

사진용으로 소매포장한 질산은(silver nitrate, $AgNO_3$)은 귀금속의 화합물이기 때문에 제3707호에 분류되지 않고 제2843호에 분류한다. 마찬가지로 의약품으로 사용하기 위해 일정투여량이나 소매용 포장으로 하더라도 콜로이드은은 제2843호에 분류되고 제3004호에 분류되지 않는다.

그러나 희토류금속[57]의 화합물로서 제2846호에 해당될 수 있는 가돌리나이트(gadolinite)는 제28류 주 제3호에서 제28류에서는 제5부의 광물성 생산품을 제외한다고 규정하고 있으므로 제2530호에 분류한다.

2. 이 부의 주 제1호에 규정한 물품을 제외하고는, 일정한 투여량으로 한 것이나 소매용으로 한 것(put up in measured doses or for retail sale)을 이유로 제3004호 · 제3005호 · 제3006호 · 제3212호 · 제3303호 · 제3304호 · 제3305호 · 제3306호 · 제3307호 · 제3506호 · 제3707호 · 제3808호로 분류할 수 있는 물품은 해당 각 호로 분류하며, 이 표의 다른 호로 분류하지 않는다.

제6부의 주 제1호는 제6부의 품목분류에 있어서 최우선적으로 적용한다. 제6부의 주 제1호에 해당하는 물품을 제외하고, 일정한 투여량으로 하거나 소매용으로 포장한 물품이라는 이유로 제6부에 분류되는 물품에 대해서는 다른 분류원칙에 우선하여 해당 호에 적용하도록 하고 있다. 예로 치료를 목적으로 소매용으로 된 황은 제2503호나 제2802호에 분류되지 않고 제3004호에 분류한다. 또한 글루로서 소매포장한 덱스트린은 제3505호에 분류하지 않고 제3506호에 분류하여야 한다. 이들을 하나씩 보면 다음과 같다.

① **제3004호** : 의약품[혼합한 것인지에 상관없으며 치료용이나 예방용의 것으로서 **일정한 투여량으로 한 것**(피부 투여의 형식을 취한 것을 포함한다)과 **소매용 모양이나 포장으로 한 것**으로 한정하며, 제3002호 · 제3005호 · 제3006호의 물품은 제외한다]

57 희토류는 존재하는 모양이 경제성이 있을 정도로 농축된 형태로는 산출되지 않고 광물 형태로는 희귀하므로, '자연계에 매우 드물게 존재하는 금속원소'라는 의미의 희토류라는 이름이 붙었다. 희토류는 화학적으로 매우 안정하고, 건조한 공기에서도 잘 견디며, 열을 잘 전도하는 특징이 있으며, 상대적으로 탁월한 화학적 · 전기적 · 자성적 · 발광적 성질을 갖는다. 이 때문에 IT산업, 전자산업에 꼭 필요할 뿐만 아니라 방사성 차폐효과가 뛰어나기 때문에 원자로의 제어 등에도 널리 사용되고 있다.
일반적으로 희토류금속은 원소주기율표에서 원자번호 57~71까지, 즉 란타늄에서 루테튬까지의 원소 15개와, 이들과 성질이 비슷한 스칸듐과 이트륨을 포함하여 일컫는다. 이들 원소 자체는 제2805호에 분류되나, 프로메튬은 방사성원소로서 제2844호에 우선 분류된다. 또한 희토류금속 · 이트륨 · 스칸듐이나 이들 금속혼합물의 무기-유기화합물은 제2846호에 분류된다.

② 제3005호 : 탈지면 · 거즈 · 붕대와 이와 유사한 제품(예 : 피복재 · 반창고 · 습포제)으로서 의료용이나 수의용으로 사용하기 위하여 의료물질을 도포하거나 침투시킨 것이나 소매용 모양이나 포장으로 한 것

③ 제3006호 : 의료용품(이 류의 주 제4호의 물품으로 한정한다)

④ 제3212호 : 비수성(非水性) 매질(媒質)에 분산시킨 안료[금속 가루 · 금속플레이크(flake)를 포함하며, 페인트 · 에나멜 제조에 사용되는 액체나 페이스트(paste) 상태인 것으로 한정한다], 스탬프용 박(箔), 소매용 모양이나 포장을 한 염료와 그 밖의 착색제

⑤ 제3303호 : 향수와 화장수

⑥ 제3304호 : 미용이나 메이크업용 제품류와 기초화장용 제품류[의약품은 제외하며, 선스크린(sunscreen)과 선탠(sun tan) 제품류를 포함한다], 매니큐어용 제품류와 페디큐어(pedicure)용 제품류

⑦ 제3305호 : 두발용 제품류

⑧ 제3306호 : 구강 · 치과 위생용 제품류[치열 교정용 페이스트(paste)와 가루를 포함한다], 치간 청결용 실로서 개별 소매용으로 포장한 것[치실(dental floss)]

⑨ 제3307호 : 면도용 제품류 · 인체용 탈취제 · 목욕용 조제품 · 탈모제와 그 밖의 조제향료 · 따로 분류되지 않은 화장품이나 화장용품 · 실내용 조제 탈취제(향을 첨가한 것인지 또는 살균성이 있는 것인지에 상관없다)

⑩ 제3506호 : 조제 글루(glue)와 그 밖의 조제 접착제(따로 분류되지 않은 것으로 한정한다), 글루(glue)나 접착제로 사용하기에 적합한 물품[소매용으로 한 글루(glue)나 접착제로서 순중량이 1 킬로그램 이하인 것으로 한정한다]

⑪ 제3707호 : 사진용 화학조제품[바니시(varnish) · 글루(glue) · 접착제와 이와 유사한 조제품은 제외한다], 사진용 단일 물품(일정 소량으로 나누거나 그대로 사용할 수 있는 모양인 소매용으로 한정한다)

⑫ 제3808호 : 살충제 · 살서제(쥐약) · 살균제 · 제초제 · 발아억제제 · 식물성장조절제 · 소독제와 이와 유사한 물품[소매용 모양이나 포장을 한 것 · 조제품으로 한 것 · 제품으로 한 것(예 : 황으로 처리한 밴드 · 심지 · 양초 · 파리잡이 끈끈이)으로 한정한다]

3. 두 가지 이상의 별개의 구성요소로 구성된 세트로 포장한 물품으로서 그 구성요소의 일부나 전부가 이 부에 해당하며, 제6부나 제7부의 물품을 만들 목적으로 상호 혼합할 것은 제6부나 제7부의 해당하는 호로 분류한다. 다만, 구성요소가 다음 각 목에 해당하는 경우로 한정한다.

가. 포장된 형태로 보아서 재포장 없이 함께 사용될 것이 분명한 것

나. 동시에 제시되는 것

다. 그 성질이나 상대적 구성비로 보아 상호 보완적임이 인정되는 것

1) 제6부는 "화학공업이나 연관공업의 생산품"이고, 제7부는 "플라스틱과 그 제품, 고무와 그 제품"이다. 제7부의 부주 제1호에도 위의 주와 같은 맥락의 주가 있다. 그 내용은 전부 또는 일부가 제6부나 제7부에 해당하는 구성요소로 이루어진 세트물품을 조합하여 제6부나 제7부의 물품을 만들 목적으로 상호 혼합하여 사용할 물품은 그 물품의 목적에 따라 제6부나 제7부의 해당 호에 분류한다는 것이다. 예로 페인트 세트로서 만일 중합체를 기본재료로 한 수성페인트와 희석제(thinner), 마스킹테이프, 브러시로 구성된 것은 제3209호에 함께 분류한다.
2) 위의 주 내용을 만족하는 물품은 부주의 내용을 우선 적용하는 통칙 제1호의 내용에 따라 통칙상의 소매용 세트 규정에 우선하여 적용하여야 한다. 그러나 2개 이상의 독립된 구성요소를 세트로 포장한 물품(구성요소의 일부 또는 전부가 제6부 또는 제7부에 해당하는 것에 한한다)으로서 사전에 혼합하지 않고 차례로 사용하게 되어있는 경우에는 해당 주의 규정의 적용을 받지 않는다는 것을 유의하여야 한다. 소매용으로 포장된 이러한 물품은 통칙, 그 중에서도 일반적으로 통칙 제3호의 나목에 의하여 분류된다. 소매용으로 포장된 물품이 아닌 경우에 있어서 해당 구성요소는 각각 별개로 분류한다.

Chapter 28

제28류 무기화학품, 귀금속·희토류(稀土類)금속·방사성원소·동위원소의 유기화합물이나 무기화합물

호	호의 용어
	제1절 원소
2801	플루오르·염소·브롬·요드
2802	승화황(昇華黃)·침강황(沈降黃)·콜로이드황
2803	탄소[카본 블랙(carbon black)과 따로 분류되지 않은 탄소물품을 포함한다]
2804	수소·희가스(rare gas)와 그 밖의 비(非)금속원소
2805	알칼리금속·알칼리토류금속, 희토류(稀土類)금속, 스칸듐과 이트륨(상호 혼합된 것인지 또는 상호 합금된 것인지에 상관없다), 수은
	제2절 무기산과 무기 비(非)금속 산화물
2806	염화수소(염산)와 클로로황산
2807	황산과 발연황산
2808	질산과 황질산
2809	오산화인, 인산, 폴리인산(화학적으로 단일한 것인지에 상관없다)
2810	붕소의 산화물과 붕산
2811	그 밖의 무기산과 무기 비(非)금속 산화물
	제3절 비(非)금속 할로겐화합물과 황화합물
2812	비(非)금속 할로겐화물과 산화할로겐화물
2813	비(非)금속 황화물과 상관습(商慣習)상의 삼황화인
	제4절 무기염기, 금속 산화물·수산화물·과산화물
2814	무수(無水)암모니아나 암모니아수
2815	수산화나트륨[가성(苛性)소다], 수산화칼륨[가성(苛性)칼륨], 과산화나트륨·과산화칼륨
2816	수산화마그네슘·과산화마그네슘, 스트론튬이나 바륨의 산화물·수산화물·과산화물
2817	산화아연과 과산화아연
2818	인조 커런덤(corundum)(화학적으로 단일한 것인지에 상관없다), 산화알루미늄, 수산화알루미늄
2819	산화크로뮴과 수산화크로뮴
2820	산화망간
2821	산화철·수산화철·어스컬러(earth colour)[화합철분의 함유량이 산화제이철(Fe_2O_3)로서 계산하여 전중량의 100분의 70 이상인 것으로 한정한다]
2822	산화코발트, 수산화코발트, 상관습(商慣習)상의 산화코발트
2823	산화티타늄
2824	산화납·연단(鉛丹)·오렌지납

2825	히드라진 · 히드록실아민과 이들의 무기염, 그 밖의 무기염기 · 금속산화물 · 금속수산화물 · 금속과산화물
	제5절 무기산과 금속의 염 · 과산화염
2826	플루오르화물, 플루오르화규산염 · 플루오르화알루미늄산염과 그 밖의 플루오르착염
2827	염화물 · 산화염화물 · 수산화염화물, 브롬화물 · 산화브롬화물과 요드화물 · 산화요드화물
2828	하이포아염소산염 · 상관습(商慣習)상의 하이포아염소산칼슘 · 아염소산염 · 하이포아브롬산염
2829	염소산염과 과염소산염, 브롬산염과 과브롬산염, 요드산염과 과요드산염
2830	황화물과 폴리황화물(화학적으로 단일한 것인지에 상관없다)
2831	아이티온산염과 술폭실산염
2832	아황산염과 티오황산염
2833	황산염 · 명반 · 과산화황산염(과황산염)
2834	아질산염과 질산염
2835	포스피네이트(하이포아인산염) · 포스포네이트(아인산염) · 인산염, 폴리인산염(화학적으로 단일한 것인지에 상관없다)
2836	탄산염, 과산화탄산염(과탄산염), 상관습(商慣習)상의 탄산암모늄(카르밤산암모늄을 함유한 것으로 한정한다)
2837	시안화물 · 산화시안화물 · 시안착염
2839	규산염과 상관습(商慣習)상의 알칼리금속의 규산염
2840	붕산염과 과산화붕산염(과붕산염)
2841	산화금속산염이나 과산화금속산염
2842	그 밖의 무기산염이나 과산화산염(아지드화물은 제외하고, 화학적으로 단일한 것인지에 상관없으며 알루미노실리케이트를 포함한다)
	제6절 기타
2843	콜로이드 귀금속, 귀금속의 무기화합물이나 유기화합물(화학적으로 단일한 화합물인지에 상관없다), 귀금속의 아말감(amalgam)
2844	방사성원소 · 방사성동위원소(핵분열성이나 연료핵친원소와 동위원소를 포함한다)와 이들의 화합물, 이들의 물품을 함유한 혼합물과 잔재물
2845	동위원소(제2844호의 것은 제외한다)와 그 동위원소의 무기화합물이나 유기화합물(화학적으로 단일한 것인지에 상관없다)
2846	희토류(稀土類)금속 · 이트륨 · 스칸듐이나 이들 금속혼합물의 무기 · 유기화합물
2847	과산화수소(요소로 고체화한 것인지에 상관없다)
2848	인화물(燐化物)(화학적으로 단일한 것인지에 상관없으며 인철은 제외한다)
2849	탄화물(화학적으로 단일한 것인지에 상관없다)
2850	수소화물 · 질화물 · 아지드화물 · 규화물 · 붕화물(화학적으로 단일한 것인지에 상관없으며 제2849호의 탄화물은 제외한다)
2852	무기나 유기의 수은화합물[화학적으로 단일한 것인지에 상관없으며 아말감(amalgam)은 제외한다]
2853	그 밖의 무기화합물[증류수나 전도도수(傳導度水)와 이와 유사한 순도의 물을 포함한다], 액체 공기[희가스(rare gas)가 제거된 것인지에 상관없다], 압축 공기, 아말감(amalgam)[귀금속의 아말감(amalgam)은 제외한다]

◉ 화학결합

화학결합(化學結合, chemical bond)이란 원자 또는 원자단의 집합체에서, 구성원자들 간에 작용하여 그 집합체를 하나의 뚜렷한 단위체로 간주할 수 있게 하는 힘을 말하는데, 이온결합, 공유결합, 금속결합, 배위결합 등으로 구분된다.

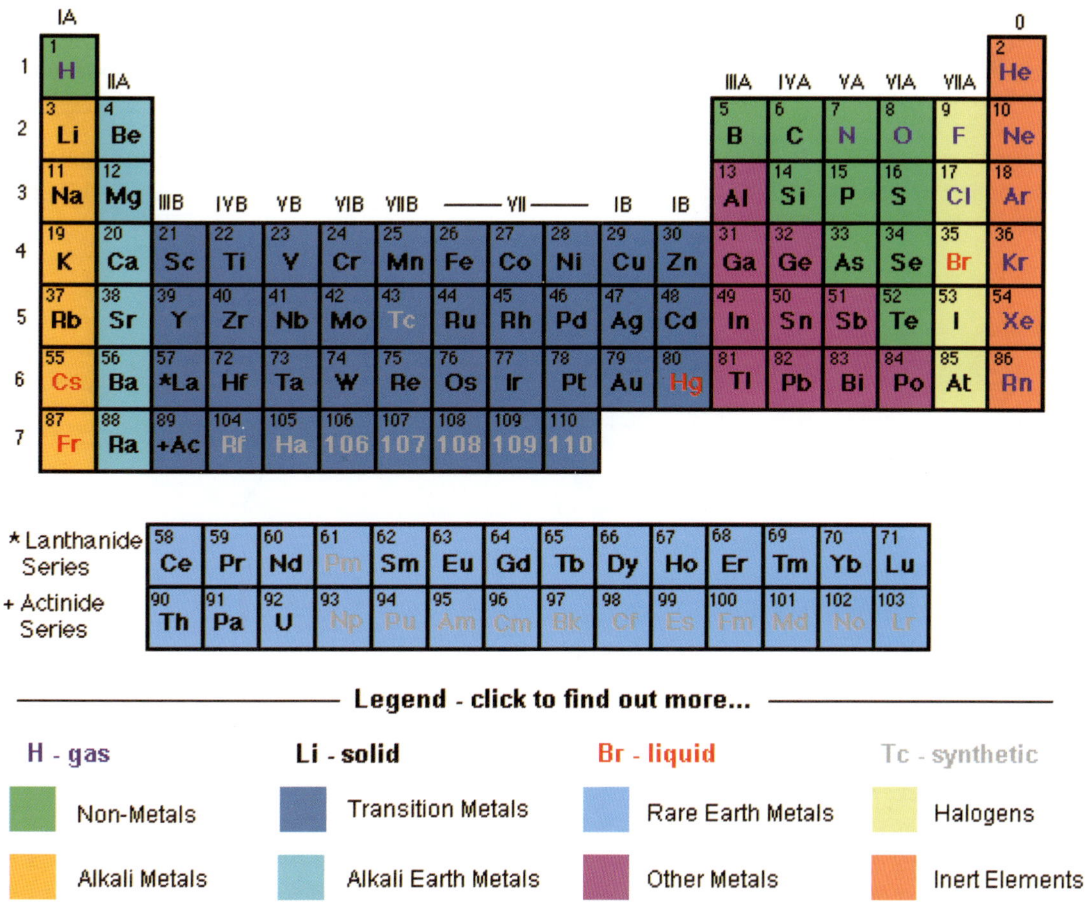

[주기율표. 품목분류를 위해서는 주기율표의 기본적인 내용을 이해해야 한다.]

① 공유결합(共有結合, covalent bond) : 비금속원소끼리 최외각 껍질의 옥텟(octet)을 이루기 위해 서로의 비공유전자쌍을 내놓아 **공유함으로써** 옥텟을 이루는 결합을 말한다. 즉 서로의 불완전함을 공유를 통해 보완하여 완전한 옥텟을 만든 모형이다.

② 이온결합(ionic bond) : 양이온과 음이온이 정전기적 인력으로 생기는 화학결합이다. 주로 금속과 비금속 간의 결합이다. 금속과 비금속이 만나면 금속원소는 전자를 내어서 양이온이 되고, 비금속원소는 전자를 얻어서 상대적으로 음이온이 된다.

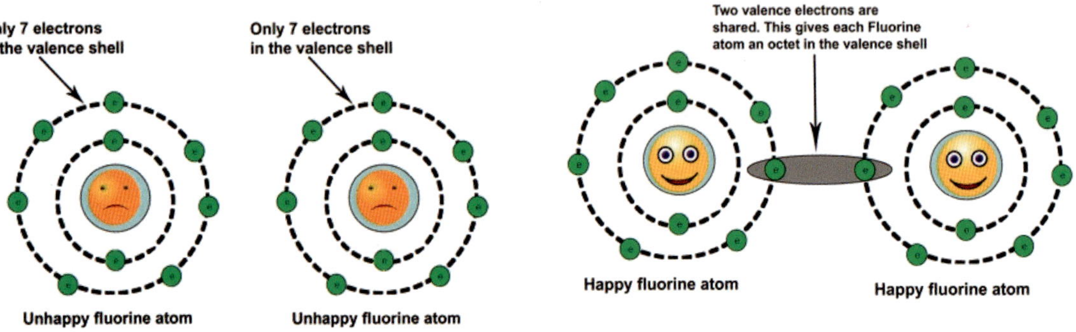

[옥텟규칙이란 원자는 최외각 껍질이 완전히 채워지거나 전자 8개를 가질 때에 가장 안정하다는 규칙이다. 왼쪽의 플루오르원자 두 개는 최외각전자가 7개로 하나씩 부족한 상태이다. 반면에 오른쪽의 플루오르자원자들은 최외각의 전자를 하나씩 공유함으로써 8개의 원자를 채우고 안정화된다.][58]

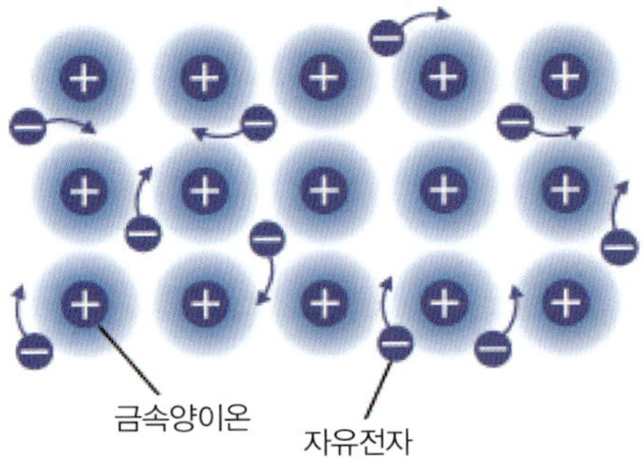

[금속이란 고른 밀도로 퍼진 전자의 바다 속에 전자를 잃은 그 금속원자의 양이온이 떠 있는 것과 같은 것으로, 이들 모든 자유전자와 양이온 사이의 정전기적 인력이 전체를 결합시키는 힘이 된다.]

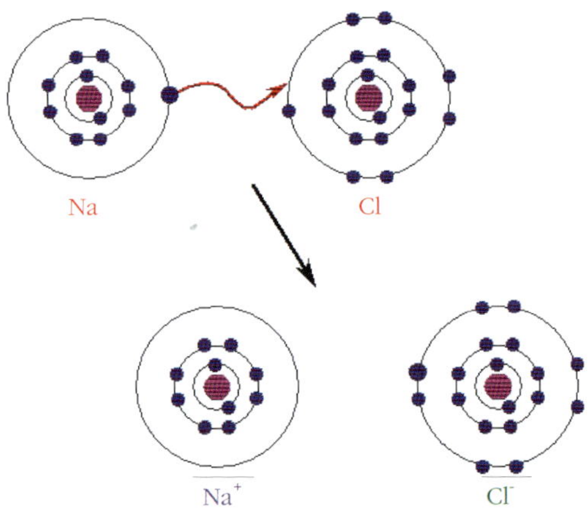

[이온결합에서는 전자를 주고받아, 각각 양이온과 음이온이 되면서 결합한다.]

③ 금속결합(metallic bond) : 금속원소의 원자가 집합하여 규칙적으로 배열하고 있는 금속결정을 만드는 경우의 화학결합이다. 금속결합은 최외각전자와 약한 결합을 가지고 있는 금속원자가 전자를 잃고 양이온으로 되고, 떨어져 나온 전자는 자유전자가 되어 어떤 원자에 속하지 않고 양이온들에 공유된 상태에서 금속결정 내에서 자유롭게 움직인다.

58 출처 : ChemistryUnderstood.com

$[Ag(NH_3)_2]^+$의 직선형

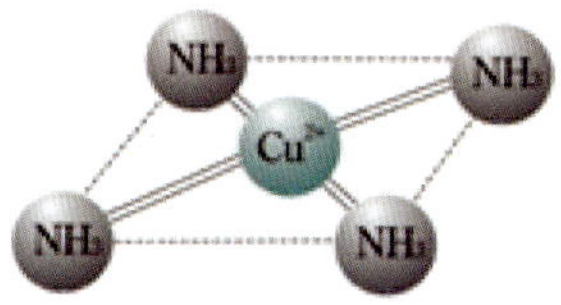

$[Cu(NH_3)_4]^{3+}$의 평면사각형

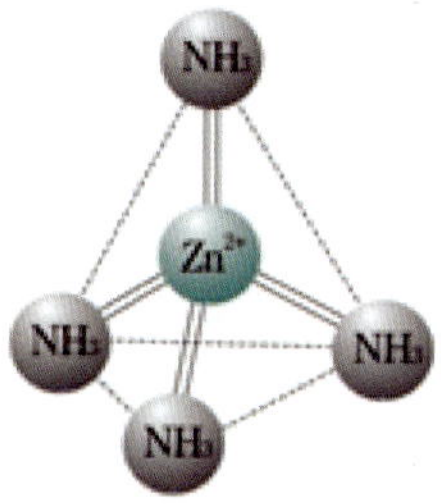

$[Zn(NH_3)_4]^{3+}$의 정사면체

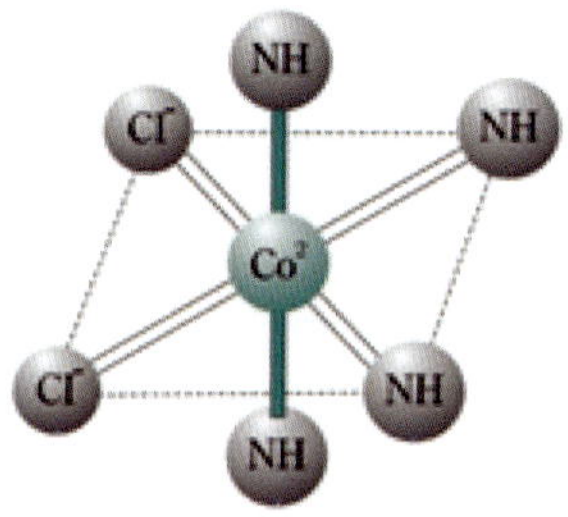

팔각면체형

[다양한 종류의 착물. 중앙의 금속이온과 주변의 리간드가 배위결합을 하고 있다. 리간드는 비공유전자쌍을 일방적으로 금속이온에 제공함으로 결합한다.]

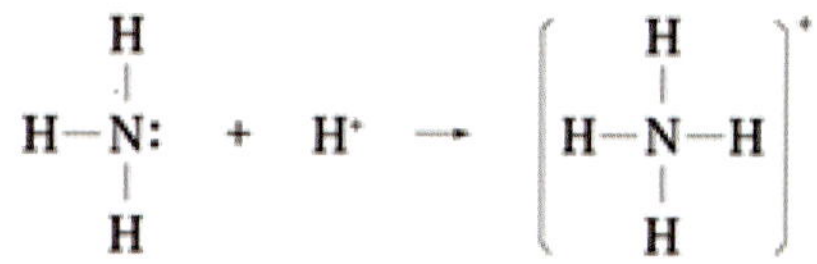

암모니아 수소이온 암모늄이온

[가장 단순한 배위결합의 예. 질소가 비공유전자쌍을 가지고 있어 일방적으로 수소에 제공하여 결합한다.]

④ **배위결합(配位結合, co-ordination bond)** : 배위결합의 개념 이해를 위해서는 먼저 착물(錯物, complex)의 개념을 알아야 한다. 착물이란 $[Co(NH_3)_6]^{3+}$, $[Cu(NH_3)_4]^{2+}$ 등에서와 같이 중심에 있는 전이금속의 양이온에 몇 개의 분자 또는 이온이 결합되어 있는 물질을 말한다. 여기에서 전이금속의 양이온과 분자 혹은 이온과의 결합이 배위결합(配位結合)이다. 이처럼 중심이온과 배위결합하고 있는 분자나 이온을 리간드라고 하며, 리간드의 수를 배위수(配位數)라고 한다. 가장 흔한 배위수는 2, 4, 6이며 배위수에 따라서 착물의 구조가 달라진다. 배위수가 2인 경우에는 직선 모양이며, 배위수가 4인 경우에는 평면사각형이거나 정사면체 모양이다. 배위수가 6인 경우에는 정팔면체 모양을 한다.

이러한 배위결합(配位結合, coordinate bond)에서는 비공유전자쌍을 지니고 있는 분자나 이온이 전자쌍을 일방적으로 제공하는 결합을 한다.

가장 간단한 배위결합은 암모늄이온의 형성과정에서 찾아볼 수 있다. 그림에서 암모니아분자의 질소원자가 비공유전자쌍을 수소이온에게 제공하고 이 전자쌍을 공유하여 결합이 형성되는 것이다. 마찬가지로 위의 착물의 예에서도 리간드는 비공유전자쌍을 일방적으로 금속이온에 제공함으로써 결합한다.

◉ 류주

1. 이 류의 각 호는 문맥상 달리 해석되지 않는 한 다음 각 목의 것에만 적용한다.
   가. 화학적으로 단일한 원소와 화합물(불순물을 함유하였는지에 상관없다)
   나. 가목의 물품을 물에 용해한 것

다. 가목의 물품이 물 외의 용매에 용해된 것(그러한 용해가 안전이나 수송을 위해서만 통상 필요한 수단인 경우로 한정하고, 그 용매로 인하여 해당 물품이 일반적 용도가 아니라 특정 용도에 특별히 더 적합하게 되는 것은 제외한다)

라. 가목부터 다목까지의 물품에 보존이나 수송을 위하여 안정제[고결(固結)방지제를 포함한다]를 첨가한 것

마. 가목부터 라목까지의 물품에 동 물품의 식별이나 안전을 위하여 항분제(抗粉劑)나 착색제를 첨가한 것. 다만, 그러한 첨가로 해당 물품이 일반적 용도가 아니라 특정한 용도에 특별히 더 적합하게 되는 것은 제외한다.

1) 화학적으로 단일인 원소와 화합물(separate chemical elements and separate chemically defined compounds) : 여기서 "chemically defined"의 의미는 "화학적으로 정의된" 또는 "화학적으로 규명된"의 의미이다. 즉 그 화합물의 모든 화학 구성성분이 알려졌다는(all of the chemical components are known) 의미가 된다. 이런 의미에서 "화학적으로 단일인 원소와 화합물"은 원소와 화학적으로 모든 구성성분이 알려진 화합물로서 다른 원소나 화합물과 구별되는 별개의 원소와 화합물을 말한다. 이 중 "화학적으로 단일인 화합물"이란 그 조성이 원소들의 상수비(constant ratio of elements)로 규정되며, 일정한 구조식으로 표현될 수 있는 하나의 분자종류(예 : 공유 또는 이온의)로 구성된 물질을 말한다.

2) "불순물(impurities)"이라는 용어는 단일화합물의 제조공정(정제 포함)에서 단독적이고 직접적인 결과로 나타난 물질에 대해서만 적용한다. 이러한 물질은 공정에 관련된 요인에 의한 결과이며, 주요한 것으로는 다음과 같다.

① 변환되지 않은 초기의 원료

② 초기의 원료에 이미 포함되어 있는 불순물

③ 제조공정(정제 포함) 중에 사용된 시약

④ 부산물

※ 그러나 이러한 물질을 일반적인 용도보다는 특별히 특정한 용도에 더 적합하도록 해당 물품에 의도적으로 남겨놓은 경우에 이들은 제28류에서 허용하는 불순물로 간주되지 않는다.

3) 위의 불순물은 당해 화학제품의 **제조과정과 연관**되어 최종제품에 남아 있는 물질을 말한다. 이와 달리 나머지 나목부터 마목까지의 내용은 당해 화학품의 보관이나 운반 등을 목적으로 당해 화학품 이외의 물질을 첨가한 것이다. 이러한 첨가는 단지 보관이나 운반 등의 목적을 위한 것이므로, 당해 목적 외에 특정 목적으로 위해 화학품 자체의 변화를 의도한 경우에는 화학적으로 단일인 원소와 화합물로 인정할 수 없다. 즉 제28류의 화학적으로 단일인 원소와 화합물은 아직 특정 용도가 정해지지 않은 범용성의 물질로 남아 있는 경우에만이 적용될 수 있다.

2. 이 류에는 아이티온산염과 술폭실산염으로서 유기안정제를 가한 것(제2831호), 무기염기의 탄산

염과 과산화탄산염(제2836호), 무기염기의 시안화물·산화시안화물·시안착염(제2837호), 무기염기의 뇌산염·시안산염·티오시안산염(제2842호), 제2843호부터 제2846호까지와 제2852호에 해당하는 유기물과 탄화물(제2849호)을 분류하며, 이에 더하여 탄소화합물은 다음 각 목의 것만을 분류한다.

가. 탄소의 산화물·시안화수소·뇌산·이소시안산·티오시안산과 그 밖의 단일의 시아노겐산이나 시아노겐착산(제2811호)

나. 탄소의 산화할로겐화물(제2812호)

다. 이황화탄소(제2813호)

라. 무기염기의 티오탄산염·셀레노탄산염·텔루로탄산염·셀레노시안산염·텔루로시안산염·테트라티오시아나토디아미노크롬산염(라이네크산염)과 그 밖의 시안산착염(제2842호)

마. 요소로 고체화한 과산화수소(제2847호), 산화황화탄소·티오카보닐할로겐화물·시아노겐·시아노겐할로겐화물·시안아미드와 그 금속유도체(제2853호)(순수한 것인지에 상관없으며 칼슘시안아미드는 제외한다)(제31류)

1) **제28류와 제29류의 화합물의 구별** : 원소로서의 탄소(C)는 제2803호에 분류되지만, 탄소화합물은 기본적으로 유기화합물로 보아 제29류에 분류된다. 다만 제28류의 주 제2호에서 탄소를 포함하는 화합물이면서도 제28류에 분류되는 것들을 나열하고, 제28류 총설에서는 이들을 총망라하여 모아서 호별로 리스트로 만들어, 이 리스트에 있는 화합물 이외의 모든 기타 탄소화합물은 제28류에서 제외하도록 하고 있다. 물론 제6부의 주 제1호에서 최우선적으로 분류하도록 정의한 귀금속화합물(제2843호), 방사성원소(제2844호), 동위원소(제2845호), 희토류금속·이트륨과 스칸듐의 유기화합물(제2846호) 및 수은화합물(제2852호)도 제28류에 분류하여야 한다.

2) 위에서 제28류에 분류되는 것으로 규정한 물품들을 보면 구성성분으로 탄소를 함유하고 있음을 볼 수 있다. 즉 탄소를 함유하고 있음에도 불구하고 제28류에 분류되는 주요 물품들을 예시하고 있는데, 예로 제2837호에 분류되는 "무기염기의 시안화물(cyanides of inorganic bases)"은 시아노기(cyano group)인 C≡N을 가지고 있는 화합물로서 제28류에 분류되는 무기화합물이다. 이 화합물은 탄소(C)를 가지고 있음에도 제28류에 분류되기 때문에 본 주에 예시하고 있는 것이다.

3. 제6부의 주 제1호의 것은 해당 호에 따르고, 이 류에서 다음 각 목의 것은 제외한다.

가. 염화나트륨·산화마그네슘(순수한 것인지에 상관없다)이나 제5부의 기타 생산품

나. 유기-무기화합물(주 제2호의 것은 제외한다)

다. 제31류의 주 제2호부터 제5호까지의 물품

라. 제3206호의 루미노퍼(luminophore)로 사용되는 무기물, 제3207호의 유리 프리트(glass frit)

와 그 밖의 유리[가루, 알갱이, 플레이크(flake) 모양으로 한정한다]

마. 인조흑연(제3801호), 제3813호의 소화기용 장전물이나 소화탄에 넣은 소화제, 제3824호의 소매용으로 포장한 잉크제거제, 알칼리금속이나 알칼리토류금속의 할로겐화물로서 한 개의 중량이 2.5그램 이상인 제3824호의 배양한 결정(cultured crystal)(광학용품은 제외한다)

바. 귀석·반귀석(천연의 것, 합성·재생한 것으로 한정한다)과 이들 물품의 더스트(dust)와 가루(제7102호부터 제7105호까지)와 제71류의 귀금속이나 귀금속의 합금

사. 제15부의 금속(순수한 것인지에 상관없다)과 금속합금이나 금속 서멧(cermet)[소결(燒結)한 금속 카바이드(carbide)를 포함하되, 금속을 혼합하여 소결(燒結)한 금속 카바이드(carbide)로 한정한다]

아. 광학용품[예 : 알칼리금속이나 알칼리토류금속의 할로겐화물(제9001호)]

1) 화학적으로 단일인 원소와 무기화합물로서 제28류에서 제외되는 것 : 제28류 및 제29류에 분류되는 물품은 화학적으로 단일한 원소 및 화합물이다. 일반적으로 화학적으로 단일한 물질은 어떤 **특정한 용도(specific use)**에 사용되기보다는 **일반적인 용도(general use)**에 사용되는 원시적인 원료라고 할 수 있겠다. 즉 이러한 물질은 어떤 목적에 사용하려고 다른 필요한 물질을 첨가한다든지 하는 특정한 처리를 거쳐 사용하게 된다. 그런데 화학적으로 단일한 물질 중에서도 그 물질 자체가 특정 용도로 사용이 가능한 물질이 있는데, 이들 중에 아래에 지정된 물질은 제28류나 제29류가 아닌 특정한 용도와 관련된 호(예 : 의료용인 제30류나 비료용인 제31류 등)에 보내 분류한 것이다.

2) 심지어 화학적으로 순수하더라도, 항상 제28류에서 제외되는 것 : 예로 제25류의 특정 물품 (염화나트륨 또는 산화마그네슘 등), 제31류의 특정 무기염(질산나트륨·질산암모늄·황산암모늄 등), 제3801호의 인조흑연, 제71류의 귀석 또는 반귀석(천연·합성 또는 재생한 것)과 이들의 더스트와 분, 제14부 또는 제15부에 해당되는 귀금속과 비금속(이들 금속들의 합금을 포함한다).

3) 원래는 제28류에 분류되었어야 할 특정의 화학적으로 단일인 원소 또는 화합물로서, 특정한 형상으로 만들었거나 화학조성이 변화되지 않고 특정처리를 한 경우에 이 류에서 제외되는 것도 있다. 다만 제2843호~제2846호 및 제2852호에 분류될 수 있는 물품은 이 제외규정의 영향을 받지 않는다(제6부 주 제1호와 제2호 참조). 이러한 물품의 예로는 다음을 들 수 있다.

① 일정투여량으로 한 것 또는 소매용 형상 또는 포장된 것으로서 치료용 또는 예방용에 적합한 물품(제3004호)

② 예로 텅스텐산칼슘과 같이 루미노퍼[59]로 사용되는 물품(제3206호)

59 루미노퍼(luminophores)는 가시 또는 비가시의 광선(태양광선·자외선·음극선·X선 등)의 작용하에 발광효과(형광 또는 인광)를 일으키는 물품으로서, 발광도료의 조제와 TV스크린의 도포·방사선사진·방사선투시나 레이더장치 또는 형광등에 사용된다.

③ 실리콘이나 셀렌과 같은 원소를 전자공업용으로 도프 처리하여 디스크 모양이나 웨이퍼 모양 또는 그 밖의 이와 유사한 형상으로 한 것(제3818호)

④ 플루오르화리튬 · 플루오르화칼슘 · 브롬화칼륨 · 브롬요드화칼륨처럼 광학용으로 사용되는 알칼리 또는 알칼리토류금속의 할로겐화물(제9001호) 또는 한 개의 중량이 2.5g 이상의 배양한 결정의 할로겐화물(제3824호) 등[60]

4. 제2절의 비금속산(非金屬酸, non-metal acid)과 제4절의 금속산(metal acid)으로 된 화학적으로 단일한 착산(chemically defined complex acids)은 제2811호로 분류한다.

1) 제2절 : 무기산과 무기 비(非)금속산화물
제4절 : 무기염기, 금속산화물 · 수산화물 · 과산화물
제2811호 : 그 밖의 무기산과 무기 비(非)금속산화물

2) 이 류의 주 제4호와 제5호는 제28류의 2 이상의 호에 동시에 분류되는 물품의 분류와 관련된 주이다.

3) 제2811호에는 그 밖의 무기산과 무기 비금속(非金屬)의 산화물이 분류된다. 무기산(inorganic acids)이란 염소 · 질소 · 인 · 황 등의 비금속을 함유하는 산기(酸基)가 **수소와 결합**하여 생긴 산을 말한다.[61] 제2811호에는 제2절의 앞부분에 분류하도록 한 비금속산을 제외한 그 밖의 무기산이 분류된다. 그런데 어떤 비금속산이 제4절에 분류되는 금속산과 결합하여 생성된 화학적으로 단일한 착산(錯酸, complex acids)의 경우에는, 이들 사이의 경중을 따지거나 최종호 분류원칙을 적용하지 않고 제2절의 기타 비금속산이 분류되는 제2811호에 분류된다는 것이다. 비금속산과 금속산으로 된 화학적으로 단일한 착산의 예로는 텅스토규산(tungstosilicic acids)과 텅스토붕산(tungstoboric acids) 등을 들 수 있다.

5. 제2826호부터 제2842호까지는 금속의 염, 암모늄염, 페록시염에만 적용한다. 겹염이나 착염(double or complex salts)은 문맥상 달리 해석되지 않는 한 제2842호로 분류한다.

1) 제2826호부터 제2842호까지는 제28류의 제5절 "무기산과 금속의 염 · 과산화염(SALTS AND PEROXYSALTS, OF INORGANIC ACIDS AND METALS)"에 해당하는 호이다.

2) 염(鹽, salt)이란 산과 염기가 반응을 일으킬 때 물과 함께 생성되는 물질로서, 산의 음이온과 염기의 양이온으로 만들어지는 화합물이다. 산과 염기가 만나면 산의 H^+와 염기의 OH^-가 반응하면서 물을 만든다. 이때 산에서 H^+가 떨어져 나가고 만들어진 음이온과 염기에서 OH^-가 떨어져 나가면서 만들어진 양이온이 반응하여 염을 만든다.
제5절에 속하는 제2826호부터 제2842호에는 무기산과 반응하여 생성되는 금속의 염 · 암모늄염 · 페록시염에만 적용한다.

60 자세한 내용은 제38류의 주 제3호의 내용을 참고하기 바란다.
61 예를 들어 염산 HCl, 질산 HNO_3, 인산 H_3PO_4, 황산 H_2SO_4 등이 있다.

3) 겹염 또는 착염(Double salt or complex salt) 모두 2종 이상의 염이 결합한 형식의 염을 말한다. 이들은 문맥상 달리 해석되지 않는 한 제5절의 맨 끝 호에 해당하는 제2842호에 분류한다.

6. 제2844호는 다음 각 목의 것에만 적용한다.

가. 테크네튬(원자번호 43)·프로메튬(원자번호 61)·폴로늄(원자번호 84)과 원자번호가 84보다 큰 모든 원소

나. 천연이나 인조의 방사성동위원소[제14부와 제15부의 귀금속이나 비금속(卑金屬)인 것을 포함하며, 함께 혼합한 것인지에 상관없다]

다. 가목과 나목의 원소 또는 동위원소의 무기화합물이나 유기화합물(화학적으로 단일한 것인지 또는 함께 혼합한 것인지에 상관없다)

라. 위의 가목과 나목의 원소·동위원소나 이들의 무기·유기 화합물을 함유하는 합금·분산물[서멧(cermet)을 포함한다]·도자제품과 이들의 혼합물로서 그램당 비방사능(比放射能, specific radioactivity)이 74베크렐(0.002마이크로퀴리)을 초과하는 것[62]

마. 원자로에서 사용[조사(照射)]된 연료요소[카트리지(cartridge)]

바. 방사성 잔재물(사용할 수 있는 것인지에 상관없다)

※ 주 제6호와 제2844호, 제2845호에서 "동위원소"란 다음을 말한다.

- 단일의 핵종(核種)(천연에서 단일 동위원소 상태로 존재하는 것은 제외한다)
- 어느 한 원소의 동위원소들과 해당 원소의 혼합물로서 해당 동위원소의 하나나 몇 개를 농축한 것(천연의 동위원소의 조성을 인위적으로 변성한 것을 말한다)

1) 원자핵 속의 양성자와 중성자는 강한 핵력(核力, nuclear force)에 의하여 결합되어 있으며, 동시에 양성자들은 서로 전기적 반발력을 작용하고 있다. 대부분의 핵자들은 전기적 반발력보다 더 큰 핵력에 의하여 안정한 상태를 유지하고 있다. 그러나 양성자가 아주 많은 원자핵의 경우에는 양성자들 사이의 전기적 반발력이 크고, 핵자의 수가 많으므로 그들 사이의 거리가 멀어져 서로 끌어당기는 핵력은 상대적으로 작아지기 때문에 불안정한 상태가 된다. 질량수가 많은 원자핵들은 불안정하므로 입자나 전자기파를 방출하고 보다 안정한 원자핵이 되려고 한다. 이와 같이 원자핵이 불안정한 원소를 방사성원소라고 하고, 이들이 붕괴될 때 방출하는 입자와 전자기파를 방사선이라고 한다. 이렇게 대부분의 방사성원소는 질량수가 많은, 즉 주기율표상 원자번호가 큰 원자들이다. 테크네튬(원자번호 43)·프로메튬(원자번호 61) 및 폴로늄(원자번호 84) 외에는 원자번호가 84보다 큰 원소들이 방사성원소인 것이다.

2) fissile과 fertile : 중성자와 반응하여 핵분열을 일으킬 수 있는 핵종들은 질량수가 높은 것들로 매우 제한되어 있으며, 이를 통칭하여 핵연료(nuclear fuel) 물질이라 한다. 이 중에서 중성자

62 류주 제6호의 내용상 번역이 명확하지 않아 수정 번역하였다.

를 흡수하면 핵분열이 가능한 핵종들을 핵분열성(fissile) 물질이라 한다. 우라늄-233, 우라늄-235, 플루토늄(Pu)-239, 플루토늄-241 등이 여기에 속하는데, 이들 중 우라늄-235만이 자연계에 존재하고, 나머지는 모두 인공적으로 만들어지는 원소이다.

한편 우라늄-238과 토륨-232 등이 중성자를 흡수하면 핵분열성 물질인 플루토늄-239와 우라늄-233으로 각각 변환될 수 있는데, 이렇게 중성자를 흡수하면 핵분열성 물질로 변환될 수 있는 핵종을 핵원료성(fertile) 물질이라고 한다. 제2844호의 호의 용어에서는 이를 "연료핵친원소"로 표현하고 있는데, 어쨌든 제2844호에서는 fissile 물질뿐만 아니라 fertile 물질까지 분류된다.

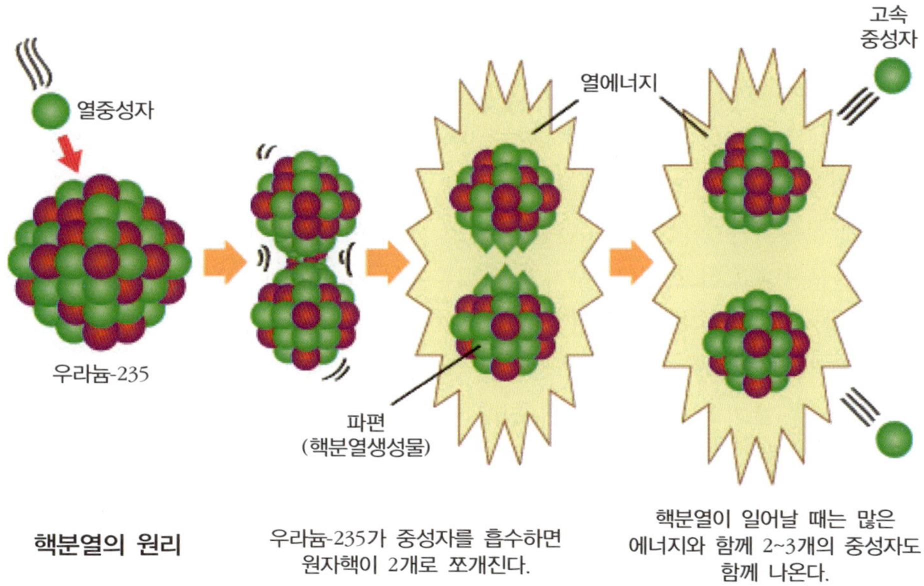

[우라늄-235의 원자핵이 중성자를 흡수하면 2개의 다른 원자핵으로 분열하는 것이 핵분열이라고 한다. 이때 분열하는 원자핵은 전혀 다른 물질로 변화하면서 엄청난 열을 발생하게 되고 동시에 중성자 2~3개가 발생하여 튀어나가 연쇄적인 핵분열반응(chain reaction)을 일으킨다.]

3) 핵종(核種, nuclide)은 양성자와 중성자의 수에 따라 달라지는 원자핵의 종류이다. 핵종을 구분하기 위해서는 원소기호와 함께 질량수를 표기한다. 예로, 23592U와 23892U 같이 양성자의 수는 같고, 중성자의 수가 다른 핵종을 가진 원소를 동위원소라고 한다. 동위원소의 경우 **화학적**인 성질은 거의 같지만, 핵종이 상이하여 질량수가 다르기 때문에 두 동위원소의 **물리적**인 성질은 다르다. 동위원소는 이렇게 원자번호가 같더라도 핵종이 상이한 경우 핵종 각각이 동위원소가 된다는 것이다. 다만 다른 동위원소가 없는 단일동위원소(monoisotopic)의 경우에는 제외된다.

또한 주 제6호와 제2844호 및 제2845호에 있어서의 "동위원소"의 정의에서는 동위원소로서의 각각의 단일 핵종(individual nuclides)뿐만 아니라, 한 종류의 원소(예 : 우라늄)의 동위원소들을 혼합시킨 것으로서 이들 혼합된 동위원소 중에 하나 또는 몇 개의 동위원소들을 농축(enriched)시킨 것도 포함한다.

7. 제2848호에는 인의 함유량이 전 중량의 100분의 15를 초과하는 인화동[인동(燐銅)]을 포함한다.

인동(phosphor copper)은 일정 비율의 인을 포함한 동으로, 인의 비율이 15%를 초과하면 제2848호에 분류하고, 15% 이하면 제74류에 분류된다.

8. 전자공업에 사용하기 위하여 도프처리한(doped) 화학원소(예 : 규소와 셀렌)로서 인상가공하지 않은(unworked as drawn) 모양·실린더 모양·막대(rod) 모양은 이 류로 분류한다. 다만, 디스크·웨이퍼나 이와 유사한 모양으로 절단한 것은 제3818호로 분류한다.

1) 여기서 "도프처리"라 함은 불순물을 바라는 양만큼 첨가시키는 것을 말한다. 즉 도핑(doping)이란 반도체를 제작하는 과정에서 원하는 전기적 특성을 얻기 위해서 순수한 실리콘 등에 불순물을 첨가하여 결정화하는 과정을 말한다.

2) 제28류에 분류되는 화학적으로 단일한 원소 및 화합물에 있어서 불순물을 함유한 것인지의 여부를 불문한다고 하고 있다. 하지만 제28류에서 허용하는 불순물은 단일화합물의 제조공정(정제 포함)에서 단독적이고 직접적인 결과로 나타난 물질에 대해서만 적용한다. 이러한 물질은 공정에 관련된 요인에 의한 결과이며, 주요한 것으로는 다음과 같다. ① 변환되지 않은 초기의 원료, ② 초기의 원료에 기포함되어 있는 불순물, ③ 제조공정(정제 포함) 중에 사용된 시약, ④ 부산물.

그러나 이러한 물질을 **일반적인 용도**보다는 특별히 **특정한 용도**에 더 적합하도록 해당 물품에 의도적으로 남겨놓은 경우에 이들은 불순물로 간주되지 않는다. 따라서 전자공업에 사용하기 위하여 도프처리한 화학원소의 경우에는 제28류의 일반적인 불순물에 관한 규정에 대한 예외이다. 도프처리란 의도적인 불순물의 첨가이므로 원칙적으로 제28류에서 제외되어야 하나, 예외적인 별도규정으로 제28류에 분류하도록 하고 있는 것이다.

3) 규소나 셀렌 등의 화학원소는 보통 인상법(引上法, pulling method)에 의해 순수한 단결정(單結晶)으로 만든다. 이렇게 인상된 상태 그대로의 것과 실린더 모양으로 한 것, 그리고 봉상으로 한 것은 제28류(규소의 경우 제2804호)에 분류된다. 그러나 추가가공으로 얻는 디스크·웨이퍼 또는 이와 유사한 형상으로 **절단한 것**은 제3818호에 분류한다.

[인상된 실리콘(규소) boule]

소호주

1. 소호 제2852.10호에서 "화학적으로 단일한 것"이란 제28류 주 제1호의 가목부터 마목까지나 제29류 주 제1호 가목부터 아목까지의 요건을 충족하는 모든 유기나 무기의 수은화합물을 말한다.

HSK				품명	Description
2852				무기나 유기의 수은화합물[화학적으로 단일한 것인지에 상관없으며 아말감(amalgam)은 제외한다]	Inorganic or organic compounds of mercury, whether or not chemically defined, excluding amalgams.
	10			**화학적으로 단일한 것**	**Chemically defined**
		10	00	소호 제2825.90호, 제2827.39호, 제2827.49호, 제2827.60호, 제2830.90호, 제2833.29호, 제2834.29호, 제2835.39호, 제2837.19호, 제2837.20호, 제2841.50호, 제2842.10호, 제2842.90호, 제2843.90호, 제2848.00호, 제2849.90호, 제2850.00호, 제2853.00호의 것	Of subheading 2825.90, 2827.39, 2827.49, 2827.60, 2830.90, 2833.29, 2834.29, 2835.39, 2837.19, 2837.20, 2841.50, 2842.10, 2842.90, 2843.90, 2848.00, 2849.90, 2850.00 or 2853.00
		20	00	제2931호의 것, 소호 제2918.11호, 제2932.99호, 제2934.99.9090호, 제3201.90.2000호, 제3201.90.4000호, 제3206.50호, 제3707.90호, 제3822.00.1091호, 제3822.00.2091호의 것	Of heading 2931, Of subheading 2918.11, 2932.99, 2934.99.9090, 3201.90.2000, 3201.90.4000, 3206.50, 3707.90, 3822.00.1091 or 3822.00.2091
		30	00	제2934.99.2000호, 제3822.00.1092호, 제3822.00.2092호의 것	Of subheading 2934.99.2000, 3822.00.1092 or 3822.00.2092
		40	00	소호 제3502.90호, 제3504.00호의 것	Of subheading 3502.90 or 3504.00
		50	00	제3822.00.101호, 제3822.00.102호, 제3822.00.1093호, 제3822.00.201호, 제3822.00.202호, 제3822.00.2093호의 것	Of subheading 3822.00.101, 3822.00.102, 3822.00.1093, 3822.00.201, 3822.00.202 or 3822.00.2093
		60	00	제3822.00.1099호, 제3822.00.2099호의 것	Of subheading 3822.00.1099 or 3822.00.2099
	90			기타	"이하 생략"

1) **제2852호** : 무기나 유기의 수은화합물[화학적으로 단일한 것인지에 상관없으며 아말감(amalgam)은 제외한다]

2) 수은은 다른 유기 또는 무기물질과 결합하여 유기화합물 또는 무기화합물을 만든다. 이들 중에는 맹독성인 것들이 많아 관리에 주의를 요한다. 제6부의 주 제1호에서도 이러한 수은화합물을 방사성원소 등과 함께 우선 분류대상 중 하나로 따로 구분한 것도 이와 같은 맥락이다. 제2852.10호에는 화학적으로 단일한 유기 또는 무기의 수은화합물이 분류되는데, 여기서 화

학적으로 단일하다 함은 제28류와 제29류의 화학적으로 단일한 무기 또는 유기화학품의 정의 범주 내용을 만족해야 함을 말하고 있다.

3) 수은 자체는 상온에서 액체인 유일한 금속으로 제2805호에 분류되고, 아말감은 제2853호에 분류된다. 아말감(amalgam)이란 수은과 다른 금속의 합금을 말하는데, 이는 성질이 매우 연해서 세공하기 쉽다. 일반적인 아말감은 제2853호에 분류되나, 수은과 귀금속의 합금인 귀금속의 아말감은 제2843호에 분류한다. 또한 아말감을 제외한 수은의 무기 또는 유기화합물은 제2852호에 분류한다.

◉ 총설

문맥상 따로 규정한 경우를 제외하고는, 제28류는 화학적으로 단일인 원소와 화합물에 국한된다. 화학적으로 단일인 화합물이란 그 조성이 원소들의 상수비로 규정되며, 일정한 구조식(definitive structural diagram)으로 표현될 수 있는, 공유결합에 의한 분자 또는 이온결합에 의한 분자와 같은 하나의 분자의 종류(molecular species)로 구성된 물질을 말한다. 결정구조를 가진 물질의 결정격자(crystal lattice)에서는, 분자의 종류는 반복되는 단위격자(unit cell)에 해당한다.

Chapter 29

제29류 유기화학품

호	호의 용어
	제1절 탄화수소와 이들의 할로겐화유도체 · 술폰화유도체 · 니트로화유도체 · 니트로소화유도체
2901	비환식탄화수소
2902	환식탄화수소
2903	탄화수소의 할로겐화 유도체
2904	탄화수소의 술폰화유도체 · 니트로화유도체나 니트로소화유도체(할로겐화된 것인지에 상관없다)
	제2절 알코올과 이들의 할로겐화유도체 · 술폰화유도체 · 니트로화유도체 · 니트로소화유도체
2905	비환식알코올과 이들의 할로겐화유도체 · 술폰화유도체 · 니트로화유도체 · 니트로소화유도체
2906	환식알코올과 이들의 할로겐화유도체 · 술폰화유도체 · 니트로화유도체 · 니트로소화유도체
	제3절 페놀 · 페놀알코올과 이들의 할로겐화유도체 · 술폰화유도체 · 니트로화유도체 · 니트로소화유도체
2907	페놀과 페놀알코올
2908	페놀이나 페놀알코올의 할로겐화유도체 · 술폰화유도체 · 니트로화유도체 · 니트로소화유도체
	제4절 에테르 · 과산화알코올 · 과산화에테르 · 과산화케톤 · 3원고리의 에폭시드 · 아세탈 · 헤미아세탈과 이들의 할로겐화유도체 · 술폰화유도체 · 니트로화유도체 · 니트로소화유도체
2909	에테르 · 에테르알코올 · 에테르페놀 · 에테르알코올페놀 · 과산화알코올 · 과산화에테르 · 과산화케톤(화학적으로 단일한 것인지에 상관없다)과 이들의 할로겐화유도체 · 술폰화유도체 · 니트로화유도체 · 니트로소화유도체
2910	3원고리의 에폭시드 · 에폭시알코올 · 에폭시페놀 · 에폭시에테르와 이들의 할로겐화유도체 · 술폰화유도체 · 니트로화유도체 · 니트로소화유도체
2911	아세탈 · 헤미아세탈(그 밖의 산소관능 결합을 한 것인지에 상관없다)과 이들의 할로겐화유도체 · 술폰화유도체 · 니트로화유도체 · 니트로소화유도체
	제5절 알데히드관능화합물
2912	알데히드(그 밖의 산소관능 결합을 한 것인지에 상관없다), 알데히드의 환식중합체, 파라포름알데히드
2913	제2912호의 물품의 할로겐화유도체 · 술폰화유도체 · 니트로화유도체 · 니트로소화유도체
	제6절 케톤관능화합물과 퀴논관능화합물
2914	케톤 · 퀴논(그 밖의 산소관능 결합을 한 것인지에 상관없다)과 이들의 할로겐화유도체 · 술폰화유도체 · 니트로화유도체 · 니트로소화유도체
	제7절 카르복시산과 이들의 무수물(無水物) · 할로겐화물 · 과산화물 · 과산화산, 이들의 할로겐화유도체 · 술폰화유도체 · 니트로화유도체 · 니트로소화유도체
2915	포화비환식모노카르복시산과 이들의 무수물(無水物) · 할로겐화물 · 과산화물 · 과산화산, 이들의 할로겐화유도체 · 술폰화유도체 · 니트로화유도체 · 니트로소화유도체
2916	불포화비환식모노카르복시산 · 환식모노카르복시산과 이들의 무수물(無水物) · 할로겐화물 · 과산화물 · 과산화산, 이들의 할로겐화유도체 · 술폰화유도체 · 니트로화유도체 · 니트로소화유도체

2917	폴리카르복시산과 이들의 무수물(無水物)·할로겐화물·과산화물·과산화산, 이들의 할로겐화유도체·술폰화유도체·니트로화유도체·니트로소화유도체
2918	추가 산소관능을 갖는 카르복시산과 이들의 무수물(無水物)·할로겐화물·과산화물·과산화산, 이들의 할로겐유도체·술폰화유도체·니트로화유도체·니트로소화유도체
	제8절 비(非)금속 무기산의 에스테르와 이들의 염, 이들의 할로겐화유도체·술폰화유도체·니트로화유도체·니트로소화유도체
2919	인산에스테르와 이들의 염(락토포스페이트를 포함한다), 이들의 할로겐화유도체·술폰화유도체·니트로화유도체·니트로소화유도체
2920	그 밖의 비(非)금속 무기산의 에스테르(할로겐화수소의 에스테르는 제외한다)와 이들의 염, 이들의 할로겐화유도체·술폰화유도체·니트로화유도체·니트로소화유도체
	제9절 질소관능화합물
2921	아민관능화합물
2922	산소관능아미노화합물
2923	제4암모늄염과 수산화 제4암모늄, 레시틴과 그 밖의 포스포아미노리피드(화학적으로 단일한 것인지에 상관없다)
2924	카르복시 아미드관능화합물, 탄산의 아미드관능화합물
2925	카르복시이미드 관능화합물(사카린과 그 염을 포함한다)과 이민관능화합물
2926	니트릴관능화합물
2927	디아조화합물·아조화합물·아족시화합물
2928	히드라진·히드록실아민의 유기 유도체
2929	그 밖의 질소관능화합물
	제10절 유기-무기화합물·헤테로고리화합물·핵산과 이들의 염, 술폰아미드
2930	유기-황화합물
2931	그 밖의 유기-무기화합물
2932	산소헤테로고리 화합물
2933	질소헤테로고리 화합물
2934	핵산과 이들의 염(화학적으로 단일한 것인지에 상관없다), 그 밖의 헤테로고리 화합물
2935	술폰아미드
	제11절 프로비타민·비타민·호르몬
2936	프로비타민과 비타민(천연의 것과 이와 동일한 구조를 가지는 합성의 것으로 한정하며, 천연의 프로비타민 농축물과 비타민 농축물을 포함한다), 이들의 유도체로서 주로 비타민으로 사용하는 것과 이들의 상호혼합물(용매에 용해하였는지에 상관없다)
2937	호르몬·프로스타글란딘·트롬복산·류코트리엔(천연의 것과 이와 동일한 구조를 가지는 합성의 것으로 한정한다), 이들의 유도체와 이와 유사한 구조를 가지는 것으로서 주로 호르몬으로 사용되는 것(변성된 폴리펩타이드 체인을 가진 것을 포함한다)
	제12절 글리코시드와 식물 알칼로이드(천연의 것과 이와 동일한 구조를 가지는 합성의 것으로 한정한다), 이들의 염·에테르·에스테르·그 밖의 유도체
2938	글리코시드(천연의 것과 이와 동일한 구조를 가지는 합성의 것으로 한정한다), 이들의 염·에테르·에스테르·그 밖의 유도체

2939	식물 알칼로이드(천연의 것과 이와 동일한 구조를 가지는 합성의 것으로 한정한다), 이들의 염 · 에테르 · 에스테르 · 그 밖의 유도체
	제13절 그 밖의 유기화합물
2940	당류(화학적으로 순수한 것으로 한정하며, 자당 · 유당 · 맥아당 · 포도당 · 과당은 제외한다), 당에테르 · 당아세탈 · 당에스테르와 이들의 염(제2937호 · 제2938호 · 제2939호의 물품은 제외한다)
2941	항생물질
2942	그 밖의 유기화합물

◉ 류주

1. 이 류의 각 호는 문맥상 달리 해석되지 않는 한 다음 각 목의 것에만 적용한다.
   가. 화학적으로 단일한 유기화합물(불순물을 함유한 것인지에 상관없다)
   나. 같은 유기화합물의 둘 이상의 이성체의 혼합물[불순물을 함유한 것인지에 상관없다. 다만, 포화나 불포화의 비환식 탄화수소에서는 입체 이성체(立體異性體) 외의 이성체의 혼합물(제27류)은 제외한다]
   다. 제2936호부터 제2939호까지의 물품, 제2940호의 당에테르 · 당아세탈 · 당에스테르와 이들의 염이나 제2941호의 물품(화학적으로 단일한 것인지에 상관없다)
   라. 가목 · 나목 · 다목의 물품이 물에 용해된 것
   마. 가목 · 나목 · 다목의 물품이 물 외의 용매에 용해된 것(그러한 용해가 안전이나 수송을 위해서만 통상 필요한 수단인 경우로 한정하고, 그 용매로 인하여 해당 물품이 일반적 용도가 아니라 특정 용도에 특별히 더 적합하게 되는 것은 제외한다)
   바. 가목 · 나목 · 다목 · 라목 · 마목의 물품으로서 보존이나 수송을 하기 위하여 안정제[고결(固結)방지제를 포함한다]를 첨가한 것
   사. 가목 · 나목 · 다목 · 라목 · 마목 · 바목의 물품에 그 물품의 식별이나 안전을 위하여 항분제(抗粉劑) · 착색제 · 방향성(芳香性) 물질을 첨가한 것(그러한 첨가로 인하여 해당 물품이 일반적 용도가 아니라 특정 용도에 특별히 더 적합하게 되는 것은 제외한다)
   아. 아조(azo)염료의 제조를 위하여 표준농도로 희석한 물품[디아조늄염과 그 염에 사용하는 커플러(coupler)와 디아조화할 수 있는 아민과 그 염으로 한정한다]

1) 나목 : 이성체(異性體, isomer) 또는 이성질체란 분자식은 같으나 분자 내에 있는 구성원자의 연결방식이나 공간배열이 서로 달라 물리화학적으로 서로 다른 물질을 말한다. 크게 구조이성질체와 입체이성질체로 분류된다.
구조이성질체란 분자식은 동일하나 분자 내의 구성원자들의 연결방식이 서로 다른 화합물을 말한다. 예로

분자식 : $C_2H_2Cl_2$

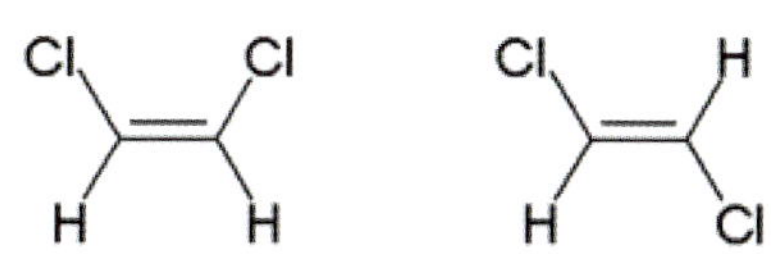

I　　II

[입체이성체. 디클로로에텐(Dichloroethene)]

부탄와 메틸프로판(이소부탄)은 둘 다 C_4H_{10}으로 분자식은 동일하지만 서로 다른 물질이다. 이들을 각각 구조식으로 나타내면 부탄은 $H_3C-CH_2-CH_2-CH_3$로 표현되고, 메틸프로판은 $H_3C-CH(CH_3)-CH_3$로 표현된다.

한편 입체이성질체는 분자 내 원자의 공간배열이 달라짐에 따라 생기는 이성질체를 말한다. 그림을 보면 분자식이 $C_2H_2Cl_2$로 동일하지만, 탄소와 결합한 염소 및 수소의 위치에 따라 서로 다른 화합물이 된다.

제29류에서는 이렇게 구조적으로나 입체적으로 다른 이성체라도 같은 분자식을 가진 유기화합물을 혼합한 것은 제29류에 분류하도록 하고 있다.

2) **다목** : 화학적으로 단일한지 여부를 불문하고 제29류에 분류하도록 하고 있는 또 다른 그룹에 대해 주의 다목에서 설명하고 있다. 즉 제2936호~제2939호의 물품 또는 제2940호의 당에테르·당아세탈·당에스테르 및 이들의 염 또는 제2941호의 물품[63]은 화학적으로 단일한지 여부를 불문하고 제29류에 분류된다.

3) **아목** : 아조염료는 분자 내에 발색단(發色團)으로서 아조기(基) $-N=N-$를 가지는 염료를 말한다. 아조염료는 보통 옆의 그림과 같은 방향족 1차아민(R^1은 **방향족** 탄화수소)으로부터 공정을 통해 만들어지는데, 먼저 방향족 1차아민에 아질산(HNO_2)을 작용시켜 디아조늄염을 만들고(디아조화 반응), 이것과 방향족 아민 또는 페놀류를 결합시키면(커플링 반응) 아조염료의 기본 원료로 사용할 수 있는 아조화합물이 생성된다. 제29류에는 디아조화할 수 있는 아민과 그 염, 디아조늄염 및 디아조늄염과 반응하여 아조화합물을 만드는 커플러로서, 아조염료의 제조를 위하여 표준농도로 희석한 물품을 분

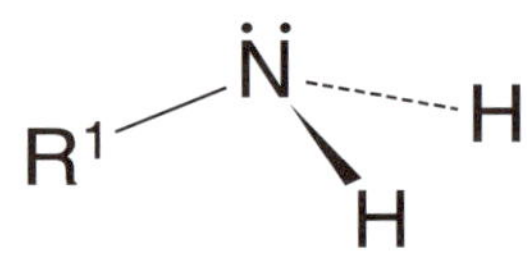

[방향족 1차아민. 암모니아 NH_3에서 하나의 H를 방향족 탄화수소기(R^1)로 치환시켰다.]

아질산

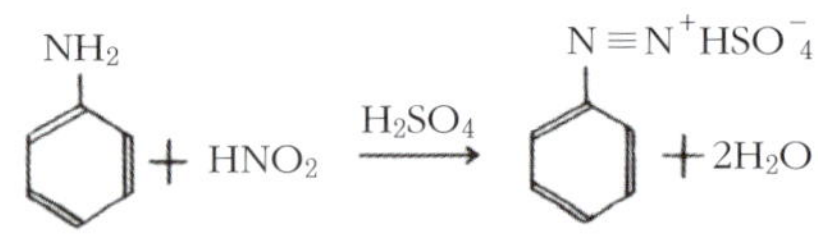

[디아조늄염의 생성. 방향족 1차아민과 아질산(HNO_2)을 반응시켜 디아조늄염과 물이 생성되었다.]

---

63 **제2936호** : 프로비타민과 비타민(천연의 것과 이와 동일한 구조를 가지는 합성의 것에 한하며, 천연의 프로비타민 농축물과 비타민 농축물을 포함한다) 및 이들의 유도체로서 주로 비타민으로 사용하는 것과 이들의 상호 혼합물(용매에 용해한 것인지의 여부를 불문한다)

제2937호 : 호르몬, 프로스타글란딘, 트롬복산 및 류코트리엔(천연의 것과 이와 동일한 구조를 가지는 합성의 것에 한한다), 그들의 유도체 및 이와 유사한 구조를 가지는 것으로서 주로 호르몬으로 사용되는 것(변성된 폴리펩티드 체인을 가진 것을 포함한다)

제2938호 : 글리코시드(천연의 것과 이와 동일한 구조를 가지는 합성의 것에 한한다) 및 그들의 염·에테르·에스테르와 기타 유도체

제2939호 : 식물 알칼로이드(천연의 것과 이와 동일한 구조를 가지는 합성의 것에 한한다) 및 그들의 염·에테르·에스테르와 기타 유도체

제2940호 : 당류(화학적으로 순수한 것에 한하며, 자당·유당·맥아당·포도당 및 과당을 제외한다)와 당에테르·당아세탈·당에스테르 및 그들의 염(제2937호·제2938호 및 제2939호의 물품을 제외한다). 이 중에 제29류에 분류되는 것은 당에테르·당아세탈·당에스테르 및 이들의 염에 한한다.

제2941호 : 항생물질

류한다.

이들 물질에 대해 표준농도로 희석[64]한다는 것은 다른 용매에 용해시킨다는 것인데, 위의 마목에서는 "그러한 용해가 안전이나 수송을 위해서만 통상 필요한 수단인 경우로 한정하고, 그 용매로 인하여 해당 물품이 일반적 용도가 아니라 특정 용도에 특별히 더 적합하게 되는 것은 제외한다"고 규정하고 있는 바, 이러한 규정에 대한 예외로서 본 주를 설치한 것이다.

2. 이 류에서 다음 각 목의 것은 제외한다.
   가. 제1504호의 물품이나 제1520호의 가공하지 않은 글리세롤(글리세린)
   나. 에틸알코올(제2207호나 제2208호)
   다. 메탄이나 프로판(제2711호)
   라. 제28류의 주 제2호의 탄소화합물
   마. 제3002호의 면역물품
   바. 요소(제3102호나 제3105호)
   사. 식물성·동물성 착색제(제3203호), 합성 유기착색제, 합성 유기형광증백제, 합성 유기루미노퍼(제3204호), 소매용 모양이나 포장을 한 염료와 그 밖의 착색제(제3212호)
   아. 효소(제3507호)
   자. 메타알데히드·헥사메틸렌테트라민과 이와 유사한 물질을 둥글넓적한(tablet) 모양·막대(stick) 모양이나 이와 유사한 모양으로 한 연료, 흡연용 라이터나 이와 유사한 라이터 충전용 용기(용량이 300세제곱센티미터 이하인 것으로 한정한다)에 넣은 액체연료와 액화가스연료(제3606호)
   차. 제3813호의 소화기용 장전물과 소화탄에 넣은 소화제, 제3824호의 소매용기에 넣은 잉크제거제
   카. 광학용품[예 : 주석산에틸렌디아민(제9001호)]

주 제2호의 리스트에는 일부를 제외하고 화학적으로 단일한 유기화합물이면서도 제29류에서 제외되는 물품들을 열거하였다. 이들을 구분해 보면 다른 류에 명시적으로 분류됨을 이유로 항상 제29류에서 제외되는 물품이 있는가 하면, 특정 형상으로 하거나, 화학구조가 변하지 않는 특정 처리를 한 물품 중에 제29류에서 제외하는 물품이 있다.

3. 이 류에서 둘 이상의 호에 해당하는 물품은 그 해당 호 중 가장 마지막 호로 분류한다.

제29류에 속하는 2개 이상의 호에 동시에 해당되는 물품의 분류는 마지막 호 분류규정을 적용한다. 예로 아스코르브산은 락톤(제2932호) 또는 비타민(제2936호)으로 분류될 수 있으나 제2936호에 분류한다. 알릴에스트레놀은 환식알코올(제2906호)이면서 호르몬(제2937호)으로 주로 사용되

64 예로 디아조늄염에 황산나트륨과 같은 중성염을 첨가하는 등의 방법을 사용한다.

는데, 이는 제2937호에 분류한다. 그러나 당류(제2940호)이면서 호르몬(제2937호), 글리코시드(제2938호) 및 식물알칼로이드(제2939호)인 물질은 제2940호에 분류되지 않고 제2937호 등에 분류한다(제2940호 총설 참조).

4. 제2904호부터 제2906호까지, 제2908호부터 제2911호까지, 제2913호부터 제2920호까지의 할로겐화유도체·술폰화유도체·니트로화유도체·니트로소화유도체에는 술포할로겐화유도체·니트로할로겐화유도체·니트로술폰화유도체·니트로술포할로겐화유도체를 포함한다. 니트로나 니트로소기는 제2929호에서의 질소관능기가 아닌 것으로 본다.
제2911호, 제2912호, 제2914호, 제2918호, 제2922호에서 "산소관능"이란 제2905호부터 제2920호까지에서 열거한 관능(특성 유기산소를 함유하는 것)을 말한다.

1) 제2904호~제2906호, 제2908호~제2911호와 제2913호~제2920호의 할로겐화유도체·술폰화유도체·니트로화유도체 또는 니트로소화유도체에는 이들의 복합유도체, 즉 술포할로겐화유도체·니트로할로겐화유도체·니트로술폰화유도체 및 니트로술포할로겐화유도체를 포함한다.
할로겐화유도체·술폰화유도체·니트로화유도체 및 니트로소화유도체는 어미 화합물의 수소원자 한 개 이상을 한 개 이상의 할로겐·술포(−SO_3H)·니트로(−NO_2)·니트로소(−NO)기나 이들의 복합물로 치환함으로써 형성된다. 여기서 니트로 또는 니트로소기는 제2929호(그 밖의 질소관능화합물)에 있어서의 질소관능기가 아닌 것으로 본다.
2) 제2911호·제2912호·제2914호·제2918호 및 제2922호에는 산소관능(oxygen−function)이란 용어가 호의 용어로 사용되고 있다. 이러한 산소관능은 제2905호~제2920호에 열거한 관능, 즉 특성 유기산소(characteristic organic oxygen)를 함유하는 것을 말한다.

5. 가. 제1절부터 제7절까지의 산관능유기화합물과 이들 절의 유기화합물과의 에스테르는 이를 구성하는 산관능유기화합물이나 유기화합물의 해당 호 중 가장 마지막 호로 분류한다.
나. 에틸알코올과 제1절부터 제7절까지의 산관능유기화합물과의 에스테르는 이를 구성하는 산관능유기화합물의 해당 호로 분류한다.
다. 다음에 열거한 염은 제6부의 주 제1호와 제28류의 주 제2호의 물품을 제외하고는, 각각 다음 규정에 따른다.
(1) 제1절부터 제10절까지나 제2942호의 산관능·페놀관능·에놀관능의 화합물이나 유기염기와 같은 유기화합물의 무기염은 이를 구성하는 산관능·페놀관능·에놀관능화합물이나 유기염기의 해당 호로 분류한다.
(2) 제1절부터 제10절까지나 제2942호의 유기화합물 상호 간에 형성된 염은 이 류의 마지막 호로 분류하지 않으며, 그 염이 형성된 염기나 산(페놀관능화합물이나 에놀관능화합물을 포함한다)이 해당하는 호 중 가장 마지막 호로 분류한다.
(3) 배위화합물(제11절이나 제2941호의 물품은 제외한다)은 금속−탄소결합을 제외한 모든

금속결합의 "분리"에 의하여 형성된 조각이 분류될 수 있는 제29류 내의 호 중에서 그 순서상 가장 마지막 호로 분류한다.

라. 금속 알코올레이트는 이를 구성하는 알코올의 해당 호로 분류한다. 다만, 에탄올의 경우는 그렇지 않다(제2905호).

마. 카르복시산의 할로겐화물은 이를 구성하는 카르복시산의 해당 호로 분류한다.

1) **가목** : 일반적으로 에스테르(ester)는 알코올 또는 페놀이 유기산(有機酸) 또는 무기산(無機酸)과 반응하여 물을 잃고 축합하여 생긴 화합물을 말한다. 이러한 에스테르의 분류에 있어서는 에스테르를 구성하는 산관능유기화합물이나 유기화합물의 해당 호 중 **가장 마지막 호**로 분류한다. 몇 가지 예를 보면 다음과 같다.

   ① **초산디에틸렌글리콜** : 제2909호의 디에틸렌글리콜과 제2915호의 초산과의 반응에 의하여 생성된 에스테르-가장 마지막 호인 제2915호에 분류한다.

   ② **술폰산메틸벤젠** : 제2904호의 술폰산벤젠과 제2905호의 메틸알코올과의 반응에서 생성된 에스테르-제2905호

   ③ **수소프탈산 부틸** : 폴리카르복시산에서 한 개의 산기(COOH) 의 수소가 치환된 에스테르-제2917호

   ④ **글리콜산부틸프탈릴부틸** : 제2905호의 부틸알코올 · 제2917호의 프탈산과 제2918호의 글리콜산과의 반응에 의하여 생성된 에스테르-제2918호

2) **나목** : 그러나 제29류에 분류되는 에스테르라 하더라도, 산관능유기화합물이 에틸알코올과 반응하여 생성된 에스테르는 이를 구성하는 산관능유기화합물이나 유기화합물의 해당 호 중 가장 마지막 호로 분류하지 않고 에스테르를 구성하는 산관능유기화합물의 해당 호로 분류한다. 예로 에틸알코올과 제2915호의 초산과의 반응에 의하여 생성된 에스테르인 초산에틸은 제2915호에 분류된다. 이렇게 분류하는 이유는 에틸알코올이 제29류가 아닌 제22류에 분류되기 때문이다.

3) **다목의 (1)** : 본 주의 다목은 염(salt)[65]에 관한 것이다. 염도 둘 이상의 물질이 결합하여 생산된 화합물이므로, 이들 중 어떤 물질을 중심으로 분류해야 하는지 정해야 한다.

   제1절부터 제10절까지의 물품과 제2942호(그 밖의 유기화합물)의 산관능 · 페놀관능 · 에놀관능의 화합물이나 유기염기와 같은 유기화합물의 **무기염(inorganic salts)**은 이를 구성하는 산관능 · 페놀관능 · 에놀관능화합물이나 유기염기의 해당 호로 분류한다.

   본 주에서 규정하는 제29류에 분류되는 무기염이 생성되는 경우는 두 가지로 나누어 볼 수 있다. 즉 산관능 · 페놀관능 · 에놀관능의 유기화합물과 무기염기의 반응, 또는 무기산과 유기염기

65 염은 산과 염기가 반응을 일으킬 때 물과 함께 생성되는 물질로서, 산의 음이온과 염기의 양이온으로 만들어지는 화합물이다. 산과 염기가 만나면 산의 H^+와 염기의 OH^-가 반응하면서 물을 만든다. 이때 산에서 H^+가 떨어져 나가고 만들어진 음이온과, 염기에서 OH^-가 떨어져 나가면서 만들어진 양이온이 반응하여 염을 만든다.

의 반응으로 인한 염이다. 유기화합물의 무기염(inorganic salts)은 이를 구성하는 산관능·페놀관능·에놀관능화합물이나 유기염기의 해당 호로 분류한다. 예를 들면 다음과 같다.

① **산관능·페놀관능·에놀관능의 유기화합물과 무기염기의 반응의 예** : 수산화나트륨과 제2918호의 메톡시벤조산과의 반응에 의하여 생성된 염인 메톡시벤조산나트륨은 제2918호에 분류된다.

② **무기산과 유기염기의 반응** : 제2806호의 염산과 제2921호의 디에틸아민과의 반응에 의하여 생성된 염인 염화디에틸아민은 제2921호에 분류된다.

4) **다목의 (2)** : 제1절부터 제10절까지의 물품과 제2942호의 유기화합물 상호 간에 형성된 염은 이 류의 마지막 호로 분류하지 않고, 그 염이 형성된 염기나 산(페놀관능화합물이나 에놀관능화합물을 포함한다)이 해당하는 호 중 가장 마지막 호로 분류한다. 예를 들면 다음과 같다.

① 제2921호의 아닐린과 제2915호의 초산과의 반응에 의하여 생성된 염인 초산아닐린은 제2921호에 분류된다.

② 제2918호의 페녹시초산과 제2921호의 메틸아민과의 반응에 의하여 생성된 염인 페녹시초산메틸아민은 제2921호에 분류된다.

5) **다목의 (3)** : 제11절의 "프로비타민·비타민·호르몬"과 제2941호의 "항생물질"을 제외하고, 배위화합물(co-ordination compounds)은 금속-탄소결합을 제외한 모든 금속결합의 "분리"에 의하여 형성된 조각(fragments formed by "cleaving" of all metal bonds)이 분류될 수 있는 제29류 내의 호 중에서 그 순서상 가장 마지막 호로 분류한다.

금속배위화합물은 금속이 한 개 또는 그 이상의 리간드로부터 제공되는 몇 개의 원자들(일반적으로 2~9개의 원자들)과 결합하는 모든 유형을 포함한다.

예로 콜린산철(ferrocholinate)은 콜린(choline)과 시트르산(구연산, 제2918호)이라는 조각으로 분리될 수 있는데, 이 배위화합물은 콜린이 분류되는 제2923호에 분류한다.

※ 다목에 열거한 염에 대한 분류원칙은 제6부의 주 제1호와 제28류의 주 제2호의 물품에 대해서는 적용하지 않는다.

6) **라목** : 금속 알코올레이트(metal alcoholates)는 이를 구성하는 알코올의 해당 호로 분류한다. 금속 알코올레이트란 알코올에서 OH기의 수소가 금속으로 치환되어 염이 된 화합물의 총칭이다. 다만, 에탄올의 경우는 예외로, 에탄올의 금속 알코올레이트는 제2905호[66]에 분류된다. 에탄올(에틸알코올)은 제22류에 분류되는데, 에탄올의 금속 알코올레이트가 알코올의 해당 호인 제22류에 분류되는 것이 아닌 제2905호에 분류된다는 것이다.

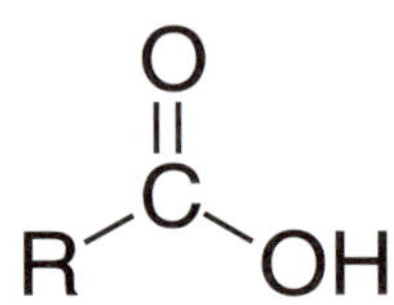

[카르복시산. R은 탄화수소기이다.]

7) **마목** : 카르복시산의 할로겐화물은 이를 구성하는 카르복시산의 해당 호로 분류한다. **카르복시**

66 제2905호 : 비환식알코올과 이들의 할로겐화유도체·술폰화유도체·니트로화유도체·니트로소화유도체

산(carboxylic acid)이란 카르복실기 −COOH를 가진 유기화합물로, RCOOH로 표시하는 화합물(R은 탄화수소기)의 총칭이다. 또한 **할로겐화물**은 할로겐(halogen)과 결합하여 생성된 물질을 말하는데, 할로겐원소는 플루오르(F), 염소(Cl), 브롬(Br), 요오드(I) 및 아스타틴(At), 총 5개의 원소를 말한다. 이들 원소의 명칭에 따라 할로겐화물을 플루오르화물, 염화물, 브롬화물 등으로 부른다.

카르복시산의 할로겐화물은 이를 구성하는 카르복시산의 해당 호로 분류한다. 예로 카르복시산인 이소부틸산의 염화물인 염화이소부티릴은 이소부틸산과 같이 제2915호에 분류된다.

6. 제2930호와 제2931호의 화합물은 그 분자 중에서 수소·산소·질소 원자뿐만 아니라 황, 비소, 납, 그 밖의 비(非)금속이나 금속원자가 탄소원자와 직접 결합하고 있는 유기화합물로 한정한다.
제2930호(유기−황화합물)와 제2931호(그 밖의 유기−무기화합물)에는 탄소원자와 직접 결합하고 있는 원자가 수소·산소·질소 외의 술폰화유도체나 할로겐화유도체(이들의 복합유도체를 포함한다)의 특성을 가지는 황이나 할로겐만의 것은 제외한다.

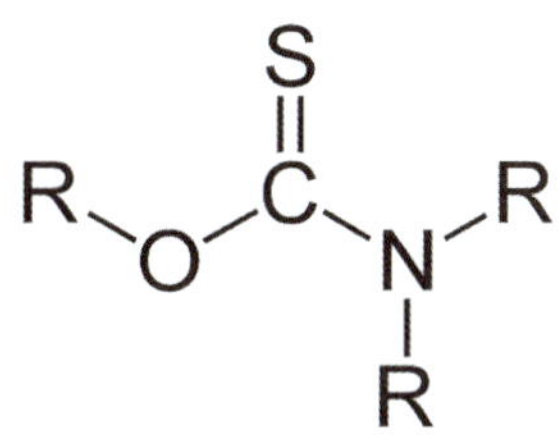

[thiocarbamates는 탄소와 황이 직접 결합하고 있는 유기−황화합물로, 제2930호에 분류된다.]

1) 제2930호와 제2931호의 화합물은 탄소원자를 함유한 유기화합물과 일반적으로 결합하는 수소·산소·질소원자뿐만 아니라, 황(S)·비소(As)·납(Pb)과 같은 무기물(無機物)로서의 비금속(非金屬)이나 금속원자가 유기화합물의 **탄소원자와 직접 결합**하고 있는 화합물, 즉 유기−무기화합물이 분류된다.

2) 다만 제2930호(유기−황화합물)와 제2931호(그 밖의 유기−무기화합물)에는 수소·산소·질소 외에, 황이나 할로겐원자들이 탄소원자와 직접 결합하고 있는 술폰화유도체나 할로겐화유도체(이들의 복합유도체를 포함한다)로서, 당해 화합물이 황이나 할로겐과 결합되었다라기보다는 술폰화유도체나 할로겐화유도체로서의 특성을 가진 경우에는 제2930호나 제2931호로부터 제외한다.

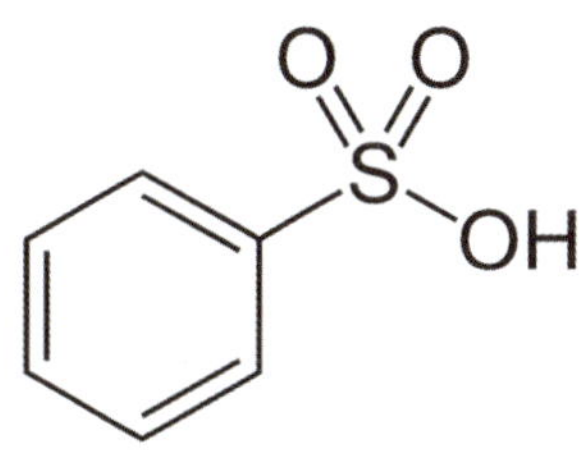

[벤젠술폰산. 술폰화유도체의 하나로 탄소 6개의 벤젠고리에 술폰기가 결합되어 있다. 이는 황이 탄소와 직접 결합하고 있다 하더라도 제2930호에 분류하지 않고 제2904호에 분류된다.]

술폰화유도체(sulphonated derivatives)란 탄화수소에 있어서 한 개 이상의 수소원자가 술폰기(−SO3H)로 치환된 것으로서 이들은 일반적으로 술폰산으로 불려진다. 술폰기에는 황(S)원자가 있는데, 술폰화유도체에서 황이 직접 탄소원자와 결합되어 있다 하더라도 이는 황원자 단독이 아닌 술폰기가 결합된 술폰화유도체이므로 제2930호의 유기−황화합물로 보지 않고 제2904호의 탄화수소의 술폰화유도체로 본다.

7. 제2932호·제2933호·제2934호에서는 3원고리의 에폭시드, 과산화케톤, 알데히드나 티오알데히드의 환식중합체, 다염기카르복시산의 무수물(無水物), 다가알코올이나 다가페놀의 다염기산과의

환식에스테르, 다염기산의 아미드는 제외한다.

이 경우 고리를 이루는 헤테로원자가 여기에 열거된 환관능기(環官能基, cyclising function)나 관능기에서 생긴 것에만 적용한다.

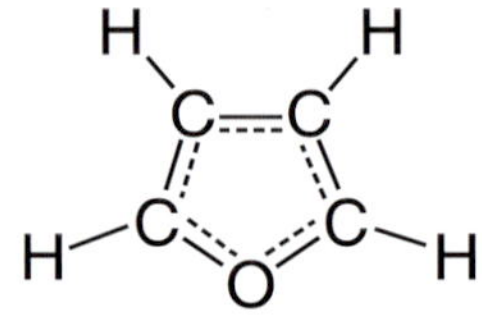

[furan은 산소헤테로고리 화합물의 하나로서, 유기물 고리화합물의 고리 안에 탄소 외에 산소가 들어가 있다. 제3932호에 분류한다.]

1) 헤테로원자(hetero-atoms) : hetero라는 것은 '다른 것'이라는 뜻이다. 헤테로원자는 유기물로서 **탄소 및 수소 이외의 원자**를 가리키는데, 헤테로고리 화합물(heterocyclic compounds)은 고리를 이루는 원자 속에 탄소 이외의 원자가 들어간 고리화합물을 가리킨다. 고리 내에 함유되는 원자로는 산소(푸란, 락톤), 질소(피리딘, 퀴놀린), 황(티아졸) 등이 있다.

2) 제2932호 · 제2933호 · 제2934호에서는 3원고리의 에폭시드, 과산화케톤, 알데히드나 티오알데히드의 환식중합체, 다염기카르복시산의 무수물(無水物), 다가알코올이나 다가페놀의 다염기산과의 환식에스테르, 다염기산의 아미드는 제외한다.

   이 규정은 고리 안에 들어가 있는 헤테로원자가 여기에 열거된 환관능기(cyclising function)나 관능기에서 생긴 것에만 적용한다.

8. 제2937호에서

가. "호르몬"에는 호르몬 분비 · 촉진 인자, 호르몬 억제제, 호르몬 방지제(항호르몬)를 포함한다.

나. "주로 호르몬으로 사용되는(used primarily as hormones)"이란 호르몬 효과를 얻기 위하여 주로 사용된 호르몬 유도체와 이와 유사한 구조를 가진 것(hormone derivatives and structural analogues)뿐만 아니라, 이 호의 제품의 합성 중간체로서 주로 사용되는 호르몬 유도체와 이와 유사한 구조를 가지는 것에도 적용한다.

1) 제2937호 : 호르몬 · 프로스타글란딘 · 트롬복산 · 류코트리엔(천연의 것과 이와 동일한 구조를 가지는 합성의 것으로 한정한다), 이들의 유도체와 이와 유사한 구조를 가지는 것으로서 주로 호르몬으로 사용되는 것(변성된 폴리펩티드 체인을 가진 것을 포함한다)

2) 호르몬(hormone)이란 동물체내의 특정한 선(腺)에서 형성되어 체액에 의하여 체내의 표적기관까지 운반되어 그 기관의 활동이나 생리적 과정에 특정한 영향을 미치는 화학물질을 말한다. 표적기관에 도착한 호르몬은 세포 외부 혹은 내부에 위치하는 수용체와 결합하여 작용을 나타낸다. 호르몬은 극히 소량으로 특정기관의 기능을 억제 또는 자극한다. 기관에 직접 작용하거나 합성을 조절하고 2차 혹은 3차 호르몬계의 분비에 관여한다.

   제2937호의 호르몬에는 호르몬 분비 · 촉진 인자, 호르몬 억제제, 호르몬 방지제(항호르몬)를 포함한다.

3) "주로 호르몬으로 사용되는(used primarily as hormones)"이란 호르몬 효과를 얻기 위하여 주로 사용된 호르몬 유도체와 이와 유사한 구조를 가진 것(hormone derivatives and structural

analogues)뿐만 아니라, 이 호의 제품의 합성 중간체(intermediates)로서 주로 사용되는 호르몬 유도체와 이와 유사한 구조를 가지는 것에도 적용한다.

여기에서 "유사한 구조를 가진 것(structural analogues)"은 원 화합물과 밀접한 구조적 관계를 가지지만 유도체로 간주되지는 않는다. 그것은 천연화합물과 구조적인 유사성을 가지지만, 구조 내에서 다른 원자로 대체된 하나 또는 그 이상의 원자를 가진 화합물을 포함한다.

◉ 소호주

1. 이 류의 각 호에서 화합물의 유도체(또는 화합물의 원자단)는 그 유도체가 어떠한 다른 소호에 명백하게 분류되지 않거나 관련 소호의 계열에서 "기타"의 소호가 없는 한 그 화합물(또는 화합물 원자단)과 동일한 소호로 분류한다.

   1) 유도체(誘導體, derivatives)란 어떤 화합물의 일부를 화학적으로 변화시켜서 얻어지는 유사한 화합물이다. 보통은 화합물 중의 수소원자 또는 특정 원자단이 다른 원자 또는 원자단에 의하여 치환된 화합물을 말한다.[67]

   2) 화합물의 분류에 있어서 4단위 호 수준에서의 분류는 통칙을 적용하여 결정한다. 또한 이 류의 주 제3호[68]는 유도체가 잠정적으로 두 개 이상의 호에 분류 가능할 때 적용된다.
   위의 규정을 적용하여 하나의 4단위 호가 정해졌을 때, 4단위 호 내에서의 소호 수준에서의 품목분류는 본 소호주를 적용하게 된다.

HSK				품명	Description
2915				포화비환식모노카르복시산과 이들의 무수물(無水物)·할로겐화물·과산화물·과산화산, 이들의 할로겐화유도체·술폰화유도체·니트로화유도체·니트로소화유도체	Saturated acyclic monocarboxylic acids and their anhydrides, halides, peroxides and peroxyacids; their halogenated, sulphonated, nitrated or nitrosated derivatives.
	1			포름산, 그 염과 에스테르	Formic acid, its salts and esters :
	11	00	00	포름산	Formic acid
	12			포름산의 염	Salts of formic acid
		10	00	포름산 칼슘	Calcium formate
		20	00	포름산 암모늄	Ammonium formate
		90	00	기타	Other
	13			포름산의 에스테르	Esters of formic acid
		10	00	포름산 메틸	Methyl formate
		20	00	2-에틸헥실클로로포메이트	2-ethylhexylchloroformate

67 자료 : 두산백과

68 제29류의 주 제3호 : 이 류에서 둘 이상의 호에 해당하는 물품은 그 해당 호 중 가장 마지막 호로 분류한다.

		90	00	기타	Other
	2			초산과 그 염, 무수(無水)초산	Acetic acid and its salts; acetic anhydride :
	21	00	00	초산	Acetic acid
	24	00	00	무수(無水)초산	Acetic anhydride
	29			기타	Other
		10	00	초산칼슘	Calcium acetate
		20	00	초산나트륨	Sodium acetate
		30	00	초산코발트	Cobalt acetate
		90	00	기타	Other

예로 위의 표에서 보는 바와 같이 포화비환식모노카르복시산과 이들의 무수물(無水物)·할로겐화물·과산화물·과산화산이 분류되는 제2915호에는 이들의 할로겐화유도체·술폰화유도체·니트로화유도체·니트로소화유도체도 분류된다.

이러한 유도체는 그 유도체가 어떠한 다른 소호에 명백하게 분류되지 않거나 관련 소호의 계열에서 "기타"의 소호가 없는 한 그 화합물(또는 화합물 원자단)과 동일한 소호로 분류한다. 위의 표에서 예로 포름산의 할로겐화유도체는 이를 특정하는 별도의 소호가 없고, 당해 범위 내에서 "기타"의 소호가 없으므로 포름산의 할로겐화유도체는 포름산이 분류되는 제2915.11호에 분류된다.

반면에 초산의 할로겐화유도체는 제2915.29호가 6단위 소호 수준에서의 "기타" 소호에 해당하므로 제2915.21호가 아닌 제2915.29호에 분류하면 되겠다.

2. 제29류의 주 제3호는 이 류의 소호의 분류에 적용되지 않는다.

제29류의 주 제3호는 "이 류에서 둘 이상의 호에 해당하는 물품은 그 해당 호 중 가장 마지막 호로 분류한다"는 내용이다. 제29류의 주 제3호는 4단위 호 수준에서 적용해야 하고, 하위 소호 수준에는 적용하지 않는다.

◉ 총설

1) 제29류는 큰 틀에서는 제28류와 유사하나, 제28류에 무기화학품과 원소가 분류되는 데 반하여 제29류에는 유기화학품이 분류된다. 일반적으로 제29류에는 류주 제1호의 규정에 따라 화학적으로 단일인 화합물을 분류한다.
2) 화학적으로 단일인 화합물이란 그 조성이 원소들의 상수비로 규정되며, 일정한 구조식(definitive structural diagram)으로 표현될 수 있는, 공유결합에 의한 분자 또는 이온결합에 의한 분자와 같은, 하나의 분자의 종류(molecular species)로 구성된 물질을 말한다. 결정구조를 가진 물질이 결정격자(crystal lattice)에서는, 분자의 종류는 반복되는 단위격자(unit cell)에 해당한다.

화학적으로 단일인 화합물이라 하더라도 제조공정(정제 포함) 중 또는 후에 특정 목적을 위해 어떤 물질을 의도적으로 첨가된 것은 이 류에서 제외된다. 따라서 사카린과 그 염(saccharin and its salts)은 제2925호에 분류되지만, 감미제라는 특정한 용도에 적합하도록 사카린 또는 그 염에 유당 등을 혼합한 물품은 제2925호에서 제외되어 제2106호에 분류된다.

3) 이 류에 분류되는 화학적으로 단일인 화합물에는 불순물(impurities)을 함유한 경우도 있다. 다만 제2940호의 당류에는 화학적으로 순수한 당에 한하여 분류하도록 규정하고 있다.
"불순물"이라는 용어는 단일화합물의 제조공정(정제 포함)에서 단독적이고 직접적인 결과로 나타난 물질에 대해서만 적용한다. 이러한 물질은 공정에 관련된 요인에 의한 결과이며, 주요한 것으로는 다음과 같다. ① 변환되지 않은 초기의 원료, ② 초기의 원료에 기포함되어 있는 불순물, ③ 제조공정(정제 포함) 중에 사용된 시약, ④ 부산물.
그러나 이러한 물질을 일반적인 용도보다는 특별히 특정한 용도에 더 적합하도록 해당 물품에 의도적으로 남겨놓은 경우, 이들은 제28류에서 허용하는 불순물로 간주되지 않는다. 예를 들어 초산메틸(methyl acetate, CH_3COOCH_3)에 있어서 동 제품이 용제로서 사용하기에 더 나은 상태로 만들기 위해 의도적으로 메탄올을 남겨 둔 경우에는 동 물품은 초산메틸로 분류하지 않고 제3814호의 "유기혼합용제"로 분류한다. 또한 에탄·벤젠·페놀·피리딘과 같은 특정 화합물에 있어서는 특정한 순도가 규정되어 있기도 하다.

4) 이 류에 분류되는 화학적으로 단일인 화합물은 물에 용해되는 경우도 있다. 이 류에는 또한 제28류 총설에 규정한 바와 마찬가지로 안정제·항분제 또는 착색제를 첨가한 화합물을 포함한다. 예를 들면 스티렌이 중합이 되지 않도록 막아 안정제로서 기능을 하는 삼부틸카테콜(tertiary butylcatechol)을 첨가한 경우라도 스티렌은 원래대로 제2902호에 분류된다.

Chapter 30

제30류 의료용품

호	호의 용어
3001	장기(臟器) 요법용 선(腺)과 그 밖의 기관(건조한 것으로 한정하며, 가루로 된 것인지에 상관없다), 선(腺)과 그 밖의 기관이나 이들의 분비물의 추출물로서 장기(臟器) 요법용의 것, 헤파린과 그 염, 치료용 · 예방용으로 조제한 그 밖의 인체물질이나 동물의 물질로서 따로 분류되지 않은 것
3002	사람의 피, 치료용 · 예방용 · 진단용으로 조제한 동물의 피, 면역혈청 · 그 밖의 혈액 분획물과 면역물품(생물공학적 방법에 따라 변성되거나 얻어진 것인지에 상관없다), 백신 · 독소 · 미생물 배양체(효모는 제외한다)와 이와 유사한 물품
3003	의약품(두 가지 이상의 성분을 혼합한 치료용이나 예방용의 것으로서 제3002호 · 제3005호 · 제3006호의 물품, 일정한 투여량으로 한 것, 소매용 모양이나 포장으로 한 것은 제외한다)
3004	의약품[혼합한 것인지에 상관없으며 치료용이나 예방용의 것으로서 일정한 투여량으로 한 것(피부 투여의 형식을 취한 것을 포함한다)과 소매용 모양이나 포장으로 한 것으로 한정하며, 제3002호 · 제3005호 · 제3006호의 물품은 제외한다]
3005	탈지면 · 거즈 · 붕대와 이와 유사한 제품(예: 피복재 · 반창고 · 습포제)으로서 의료용이나 수의용으로 사용하기 위하여 의료물질을 도포하거나 침투시킨 것이나 소매용 모양이나 포장으로 한 것
3006	의료용품(이 류의 주 제4호의 물품으로 한정한다)

◉ 류주

1. 이 류에서 다음 각 목의 것은 제외한다.
   가. 식품이나 음료(예 : 식이요법용 식품 · 당뇨병용 식품 · 강화식품 · 식이보조제 · 강장음료 · 광천수). 다만, 정맥 투여용 영양제는 제외한다(제4부).
   나. 흡연자의 금연을 보조하기 위한 조제품[예 : 정제(tablet) · 추잉껌 · 패치(피부투여 방식)](제2106호나 제3824호)
   다. 치과용으로 특별히 하소(煆燒)하거나 곱게 부순 플라스터(plaster) (제2520호)
   라. 정유(essential oil)의 애큐어스 디스틸레이트(aqueous distillate)나 애큐어스 솔루션(aqueous solution)으로서 의약용에 적합한 것(제3301호)
   마. 제3303호부터 제3307호까지의 조제품(치료용이나 예방용을 포함한다)
   바. 비누나, 의약품을 첨가한 제3401호의 기타 물품
   사. 플라스터(plaster)를 기본재료로 한 치과용 조제품(제3407호)
   아. 혈액알부민으로서 치료용이나 예방용으로 조제되지 않은 것(제3502호)

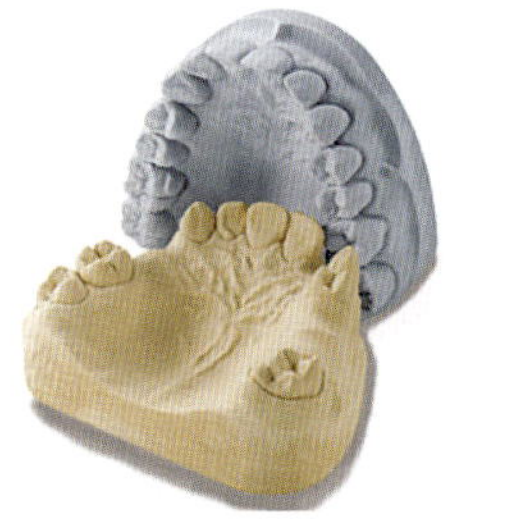

[plaster를 기본재료로 한 치과용 조제품은 제3407호에 분류된다.]

2. 제3002호에서 "면역물품(immunological products)"이란 면역과정의 조절과 직접적으로 연관되어 있는 펩티드(peptide)와 단백질에 적용된다(제2937호의 물품은 제외한다)[예 : 단선항체(MAB : monoclonal antibody), 항체프라그먼트(fragment), 항체 콘쥬게이트(conjugate), 항체 프라그먼트 콘쥬게이트(fragment conjugate), 인터류킨(interleukin), 인터페론(IFN : Interferon), 케모킨(chemokine), 특정한 종양괴사인자(TNF : Tumor Necrosis Factor), 성장인자(GF : Growth Factor), 조혈소(造血素), 집락촉진인자(CSF : Colony Stimulating Factor)].

1) 면역(免疫, immunity)이란 일반적으로는 생체의 내부환경이 외래성 또는 내인성인 이물질(異物質)에 의해 혼란이 생기는 것을 방지하여 항상 일정한 조건을 유지하려는 기능을 말한다. 이는 생체의 내부 환경이 외부 인자에 대하여 방어하는 현상으로, 태어날 때부터 지니고 있는 선천면역과 후천적으로 생활 등에 적응되어 얻어지는 획득면역으로 구분된다. 쉽게 말하면 선천면역은 대식세포나 백혈구 등과 관련이 되고, 획득면역은 예방접종 등과 관련이 있다.

2) 제30류에 분류되는 면역물품은 이러한 면역과정의 조절과 직접적으로 연관이 되어 있는 펩티드와 단백질에 적용된다. 펩티드는 단백질이 잘게 쪼개진 상태이니 면역물질은 결국 단백질에 관계가 있다고 할 수 있다. 제30류의 면역물품은 진단용 또는 치료용 및 면역테스트용으로 사용되는 물품이 해당하는 것으로 간주된다. 여기에는 제2937호의 호르몬으로 작용하는 물질을 제외하는데, 제2937호의 호르몬은 단백질로 구성되어 있더라도 제30류의 면역물품으로 보지 않는다.

3. 제3003호·제3004호와 이 류의 주 제4호 라목에서는 다음 각 목에서 정하는 바에 따른다.

가. 혼합하지 않은 것에는 다음을 포함한다.

(1) 혼합하지 않은 물품이 물에 용해된 것

(2) 제28류나 제29류의 모든 물품

(3) 제1302호의 단일인 식물성 추출물(extract)로서 단순히 표준화하거나 용매에 용해한 것

나. 혼합한 것에는 다음을 포함한다.

(1) 콜로이드용액과 현탁액(콜로이드황은 제외한다)

(2) 식물성 재료의 혼합물을 처리하여 얻은 식물성 추출물(extract)

(3) 천연의 광천수를 증발하여 얻은 염과 농축물

1) 제3003호에는 "일정한 투여량으로 한 것과 소매용 모양이나 포장으로 한 것"을 제외한 혼합 의약품이 분류되고, 제3004호에는 혼합 여부에 관계없이 일정한 투여량으로 한 것과 소매용 모양이나 포장으로 한 의약품이 분류된다. 또한 "제30류의 주 제4호 라목"의 물품은 엑스선 검사용 조영제 및 환자에 투여할 진단용 시약을 말하는데, 이들은 혼합하지 않은 것 중 일정한 투여량으로 한 것 또는 두 가지 이상의 성분으로 된 것 중 검사용이나 진단용으로 혼합한 것으로 한정한다.

2) 의약품으로 사용되는 성분 중에 혼합하지 않은 것은 반드시 일정한 투여량으로 한 것과 소매용 모양이나 포장으로 한 것이어야 제30류에 분류되고, 그렇지 않은 것은 각각의 성분에 따라 분류된다. 여기서 특정한 경우에 있어서 혼합 여부의 기준을 본 주에서 정해 주고 있는 것이다.

4. 다음 각 목의 물품은 제3006호로 분류하며, 이 표의 다른 호로 분류하지 않는다.
 가. 살균한 외과용 캣거트(sterile surgical catgut)와 이와 유사한 살균한 봉합재(살균한 외과용이나 치과용 흡수성 실을 포함한다), 살균한 외과 수술상처의 봉합용 접착제
 나. 살균한 라미나리아(laminaria)와 살균한 라미나리아(laminaria)의 텐트
 다. 살균한 외과용이나 치과용 흡수성 지혈제, 살균한 외과용이나 치과용 유착방지제(흡수성이 있는지에 상관없다)
 라. 엑스선 검사용 조영제, 환자에 투여할[69] 진단용 시약(혼합하지 않은 것 중 일정한 투여량으로 한 것, 두 가지 이상의 성분으로 된 것 중 검사용이나 진단용으로 혼합한 것으로 한정한다)
 마. 혈액형 분류용 시약
 바. 치과용 시멘트와 그 밖의 치과용 충전제, 뼈 형성용 시멘트
 사. 구급상자와 구급대
 아. 호르몬과 제2937호[70]의 기타 제품이나 살정자제(殺精子劑)를 기본재료로 하는 피임성의 화학조제품
 자. 외과수술이나 신체검사를 할 때 신체 각 부분의 윤활제로 사용되거나 신체와 의료기기 사이의 접착약품으로서 사람이나 수의약에 사용되는 겔(gel) 조제품
 차. 폐(廢)의료용품(유효기간이 지나 본래의 용도에 사용하기에 부적합한 의료용품)
 카. 장루(腸瘻)용으로 인정되는 기구[일정한 모양으로 절단한 결장루(結腸瘻), 회장루(回腸瘻), 요루 주머니와 이들의 접착 웨이퍼(wafer)・페이스플레이트(faceplate)]

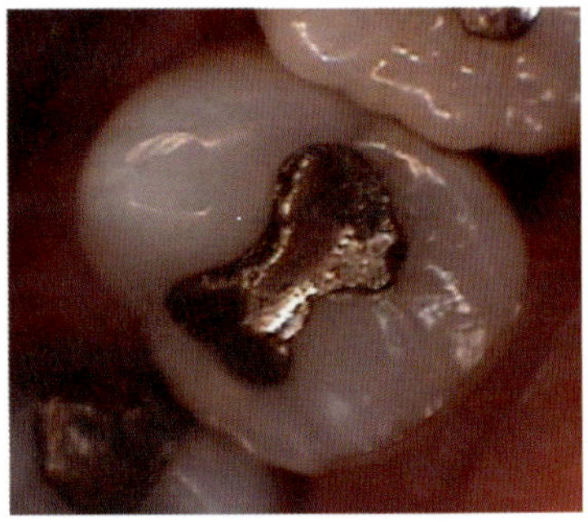

[치과용 시멘트와 그 밖의 치과용 충전제]

제3006호에는 각종의 의료용품이 분류되는데, 이 호에는 제30류의 주 제4호에 열거된 물품만이 분류된다. 또한 여기에 열거된 물품들은 이 표의 다른 부분으로 분류되지 않고 제3006호에 우선하여 분류된다.

69 환자에 투여되지 않는 진단용 시약은 제3822호에 분류한다.
70 호르몬・프로스타글란딘・트롬복산・류코트리엔(천연의 것과 이와 동일한 구조를 가지는 합성의 것으로 한정한다), 이들의 유도체와 이와 유사한 구조를 가지는 것으로서 주로 호르몬으로 사용되는 것(변성된 폴리펩티드 체인을 가진 것을 포함한다)

◉ 총설

1) 제30류에는 의료용품(pharmaceutical products)이 분류된다. 여기에는 사람의 피와 사람이나 동물의 질병에 대한 **치료용 · 예방용 · 진단용**(for therapeutic, prophylactic or diagnostic uses)으로 조제한 각종의 인체물질이나 동물물질, 혈액제제 및 의약품이 분류된다. 또한 탈지면 · 거즈 · 붕대와 기타의 의료용구도 분류된다.
2) 이 류에는 약제로서의 효능을 개선하기 위하여 제30류의 의약품(예 : 기능성 단백질 및 펩티드 · 항체 플라그먼트)과 폴리에틸렌글리콜(PEGs) 고분자물질을 결합시킨 "페그화한 물품(pegylated products)"을 포함한다. 이 류의 페그화한 물품은 페그화하지 않은 것과 같은 호에 분류한다[예 : 제3002호의 페그인터페론(INN)].

   페그화(PEGylation)라는 것은 폴리에틸렌글리콜(PEG)이라는 고분자물질을 단백질 등의 의약품에 결합시킨 형태를 말하는 것으로서, 단백질이나 펩티드, 항체 등을 이용한 기존 바이오의약품은 몸속에서 면역반응을 일으키거나 쉽게 분해돼 부작용과 약효 지속성에서 문제점을 갖고 있는데, 페그화기술은 이러한 문제를 해결하기 위해 페그분자를 약품에 결합시켜 약물 부작용을 최소화하면서 약효시간을 연장시키는 약물전달기술이다.

Chapter 31

제31류 비료

호	호의 용어
3101	동물성 · 식물성 비료(함께 혼합한 것인지 또는 화학적 처리를 한 것인지에 상관없다), 동물성 · 식물성 물품을 혼합하거나 화학적으로 처리한 비료
3102	질소비료(광물성 비료나 화학비료로 한정한다)
3103	인산비료(광물성 비료나 화학비료로 한정한다)
3104	칼륨비료(광물성 비료나 화학비료로 한정한다)
3105	광물성 비료나 화학비료(비료의 필수요소인 질소 · 인 · 칼륨 중 두 가지나 세 가지를 함유하는 것으로 한정한다), 그 밖의 비료, 이 류에 열거한 물품을 둥글넓적한(tablet) 모양이나 이와 유사한 모양으로 한 것이거나 용기를 포함한 한 개의 총중량이 10킬로그램 이하로 포장한 것

◉ 류주

1. 이 류에서 다음 각 목의 것은 제외한다.
   가. 제0511호의 동물의 피
   나. 화학적으로 단일한 화합물(이 류의 주 제2호 가목 · 제3호 가목 · 제4호 가목 및 주 제5호에 해당되는 것은 제외한다)
   다. 제3824호의 배양한 염화칼륨결정(한 개의 중량이 2.5그램 이상인 것으로 한정하며, 광학용품은 제외한다), 염화칼륨으로 제조한 광학용품(제9001호)

2. 제3102호는 다음 각 목의 물품에만 적용한다(제3105호에 열거한 모양이나 포장으로 한 것은 제외한다).
   가. 다음에 해당하는 물품
      (1) 질산나트륨(순수한 것인지에 상관없다)
      (2) 질산암모늄(순수한 것인지에 상관없다)
      (3) 황산암모늄과 질산암모늄의 겹염(순수한 것인지에 상관없다)
      (4) 황산암모늄(순수한 것인지에 상관없다)
      (5) 질산칼슘과 질산암모늄의 겹염(순수한 것인지에 상관없다)이나 혼합물
      (6) 질산칼슘과 질산마그네슘의 겹염(순수한 것인지에 상관없다)이나 혼합물
      (7) 칼슘시아나미드(순수한 것인지 또는 기름으로 처리한 것인지에 상관없다)
      (8) 요소(순수한 것인지에 상관없다)
   나. 가목에 열거한 물품이 서로 혼합된 비료

다. 염화암모늄이나 가목·나목에 열거한 물품에 초크·석고나 그 밖의 비료가 아닌 무기물이 혼합된 비료

라. 가목의 (2) 또는 (8)의 물품이나 이들의 혼합물을 수용액이나 암모니아용액으로 한 액상비료

1) 제3102호 : 질소비료(광물성 비료나 화학비료로 한정한다)

제3105호 : 광물성 비료나 화학비료(비료의 필수요소인 질소·인·칼륨 중 두 가지나 세 가지를 함유하는 것으로 한정한다), 그 밖의 비료, 이 류에 열거한 물품을 둥글넓적한(tablet) 모양이나 이와 유사한 모양으로 한 것이거나 용기를 포함한 한 개의 총중량이 10kg 이하로 포장한 것

2) 위의 가목의 목록에 기술된 8개의 광물 또는 화학물품은 그것이 명백하게 비료로서 사용되지 않는 것이라도 이 호에 분류되고, 위에서 기술하지 않은 질소함유물품(제2827호의 염화암모늄 등)은 비료로서 사용되어도 제3102호에서 제외한다. 이와 반대로 나목·다목 또는 라목에 해당하는 혼합물은 비료로서 사용되는 종류의 것에 한하여 이 호에 분류된다.

3) 제3105호에 열거한 모양이나 포장으로 한 것이란 제31류에 열거한 물품을 둥글넓적한(tablet) 모양이나 이와 유사한 모양으로 한 것이거나, 용기를 포함한 한 개의 총중량이 10kg 이하로 포장한 것을 말한다.

3. 제3103호는 다음 각 목의 물품에만 적용한다(제3105호에 열거한 모양이나 포장으로 한 것은 제외한다).

가. 다음에 해당하는 물품

(1) 염기성 슬래그(slag)

(2) 제2510호의 천연인산염으로서 하소(煆燒)한 것이나 불순물을 제거하기 위한 것 이상으로 열처리한 것

(3) 과인산석회나 중과인산석회

(4) 오르토인산수소칼슘[플루오르의 함유량이 건조 무수물(無水物)의 상태에서 전 중량의 100분의 0.2 이상인 것으로 한정한다]

나. 가목에 열거한 물품이 서로 혼합된 비료(플루오르의 함유량을 고려하지 않는다)

다. 가목·나목에 열거한 물품(플루오르의 함유량을 고려하지 않는다)에 초크·석고나 그 밖의 비료가 아닌 무기물이 혼합된 비료

위의 가목의 목록에 기술된 4개의 광물 또는 화학물품은 그것이 명백하게 비료로서 사용되지 않는 것이라도 이 호에 분류되고, 위에서 기술하지 않은 인산함유물품(제2835호의 인산나트륨 등)은 비료로서 사용되어도 제3103호에서 제외한다. 이와 반대로 나목 및 다목에 해당하는 혼합물은 비료로서 사용되는 종류의 것에 한하여 이 호에 분류된다.

4. 제3104호는 다음 각 목의 물품에만 적용한다(제3105호에 열거한 모양이나 포장으로 한 것은 제외한다).
   가. 다음에 해당하는 물품
      (1) 가공하지 않은 천연칼륨의 염류[예 : 카아널라이트(carnallite), 카이나이트(kainite), 실바이트(sylvite)]
      (2) 염화칼륨(순수한 것인지에 상관없으며 주 제1호 다목의 물품은 제외한다)
      (3) 황산칼륨(순수한 것인지에 상관없다)
      (4) 황산마그네슘칼륨(순수한 것인지에 상관없다)
   나. 가목에 열거한 물품이 서로 혼합된 비료

위의 가목의 목록에 기술된 4개의 광물 또는 화학물품은 그것이 명백하게 비료로서 사용되지 않는 것이라도 이 호에 분류되고, 위에서 기술하지 않은 칼륨함유물품은 비료로서 사용되어도 제3104호에서 제외한다. 이와 반대로 나목에 해당하는 혼합물은 비료로서 사용되는 종류의 것에 한하여 이 호에 분류된다.

5. 오르토인산이수소암모늄(인산일암모늄)·오르토인산수소이암모늄(인산이암모늄)(순수한 것인지에 상관없다)과 이들의 상호 혼합물은 제3105호로 분류한다.

제3105호에는 비료의 필수요소인 질소·인·칼륨 중에 두 가지 또는 세 가지를 함유하는 광물성 비료나 화학비료, 즉 복합비료가 분류된다. 이들 복합비료는 보통 화학적으로 단일이 아니지만, 오르토인산이수소암모늄(인산일암모늄)·오르토인산수소이암모늄(인산이암모늄)의 경우에는 화학적으로 단일이면서 비료의 필수요소인 질소·인·칼륨 중에 질소(암모늄과 관련)와 인을 함유하고 있는 물질이다. 이들 두 물질 및 이들의 상호 혼합물은 제3105호에 분류하게 된다.

6. 제3105호에서 "그 밖의 비료"란 비료로 사용되는 종류의 물품으로서 비료의 필수요소인 질소·인·칼륨 중 한 가지 이상을 함유하는 것을 말한다.

제3105호의 "그 밖의 비료"란 제31류에 분류되기 위한 조건으로 비료의 필수요소인 질소·인·칼륨 중 한 가지 이상을 함유하는 것으로서, 제31류의 다른 부분에 속하지 않는 것을 말한다. 이러한 물품의 예를 들면 다음과 같다.

① 비료성분(즉 질소·인 또는 칼륨을 함유한 것)과 비(非)비료성분(예 : 황)의 혼합물. 질소 또는 인을 함유한 이들의 대부분은 제3102호 또는 3103호에 분류되며, 기타의 것은 이 호에 분류된다.
② 천연의 칼륨을 함유한 질산나트륨비료, 질산나트륨과 질산칼륨의 천연혼합물
③ 화학 또는 광물성 비료와 동식물성 비료의 혼합물

◉ 총설

1) 작물을 재배하면 수확에 의해 토양의 무기양분이 유실되므로 장기간 작물생산을 유지하고 확대하기 위해서는 외부로부터 무기양분을 토양에 첨가해야 한다. 이 목적을 위해 비료를 이용한다.[71] 이 류에는 보통 천연 또는 인조비료로 사용되는 대부분의 물품이 분류된다. 다만 이 류에서는 토양을 비옥하게(fertilise) 하는 것이라기보다는 개량하기(improve) 위한 다음의 물품들은 포함하지 않는다.

   ① 석회(제2522호)

   ② 이회토(泥灰土)와 부엽토(腐葉土)(천연적으로 비료의 구성요소인 질소, 인 또는 칼륨을 소량 함유하고 있는지 여부를 불문한다)(제2530호)

   ③ 토탄(土炭)(제2703호)

2) 비료는 작물을 가꾸는 데 있어 토양의 생산력을 증진시킬 목적으로 뿌려 주거나 혹은 작물이 잘 자라도록 하기 위하여 투입하는 물질로서, 토양 속에서 가장 결핍되기 쉽고 시비효과도 큰 질소와 인산 및 칼륨의 3성분을 "비료의 3요소"라고 한다. 비료로 쓰이는 성분에는 이외에도 여러 종류가 포함된다. 또한 작물에 필요한 양은 미량이지만, 부족하면 결핍증이 나타나고, 과잉이면 과잉증을 일으키는 요소를 미량영양소(micronutrient)라 하는데, 이들도 일반적으로 비료에 포함된다.

3) 그러나 제31류에서는 **동식물성의 천연비료와 질소·인산·칼륨의 3성분만을 중심으로** 비료로 보고 있다. 이에 따라 비료성분으로 네 번째로 중요하다고 여겨지는 석회는 제31류에서 제외된다. 또한 종자의 발아 및 식물 성장에 도움이 되도록 하기 위하여 종자·잎 또는 토양에 사용되는 미량영양소(micronutrient)의 조제품도 제31류에 포함하지 않는다. 그러한 것들은 비료의 구성요소인 질소·인 및 칼륨을 소량 함유할 수도 있지만, 본질적인 구성요소로서 함유한 것은 아니어야 한다(이들은 제3824호 등에 분류한다).

   또한, 제31류에서는 토탄을 기본재료로 한 것 또는 토탄·모래의 혼합물 또는 토탄·점토의 혼합물을 기본재료로 한 것(제2703호)과 흙·모래·점토 등의 혼합물을 기본재료로 한 화분용 흙과 같은 조제 식물 성장 매체(제3824호)를 제외한다. 이들 모든 제품들은 비료의 필수요소인 질소·인 또는 칼륨을 소량 함유할 수 있다.

71 자료 : 네이버 지식백과 생명과학대사전, 2008. 2. 5.

Chapter 32

제32류 유연용 · 염색용 추출물(extract), 탄닌과 이들의 유도체, 염료 · 안료와 그 밖의 착색제, 페인트 · 바니시(varnish), 퍼티(putty)와 그 밖의 매스틱(mastic), 잉크

호	호의 용어
3201	식물성 유연용 추출물(extract), 탄닌과 그 염 · 에테르 · 에스테르 · 그 밖의 유도체
3202	합성 유기유연제 · 무기유연제 · 조제 유연제(천연 유연제를 함유하였는지에 상관없다), 유연전(柔軟前) 처리용 효소계 조제품
3203	식물성 · 동물성 착색제[화학적으로 단일한 것인지에 상관없으며, 염색용 추출물(extract)을 포함하고 수탄(獸炭)은 제외한다]와 이것을 기본재료로 한 조제품(이 류의 주 제3호의 것으로 한정한다)
3204	합성 유기착색제(화학적으로 단일한 것인지에 상관없다), 이것을 기본재료로 한 조제품(이 류의 주 제3호의 것으로 한정한다), 합성 유기형광증백제(螢光增白劑)나 합성 유기루미노퍼(luminophore)(화학적으로 단일한 것인지에 상관없다)
3205	레이크 안료와 이들을 기본재료로 한 조제품(이 류의 주 제3호의 것으로 한정한다)
3206	그 밖의 착색제와 조제품(제3203호 · 제3204호 · 제3205호에 해당하는 물품은 제외하며, 이 류의 주 제3호의 것으로 한정한다), 루미노퍼(luminophore)로 사용되는 무기물(화학적으로 단일한 것인지에 상관없다)
3207	조제 안료 · 조제 유백제(乳白劑) · 조제 그림물감 · 법랑 · 유약 · 유약용 슬립 · 액체 상태 러스터(lustre)와 이와 유사한 조제품(요업 · 에나멜공업 · 유리공업에 주로 사용되는 것으로 한정한다), 유리 프리트(frit)와 그 밖의 유리[가루 · 알갱이 · 플레이크(flake) 모양인 것으로 한정한다]
3208	페인트와 바니시(varnish)[에나멜 · 래커(lacquer)를 포함하며, 합성 중합체나 화학적으로 변성한 천연 중합체를 기본재료로 하여 비수성(非水性) 매질(媒質)에 분산하거나 용해한 것으로 한정한다], 이 류의 주 제4호의 용액
3209	페인트와 바니시(varnish)[에나멜과 래커(lacquer)를 포함하며, 합성 중합체나 화학적으로 변성한 천연 중합체를 기본재료로 하여 수성(水性) 매질(媒質)에 분산하거나 용해한 것으로 한정한다]
3210	그 밖의 페인트와 바니시(varnish)[에나멜 · 래커(lacquer) · 디스템퍼(distemper)를 포함한다], 가죽의 완성가공용으로 사용하는 조제 수성안료
3211	조제 드라이어
3212	비수성(非水性) 매질(媒質)에 분산시킨 안료[금속 가루 · 금속플레이크(flake)를 포함하며, 페인트 · 에나멜 제조에 사용되는 액체나 페이스트(paste) 상태인 것으로 한정한다], 스탬프용 박(箔), 소매용 모양이나 포장을 한 염료와 그 밖의 착색제
3213	화가용 · 학생용 · 간판도장공용 · 색조 수정용 · 오락용 물감과 이와 유사한 물감[둥글넓적한(tablet) 모양인 것 · 튜브들이 · 병들이 · 접시들이나 이와 유사한 모양이나 포장의 것으로 한정한다]
3214	유리 접합용 퍼티(putty) · 접목용 퍼티(putty) · 수지시멘트 · 코킹(caulking)화합물과 그 밖의 매스틱(mastic), 도장용 충전제, 건물의 외면 · 실내벽 · 마루 · 천장과 이와 유사한 장소에 사용되는 비내화성 표면처리제
3215	인쇄용 잉크 · 필기용 잉크 · 제도용 잉크와 그 밖의 잉크(농축하거나 고체화한 것인지에 상관없다)

◉ 류주

1. 이 류에서 다음 각 목의 것은 제외한다.
   가. 화학적으로 단일한 원소나 화합물. 단 제3203호·제3204호의 물품, 루미노퍼(luminophore)로 사용되는 무기물(제3206호), 제3207호에 열거한 모양의 용융 석영유리와 그 밖의 용융 실리카유리, 제3212호에 해당하는 소매용 모양이나 포장을 한 염료와 그 밖의 착색제는 제외한다.
   나. 제2936호부터 제2939호까지, 제2941호, 제3501호부터 제3504호까지에 해당하는 물품의 탄닌산염이나 그 밖의 탄닌 유도체
   다. 아스팔트로 만든 매스틱(mastic)이나 그 밖의 역청질의 매스틱(mastic)(제2715호)

1) **나목** : 동물의 껍질(animal hide)은 그대로 두면 딱딱해지고 부패한다. 이를 막고 이용할 수 있는 가죽(leather)을 만들기 위해서 유연과정(tanning process)을 거치게 되는데,[72] 제32류에 분류되는 식물성 유연용의 추출물은 주로 가죽의 유연용으로 사용되는 식물성 추출물이다. 대부분의 식물성의 추출물은 제13류에 분류되나, 유연용 추출물과 염색용 추출물은 예외적으로 제32류에 분류하도록 하고 있다(제13류 주 제1호 아목). 식물성 유연용의 추출물은 모두 당류·무기염류·유기산 등과 같은 물질뿐 아니라 다양한 비율의 **탄닌(tannin)**을 포함하고 있다.[73] 식물성 유연용의 추출물의 활성성분인 탄닌과 그 염·에테르·에스테르와 그 밖의 유도체도 제32류에 분류한다.
   그러나 제2936호부터 제2939호까지, 제2941호, 제3501호부터 제3504호[74]까지에 해당하는 물품의 탄닌산염이나 그 밖의 탄닌 유도체는 제32류에 분류하지 않고 여기에 열거한 해당 호에 분류한다.
2) **다목** : 제3214호에 분류되는 유리 접합용의 퍼티(putty)·접목용 퍼티·수지시멘트·코킹(caulking)화합물과 그 밖의 매스틱(mastic)은 주로 마개용·시일용 또는 충전용으로 사용되며, 어떤 경우에는 구성물을 상호 간 접합시키거나 견고하게 연결시키는 데 사용된다. 이들은 두껍게 칠하거나 겹으로 칠한다는 점에서 글루나 기타의 접착제와 구별된다.
   이들 매스틱은 기름이나 왁스, 수지 등을 기본재료로 만든 물품으로서 제3214호에 분류되지만, 아스팔트로 만든 매스틱(mastic)이나 그 밖의 역청질의 매스틱은 제32류에서 제외된다(제27류에 분류).

2. 제3204호에는 아조염료를 생성시키기 위하여 안정화한 디아조늄염(diazonium salt)과 커플러

---

72 자세한 가죽의 제조과정은 제41류의 총설을 참고하기 바란다.

73 식물성 유연용의 추출물을 뽑아내는 원재료인 식물성 분말은 제1404호에 분류되고, 식물성의 유연용 추출물과 합성 유연제를 혼합한 것은 제3202호에 분류한다.

74 제2936호부터 제2941호까지는 순서대로 각각 비타민, 호르몬, 글리코시드, 식물성 알칼로이드, 항생물질이 분류되고, 제3501호부터 제3504호까지는 카세인, 알부민, 젤라틴과 그 밖의 단백질계 물질이 분류된다.

(coupler)의 혼합물을 포함한다.

제29류에는 아조염료의 제조를 위하여 표준농도로 희석한 디아조늄염 및 그 염에 사용하는 커플러 및 디아조화할 수 있는 아민과 그 염을 분류한다(제29류 주 제1호 아목). 이들 중에 아조염료를 생성시키기 위하여 안정화한 디아조늄염과 커플러의 혼합물(mixtures of stabilised diazonium salts and couplers)은 일종의 합성 유기착색제로 보아 제3204호에 분류한다.

3. 제3203호・제3204호・제3205호・제3206호에는 착색제[제3206호의 경우에는 제2530호나 제28류에 해당하는 착색안료・금속 플레이크(flake)・금속가루를 포함한다]를 기본재료로 한 조제품으로서 다른 물질의 착색용으로 사용하거나 조제 착색제를 제조할 때 착색성분으로 사용하는 것을 포함한다. 다만, 페인트・에나멜의 제조에 사용되는 액체나 페이스트 상태인 것으로서 안료를 비수성(非水性) 매질(媒質)에 분산시킨 것(제3212호)과 제3207호・제3208호・제3209호・제3210호・제3212호・제3213호・제3215호에 해당하는 기타의 조제품은 제외한다.

1) **제3203호** : 식물성・동물성 착색제[화학적으로 단일한 것인지에 상관없으며, 염색용 추출물(extract)을 포함하고 수탄(獸炭)은 제외한다]와 이것을 기본재료로 한 조제품(이 류의 주 제3호의 것으로 한정한다)

   제3204호 : 합성 유기착색제(화학적으로 단일한 것인지에 상관없다), 이것을 기본재료로 한 조제품(이 류의 주 제3호의 것으로 한정한다), 합성 유기형광증백제(螢光增白劑)나 합성 유기루미노퍼(luminophore)(화학적으로 단일한 것인지에 상관없다)

   제3205호 : 레이크 안료와 이들을 기본재료로 한 조제품(이 류의 주 제3호의 것으로 한정한다)

   제3206호 : 그 밖의 착색제와 조제품(제3203호・제3204호・제3205호에 해당하는 물품은 제외하며, 이 류의 주 제3호의 것으로 한정한다), 루미노퍼(luminophore)로 사용되는 무기물(화학적으로 단일한 것인지에 상관없다)

2) 제32류의 주 제3호에서 착색제라고 표현되고 있는 “colouring matter”는 이를 다른 표현으로 하면 “색소(色素)”라고 할 수 있다. 색소는 물체에 색을 부여하는 물질로서 실제로는 염료와 안료를 말한다. 염료(染料, dye)는 다른 물체를 염색하는 데 사용되는 것으로서, 물이나 기름에 녹아 단분자로 분산하여 섬유 등의 **분자와 결합**하여 착색하는 유색물질만을 가리킨다. 이는 물이나 기름에 녹지 않고 가루인 채로 물체표면에 불투명한 유색막을 만드는 안료(顔料)와 구별한다.

3) 위에 열거한 4개의 호에는 각종의 착색제(coloring matter)뿐만 아니라, 이들을 기본재료로 한 조제품으로서 다른 물질의 착색용으로 사용하거나 조제 착색제를 제조할 때 착색성분으로 사용하는 것을 포함한다. 예로 천연인디고는 식물성 착색제로서 제3203호에 분류되며, 천연인디고를 기본재료로 하여 다른 물질의 착색용으로 사용하거나 조제 착색제를 제조할 때 착색성분으로 사용하기 위하여 만든 조제품도 제3203호에 분류한다.

4) 다만, 페인트·에나멜의 제조에 사용되는 액체나 페이스트 상태인 것으로서 안료를 비수성 매질(非水性 媒質)에 분산시킨 것(제3212호)과, 제3207호·제3208호·제3209호·제3210호·제3212호·제3213호·제3215호에 해당하는 기타의 조제품은 제외한다. 착색제(다시 말하면 색소)는 안료나 염료상태이든, 이들 성분을 기본재료로 하여 만든 조제품이든 제3203호~제3206호까지 분류하나, 페인트나 바니시 등 위에 열거한 물품은 착색제를 기본재료로 한 조제품이라 하더라도 제3203호~제3206호에서 제외한다.

이들 물품을 살펴보면, 우선 페인트·에나멜의 제조에 사용되는 액체나 페이스트 상태인 것으로서 안료를 비수성 매질(非水性 媒質)에 분산시킨 것은 당해 물품이 안료라 하더라도 제3212호에 특게하여 분류한다. 또한 요업·에나멜공업·유리공업에 주로 사용되는 조제 안료·조제 유백제(乳白劑)·조제 그림물감·법랑·유약·유약용 슬립·액체상태 러스터(lustre)와 이와 유사한 조제품(제3207호), 각종의 페인트와 바니시·에나멜·래커(제3208호~제3210호), 스탬프용 박(箔)·소매용 모양이나 포장을 한 염료와 그 밖의 착색제(제3212호), 물감류(제3213호) 및 잉크류(제3215호)도 각각의 해당 호에 분류한다.

4. 제3208호는 제3901호부터 제3913호까지에 열거한 물품을 휘발성 유기용매에 용해한 용액[콜로디온(collodion)은 제외하며, 용매의 함유량이 용액 전 중량의 100분의 50을 초과하는 것으로 한정한다]을 포함한다.

[도료의 구성성분. 도료의 핵심기능은 고체표면에 칠해져 도막을 형성하여 표면을 보호하고 아름답게 하는 것이다. 이러한 기능을 하는 구성요소가 전색제(展色劑, vehicle)이다.]

1) 제3208호~제3210호에는 대표적인 도료(塗料, coating material)인 페인트와 바니시·에나멜·래커가 분류된다. 도료란 페인트나 에나멜과 같이 고체물질의 표면에 칠하여 고체막을 만들어 물체의 표면을 보호하고 아름답게 하는 유동성 물질의 총칭을 말하는데, 칠한 후에는 빨리 건조 및 경화하는 것이 좋다. 도료는 일반적으로 아래와 같은 여러 성분으로 구성되어 있으며, 도료의 제조 시에는 이들 원료를 잘 혼합하여 만든다.

① 전색제(展色劑, vehicle)는 도료의 최종 목적인 **도막(塗膜)의 주성분**이 되는 것으로서 아마인

유・콩기름 등의 유지나 셸락 등의 천연수지, 페놀수지・요소수지・멜라민수지 등의 합성중합체, 니트로셀룰로오스 등의 변성한 천연중합체 등이 사용된다.

② 도료 첨가제는 도막형성 부요소로서, 건조제나 경화제와 같이 도료의 건조 및 경화에 도움이 되는 성분, 오염방지제나 피막방지제 등과 같이 도막의 성상이나 기능을 향상시키기 위한 성분을 통해 도막의 여러 성질의 향상을 위해 전색제에 소량 첨가된다.

③ 액상의 도료를 만들기 위해서는 휘발성의 용제 또는 희석제(solvent or thinner)를 사용한다. 이들은 칠해진 후 곧 모두 증발하여 최종 도막에는 남아 있지 않는 성분이다.

④ **안료** : 이상의 3가지 구성성분으로 이루어진 도료를 투명도료라고 하는데, 실제로는 이것에 다양한 안료를 용도에 따라 첨가함으로써 착색도료가 된다.

2) 제3208호에는 "합성중합체나 화학적으로 변성한 천연중합체를 기본재료로 하여 비수성 매질(non-aqueous medium)에 분산하거나 용해한 것"이 분류되고, 제3209호에는 이들 기본재료를 수성 매질에 분산하거나 용해한 것이 분류된다. 여기서 수성 매질(水性 媒質)이란 물 또는 물과 수용성 용제의 혼합물로 된 것을 말하고, 비수성 매질은 그 외의 것을 말한다.

그런데 제3208호에는 이러한 합성중합체나 화학적으로 변성한 천연중합체를 기본재료로 하여 비수성 매질에 분산하거나 용해한 것 외에, 이들 기본재료(제3901호~제3913호의 물품)를 휘발성 유기용매(volatile organic solvents)에 용해한 용액을 분류하도록 하고 있다. 이러한 물품은 휘발성 유기용매에 합성중합체나 화학적으로 변성한 천연중합체만을 용해시킨 물품을 말한다. 따라서 반응촉진제・반응억제제 및 가교제 등 중합체의 제조 시에 투입되는 물질은 투입될 수 있으나, 안료나 도료 첨가제 등을 함유하는 물품은 이 물품에 해당되지 않는다. 이 주를 적용하기 위해서는 휘발성 용매의 함유량이 용액 전 중량의 50%를 초과하는 것만이 해당된다. 합성중합체 등의 함유량이 50% 이상이면 제39류로 분류된다. 다만 콜로디온(collodion)은 에테르 및 알코올의 혼합물에 질산셀룰로오스를 용해한 용액으로서, 용매의 함유비율에 관계없이 제39류에 분류된다. 콜로디온은 휘발성 유기용매에 용해한 용액이지만, 도료용도보다는 의료용도 등 기타의 용도로 주로 사용되기 때문이다.

5. 이 류의 "착색제(colouring matter)"에는 유성페인트의 익스텐더(extender)로 사용되는 물품[디스템퍼(distemper) 착색에 적합한 것인지에 상관없다]이 포함되지 않는다.

[익스텐더(extender)로 사용되는 물질들. 이들은 반투명한 물질들로, 따라서 착색력이 낮다.]

1) 도료의 제조에 있어서 도막을 형성하는 전색제에 필요에 따라 각종 안료를 첨가하게 되는데, 이러한 안료에서 가장 대표적인 것이 착색안료와 체질안료이다. 이 중 체질안료(體質顔料)는 extender 또는 filler라고도 하는데, 이들은 착색의 역할보다는 도료의 여러 성질의 개선 혹은 제품 가격의 절감을 목적으로

한 증량제로 사용된다. 이들 익스텐더로는 전색제 등에 고령토(제2507호), 탄산칼슘(제2509호 또는 제2836호), 활석(제2526호) 등을 혼합하여 사용되는 바, 이들은 체질안료로 사용된다 하더라도 제32류에 분류되지 않고 각각의 해당 호에 분류된다.

2) 디스템퍼(distemper)는 주로 글루나 카세인과 같은 결합제를 극소량 첨가한 착색제 또는 광물성 물질로 조성되어 있는 수성도료를 말하는 것으로서, 실내장식・무대배경을 그리는 데 쓰인다. 이러한 디스템퍼에는 위의 익스텐더와 같은 성분이 첨가될 수 있는데, 이렇게 익스텐더가 디스템퍼에 적합한 것이라 할지라도 이들 익스텐더는 각 성분에 따라 해당 호에 분류된다.

6. 제3212호에서 "스탬프용 박(箔)"이란 인쇄에 사용하는 얇은 시트(sheet)의 것(예 : 서적 표지나 모자띠)으로서 다음 각 목의 것으로 된 것을 말한다.

가. 금속의 가루(귀금속의 가루를 포함한다)나 안료를 글루・젤라틴이나 그 밖의 결합제와 응결시켜 만든 것

나. 금속(귀금속을 포함한다)이나 안료를 시트(sheet) 모양의 지지물(어떤 재료이든 상관없다)에 부착시킨 것

1) **제3212호** : 비수성 매질(非水性 媒質)에 분산시킨 안료[금속가루・금속 플레이크(flake)를 포함하며, 페인트・에나멜 제조에 사용되는 액체나 페이스트(paste) 상태인 것으로 한정한다], 스탬프용 박(箔), 소매용 모양이나 포장을 한 염료와 그 밖의 착색제

2) 스탬프용 박(stamping foil)은 손 또는 기계로 압력을 가하여 서적표지나 모자띠(hat band) 등의 인쇄하는 데에 사용된다(used for printing). 이 물품은 박(箔, foil)의 형상이기 때문에 얇은 시트의 모양을 가지고 있다. 이 물품을 만들 때에는 **금속의 가루**(귀금속의 가루를 포함한다)나 안료를 글루・젤라틴이나 그 밖의 결합제와 응결시키거나, **금속**(귀금속을 포함한다)이나 안료를 시트(sheet) 모양의 지지물(어떤 재료이든 상관없다)에 부착시켜 만드는데, 특히 후자의 경우에 금속을 시트 모양의 지지물에 부착시킬 때에 박막을 형성하기 위해 증착이나 음극스퍼터링 등의 방법[75](deposited by vaporisation, cathodic sputtering, etc.)에 의한다.
압연 또는 해머링으로 만든 금속박(metallic foils)은 그 구성재료에 따라 분류된다(예 : 제7108호의 금박・제7410호의 동박・제7607호의 알루미늄박).

◉ 총설

1) 이 류에는 식물성의 유연용 추출물, 합성 유연제(천연의 유연재료와의 혼합 여부를 불문한다), 인조탈회제와 같은 가죽류의 유연제와 탈회제를 분류한다. 또한 식물성・동물성 또는 광물성의 착색제, 합성 유기착색제 및 이러한 착색제에서 얻어지는 많은 조제품(페인트・요업용 착

75 증착(vaporisation)이란 금속을 고온으로 가열하여 증발시켜 그 증기로 금속을 박막상(薄膜狀)으로 밀착시키는 방법을 말하고, 음극스퍼터링(cathodic sputtering)은 방전을 이용하여 음극으로 사용한 금속을 분산시키고, 지지대를 양극으로 하여 그 위에 둔 기판에 흩뿌려진 금속을 부착시켜서 박막을 만드는 방법을 말한다.

색제 · 잉크 등)도 포함되며, 바니시 · 조제드라이어[76] · 퍼티와 같은 각종의 기타 조제품도 포함된다.

2) 제6부의 부주 제3호에는 세트물품에 해당하는 물품의 품목분류에 대한 규정이 있다. 이 규정은 특히 제32류의 물품에도 적절하게 적용될 수 있는데, 그 내용은 다음과 같다.

제3208호부터 제3210호의 특정 페인트와 바니시 또는 제3214호의 매스틱의 경우 여러 가지 성분의 혼합 또는 특정 성분(예 : 경화제)의 첨가는 사용할 때 하며, 해당 성분이 다음과 같은 것이면 이들 호에 분류한다.

① 포장된 형태로 보아서 재포장 없이 함께 사용될 것이 분명한 것

② 동시에 제시되는 것

③ 그 성질 또는 상대적 구성비로 보아 상호보완적임이 인정되는 것

사용할 때 경화제를 첨가하여 사용하는 물품의 경우에 있어서, 그 경화제가 빠져 있더라도 그들의 조성이나 포장상태로 보아 페인트 또는 바니시 또는 매스틱의 조제에 사용할 것이 명백한 것이면 이들 호에 분류한다.

76 조제드라이어(prepared driers)는 건성유의 산화(oxidation)를 용이하게 하여 특정 페인트나 바니시의 건조를 촉진시키는 데 사용하는 혼합물이다.

Chapter 33

제33류 정유(essential oil)와 레지노이드(resinoid), 조제향료와 화장품 · 화장용품

호	호의 용어
3301	정유(essential oil)[콘크리트(concrete)와 앱설루트(absolute)를 포함하며, 테르펜을 제거한 것인지에 상관없다], 레지노이드(resinoid), 추출한 올레오레진(oleoresin), 정유(essential oil)의 농축물[냉침법(冷浸法)이나 온침법(溫浸法)에 따라 얻은 것으로서 유지 · 불휘발성유 · 왁스나 이와 유사한 물질을 매질(媒質)로 한 것으로 한정한다], 정유(essential oil)에서 테르펜을 제거할 때 생기는 테르펜계 부산물, 정유(essential oil)의 애큐어스 디스틸레이트(aqueous distillate)와 애큐어스 솔루션(aqueous solution)
3302	방향성(芳香性) 물질의 혼합물과 방향성(芳香性) 물질의 하나 이상을 기본재료로 한 혼합물(알코올의 용액을 포함하며, 공업용 원료로 사용하는 것으로 한정한다), 방향성(芳香性) 물질을 기본재료로 한 그 밖의 조제품(음료제조용으로 한정한다)
3303	향수와 화장수
3304	미용이나 메이크업용 제품류와 기초화장용 제품류[의약품은 제외하며, 선스크린(sunscreen)과 선탠(sun tan) 제품류를 포함한다], 매니큐어용 제품류와 페디큐어(pedicure)용 제품류
3305	두발용 제품류
3306	구강 · 치과 위생용 제품류[치열 교정용 페이스트(paste)와 가루를 포함한다], 치간 청결용 실로서 개별 소매용으로 포장한 것[치실(dental floss)]
3307	면도용 제품류 · 인체용 탈취제 · 목욕용 조제품 · 탈모제와 그 밖의 조제향료 · 따로 분류되지 않은 화장품이나 화장용품 · 실내용 조제 탈취제(향을 첨가한 것인지 또는 살균성이 있는 것인지에 상관없다)

◉ 류주

1. 이 류에서 다음 각 목의 것은 제외한다.
   가. 천연 올레오레진(oleoresin)이나 제1301호 · 제1302호의 식물성 추출물(extract)
   나. 비누나 제3401호의 기타 물품
   다. 검테레빈유 · 우드테레빈유 · 황산테레빈유나 제3805호의 기타 물품

   다목 : 검테레빈유란 소나무, 전나무나 낙엽송과 같은 침엽수에서 침출한 올레오레진을 증류(보통 수증기로 증류)하여 얻은 휘발성 물질로서, 바니시 · 페인트 및 광택제의 제조나 의약품의 조제에 사용된다. 우드테레빈유는 소나무 그루터기나 그 밖의 수지분이 많은 부분을 수증기증류 또는 분해증류(건류)하여 만든 가장 휘발성이 높은 물품이고, 황산테레빈유는 황산법으로 수지분이 많은 나무에서 목재펄프를 제조할 때 얻어지는 휘발성테르펜 부산물이다.

2. 제3302호에서 "방향성 물질(芳香性 物質, odoriferous substances)"이란 제3301호의 물질, 제3301호의 물질로부터 분리된 향기로운 성분이나, 합성 방향(芳香)물질만을 말한다.

1) 정유(精油, essential oil)는 식물의 특정한 세포에 의해서 만들어진 방향성이 높은 물질을 추출한 것이다. 정유의 추출방법에는 다음과 같은 방법을 주로 사용한다.

① 압착법(expression)

② 수증기 증류법(steam distillation) : 식물원료를 용기에 넣어 수증기를 통과시키면 원료로부터 정유분이 증발한다. 이를 받아내 정유를 함유한 액체를 얻게 되는데, 이를 그대로 방치하면 자연히 정유와 물이 분리된다. 이 과정에서 얻는 물은 애큐어스 디스틸레이트(aqueous distillate)라 하여 여기에는 다소의 정유가 남아 별도로 이용한다. 참고로 애큐어스 솔루션(aqueous solution)은 정유의 수용액을 말한다.

③ 용제추출법(solvent extraction) : 식물원료를 에테르나 벤젠 등과 같은 용제에 넣어 정유를 추출한다. 이것을 증류기로 서서히 가열하여 증기와 함께 휘발성의 용제만을 날려서 용기의 밑에 남은 콘크리트(concrete)란 반고체의 정유성분을 회수한다. 이것을 알코올로 처리하면 최종적으로 더욱 응축된 형태인 앱솔루트(absolute)가 얻어진다.

④ 냉침법(冷沈法, enfleurage) : 정제한 동물성 유지를 바른 유리판 위에 선택한 꽃을 올려 놓고 덮어주면 정유가 꽃에서 유지로 옮겨지고, 유지에 흡수된다. 이 단계의 유지를 "포마드(pomade)"라 부르며, 이 포마드를 알코올 내에서 잘 저어 섞어주면 정유는 알코올에 녹지만 지방은 녹지 않으므로, 정유가 녹아 있는 알코올을 분류하여 알코올만 증발시킨다.

⑤ 온침법(溫沈法, maceration) : 식물성분을 따뜻한 식물성의 유지 안에 넣어 식물성 유지에 정유가 흡수되도록 한다. 이렇게 새로운 식물성분을 계속 투입하여 정유성분의 농도가 충분히 될 때까지 반복한다.

2) 제1302호에는 식물성 수액과 추출물이 분류되는데, 제1302호의 물품과 제3301호의 정유・레지노이드 및 추출된 올레오레진 등은 휘발성의 방향성분(volatile odoriferous constituents)을 가지고 있다는 공통점이 있지만, 제3301호는 휘발성의 방향성분이 주요 성분인 반면에, 제1302호는 이것 외에도 엽록소・탄닌・쓴맛 나는 성분・탄수화물 등의 식물성분을 훨씬 많이 가지고 있다는 점에서 차이가 있다.

제3302호에는 방향성 물질의 혼합물과 방향성 물질의 하나 이상을 기본재료로 한 혼합물, 그리고 방향성 물질을 기본재료로 한 그 밖의 조제품(음료 제조용에 한정)이 분류된다. 여기서 방향성 물질(odoriferous substances)은 제3301호의 방향성 물질, 즉 정유・레지노이드 및 추출된 올레오레진 등과 이러한 방향성 물질로부터 분리해낸 향기로운 성분(odoriferous constituents), 그리고 화학적으로 합성된 합성 방향물질(synthetic aromatics)만을 말한다.

3. 제3303호부터 제3307호까지는 그 호의 물품으로 사용하는 데 적합한 생산품[혼합한 것인지에 상관없으며 정유(essential oil)의 애큐어스 디스틸레이트(aqueous distillate)와 애큐어스 솔루션(aqueous solution)은 제외한다]과, 같은 용도에 적합하도록 소매용 포장을 한 것에 적용한다.

1) 제3303호부터 제3307호까지는 방향성 물질과 관련이 많은 향수·화장품·두발용품·구강용품 및 면도용 제품류·인체용이나 실내용 탈취제 등이 분류된다. 이들 물품은 어떤 성분이 혼합되었는지 여부는 상관이 없으며, 제3303호부터 제3307호에 분류되기 위해서는 아래의 두 가지 조건 중 하나를 충족해야 한다.

① 제3303호~제3307호의 물품으로 사용하는 데 적합한 생산품이어야 한다. 예로 벌크형상의 화장품은 아래의 소매용 포장은 아니지만 제3304호에 분류된다.

② **소매용으로 포장된** 상태의 물품이어야 한다. 예로 석유젤리는 제2712호에 분류되지만 피부보호용으로 소매포장된 석유젤리는 제3304호에 분류된다.

[소매용 포장의 석유젤리는 제33류에 분류된다.]

2) 다만 정유(essential oil)의 애큐어스 디스틸레이트(aqueous distillate)와 애큐어스 솔루션(aqueous solution)은 제외한다. 즉 정유의 애큐어스 디스틸레이트와 애큐어스 솔루션은 제3303호~제3307호의 용도에 적합하거나 소매용 포장으로 되어 있을지라도 제3301호에 분류하고, 제3303호~제3307호에 분류하지 않는다.
정유의 애큐어스 디스틸레이트는 식물을 수증기 증류로 정유를 추출할 때 정유를 제외한 수성부분으로 얻어진다. 정유를 증류물에서 분리한 후에도 약간의 정유성분이 남기 때문에 애큐어스 디스틸레이트는 향기를 가지고 있다.
정유의 애큐어스 솔루션(aqueous solution)은 정유를 물에 녹인 수용액으로서, 이러한 물품은 타물질을 첨가하지 않고 여러 정유를 상호 혼합하거나, 향료(perfumery)나 의약품(medicaments)으로 포장되었을 경우에도 제3301호에 분류된다.

4. 제3307호에서 "조제향료, 화장품, 화장용품(perfumery, cosmetic or toilet preparations)"이란 특히 향낭, 분향, 향지와 화장품을 침투시키거나 도포한 종이, 콘택트렌즈용이나 의안용 수용액, 향료나 화장품을 침투시키거나 도포한 워딩(wadding)·펠트(felt)·부직포, 동물용 화장용품을 말한다.

1) **제3307호** : 면도용 제품류, 인체용 탈취제, 목욕용 조제품, 탈모제와 그 밖의 조제향료·따로 분류되지 않은 화장품이나 화장용품, 실내용 조제 탈취제(향을 첨가한 것인지 또는 살균성이 있는 것인지에 상관없다)

2) 제3307호에는 다른 호에 특게되거나 포함되지 않는 그 밖의 조제향료·화장품·화장용품이 분류되는 바, 여기에는 특히 아래의 물품에 적용된다.

① 향낭(scented sachets)

② 태워서 향을 내는 분향(焚香)

③ 향지(perfumed papers)와, 화장품을 침투시키거나 도포한 종이

④ 콘택트렌즈용이나 의안용 수용액
⑤ 향료나 화장품을 침투시키거나 도포한 워딩(wadding) · 펠트(felt) · 부직포
⑥ 동물용 화장용품 : 개샴푸 등

◉ 총설

1) 제3301호의 정유 및 추출한 올레오레진은 모두 식물재료로부터 추출되며, 추출방법의 채택에 따라 얻어진 물품의 형태가 결정된다. 예를 들면, 수증기 증류공정이 채용되느냐, 유기용제 추출공정이 채용되느냐에 따라 시나몬(cinnamon) 같은 특정 식물에서 정유를 추출하기도 하고 또는 올레오레진을 추출하기도 한다.
   정유(精油, essential oil)는 향료(perfumery)나 식품 및 그 밖의 공업에서 원료로 사용되며 그 원천이 식물이다. 보통 복합성분이며, 알코올 · 알데히드 · 케톤 · 페놀 · 에스테르 · 에테르 및 테르펜을 여러 가지 비율로 함유하고 있다. 대부분의 정유는 휘발성이며, 종이 위에 정유가 묻으면 곧 사라지는 것이 보통이다. 또한 올레오레진(oleoresin)에서, "oleo-"는 기본적으로 기름이라는 뜻을 가지고 있는 말이고, resin은 수지(樹脂)라는 의미이다. 즉 정유(essential oil)는 기름만 쏙 뺀 것이고, 올레오레진(oleoresin)은 기름과 수지가 같이 있는 상태를 말한다. 또한 레지노이드는 향수 · 화장품 · 비누 또는 계면활성제 공업에서 주로 고착제(固着劑, fixatives)로 사용되는 물품이다. 이 물품은 기본적으로 비휘발성의 물질로 구성되며, 건조된 천연의 셀룰러가 아닌(non-cellular) 식물성 수지질의 재료나 건조된 천연동물성 수지질의 재료로부터 추출에 의해 얻어진다.
2) 제33류의 주 제3호와 관련하여, 제3303호~제3307호의 용도 이외에 타 용도에도 적합한 조제품(예 : 바니시와, 방향처리되지 않은 활석 분말, 아세톤, 명반[77]으로서 혼합되지 않은 물품)은 다음의 경우에 한하여 이 류에 분류한다.
   ① 소매용으로 포장되어 있으며 향료 · 화장품류 · 화장용품류 또는 실내용 방취제로 사용된다는 내용의 레이블 · 인쇄물이나 그 밖의 표시를 부착하거나 또는
   ② 명백히 앞에서 설명한 용도에 쓰이도록 특정화된 형상으로 된 것(예 : 작은 병 속에 넣은 손톱용 바니시로서 그 바니시를 사용하는 데 필요한 브러시를 갖추고 있는 것)
3) 류주 제1호에 더하여 다음의 물품은 이 류에서 제외한다.
   ① 피부보호용으로 소매포장된 것 이외의 석유젤리(제2712호)
   ② 의약용 조제품으로서 부차적으로 향료, 화장품류 또는 화장용품류로서의 용도를 가지고 있는 물품(제3003호 또는 제3004호)

---

77 활석 분말은 베이비파우더(제3304호), 아세톤은 바니시 제거제(제3304호), 그리고 명반은 백반이라고도 알려져 있는 것으로서, 손톱에 봉숭아 물을 들일 때에도 사용되는 것이며 탈모제(제3307호)로도 쓰인다. 이들은 제33류에 해당하는 제품으로서의 용도에 맞게 포장이 되어 있는 경우에 한하여 제33류에 분류되고, 그렇지 않은 경우에는 각 재질에 따라 분류된다.

③ 외과수술이나 신체검사 시 신체의 각 부분의 윤활제로 사용되거나 신체와 의료기기 사이의 접착 약품으로서 사람 또는 수의약에 사용되는 겔제품(제3006호)

④ 비누 및 세제를 침투 또는 도포한 비누, 종이, 워딩, 펠트 및 부직포(제3401호)

Chapter 34

제34류 비누 · 유기계면활성제 · 조제 세제 · 조제 윤활제 · 인조 왁스 · 조제 왁스 · 광택용이나 연마용 조제품 · 양초와 이와 유사한 물품 · 조형용 페이스트(paste) · 치과용 왁스와 플라스터(plaster)를 기본재료로 한 치과용 조제품

호	호의 용어
3401	비누, 비누로 사용되는 유기계면활성제품과 조제품[막대(bar) 모양 · 케이크 모양 · 주형 모양으로 된 것으로 한정하며, 비누를 함유한 것인지에 상관없다], 피부세척용 유기계면활성제품과 조제품(액체나 크림 형태의 소매용으로 한정하며, 비누를 함유한 것인지에 상관없다), 비누나 세제를 침투시키거나 도포한 종이 · 워딩(wadding) · 펠트(felt) · 부직포
3402	유기계면활성제(비누는 제외한다), 조제 계면활성제 · 조제 세제(보조 조제 세제를 포함한다) · 조제 청정제(비누를 함유한 것인지에 상관없으며 제3401호의 물품은 제외한다)
3403	조제 윤활유[윤활제를 기본재료로 한 조제 절삭제 · 볼트나 너트 방출제 · 방청제 · 부식방지제 · 이형(mould release) 조제품을 포함한다], 방직용 재료 · 가죽 · 모피나 그 밖의 재료의 오일링처리나 가지처리에 사용하는 조제품[석유나 역청유(瀝青油)의 함유량이 전 중량의 100분의 70 이상인 것을 기본재료로 한 조제품은 제외한다]
3404	인조 왁스와 조제 왁스
3405	신발용 · 가구용 · 마루용 · 차체(coachwork)용 · 유리용 · 금속용 광택제와 크림, 연마페이스트(paste) · 연마가루와 이와 유사한 조제품[이러한 조제품을 침투시키거나 도포하거나 피복한 종이 · 워딩(wadding) · 펠트(felt) · 부직포 · 셀룰러 플라스틱 · 셀룰러 고무 형태의 것인지에 상관없다](제3404호의 왁스는 제외한다)
3406	양초와 이와 유사한 물품
3407	조형용 페이스트(paste)(아동 오락용을 포함한다), 치과용 왁스나 치과용 인상재료[세트로 된 것, 소매용으로 포장된 것, 판 모양 · 말굽 모양 · 막대(stick) 모양이나 이와 유사한 모양의 것으로 한정한다], 플라스터(plaster)(소석고나 황산칼슘으로 만든 것으로 한정한다)를 기본재료로 한 그 밖의 치과용 조제품

◉ 류주

1. 이 류에서 다음 각 목의 것은 제외한다.
   가. 이형(mould release) 조제품으로 사용되는 동물성 · 식물성 지방이나 기름의 식용 혼합물과 조제품(제1517호)
   나. 화학적으로 단일한 화합물
   다. 비누나 그 밖의 유기계면활성제를 함유하는 것으로서, 샴푸 · 치약 · 면도용 크림과 폼(foam) · 목욕용 조제품(제3305호 · 제3306호 · 제3307호)

2. 제3401호에서 "비누(soap)"란 수용성의 비누만을 말하며, 비누와 제3401호의 기타 물품에는 소독제 · 연마가루 · 충전제 · 의약품 등의 물품을 첨가한 것을 포함한다. 이 경우 연마가루를 함유한 물품은 막대(bar) 모양 · 케이크 모양 · 주형 모양(moulded pieces or shapes)으로 된 것으로 한정

하여 제3401호로 분류하며, 그 밖의 모양으로 된 것은 제3405호의 연마가루와 이와 유사한 조제품으로 분류한다.

1) 제3401호에는 다음의 네 부류의 제품이 분류된다.

[모래와 부석(浮石, pumice) 파우더를 함유하는 연마비누. 비누는 "비누로 사용되는 유기계면활성제품과 조제품"과 달리 형상을 따지지 않지만, 연마비누만은 막대 모양·케이크 모양이나 주형 모양으로 된 것이어야 할 것을 요구한다.]

① **비누** : 여기에서의 비누는 오직 수용성 비누, 즉 진정한 비누만을 의미한다. 비누는 음이온 계면활성제의 일종으로, 다양한 종류의 비누가 존재한다. 비누의 기원은 유지와 물, 그리고 식물을 태운 재의 혼합물을 끓여 만든 데에서 시작되었다. 즉 유지가 지방산과 글리세롤로 분해되고, 이 중에 지방산이 식물을 태운 재의 수산화나트륨과 결합하여 비누(염)[78]와 글리세롤로 되는 것이다. 이렇듯 고급 지방산의 염을 총칭하여 비누라 한다. 보통 비누라고 하는 것은 나트륨염이지만, 칼륨이나 그 밖의 금속염도 특수한 용도의 비누로 알려져 있다.

② **유기계면활성제 및 비누로 사용되는 조제품(막대 모양·케이크 모양·주형 모양으로 된 것으로 한정하며, 비누를 함유한 것인지에 상관없다)** : 화장용 또는 세정용 제품과 조제품으로서 활성성분의 전부 또는 일부가 합성 계면활성제인 것(비누가 어떠한 비율로 배합되어도 좋다)을 포함한다. 단, 이들은 막대 모양·케이크 모양·주형 모양, 즉 같은 용도에 쓰이는 비누의 보통 형상의 것에 한정한다.

③ **피부세척용 유기계면활성제품과 조제품(액체 또는 크림형태의 소매용으로 한 것에 한정하며, 비누를 함유한 것인지에 상관없다)** : 다만 목욕용 조제품으로 가향한 목욕탕 염과 거품목욕용 제품류(비누나 그 밖의 유기계면활성제를 함유하고 있는지에 상관없다)는 제3307호에 분류한다.

④ 비누 또는 세제를 침투하거나 도포한 종이·워딩·펠트와 부직포

2) 위의 제3401호에 분류되는 물품에는 소독제·연마가루·충전제·의약품 등의 물품을 첨가한 것을 포함한다. 즉 소량의 페놀·크레졸·나프톨 등의 살균성물질 또는 세균발육저지성물질

78 산과 염기 및 염

① **산(酸, acid)** : 물에 녹았을 때 산성을 나타내는 물질이다. 모든 산은 물에 녹아 수소이온(H^+)을 내는데, 이 때문에 산의 수용액은 신맛을 낸다.

② **염기(鹽基, base)** : 물속에서 이온화하여 수산이온(OH^-)을 내는 물질을 말하며, 주로 쓴맛을 가지고 있고 미끈미끈한 성질을 가진다.

③ **염(鹽, salt)** : 산과 염기가 반응을 일으킬 때 물과 함께 생성되는 물질로서, 산의 음이온과 염기의 양이온으로 만들어지는 화합물이다. 산과 염기가 만나면 산의 H^+와 염기의 OH^-가 반응하면서 물을 만든다. 이때 산에서 H^+가 떨어져 나가고 만들어진 음이온과, 염기에서 OH^-가 떨어져 나가면서 만들어진 양이온이 반응하여 염을 만든다. 비누의 경우를 보면, 산성인 지방산과 염기성인 수산화나트륨이 반응하여 물과 함께 생성되는 것이 염(salt)인 비누이다.

등을 함유하고 있는 소독용 비누, 비누에 모래·실리카·톱밥 등과 같은 물품을 첨가한 연마비누, 붕산·황·술폰아미드 등과 같은 의약물질을 함유하고 약용비누도 제3401호에 분류되고, 이들 비누 제조 시에는 충전제가 들어가기도 한다. 이 경우 연마가루를 함유한 물품은 막대(bar) 모양·케이크 모양·주형 모양으로 된 것으로 한정하여 제3401호로 분류하며, 그 밖의 모양으로 된 것은 제3405호의 연마가루와 이와 유사한 조제품으로 분류한다.

3. 제3402호에서 "유기계면활성제"란 섭씨 20도에서 유기계면활성제를 100분의 0.5의 농도로 물과 혼합하여 같은 온도에서 1시간 두었을 때 다음 각 목의 조건을 모두 충족하는 것을 말한다.
   가. 투명하거나 반투명한 용액이나 불용물이 분리되지 않는 안정된 에멀션(emulsion)을 생성할 것
   나. 물의 표면장력을 미터당 0.045뉴턴(센티미터당 45다인) 이하로 낮출 것

유기계면활성제(organic surface-active agents)란 액체에 용해되어 표면장력을 현저히 저하시키는 작용을 하는 물질을 말한다(이에 대한 자세한 내용은 아래의 총설 참조).

4. 제3403호에서 "석유와 역청유(瀝青油)"란 제27류의 주 제2호의 물품을 말한다.

[합성 엔진오일. 석유와 역청유의 함유량이 70% 미만이면 제3403호에 분류된다.]

   1) 제3403호 : 조제 윤활유[윤활제를 기본재료로 한 조제 절삭제·볼트나 너트 방출제·방청제·부식방지제·이형(mould release) 조제품을 포함한다], 방직용 재료·가죽·모피나 그 밖의 재료의 오일링처리나 가지처리(加脂處理, grease treatment)에 사용하는 조제품[석유나 역청유(瀝青油)의 함유량이 전 중량의 100분의 70 이상인 것을 기본재료로 한 조제품은 제외한다]
   2) 제3403호에는 조제 윤활유 등이 분류되는데, 이들 물품은 많은 경우에 제2710호에 분류되는 "석유와 역청유"와 그 밖의 화학성분을 혼합하여 만들게 된다. 여기에서 제3403호에서 말하는 "석유나 역청유"는 제27류의 주 제2호에서 정의하는 "석유나 역청유"의 정의[79]와 같다.
   조제 윤활유가 석유와 역청유를 사용하지 않았거나 70% 미만으로 사용되었으면 제3403호에 분류될 수 있지만, 석유와 역청유가 70% 이상 차지하면 제2710호에 분류된다.

5. 제3404호에서 "인조 왁스와 조제 왁스(artificial waxes and prepared waxes)"란 다음 각 목의 물품을 말한다.

79 제2710호의 "석유와 역청유(瀝青油)"에는 석유와 역청유(瀝青油)뿐만 아니라 이와 유사한 오일과 혼합 불포화탄화수소를 주성분으로 하는 오일로서 그 제조방법과 관계없이 비방향족(非芳香族) 성분의 중량이 방향족(芳香族) 성분의 중량을 초과하는 것도 포함된다. 다만, 액체상태의 합성폴리올레핀의 경우에는 섭씨 300도(감압증류법으로 증류한 경우에는 1,013밀리바로 환산한 온도)에서 유출된 용량이 전 용량의 100분의 60 미만인 것은 이 규정에서 제외한다(제39류).

가. 왁스의 특성을 가지는 화학적으로 제조된 유기제품(수용성인지에 상관없다)
나. 서로 다른 왁스의 혼합물
다. 한 가지 이상의 왁스를 기본재료로 하여 지방·수지·광물질이나 그 밖의 재료를 함유한 물품으로서 왁스의 특성을 가지는 것을 말한다.

다만, 다음 각 목의 것은 이 호에서 제외한다.[80]
가. 제1516호·제3402호·제3823호의 물품(왁스의 특성이 있는 것인지에 상관없다)
나. 제1521호의 혼합하지 않은 동물성·식물성 왁스(정제한 것인지 또는 착색한 것인지에 상관없다)
다. 제2712호의 광물성 왁스나 이와 유사한 물품(이들을 서로 혼합하거나 단순히 착색한 것인지에 상관없다)
라. 왁스를 액체 매질(媒質)에 분산하거나 용해한 것(제3405호나 제3809호 등)

1) 유지가 카르복시산을 가진 지방산과 알코올의 일종인 글리세롤이 반응하여 얻어진 일종의 에스테르인 반면, 동식물성의 왁스는 주로 특정 종류의 고급 지방산(팔미틴산, 세로틴산 등)과 **글리세롤 이외의** 특정 종류의 알코올의 에스테르로 구성되어 있다. 이러한 동식물성의 왁스는 제15류에 분류된다. 또한 광물성 왁스는 제27류에 분류되는데, 석유의 정제공정로부터 추출하거나 석탄으로부터 얻는다. 동식물성 왁스나 광물성 왁스와 달리 인조 왁스와 조제 왁스는 제3404호에 분류되는데, 인조 왁스와 조제 왁스는 다음의 물품을 말한다.
   ① 왁스의 특성을 가지는 화학적으로 제조된 유기제품(수용성인지에 상관없다). 그러나 합성 또는 기타의 방법으로 제조된 제2712호의 왁스는 제외되는 데, 이러한 왁스에는 합성 파라핀왁스와 합성 마이크로크리스털린왁스 등이 있다.

---

80 제1516호 : 동물성·식물성 지방과 기름 및 이들의 분획물[전체적으로나 부분적으로 수소를 첨가한 것, 인터에스텔화한(inter-esterified) 것, 리에스텔화한(reesterified) 것, 엘라이딘화한(elaidinised) 것으로 한정하며, 정제했는지에 상관없으며 더 이상 가공한 것은 제외한다]
제3402호 : 유기계면활성제(비누는 제외한다), 조제 계면활성제·조제 세제(보조 조제 세제를 포함한다)·조제 청정제(비누를 함유한 것인지에 상관없으며 제3401호의 물품은 제외한다)
제3823호 : 공업용 모노카르복시 지방산, 유지를 정제할 때 생긴 애시드유(acid oil), 공업용 지방성 알코올
제1521호 : 식물성 납(蠟)[트리글리세라이드(triglyceride)는 제외한다]·밀랍(蜜蠟)과 그 밖의 곤충납(昆蟲蠟)·경납(鯨蠟)(정제했는지 또는 착색했는지에 상관없다)
제2712호 : 석유젤리·파라핀왁스·마이크로크리스털린(microcrystalline) 석유왁스·슬랙왁스(slack wax)·오조케라이트(ozokerite)·갈탄왁스·토탄왁스, 그 밖의 광물성 왁스와 합성이나 그 밖의 공정에 따라 얻은 이와 유사한 물품(착색한 것인지에 상관없다)
제3405호 : 신발용·가구용·마루용·차체(coachwork)용·유리용·금속용 광택제와 크림, 연마페이스트(paste)·연마가루와 이와 유사한 조제품[이러한 조제품을 침투시키거나 도포하거나 피복한 종이·워딩(wadding)·펠트(felt)·부직포·셀룰러 플라스틱·셀룰러 고무 형태의 것인지에 상관없다](제3404호의 왁스는 제외한다)
제3809호 : 완성가공제, 염색 촉진용·염료 고착용 염색캐리어, 드레싱·매염제와 같은 그 밖의 물품과 조제품(섬유산업·제지산업·가죽산업 그 밖에 이와 유사한 산업에 사용하는 것으로서 따로 분류되지 않은 것으로 한정한다)

② 둘 이상의 서로 다른 동물성 왁스·서로 다른 식물성 왁스 또는 서로 다른 기타 왁스의 혼합에 의하여 얻어진 물품 또는 서로 다른 종류(동물성·식물성 또는 기타)의 왁스를 혼합하여 얻어진 물품. 그러나 **광물성 왁스의 혼합물**은 제2712호에 그대로 분류된다.

③ 한 가지 이상의 왁스를 기본재료로 하여 지방·수지·광물질이나 그 밖의 재료를 함유한 물품으로서 왁스의 특성을 가지는 것

2) 위에서 왁스의 특성(waxy character)이라 함은 다음의 특성[81]을 말한다.

① 40℃ 이상의 온도에서 드롭핑 포인트(dropping point)를 가져야 한다.

② 회전점도계기(rotational viscometry)로 측정한 점도가 드롭핑 포인트에 10℃를 더한 온도에서 10Pa·s(또는 10,000cP)보다 커서는 안 된다.

※ 추가해서, 그러한 물품은 보통 다음과 같은 특성을 나타낸다.

(a) 부드럽게 문지르면 광택이 난다.

(b) 밀도와 용해성은 온도에 크게 영향을 받는다.

(c) 20℃에서 : (i) 찐득찐득하거나 액상은 아니지만 부드럽고 반죽이 가능한 것(소프트 왁스)도 있고, 부서지기 쉬운 것(하드 왁스)도 있다. (ii) 투명하지는 않으나 반투명할 수도 있다.

(d) 40℃ 이상의 온도에서는 분해됨이 없이 용해한다.

(e) 융점보다 약간 높은 온도에서는 쉽게 실같이 가느다랗게 뽑아지지 않는다. 즉 위의 40℃ 이상에서는 드롭핑 포인트(dropping point)를 갖는다는 내용과 상통한다.

(f) 열과 전기의 전도성이 낮다.

3) 다만, 다음 각 목의 것은 제3404호에서 제외한다.

① 제1516호·제3402호·제3823호의 물품(왁스의 특성이 있는 것인지에 상관없다). 동물성·식물성 지방과 기름 및 이들의 분획물(제1516호), 유기계면활성제·조제 계면활성제·조제 세제·조제 청정제(제3402호) 및 공업용 모노카르복시 지방산·유지를 정제할 때 생긴 애시드유(acid oil)·공업용 지방성 알코올(제3823호)은 이들이 왁스의 특성이 있는 것인지 여부를 불문하고, 각각의 호에 분류하고 제3404호의 왁스로 보지 않는다.

② 제1521호의 혼합하지 않은 동물성·식물성 왁스(정제한 것인지 또는 착색한 것인지에 상관없다).

③ 광물성 왁스나 제2712호의 이와 유사한 물품(이들을 서로 혼합하거나 단순히 착색한 것인지에 상관없다). 동물성 왁스나 식물성 왁스는 혼합하는 경우에 제3404호에 분류되지만, 광물성 왁스의 경우에는 광물성 왁스끼리 혼합하는 경우라 하더라도 제2712호에 분류된다.

④ 왁스를 액체 매질(媒質)에 분산하거나 용해한 것(제3405호나 제3809호 등). 왁스는 일반적

81 왁스의 특성을 보면 주로 점도가 낮아, 비교적 낮은 온도에서 액상으로 뚝뚝 떨어지는 드롭핑 포인트(dropping point)를 갖는다는 데 있다. 윤활유는 점도가 높아야 하는 것이 가장 중요한 특징인데, 이로 인해 윤활유 제조 시에 반드시 탈랍공정(dewaxing process)를 거친다.

으로 고체형상이나 페이스트상이다. 이러한 왁스를 액체 매질에 분산하거나 용해한 것은 제3505호의 광택제나 제3809호의 섬유산업·제지산업·가죽산업 등에서 사용되는 완성가공제 등으로 보아 제3404호에서 제외된다.

◉ 총설

1) 이 류에는 비누, 특정의 조제 윤활제·조제 왁스·특정의 광택제 또는 세척제·양초 등과 같이 주로 유지나 왁스를 공업적인 처리를 하여 얻어진 물품이 포함되며, 특정의 인조제품(예 : 계면활성제·계면활성조제품 및 인조 왁스)도 포함된다. 이 류에는 화학적으로 단일인 화합물 및 혼합 또는 조제하지 않은 천연산물은 제외된다.

2) **계면활성제(界面活性劑, surface active agent 또는 surfactant)**[82]

① 화학물질은 극성 용매에는 극성분자들이 잘 녹고, 비극성 용매에는 비극성 분자들이 잘 녹는다. 그런데 물은 극성이고 기름은 비극성이라 서로 섞이지 않는다.

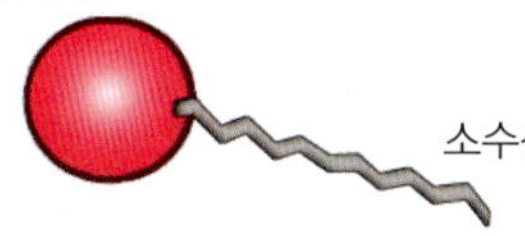

[계면활성제 분자는 친수성 부분과 소수성 부분으로 나뉘어져 있다.]

계면활성제 분자는 하나의 분자 안에 친수성(親水性, hydrophilic)과 소수성(疏水性, hydrophobic) 부분을 동시에 지니고 있다. 계면활성제 분자의 머리는 극성이고 친수성, 꼬리는 비극성이고 소수성이다. 머리부분이 어떤 모습을 하고 있느냐에 따라 음이온, 양이온, 비이온 및 양성활성제로 나뉜다.

물은 표면장력이 큰 액체이다. 액체 내의 물분자들은 주위에 있는 같은 물분자들에 의해 서로 끌려서 안정화가 된다. 반면에 계면에 노출된 물분자들은 상대적으로 불안정하다. 그러므로 물은 표면에 가급적이면 공기와 접촉할 수 있는 부분을 줄여서 안정한 상태를 유지하려고 한다.

② 우선 물에 계면활성제를 첨가하면 물보다 가벼운 계면활성제는 물 표면에 뜨게 되고 이로 인해 물의 표면장력이 약해진다. 계면활성제 분자가 일정농도(임계미셀농도, critical micelle concentration)를 넘어서면 친수성인 계면활성제의 머리부분이 물 쪽으로 노출되는 둥근 형태를 띠는 **미셀(micelle)**이라는 입자가 형성된다. 옷에 낀 때는 주로 기름성분인데, 미셀입자는 물속에 들어가면 친수성의 머리부분이 물속에 구석구석 침투하고, 친유성의 꼬리부분에 기름이 갇히게 되어, 이후에 미셀을 씻어내면 때가 빠지게 된다.

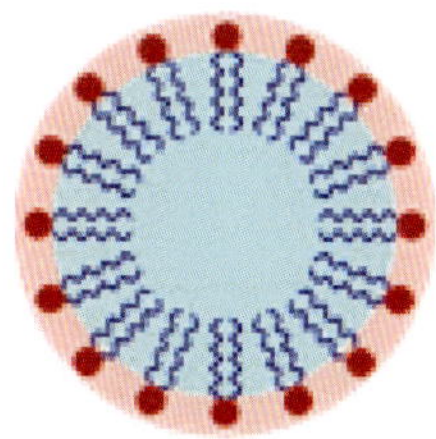
[micelle. 물속에서 친수성의 머리부분이 바깥쪽을 향한다.]

③ 계면활성제를 넣은 물은 미셀입자들로 인해서 빛이 산란되기에 용액 전체가 뿌옇게 보인다. 물에 약간의 기름을 같이 넣고 흔들면 기름은 작은 입자로 쪼개져서 물속에 분산되지

82 자료 : 네이버캐스트

만, 흔드는 것을 멈추면 기름입자들은 다시 뭉친다. 에멀션(emulsion)은 물과 기름과 같이 서로 섞일 수 없는 액체들이 분산된 상태를 말하는데, 즉 한 종류의 액체가 작은 입자로 다른 종류의 액체 내에 분산되어 있는 상태가 에멀션(emulsion)이다. 분산된 작은 입자들이 안정되어 에멀션 상태를 오래 유지하기 위해 계면활성제를 첨가한다. 우유도 물에 지방과 지질·단백질이 잘 분산된 에멀션 상태인데, 이는 자연산 계면활성제인 레시틴이 들어 있어 오랫동안 그 상태를 유지하는 것이다. 계면활성제는 따라서 유화제(乳化劑, emulsifier)의 원료로 사용되는데, 이는 미셀의 안쪽에 반대되는 성분을 가두어 안고 있을 수 있기 때문이다. 예로 물속에서 위의 미셀 안쪽에는 기름성분을 가두어 안고 물속에 분산되어 있을 수 있다.

Chapter 35

제35류 단백질계 물질, 변성전분, 글루(glue), 효소

호	호의 용어
3501	카세인(casein)·카세인산염(caseinate)과 그 밖의 카세인(casein) 유도체, 카세인 글루(casein glue)
3502	알부민(건조물 상태에서 계산한 유장단백질의 함유량이 전 중량의 100분의 80을 초과하는 둘 이상의 유장단백질의 농축물을 포함한다)·알부민산염과 그 밖의 알부민 유도체
3503	젤라틴[직사각형(정사각형의 것을 포함한다) 시트(sheet) 모양인 것을 포함하며, 표면가공이나 착색한 것인지에 상관없다]과 젤라틴 유도체, 아이징글라스(isinglass), 그 밖의 동물성 글루(glue)[제3501호의 카세인 글루(casein glue)는 제외한다]
3504	펩톤(peptone)과 이들의 유도체, 그 밖의 단백질계 물질과 이들의 유도체(따로 분류되지 않은 것으로 한정한다), 하이드파우더(hide powder)(크롬명반을 첨가한 것인지에 상관없다)
3505	덱스트린과 그 밖의 변성전분[예: 프리젤라티나이지드(pregelatinised) 전분이나 에스테르화 전분], 전분·덱스트린이나 그 밖의 변성전분을 기본재료로 한 글루(glue)
3506	조제 글루(glue)와 그 밖의 조제 접착제(따로 분류되지 않은 것으로 한정한다), 글루(glue)나 접착제로 사용하기에 적합한 물품[소매용으로 한 글루(glue)나 접착제로서 순중량이 1킬로그램 이하인 것으로 한정한다]
3507	효소와 따로 분류되지 않은 조제 효소

류주

1. 이 류에서 다음 각 목의 것은 제외한다.
   가. 효모(제2102호)
   나. 제30류의 혈액 분획물(혈액알부민으로서 치료용이나 예방용으로 조제되지 않은 것은 제외한다), 의약품이나 그 밖의 의료용품
   다. 유연전(柔軟前) 처리용 효소 조제품(제3202호)
   라. 효소계의 조제 침지제(沈漬劑, soaking preparations), 조제 세제, 제34류의 기타 물품
   마. 경화 단백질(제3913호)
   바. 인쇄공업용 젤라틴제품(제49류)

2. 제3505호에서 "덱스트린"이란 환원당을 함유한 전분 분해물품(덱스트로스로 표시된 환원당의 함유량이 건조한 상태에서 전 중량의 100분의 10 이하인 것으로 한정한다)을 말한다. 다만, 환원당의 함유량이 전 중량의 100분의 10을 초과하는 물품은 제1702호로 분류한다.

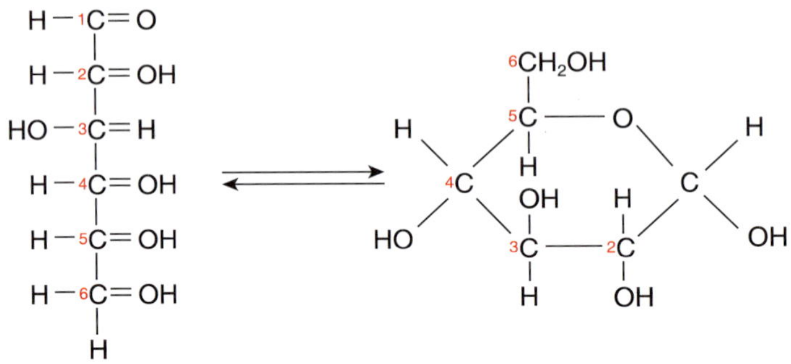

[오른쪽 고리 모양의 것이 포도당이고, 왼쪽이 이를 펼쳤을 때의 화학구조이다. 탄소 고리 안에 산소 하나가 탄소와 이중결합을 하면서 자리 잡고 있다. 이러한 알데히드 구조를 가지고 있기 때문에 위의 포도당은 환원성을 가지게 된다.]

1) 제3505호 : 덱스트린과 그 밖의 변성전분[예 : 프리젤라티나이지드(pregelatinised) 전분이나 에스테르화 전분], 전분·덱스트린이나 그 밖의 변성전분을 기본재료로 한 글루(glue)
2) 덱스트린(dextrins)이란 전분[또는 녹말(starch)]보다 분자량이 작은 다당류의 총칭으로, 전분(녹말)을 산·열·효소 등으로 분해시킬 때 녹말~맥아당(maltose)의 중간단계에서 생기는 물질이다.
   환원당(還元糖, reducing sugar)이란 분자 내에 환원성을 갖는 알데히드(aldehyde, −CHO)기나 케톤(ketone, −CO)기를 가지고 있어[83] 다른 물질을 환원시킬 수 있는 당을 의미한다. 포도당·과당·맥아당 등이 포함되며, 설탕을 제외한 단당류와 이당류는 모두 환원당이다. 반면에 설탕이나 전분은 비환원당이다.
   전분의 가수분해 정도는 덱스트로스 당량(當量, dextrose equivalent)으로 나타내게 되는데, 고형분 중의 환원당의 비율로 표시된다. 예로 결정포도당은 99~100%, 물엿 35~50% 정도이고, 덱스트린은 10% 이하이다. HS에서 덱스트로스 당량이 10%를 초과하게 되면, 이는 제35류의 덱스트린으로 보지 않고, 제17류의 당류로 본다.

◉ 총설

1) 제34류가 유지나 왁스와 연관이 있는 조제품을 주로 분류하고 있는 반면에, 제35류에서는 단백질과 관련된 물품 및 전분과 관련된 물품이 분류된다. 즉 제35류에는 카세인·알부민·젤라틴과 그 밖의 단백질계 물질과 변성전분, 그리고 조제접착제 및 효소가 분류된다.
2) 단백질(protein) : 단백질은 아미노산(amino acid)이라고 하는 비교적 단순한 분자들이 연결되

83 탄소와 산소의 이중결합, 즉 C=O의 기(基)를 카르보닐기(carbonyl group)라 하는데, 이것에 2개의 유기원자단이 붙어 있으면 케톤(ketone, −RCOR'), 그 중 하나가 수소이면 알데히드(aldehyde, −RCHO)라 한다.

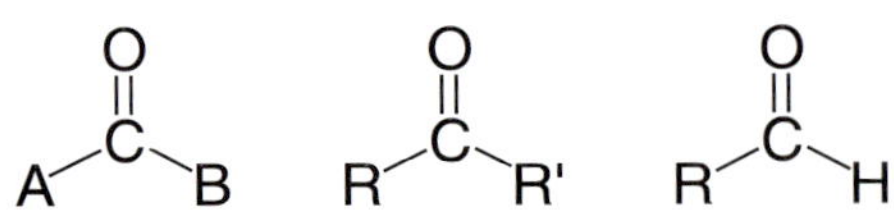

어 만들어진 복잡한 분자로, 대체적으로 분자량이 매우 큰 편이다. 단백질을 이루고 있는 아미노산에는 약 20종류가 있는데, 이 아미노산들이 **펩티드 결합(peptide bond)**이라고 하는 화학결합을 통해 서로 연결되어 폴리펩티드(polypeptide)를 만든다. 넓은 의미에서 단백질도 폴리펩티드라 할 수 있으며, 일반적으로는 분자량이 비교적 작으면 폴리펩티드라 하고, 분자량이 매우 크면 단백질이라고 한다.

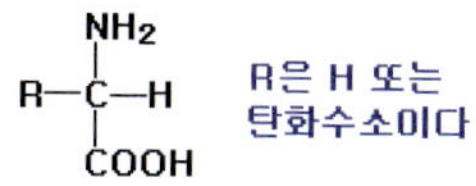

[아미노산의 구조]

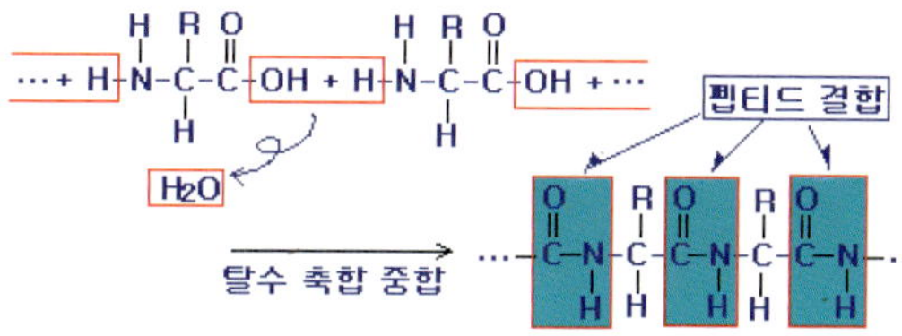

[폴리펩티드의 생성과 기본 구조]

[아미노산과 펩티드 결합. 아미노산에는 아미노기($-NH_2$)가 있다. 펩티드 결합은 물이 빠지면서 생성되는 축합반응을 통해 이루어진다.]

3) **탄수화물(炭水化物, carbohydrate)** : 녹말, 셀룰로오스, 포도당 등과 같이 일반적으로 탄소·수소·산소의 세 원소로 이루어져 있는 화합물이다. 생물체의 구성성분이거나 에너지원으로 사용되는 등 생물체에 꼭 필요한 화합물이다. 당류(糖類) 또는 당질(糖質)이라고도 부른다. $C_n(H_2O)_m$의 일반식을 가지는데, 이것이 마치 탄소와 물분자(H_2O)로 이루어져 있는 것처럼 보이기 때문에 탄소의 수화물이라는 뜻에서 탄수화물이라는 이름이 붙었다.

탄수화물은 그것을 구성하는 단위가 되는 당의 수에 따라 단당류·소당류(올리고당) 및 다당류로 구분한다. 예를 들어, 포도당은 단당류의 일종으로 녹말(전분)을 형성하는 기본 단위가 되기도 한다. 녹말(전분)은 그 단위가 되는 포도당이 무수히 많이 연결되어 만들어진 분자로 다당류에 속한다. 소당류는 몇 개의 단당류가 **글리코시드 결합(glycoside bond)**을 통해 연결된 것으로, 단당류가 2개 결합한 것을 이당류(二糖類, disaccharide)라고 하며, 자당(sucrose)·맥아당(maltose) 등이 그 예이다. 같은 식으로 3개가 결합한 것을 삼당류, 4개가 결합한 것을 사당류라 부른다. 다당류는 수없이 많은 단당류가 글리코시드 결합으로 연결된 것이며, 분자량은 수천에서 100만을 넘는 것도 있다. 이를 다시 정리하면 다음과 같다.

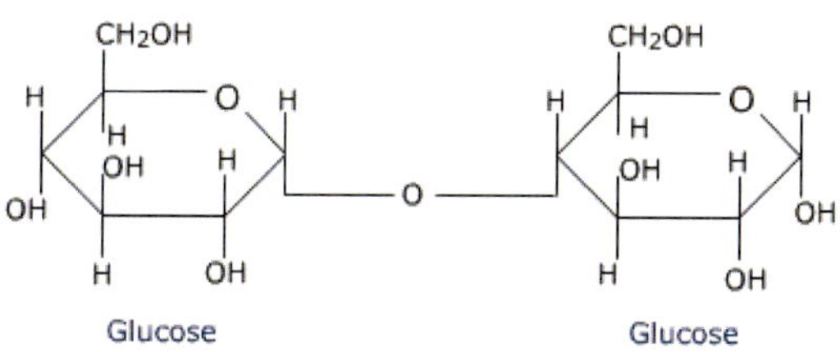

[맥아당은 포도당 두 분자가 **글리코시드 결합**된 것이다. 두 개의 포도당의 OH가 결합하여 물이 빠지면서 중간에 O로 연결되어 있다.]

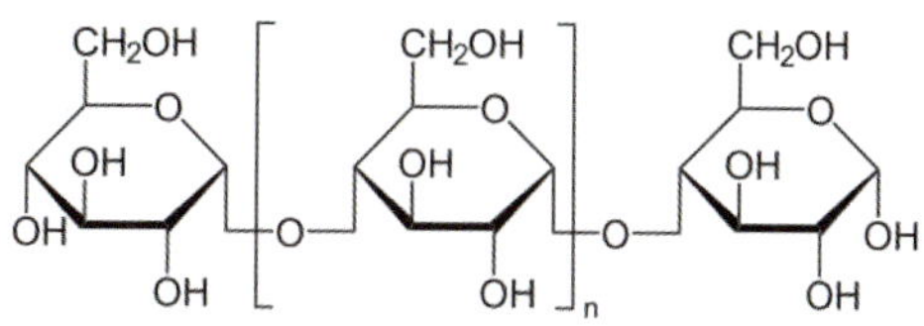

[덱스트린은 포도당이 맥아당보다 더 많이 결합된 형태이다.]

① 단당류(單糖類, monosaccharide) : 탄수화물의 단위체이다. 다당류(녹말 · 셀룰로오스 등)를 산 또는 효소로 가수분해했을 때 생기는 당으로서, 포도당 · 과당 · 갈락토스 · 마노스 · 리보스 등이 있다. 이 중 포도당과 과당을 화학적으로 순수하다 하더라도 제17류에 분류하고, 갈락토스와 마노스, 리보스 등은 제29류의 당류로서 분류된다.

② 다당류(多糖類, polysaccharide) : 단당류 2개 이상이 글리코시드 결합하여 큰 분자를 만들고 있는 당류이다.

③ 소당류(少糖類, oligosaccharide) : 올리고당.[84] 다당류 중에서도 구조단위가 2~10개인 다당류. 다당류 가운데 구조가 비교적 간단하고, 용해도나 맛 그리고 화학적 성질 따위가 단당류와 비슷하다. 제17류에 분류되는 자당 · 유당 · 맥아당은 모두 이당류이다.

4) 효소(酵素, enzyme) : 효소란 생체 내의 각종 화학반응에서 자신은 변화하지 않으나 반응속도를 빠르게 하는 단백질을 말한다. 즉, 단백질로 만들어진 촉매라고 할 수 있다.

효소는 아무 반응이나 비선택적으로 촉매하는 것은 아니다. 한 가지 효소는 한 가지 반응만을, 또는 극히 유사한 몇 가지 반응만을 선택적으로 촉매하는 기질특이성을 가지고 있다. 기질(基質, substrate)이란 효소에 의하여 반응속도가 커지게 되는 물질, 즉 효소에 의하여 촉매작용을 받는 물질을 말한다. 효소에 기질특이성이 있는 것은 효소와 기질이 마치 자물쇠와 열쇠의 관계처럼 공간적 입체구조가 꼭 들어맞는 것끼리 결합하여, 그 결과 기질이 화학반응을 일으키기 때문이라고 설명하는 이론이 있다.

국제적으로 교역대상이 되는 중요한 효소로는 우유를 응고시키는 응유효소인 레네트, 소화효소인 펩신 · 트립신 · 아밀라제 · 프로테아제 등이 있다.

84 oligo-라는 말은 '소수'라는 의미를 가지고 있다.

Chapter 36

제 36 류 화약류, 화공품, 성냥, 발화성 합금, 특정 가연성 조제품

호	호의 용어
3601	화약
3602	폭약(화약은 제외한다)
3603	도화선, 도폭선, 뇌관, 점화기, 전기뇌관
3604	불꽃제품 · 신호용 조명탄 · 레인로켓(rain rocket) · 안개 신호용품과 그 밖의 화공품
3605	성냥(제3604호의 화공품은 제외한다)
3606	페로세륨 · 그 밖의 발화성 합금(어떤 모양이라도 가능하다), 이 류의 주 제2호의 가연성 재료의 제품

◉ 류주

1. 이 류에서는 화학적으로 단일한 화합물을 포함하지 않는다. 다만, 주 제2호 가목이나 나목의 물품은 제외한다.

2. 제3606호에서 "가연성 재료의 제품(articles of combustible materials)"이란 다음 각 목의 것만을 말한다.
   가. 메타알데히드 · 헥사메틸렌테트라민과 이와 유사한 물질을 연료로 사용하기 위한 모양으로 포장한 것[예 : 둥글넓적한(tablet) 모양, 막대(stick) 모양이나 이와 유사한 모양], 알코올을 기본재료로 한 연료와 이와 유사한 조제연료(고체나 반고체상태로 한정한다)
   나. 흡연용 라이터나 이와 유사한 라이터를 충전하거나 재충전하기 위하여 사용되는 용기(용량이 300세제곱센티미터 이하인 것으로 한정한다)에 넣어진 액체연료 · 액화가스연료
   다. 수지 토치(resin torch) · 불쏘시개(firelighter)와 이와 유사한 물품

[수지 토치(resin torch). 비교적 장시간 사용이 가능하고 휴대할 수 있다.]

1) 페로세륨 · 그 밖의 발화성 합금(어떤 모양이라도 가능하다), 이 류의 주 제2호의 가연성 재료의 제품
2) 제3606호에 분류되는 "흡연용 라이터나 이와 유사한 라이터를 충전하거나 재충전하기 위하여 사용되는 용기(용량이 300세제곱센티미터 이하인 것으로 한정한다)에 넣어진 액체연료 · 액화가스연료"는 흡연용 라이터나 이와 유사한 라이터의 충전이나 재충전용에 한정한다. 라이터라 함은 전기적 · 기계적 구조에 의해 불을 붙이는 점화 기구를 말하는 것이므로, 휴대용 가스 스토브의 연료로 사용하는 액화부탄카트리지는 이 호에 분류되지 않고 제27류에 분류된다.

3) 수지 토치(resin torch)는 비교적 장시간 동안 빛을 낼 수 있는 물품으로, 이는 가연성물질에 수지・아스팔트・피치 등을 침투시킨 것으로서 보통 봉이나 손잡이에 붙이거나 종이・직물 또는 그 밖의 재료에 싸여 있다. 그리고 불쏘시개(firelighter)는 짧은 시간에 격렬히 타서 연료(나무・석탄・코크스・연료유 등)에 불을 붙이는 것으로서, 흔히 번개탄이라고 하는 것도 이에 속한다.

◉ 총설

1) 이 류에는 화약류 및 폭약류를 포함한다. 이러한 물품은 연소에 필요한 산소분을 함유하며 연소할 때 고온에 대량의 가스를 발생하는 것을 특징으로 한 혼합물이다. 또한 화약 및 폭약의 점화에 필요한 보조조제품(전관, 뇌관 등)도 이 류에 분류한다. 폭발성, 발화성 또는 가연성의 조제품으로서 빛・소리・연기・불꽃 또는 스파크를 내는 것을 목적으로 한 것(예 : 불꽃제품・성냥・페로세륨 및 특정 조제연료)도 이 류에 분류된다.
2) 화학적으로 단일한 화합물은 이 류에서 제외된다(보통 제28류, 제29류). 단, 제3606호에 분류되는 다음의 물품은 예외이다.
   ① 액체연료 또는 액화가스연료(예 : 석유・액화부탄) : 충전 또는 재충전하는 끽연용 또는 이와 유사한 라이터용의 것으로서 용량이 300㎤ 이하의 용기(앰플・병・캔 등)에 넣은 것에 한한다. 그러나 흡연용 또는 이와 유사한 라이터의 **일부를 구성하는** 보충용 카트리지나 그 밖의 용기(연료가 들어 있는지 여부를 불문한다)는 제3606호에서 제외되고 제9613호의 "흡연용 라이터와 그 밖의 라이터와 이들의 부분품"으로 분류된다.
   ② 다음의 고체연료
      • 메타알데히드(metaldehyde)와 헥사메틸렌테트라민(hexamethylenetetramine)을 연료로 사용하기 위하여 둥글넓적한 모양(tablets)・막대 모양(sticks) 또는 이와 유사한 형상으로 한 것. 이렇게 고체상태 이외 모양(예 : 분말・결정형)으로 만들어진 경우에는 이들 물질은 이 호에서 제외되며 각각 제2912호 또는 제2933호에 분류된다.

[메타알데히드는 화학적으로 단일하더라도, 일정 고체형상의 경우에는 제36류에 분류된다.]

      • 그 밖의 화학물질(화학적으로 단일인지의 여부를 불문한다)로서 연료로 사용하기 위해 둥글넓적한 모양・막대 모양 또는 이와 유사한 형상으로 만든 물질

Chapter 37

제37류 사진용이나 영화용 재료

호	호의 용어
3701	평면 모양 사진플레이트 · 평면 모양 사진필름(감광성이 있고 노광하지 않은 것으로 한정하며, 종이 · 판지 · 직물로 만든 것은 제외한다), 평면 모양 인스턴트 프린트필름(감광성이 있고 노광하지 않은 것으로 한정하며, 팩으로 된 것인지에 상관없다)
3702	롤 모양 사진필름(감광성이 있고 노광하지 않은 것으로 한정하며, 종이 · 판지 · 직물로 만든 것은 제외한다)과 롤 모양 인스턴트 프린트필름(감광성이 있고 노광하지 않은 것으로 한정한다)
3703	사진 인화지 · 판지 · 직물(감광성이 있고 노광하지 않은 것으로 한정한다)
3704	사진플레이트 · 필름 · 인화지 · 판지 · 직물(노광한 것으로서 현상하지 않은 것으로 한정한다)
3705	사진플레이트와 필름(노광하여 현상한 것으로 한정하며, 영화용 필름은 제외한다)
3706	영화용 필름(노광하여 현상한 것으로 한정하며, 사운드트랙이 있는 것인지 또는 사운드트랙만으로 구성된 것인지에 상관없다)
3707	사진용 화학조제품[바니시(varnish) · 글루(glue) · 접착제와 이와 유사한 조제품은 제외한다], 사진용 단일 물품(일정 소량으로 나누거나 그대로 사용할 수 있는 모양인 소매용으로 한정한다)

◉ 류주

1. 이 류에서 웨이스트(waste)나 스크랩(scrap)은 제외한다.

사진용 필름이나 영화용 필름에는 감광성의 유제로서 은화합물이 포함되어 있는데, 이와 같이 주로 귀금속 회수용으로 사용되는 귀금속 또는 귀금속화합물이 함유된 사진용 또는 영화용 필름 웨이스트와 스크랩은 제7112호에 분류된다. 그 밖의 사진용 또는 영화용 웨이스트와 스크랩은 구성재질에 따라 분류된다(예 : 플라스틱인 경우는 제3915호, 종이일 경우는 제4707호에 분류된다).

2. 이 류에서 "사진(photographic)"이란 광선이나 복사선에 따라 감광성면에 직접·간접으로 가시상(可視像)을 형성하는 것을 말한다.

[negative film에서 실물의 밝은 부분은 필름면에 어둡게 나온다.]

◉ 국내주

1. 영화필름 중 네거티브에는 마스터포지티브류(masterpositives)를 포함한다.

Negative film은 필름면에 나타나는 이미지가 실물과 반대인 필름을 말한다. 실물의 밝은 부분은 필름면에 어둡게 나타나고 실물의 어두운 부분은 필름면에 밝게 나타난다. 마스터포지티브는 영사용보다는 보호나 복제를 위해 오리지널 네거티브로부터 만들어진 특별한 포지티브 필름으로, 마스터 필름(master film)이라고도 한다. 이것은 상영용 네거티브 필름을 복제하기 위한 일시적인 필름으로, 영상의 선명도가 매우 우수하다.

2. 영화필름의 단수계산에 있어서는 50센티미터 이상의 것은 1미터로 하고, 50센티미터 미만의 것은 계산하지 않는다.

3. "합작영화"란 우리나라의 국민과 외국인이 공동으로 제작한 영화를 말한다.

◉ 총설

1) 제37류에 해당되는 사진용 플레이트 · 필름 · 종이 · 판지 및 직물은 단색 또는 천연색으로 재생하기 위하여 감광성 물질이 필요한 반응을 일으키는 데 충분한 에너지를 가진 광선 또는 그 밖의 방사선(감마선, X선, 자외선 및 근적외선을 포함한다)으로 감광되는 일층 이상의 **유제층**(layers of any emulsion sensitive to light or other forms of radiation)을 가지고 있다. 그러나 특정의 플레이트는 유화제를 도포하지 않고 전체 또는 대부분이 감광성의 플라스틱 물질(지지물에 부착하는 경우도 있다)로 구성되어 있다.
   가장 보편적인 **감광성[85]의 유제**는 할로겐화은(브롬화은, 요오드브롬화은 등) 또는 그 밖의 귀금속염을 기본재료로 한 것이다. 그러나 특정한 그 밖의 물질을 사용하는 경우도 있다.
2) 이 류에 해당하는 **플레이트 및 필름**은 노광(exposed)하지 않은 것, 즉 광선이나 그 밖의 방사선의 작용을 아직 받지 않은 것과, 노광한 것으로서 현상(現像, developed)한 것[86] 또는 현상하지 않은 것을 말한다. 또한 사진용의 **종이 · 판지 및 직물**은 노광하지 않은 것 또는 노광된 것(네거티브나 포지티브)은 현상하지 않은 것에 한하여 이 류에 포함되며, 현상한 것은 제49류 또는 제11부에 분류된다.

85 감광성(感光性, photo-sensitivity)은 브롬화은 등의 물질이 광선이나 X선 · γ선 · 중성자선과 같은 방사선에 의해서 변화하는 성질이다.

86 즉, 화상을 가시적으로 나타내도록 화학처리를 한 것을 말한다.

Chapter 38

제38류 각종 화학공업 생산품

호	호의 용어
3801	인조흑연, 콜로이드흑연 · 반콜로이드흑연, 흑연이나 그 밖의 탄소를 기본재료로 한 조제품[페이스트(paste) · 블록 · 판 모양이나 그 밖의 반제품으로 한정한다]
3802	활성탄, 활성화한 천연의 광물성 생산품, 수탄(獸炭)[폐수탄(廢獸炭)을 포함한다]
3803	톨유(tall oil)(정제한 것인지에 상관없다)
3804	목재펄프를 제조할 때 생기는 폐액(廢液)[농축한 것인지, 당류를 제거한 것인지 또는 화학적으로 처리한 것인지에 상관없으며 리그닌 술폰산을 포함하나, 제3803호의 톨유(tall oil)는 제외한다]
3805	검테레빈유 · 우드테레빈유 · 황산테레빈유와 그 밖의 테르펜계유(증류나 그 밖의 방법에 따라 침엽수에서 얻은 것으로 한정한다), 가공하지 않은 디펜틴, 아황산테레빈과 그 밖의 가공하지 않은 파라시멘, 파인유(pine oil)(주성분이 알파테르피네올인 것으로 한정한다)
3806	로진(rosin) · 수지산과 이들의 유도체, 로진 스피릿(rosin spirit)과 로진유(rosin oil), 런검(run gum)
3807	목(木)타르, 목(木)타르유, 목(木)크레오소트(creosote), 목(木)나프타, 식물성 피치(pitch), 브루어피치(brewers' pitch)와 이와 유사한 조제품[로진(rosin) · 수지산이나 식물성 피치(pitch)를 기본재료로 한 것으로 한정한다]
3808	살충제 · 살서제(쥐약) · 살균제 · 제초제 · 발아억제제 · 식물성장조절제 · 소독제와 이와 유사한 물품[소매용 모양이나 포장을 한 것 · 조제품으로 한 것 · 제품으로 한 것(예 : 황으로 처리한 밴드 · 심지 · 양초 · 파리잡이 끈끈이)으로 한정한다]
3809	완성가공제, 염색 촉진용 · 염료 고착용 염색캐리어, 드레싱 · 매염제와 같은 그 밖의 물품과 조제품(섬유산업 · 제지산업 · 가죽산업 그 밖에 이와 유사한 산업에 사용하는 것으로서 따로 분류되지 않은 것으로 한정한다)
3810	금속표면처리용 침지 조제품, 납붙임용 · 땜질용 · 용접용 융제와 그 밖의 보조 조제품, 납붙임용 · 땜질용 · 용접용 가루와 페이스트(paste)로서 금속과 그 밖의 재료로 조성한 것, 용접용 전극 · 용접봉의 코어나 피복에 사용하는 조제품
3811	안티녹(anti-knock)제 · 산화억제제 · 검화억제제(gum inhibitor) · 점도향상제 · 부식방지제와 그 밖의 조제 첨가제[광물유(가솔린을 포함한다)용이나 광물유와 동일한 목적에 사용하는 그 밖의 액체용으로 한정한다]
3812	조제한 고무가황촉진제, 고무용 · 플라스틱용 복합가소제(따로 분류되지 않은 것으로 한정한다), 고무용 · 플라스틱용 산화방지 조제품과 그 밖의 복합안정제
3813	소화기용 조제품과 장전물, 장전된 소화탄
3814	유기혼합용제와 시너(thinner)(따로 분류되지 않은 것으로 한정한다), 조제한 페인트 · 바니시(vanish) 제거제
3815	반응시작제 · 반응촉진제 · 촉매 조제품(따로 분류되지 않은 것으로 한정한다)
3816	내화시멘트 · 내화모르타르 · 내화콘크리트와 이와 유사한 혼합물(제3801호의 물품은 제외한다)
3817	혼합알킬벤젠과 혼합알킬나프탈렌(제2707호 · 제2902호의 물품은 제외한다)
3818	전자공업에 사용하기 위하여 도프처리된(doped) 화학원소(디스크 · 웨이퍼 모양이나 이와 유사한 모양으로 한정한다), 전자공업에 사용하기 위하여 도프처리된(doped) 화학화합물

3819	유압제동액과 그 밖의 조제 유압전동액[석유나 역청유(瀝青油)를 함유하지 않거나 석유나 역청유(瀝青油)의 함유량이 전 중량의 100분의 70 미만인 것으로 한정한다]
3820	부동(不凍) 조제품과 조제 제빙액
3821	미생물(바이러스와 이와 유사한 것을 포함한다) · 식물 · 인간 · 동물 세포의 성장이나 보존을 위한 조제 배양제
3822	뒤편을 보강한 진단용 · 실험실용 시약과 조제된 진단용 · 실험실용 시약(뒤편을 보강한 것인지에 상관없으며 제3002호 · 제3006호의 물품은 제외한다), 보증된 참조물질
3823	공업용 모노카르복시 지방산, 유지를 정제할 때 생긴 애시드유(acid oil), 공업용 지방성 알코올
3824	조제 점결제(주물의 주형용이나 코어용으로 한정한다), 따로 분류되지 않은 화학품과 화학공업이나 연관공업에 따른 조제품(천연물만의 혼합물을 포함한다)
3825	따로 분류되지 않은 화학공업이나 연관공업에 따른 잔재물, 생활폐기물, 하수 찌꺼기, 이 류의 주 제6호의 그 밖의 폐기물
3826	바이오디젤과 그 혼합물[석유나 역청유(瀝青油)를 함유하지 않거나 중량기준으로 70퍼센트 미만을 함유한 것으로 한정한다]

◉ 류주

1. 이 류에서 다음 각 목의 것은 제외한다.
   가. 화학적으로 단일한 원소나 화합물. 다만, 다음은 제외한다.
      (1) 인조흑연(제3801호)
      (2) 제3808호에 열거한 방식으로 한 살충제 · 살서제(쥐약) · 살균제 · 제초제 · 발아억제제 · 식물성장조절제 · 소독제와 이와 유사한 물품
      (3) 소화기용 장전물이나 소화탄에 넣은 소화제(제3813호)
      (4) 주 제2호의 보증된 참조물질
      (5) 주 제3호 가목이나 다목의 물품
   나. 조제식료품에 사용하는 식료품이나 그 밖의 영양가가 있는 물질과 화학품의 혼합물(일반적으로 제2106호).
   다. 슬래그(slag), 회(灰), 잔재물. 금속 · 비소나 이들의 혼합물을 함유하고, 제26류(제2620호)의 주 제3호 가목이나 나목[87]의 조건을 충족하는 것으로서 찌꺼기를 포함하며 하수 찌꺼기는 제외한다.
   라. 의약품(제3003호 · 제3004호)
   마. 비금속(卑金屬) 추출용이나 비금속(卑金屬) 화학혼합물 제조용으로 사용하는 것으로서 이미 사용한 촉매(제2620호), 주로 귀금속 회수용으로 사용하는 이미 사용한 촉매(제7112호), 금

87 제26류 주 제3호. 제2620호는 다음 각 목의 것에만 적용한다.
가. 슬래그(slag), 회(灰), 잔재물로서 공업적으로 금속의 채취용이나 금속화합물의 제조원료용의 것. 다만, 생활폐기물 소각에서 발생하는 회(灰)와 잔재물(제2621호)은 제외한다.
나. **비소**를 함유한 슬래그(slag), 회(灰), 잔재물로서 다른 금속을 함유하고 있는지에 상관없으며 비소나 다른 금속채취용이나 이들 화합물 제조용의 것

속·금속합금으로 구성된 촉매(예 : 미세하게 분리된 가루나 직조 거즈의 모양)(제14부나 제15부)

1) **나목** : 이 류주 제1호 나목의 "조제식료품에 사용하는 식료품이나 그 밖의 영양가가 있는 물질과 화학품의 혼합물"은 제38류에 분류하지 않고 주로 제2106호에 분류한다. 여기서 "조제식료품에 사용하는 식료품이나 그 밖의 **영양가가 있는** 물질(foodstuffs or other substances with **nutritive value**)"은 주로 제1부부터 제4부까지에 속하는 식용용품을 말하지만, 다른 호에 해당하는 특정 물질도 해당된다. 예로 제2922호의 필수아미노산, 제2923호의 레시틴, 제2936호의 프로비타민과 비타민, 제2940호의 당류, 제3501호의 카세인 및 카세인산염, 제3502호의 알부민, 제3503호의 식용 젤라틴, 제3504호의 식용의 단백질계 물질, 제3505호의 덱스트린과 기타 식용 변성전분, 제3824호의 소르비톨 등을 들 수 있다.
어떤 혼합물에 식료품이나 그 밖의 영양가가 있는 물질이 약간 들어 있다고 해서 제38류의 주 제1호 나목을 적용하여 해당 혼합물을 무조건 제38류로부터 제외시키려 하는 것은 적합하지 않다. 화학제품으로서의 그들의 기능에 단지 부수적인 정도로만 영양가를 가진 물질(예 : 식품첨가물 또는 처리과정의 보조제)은 이 주의 목적상 "영양가 있는 식료품 또는 물질"로 간주되지 않는다. 주 제1호 나목에 의해 제38류에서 제외되는 혼합물은 사람이 먹는 식료품을 조제하는 데 사용되는 종류로서 영양가가 있다는 특징에 의하여 가치가 인정되는 것들이다.
2) **다목** : 슬래그(slag), 회(灰), 잔재물은 제38류에서 제외되어 제2620호에 분류된다. 이들은 금속·비소나 이들의 혼합물을 함유하고, 제26류(제2620호)의 주 제3호 가목이나 나목의 조건을 충족하는 것으로서 찌꺼기(sludges)를 포함한다. 다만 하수 찌꺼기(sewage sludge)는 제3825호에 분류된다.

2. 가. 제3822호에서 "보증된 참조물질(certified reference materials)"이란 보증된 특성치, 이런 값을 정하는 데 사용된 방법, 각각의 값과 관련한 정확도가 나타나 있는 보증서가 첨부된 참조물질로서 분석용·측정용·참조용 등으로 사용하는 데 적합한 물질을 말한다.
   나. 제28류나 제29류의 물품을 제외하면, 보증된 참조물질을 분류하는 데는 제3822호가 이 표상의 다른 어떤 호보다 우선한다.

보증된 참조물질(certified reference material)은 공인표준물질이라는 표현이 더 적합할 것이다. 표준물질(reference material)은 화학분석에서 표준이 되는 물질로, 측정기의 교정·물질의 조성 또는 특성을 측정하는 데 사용되는 균질한 기준물이다. 구체적 물질을 예로 들면, '음주측정기 교정용 표준알코올가스', '유해중금속 정밀측정비교용 납 표준용액' 등이 여기에 해당된다.
"표준물질" 중 공인된 것이 "공인표준물질(CRM : Certified Reference Material)"이다. 쉽게 말해 세계적으로 통용되는 국제규격으로, ISO 국제기준에 따라 평가되고 인정받는 '국제공인' 표준물질이다. 이러한 공인표준물질로 인정받기 위해서는 공인된 특성치와 이러한 값을 정하는 데 사용된 방법, 각각의 값과 관련된 정확도가 기재된 보증서와 보증기관이 함께 제시되어야 한다.

3. 제3824호는 이 표의 다른 호로 분류되지 않는 다음 각 목의 것을 포함한다.
   가. 산화마그네슘의 배양한 결정과, 알칼리금속·알칼리토류금속의 할로겐화물의 배양한 결정(한 개의 중량이 2.5그램 이상인 것으로 한정하며, 광학용품은 제외한다)
   나. 퓨젤유(fusel oil)와 디펠유(dippel oil)
   다. 소매용으로 포장한 잉크제거제
   라. 소매용으로 포장한 등사판원지 수정제와 그 밖의 수정액·수정테이프(제9612호의 것은 제외한다)
   마. 용융성 요업내화도 측정물[예 : 세겔콘(Seger cone)]

1) 제3824호 : 조제 점결제(주물의 주형용이나 코어용으로 한정한다), 따로 분류되지 않은 화학품과 화학공업이나 연관공업에 따른 조제품(천연물만의 혼합물을 포함한다)
2) 산화마그네슘의 배양한 결정과, 알칼리금속·알칼리토류금속의 할로겐화물의 배양한 결정(한 개의 중량이 2.5그램 이상인 것으로 한정하며, 광학용품은 제외한다)

주기율표상에 알칼리금속이나 알칼리토류금속으로 분류되어 있다 하더라도, HS품목분류표상에는 이를 구분하여 제2805호의 알칼리금속 또는 알칼리토류금속, 제2844호의 방사성금속, 제81류의 그 밖의 비금속(卑金屬)으로 분류하고 있다. 이들과 반응하는 할로겐원소로는 플루오르(F), 염소(Cl), 브롬(Br) 및 요오드(I)가 있다.[88]

[산화마그네슘의 배양한 결정. 광학용의 것은 제9001호에, 광학용이 아닌 단순배양결정으로서 무게가 2.5g 이상의 것은 제3824호에 분류된다.]

	알칼리금속	알칼리토류금속
2805	리튬(Li), 나트륨(Na), 칼륨(K), 루비듐(Rb), 세슘(Cs)	칼슘(Ca), 스트론튬(Sr), 바륨(Ba)
2844	프란슘(Fr)	라듐(Ra)
8104		마그네슘(Mg)
8112		베릴륨(Be)

산화마그네슘과 알칼리금속·알칼리토류금속의 할로겐화물은 이들 물질을 녹였다가 배양을 통해 재결정화한다. 이러한 결정을 광학용품으로 만든 것은 제9001호에 분류되고,[89] 그렇지

88 주기율표상의 할로겐원소 중 하나인 아스타틴(At)는 방사성원소로서 제2844호에 분류된다.

89 알칼리금속·알칼리토류금속의 할로겐화물로서 주로 광학용품으로 사용되는 것으로는 플루오르화리튬·플루오르화칼슘·브롬화칼륨·브롬요드화칼륨 등이 있다.

않은 단순배양결정으로서 개당 중량이 2.5g 이상이면 제3824호에, 2.5g 미만인 경우에는 제25류나 제28류의 알맞은 호에 각각 분류한다.

3) 퓨젤유(fusel oil)는 알코올 발효의 부산물로서 얻는 고급 알코올류의 혼합물을 말하는데, 아세트산의 에스테르로 만들어 도료의 용제로 주로 사용된다.
또한 디펠유(dippels oil)는 골유 또는 동물유로도 불리며, 반추동물의 뼈 또는 뿔을 건류하여 만들며 매우 끈끈하고 악취가 나는 흑색의 액체이다. 주로 살충제 또는 피리딘염기(pyridine bases)의 조제에 사용된다.

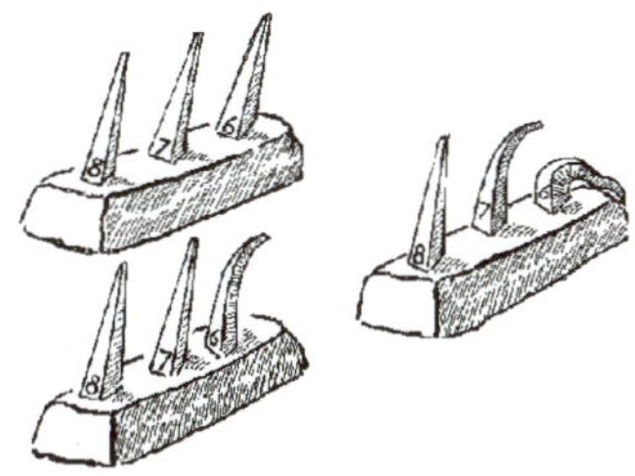

[Segel cone. 연화점이 서로 다른 몇 종류의 것을 동시에 고온에 노출시킨다.]

4) 용융성 요업내화도 측정물(세겔콘 등) : 보통 피라미드의 형상을 하고 있으며, 세라믹 페이스트와 유약조제품과 유사한 물질의 혼합물로 되어 있다. 그 성분의 배합에 따라 연화되고 적정 온도에서 용융하며, 도자기와 같은 제품의 소성을 조절하는데 사용된다.

4. 이 표에서 "생활폐기물(municipal waste)"은 가정 · 호텔 · 식당 · 병원 · 가게 · 사무실 등에서 수집된 쓰레기, 도로와 포장도로에서 수거한 쓰레기는 물론 건설 쓰레기와 해체 쓰레기를 말하며, 생활폐기물은 일반적으로 플라스틱 · 고무 · 나무 · 종이 · 직물 · 유리 · 금속 · 음식물 · 부서진 가구와 그 밖의 손상되거나 버려진 물품 등과 같은 다양한 물질을 포함한다. 다만, 다음 각 목의 것을 포함하지 않는다.
   가. 플라스틱 · 고무 · 나무 · 종이 · 직물 · 유리 · 금속 · 폐전지와 같이 폐기물로부터 분리 수거된 개개의 물질이나 물품으로 이 표의 적당한 호에 해당하는 것
   나. 산업용 폐기물(industrial waste)
   다. 제30류의 주 제4호 차목의 폐(廢)의료용품
   라. 주 제6호 가목의 감염성 폐기물

5. 제3825호에서 "하수 찌꺼기(sewage sludge)"란 하수처리시설에서 발생한 찌꺼기를 말하며, 전(前)처리된 폐기물 · 오물 · 안정화되지 않은 찌꺼기를 포함한다. 단 제31류의 비료로 사용되는 안정화된 찌꺼기(stabilised sludge)는 제외한다.

6. 제3825호의 "그 밖의 폐기물"에는 다음 각 목의 것이 해당된다. 다만, 제2710호의 석유나 역청유(瀝靑油)를 주로 함유하는 폐기물은 그 밖의 폐기물에 포함되지 않는다.
   가. 감염성 폐기물[의학연구, 검진, 치료, 그 밖의 내과 · 외과 · 치과 · 가축 진료과정에서 발생하는 오염된 폐기물을 말하며, 병원균과 의약물질을 함유하므로 특수 처리과정이 필요한 것(예 : 오염된 의류, 사용한 장갑 · 주사기)을 말한다]
   나. 폐(廢)유기용제

다. 금속세정액, 유압액, 브레이크액, 부동액 폐기물
라. 화학공업이나 연관공업에서 발생한 그 밖의 폐기물

1) 제38류의 주 제4호~제6호까지는 제3825호의 각종의 폐기물에 관련된 내용이다. 이들 폐기물의 수출입에 대해서는 "폐기물관리법령"과 "폐기물의국가간이동및그처리에관한법령"에 의해 엄격하게 관리를 받는다.

   제3825호 : 따로 분류되지 않은 화학공업이나 연관공업에 따른 잔재물, 생활폐기물, 하수 찌꺼기, 이 류의 주 제6호의 그 밖의 폐기물

   제3825호에서는 이들 폐기물을 크게 3가지, 즉 생활폐기물, 하수 찌꺼기 및 그 밖의 폐기물로 나누고 있다.

2) 생활폐기물(municipal waste)은 가정·호텔·식당·병원·가게·사무실 등에서 수집된 쓰레기, 도로와 포장도로에서 수거한 쓰레기는 물론 건설 쓰레기와 해체 쓰레기를 말하며, 생활폐기물은 일반적으로 플라스틱·고무·나무·종이·직물·유리·금속·음식물·부서진 가구와 그 밖의 손상되거나 버려진 물품 등과 같은 다양한 물질을 포함한다. 다만 폐기물로부터 분리 수거된 개개의 물질 또는 물품(예 : 플라스틱·고무·금속 등의 폐기물)은 제3825호의 생활폐기물로 보지 않고 다른 적당한 호에 분류해야 한다. 예로 생활폐기물로부터 분리 수거된 플라스틱 스크랩은 제3915호에 분류한다. 또한 산업폐기물도 생활폐기물로부터 제외되며 이 표의 적당한 호에 분류된다.

3) 하수찌꺼기(sewage sludge)는 하수처리시설에서 발생한 찌꺼기인 침전물을 말하며, 오니(汚泥)라고도 한다. 하수찌꺼기는 약 50%의 유기질을 함유하고 있다.

   전처리(前處理, pre-treatment), 즉 처리 기능이 충분히 발휘되도록 미리 실행하는 선별·증발·탈수·여과·분쇄·압축 등의 처리를 거친 폐기물·오물·안정화되지 않은 찌꺼기를 포함한다. 단 제31류의 비료로 사용하기 위해 안정화과정을 거친 하수찌꺼기는 제3825호에서 제외한다. 여기서 안정화(stabilization)란 첨가제(반응물)을 적용하는 공정을 통해 유해폐기물 중 유해물질을 분해하거나 무해화하여 독성을 제거하는 공정을 말한다.

4) 마지막으로 "그 밖의 폐기물"은 생활폐기물과 하수찌꺼기를 제외한 그 밖의 폐기물이다. 이들은 감염성 폐기물(clinical waste)과 폐유기용제, 그리고 금속세정액·유압액·브레이크액·부동액 등의 폐기물 및 화학공업이나 연관공업에서 발생한 그 밖의 폐기물을 포함한다. 이들 폐기물 중에는 폐유기용제나 금속세정액 등의 경우와 같이 제2710호에 분류되는 석유 또는 역청유를 주로 함유하는 것이 있는데, 이러한 경우에는 제2710호의 웨이스트오일(waste oil)로 분류한다.

   위의 주 제4호의 생활폐기물에서 제외된 산업폐기물(industrial waste)은 기본적으로 이 표의 적당한 해당 호에 분류해야 한다. 다만 제38류가 속하는 제6부(제28류~제38류), 즉 화학공업이나 그 연관공업에서 발생한 폐기물은 제3825호의 그 밖의 폐기물로 보아 분류한다.

7. 제3826호의 소호에서 "바이오디젤"이란 동물성·식물성 지방과 기름(사용된 것인지에 상관없다)에서 얻은 것으로서 연료로 사용되는 지방산 모노알킬 에스테르를 말한다.

바이오디젤은 동물성 또는 식물성 유지와 알코올을 반응시켜 만든 지방산 메틸에스테르(FAME : fatty acid methyl ester)를 말하며, 이는 경유를 대체하거나 경유에 혼합하여 디젤엔진에 사용할 수 있도록 만든 대체에너지이다. 보통 메탄올을 이용해 원래의 지방산 에스테르인 트라이글리세리드로부터 글리세롤을 분리한 다음, 원래의 지방산 에스테르와 다른 지방산 에스테르를 만들어 내는 에스테르 교환방법(trans-esterification)을 통하여 만든다.
바이오디젤은 그 자체로는 석유나 역청유를 함유하지 않으며 제3826호에 분류된다. 다만 바이오디젤은 일반 디젤과 혼합하여 많이 사용되고 거래되는데, 바이오디젤이 함유되지 않은 석유와 역청유 및 따로 분류되지 않은 조제품은 제2710.12호 또는 제2710.19호에 분류되고, 바이오디젤이 함유되어 있는 것으로서 석유나 역청유를 중량 기준으로 70% 이상 함유한 경우에는 제2710.20호, 그리고 석유나 역청유를 함유하지 않거나 중량 기준으로 70% 미만을 함유한 바이오디젤은 제3826호에 분류된다.

◉ 소호주

1. 소호 제3808.50호는 다음을 하나 이상 함유하는 제3808호의 물품만을 포함한다. 앨드린(ISO), 비나파크릴(ISO), 캄페클로(ISO)(톡사펜), 캡타폴(ISO), 클로단(ISO), 클로디메폼(ISO), 클로로벤질레이트(ISO), 디·디·티(ISO)[클로페노탄(INN)와 1,1,1-트리클로로-2,2-비스(파라-클로로페닐)에탄], 디엘드린(ISO, INN), 4,6-디니트로-오르토-크레졸[DNOC(ISO)]이나 그 염, 디노셉(ISO)과 그 염이나 에스테르, 에틸렌디브로마이드(ISO)(1,2-디브로모에탄), 이염화에틸렌(ISO)(1,2-디클로로에탄), 플루오로아세트아미드(ISO), 헵타클로르(ISO), 헥사클로로벤젠(ISO), 1,2,3,4,5,6-헥사클로로시클로헥산[HCH(ISO)][린데인(ISO, INN)을 포함하는 것], 수은화합물, 메타미도포스(ISO), 모노크로토포스(ISO), 옥시란(산화에틸렌), 파라티온(ISO), 파라티온-메틸(ISO)(메틸-파라티온), 펜타클로로페놀(ISO)과 그 염이나 에스테르, 포스파미돈(ISO), 2,4,5-티(ISO)(2,4,5-트리클로로페녹시아세트산)와 그 염이나 에스테르, 트리부틸틴 화합물.
소호 제3808.50호에는 또한 베노밀(ISO), 카보퓨란(ISO), 타이람(ISO)의 혼합물을 함유하는 분제(粉劑) 제형(劑形)도 포함된다.

HSK				품명	Description
3808				살충제 · 살서제(쥐약) · 살균제 · 제초제 · 발아억제제 · 식물성장조절제 · 소독제와 이와 유사한 물품[소매용 모양이나 포장을 한 것 · 조제품으로 한 것 · 제품으로 한 것(예: 황으로 처리한 밴드 · 심지 · 양초 · 파리잡이 끈끈이)으로 한정한다]	Insecticides, rodenticides, fungicides, herbicides, anti-sprouting products and plant-growth regulators, disinfectants and similar products, put up in forms or packings for retail sale or as preparations or articles (for example, sulphur-treated bands, wicks and candles, and fly-papers).
	50			이 류의 소호주 제1호의 물품	Goods specified in Subheading Note 1 to this Chapter
		10	00	농약원제(農藥原劑)(「농약관리법」에 따라 등록된 것으로 한정한다)	Material for manufacturing agricultural chemicals (registered material under the Agricultural Chemicals Management Act)
		90	00	기타	Other
	9			기타	Other :
	91			살충제	"이하 생략"

2. 소호 제3825.41호와 제3825.49호에서 "폐유기용제(waste organic solvents)"는 주로 유기성 용제를 함유하지만 더 이상 본래의 용도에 사용하기 부적합한 폐기물이다(본래의 용도로 사용되는 것인지에 상관없다).

HSK				품명	Description
3825				따로 분류되지 않은 화학공업이나 연관공업에 따른 잔재물, 생활폐기물, 하수 찌꺼기, 이 류의 주 제6호의 그 밖의 폐기물	Residual products of the chemical or allied industries, not elsewhere specified or included; municipal waste; sewage sludge; other wastes specified in Note 6 to this Chapter.
	10	00	00	생활폐기물	Municipal waste
	20	00	00	하수 찌꺼기	Sewage sludge
	30			감염성 폐기물	Clinical waste
		10	00	제3005호의 것	Of heading 30.05.
		20	00	소호 제3824.90호의 것	Of subheading 3824.90
		30	00	소호 제4015.11호의 것	Of subheading 4015.11
		40	00	소호 제9018.3호의 것	Of subheading 9018.3
	4			폐유기용제	Waste organic solvents :
	41	00	00	할로겐을 함유하는 것	Halogenated
	49	00	00	기타	"이하 생략"

유기용제(organic solvents)는 어떤 물질을 녹일 수 있는 액체상태의 유기화학물질로서 기름이나 지방을 잘 녹이므로, 폐유기용제는 보통 여러 물품의 세정과정에서 발생한다. 더 이상의 사용에

적합하지 않은 것이 분류되며, 용제로 재생하여 사용될 것인가는 불문한다. 다만 주로 석유와 역청유를 포함하고 있는 폐기물은 제외한다(제2710호).

◉ 총설

이 류에는 **많은 화학공업 및 그 관련 공업제품**이 분류된다. 화학적으로 단일인 원소 또는 화합물은 이 류에서 제외된다(보통 제28류 또는 제29류에 분류). 다만, 다음의 것은 예외로 이 류에 분류된다.

① 인조흑연(제3801호)

② 살충제 · 살서제(쥐약) · 살균제 · 제초제 · 발아억제제 · 식물성장조절제 · 소독제 및 이와 유사한 물품(제3808호에 규정한 형상으로 한 것)

③ 소화기용의 장전물 또는 소화탄에 넣은 소화제(제3813호)

④ 제3822호의 공인표준물질(또는 보증된 참조물질)

⑤ 산화마그네슘의 배양한 결정, 알칼리금속 · 알칼리토류금속의 할로겐화물의 배양한 결정(제3824호)(1개의 중량이 2.5g 이상의 것에 한하며 광학용품을 제외한다).

⑥ 소매용으로 포장한 잉크제거제(제3824호)

Section 제07부 플라스틱과 그 제품, 고무와 그 제품

류	류의 표제
39	플라스틱과 그 제품
40	고무와 그 제품

부주

1. 두 가지 이상의 별개 구성요소로 구성된 세트로 포장한 물품으로서 그 구성요소의 일부나 전부가 이 부에 해당하며, 제6부나 제7부의 물품을 만들 목적으로 상호 혼합할 것은 제6부나 제7부의 해당하는 호로 분류한다. 다만, 구성요소가 다음 각 목에 모두 해당하는 경우로 한정한다.
   가. 포장된 형태로 보아서 재포장 없이 함께 사용될 것이 분명한 것
   나. 동시에 제시한 것
   다. 그 성질이나 상대적 구성비로 보아 상호보완적임이 인정되는 것

   1) 위의 주는 제6부의 부주 제1호와 같은 맥락의 주이다. 이 주는 2종 이상의 독립된 구성요소(구성요소의 일부 또는 전부가 제7부에 해당하는 것에 한한다)를 세트로 포장한 물품의 분류를 규정한 것이다. 다만, 이 주의 규정은 구성요소를 **사용 전에 혼합**하여 제6부 또는 제7부의 물품을 만들도록 되어 있는 세트에 한한다. 이와 같은 세트물품은 동 세트의 구성요소가 위의 가목~다목의 조건을 충족시키는 경우에 한하여 제6부 또는 제7부의 해당 호에 분류한다.
   2) 2개 이상의 독립된 구성요소를 세트로 포장한 물품(구성요소의 일부 또는 전부가 제7부에 해당하는 것에 한한다)으로서 사전에 혼합하지 않고 차례로 사용하게 되어 있는 경우에는 해당 주 제1호의 규정의 적용을 받지 않는다는 것을 유의하여야 한다. 소매용으로 포장된 이러한 물품은 통칙[일반적으로 통칙3(나)]에 의하여 분류된다. 소매용으로 포장된 물품이 아닌 경우에 있어서 해당 구성요소는 각각 별개로 분류한다.

2. 제3918호나 제3919호의 물품을 제외하고는, 플라스틱·고무와 이들의 제품으로서 해당 물품의 본래의 용도에 부수적이지 않은 모티프(motif)·문자·그림을 인쇄한 것은 제49류로 분류한다.

   1) **제3918호** : 플라스틱으로 만든 바닥깔개(접착성이 있는지에 상관없으며 롤이나 타일 모양으로 한정한다), 이 류의 주 제9호의 플라스틱으로 만든 벽 피복재나 천장 피복재

제3919호 : 플라스틱으로 만든 접착성 판·시트(sheet)·필름·박(箔)·테이프·스트립과 그 밖의 평면 모양인 것(롤 모양인지에 상관없다)

2) 제49류에 분류되는 물품의 가장 중요한 특징은 종이 재질의 물품이라는 점이 아니라 **인쇄된 물품**이라는 것이다. 따라서 플라스틱·고무와 이들의 제품으로서 물품의 용도에서 볼 때 인쇄된 모티프(motif)·문자 또는 그림이 중요한 부분을 차지하는 물품은 재질이 종이가 아니라 하더라도 제49류에 분류하게 된다. 다만 제3918호의 물품과 제3919호의 물품은 인쇄된 모티프(motif)·문자 또는 그림이 당해 물품에서 차지하는 것이 중요하다고 하더라도 재질에 따라 제39류의 물품으로 분류한다.[90]

◉ 총설

제7부에는 대표적인 고분자물질인 인조의 플라스틱과 그 제품(제39류) 및 인조의 고무와 그 제품(제40류)이 분류된다.

90 제3918호와 제3919호뿐만 아니라 제4814호 또는 제4821호의 물품도 이들 물품의 본래의 용도에 단순히 부수적이 아닌 모티브·문자 또는 그림을 인쇄하고 있다고 하더라도 제49류에 분류하지 않고 이들 호에 분류한다.

Chapter 39

제39류 플라스틱과 그 제품

호	호의 용어
	제1절 일차제품(primary form)
3901	에틸렌의 중합체[일차제품(primary form)으로 한정한다]
3902	프로필렌의 중합체나 그 밖의 올레핀의 중합체[일차제품(primary form)으로 한정한다]
3903	스티렌의 중합체[일차제품(primary form)으로 한정한다]
3904	염화비닐의 중합체나 그 밖의 할로겐화 올레핀의 중합체[일차제품(primary form)으로 한정한다]
3905	초산비닐의 중합체나 그 밖의 비닐에스테르의 중합체, 그 밖의 비닐중합체[일차제품(primary form)으로 한정한다]
3906	아크릴의 중합체[일차제품(primary form)으로 한정한다]
3907	폴리아세탈수지 · 그 밖의 폴리에테르와 에폭시수지, 폴리카보네이트 · 알키드수지 · 폴리아릴에스테르와 그 밖의 폴리에스테르[일차제품(primary form)으로 한정한다]
3908	폴리아미드[일차제품(primary form)으로 한정한다]
3909	아미노수지 · 페놀수지 · 폴리우레탄[일차제품(primary form)으로 한정한다]
3910	실리콘수지[일차제품(primary form)으로 한정한다]
3911	석유수지 · 쿠마론-인덴수지 · 폴리테르펜 · 폴리술파이드 · 폴리술폰과 이 류의 주 제3호의 기타 물품[일차제품(primary form)으로서 따로 분류되지 않은 것으로 한정한다]
3912	셀룰로오스와 그 화학적 유도체[일차제품(primary form)으로서 따로 분류되지 않은 것으로 한정한다]
3913	천연중합체(예: 알긴산)와 변성한 천연중합체(예: 경화 단백질, 천연고무의 화학적 유도체)[일차제품(primary form)으로서 따로 분류되지 않은 것으로 한정한다]
3914	이온교환수지[제3901호부터 제3913호까지의 중합체를 기본재료로 한 것으로서 일차제품(primary form)으로 한정한다]
	제2절 웨이스트(waste) · 페어링(paring) · 스크랩(scrap)과 반제품 · 완제품
3915	플라스틱의 웨이스트(waste) · 페어링(paring) · 스크랩(scrap)
3916	플라스틱의 모노필라멘트(횡단면의 치수가 1밀리미터를 초과하는 것으로 한정한다) · 막대(rod, stick) · 형재(形材)(표면가공을 한 것인지에 상관없으며 그 밖의 가공한 것은 제외한다)
3917	플라스틱의 관 · 파이프 · 호스와 이들의 연결구류[예 : 조인트(joint) · 엘보(elbow) · 플랜지(flange)]
3918	플라스틱으로 만든 바닥깔개(접착성이 있는지에 상관없으며 롤이나 타일 모양으로 한정한다), 이 류의 주 제9호의 플라스틱으로 만든 벽 피복재나 천장 피복재
3919	플라스틱으로 만든 접착성 판 · 시트(sheet) · 필름 · 박(箔) · 테이프 · 스트립과 그 밖의 평면 모양인 것(롤 모양인지에 상관없다)
3920	플라스틱으로 만든 그 밖의 판 · 시트(sheet) · 필름 · 박(箔) · 스트립(셀룰러가 아닌 것으로서 그 밖의 재료로 보강 · 적층 · 지지하거나 이와 유사하게 결합하지 않은 것으로 한정한다)
3921	플라스틱으로 만든 그 밖의 판 · 시트(sheet) · 필름 · 박(箔) · 스트립

3922	플라스틱으로 만든 목욕통 · 샤워통 · 설거지통 · 세면기 · 비데 · 화장실용 팬 · 변기용 시트(seat)와 커버 · 수세용 물탱크와 이와 유사한 위생용품
3923	플라스틱으로 만든 물품운반 · 포장 용기, 플라스틱으로 만든 뚜껑 · 마개 · 캡과 이와 유사한 물품
3924	플라스틱으로 만든 식탁용품 · 주방용품 · 그 밖의 가정용품 · 위생용품 · 화장용품
3925	플라스틱으로 만든 건축용품(따로 분류되지 않은 것으로 한정한다)
3926	플라스틱으로 만든 그 밖의 제품과 제3901호부터 제3914호까지의 기타 물품의 제품

류주

1. 이 표에서 "플라스틱"이란 성형 · 주조 · 압출 · 압연이나 그 밖의 외부작용(보통 가열이나 가압을 말하며, 필요한 때에는 용제나 가소제를 가할 수 있다)에 따라 중합할 때나 그 다음 단계에서 변형하고, 외부작용을 배제하여도 본래의 형태로 돌아가지 않는 성질을 지닌 제3901호부터 제3914호까지에 해당하는 물질을 말한다. 또한 이 표의 플라스틱에는 벌커나이즈드 파이버(vulcanised fiber)를 포함한다. 다만, 제11부의 방직용 섬유재료로 보는 것은 제외한다.

   1) 플라스틱의 가장 중요한 특성은 가소성(可塑性, plasticity)이라고 할 수 있다. 가소성이란 외력에 의해 형태가 변한 물체가 외력이 없어져도 원래의 형태로 돌아오지 않는 물질의 성질을 말하며, 이는 제40류의 고무가 가지고 있는 성질과 대비된다. 플라스틱은 이러한 제39류의 주 제1호의 가소성 조건을 만족시키는 물질로서, 제3901호~제3914호까지 플라스틱의 종류에 따라 분류되어 있다.
   2) 벌커나이즈드 파이버(vulcanised fiber)는 면이나 펄프섬유를 염화아연용액으로 처리하고 압축하여 만든 경화섬유(硬化纖維)이다. 식물섬유의 본래 강도를 유지하면서, 화학처리에 의해 견고성 · 내수성(耐水性) · 내지성(耐脂性) 등의 특성을 부여한 것으로, 전기절연체 등의 재료로 쓰인다. 벌커나이즈드 파이버는 섬유재질이지만 화학처리를 통하여 플라스틱의 성질을 갖도록 만든 것이다. 다만 화학처리를 했더라도 방직용 섬유재료로 보는 것은 제11부에 분류한다.

2. 이 류에서 다음 각 목의 것은 제외한다.
   가. 제2710호나 제3403호의 조제 윤활유
   나. 제2712호나 제3404호의 왁스
   다. 화학적으로 단일한 유기화합물(제29류)
   라. 헤파린과 그 염(제3001호)
   마. 제3901호부터 제3913호까지의 물품으로 구성된 용액(콜로디온은 제외한다)으로서 휘발성 유기용제의 중량이 용액 전 중량의 100분의 50을 초과하는 것(제3208호)과 제3212호의 스탬프용 박(箔)
   바. 제3402호의 유기계면활성제나 이들의 제품

사. 런검(run gum)이나 에스테르검(ester gum)(제3806호)
아. 조제 첨가제[광물유(가솔린을 포함한다)나 광물유와 동일한 목적에 사용하는 그 밖의 액체용의 것(제3811호)]
자. 폴리글리콜·실리콘이나 그 밖의 제39류 중합체를 기본재료로 한 조제 유압액(제3819호)
차. 플라스틱의 이면에 진단용·실험용 시약을 붙인 것(제3822호)
카. 제40류의 합성고무나 이들의 제품
타. 안장과 굴레(제4201호), 제4202호의 트렁크·슈트케이스·핸드백이나 그 밖의 용기
파. 제46류의 조물·지조세공물(枝條細工物)이나 그 밖의 물품
하. 제4814호의 벽 피복재
거. 제11부의 물품(방직용 섬유와 그 제품)
너. 제12부의 물품(예 : 신발류·모자류·우산·양산·지팡이·채찍·말채찍과 이들의 부분품)
더. 제7117호의 모조 신변장식용품
러. 제16부의 물품(예 : 기계류나 전기기기류)
머. 제17부의 항공기나 차량의 부분품
버. 제90류의 물품(예 : 광학용품·안경테·제도기)
서. 제91류의 물품(예 : 시계나 시계 케이스)
어. 제92류의 물품(예 : 악기류나 이들의 부분품)
저. 제94류의 물품(예 : 가구·램프와 조명기구·조명용 사인·조립식 건축물)
처. 제95류의 물품(예 : 완구·게임용구·운동용구)
커. 제96류의 물품[예 : 브러시·단추·슬라이드파스너(slide fastener)·빗·흡연용 파이프의 마우스피스와 자루·시가렛홀더나 이와 유사한 것·보온병이나 이와 유사한 것의 부분품·펜·프로펠링펜슬(propelling pencil)]

1) **라목 :** 헤파린(heparin)은 분자량이 20,000 이상인 고분자이지만 혈액응고저지작용이 강해 의약품으로 사용되어 제3001호에 분류된다.
2) **마목 :** 제3901호부터 제3913호까지의 물품으로 구성된 용액으로서 휘발성 유기용제(volatile organic solvents)의 중량이 용액 전 중량의 50%를 초과하는 것은 제3208호에 분류한다(제32류의 주 제4호 참조).
   다만 콜로디온(collodion)은 에테르 및 알코올의 혼합물에 질산셀룰로오스를 용해한 용액으로서, 용매의 함유비율에 관계없이 제39류에 분류된다. 콜로디온은 휘발성 유기용매에 용해한 용액이지만, 도료용도보다는 의료용도 등 그 밖의 용도로 주로 사용되기 때문이다.

3. 제3901호부터 제3911호까지는 화학적인 합성으로 제조된 물품으로서 다음 각 목의 범주로 한정하여 적용된다.

가. 섭씨 300도(감압증류법으로 증류한 경우에는 1,013밀리바로 환산한 온도)에서 유출된 용량이 전 용량의 100분의 60 미만인 액체상태의 합성폴리올레핀(제3901호·제3902호)

나. 고중합체가 아닌 쿠마론-인덴계 수지(제3911호)

다. 평균 5량체(量體) 이상의 그 밖의 합성중합체

라. 실리콘수지(제3910호)

마. 레졸(resol)(제3909호)과 그 밖의 프리폴리머

1) 제3901호~제3914호까지는 플라스틱의 조건을 만족하는 가소성의 물질이 분류된다. 이들 플라스틱을 다시 물질의 원천에 따라 나누면 다음과 같이 나눌 수 있다.

① 제3901호~제3911호 : 화학적인 합성으로 제조된 물품

② 제3912호 : 셀룰로오스와 그 화학적 유도체

③ 제3913호 : 천연중합체(예 : 알긴산)와 변성한 천연중합체

④ 제3914호 : 이온교환수지

2) 제3901호~제3911호까지는 화학적인 합성으로 제조된 물품이 분류된다. 합성플라스틱은 다시 다음과 같이 나눌 수 있다.

① 섭씨 300도(감압증류법으로 증류한 경우에는 1,013밀리바로 환산한 온도)에서 유출된 용량이 전 용량의 60% 미만인 액체상태의 합성폴리올레핀(제3901호·제3902호)

② **고중합체가 아닌 쿠마론-인덴계 수지(제3911호)** : 쿠마론(Cumarone)과 인덴(Inden)은 콜타르(coal tar) 증류에서의 중질나프타(heavy naphtha) 증류분에 존재하는 성분이다. 이들을 촉매 존재하에서 중합시킴으로써 쿠마론-인덴계 수지를 얻는다. 주로 도료용의 수지로 사용된다.

③ 평균 5량체 이상의(at least 5 monomer units) 그 밖의 합성중합체

④ **실리콘수지(제3910호)** : 화학적으로 단일하지 않은 합성수지인 실리콘(silicone[91])으로서, 분자 중에 하나 이상의 규소-산소-규소 결합(Si-O-Si bond)을 가지고 있다.

⑤ **레졸(resol)(제3909호)과 그 밖의 프리폴리머** : 프리폴리머(prepolymer)는 성형하기 쉽게 하기 위하여 중합반응(重合反應)을 중도 단계에서 중지시킨, 비교적 중합도(重合度)가 낮은 중합체(重合體)를 말한다. 보통 그대로 사용되는 것이 아니고 추가적인 중합과정을 거쳐 더 높은 고분자량의 중합체로 변형된다. 대표적인 것이 레졸(resol)인데, 이는 페놀수지 제조의 중간체로서의 프리폴리머이다.

4. "공중합체(共重合體, copolymer)"란 단일 단량체(單量體) 단위가 구성 중합체 전 중량의 100분의 95 이상의 중량비를 가지지 않은 모든 중합체를 말한다. 이 류의 공중합체(共重合體)(공중합축합체·공중합부가체·블록공중합체·그라프트공중합체를 포함한다)와 혼합중합체[92]는 문맥상 달리

91 원소명으로서의 규소(Si)의 영어명 silicon과 달리 끝에 -e가 붙어 silicone이 된다.

92 혼합중합체(polymer blend)는 금속으로 말하면 합금에 비견되는 것으로서, 둘 이상의 중합체를 혼합하여 다른

해석되지 않는 한 최대중량의 공단량체(共單量體, comonomer unit) 단위가 해당하는 호로 분류한다. 이 경우 동일 호로 분류되는 중합체의 공단량체(共單量體) 단위를 단일 공중합체(共重合體)를 구성하는 것으로 본다. 만약, 최대중량단위의 단일 공단량체(共單量體)가 없을 때에는 동일하게 분류가능한 해당 호 중에서 마지막 호로 분류한다.

1) 단일한 에틸렌의 중합체인 폴리에틸렌과 같은 중합체와 달리, 공중합체(copolymer)란 ABS 수지(아크릴로니트릴-부타디엔-스티렌공중합체)처럼 2종 이상의 다른 단량체를 중합함으로써 얻어지는 중합체를 말한다. 서로 다른 단량체를 중합시킴에 있어서 만일 하나의 단량체가 전체 중량의 95%를 넘게 차지하는 경우에는 공중합체로 보지 않는다.

2) 이렇게 공중합체의 중합에 참여하는 단량체를 공단량체(comonomer)라고 한다.[93] 공중합체 전체를 구성하는 공단량체 단위 중에서 중량비로 전체의 95%가 없는 상황에서, 어떤 호의 공단량체 단위가 가장 많은 비율을 차지한 경우에는 전체를 당해 공단량체 단위가 중합된 중합체로 보아 당해 호에 품목분류한다. 이 경우 동일 호로 분류되는 중합체의 공단량체 단위들은 하나로 본다. 만일 최대중량 공단량체 단위가 없는 경우에는 최종호 분류원칙에 따른다.

5. 화학적으로 변성한 중합체(주중합체 사슬에 단지 부속되어 있는 부분이 화학반응으로 변화된 것으로 한정한다)는 변성되지 않은 중합체의 해당 호로 분류한다. 다만, 이 규정은 그라프트공중합체에는 적용하지 않는다.

1) 주중합체 부분은 변화하지 않고, 화학적인 반응을 통하여 단지 부속되어 있는 부분(appendages)이 변성된 중합체는 원래의 변성되지 않은 중합체의 해당 호에 분류한다. 예로 클로로화 폴리에틸렌 및 클로로술폰화 폴리에틸렌은 원래의 변성되지 않은 폴리에틸렌이 분류되는 제3901호에 분류한다.

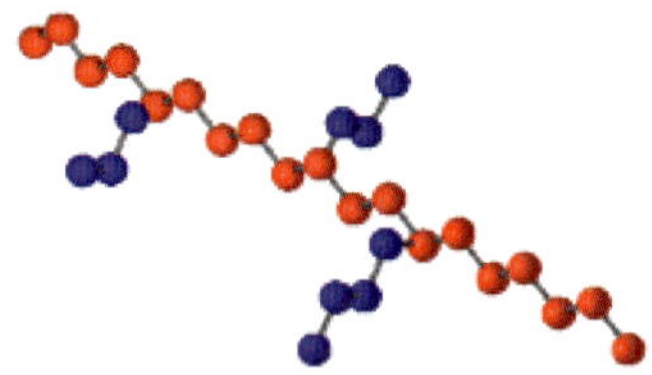
[그라프트공중합체]

2) 그라프트공중합체(graft copolymer)는 어떤 주중합체사슬(main polymer chains)에 다른 종류의 단량체로 된 측면 중합체사슬(side polymer chains)이 가지 모양으로 이어지는 중합형식을 가진다. 예를 들면 붉은 점으로 되는 주중합체 사슬(backbone chain)에 다른 파란 점의 곁사슬(side chain)이 결합하여 그림과 같은 중합체가 생기는 경우이다. 이때 생성되는 공중합체를 나무의 접붙인 모양과 비슷하다 하여 그라프트공중합체라고 한다. 그라프트공중합체는 부속된 사슬부분만이 화학적으로 변성된 중합체와는 구별되어, 이 주의 적용을 받지 않고 위의 주 제4호의 공중합체 분류규정에 따른다.

물리적인 특성을 가진 새로운 물질을 말한다.

93 Comonomer is a monomer which is mixed with another monomer for a polymerization reaction, the result of which is a copolymer.

6. 제3901호부터 제3914호까지에서 "일차제품(primary form)"은 다음 각 목의 형태인 것에만 적용한다.
   가. 액체나 페이스트(paste)[분산물(에멀션·서스펜션)과 용액을 포함한다]
   나. 불규칙한 모양의 블록·럼프(lump)·가루(몰딩 가루를 포함한다)·알갱이·플레이크(flake)와 이와 유사한 벌크 모양

1) **제39류의 구성** : 제39류는 제1절 "일차제품(제3901호~제3914호)"과, 제2절 "웨이스트(waste)·페어링(paring)·스크랩(scrap)과 반제품·완제품(제3915호~제3926호)"으로 나뉜다. 제1절의 일차제품은 플라스틱 원료를 말하는 것으로서, 이러한 일차제품으로 분류될 수 있는 형상은 다음의 형상에 한하여 적용한다.
   ① **액체나 페이스트(paste)[분산물(에멀션·서스펜션)과 용액을 포함한다]** : 이들은 완성품을 만들기 위해 가열이나 그 밖의 방법에 의한 경화(硬化, curing)가 필요한 기본적인 중합체이거나, 경화되어 있지 않거나 부분적으로만 경화되어 있는 분산물(에멀션·서스펜션)이나 용액상태의 것이다.
   ② **가루(몰딩 가루를 포함한다)·알갱이·플레이크(flake)** : 이러한 형상의 것은 주로 어떤 물품의 성형용(for moulding)으로 사용되거나, 바니시·글루 등의 제조용으로 사용된다.
   ③ **불규칙한 모양의 블록·럼프(lump) 및 이와 유사한 벌크 모양** : **규칙적인** 기하학적 모양의 블록은 일차제품으로 보지 아니하고 "판·시트(sheet)·필름·박(箔)·스트립"에 포함된다(이 류주 제10호 참조).

[페트(PET)병 스크랩을 절단하여 플레이크(flake) 모양으로 만든 경우 일차제품으로 분류한다.]

2) 제3915호에는 플라스틱의 웨이스트(waste)·페어링(paring)·스크랩(scrap)이 분류되는데, 이들 중 상당부분은 재활용(recycling)되는 바, 제3915호의 물품을 위의 일차제품 형상으로 만든 경우에는 제3901호~제3914호의 일차제품으로 본다(아래 주 제7호).

7. 제3915호에서는 일차제품(primary form)으로 변형된 단일 열가소성 물질의 웨이스트(waste)·페어링(paring)·스크랩(scrap)은 제외한다(제3901호부터 제3914호까지).

[lay-flat tubing은 중공의 제품이지만 납작하게 눌려져 있다.]

8. 제3917호의 "관·파이프·호스"란 보통 가스나 액체를 운반하는 데 사용되는 중공(中空)의 제품(반제품이나 완제품인지에 상관없다)을 말하며[예 : 골이 진(ribbed) 정원용 호스·구멍이 뚫린 관, 소시지케이싱(sausage casing)과 그 밖의 레이플랫 튜빙(lay-flat tubing)도 포함한다. 다만, 내부 횡단면의 모양이 원형·타원형·직사각형(길이가 폭의 1.5배를 초과하지 않은 것으로 한정한다)이나 정다각형의 모양이 아닌

것은 관·파이프·호스로 볼 수 없고 형재(形材)로 본다[소시지케이싱(sausage casing)과 그 밖의 레이플랫 튜빙(lay-flat tubing)은 그렇지 않다].

1) 제3917호 : 플라스틱의 관·파이프·호스와 이들의 연결구류[예 : 조인트(joint)·엘보(elbow)·플랜지(flange)]
2) 제3917호의 관·파이프·호스에 분류되기 위해서는 내부 횡단면(internal cross-section)의 모양이 원형·타원형·직사각형이나 정다각형의 모양이어야 한다. 그렇지 않은 경우에는 제3916호에 분류되는 형재(profile shapes)로 보게 된다. 단 소시지케이싱과 그 밖의 레이플랫 튜빙은 내부 횡단면의 모양과 관계없이 제3917호의 관·파이프·호스로 본다.

9. 제3918호에서 "플라스틱으로 만든 벽 피복재나 천장 피복재"란 벽이나 천장 장식용에 적합한 폭 45센티미터 이상의 롤 모양의 제품으로서, 종이 외의 재료에 영구적으로 부착시킨 플라스틱으로 구성되고, 정면부분의 플라스틱층이 그레인(grain) 장식·엠보싱(embossing) 장식·착색·디자인 인쇄나 그 밖의 장식으로 된 것을 말한다.[94]

1) 플라스틱으로 만든 바닥깔개(접착성이 있는지에 상관없으며 롤이나 타일 모양으로 한정한다), 이 류의 주 제9호의 플라스틱으로 만든 벽 피복재나 천장 피복재
2) 플라스틱으로 만든 벽 피복재나 천장 피복재(wall or ceiling coverings of plastics)는 먼저 폭 45센티미터 이상의 롤 모양의 제품으로서, **종이 외의** 재료에 영구적으로 부착시킨 플라스틱으로 구성된다. 따라서 종이나 판지를 기본재료로 하여 플라스틱으로 한 면을 도포하거나 피복한 플라스틱층을 그레인한(grained) 것, 올록볼록한(embossed) 것, 착색한 것, 디자인 인쇄나 그 밖의 장식을 한 것은 밖으로 보이는 면이 플라스틱이라 해도 제4814호에 분류된다.
3) 또한 플라스틱으로 만든 벽 피복재나 천장 피복재는 정면부분의 플라스틱층이 그레인 장식·엠보싱 장식·착색·디자인 인쇄나 그 밖의 장식으로 된 것을 말한다. 벽지는 밋밋한 모양보다는 장식용의 디자인이 실린 것이 일반적이다. 원래 해당 물품의 본래의 용도에 단지 부수적이지 않은 모티프(motif)·문자·회화를 인쇄한 것은 그 재질이 플라스틱이나 고무라 하더라도 제49류에 해당한다. 그러나 제3918호의 물품은 제3919호·제4814호 또는 제4821호[95]의 물품과 함께 해당 물품의 본래의 용도에 단지 부수적이지 않은 모티프(motif)·문자·회화를 인쇄한 것이라 해도 제49류에 분류하지 않고 각각 해당 호에 분류한다.

10. 제3920호와 제3921호에서 "판·시트(sheet)·필름·박(箔)·스트립"이란 판·시트(sheet)·필름·박(箔)·스트립(제54류의 것은 제외한다)과 규칙적인 기하학적 모양의 블록(프린트나 그 밖의

94 벽 피복재와 관련하여서는 제48류의 주 제9호 및 제59류의 주 제3호와 비교하기 바란다.
95 제3919호 : 플라스틱으로 만든 접착성 판·시트(sheet)·필름·박(箔)·테이프·스트립과 그 밖의 평면 모양인 것
제4814호 : 벽지와 이와 유사한 벽 피복재와 창용 투명지
제4821호 : 종이나 판지로 만든 레이블(인쇄하였는지에 상관없다)

표면가공을 한 것인지에 상관없다)으로서, 절단하지 않았거나 정사각형 · 직사각형으로 절단하되 그 이상의 가공을 하지 않은 것을 말한다(그대로 사용할 수 있는지에 상관없다).

제3920호에는 비접착성의 것으로서 뒷면을 보강하지 않는 판 · 시트(sheet) · 필름 · 박(箔) · 스트립이 분류되고, 제3921호에는 같은 종류로서 뒷면을 보강한 것이 분류된다. 이들 호에는 규칙적인 기하학적 모양의 블록(blocks of regular geometric shape)으로서 절단하지 않았거나 정사각형 · 직사각형으로 절단한 것이 포함된다. 규칙적인 기하학적 모양의 블록은 블록형상으로 처음부터 제조된 물품으로서 제3920호나 제3921호에 분류된다. 그러나 **불규칙한 모양의 블록**은 아직 가공되지 않은 원재료인 일차제품으로 보아 제3901호~제3914호의 해당 호에 분류된다.

11. 제3925호는 제2절에서 해당 호보다 선행하는 각 호에 해당하는 물품을 제외한 다음 각 목의 것에만 적용한다.
  가. 저장기 · 탱크(오수정화조를 포함한다) · 배트(vat)와 이와 유사한 용기로서 300리터를 초과하는 것
  나. 마루 · 벽 · 칸막이 · 천장 · 지붕 등의 건축용 재료
  다. 홈통과 이들의 연결구류
  라. 문 · 창과 이들의 틀과 문지방
  마. 발코니 · 난간 · 울타리 · 대문과 이와 유사한 장벽
  바. 셔터 · 블라인드[베네치안 블라인드(venetian blind)를 포함한다]와 이와 유사한 물품, 이들의 부분품과 연결구류
  사. 조립용과 영구시설용 대형선반(예 : 상점용 · 작업장용 · 창고용)
  아. 장식용 건축물[예 : 플루팅(fluting) · 둥근 지붕 · 비둘기장]
  자. 건물의 문 · 창 · 계단 · 벽이나 그 밖의 부분의 영구시설용 연결구류와 설비품[예 : 노브(knob) · 손잡이 · 걸대 · 받침걸이 · 수건걸이 · 스위치플레이트(switch plate)와 그 밖의 보호용 널판]

제3925호는 플라스틱의 제품으로서 위의 가목~자목까지 열거된 물품에 한하여 분류한다. 또한 위에 해당되더라도 제3915호~제3924호에 해당되는 물품의 경우에는 이들 호에 우선 분류해야 한다.

◉ 소호주

1. 이 류의 각 호에 해당하는 중합체[공중합체(共重合體)를 포함한다]와 화학적으로 변성한 중합체는 다음 각 목에 따라서 분류한다.
  가. 동일 계열에서 "기타"로 표기된 소호가 있는 경우
    (1) 중합체의 소호에서 접두사 "폴리(예: 폴리에틸렌 · 폴리아미드-6,6)"라는 명칭은 해당 표

기된 중합체를 구성하는 단량체(單量體) 단위나 단량체(單量體) 단위들이 중합체 전 중량의 100분의 95 이상을 차지하고 있는 것을 의미한다.

(2) 소호 제3901.30호 · 제3903.20호 · 제3903.30호 · 제3904.30호의 공중합체(共重合體)는 해당 공중합체(共重合體)의 공단량체(共單量體) 단위들이 중합체 전 중량의 100분의 95 이상을 차지하는 경우로 한정하여 각 소호로 분류한다.

(3) 화학적으로 변성한 중합체는 해당 물품이 다른 소호에 열거되어 있지 않은 경우로 한정하여 "기타"라고 표기된 소호로 분류한다.

(4) 위의 (1) · (2) · (3)에 해당하지 않는 중합체는 그 밖의 다른 단일 공단량체(共單量體) 단위의 중량보다 우세한 중량을 차지하는 단량체 단위의 중합체를 분류하는 소호(동일 계열의 소호 중에서)로 분류한다. 이 경우 동일 소호로 분류되는 중합체의 구성 단량체 단위는 합계한다. 고려대상 소호 계열의 중합체의 구성 공단량체(共單量體) 단위만을 비교한다.

나. 동일 계열에 "기타"로 표기된 소호가 없는 경우

(1) 중합체는 그 밖의 다른 단일 공단량체(共單量體) 단위의 중량보다 우세한 중량의 단량체 단위의 중합체가 해당하는 소호로 분류한다. 이 경우 동일 소호로 분류되는 중합체의 구성 단량체 단위는 합계한다. 고려대상 계열의 중합체의 구성 공단량체(共單量體) 단위만을 비교한다.

(2) 화학적으로 변성한 중합체는 변성하지 않은 중합체의 적절한 소호로 분류한다.

※ 혼합중합체는 동일 비율의 동일한 단량체 단위로 만들어진 중합체가 속하는 소호로 분류한다.

1) 제39류에서 일단 4단위 호가 정해진 이후에, 4단위 호 안에서 중합체(공중합체 포함)와 화학적으로 변성한 중합체에 대한 소호 수준의 품목분류는 다음과 같이 수행한다. 이러한 경우에 동일 계열에서(in the same series) "기타"로 표기된 소호가 있는 경우와 "기타" 소호가 없는 경우로 나누어 볼 수 있다.

2) 동일 계열에서 "기타"로 표기된 소호가 있는 경우

HS		품명	Description
3901		에틸렌의 중합체[일차제품(primary form)으로 한정한다]	Polymers of ethylene, in primary forms.
	10	폴리에틸렌(비중이 0.94 미만으로 한정한다)	Polyethylene having a specific gravity of less than 0.94
	20	폴리에틸렌(비중이 0.94 이상으로 한정한다)	Polyethylene having a specific gravity of 0.94 or more
	30	에틸렌-초산비닐공중합체	Ethylene-vinyl acetate copolymers
	90	기타	Other

① 중합체의 소호에서 접두사 "폴리"라는 명칭은 해당 표기된 중합체를 구성하는 단량체 단위나 단량체 단위들이 중합체 전 중량의 95% 이상을 차지하고 있는 것을 의미한다. 위에서 폴리에틸렌은 에틸렌이 중합체 전 중량의 95% 이상을 차지하고 있다는 것을 의미한다.

② 소호 제3901.30호(에틸렌-초산비닐공중합체), 제3903.20호(스티렌-아크릴로니트릴공중합체), 제3903.30호(아크릴로니트릴-부타디엔-스티렌공중합체), 제3904.30호(염화비닐-초산비닐공중합체)의 공중합체는 해당 공중합체의 이름에 나타나 있는 공단량체(共單量體) 단위들이 중합체 전 중량의 95% 이상을 차지하는 경우로 한정하여 각 소호로 분류한다. 예로 에틸렌-초산비닐공중합체의 경우에는 에틸렌 단량체와 초산비닐 단량체가 전체 공중합체 중량의 95% 이상을 차지한다는 것이다.

③ 화학적으로 변성한 중합체는 해당 변성된 중합체가 분류되는 다른 소호가 명시적으로 있지 않은 경우에는 "기타"의 소호로 분류한다. 따라서 예를 들면, 제3901호의 화학적으로 변성한 중합체인 클로로화 또는 클로로술폰화 폴리에틸렌은 폴리에틸렌이 분류되는 제3901.10호에 분류하지 않고, "기타" 소호인 제3901.90호에 분류되어야 한다.[96]

④ 위의 ①·② 및 ③에 해당하지 않는 중합체는 원칙적으로 "기타" 소호에 분류해야 하지만, 이 보다 앞서 만일 "x의 중합체(polymers of x)", "x 공중합체(x copolymers)", "x 중합체(x polymers)"와 같은 형식의 명칭을 가진 특정한 소호의 용어에 있어서는 당해 소호용어에 나와 있는 단량체가 전체 중합체에서 최대중량을 차지하는 경우에는 당해 소호에 분류한다. 이러한 내용은 제39류의 소호 해설서에 의해 해당 소호주인 제39류의 소호주 제1호의 내용에 추가되는 내용으로서 내용의 이해에 주의를 요한다.

HSK		품명	Description
3902		프로필렌의 중합체나 그 밖의 올레핀의 중합체[일차제품(primary form)으로 한정한다]	Polymers of propylene or of other olefins, in primary forms.
	10	폴리프로필렌	Polypropylene
	20	폴리이소부틸렌	Polyisobutylene
	30	**프로필렌 공중합체**	**Propylene copolymers**
	90	기타	Other

예로 40%의 에틸렌과 60%의 프로필렌으로 구성된 에틸렌-프로필렌 공중합체에 있어서 이는 프로필렌이 최대중량을 차지하고, 제3902.30호에 "프로필렌 공중합체"라는 특정한 소호가 존재하므로 제3902.30호에 분류하게 된다.

그 외의 경우에는 "기타" 소호에 분류해야 한다.

96 이 소호주 내용은 제39류의 주 제5호와 대비된다. 본 소호주는 소호주 수준에서의 주인 반면에, 제39류의 주 제5호는 4단위 호 수준을 규정하는 주이다.

3) 동일 계열에 "기타"로 표기된 소호가 없는 경우

HS		품명	Description
3909		아미노수지 · 페놀수지 · 폴리우레탄[일차제품(primary form)으로 한정한다]	Amino-resins, phenolic resins and polyurethanes, in primary forms.
	10	요소수지와 티오요소수지	Urea resins; thiourea resins
	20	멜라민수지	Melamine resins
	30	그 밖의 아미노수지	Other amino-resins
	40	페놀수지	Phenolic resins
	50	폴리우레탄	Polyurethanes

① 이 경우에는 별도의 "기타" 소호가 없으므로 구성 단량체 중에 최대중량의 단량체가 해당하는 소호로 분류한다. 이 경우 동일 소호로 분류되는 중합체의 구성 단량체 단위는 합계한다. 고려대상 계열 중합체의 구성 공단량체(共單量體) 단위만을 비교한다.

② 화학적으로 변성한 중합체는 변성하지 않은 중합체의 적절한 소호로 분류한다. 예로 아세틸화페놀수지는 동일 계열에 "기타"라는 소호가 없기 때문에 변성하지 않은 페놀수지가 분류되는 소호 제3909.40호에 분류된다.

4) 혼합중합체(polymer blends)는 동일 비율의 동일한 단량체 단위로 만들어진 중합체가 속하는 소호로 분류한다. 몇 가지 예를 들면 다음과 같다.

① 96% 폴리에틸렌과 4% 폴리프로필렌으로 구성된 혼합중합체는 소호 제3901.20호에 분류된다. 왜냐하면 에틸렌 단량체 단위가 해당 중합체 함량의 95%를 초과하고 있기 때문이다.

② 60% 폴리아미드-6과 40%의 폴리아이드-6,6으로 구성되는 혼합중합체는 해당 혼합중합체에서 전 중합체 중량의 95% 이상을 차지하는 구성 단량체 단위가 없기 때문에 "기타" 소호인 제3908.90호에 분류된다.

2. 소호 제3920.43호에서 "가소제"에는 2차 가소제를 포함한다.

HSK				품명	Description
3920				플라스틱으로 만든 그 밖의 판 · 시트(sheet) · 필름 · 박(箔) · 스트립(셀룰러가 아닌 것으로서 그 밖의 재료로 보강 · 적층 · 지지하거나 이와 유사하게 결합하지 않은 것으로 한정한다)	Other plates, sheets, film, foil and strip, of plastics, non-cellular and not reinforced, laminated, supported or similarly combined with other materials.
	10	00	00	에틸렌의 중합체로 만든 것	Of polymers of ethylene
	20	00	00	프로필렌의 중합체로 만든 것	Of polymers of propylene
	30	00	00	스티렌의 중합체로 만든 것	Of polymers of styrene
	4			염화비닐의 중합체로 만든 것	Of polymers of vinyl chloride :

43	00	00	전 중량의 100분의 6 이상의 가소제를 함유하는 것	Containing by weight not less than 6 % of plasticisers
49	00	00	기타	"이하 생략"

1) 제3920호에는 "플라스틱으로 만든 그 밖의 판 · 시트(sheet) · 필름 · 박(箔) · 스트립"이 분류된다. 또한 제3920.43호에는 염화비닐의 중합체로 만든 것으로서 가소제를 6% 이상 함유하는 것이 분류된다.
2) 이렇게 염화비닐로 만든 그 밖의 판 · 시트(sheet) · 필름 · 박(箔) · 스트립의 품목분류 시에 소호 구분을 가소제 6% 이상의 것과 미만의 것으로 하고 있다. 이때 가소제의 계산은 1차 가소제와 2차 가소제를 합한 것으로 한다. 1차 가소제는 유연성 증대를 위한 것이고, 2차 가소제는 증량제 · 방염제 또는 윤활제로 작용한다.

◉ 총설

1) 일반적으로 이 류에서는 중합체(重合體, polymers)라고 부르는 물질과 반제품(semi-manufactures) 및 이들의 제품을 분류한다. 다만, 이 류의 주 제2호의 규정에 의하여 제외되지 않는 것에 한한다.

   중합체는 한 종류 이상의 단량체 단위가 반복된 것이 특성인 분자로써 조성된다. 중합체는 화학적 성질이 같거나 다른 여러 분자의 반응작용에 의하여 형성되며, 중합체가 형성되는 과정을 중합(重合, polymerisation)이라고 부른다.

2) **플라스틱** : "플라스틱"이란 성형 · 주조 · 압출 · 압연이나 그 밖의 외부작용(보통 가열이나 가압을 말하며, 필요한 때에는 용제나 가소제를 가할 수 있다)에 따라 중합할 때나 그 다음 단계에서 변형하고, 외부작용을 배제하여도 본래의 형태로 돌아가지 않는 성질을 지닌 제3901호부터 제3914호까지에 해당하는 물질을 말한다. 또한 이 표의 플라스틱에는 벌커나이즈드 파이버(vulcanised fiber)를 포함한다. 다만, 제11부의 방직용 섬유재료로 보는 것은 제외한다. "플라스틱"이라는 정의는 이 표에서 모든 경우에 적용됨을 유의하여야 한다.

   "중합"이라는 용어는 본 규정에서 광의로 사용되며, 부가중합 · 전위중합 및 축합중합을 포함한 중합체를 형성하는 각종의 방법을 의미한다.[97]

97 ① **부가중합**(addition polymerisation) : 이중결합 또는 삼중결합을 가지는 단량체가 단순부가에 의하여 서로 반응하여 물이나 기타 부산물을 형성함이 없이 중합체를 생성하는 반응이다. 예로 에틸렌으로부터 폴리에틸렌 생성, 에틸렌과 비닐아세테이트로부터 에틸렌비닐아세트이트공중합체의 생성을 들 수 있다.

② **전위중합**(rearrangement polymerisation) : 산소 · 질소 또는 황 등의 원자를 함유한 관능기를 가지고 있는 분자가 분자 내의 전위 및 부가에 의하여 서로 반응하여, 물 또는 기타 부산물을 형성함이 없이 에테르 결합 · 아미드 결합 · 우레탄 결합 또는 기타 결합에 의하여 단량체 단위가 결합된 중합체 사슬을 형성하는 것을 말한다. 이러한 형의 중합을 중부가(重附加, polyaddition)라고 하기도 한다. 예로 포름알데히드로부터 폴리(옥시메틸렌)(폴리포름알데히드), 카프로락탐으로부터 폴리아미드-6, 폴리올과 디-이소시아네이트로부터 폴리우레탄의 생성을 들 수 있다.

③ **축합중합**(condensation polymerisation) : 산소 · 질소 또는 황 등의 원자를 함유한 관능기를 가진 분자가 축합

이 류의 물질이 가열처리로 연화되어 제품으로 형성된 다음 냉각처리로 경화되는 것이 반복적으로 가능한 경우에 이러한 물질을 "열가소성(thermoplastic)"이라고 하며, 화학적 또는 물리적인 방법(예 : 가열)에 의하여 불용해성의 제품으로 변형하는 경우 이를 "열경화성(thermosetting)"이라 부른다.

3) **이 류의 전반적 배열** : 이 류는 두 개의 절로 구분된다. 제1절은 일차제품 형성의 중합체를 분류하고, 제2절은 웨이스트·페어링 및 스크랩, 반제품 및 제품을 분류한다.

일차제품인 제1절에 있어서, 제3901호부터 제3911호까지의 물품은 화학적인 합성으로 제조하며, 제3912호 및 제3913호의 물품은 천연중합체 상태의 것이거나 또는 화학적인 처리에 의하여 천연중합체로부터 제조한다. 제3914호는 제3901호부터 제3913호까지의 중합체를 기본재료로 하는 이온교환수지[98]를 분류한다.

제2절의 제3915호는 플라스틱의 웨이스트·페어링 및 스크랩에 관한 것이며, 제3916호부터 제3925호까지에는 플라스틱제의 반제품 또는 특정의 완제품을 분류한다. 제3926호는 잔여 호로서, 플라스틱제품으로 다른 호에 분류되지 않는 제품을 분류한다.

4) **다포성 플라스틱(cellular plastics)** : 다포성 플라스틱은 플라스틱 덩어리 전체에 분산된 많은 기공(氣孔, cells)이 있는 플라스틱이다. 이러한 플라스틱은 거품플라스틱(foam plastics), 발포성 플라스틱(expanded plastics), 마이크로포러스 또는 마이크로셀룰러 플라스틱(microporous or microcellular plastics)을 포함한다. 예로 합성 스펀지나 발포성 폴리스틸렌(스티로폼) 등이 있다.

5) **플라스틱과 방직용 섬유와의 결합물품** : 이 류주 제9호에 해당하는 벽 피복재 또는 천장 피복재는 제3918호에 분류된다. 그 외의 경우에는, 플라스틱과 방직용 섬유와의 결합물품의 품목분류는 본질적으로 제11부 주 제1호 아목, 제56류 주 제3호 및 제59류 주 제2호의 규정을 적용한다. 다음의 물품도 이 류에 포함된다.

① 플라스틱을 침투·도포·피복 또는 적층한 것으로서 방직용 섬유재료의 함유량이 전 중량의 50% 이하의 **펠트** 또는 플라스틱 내에 완전히 삽입된 펠트

② 플라스틱 내에 완전히 삽입되었거나 양면에 플라스틱을 완전히 도포 또는 피복한 방직용

반응에 의하여 서로 반응하여 물 또는 기타 부산물을 생성하면서 에테르 결합·에스테르 결합·아미드 결합·우레탄 결합 또는 기타 결합에 의하여 단량체 단위가 결합된 중합체 사슬을 형성하는 것을 말한다. 이러한 형의 중합을 축합 또는 중축합(condensation or polycondensation)이라고도 한다. 예로 에틸렌글리콜과 테레프탈릭산으로부터 폴리(에틸렌테레프탈레이트)의 생성, 핵사메틸렌디아민과 아디프산으로부터 폴리아미드-6,6의 생성 등이 있다.

98 제3914호의 이온교환수지(ion-exchangers based on polymers)는 일반적으로 알갱이 모양의 가교결합된 중합체로서 활성이온기(active ionic groups)를 함유하고 있다. 이러한 활성이온기는 전해용액(solution of an electrolyte)과 접촉하였을 경우 중합체가 가지고 있는 본래의 이온 중 한 이온과 그 전해용액에 함유하고 있는 이온 중 한 이온과의 교환을 가능하게 한다. 이들은 물이나 밀크의 연화 및 크로마토그래피에 사용되며, 산용액으로부터 우라늄의 회수·발효액으로부터의 스트렙토마이신의 회수 및 그 밖의 다양한 공업목적에 사용된다. 이온 교환수지 중 가장 흔한 것은 화학적으로 변성한 스티렌-디비닐벤젠 공중합체·아크릴중합체 또는 페놀수지이다.

섬유 **직물 및 부직포**로서 육안으로 도포 또는 피복된 사실을 확인할 수 있는 것. 이때 색채의 변화는 고려하지 않는다. 즉 촉감 등 다른 차이는 전혀 없이 도포 등의 사실을 색깔의 변화로만 판별할 수 있는 경우는 이 류에 분류하지 않는다.

③ 플라스틱을 침투·도포·피복 또는 적층한 것으로서 15~30℃의 온도에서 지름 7mm의 원통둘레에 꺾지 않고는 손으로 감을 수 없는 방직용 섬유의 직물류

④ 제59류 주 제1호에서 정의한 방직용 섬유의 직물[99]·펠트 또는 부직포와 결합한 다포성 플라스틱제의 판·시트 및 스트립으로서 직물이 단순히 보강의 목적으로 사용되는 것

6) 방직용 섬유재료 이외의 재료와 플라스틱과의 결합 : 단일작업 또는 연속된 작업으로 얻어진 다음의 물품은, 당해 물품이 플라스틱제품의 **본질적인 특성**이 있는 경우에 이 류에 분류된다.

① 플라스틱에 다른 물질(금속선·유리섬유 등)로 된 보강재 또는 지지망(supporting mesh)이 삽입된 판·시트 등

② 플라스틱제의 판·시트 등으로서, 금속박·종이 및 판지와 같은 다른 재료의 층으로 분리된 것. 양면을 플라스틱제의 얇은 보호시트로 피복한 종이 또는 판지제품은 종이 또는 판지의 본질적 특성을 유지하고 있다면 이 류에서 제외된다(일반적으로 제4811호).

③ 종이로 보강한 적층 플라스틱 시트 및 종이 또는 판지의 층에 플라스틱층을 도포 또는 피복한 물품(플라스틱층이 전체 두께의 1/2을 초과하는 것에 한하며 제4814호의 벽 피복재를 제외한다)

④ 플라스틱을 침투시켜 함께 압착하여 만든 유리섬유 또는 종이시트의 제품으로서, 단단한 특성을 가지고 있는 것. 당해 제품이 종이의 특성 또는 유리섬유제품의 특성을 더 많이 가지고 있는 경우에는 제48류 또는 제70류에 분류한다.

전항의 규정은 모노필라멘트·봉·스틱·형재·관·파이프·호스 및 제품에도 준용하여 적용된다. 비금속의 거즈 및 망이 단순히 플라스틱용액에 살짝 잠긴 것은 침적(浸漬)공정으로 망목이 충전되었다 하여도 제외된다는 것을 유의하여야 한다(제15부).

목재 및 플라스틱을 겹쳐서 만든 판 또는 시트로서 목재가 단지 플라스틱의 지지나 보강용으로 사용된 경우에는 이 류에 분류되며, 반대로 플라스틱이 단지 보조적 역할(예 : 고급합판용 기재를 형성할 때)을 할 때에는 이 류에서 제외된다(제44류). 이와 관련하여 목재와 플라스틱층으로 만든 건축용 패널은 대개 제44류에 분류된다는 것을 유의하여야 한다(제44류 총설 참조).

7) 이 류의 주 제2호의 제외규정 이외에, 이 류에서는 다음의 것도 제외한다.

① 플라스틱에 착색제를 농축분산한 것으로서, 제32류에 해당하는 물품의 특성이 있는 것. 예를 들면 다음과 같다.

---

99 제59류 주 제1호 : 문맥상 달리 해석되지 않는 한, 이 류에서 "방직용 섬유의 직물"이란 제50류부터 제55류까지·제5803호·제5806호의 방직용 섬유의 직물류, 제5808호의 원단상태인 브레이드(braid)와 장식용 트리밍(trimming), 제6002호부터 제6006호까지의 메리야스 편물과 뜨개질 편물로 한정한다.

- 제3204호 해설 Ⅰ(C)항 : 플라스틱에 착색제를 농축분산시킨 것
- 제3204호 해설 Ⅱ(2)항 : 플라스틱재료에 유기 루미노퍼를 분산시킨 것
- 제3205호 해설 제7항 : 플라스틱에 레이크 안료를 짙게 분산시킨 것
- 제3206호 해설(A) (6)항(Ⅰ) : 플라스틱에 그 밖의 착색제를 짙게 분산시킨 것

② 접착제로 사용하기 위해 특별히 조제한 제3901호~제3913호의 중합체 또는 혼합중합체로 된 조제품과, 글루 또는 접착제로서 순중량이 1kg 이하이고 소매용으로 한 제3901호~제3913호의 제품(제3506호)

③ 제3918호 또는 제3919호의 물품을 제외하고, 플라스틱 및 플라스틱제품으로서 해당 물품의 본래의 용도에 단순히 부수적이 아닌 모티프·문자 또는 그림을 인쇄한 것(제49류)

Chapter 40

제40류 고무와 그 제품

호	호의 용어
4001	천연고무 · 발라타(balata) · 구타페르카(gutta-percha) · 구아율(guayule) · 치클(chicle)과 이와 유사한 천연검(gum)[일차제품(primary form) · 판 · 시트(sheet) · 스트립 모양으로 한정한다]
4002	합성고무와 기름에서 제조한 팩티스(factice)[일차제품(primary form) · 판 · 시트(sheet) · 스트립 모양으로 한정한다], 제4001호의 물품과 제4002호의 물품과의 혼합물[일차제품(primary form) · 판 · 시트(sheet) · 스트립 모양으로 한정한다]
4003	재생고무[일차제품(primary form) · 판 · 시트(sheet) · 스트립 모양으로 한정한다]
4004	고무의 웨이스트(waste) · 페어링(paring) · 스크랩(scrap)[경질(硬質)고무인 것은 제외한다]과 이들의 가루와 알갱이
4005	가황하지 않은 배합고무[일차제품(primary form) · 판 · 시트(sheet) · 스트립 모양으로 한정한다]
4006	가황하지 않은 고무의 그 밖의 모양[예: 막대(rod) · 관 · 형재(形材)]과 제품(예: 디스크 · 링)
4007	고무실과 고무끈(가황한 것으로 한정한다)
4008	고무로 만든 판 · 시트(sheet) · 스트립 · 막대(rod) · 형재(形材)[가황한 것으로 한정하며, 경질(硬質)고무인 것은 제외한다]
4009	고무로 만든 관 · 파이프 · 호스[가황한 것으로 한정하고, 경질(硬質)고무인 것은 제외하며, 조인트(joint) · 엘보(elbow) · 플랜지(flange) 등 연결구류가 부착된 것인지에 상관없다]
4010	고무로 만든 컨베이어용 · 전동(transmission)용 벨트와 벨팅(belting)(가황한 것으로 한정한다)
4011	고무로 만든 공기타이어(신품으로 한정한다)
4012	고무로 만든 공기타이어(재생품과 중고품으로 한정한다), 고무로 만든 솔리드(solid)나 쿠션타이어, 타이어 트레드(tread), 타이어 플랩(flap)
4013	고무로 만든 이너튜브
4014	고무로 만든 위생용품과 의료용품[젖꼭지를 포함하며, 경질(硬質)고무 외의 가황한 것으로 한정한다. 다만, 경질(硬質)고무로 만든 연결구류를 부착한 것인지에 상관없다]
4015	고무로 만든 의류와 의류 부속품[장갑, 벙어리장갑을 포함하고, 경질(硬質)고무 외의 가황한 것으로 한정하며, 어떤 용도인지는 상관없다]
4016	가황한 고무의 그 밖의 제품[경질(硬質)고무로 만든 것은 제외한다]
4017	경질(硬質)고무[예 : 에보나이트(ebonite), 각종 모양의 웨이스트(waste)와 스크랩(scrap)을 포함한다]와 그 제품

◉ 류주

1. 이 표에서 "고무"란 문맥상 달리 해석되지 않는 한 천연고무, 발라타(balata), 구타페르카(gutta-percha), 구아율(guayule), 치클(chicle), 이와 유사한 천연검(gum), 합성고무, 기름으로부터 제조한 팩티스(factice)와 이들의 재생품[가황(加黃)한 것인지 또는 경질(硬質)의 것인지에 상관

없다]을 말한다.

1) 관세율표에서 고무라 함은 가황한 것인지 또는 경질의 것인지(vulcanised or hard) 상관없이 다음의 것을 말한다.
   ① 천연고무, 발라타(balata), 구타페르카(gutta-percha), 구아율(guayule), 치클(chicle), 이와 유사한 천연검(gum). 여기에 열거하는 천연고무나 천연검을 제외한 천연검이나 천연수지는 제1301호에 분류한다.
   ② 합성고무
   ③ 기름으로부터 제조한 팩티스(factice)
   ④ 위 물품의 재생품(reclaimed rubber)
2) 위에서 기름으로부터 제조한 팩티스는 가황유(加黃油)라고도 하며, 식물유에 염화황을 반응시키거나, 식물유나 어유(魚油)에 황을 가해서 가열반응시킨 고무상의 물질이다. 고무와 유사한 탄성체로서 고무 보충물로 사용하여 압연 등을 쉽게 해준다.
3) **사슬구조**의 고분자에 가교제(또는 경화제)를 사용하여 **망상구조**의 고분자로 바꾸면 경도가 증가하거나 탄성이 높아진다. 이를 가교(加橋, cross-linking) 또는 경화(硬化, curing)라고 한다. 고무에서는 가황을 통해 필요한 탄성을 얻는데, 고무에 황이 6% 정도 가해지면 연질고무가 되고, 30% 정도이면 경질고무(예 : 에보나이트)가 된다.

2. 이 류에서 다음 각 목의 것은 제외한다.
   가. 제11부의 물품(방직용 섬유와 그 제품)
   나. 제64류의 신발류와 그 부분품
   다. 제65류의 모자류(수영모를 포함한다)와 그 부분품
   라. 제16부의 기계류, 전기기기나 이들의 부분품(모든 전기용품을 포함한다)으로서 경질(硬質)고무로 만든 것
   마. 제90류 · 제92류 · 제94류 · 제96류의 물품
   바. 제95류의 물품(운동용 장갑, 벙어리장갑과 제4011호부터 제4013호까지의 물품은 제외한다)

라목 : 기계류나 전기기기에 사용되거나 그 밖의 공업용으로 사용되는 경질고무 외의 가황한 고무의 그 밖의 제품은 제16부에서 제외되어 제4016호에 분류된다. 제4016호에는 또한 제16부의 기계류의 부분품과 부속품도 제16부에 우선하여 분류하도록 하고 있다. 다만 여기에서 경질고무(hard rubber)의 것은 이 규정의 적용을 받지 않고 제16부에 분류한다.

3. 제4001호부터 제4003호까지, 제4005호에서 "일차제품(primary form)"은 다음 각 목의 형태인 것만을 적용한다.
   가. 액체상태와 페이스트(paste)상태의 물품. 라텍스[프리-벌커나이즈된(pre-vulcanised) 것인지

에 상관없다)와 그 밖의 분산액과 용액을 포함한다.

나. 불규칙한 모양의 블록·럼프(lump)·베일(bale)·가루·알갱이·부스러기와 이와 유사한 벌크 모양

1) 제40류의 고무는 제39류의 플라스틱과는 달리 절이 별도로 구분되어 있지 않다. 다만 제40류에서도 일차제품에 대한 정의를 하고 있는데, 그 내용은 제39류의 플라스틱의 일차제품과 상당히 유사하다.

2) 위에서 라텍스(latex)라고 하는 것은 말레이반도를 중심으로 재배되는 고무나무(Hevea brasiliensis) 껍질에 칼로 금을 그으면 나오는 끈적끈적한 액체로, 이것은 단백질층에 싸인 천연고무의 입자가 물속에 떠 있는 상태의 액체이다. 이와는 별도로, 합성고무를 에멀션화 중합시켜 에멀션을 만들어, 합성라텍스를 제조하기도 한다.

[고무나무에서 얻는 천연 라텍스. pre-vulcanised 여부에 관계없이 일차제품으로 간주된다.]

천연고무의 라텍스와 합성고무의 라텍스 모두 프리-벌커나이즈드되었는지의 여부에 관계없이 일차제품으로 간주하는데, 여기서 프리-벌커나이즈드 공정은 고무의 가공공정 초기과정에서 황을 일부 반응시키는 것을 말한다. 라텍스의 점도를 상승시키거나 미가황고무의 탄성률을 향상시켜 가공성을 개선하기 위해 이루어진다. 프리-벌커나이즈드 라텍스를 사용하면 이후의 일부 공정(예 : 분쇄·배합)을 생략할 수 있다. 하지만 진정한 가황공정은 아니고, 이후의 가황공정은 보통 성형까지 마친 제품에 행해진다.

4. 이 류의 주 제1호와 제4002호에서 "합성고무(synthetic rubber)"란 다음 각 목의 것을 말한다.

가. 황으로써 가황하여 비열가소성 물질로 변형되어 원상태로의 회복이 불가능하게 되고, 섭씨 18도와 29도 사이의 온도에서 원래의 길이의 3배로 늘려도 끊어지지 않고, 원래의 길이의 2배로 늘린 후 5분 이내에 원래의 길이의 1.5배 이하로 되돌아가는 불포화 합성물질(이 시험에서 가황활성제나 가황촉진제와 같은 가교에 필요한 물질이 첨가되어질 수 있다. 주 제5호 나목의 2)와 3)에 규정된 물질은 첨가될 수 있으나, 증량제·가소제·충전제와 같이 가교에 불필요한 물질은 첨가할 수 없다)

나. 티오플라스트(thioplast)(티엠)

다. 플라스틱과 그라프팅(grafting)이나 혼합으로 변성된 천연고무, 해중합(解重合)된 천연고무, 포화 합성고중합체와 불포화 합성물질의 혼합물(가목의 가황·늘림·복원성에 관한 요건에 해당하는 것으로 한정한다)

1) 합성고무는 고무 모양의 탄성(彈性)을 지니고 있는 합성고분자물질을 말한다. 합성고무의 정의에서 첫 번째는 소정의 가황·늘림·복원성 기준(vulcanisation, elongation and recovery

criteria)을 만족하는 불포화 합성물질(unsaturated synthetic substances)이라는 것이다. 여기서 불포화 합성물질이란 이중결합을 가진 **이소프렌**을 단량체로 한다는 것을 말한다.

2) 티오플라스트(thioplast)는 **포화 합성물질**로서, 일반적으로 보통의 가황제로 가황된다. 어떤 티오플라스트의 기계적 특성은 다른 종류의 합성고무에 비하여 열등하지만, 용제에 대한 저항성이 크다는 장점을 가지고 있다. 티오플라스트는 가황·늘림·복원성 기준을 충족하지 못해도 무관하다.
하지만 플라스틱과 그라프팅이나 혼합으로 변성된 천연고무, 해중합(解重合)된 천연고무, 포화 합성고중합체와 불포화 합성물질의 혼합물의 경우에는 가황·늘림·복원성 기준을 충족해야 제40류의 합성고무로 인정될 수 있다.

5. 가. 제4001호와 제4002호는 응고 전후에 다음을 배합한 고무나 고무 혼합물에는 적용하지 않는다.
(1) 가황제·가황촉진제·지연제·활성제[프리-벌커나이즈드(pre-vulcanised) 고무 라텍스 조제용으로 첨가한 것은 제외한다]
(2) 안료나 그 밖의 착색제(식별을 하기 위하여 단순히 첨가한 것은 제외한다)
(3) 가소제나 증량제[유전(油展)고무[100]의 경우에는 광유(mineral oil)는 제외한다]·충전제·보강제·유기용제나 그 밖의 물질(나목의 물질은 제외한다)

나. 제4001호와 제4002호에는 다음을 함유하고 있는 고무나 고무 혼합물을 포함한다(고무나 고무 혼합물이 원재료로서의 주요한 특성을 보유하고 있는 경우로 한정한다).
(1) 유화제나 점착방지제
(2) 소량의 유화분해 잔류물
(3) 감열제[101](일반적으로 감열 고무 라텍스 제조용)·양이온성 계면활성제(일반적으로 양이온 고무 라텍스 제조용)·산화방지제·응고제·붕해제·내동제·해교제·방부제·안정제·점도조절제와 이와 유사한 첨가제(극소량을 함유하고 있는 경우로 한정한다)

1) 고무제품의 가공공정은 다음과 같다.
① 원료고무의 분자사슬을 기계적으로 절단하여 사슬상태의 분자 간의 꼬임을 풀어서 중합도를 낮추어 탄성(彈性)을 떨어뜨리고 가소성(可塑性)을 크게 하여, 이후의 가공작업을 쉽게 한다.
② 연화제(軟化劑)를 넣고 잘 혼합한 후, 가황제·가황촉진제·지연제·활성제·안료나 그 밖의 착색제 등을 가하여 혼련(混練)[102]하고, 그 외에 산화방지제·오존열화방지제 등을

100 유전고무(oil extended rubbers)는 합성고무의 제조과정에서 라텍스에 광유(鑛油)를 혼합하여 그대로 응고시켜 얻는 원료 고무로 SBR(스티렌-부타디엔 고무)에서 많이 사용된다.
101 감열제(heat-sensitive agents)는 라텍스와 배합하여 어떤 특정한 온도에서 급격히 겔화를 일으키는 약제로 감열응고제라고도 한다. 감열제를 배합한 라텍스를 특히 감열라텍스라고 하며, 이는 셀룰라고무 등의 제조에 사용된다.
102 혼련(混練, roll mixing milling)은 합성수지나 고무와 같은 고분자재료에 화학재료를 넣고 열과 기계를 이용하여 고르게 섞어 이기는 반죽작업이다. 이 혼련과정을 거친 고무는 배합고무가 되는데, 이것은 미가황상태이다.

가하여 모든 배합약품을 잘 혼합시켜 **배합고무(compounded rubber)**를 만든다.

③ 성형하여 미가황성형(未加黃成形) 고무를 만든다.

④ 가황한 후 가황고무, 즉 고무제품으로 만든다.

2) 주 제5호는 일차제품·판·시트 또는 스트립상의 고무 또는 고무의 혼합물로서 배합하지 않은 것(which have not been compounded : 제4001호 및 제4002호)과 배합한 것(compounded : 제4005호)과의 구별기준을 정하고 있다. 이 주는 배합이 응고 전에 시행되었는지 또는 응고 후에 시행되었는지에 대해 구별을 하지 않고 있다.
주 제5호의 나목에서는 제4001호 및 제4002호의 배합하지 않은 고무 또는 고무의 혼합물에 특정의 물질이 들어 있는 것을 허용하고 있는데, 단지 이것은 특정 물질이 첨가되더라도 고무 또는 고무의 혼합물이 원료로서의 본질적인 특성을 유지하고 있는 경우에 한한다. 즉 이 경우에는 배합고무로 보지 않는다는 것이다.

6. 제4004호에서 "고무의 웨이스트(waste)·페어링(paring)·스크랩(scrap)"이란 고무의 제조나 가공공정에서 발생하는 것과 절단·마모나 그 밖의 이유로 명백히 고무제품으로서는 사용할 수 없는 것을 말한다.

7. 가황한 고무만으로 된 실(thread)로서 횡단면의 치수가 5밀리미터를 초과하는 것은 제4008호의 스트립·막대(rod)·형재(形材)로 분류한다.

1) 제4007호에는 고무실과 고무끈이 분류된다. 고무실은 가황한 고무의 시트 또는 판을 절단하든가, 아니면 압출하여 얻은 실을 가황하여 만든다. 이러한 고무실과 고무끈에는 다음을 포함한다.

① 전부 가황한 고무만으로 된 고무실(단사) : 횡단면의 형상은 불문하며, 횡단면의 최대치수가 5mm를 초과하지 않는 것에 한한다. 횡단면의 최대치수가 5mm를 초과한 것은 제4008호의 스트립·막대(rod)·형재(形材)로 분류한다.

② 고무끈(다중사) : 구성하고 있는 실의 굵기는 불문한다.

2) 고무실을 방직용 섬유로 피복하는 등 고무실이 방직용 섬유와 결합하는 경우에는 제40류에서 제외되고 제11부에 분류하게 된다.

8. 제4010호의 컨베이어용·전동(transmission)용 벨트와 벨팅(belting)에는 고무를 침투·도포·피복하거나 적층한 방직용 섬유의 직물류로 제조한 것과, 고무를 침투·도포·피복하거나 시드한(sheathed) 방직용 섬유의 실이나 끈(cord)으로 제조한 것을 포함한다.

이 배합고무는 일련의 성형공정을 거치고 가황함으로써 제품화된다. 즉 가황공정에서는 배합고무에 황을 결합시킴으로써 고무로 하여금 필요한 성질을 얻도록 경화시키는 것이다.

제4010호에는 컨베이어용 또는 전동용의 벨트와 벨팅으로서 가황한 고무만으로 되어 있거나, 고무를 침투·도포·피복·적층한 방직용 섬유직물로 만든 것 또는 고무를 침투·도포·피복·시드한 방직용 섬유의 실이나 끈으로 제조한 것도 포함된다.

9. 제4001호·제4002호·제4003호·제4005호·제4008호에서 "판·시트(sheet)·스트립"은 절단하지 않았거나 단순히 직사각형(정사각형을 포함한다)으로 절단만 하고 그 이상의 가공을 하지 않은 판·시트(sheet)·스트립과, 규칙적인 기하학적 모양의 블록으로 한정한다(제품으로서의 특성을 지니고 있는 것인지 또는 프린트나 그 밖의 표면가공을 한 것인지에 상관없다). 제4008호에서 "막대(rod)와 형재(形材)"는 일정한 길이로 절단한 것인지 또는 표면가공한 것인지는 상관없으나 그 밖의 가공을 하지 않은 것으로 한정한다.

1) 제4001호 : 천연고무·발라타(balata)·구타페르카(gutta-percha)·구아율(guayule)·치클(chicle)과 이와 유사한 천연검(gum)[일차제품(primary form)·판·시트(sheet)·스트립 모양으로 한정한다]

   제4002호 : 합성고무와 기름에서 제조한 팩티스(factice)[일차제품(primary form)·판·시트(sheet)·스트립 모양으로 한정한다], 제4001호의 물품과 제4002호의 물품과의 혼합물[일차제품(primary form)·판·시트(sheet)·스트립 모양으로 한정한다]

   제4003호 : 재생고무[일차제품(primary form)·판·시트(sheet)·스트립 모양으로 한정한다]

   제4005호 : 가황하지 않은 배합고무[일차제품(primary form)·판·시트(sheet)·스트립 모양으로 한정한다]

   제4008호 : 고무로 만든 판·시트(sheet)·스트립·막대(rod)·형재(形材)[가황한 것으로 한정하며, 경질(硬質)고무인 것은 제외한다]

2) 제39류의 플라스틱과 마찬가지로 고무의 경우에도 판·시트(sheet)·스트립의 개념에 규칙적인 기하학적 모양의 블록(blocks of regular geometric shape)을 포함한다.

◉ 총설

1) 탄성중합체(彈性重合體, elastomer) : 외력을 가해서 잡아당기면 몇 배나 늘어나고, 외력을 제거하면 원래의 길이로 돌아가는 성질을 가지는 고분자화합물을 탄성중합체라고 한다. 대표적인 예로는 가황(加黃)고무가 있으며, 이 외에도 탄성중합체인 탄성섬유(스판덱스 등)가 있다. 이와 반대로 현저한 소성(塑性)을 나타내는 고분자물질을 소성중합체(plastomer)라고도 한다.

   탄성중합체의 대표적인 것에는 탄성고무라고 하는 가황고무(vulcanized rubber)가 있다. 이 경우 힘을 가하면 고무 몸체가 늘어나는 것은, 긴 선상(線狀) 고분자 사이가 끊어지지 않고 미끄러져서 전체적으로 길어지기 때문이다. 거기에는 다리(가황고무에서는 예를 들면 -S-S-라는 황)가 걸쳐져 있기 때문에, 가하던 힘을 멈추면 변형되었던 다리의 관계가 분자운동에

의해서 원래의 안정된 상태로 돌아오게 된다.[103]

탄성섬유(일반명 스판덱스)는 고무와 같은 고분자를 우레탄 결합으로 더욱 중합체로 만든 것이다. 이 경우에는 우레탄기(基)가 상호 간에 강하게 잡아당겨서 탄성고무에서의 황의 다리와 같은 작용을 한다. HS에서 합성고무와 탄성사의 늘림·복원성 요건이 같은데, 그 내용은 "원래 길이의 3배로 늘려도 끊어지지 않고, 원래 길이의 2배로 늘린 후 5분 이내에 원래 길이의 1.5배 이하로 복원된다"는 것이다.

2) 고무는 여러 개의 **이소프렌(isoprene)**이 결합한 탄성고분자물질이다. 이소프렌은 천연고무의 구성단위로 알려진 물질로서, 천연고무의 열분해로 얻어진다. 화학식이 $CH_2=C(CH_3)CH=CH_2$, 즉 C_5H_8인 불포화탄화수소이다. 고무는 탄성고분자(elastomer)의 일종으로, 이중결합이 2개 있는 이소프렌(C_5H_8)분자를 수없이 연결하여 고분자로 만들면 고무가 되는 것이다.

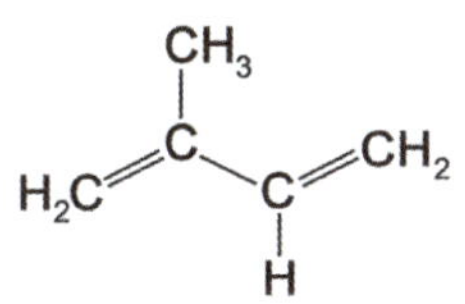

[이소프렌 단량체. $CH_2=C(CH_3)CH=CH_2$, 즉 C_5H_8인 불포화탄화수소이다.]

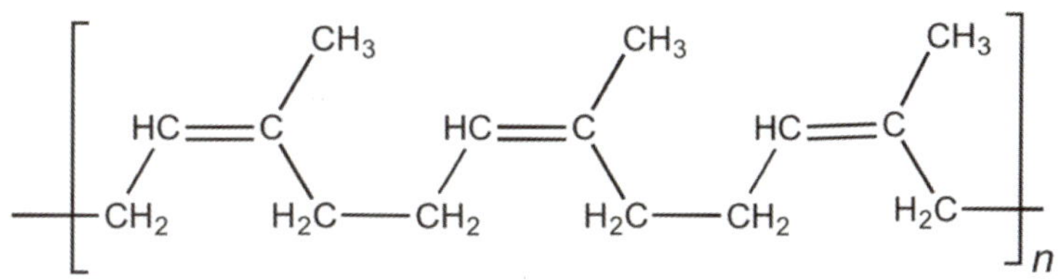

[이소프렌 중합체 중 cis-polyisoprene. 천연고무의 주요 성분이다.]

3) 고무에 열을 가하면서 황을 첨가하는 과정을 가황(加黃, vulcanization)이라고 한다. 천연고무는 열을 가하면 탄성을 잃고 끈적끈적해지는데, 이러한 고무의 특성을 획기적으로 바꾼 이가 굿이어(Charles Goodyear)이다. 고무가 가황과정을 거치고 나면 길게 이어진 이소프렌 고분자들이 이황화결합(S−S bond)으로 서로 교차결합(crosslink)을 하여 고분자의 성질이 변한다는 것이었다. 이황화결합이 없는 천연고무는 길게 이어진 고분자들이 서로 뒤엉켜 뭉쳐진 상태로, 열을 가하면 고분자들이 각자 가닥으로 풀어지면서 끈적끈적해지고 탄성을 잃어버리는 것이다.

103 껌을 길게 늘이면 끊어지지 않고 길게 늘여지지만 탄성은 없다. 이는 껌의 분자가 사슬 모양이기 때문이다. 가황은 이러한 분자에 황을 가교시켜 망상구조로 만드는 작업이다.

Section

제 08 부 원피 · 가죽 · 모피와 이들의 제품, 마구, 여행용구 · 핸드백과 이와 유사한 용기, 동물 거트(gut)[누에의 거트(gut)는 제외한다]의 제품

류	류의 표제
41	원피(모피는 제외한다)와 가죽
42	가죽제품, 마구, 여행용구 · 핸드백과 이와 유사한 용기, 동물 거트(gut)[누에의 거트(gut)는 제외한다]의 제품
43	모피 · 인조모피와 이들의 제품

Chapter 41

제 41 류 원피(모피는 제외한다)와 가죽

호	호의 용어
4101	소(버팔로를 포함한다)와 마속(馬屬)동물의 원피[생것 · 염장한 것 · 건조한 것 · 석회처리한 것 · 산처리한 것이나 그 밖의 방법으로 보존처리한 것으로 한정하고, 유연처리 · 파치먼트(parchment) 가공이나 그 이상의 가공을 한 것은 제외하며, 털을 제거한 것인지 또는 스플릿(split)한 것인지에 상관없다]
4102	면양이나 어린 양의 원피[생것 · 염장한 것 · 건조한 것 · 석회처리한 것 · 산처리한 것이나 그 밖의 방법으로 보존처리한 것으로 한정하고, 유연처리 · 파치먼트(parchment) 가공이나 그 이상의 가공을 한 것은 제외하며, 털을 제거한 것인지 또는 스플릿(split)한 것인지에 상관없다. 다만, 이 류의 주 제1호 다목에 따라 제외되는 것을 포함하지 않는다]
4103	그 밖의 원피[생것 · 염장한 것 · 건조한 것 · 석회처리한 것 · 산처리한 것이나 그 밖의 방법으로 보존처리한 것으로 한정하고, 유연처리 · 파치먼트(parchment) 가공이나 그 이상의 가공을 한 것은 제외하며, 털을 제거한 것인지 또는 스플릿(split)한 것인지에 상관없다. 다만, 이 류의 주 제1호 나목이나 다목에 따라 제외되는 것을 포함하지 않는다]
4104	소(버팔로를 포함한다)나 마속(馬屬)동물의 유연처리나 크러스트 처리한 원피[털을 제거한 것으로 한정하고, 스플릿(split)한 것인지에 상관없으며 그 이상 가공한 것은 제외한다]
4105	면양이나 어린 양의 유연처리 · 크러스트 처리한 원피[털을 제거한 것으로 한정하고, 스플릿(split)한 것인지에 상관없으며 그 이상 가공한 것은 제외한다]
4106	그 밖의 동물의 유연처리 · 크러스트 처리한 원피[털을 제거한 것으로 한정하고, 스플릿(split)한 것인지에 상관없으며 그 이상 가공한 것은 제외한다]
4107	유연처리 · 크러스트 처리한 후 그 이상의 가공을 한 소(버팔로를 포함한다)나 마속(馬屬)동물의 가죽[파치먼트(parchment) 가공 가죽을 포함한다][털을 제거한 것으로 한정하고, 스플릿(split)한 것인지에 상관없으며 제4114호의 가죽은 제외한다]
4112	유연처리 · 크러스트 처리한 후 그 이상의 가공을 한 면양이나 어린 양의 가죽[파치먼트(parchment) 가공 가죽을 포함한다][털을 제거한 것으로 한정하고, 스플릿(split)한 것인지에 상관없으며 제4114호의 가죽은 제외한다]
4113	유연처리 · 크러스트 처리한 후 그 이상의 가공을 한 그 밖의 동물의 가죽[파치먼트(parchment) 가공 가죽을 포함한다][털을 제거한 것으로 한정하고, 스플릿(split)한 것인지에 상관없으며 제4114호의 가죽은 제외한다]
4114	섀미가죽(chamois leather)[콤비네이션 섀미가죽(chamois leather)을 포함한다], 페이턴트 레더(patent leather)와 적층한 페이턴트 레더(patent leather), 메탈라이즈드 레더(metallised leather)
4115	콤퍼지션 레더(composition leather)[가죽이나 가죽섬유를 기본 재료로 하여 제조한 것으로서 롤 모양인지에 상관없으며 슬래브 모양 · 시트(sheet) 모양 · 스트립 모양으로 한정한다], 가죽이나 콤퍼지션 레더(composition leather)의 페어링(paring)과 그 밖의 웨이스트(waste)(가죽제품의 제조에 적합하지 않은 것으로 한정한다), 가죽의 더스트(dust)와 가루

◉ 류주

1. 이 류에서 다음 각 목의 것은 제외한다.
   가. 원피의 페어링(paring)이나 이와 유사한 웨이스트(waste)(제0511호)
   나. 제0505호나 제6701호의 새의 깃털이나 솜털이 붙은 가죽과 그 부분
   다. 털을 제거하지 않은 원피로서 생것, 유연처리나 드레스가공한 것(제43류). 다만, 소(물소를 포함한다), 마속(馬屬)동물, 면양이나 어린 양[아스트라칸(Astrakhan)·브로드테일(Broadtail)·카라쿨(Caracul)·페르시아 어린 양과 이와 유사한 어린 양, 인도·중국·몽고·티베트 어린 양은 제외한다], 산양(예멘·몽고·티베트 산양은 제외한다), 돼지[페카리(peccary)를 포함한다], 샤무아(chamois), 가젤(gazelle), 낙타(단봉낙타를 포함한다), 순록, 엘크(elk), 사슴, 로벅(roebuck), 개의 털을 제거하지 않은 원피는 제41류로 분류한다.

2. 가. 제4104호부터 제4106호까지는 원상태로 복귀될 수 있도록 유연처리된(유연전처리를 포함한다) 원피는 제외한다(경우에 따라서는 제4101호부터 제4103호까지로 분류될 수 있다)
   나. 제4104호부터 제4106호까지에서 "크러스트"는 재유연처리된 원피와 건조하기 전에 색을 입히거나 기름을 바른 원피를 포함한다.

   1) 유연전처리(총설 참조)를 마친 가죽은 스플릿하기 전에 일시적으로 원피를 안정시켜 주고 부패를 막아주기 위한 유연처리를 하기도 한다. 이러한 유연처리는 원상태로 복귀될 수 없는 정식의 유연처리와 달리 원상태로 복귀(reversible)될 수 있도록 처리된 것인데, 이러한 유연처리는 완전한 유연처리로 보지 않고 유연전처리만을 한 원피와 함께 제4101호~제4103호에 분류된다.
   2) 크러스트 레더(crust leather)란 유연처리 후에 건조시킨 마무리가 끝나지 않은 가죽을 말한다. 크러스트 처리(crusting procedure) 중에, 크러스트를 매끄럽게 하고 유연성을 부여하기 위해 지방액 또는 기름이 첨가될 수도 있고 재유연처리되거나 색을 입힐 수도 있는데, 이들은 모두 마무리공정으로 보지 않기 때문에 이들 조작을 거친다 하더라도 크러스트에 포함된다.

3. 이 표에서 "콤퍼지션 레더(composition leather)"란 제4115호의 물품만을 말한다.

콤퍼지션 레더(composition leather) : 콤퍼지션 레더란 가죽의 조각, 자투리 등을 재활용하여 만든 것으로, 제41류의 콤퍼지션 레더에는 천연가죽이나 가죽섬유를 기본재료로 한 것만이 분류된다. 따라서 천연가죽이 기본재료가 아닌, 즉 플라스틱(제39류)·고무(제40류)·종이와 판지(제48류)나 도포된 직물(제59류) 등으로 만든 모조가죽(imitation leather)은 제외된다. "접착가죽(bonded leather)"이라고도 불리는 콤퍼지션 레더는 다음과 같은 여러 공정으로 제조된다.
① 글루나 기타 결합제로 가죽의 페어링과 웨이스트의 조각을 응집시켜 만든다.
② 결합제 없이 가죽의 페어링이나 웨이스트에 강력한 압력을 가하여 응집시켜서 만든다.

③ 가죽의 페어링이나 웨이스트를 뜨거운 물속에서 가열하여 엷은 섬유상이 되도록 분해하여 만든다. 이렇게 해서 생긴 펄프는 체로 치고 압연공정 및 광택가공을 거쳐 판상으로 성형된다.

이러한 공정을 거친 콤퍼지션 레더는 슬래브 모양·시트 모양이나 스트립 모양으로 된 것은 롤 모양의 여부를 불문하고 이 호에 분류되며, 정사각형 또는 직사각형 이외의 형상으로 절단된 것은 다른 류에 분류된다(특히 제42류).

◉ 총설

1) 포유류의 가죽은 주로 케라틴이라고 하는 단백질로 이루어진 표피층(表皮層)과 주로 콜라겐이라는 단백질로 이루어진 진피층(眞皮層)으로 이루어진다. 표피층은 가죽 전체 두께의 1% 내외를 차지하는 데 불과하며, 가죽을 유연처리하기 전에 표피층은 털과 함께 제거되고, 진피의 표면이 겉으로 드러나는 표면이 되는데, 이것을 흔히 은면(銀面, grain)이라 한다.

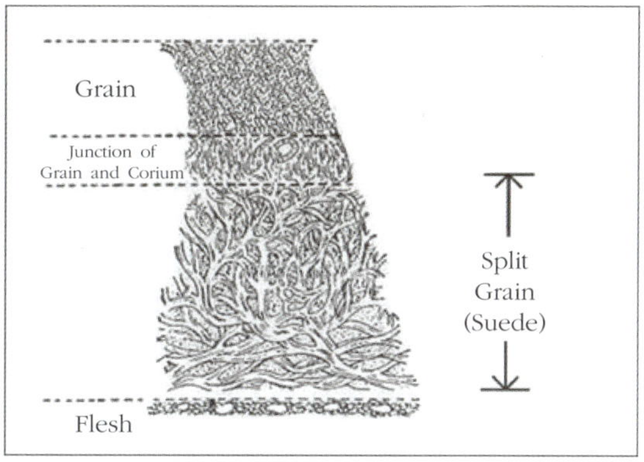

[가죽의 구성. 표피층은 털과 함께 제거된다. 진피층은 스플릿공정을 통해 껍데기 쪽의 grain 부분과 안쪽의 suede 부분으로 나눈다.]

가죽을 유연처리하면 단백질분자 사이에 결합이 형성되어 분자구조가 안정된다. 이러한 유연효과를 가진 유연용의 물질로는 식물성의 유연용 추출물인 타닌104과 합성탄닌, 그리고 크롬염 등이 가장 많이 이용된다.

2) **동물의 원피와 그 밖의 원피(제4101호~제4103호)** : 원피(rawhide)는 섬유질과 단백질층으로 되어 있어 그대로 두면 부패하고, 또한 이것이 건조되면 딱딱해지기 때문에 일정한 가공과정을 거쳐야 비로소 피혁으로 탄생할 수 있다. 원피는 본격적인 가공에 투입되기 이전에 부패하지 않도록 소금물 등에 담근 후에 말리는 등의 처리를 한 후에 공정에 들어간다.

먼저 **유연전처리**로서 일련의 준비공정을 거치게 되는데, 기왕에 원피에 묻어 있는 소금을 제거하기 위해 알칼리용액을 침투시키고, 탈모 및 탈육가공을 거친 후, 탈모과정에서 사용된 석회105와 그 밖의 잔존물을 제거하고, 최종적으로 물로써 세척한다. 또한 두꺼운 가죽은 스플릿(split)을 통해 분할하게 된다.

---

104 식물성 유연용의 추출물은 주로 가죽의 유연용으로 사용되는 식물성 추출물이다. 대부분의 식물성 추출물(extracts)은 제13류에 분류되나, 유연용 추출물과 염색용 추출물은 예외적으로 제32류에 분류하도록 하고 있다(제13류 주 제1호 아목). 식물성 유연용의 추출물은 당류·무기염류·유기산 등과 같은 물질뿐 아니라 다양한 비율의 탄닌을 포함하고 있다.

105 가죽을 석회액에 담그면 가죽이 팽윤(澎潤)되어 모근이 느슨해진다. 이는 탈모과정을 수월하게 해준다.

또한 제4101호~제4103호는 원상태로 복귀할 수 있는(reversible) 유연처리(유연전처리를 포함한다)를 거친 탈모한 원피를 포함한다. 그러한 처리는 스플릿공정을 위해 일시적으로 원피를 안정시켜 주며 일시적으로 부패를 막아 주기 위한 것이다. 이러한 처리를 거친 원피는 마무리하기 전에 추가적인 유연처리가 요구되며, 제4104호~제4106호의 물품으로 간주되지 않는다.

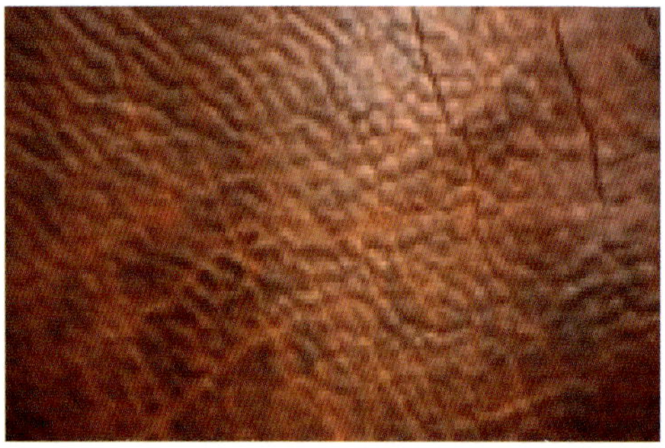

[grain leather는 곡물 낟알 모양으로 돌기가 있는 가죽의 바깥표면이다. 동물 가죽의 원래의 그레인을 살려 마무리한 최고급의 가죽을 full grain이라 한다.]

[스웨이드 재킷의 부분. 스웨이드(suede)는 스플릿한 가죽의 안쪽 부분을 부드럽게 보풀린 가죽이다.]

3) **유연처리 또는 크러스트 처리되었으나 그 이상 추가가공되지 않은 원피(제4104호~제4106호)** : 그 다음 단계로 식물성 유연처리나 광물성 유연처리 또는 화학적 유연처리를 거치는데, 때로는 이러한 공정들을 조합하여 처리하는 때도 있다. 유연처리공정은 원피의 부패를 방지하게 해주며 물에 대한 불침투성을 증대시킨다. 탄닌(tannin)은 원피구조에 침투하여 콜라겐과 교차결합을 형성한다. 이것은 원상태로 복귀될 수 없는 화학반응(irreversible chemical reaction)으로서 제품이 열·빛 또는 땀으로부터 안정성을 갖도록 해주며 원피를 모양내기 쉽고 사용하기 좋게 해준다.

   유연처리되거나 또는 유연처리 이상의 추가가공된 원피는 상거래에서 "가죽(leather)"으로 알려져 있다. 유연처리를 하고 건조시킨 가죽은 "크러스트(crust)" 또는 "크러스트 레더(crust leather)"라고 한다. 크러스트 처리 중에, 크러스트를 매끄럽게 하고 유연성을 부여하기 위해 지방액 또는 기름이 첨가될 수도 있으며, 원피는 건조 전에 재유연처리되거나 염색될 수 있으나, 더 이상의 마무리 가공을 하지 않은 것이다.

4) **유연처리 또는 크러스트 처리 후에 그 이상 가공한 가죽(제4107호·제4112호 및 제4113호)** : 유연처리 또는 크러스트 처리 후, 원피표면의 불균질을 없애고 좀 더 유연하고 방수성을 가지게 하기 위하여 종종 부가적인 마무리 가공(currying)을 거친다. 이러한 추가공정은 표면을 유연·신장·박연·타연 또는 경화시키는(softening, stretching, thinning, beating or hardening the surface) 과정 및 기름으로 "침지(浸漬, stuffing)"시키는 과정으로 이루어져 있다. 이런 공정을 거친 가죽은 그 이상의 드레스가공 또는 완성가공 공정을 거치는 것도 있다.

파치먼트[106]가공을 한 가죽(parchment-dressed leather)은 원피를 유연처리한 것이 아니라 원피의 보존을 확실하게 하기 위한 처리단계를 거친 것이다. 이 원피를 유연화 · 탈모 · 탈육 · 세척하고 프레임으로 신장시킨 후 백악 · 생석회를 함유하는 페이스트로 도장하고 필요한 두께로 깎아 부석(浮石, pumice)으로 연마하여 최종적으로 아교와 전분으로 드레스가공을 한다.

106 파치먼트(parchment)는 "양피지(羊皮紙)"라는 의미를 가지고 있다.

Chapter 42

제 42 류 가죽제품, 마구, 여행용구·핸드백과 이와 유사한 용기, 동물 거트(gut)[누에의 거트(gut)는 제외한다]의 제품

호	호의 용어
4201	동물용 마구(고삐줄, 끈, 무릎받이, 재갈, 안장용 방석, 안장에 다는 주머니, 개용 코트와 이와 유사한 것을 포함하며, 어떤 재료이든 상관없다)
4202	트렁크·슈트 케이스·화장품 케이스·이그잭큐티브 케이스(executive case)·서류가방·학생가방, 안경 케이스·쌍안경 케이스·사진기 케이스·악기 케이스·총 케이스·권총 케이스와 이와 유사한 용기, 가죽·콤퍼지션 레더(composition leather)·플라스틱의 시트(sheet)·방직용 섬유·벌커나이즈드 파이버(vulcanised fiber)·판지 또는 이러한 재료나 종이로 전부 또는 주로 피복하여 만든 여행가방·식품용이나 음료용 단열가방·화장갑·배낭·핸드백·쇼핑백·돈주머니·지갑·지도용 케이스·담배 케이스·담배쌈지·공구가방·운동용구 가방, 병 케이스·신변장식용품용 상자·분갑·칼붙이집과 이와 유사한 용기
4203	의류와 의류 부속품[가죽이나 콤퍼지션 레더(composition leather)로 만든 것으로 한정한다]
4205	그 밖의 가죽제품과 콤퍼지션 레더(composition leather)제품
4206	거트(gut)[누에의 거트(gut)는 제외한다]·골드비터 스킨(Goldbeater skin)·방광·건(腱)의 제품

◉ 류주

1. 이 류에서 "가죽"은 섀미가죽(chamois)[콤비네이션 섀미가죽(combination chamois)을 포함한다], 페이턴트 레더(patent leather)와 적층한 페이턴트 레더(patent laminated leather), 메탈라이즈드 레더(metallised leather)를 포함한다.

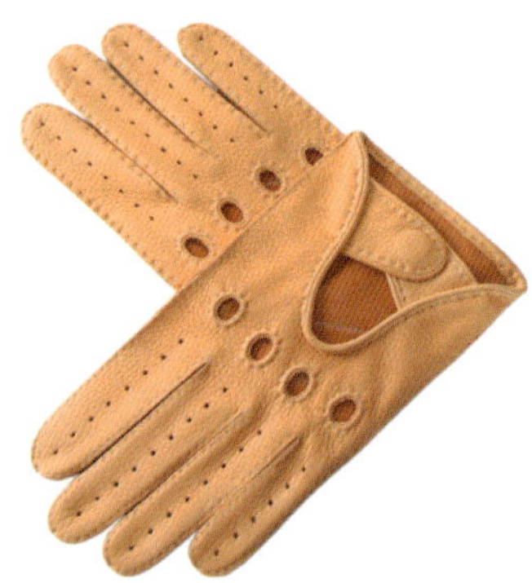

[섀미가죽으로 만든 장갑]

1) **섀미가죽(chamois)(콤비네이션 섀미가죽을 포함한다)** : 섀미가죽이란 원피를 가열하거나 대기 중에 노출하여 건조시킨 후, 어유나 동물유로 반복하여 유연처리 또는 드레스가공을 하고 잉여기름을 제거하기 위해서 알칼리용액에 세척한 것이다. 이 가죽의 표면은 연마제로 보풀이 일게 하여 세척 및 드레스 처리된다. 보통 이러한 처리방법으로 가공되는 가죽은 그레인이 제거되어 버린 면양 또는 어린 양의 안쪽 스플릿(split)으로 만들어진다. 섀미가죽은 유연성이 있고 황색을 띠며(염색 시는 예외), **세척할 수 있는 특성**을 갖는다. 또한 대개 장갑이나 부드러운 가죽제품용으로 사용된다.

2) **페이턴트 레더(patent leather)** : 바니시·래커 또는 미리 성형한 플라스틱의 시트를 도포 또는 피복한 가죽으로서 표면이 거울과 같이 광택이 난다. 여기에 사용된 바니시나 래커는 색소가 들어 있는 것도 있고 없는 것도 있으며, 주성분은 식물성 건성유, 셀룰로오스유도체, 합성수

지(주로 폴리우레탄 등)이다. 이들 그룹에 속하는 제품의 표면은 매끈해야 하는 것은 아니며, 원피(악어 · 도마뱀 등)인 것처럼 나타내기 위해 요철(凹凸)모양으로 만들거나 인위적으로 압착 · 주름 또는 그레인 장식할 수도 있다. 그러나 외관은 거울과 같이 광택을 유지하고 있어야 하고, 피복한 것 또는 시트의 두께는 0.15mm를 초과하여서는 안 된다.

3) 적층한 페이턴트 레더(patent laminated leather) : 두께가 0.15mm를 초과하나 전체 두께의 1/2 미만인 미리 성형한 플라스틱 시트를 피복한 가죽으로서, 페이턴트 레더의 표면처럼 거울같이 광택이 나는 것을 말한다.

4) 메탈라이즈드 레더(metallised leather) : 금속가루나 금속박(예 : 금 · 은 · 청동 · 알루미늄)으로 도포한 가죽을 말한다.

2. 이 류에서 다음 각 목의 것은 제외한다.

가. 살균한 외과용 캣거트(catgut)나 이와 유사한 살균한 봉합재(제3006호)

나. 모피나 인조모피를 안에 대거나 외면에 붙인 의류와 의류 부속품[외면에 모피나 인조모피를 단순히 트리밍(trimming)으로 사용한 것과 장갑, 벙어리장갑은 제외한다](제4303호나 제4304호)

다. 제품으로 된 망(제5608호)

라. 제64류의 물품

마. 제65류의 모자나 그 부분품

바. 제6602호의 채찍이나 기타의 물품

사. 커프링크(cuff-link) · 팔찌나 그 밖의 모조 신변장식용품(제7117호)

아. 따로 제시되는 등자(鐙子) · 비트 · 구리로 만든 장식품 · 버클과 같은 마구용 용구와 장식용품(주로 제15부)

자. 현과 드럼이나 이와 유사한 악기의 가죽과 그 밖의 악기 부분품(제9209호)

차. 제94류의 물품(예 : 가구 · 램프와 조명기구)

카. 제95류의 물품(예 : 완구 · 게임용구 · 운동용구)

타. 제9606호의 단추, 프레스파스너(press-fastener), 스냅파스너(snap-fastener), 프레스스터드(press-stud), 단추 몰드(mould)와 이들의 부분품, 단추 블랭크(blank)

3. 가. 제4202호에서는 주 제2호의 것 외에 다음도 제외한다.

(1) 오래 사용하기 위하여 디자인한 것이 아닌 것으로서 플라스틱의 시트(sheet)로 만든 가방(손잡이가 달린 것으로 한정하며, 프린트된 것인지에 상관없다)(제3923호)

(2) 조물재료로 만든 물품(제4602호)

나. 제4202호와 제4203호의 물품으로서 해당 물품의 일부분이 귀금속, 귀금속을 입힌 금속, 천연진주 · 양식진주, 귀석이나 반귀석(천연의 것, 합성 · 재생한 것으로 한정한다)으로 된 것은 비록 이들 물품의 일부분이 부착구나 장식 이상의 것으로 되어 있는 경우에도 해당 호로 분

류한다.
다만, 그 일부분이 미미한 구성물로 사용된 해당 물품에 본질적인 특성을 부여하지 않은 경우로 한정하며, 본질적인 특성을 부여하는 경우에는 제71류로 분류한다.

1) 제4202호 : 트렁크·슈트케이스·화장품 케이스·이그잭큐티브 케이스(executive case)·서류가방·학생가방, 안경 케이스·쌍안경 케이스·사진기 케이스·악기 케이스·총 케이스·권총 케이스와 **이와 유사한 용기**, 가죽·콤퍼지션 레더(composition leather)·플라스틱의 시트(sheet)·방직용 섬유·벌커나이즈드 파이버(vulcanised fiber)·판지 또는 이러한 재료나 종이로 전부 또는 주로 피복하여 만든 여행가방·식품용이나 음료용 단열가방·화장갑·배낭·핸드백·쇼핑백·돈주머니·지갑·지도용 케이스·담배 케이스·담배쌈지·공구가방·운동용구 가방, 병 케이스·신변장식용품용 상자·분갑·칼붙이집과 **이와 유사한 용기**
   제4203호 : 의류와 의류 부속품[가죽이나 콤퍼지션 레더(composition leather)로 만든 것으로 한정한다]
2) 제4202호에는 용기(containers)의 성격을 가지고 있는 열거된 제품과 이와 유사한 것만이 분류된다. 제4202호에 있어서 중요한 것은 이 류의 주 제2호 및 주 제3호를 제외하고는, 제4202호의 전반부[107]에 해당하는 제품은 재질이 어떠한지 따지지 않는다는 것이다. 전반부의 "이와 유사한 용기"에는 카메라 부속케이스·탄약통·사냥 또는 캠핑용 칼집이라든가 휴대용 공구상자 또는 케이스로서 개개의 공구를 넣도록 특별히 성형하였거나 내부에 장치를 한 것 등을 포함한다.
   그러나 이 호의 후반부에 해당하는 물품은, 열거하고 있는 재료만으로 만들어지거나, 그 재료 또는 종이로서 전부 또는 대부분 피복(covered)되어야 한다. 후반부에서의 "이와 유사한 용기"에는 노트 케이스·필기용 케이스·열쇠 케이스·시가 케이스·파이프 케이스·공구 및 보석상자·신발 넣는 상자·브러시 케이스 등을 포함한다.
3) 제4202호와 제4203호의 물품에 귀금속 또는 귀금속을 입힌 금속·천연 또는 양식진주·귀석 또는 반귀석(천연·합성·재생의 것)을 사용한 부분품이 붙어 있는 경우, 이들 부분품이 미미한 부착구 또는 미미한 장식 이상의 것일지라도 그 부분품이 해당 물품에 본질적인 특성을 부여하지 않는 한 이들 호에 분류된다. 따라서 은제의 프레임 및 마노제의 고리가 붙어 있는 가죽핸드백은 이들 호에 포함된다.

107 "트렁크·슈트케이스·화장품 케이스·이그잭큐티브 케이스(executive case)·서류가방·학생가방, 안경 케이스·쌍안경 케이스·사진기 케이스·악기 케이스·총 케이스·권총 케이스와 **이와 유사한 용기**"까지가 전반부이다. 제42류에서 유의할 점은, 제42류의 전반부는 재질에 관계없이 물품이 분류되고 후반부는 열거된 재질로 구성된 물품만이 분류되는데, 이들 모두 제42류가 가죽만으로 구성된 물품이 분류되는 호가 아니라는 것이다.

4. 제4203호의 "의류와 의류 부속품"은 장갑과 벙어리장갑(운동용 · 보호용을 포함한다), 앞치마와 그 밖의 보호용 의류, 바지 멜빵, 의류용 벨트, 띠, 손목끈[시곗줄(제9113호)은 제외한다]을 포함한다.

제4203호에는 가죽 또는 콤퍼지션 레더제의 모든 의류 및 그 부속품이 분류된다. 그러므로 코트 · 오버코트 · 장갑 · 벙어리장갑(운동용 또는 보호용의 것을 포함한다) · 앞치마 · 멜빵 · 벨트 · 허리띠 · 넥타이 및 손목끈(wrist straps)이 포함된다. 다만 가죽으로 된 시곗줄(watch straps)은 제91류에 분류된다.

가죽과 모피 또는 가죽과 인조모피로 만든 장갑과 벙어리장갑은 모두 이 호에 분류된다. 반면 **장갑과 벙어리장갑을 제외하고는**, 가죽이나 콤퍼지션 레더제의 의류나 그 부속품에 모피나 인조모피로 안을 붙인 물품과, 외면에 단순한 트리밍 정도 이상으로 붙인 물품은 제43류의 모피제품으로 분류된다. 여기에서 단순한 트리밍 정도인지를 판단하는 예시를 보면, 의류에 붙은 모피로서 예를 들면 옷깃(collar)과 옷단(케이프나 볼레로를 만드는데 옷깃이나 옷단의 비중이 실질적으로 너무 크지 않는 경우에 한함)이나 소맷동(cuff)에 붙이거나, 포켓 · 스커트 · 코트 등의 단(edging)에 사용할 정도의 것은 단순한 트리밍으로 간주한다.

[가죽과 모피로 만든 장갑과 벙어리장갑은 모두 제42류에 분류된다. 그러나 이를 제외하고는 가죽에 모피로 안을 댄 물품과 바깥쪽에 단순한 트리밍 이상으로 붙인 물품은 제43류의 모피로 분류한다.]

◉ 총설

이 류에는 원칙적으로 가죽 또는 콤퍼지션 레더의 제품이 분류된다. 다만, 제4201호 및 제4202호에는 다른 재료로 만들어졌으면서도 성격상 가죽제품의 특성을 일면 가지고 있는 물품도 포함한다(예 : 방직용 섬유로 만든 가방이나 금속으로 만든 캠핑용 칼집).

Chapter 43

제43류 모피·인조모피와 이들의 제품

호	호의 용어
4301	생모피(모피 사용에 적합한 머리 부분, 꼬리 부분, 발 부분과 그 밖의 조각이나 절단품을 포함하며, 제4101호·제4102호·제4103호에 해당하는 원피는 제외한다)
4302	모피(유연처리, 드레스가공한 것으로서 머리 부분, 꼬리 부분, 발 부분과 그 밖의 조각이나 절단품을 포함하고, 조합하지 않은 것이나 그 밖의 재료를 가하지 않고 조합한 것으로 한정하며, 제4303호의 물품은 제외한다)
4303	모피의류·모피의류의 부속품과 그 밖의 모피제품
4304	인조모피와 그 제품

◉ 류주

1. 이 표에서 "모피"(제4301호의 생모피는 제외한다)란 털을 제거하지 않은 원피를 유연처리·드레스가공한 것을 말한다.

2. 이 류에서 다음 각 목의 것은 제외한다.
   가. 새의 깃털이나 솜털이 붙은 가죽과 그 부분(제0505호나 제6701호)
   나. 제41류의 털을 제거하지 않은 원피(제41류의 주 제1호 다목 참조)
   다. 가죽과 모피, 가죽과 인조모피로 만든 장갑과 벙어리장갑(제4203호)
   라. 제64류의 물품
   마. 제65류의 모자류와 그 부분품
   바. 제95류의 물품(예 : 완구·게임용구·운동용구)

3. 제4303호는 다른 재료를 더하여 조합한(assembled) 모피와 그 부분과, 의류·의류의 부분품과 부속품 및 그 밖의 제품 모양으로 서로 봉합하여(sewn) 조합한 모피와 그 부분을 포함한다.

   제4303호에는 특정 예외를 제외하고 모피, 모피로 안을 댄 그 밖의 재료 및 모피를 외부에다 붙인 그 밖의 재료(단순히 트리밍으로 사용하는 것을 제외함)를 사용하여 만든 의류·의류의 부분품과 부속품(머프·모피목도리·타이·옷깃 등)이 분류된다. 이 호에는 다음의 형태를 포함한다.
   ① 모피와 그 부분에 다른 재료를 더하여 조합하여(assembled) 만든 것
   ② 모피와 그 부분을 의류·의류의 부분품과 부속품 및 그 밖의 제품 모양으로 서로 봉합하여(sewn) 만든 것

4. 모피나 인조모피를 안에 대거나 외부에 붙인 의류와 의류 부속품[주 제2호의 것과 모피·인조모

피를 오직 트리밍(trimming)으로 사용한 것은 제외한다]은 제4303호나 제4304호로 분류한다.

모피나 인조모피를 안에 대거나 외부에 붙인 의류와 의류 부속품은 제4303호나 제4304호로 분류한다. 다만 이러한 모피나 인조모피부분이 해당 제품의 본질적인 특성을 부여하여야 하며, 단순히 트리밍으로 사용된 경우에는 제외된다. 의류에 붙은 모피나 인조모피로서, 예를 들면 옷깃과 옷단, 소맷동에 붙이거나, 주머니 · 스커트 · 코트 등의 단에 사용할 정도의 작은 것은 단순한 트리밍으로 간주한다.

5. 이 표에서 "인조모피(artificial fur)"란 양모 · 동물의 털 · 그 밖의 섬유를 가죽 · 직물 · 그 밖의 재료에 접착하거나 봉합하여 붙인 모조모피를 말하며, 직조하거나 편직하여 만든 모조모피는 제외한다(주로 제5801호나 제6001호).

[롱파일직물. 파일직물이나 파일편물은 인조모피와 유사하나, 접착이나 봉합공정을 거친 것은 제43류, 직조나 편직을 거친 것은 제11부에 분류된다.

1) 제5801호 : 파일(pile)직물 · 셔닐(chenille)직물(제5802호나 제5806호에 해당하는 직물은 제외한다)

   제6001호 : 파일(pile)편물[롱파일(long pile)편물과 테리(terry)편물을 포함하며, 메리야스 편물이나 뜨개질 편물로 한정한다]

2) HS에서 "인조모피"은 양모 · 동물의 털 및 그 밖의 섬유를 가죽 · 직물 또는 그 밖의 재료에다 모피를 모방하는 방식으로 **접착하거나 봉합**하여(gummed or sewn) 붙인 것을 말한다. 그러나 이 규정이 모피직물(일반적으로 제5801호 또는 제6001호)로 종종 알려진 직조 또는 편직된 파일직물이나 파일편물에는 적용하지 않는다.

◉ 총설

제43류에는 모피와 인조모피 및 이들의 제품이 분류된다. 특히 모피제품 중 일부는 대표적인 사치품으로서 일정 금액 이상의 제품에 대해서는 개별소비세 대상이 되고, 제41류 및 제42류의 제품과 함께 "야생생물보호 및 관리에 관한 법률" 및 "멸종위기에 처한 야생 동식물의 국제거래에 관한 협약(CITES)"의 적용대상이 될 수 있다. 이 류에는 다음의 물품을 분류한다.

① 생모피 : 유연처리 또는 드레스가공을 하지 않은 것. 털을 제거하지 않은 동물의 가죽을 말한다. 다만 소 · 말 · 돼지나 사슴류의 가죽은 보통 모피로 사용하지 않으므로, 털이 붙어 있더라도 제43류에 분류하지 않고 제42류에 분류한다.

② 탈모하지 않은 채 유연처리나 드레스가공한 원피 : 유연처리 또는 드레스가공을 한 것

③ 모피제의 의류, 의류 부속품 및 기타의 제품

④ 인조모피와 그 제품

Section 제 09 부

목재와 그 제품, 목탄, 코르크와 그 제품, 짚·에스파르토(esparto)나 그 밖의 조물재료의 제품, 바구니 세공물(basketware)과 지조세공물(枝條細工物)

류	품명
44	목재와 그 제품, 목탄
45	코르크(cork)와 그 제품
46	짚 · 에스파르토(esparto)나 그 밖의 조물재료의 제품, 바구니 세공물(basketware)과 지조세공물(枝條細工物)

Chapter 44

제44류 목재와 그 제품, 목탄

호	호의 용어
4401	땔나무(통나무, 목편, 작은 가지, 다발이나 이와 유사한 모양으로 한정한다), 칩이나 삭편(削片) 모양인 목재, 톱밥 · 목재의 웨이스트(waste)와 스크랩(scrap)[통나무 · 브리케트(briquette) · 펠릿(pellet)이나 이와 유사한 모양으로 응결된 것인지에 상관없다]
4402	목탄[쉘(shell)이나 너트(nut)의 탄을 포함하며, 응결된 것인지에 상관없다]
4403	원목[껍질 · 변재(邊材)를 벗긴 것인지 또는 거칠게 각을 뜬 것인지에 상관없다]
4404	후프우드(Hoopwood), 쪼갠 말뚝, 뾰족하게 만든 목재의 말뚝류(길이의 방향으로 톱질한 것은 제외한다), 목재의 막대(stick)[지팡이 · 산류(傘類) · 공구의 자루나 이와 유사한 물품의 제조에 적합한 것으로서 거칠게 깎은 것으로 한정하며, 선반가공 · 휨 가공이나 그 밖의 가공을 한 것은 제외한다], 칩우드(chipwood)와 이와 유사한 것
4405	목모(wood wool)와 목분(wood flour)
4406	궤도용 침목
4407	제재목[길이의 방향으로 쪼갠 것, 평삭(平削)한 것, 회전식으로 절단한 것으로서 두께가 6밀리미터를 초과하는 것으로 한정하며, 대패질 · 연마 · 엔드-조인트한(end-jointed) 것인지에 상관없다]
4408	베니어용 단판[적층 목재를 평삭(平削)한 것을 포함한다], 합판용 단판이나 이와 유사한 적층 목재용 단판, 그 밖의 목재[길이의 방향으로 톱질한 것, 평삭(平削)한 것, 회전식으로 절단한 것으로서 두께가 6밀리미터 이하인 것으로 한정하며, 대패질 · 연마 · 엔드-조인트한(end-jointed) 것인지에 상관없다]
4409	목재[미조립한 쪽마루판용 스트립(strip)과 프리즈(frieze)를 포함한다]로서 어느 한쪽의 가장자리 · 마구리 · 면을 따라 연속적으로 성형한 것[블록가공 · 홈가공 · 은촉이음가공 · 경사이음가공 · 브이형이음가공 · 구술형가공 · 주형가공 · 원형가공이나 이와 유사한 가공을 한 것으로서 대패질 · 연마 · 엔드-조인트한(end-jointed) 것인지에 상관없다]
4410	파티클보드(particle board), 배향성(配向性)이 있는 스트랜드보드(OSB: oriented strand board)와 이와 유사한 보드[예: 웨이퍼보드(wafer board)](목재나 그 밖의 목질재료로 만든 것으로 한정하며, 수지나 그 밖의 유기결합제로 응결시킨 것인지에 상관없다)
4411	섬유판(목재나 그 밖의 목질재료로 만든 것으로 한정하며, 수지나 그 밖의 유기물질로 접착한 것인지에 상관없다)
4412	합판 · 베니어패널과 이와 유사한 적층 목재
4413	고밀도화 목재[블록 모양 · 플레이트(plate) 모양 · 스트립(strip) 모양 · 프로파일(profile) 모양인 것으로 한정한다]
4414	나무로 만든 그림틀 · 사진틀 · 거울틀이나 이와 유사한 틀
4415	나무로 만든 케이스 · 상자 · 크레이트(crate) · 드럼과 이와 유사한 포장용기, 나무로 만든 케이블드럼, 나무로 만든 팰릿(pallet), 박스팰릿(box pallet), 그 밖의 깔판류, 나무로 만든 팰릿칼러(pallet collar)
4416	나무로 만든 통 · 배럴(barrel) · 배트(vat) · 텁(tub) · 그 밖의 용기와 이들의 부분품(통재와 준재를 포함한다)
4417	나무로 만든 공구 · 공구의 몸체 · 공구의 손잡이 · 비나 브러시의 몸체와 손잡이 · 신발의 나무로 만든 골

4418	나무로 만든 건축용 건구와 목공품[셀룰러우드패널(cellular wood panel) · 조립된 마루판용 패널 · 지붕을 이는 판자를 포함한다]
4419	나무로 만든 식탁용품과 주방용품
4420	마르퀘트리(marquetry) 목제품과 상감세공 목제품, 신변장식용품, 칼붙이, 이와 유사한 제품용인 나무로 만든 상자와 용기, 나무로 만든 작은 조각상과 그 밖의 장식품, 제94류에 해당하지 않는 목제 가구
4421	그 밖의 목제품

◉ 류주

1. 이 류에서 다음 각 목의 것은 제외한다.
   가. 칩 모양, 대팻밥, 부순 것, 잘게 부순 것, 가루로 만든 것으로서 주로 향료용, 의약용, 살충용, 살균용이나 이와 유사한 용도로 사용하는 목재(제1211호)
   나. 주로 편조하는 데 사용되는 대나무나 목질성인 그 밖의 재료(미가공상태로 한정하며, 쪼개거나 세로 방향으로 톱질한 것인지 또는 일정한 길이로 절단한 것인지에 상관없다)(제1401호)
   다. 칩 모양, 대팻밥, 잘게 부순 것, 가루로 만든 것으로서 주로 염색용이나 유연용으로 사용하는 목재(제1404호)
   라. 활성탄(제3802호)
   마. 제4202호의 물품
   바. 제46류의 물품
   사. 제64류의 신발류와 그 부분품
   아. 제66류의 물품[예 : 산류(傘類) · 지팡이와 이들의 부분품]
   자. 제6808호의 물품
   차. 제7117호의 모조 신변장식용품
   카. 제16부나 제17부의 물품(예 : 기계 부분품, 케이스, 커버, 기기용 캐비닛, 차량물품)
   타. 제18부의 물품(예 : 시계 케이스, 악기와 이들의 부분품)
   파. 화기의 부분품(제9305호)
   하. 제94류의 물품(예 : 가구, 램프와 조명기구, 조립식 건축물)
   거. 제95류의 물품(예 : 완구, 게임용구, 운동용구)
   너. 제96류의 물품(예 : 흡연용 파이프류와 이들의 부분품 · 단추 · 연필)(제9603호의 제품용 목재로 된 몸체와 손잡이는 제외한다)
   더. 제97류의 물품(예 : 예술품)

2. 이 류에서 "고밀도화 목재(densified wood)"란 화학적 · 물리적인 처리(목재층을 함께 접합한 것은 접합에 필요한 처리 이상의 가공을 한 것으로 한정한다)에 따라 밀도나 경도를 증대함과 동시에 기계적 강도나 화학적 · 전기적 저항성을 개량한 목재를 말한다.

1) 이 호에 분류되는 고밀도화 목재란 밀도 또는 경도를 증가시키고 기계적 강도 또는 내화학약품성 또는 전기 저항성을 증가시키기 위하여 화학적 또는 물리적 처리를 한 목재이다. 어떤 고밀도화 목재는 원목이거나 또는 여러 층이 접착되어 있는 수도 있다. 후자의 경우에는 층 사이의 결합을 견고히 하도록 접합에 필요한 처리 이상의 가공을 하여야 한다.

2) 고밀도화 목재를 생산하기 위해서는 두 가지의 주된 공정, 즉 주입법과 압축법이 사용되며 이들 공정은 단독 또는 병행하여 사용되는 경우도 있다.

주입법은 목재에다 일반적으로 열경화성 수지를 많이 침투시키거나 용융금속을 침투시키는 방법을 사용한다. 압축법은 목재의 세포를 압축하는 효과를 가지고 있다. 이것은 강력한 수압기 또는 롤러 사이에다 가로 방향으로 압축시키거나 고온의 고압솥 내에서 각종 방향으로 압축시켜 만든다.

고밀도화 목재는 일반적으로 기어나 베어링 등 각종의 기계 부분품, 애자와 같은 전기용품 및 화학공업용의 용기 등의 제조에 사용된다.

[파티클보드는 여러 목질부분의 파티클을 모아 압축 또는 압출하여 만들어진다.]

3. 제4414호부터 제4421호까지는 파티클보드(particle board)나 이와 유사한 보드, 섬유판, 적층목재, 고밀도화 목재의 제품에 적용한다.

1) 제4414호부터 제4421호에는 목재의 제품(articles of wood)이 분류된다.

2) 파티클보드(particle board) : 압축 또는 압출에 의하여 길이 · 폭 및 두께가 가지각색으로 제조된 평판모양의 제품이다. 이것은 보통 통나무 또는 목재잔재물의 기계적 세편화에서 얻어지는 나무칩, 즉 파티클로 만들어진다. 또한 사탕수수 찌꺼기 · 대나무 · 곡물짚의 부서진 조각과 같은 목질재료 또는 아마 및 대마의 결속섬유를 이용하여 제조되기도 한다. 파티클보드는 대개 열경화성 수지인 유기결합제의 첨가에 의하여 응결되는데 그 양은 보드 중량의 보통 15% 이하이다.

3) 섬유판(fiberboard) : 섬유판은 대부분 나무칩(wood chips)으로부터 기계적으로 섬유를 분리하거나(defibrated) 또는 수증기 폭쇄(爆碎)처리를 거쳐 제조된다. 그 밖에 다른 목질 셀룰로오스재료(예 : 사탕수수 찌꺼기 또는 대나무에서 얻어진 것)로부터 섬유를 분리하여 제조되기도 한다. 보드를 구성하는 섬유는 현미경 관찰로써 식별된다. 이들은 펠팅에 의하여 보드 내에 엉겨 결합되었거나 또는 자체적으로 함유하고 있는 리그닌 성분에서 생긴 자체접착력에 의하여 결합되어 있다. 섬유를 응결시키기 위하여 수지나 다른 유기결합제를 첨가하기도 한다. 섬유판은 단판으로 되어 있거나 또는 여러 개의 시트를 겹붙여 만들어져 있기도 하다.

4) 적층목재(laminated wood) : 적층목재는 다음의 유형이 있다.

① 합판(plywood) : 3매 이상의 목재의 판을 접착제로 서로 다른 면에 접착하고 압축시킨 것이며, 일반적으로 연속적인 층의 나뭇결이 비스듬하게 되도록 배열되어 있다. 이렇게 함으로

써 패널에 강도를 높이고 수축성을 상쇄시켜 뒤틀림을 줄여준다. 이러한 각각의 구성 시트는 "플라이(ply)"로서 알려져 있으며, 합판은 일반적으로 홀수의 플라이로 이루어졌고 중간 플라이를 코어(core)라 한다.

② 베니어패널(veneered panels) : 대개 질이 낮은 목재에 얇은 베니어판을 압력을 주면서 접착제로 붙인 패널이다. 목재 이외의 재료(예 : 플라스틱제의 패널)에 부착된 베니어판은 주요 특성이 베니어판에 있는 경우에 한하여 이 류에 분류된다.

③ 이와 유사한 적층목재

4. 제4410호·제4411호·제4412호의 물품은 제4409호에서 규정한 모양으로 가공한 것, 굽은 것(curved), 물결 모양으로 한 것(corrugated), 구멍을 뚫은(perforated) 것, 정사각형이나 직사각형 외의 모양으로 절단하거나 성형한 것, 그 밖의 가공을 한 것으로서 따로 열거한 물품의 특성을 갖고 있지 않은 것으로 한정한다.

제4410호(파티클보드)와 제4411호(섬유판) 및 제4412호(합판)의 물품은 일반 목재를 가공하여 만든 특수한 유형의 목재판이다. 이들은 그 자체로 최소한의 가공 후에 건축용 등으로 사용할 수 있는 특징이 있는 바, 이들은 위에서 열거한 중간단계의 가공을 거친 물품이라도 이들 호에 분류한다. 이들 중간단계의 가공을 보면, 제4409호의 경우처럼 어느 한쪽의 가장자리·마구리·면을 따라 연속적으로 성형한 것, 굽은 것(curved), 물결 모양으로 한 것(corrugated), 구멍을 뚫은(perforated) 것, 정사각형이나 직사각형 외의 모양으로 절단하거나 성형한 것, 그 밖의 가공을 한 것으로서 따로 열거한 물품의 특성을 갖고 있지 않은 것이어야 한다.
다만 추가적인 가공을 하여 제4414호 이후에 열거된 목재의 제품(articles of wood)의 특성을 갖추는 경우에는 이들 호에서 제외한다.

5. 제4417호는 날·작용단·작용면이나 그 밖의 작용하는 부분을 제82류의 주 제1호의 재료로 만든 공구에는 적용하지 않는다.

공구(tool)은 인간이 일을 할 때 큰 힘을 덜 수 있는 수단이 된다. 오늘날 인간이 사용하는 도구는 대부분이 비금속(卑金屬)재료의 것이다. 특히 날·작용단·작용면이나 그 밖의 작용하는 부분(blade, working edge, working surface or other working part)은 당해 공구의 가장 핵심적인 부분에 해당하는데, 이들 핵심부분이 제82류의 주1호[108]에서 열거한 내용에 해당하면 제4417호

108 제82류 주 제1호. 이 류(제82류)에는 다음 각 목의 재료로 만들어진 날·작용단·작용면이나 그 밖의 작용하는 부분이 있는 것만을 분류한다. 다만, 블로램프(blow lamp)·가반식 화덕·프레임을 갖춘 그라인딩휠(grinding wheel)·매니큐어·페디큐어(pedicure) 세트와 제8209호의 물품은 제외한다.
가. 비금속(卑金屬)
나. 금속탄화물이나 서멧(cermet)
다. 귀석이나 반귀석(천연의 것, 합성·재생한 것)으로 비금속(卑金屬)·금속탄화물·서멧(cermet)의 지지물에 부착된 것

에 분류하지 않고 제82류에 분류한다.

6. 위의 주 제1호에서 규정한 것을 제외하고 문맥상 달리 해석되지 않는 한, 이 류 각 호에 열거된 목재에는 대나무와 목질성의 그 밖의 재료가 포함된다.

◉ 소호주

1. 소호 제4401.31호에서 "목재 펠릿(pellet)"이란 기계 목재 가공업, 가구제조업이나 그 밖의 목재 변형활동에서 발생되는 대팻밥, 톱밥, 칩과 같은 부산물로서 직접 압축하거나 중량기준으로 전 중량의 100분의 3 이하로 점결제를 첨가하여 응결시킨 것을 말한다. 이러한 펠릿(pellet)은 지름이 25밀리미터 이하이고 길이가 100밀리미터 이하인 원통형이다.

[목재 펠릿은 원통형의 물품이다.]

HSK				품명	Description
4401				땔나무(통나무, 목편, 작은 가지, 다발이나 이와 유사한 모양으로 한정한다), 칩이나 삭편(削片) 모양인 목재, 톱밥·목재의 웨이스트(waste)와 스크랩(scrap)[통나무·브리케트(briquette)·펠릿(pellet)이나 이와 유사한 모양으로 응결된 것인지에 상관없다]	Fuel wood, in logs, in billets, in twigs, in faggots or in similar forms; wood in chips or particles; sawdust and wood waste and scrap, whether or not agglomerated in logs, briquettes, pellets or similar forms.
	10	00	00	땔나무(통나무, 목편, 작은 가지, 다발이나 이와 유사한 모양으로 한정한다)	Fuel wood, in logs, in billets, in twigs, in faggots or in similar forms
	2			칩이나 삭편(削片) 모양인 목재	Wood in chips or particles :
	21	00	00	침엽수류	Coniferous
	22			활엽수류	Non-coniferous
		10	00	펄프 제조용	For manufacturing pulp
		90	00	기타	Other
	3			톱밥, 목재의 웨이스트(waste)와 스크랩(scrap)[통나무·브리케트(briquette)·펠릿(pellet)이나 이와 유사한 모양으로 응결된 것인지에 상관없다]	Sawdust and wood waste and scrap, whether or not agglomerated in logs, briquettes, pellets or similar forms :
	31	00	00	목재 펠릿(pellet)	Wood pellets
	39	00	00	기타	Other

라. 연마재료로서 비금속(卑金屬)으로 만든 지지물에 부착된 것. 다만, 비금속(卑金屬)으로 만든 절삭치(cutting teeth)·홈과 이와 유사한 것을 가지는 물품으로서 연마제를 부착한 후에도 그 동일성과 기능을 가지는 경우로 한정한다.

2. 소호 제4403.41호부터 제4403.49호까지, 제4407.21호부터 제4407.29호까지, 제4408.31호부터 제4408.39호까지, 제4412.31호에서 "열대산 목재"란 다음 목재 중의 하나를 말한다.
아부라(Abura) · 아까주다푸리케(Acajou d'Afrique) · 아프로모지아(Afrormosia) · 아코(Ako) · 아란(Alan) · 안디로바(Andiroba) · 아닌그레(Aningre) · 아보디레(Avodire) · 아조베(Azobe) · 발라우(Balau) · 발사(Balsa) · 보세크레어(Bosse clair) · 보세폰세(Bosse fonce) · 카티보(Cativo) · 세드로(Cedro) · 다베마(Dabema) · 다크레드메란티(Dark Red Meranti) · 디베토우(Dibetou) · 도우시에(Doussie) · 프라미레(Framire) · 프레이조(Freijo) · 프로마거(Fromager) · 푸마(Fuma) · 게롱강(Geronggang) · 이롬바(Ilomba) · 임부아(Imbuia) · 이페(Ipe) · 이로코(Iroko) · 자보티(Jaboty) · 제루통(Jelutong) · 제퀴티바(Jequitiba) · 종콩(Jongkong) · 카풀(Kapur) · 켐파스(Kempas) · 케루잉(Keruing) · 코시포(Kosipo) · 코티베(Kotibe) · 코토(Koto) · 라이트레드메란티(Light Red Meranti) · 림바(Limba) · 로우로(Louro) · 마카란두바(Macaranduba) · 마호가니(Mahogany) · 마코레(Makore) · 만디오퀘이라(Mandioqueira) · 만소니아(Mansonia) · 멩쿠랑(Mengkulang) · 메란티바카우(Meranti Bakau) · 메라완(Merawan) · 멜바우(Merbau) · 멜포(Merpauh) · 멜사와(Mersawa) · 모아비(Moabi) · 니안곤(Niangon) · 니야토(Nyatoh) · 오베체(Obeche) · 오꾸메(Okoume) · 온자빌리(Onzabili) · 오레이(Orey) · 오방콜(Ovengkol) · 오지고(Ozigo) · 파다우크(Padauk) · 팔다오(Paldao) · 파리산드레드과테말라(Palissandre de Guatemala) · 파리산드레드파라(Palissandre de Para) · 파리산드레드리오(Palissandrede Rio) · 파리산드레드로세(Palissandre de Rose) · 파우아말레로(Pau Amarelo) · 파우말핌(Pau Marfim) · 풀라이(Pulai) · 푸나(Punah) · 콰루바(Quaruba) · 라민(Ramin) · 사팰리(Sapelli) · 사퀴-사퀴(Saqui-Saqui) · 세퍼티르(Sepetir) · 시포(Sipo) · 수쿠피라(Sucupira) · 수렌(Suren) · 타우아리(Tauari) · 티크(Teak) · 티아마(Tiama) · 토라(Tola) · 비롤라(Virola) · 화이트라왕(White Lauan) · 화이트메란티(White Meranti) · 화이트세라야(White Seraya) · 옐로메란티(Yellow Meranti)

◉ 총설

1) 이 류에는 미가공의 목재, 목재의 중간제품 및 일반적으로 목재로 된 제품이 분류된다. 이러한 물품은 대략 다음과 같이 구분될 수 있다.
   ① 원목과 땔나무, 목재의 웨이스트와 토막, 톱밥, 칩상 또는 입상의 목재, 말뚝류, 목탄, 목모(wood wool) 및 목분, 궤도용 목재침목(일반적으로 제4401호 내지 제4406호). 그러나 칩 모양 · 대팻밥 · 부순 것 · 잘게 부순 것 · 가루로 만든 것으로서 주로 향료용 · 의약용 · 살충용 · 살균용이나 이와 유사한 용도로 사용하는 목재(제1211호)와 칩 모양 · 대팻밥 · 잘게 부순 것 · 가루로 만든 것으로서 주로 염색용이나 유연용으로 사용하는 목재(제1404호)는 제외된다.

② 쪼갠 것 · 평삭(平削)한 것 · 회전식으로 절단한 것 · 대패질한 것 · 연마한 것 · 엔드-조인트 한 것[109] 및 연속적으로 성형한 것(제4407호 내지 제4409호)

③ 파티클보드 및 이와 유사한 목재, 섬유판, 적층목재 및 고밀도화 목재(제4410호 내지 제4413호)

④ 목제품(이 류의 주 제1호의 규정에 해당되는 것과 이후 각 호의 해설에 기재되어 있는 것은 제외한다)(제4414호 내지 제4421호)

2) 목재와 플라스틱의 층으로 구성되는 건축용 패널은 대개 이 류에 분류된다. 이들 패널의 분류는 용도상 본질적인 특성을 부여하는 **외부표면**에 의해 결정한다. 예를 들면, 지붕 · 벽 · 마루의 건축용 자재로 사용되는 건축용 패널이 파티클보드라는 외부층과 플라스틱 절연층으로 구성되어 있을 경우에는, 패널이 건축용 자재로 사용되게 하는 것은 목재의 견고성에 있으며 플라스틱은 보조적 절연 기능만을 가지고 있기 때문에 두께 여하를 불문하고 제4410호에 분류된다. 반면에 목재가 단순히 외부 플라스틱 표면의 지지물로만 작용되는 패널은 대부분 제39류에 분류된다.

109 예를 들면 핑거 조인트, 즉 보다 길이가 긴 목재를 만들기 위하여 깍지 낀 손가락 모습의 이음매로 길이가 짧은 목재조각의 끝과 끝을 잇고 글루로 접착시킨 것과 같이 이음매로 끝을 이은 것을 말한다.

Chapter 45

제45류 코르크(cork)와 그 제품

호	호의 용어
4501	천연 코르크(cork)(가공하지 않은 것이나 단순히 가공한 것으로 한정한다), 코르크(cork)의 웨이스트(waste), 부순 코르크(cork), 알갱이 모양 코르크(cork), 잘게 부순 코르크(cork)
4502	천연 코르크(cork)[외피를 제거한 것, 거칠게 각을 만든 것, 직사각형(정사각형을 포함한다)의 블록 모양·판 모양·시트(sheet) 모양·스트립(strip) 모양인 것으로 한정하고, 각이 예리한 마개용 블랭크(blank)를 포함한다]
4503	천연 코르크(cork) 제품
4504	응집 코르크(cork)(응집제를 사용한 것인지에 상관없다)와 응집 코르크(cork)의 제품

◉ 류주

1. 이 류에서 다음 각 목의 것은 제외한다.
   가. 제64류의 신발류와 그 부분품
   나. 제65류의 모자류와 그 부분품
   다. 제95류의 물품(예 : 완구·게임용구·운동용구)

◉ 총설

1) 코르크는 오로지 유럽남부와 북아프리카에서 자라는 코르크나무(Quercus Suber)의 외피에서 얻어진다. 최초로 박피한(stripping) 것은 "버진" 코르크라 하며 이것은 견고하고 부서지기 쉽고, 탄력성이 없으며, 품질이 나쁘고 가치가 적다. 다음에 박피하여 나오는 제품이 상업적으로 더 중요한 가치가 있다. 이것은 조직이 치밀하고 균등질로 되어 있으며, 외면은 어느 정도의 갈라진 금이 있기는 하지만 버진 코르크보다는 조잡함이 덜하다.

[virgin cork, virgin cork는 가치가 적고, 이 다음에 박피되어 나오는 코르크가 상업적으로 의미가 있다.]

2) 이 류에는 가공하지 않은 코르크로부터 각종 형상의 천연 또는 응집코르크와 그 제품이 분류된다.

Chapter 46

제46류 짚 · 에스파르토(esparto)나 그 밖의 조물재료의 제품, 바구니 세공물(basketware)과 지조세공물(枝條細工物)

호	호의 용어
4601	플레이트(plait)와 이와 유사한 조물 재료의 물품[이를 조합하여 스트립(strip) 모양으로 한 것인지에 상관없다], 조물재료 · 플레이트(plait)와 이와 유사한 조물재료의 물품을 평행으로 연결하거나 직조한 물품[시트(sheet) 모양으로 한정하며, 매트류 · 발 등 최종 제품인지에 상관없다]
4602	바구니 세공물(basketware), 지조세공물(枝條細工物)과 그 밖의 제품(조물 재료로 직접 조형한 것이나 제4601호의 물품으로 만든 것으로 한정한다), 수세미제품

류주

[에스파르토는 스페인 및 북아프리카에서 나는 풀로 조물재료 중 하나이다.]

[braid와 plait 모두 '머리를 땋은 것'이라는 의미로 혼용해 쓰기도 하지만, HS에서 plait는 엮어 만든 편조물의 의미가 강하다.]

1. 이 류에서 "조물재료(plaiting materials)"란 플레이팅(plaiting) · 인터레이싱(interlacing)이나 이와 유사한 공정에 적합한 상태나 모양의 재료를 말하며, 짚 · 버드나무 가지(osier) · 버드나무 · 대나무 · 등나무 · 골풀 · 갈대 · 목재의 스트립(strip), 그 밖의 식물성 재료의 스트립(strip)[예 : 나무껍질 · 좁은 잎 · 라피아(raffia)의 스트립(strip)이나 넓은 잎에서 얻은 그 밖의 스트립(strip)], 방적하지 않은 천연의 방직용 섬유, 플라스틱의 모노필라멘트 · 스트립(strip)과 이와 유사한 것, 종이의 스트립(strip)을 말한다. 다만, 가죽 · 콤퍼지션 레더(composition leather) · 펠트(felt) · 부직포의 스트립(strip), 사람 머리카락, 말의 털, 방직용 섬유의 로빙(roving)과 실, 제54류의 모노필라멘트 · 스트립(strip)과 이와 유사한 것은 그렇지 않다.

1) 제46류에는 각종의 **조물재료의 제품**이 분류된다. 여기서 "조물재료(plaiting materials)"란 플레이팅(plaiting) · 인터레이싱(interlacing)이나 이와 유사한 공정에 적합한 상태나 모양[110]의 재료를 말한다. 제46류에는 다양한 종류의 엮거나 짜기에 좋은 재료를 가지고 만든 제품을 분류한다.

110 조물재료로 가장 적합한 상태나 모양은 스트립의 상태이다. 스트립 상태가 엮거나 짜는 과정을 통해 물품을 만들기 가장 좋기 때문이다.

2) 조물재료로 적합한 유형으로는 다음과 같이 나누어 볼 수 있다.

① 짚 · 버드나무 가지(osier) · 버드나무 · 대나무 · 등나무 · 골풀 · 갈대 · 목재의 스트립(strip), 그 밖의 식물성 재료의 스트립(strip). 이들은 제14류에 분류되는 편조물(編組物)에 주로 사용되는 식물성 재료에 해당한다.

② 방적하지 않은 **천연의** 방직용 섬유

③ 플라스틱의 모노필라멘트 · 스트립(strip)과 이와 유사한 것. 이 물품은 제39류에 속하는 것으로, 따라서 횡단면의 길이가 1mm 이하로서 시폭(視幅)이 5mm 이하인 제54류의 인조섬유의 스트립 또는 이와 유사한 것은 제외된다.

④ 종이의 스트립(strip)

3) 다만 가죽이나 콤퍼지션 레더, 펠트 및 부직포의 스트립은 이들 재료가 해당하는 호에 우선 분류해야 하고, 사람 머리카락과 말의 털과 방직용 섬유의 로빙과 실은 조물재료로 사용하기에 적합하지 않은 상태이므로 제46류에서 제외된다. 제54류의 모노필라멘트와 스트립은 제46류에서 제외되는데, 이 물품은 횡단면의 길이와 시폭이 일정 넓이를 초과하는 물품의 제품만 제46류에 분류한다.

방직용 섬유의 로빙(roving)이란 방적전의 섬유의 길고 좁은 다발상태를 말한다. 얽혀 있는 섬유를 풀고 잡물을 빼내는 카딩(carding)과정을 거치면 섬유는 대충이나마 평행상태의 다발이 된다. 이러한 섬유다발은 방적에 적합한 길이 모양으로 만들려고 연신되면서 살짝 꼬는데, 이렇게 방적 전의 섬유가닥을 로빙이라고 한다.

[로빙은 실을 만들기 위해 준비한 섬유가닥이다. 재질에 따라 제11부의 해당호에 분류한다.]

2. 이 류에서 다음 각 목의 것은 제외한다.

가. 제4814호의 벽 피복재

나. 끈, 배의 밧줄(cordage), 로프, 케이블(엮은 것인지에 상관없다)(제5607호)

다. 제64류나 제65류의 신발류 · 모자류와 이들의 부분품

라. 바구니 세공물(basketware)로 만든 차량과 차체(제87류)

마. 제94류의 물품(예 : 가구, 램프와 조명기구)

3. 제4601호에서 "조물재료, 플레이트(plait)와 이와 유사한 조물재료의 물품을 평행으로 연결"이란 조물재료, 플레이트(plait)와 이와 유사한 조물재료의 물품을 나란히 시트(sheet) 모양으로 연결한 것을 말하며, 연결하기 위하여 사용한 재료가 방적한 방직용 섬유재료인지에 상관없다.

1) 제4601호 : 플레이트(plait)와 이와 유사한 조물재료의 물품[이를 조합하여 스트립(strip) 모양으로 한 것인지에 상관없다], 조물재료 · 플레이트(plait)와 이와 유사한 조물재료의 물품을 평

행으로 연결하거나 직조한 물품[시트(sheet) 모양으로 한정하며, 매트류 · 발 등 최종 제품인지에 상관없다]

2) 일반적으로 조물재료의 제품은 엮거나 꼬아서 만들지만, 조물재료를 나란히 시트 모양으로 연결하여 제품을 만든 것도 제4601호에 포함된다. 이러한 평행으로 연결한 조물재료의 물품은 시트 모양으로 한정하여 제4601호에 분류한다. 조물재료를 평행으로 연결하는 경우에는 이들을 결속할 수 있는 방법이 필요한데, 이때 방적한 방직용 섬유재료가 사용되어도 무방하다.

[조물재료의 물품을 평행으로 연결한 매트. 결속에는 방직용 섬유재료가 사용되어도 무방하다.]

◉ 총설

이 류에는 방적되지 않은 재료를 인터레이싱, 직조하거나 또는 그 밖의 조립방법에 의하여 제조된 반제품(제4601호) 및 특정의 제품(제4601및 제4602호)을 분류한다.

Section 제 10 부

목재나 그 밖의 섬유질 셀룰로오스 재료의 펄프, 회수한 종이 · 판지 [웨이스트(waste)와 스크랩(scrap)], 종이 · 판지와 이들의 제품

류	류의 표제
47	목재나 그 밖의 섬유질 셀룰로오스재료의 펄프, 회수한 종이 · 판지[웨이스트(waste)와 스크랩(scrap)]
48	종이와 판지, 제지용 펄프 · 종이 · 판지의 제품
49	인쇄서적 · 신문 · 회화 · 그 밖의 인쇄물, 수제(手製)문서 · 타자문서 · 도면

Chapter 47

제47류 목재나 그 밖의 섬유질 셀룰로오스재료의 펄프, 회수한 종이 · 판지[웨이스트(waste)와 스크랩(scrap)]

호	호의 용어
4701	기계목재펄프
4702	화학목재펄프(용해용으로 한정한다)
4703	화학목재펄프(소다펄프나 황산펄프로 한정하며, 용해용은 제외한다)
4704	화학목재펄프(아황산펄프로 한정하며, 용해용은 제외한다)
4705	기계적 펄핑(pulping)과 화학적 펄핑(pulping)공정을 결합하여 얻은 목재펄프
4706	회수한 종이나 판지[웨이스트(waste)와 스크랩(scrap)]에서 뽑아낸 섬유펄프나 그 밖의 섬유질 셀룰로오스재료의 펄프
4707	회수한 종이나 판지[웨이스트(waste)와 스크랩(scrap)]

◉ 류주

1. 제4702호에서 "용해용 화학목재펄프"란 수산화나트륨의 함유량이 100분의 18인 가성소다용액에 섭씨 20도에서 1시간 동안 침투시킨 후의 불용해성 부분의 중량이 소다펄프와 황산펄프는 전 중량의 100분의 92 이상인 화학목재펄프를, 아황산펄프는 전 중량의 100분의 88 이상인 화학목재펄프를 말한다. 다만, 아황산펄프의 경우 회분의 함유량이 전 중량의 100분의 0.15 이하인 것으로 한정한다.

1) 용해용 화학목재펄프(chemical wood pulp, dissolving grades)는 화학목재펄프 중에서도 의도한 용도의 조건을 충족시키기 위하여 특별히 정제(specially refined or purified)하여 만든 펄프이다. 이러한 펄프는 일반적인 종이의 원료가 아닌 재생셀룰로오스 · 셀룰로오스에테르 및 에스테르와, 이들 재료를 이용하여 판 · 시트 · 필름 · 박 및 스트립, 방직용 섬유 및 특정의 종이(예 : 감광지 · 필터지 · 황산지의 원지로 사용되는 종류의 종이)와 같은 제품의 제조에 사용된다. 이들 펄프는 최종 용도와 최종 제품에 따라 비스코스펄프 · 아세테이트펄프 등으로 불리기도 한다.

2) 목재의 경우, 예로 침엽수의 성분조성은 셀룰로오스(cellulose) 50%, 리그닌 30%, 헤미셀룰로오스(hemi-cellulose)111 15%, 수지 5%, 회분(灰分) 0.5%로 되어 있다. 화학목재펄프는 칩상

111 리그닌(lignin)은 목재 속의 셀룰로오스에 20~30% 존재하는 고분자의 방향족 중합화합물을 말한다. 리그닌을 분해하는 주요 방법으로는, 주로 식물체 내의 다른 성분을 분해 · 제거하여 리그닌을 불용성 잔유물로서 남게 하는 방법과 리그닌을 가용성(可溶性)으로 하여 용출시키는 방법이 있다. 리그닌은 펄프공업의 부산물로 배출되어 심각한 공해문제가 되고 있다. 또한 헤미셀룰로오스(hemi-cellulose)란 목질화된 섬유소 중에서 섬유소

의 목재를 **증해액(蒸解液, cooking liquor)**에서 끓임으로써 제조된다. 그 결과로 대부분의 리그닌과 그 밖의 비셀룰로오스 부분이 제거된다.

증해액은 펄프원료 속의 셀룰로오스가 아닌 리그닌을 비롯한 여러 가지 물질을 삶아서 없애는 데 쓰는 약액을 말하는데, 이는 알칼리 증해액과 아황산염 증해액으로 나눈다. 알칼리 증해액으로는 수산화나트륨용액이나 변성한 수산화나트륨용액이 사용된다. 수산화나트륨을 사용하여 만든 펄프는 증해액의 이름(수산화나트륨을 가성소다라 부른다)을 반영해 소다펄프(soda pulp)라 부르고, 변성한 수산화나트륨을 사용하여 만든 펄프는 변성한 수산화나트륨을 만들 때 수산화나트륨에 보조약품으로 황산나트륨을 첨가하여 만들기 때문에 황산펄프(sulphate pulp)라 부른다. 아황산펄프의 경우에는 증해액 제조 시에 아황산칼슘이나 아황산마그네슘 등 다양한 종류의 아황산염이 투입된다.

3) 용해용 화학목재펄프는 일반 화학목재펄프보다 더 까다로운 조건을 충족해야 한다. 그 조건은 주로 불용해성 부분의 함량이 일반 펄프보다 더 높아야 한다는 것이다(알칼리펄프 92%, 아황산펄프 88%). 또한 아황산펄프의 경우에는 불용해상태의 회분이 전 중량의 0.15% 이하이여야 한다.

◉ 총설

1) 이 류의 펄프는 본질적으로 다양한 식물성 재료 또는 식물성 웨이스트섬유로부터 얻어진 **셀룰로오스섬유**로 되어 있다. 국제무역에서 가장 중요한 펄프는 목재펄프로서, 그 제조방법에 따라 기계목재펄프, 화학목재펄프, 반화학목재펄프 또는 화학기계펄프로 불리어지고 있다. 목재 이외에 펄프제조에 사용되는 그 밖의 재료에는 ① 면린터, ② 회수한 웨이스트와 스크랩상태의 종이 또는 판지, ③ 넝마 및 중고 로프 등 그 밖의 방직용 웨이스트, ④ 짚·에스파르트·아마·라미·황마·대마·사이잘·사탕수수·대나무 및 기타 풀 및 갈대 등이 있다.
2) 목재펄프는 갈색이거나 백색이다. 목재펄프는 미표백상태로 있거나 화학약품을 사용하여 반표백 또는 표백시키기도 한다. 제조 후 백색도를 증가시키기 위한 목적으로 어떤 처리를 받은 펄프는 반표백 또는 표백된 것으로 간주해야 한다. 제지공업에서 사용되는 것과는 달리 어떤 펄프(특히 표백펄프)는 인조섬유·플라스틱·바니시 및 화약 등의 각종 제품의 제조 시 섬유소의 재료로서 사용되며 또한 가축의 사료로서 사용되기도 한다. 펄프는 일반적으로 건조된 상태 또는 습기가 있는 것을 시트 모양으로 포장하여 제시되나, 때로는 슬래브 모양이나 롤 모양 또는 분 및 플레이크 형상으로 제시되기도 한다.
3) **셀룰로오스(cellulose, 섬유소)** : 셀룰로오스는 고등식물 세포벽의 중요 성분을 구성하는 다당류이다. 섬유소(纖維素)라고도 한다. 면모(綿毛)의 98%는 셀룰로오스이고, 또 펄프의 원료인 목재는 약 40~50%의 셀룰로오스를 함유한다.

이외에 다당류가 충전물(充塡物)로 공존된 것을 말한다. 'hemi-'는 반(半)의 의미이다.

녹말 · 셀룰로오스 · 포도당과 같이 일반적으로 탄소 · 수소 · 산소의 세 원소로 이루어져 있는 화합물을 탄수화물(carbohydrate)이라 한다. 이는 당류라고도 부르는 것으로서, 생물체의 구성성분이거나 에너지원으로 사용되는 등 생물체에 꼭 필요한 화합물이다. 탄수화물은 $C_n(H_2O)_m$의 일반식을 가지는데, 이것이 마치 탄소와 물분자로 이루어져 있는 것처럼 보여 탄수화물이라는 이름이 붙었다. 단순한 탄수화물로서 포도당의 경우에는 $C_6H_{12}O_6$로 표현된다. 포도당은 그 분자구조에 따라 알파포도당과 베타포도당이 있는데, 알파포도당이 글리코시드 결합(glycoside bond)한 것이 녹말이고, 베타포도당이 글리코시드 결합한 것이 셀룰로오스가 된다. 녹말은 양분이 저장된 상태이고 필요시에 몸에서 분해하여 에너지로 사용하는 반면, 셀룰로오스는 세포벽의 구조물이고 녹말보다 더 질겨 분해가 잘 되지 않는다.

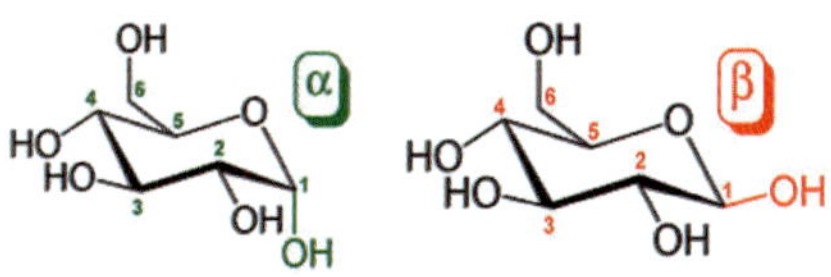

[알파포도당(좌)과 베타포도당(우)의 분자구조]

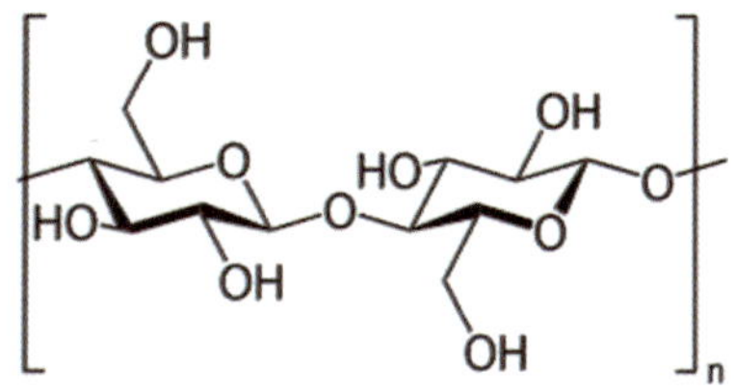

[셀룰로오스의 분자구조. 베타포도당이 [ ]의 모양으로 계속 반복되는 긴 선형 구조이다.]

Chapter 48

제48류 종이와 판지, 제지용 펄프 · 종이 · 판지의 제품

호	호의 용어
4801	신문용지(롤 모양이나 시트 모양으로 한정한다)
4802	도포하지 않은 종이와 판지(필기용, 인쇄용, 그 밖의 그래픽용으로 한정한다), 구멍을 뚫지 않은 펀치카드와 펀치테이프지[제4801호와 제4803호의 것은 제외하며, 크기와는 관계 없이 롤 모양이나 직사각형(정사각형을 포함한다) 시트(sheet) 모양으로 한정한다], 수제지(手製紙)와 판지
4803	화장지 · 안면용 티슈스톡, 타월 · 냅킨스톡과 이와 유사한 가정용이나 위생용 종이, 셀룰로오스워딩 · 셀룰로오스섬유의 웹(web)[주름지거나(creped) 구겨진(crinkled) 것, 올록볼록한(embossed) 것, 구멍을 뚫은(perforated) 것, 착색한 것, 표면장식한 것, 인쇄한 것인지에 상관없으며 롤 모양이나 시트(sheet) 모양으로 한정한다]
4804	도포하지 않은 크라프트지와 판지[롤 모양이나 시트(sheet) 모양으로 한정하며, 제4802호나 제4803호의 것은 제외한다]
4805	그 밖의 도포하지 않은 종이와 판지[롤 모양이나 시트(sheet)모양으로 한정하며, 이 류의 주 제3호의 것 이상의 가공을 하지 않은 것으로 한정한다]
4806	황산지 · 내지지(耐脂紙) · 트레이싱지(tracing paper) · 글라신지(glassine paper)와 그 밖의 투명 광택지나 반투명 광택지[롤 모양이나 시트(sheet) 모양으로 한정한다]
4807	겹붙인 종이와 판지[접착제로 겹붙인 것으로서 롤 모양이나 시트(sheet) 모양으로 한정하며, 표면을 도포하거나 침투시킨 것은 제외하고, 내면을 보강했는지에 상관없다]
4808	물결 모양으로 하거나(corrugated)(평면지가 붙은 것인지에 상관없다) 주름지거나(creped) 구겨지거나(crinkled) 올록볼록하거나(embossed) 구멍을 뚫은(perforated) 종이와 판지[롤 모양이나 시트(sheet) 모양으로 한정하며, 제4803호의 것은 제외한다]
4809	카본지, 셀프복사지, 그 밖의 복사지나 전사지[등사원지나 오프셋 플레이트(offset plate)로 사용하는 도포지와 침투지를 포함하고, 인쇄한 것인지에 상관없으며 롤 모양이나 시트(sheet) 모양으로 한정한다]
4810	한 면이나 양면을 도포한 종이와 판지[결합재가 있는지에 상관없으며 고령토(kaolin)[차이나 클레이(China clay)]나 그 밖의 무기물질을 도포한 것(그 밖의 다른 물질을 도포한 것은 제외한다)으로서 표면착색 · 표면장식 · 인쇄하였는지에 상관없으며 크기와는 관계없이 롤 모양이나 직사각형(정사각형을 포함한다)의 시트(sheet) 모양으로 한정한다]
4811	종이, 판지, 셀룰로오스워딩, 셀룰로오스섬유의 웹(web)[크기와는 관계 없이 롤 모양이나 직사각형(정사각형을 포함한다)의 시트(sheet) 모양으로서 도포 · 침투 · 피복 · 표면착색 · 표면장식 · 인쇄한 것으로 한정하며, 제4803호 · 제4809호 · 제4810호에 열거한 것은 제외한다]
4812	제지용 펄프로 만든 필터블록, 필터슬래브, 필터플레이트
4813	궐련지(적합한 크기로 절단하였는지 또는 소책자나 튜브 모양인지에 상관없다)
4814	벽지와 이와 유사한 벽 피복재와 창용 투명지
4816	카본지, 셀프복사지, 그 밖의 복사지나 전사지(제4809호의 것은 제외한다), 종이로 만든 등사원지와 오프셋 플레이트(offset plate)(상자에 든 것인지에 상관없다)
4817	종이나 판지로 만든 봉투 · 봉함엽서 · 우편엽서 · 통신용 카드, 종이나 판지로 만든 상자 · 파우치 · 지갑 · 필기첩(안에 종이로 만든 문구류가 있는 것으로 한정한다)

4818	화장지와 이와 유사한 종이 · 셀롤로오스워딩 · 셀룰로오스섬유의 웹(web)(가정용이나 위생용으로 사용되는 것으로서 폭이 36센티미터 이하인 롤 모양이나 특정의 크기나 모양으로 절단한 것으로 한정한다) · 손수건 · 클렌징티슈 · 타월 · 책상보 · 서비에트(serviette) · 베드시트와 이와 유사한 가정용품 · 위생용품이나 병원용품 · 의류와 의류 부속품[제지용 펄프 · 종이 · 셀룰로오스워딩 · 셀룰로오스섬유의 웹(web)으로 만든 것으로 한정한다]
4819	종이 · 판지 · 셀룰로오스워딩 · 셀룰로오스섬유의 웹(web)으로 만든 상자 · 포장대 · 그 밖의 포장용기, 종이나 판지로 만든 서류상자 · 서류받침과 이와 유사한 물품(사무실 · 상점이나 이와 유사한 곳에서 사용하는 것으로 한정한다)
4820	종이나 판지로 만든 장부 · 회계부 · 노트북 · 주문장 · 영수장 · 편지지철 · 메모철 · 일기장과 이와 유사한 물품 · 연습장 · 압지철(blotting-pad) · 바인더[예: 루스리프(loose-leaf) 등] · 폴더 · 서류철 표지 · 각종 사무용 양식 · 삽입식 카본세트와 그 밖의 문구류, 견본용이나 수집용 앨범과 책커버
4821	종이나 판지로 만든 레이블(인쇄하였는지에 상관없다)
4822	제지용 펄프 · 종이 · 판지로 만든 보빈(bobbin) · 스풀(spool) · 콥(cop)과 이와 유사한 물품(구멍을 뚫은 것인지 또는 경화한 것인지에 상관없다)
4823	그 밖의 종이 · 판지 · 셀룰로오스워딩 · 셀룰로오스섬유의 웹(web)(특정한 크기나 모양으로 절단한 것으로 한정한다), 제지용 펄프 · 종이 · 판지 · 셀룰로오스워딩 · 셀룰로오스섬유의 웹(web)으로 만든 그 밖의 제품

◉ 류주

1. 이 류에서 "종이"란 문맥상 달리 해석되지 않는 한 판지(두께나 1제곱미터당 중량에 상관없다)를 포함한다.

2. 이 류에서 다음 각 목의 것은 제외한다.
   가. 제30류의 물품
   나. 제3212호의 스탬프용 박(箔)
   다. 향료지, 화장품을 침투시키거나 도포한 종이(제33류)
   라. 종이나 셀룰로오스워딩(cellulose wadding)에 비누나 세척제를 침투 · 도포 · 피복한 것(제3401호)과 연마제 · 크림이나 이와 유사한 조제품을 침투 · 도포 · 피복한 것(제3405호)
   마. 제3701호부터 제3704호까지의 감광성 종이와 판지
   바. 진단용 시약이나 실험용 시약을 침투시킨 종이(제3822호)
   사. 종이로 보강한 적층 플라스틱 시트(sheet), 한 장의 종이나 판지에 플라스틱 물질을 도포하거나 피복한 것으로서 플라스틱층이 전 두께의 2분의 1을 초과하는 것이나 이들을 재료로 하여 만든 물품(제4814호의 벽 피복재는 제외한다)(제39류)
   아. 제4202호의 물품(예 : 여행용구)
   자. 제46류의 물품(예 : 조물재료의 제품)
   차. 종이실(paper yarn)이나 그 직물제품(제11부)
   카. 제64류나 제65류의 물품
   타. 연마용 종이 · 판지(제6805호), 운모를 붙인 종이 · 판지(제6814호). 다만, 운모 가루를 도포한

종이나 판지는 이 류로 분류한다.

파. 종이나 판지로 뒷면을 붙인 금속의 박(箔)(일반적으로 제14부나 제15부)

하. 제9209호의 물품

거. 제95류의 물품(예 : 완구·게임용구·운동용구)

너. 제96류의 물품[예 : 단추, 위생타월(패드)과 탐폰, 유아용 냅킨(기저귀)과 냅킨라이너]

3. 주 제7호에 따른 경우를 제외하고, 제4801호부터 제4805호까지는 캘린더가공·슈퍼캘린더가공·광택가공이나 이와 유사한 가공·의사 워터마킹(false water-marking)·표면사이징을 한 종이와 판지, 전체를 어떤 방법으로든 착색하거나 대리석 무늬를 넣은 종이·판지·셀룰로오스워딩 및 셀룰로오스섬유의 웹(web)을 포함한다. 다만, 제4803호에서 따로 규정한 것은 제외하며, 이 호들은 그 밖의 가공을 한 종이·판지·셀룰로오스워딩·셀룰로오스섬유의 웹(web)을 포함하지 않는다.

[super-calendering 가공은 종이를 만드는 기계 라인과 별도의 공정으로 고도의 광택을 얻고자 할 때 거친다.]

1) 캘린더(calender)는 여러 개의 가열 롤(rolls)을 배열한 압연기계로서, 종이나 섬유원단에 윤을 내는 데 사용된다. 즉 시트 모양의 재료를 통과시켜 그 표면을 평활하게 만드는 강한 압력을 가하는 일련의 롤러이다.

슈퍼캘린더는 캘린더와 유사하나, 일련의 금속롤과 면(cotton)이나 종이롤에 압력을 가해 이 사이로 재료를 통과시켜 보통 이상의 광택을 얻어낼 때 사용하는 장치를 말한다.

2) 사이즈(size)란 종이를 가공할 때 쓰는 콜로이드물질을 말한다. 종이의 섬유는 친수성(親水性)에다 다공질(多孔質)로 초지(抄紙)되므로, 펜으로 쓰거나 인쇄할 때 잉크가 번지고 종이가 뜯기게 마련인데, 이것을 방지하기 위하여 사이즈제를 사용한다. 사이즈제는 초기 펄프에 섞기도 하고 표면에 칠하기도(표면사이징가공) 한다. 송진·젤라틴·녹말·합성수지 등이 사용된다.

3) 제4801호~제4805호까지는 도포하지 않은(uncoated) 종이와 판지가 분류되는데, 이들 호에는 본 주에서 열거하고 있는 기본적인 가공 이외에 추가적인 가공을 거친 것은 제외한다. 다만 제4803호는 약간의 예외가 허용되는데, 제4803호의 특징은 류주 제3호에 규정한 공정을 거치는 것 이외에 주름지거나(creped) 구겨진(crinkled) 것, 올록볼록한(embossed) 것, 구멍을 뚫은(perforated) 것도 제4803호에 포함된다는 것이다.

4. 이 류에서 "신문용지(newsprint)"란 신문 인쇄에 사용되는 것으로서 기계공정이나 화학-기계공정에 따른 목재섬유의 함유량이 전 섬유중량의 100분의 50 이상, 사이징을 안 하거나 극소량의 사

이징을 한 것, 양면의 조활도(粗滑度, roughness) 파커프린트서프(Parker Print Surf)(1엠피에이)가 2.5마이크로미터(마이크론) 초과, 1제곱미터당 중량이 40그램 이상 65그램 이하인 도포하지 않은 종이를 말한다.

5. 제4802호에서 "필기용 · 인쇄용 · 그 밖의 그래픽용 종이와 판지" 그리고 "구멍을 뚫지 않은 펀치카드와 펀치테이프지"란 주로 표백펄프, 기계공정이나 화학-기계공정을 통해 얻은 펄프로 제조된 것으로서 다음 각 목의 기준에 해당하는 종이와 판지를 말한다. 다만, 제4802호에서는 여과지 · 여과판지[티백(tea-bag)용지를 포함한다] · 펠트지 · 펠트판지는 제외한다.
   가. 1제곱미터당 중량이 150그램 이하인 종이나 판지로서 다음 어느 하나에 해당하는 것
      (1) 기계공정이나 화학-기계공정에 따른 섬유의 함유량이 100분의 10 이상인 것으로서
         (가) 1제곱미터당 중량이 80그램 이하인 것이거나,
         (나) 전체를 착색한 것
      (2) 회분의 함유량이 100분의 8을 초과하는 것으로서
         (가) 1제곱미터당 중량이 80그램 이하인 것이거나,
         (나) 전체를 착색한 것
      (3) 회분의 함유량이 100분의 3을 초과하고 백색도가 100분의 60 이상인 것
      (4) 회분의 함유량이 100분의 3을 초과하고 100분의 8 이하로서 백색도가 100분의 60 미만이며 파열강도지수가 1제곱미터당 2.5킬로파스칼/그램 이하인 것
      (5) 회분의 함유량이 100분의 3 이하로서 백색도가 100분의 60 이상이고 파열강도지수가 1제곱미터당 2.5킬로파스칼/그램 이하인 것
   나. 1제곱미터당 중량이 150그램을 초과하는 종이나 판지로서 다음 어느 하나에 해당하는 것
      (1) 전체를 착색한 것
      (2) 백색도가 100분의 60 이상으로서
         (가) 두께가 225마이크로미터(마이크론) 이하이거나
         (나) 두께가 225마이크로미터(마이크론)를 초과하고 508마이크로미터(마이크론) 이하이며 회분의 함유량이 100분의 3을 초과하는 것
      (3) 백색도가 100분의 60 미만이고, 두께가 254마이크로미터(마이크론) 이하이며, 회분의 함유량이 100분의 8을 초과하는 것

1) 제4802호 : 도포하지 않은 종이와 판지(필기용, 인쇄용, 그 밖의 그래픽용으로 한정한다), 구멍을 뚫지 않은 펀치카드와 펀치테이프지[제4801호와 제4803호의 것은 제외하며, 크기와는 관계없이 롤 모양이나 직사각형(정사각형을 포함한다) 시트(sheet) 모양으로 한정한다], 수제지(手製紙)와 판지
2) 이 호에는 우리가 일상에서 가장 많이 보는 필기용이나 인쇄용 등의 종이와 판지가 분류된다.

이 종이는 1m²당 중량 150g을 기준으로, 각각 펄프의 종류나 회분함유량, 백색도, 두께 등의 요구치를 정해놓고 이들을 만족시키는 경우에 이 호에 분류하도록 하고 있다.

6. 이 류에서 “크라프트지와 판지”란 황산이나 소다공정에 따른 펄프의 함유량이 전 섬유량의 100분의 80 이상인 종이와 판지를 말한다.

1) 크라프트지(kraft paper) : ‘kraft’는 독일어로 강하다는 의미이다. 화학펄프의 일종인 미표백 크라프트펄프를 주원료로 하는 포장용지이다. 대부분 지대(紙袋)로 가공하여 시멘트 · 밀가루 · 설탕 · 비료 · 사료 · 곡물 등의 포장에 사용된다.

2) 기계목재펄프는 그 섬유의 길이가 비교적 짧아서 약한 제품을 생산하므로 일반적으로 단독으로 사용되지 않는다. 따라서 종이제조 시에는 대부분 화학목재펄프를 혼합하여 사용하는데, 크라프트지처럼 강하고 질긴 종이는 화학목재펄프로의 함량이 더 높을 것을 요구한다. 제48류에서는 크라프트지의 경우 80% 이상의 황산이나 소다공정에 따른 펄프 함유량을 요구하고 있다.

7. 그 밖의 다른 호에서 규정한 것은 제외하고, 제4801호부터 제4811호까지에서 둘 이상의 호에 해당하는 종이 · 판지 · 셀룰로오스워딩 · 셀룰로오스섬유의 웹(web)은 해당하는 호 중 가장 마지막 호로 분류한다.

8. 제4801호, 제4803호부터 제4809호까지는 다음 각 목에 해당하는 종이 · 판지 · 셀룰로오스워딩 · 셀룰로오스섬유의 웹(web)에만 적용한다.

가. 폭이 36센티미터를 초과하는 스트립(strip) 모양이나 롤 모양의 것이거나

나. 접지 않은 상태에서 한 변이 36센티미터를 초과하고, 다른 한 변은 15센티미터를 초과하는 직사각형(정사각형을 포함한다)의 시트(sheet) 모양의 것

9. 제4814호에서 “벽지와 이와 유사한 벽 피복재”란 다음 각 목의 것만을 말한다. 이 경우 종이나 판지를 기본재료로 한 물품으로서, 바닥깔개와 벽 피복재로 사용하는 데 모두 적합한 것은 제4823호로 분류한다.

가. 벽이나 천장의 장식에 적합하도록 폭이 45센티미터 이상이고 160센티미터 이하인 롤 모양인 종이로서 다음의 것

(1) 그레인한(grained) 것, 올록볼록한(embossed) 것, 표면착색한 것, 디자인 인쇄한 것, 섬유플록 등으로 그 밖의 표면장식을 한 것(투명한 보호용 플라스틱을 도포 또는 피복한 것인지에 상관없다)

(2) 목재 · 짚 등의 파티클(particle)을 결합하여 표면이 평탄하지 않은 것

(3) 플라스틱으로 한 면을 도포하거나 피복한 플라스틱층을 그레인한(grained) 것, 올록볼록한(embossed) 것, 착색한 것, 디자인 인쇄나 그 밖의 장식을 한 것

(4) 조물재료(이들을 서로 평행으로 연결하였는지 또는 직조하였는지에 상관없다)로 한 면을 피복한 것

나. 종이로 만든 테와 프리즈(frieze)로서 위와 같은 처리를 하고, 벽이나 천장장식에 적합한 것(롤 모양인지에 상관없다)

다. 여러 장의 패널로 구성되는 종이로 만든 벽 피복재[롤 모양이나 시트(sheet) 모양으로 한정한다]로서 벽에 부착할 때 풍경 · 디자인 · 모티프(motif)를 가지도록 인쇄한 것

[frieze wallpaper. frieze는 방이나 건물의 윗부분에 그림이나 조각으로 띠 모양의 장식을 한 것을 말한다.]

1) **제4814호** : 벽지와 이와 유사한 벽 피복재와 창용 투명지
제4823호 : 그 밖의 종이 · 판지 · 셀룰로오스워딩 · 셀룰로오스섬유의 웹(web)(특정한 크기나 모양으로 절단한 것으로 한정한다), 제지용 펄프 · 종이 · 판지 · 셀룰로오스워딩 · 셀룰로오스섬유의 웹(web)으로 만든 **그 밖의 제품**

2) 제4814호의 "벽지와 이와 유사한 벽 피복재"는 해당 물품의 본래의 용도에 단지 부수적이지 않은 모티프(motif) · 문자 · 회화를 인쇄한 것일지라도 제48류에 분류된다.

3) 일반적으로 바닥깔개나 벽피복재의 경우에는 바깥쪽으로 보이는 성분에 따라 품목분류를 하도록 하고 있으나, 제4814호에 분류되는 종이나 판지를 기본재료로 한 물품으로서의 벽피복재의 경우에는 목재 · 짚 등의 파티클로 결합한 것, 플라스틱으로 한 면을 도포하거나 피복한 플라스틱층을 그레인한(grained) 것, 올록볼록한(embossed) 것, 착색한 것, 디자인 인쇄나 그 밖의 장식을 한 것, 그리고 조물재료로 한 면을 피복한 것의 경우에는 바깥쪽에 보이는 성분이 종이나 판지가 아니라 하더라도 제4814호에 분류한다.

4) 종이나 판지를 기본재료로 한 물품으로서, 바닥깔개와 벽 피복재로 사용하는 데 모두 적합한 것은 제4823호로 분류한다. 종이나 판지를 기본재료로 한 바닥깔개는 제4823호에, 벽 피복재는 제4814호에 각각 분류되지만, 이들 두 용도로 모두 사용이 가능한 물품의 경우에는 제4823호에 분류하도록 하고 있다.

10. 제4820호는 특정한 모양으로 절단한 루스시트(loose sheet)와 카드를 포함하지 않는다[인쇄하였는지, 올록볼록한지(embossed), 구멍을 뚫었는지에 상관없다].

[제4820호에는 바인더에 끼워진 전체는 분류되지만, 종이만 별도로 제시된 loose sheet는 제외한다.]

루스 시트(loose sheets)를 고정하기 위한 바인더와 홀더 및 종이끼우개는 이 호에 분류되지만, loose- leaf 책에 사용하는 구멍을 뚫은 시트를 포함한 연습장과 그 밖의 필기용 종이로서 묶지 않은 시트는 일반적으로 각 경우에 따라 제4802호 · 제4810호 · 제4811호 또는 제4823호로 분류된다.

11. 제4823호는 자카드(Jacquard)기나 이와 유사한 기계에 사용되는 구멍을 뚫은 종이나 판지로 만든 카드, 종이로 만든 레이스에 적용한다.

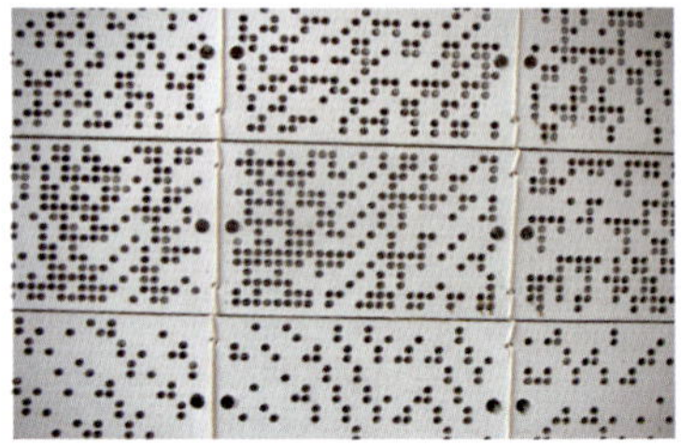

[자카드 직기용의 천공카드. 이후에 컴퓨터 프로그래밍에 지대한 영향을 미쳤다. 현재는 거의 사용되지 않는다.]

1) 제4823호 : 그 밖의 종이·판지·셀룰로오스워딩·셀룰로오스섬유의 웹(web)(특정한 크기나 모양으로 절단한 것으로 한정한다), 제지용 펄프·종이·판지·셀룰로오스워딩·셀룰로오스섬유의 웹(web)으로 만든 그 밖의 제품

2) 제4823호에는 제48류에 분류되지 않은 그 밖의 제품이 분류되는데, 이 중에는 구멍을 뚫은 종이나 판지로 만든 천공카드도 분류된다. 이 카드는 이전의 자카드 직기에 사용되어 다양한 무늬를 가능하게 했던 물품이나 현재는 컴퓨터로 대체되어 거의 사용되지 않는다. 물론 컴퓨터의 프로그래밍 입력수단으로서의 천공카드도 사용되지 않고 있다. 기술이 발달되어 사용되지 않는 물품에 대해서는 HS품목분류표와 관련 규정의 수정이 요망된다.

12. 제4814호와 제4821호에 해당하는 물품을 제외하고는 종이·판지·셀룰로오스워딩과 이들의 제품으로서 해당 물품의 본래의 용도에 단지 부수적이지 않은 모티프(motif)·문자·회화를 인쇄한 것은 제49류에 해당한다.

해당 물품의 본래의 용도에 단지 부수적이지 않은 모티프(motif)·문자·회화를 인쇄한 것은 재질에 관계없이 제49류에 분류해야 한다. 여기에 대한 예외가 4개 있는데, 이들은 다음과 같다.

① 제3918호 : 플라스틱으로 만든 바닥깔개(접착성이 있는지에 상관없으며 롤이나 타일 모양으로 한정한다), 이 류의 주 제9호의 플라스틱으로 만든 벽 피복재나 천장 피복재

② 제3919호 : 플라스틱으로 만든 접착성 판·시트(sheet)·필름·박(箔)·테이프·스트립과 그 밖의 평면 모양인 것(롤 모양인지에 상관없다)

③ 제4814호 : 벽지와 이와 유사한 벽 피복재와 창용 투명지

④ 제4821호 : 종이나 판지로 만든 레이블(인쇄하였는지에 상관없다)

◉ 소호주

1. 소호 제4804.11호와 제4804.19호에서 "크라프트라이너(kraftliner)"란 황산이나 소다공정에 따른 목재섬유의 함유량이 전 섬유중량의 100분의 80 이상으로서 1제곱미터당 중량이 115그램을 초과하며, 아래 표에 표시된 뮤렌(Mullen) 파열강도의 최저가를 가지고 있거나, 표에 표시되지 않은 평량(坪量)의 경우에는 선형 내삽법(內插法) 또는 외삽법(外插法)에 의한 해당 상당치(linearly interpolated or extrapolated equivalent)를 가지는 것으로서, 기계적으로 완성가공하였거나 기계적으로 광택가공한 롤 모양인 종이나 판지를 말한다.

평량 (그램/제곱미터)	뮤렌 파열강도의 최저치 킬로파스칼 (kPa)
115	393
125	417
200	637
300	824
400	961

[골판지의 위를 덮는 종이가 kraftliner 이다.]

1) 크라프트라이너(kraftliner)는 골판지의 외장용 라이너의 원지로서 쓰이는 판지로 미표백 크라프트 펄프를 주원료로 하여 만든다. 이 물품도 일종의 크라프트지에 해당하기 때문에 이 류의 주 제6호와 동일한 조건, 즉 황산이나 소다공정에 따른 목재섬유의 함유량이 전 섬유중량의 80% 이상이어야 한다.

2) 위에서 평량(坪量)이란 인쇄용지의 비교단위로, 곧 종이 $1m^2$의 무게를 그램으로 나타낸 것이다. 크라프트라이너로 인정받기 위해서는 기본적으로 m^2당 무게가 115g을 초과해야 하고, 일정한 파열강도(bursting strength) 조건을 충족해야 한다.

HSK				품명	Description
4804				도포하지 않은 크라프트지와 판지[롤 모양이나 시트(sheet) 모양으로 한정하며, 제4802호나 제4803호의 것은 제외한다]	Uncoated kraft paper and paperboard, in rolls or sheets, other than that of heading 48.02 or 48.03.
	1			**크라프트라이너(kraftliner)**	**Kraftliner :**
	11	00	00	표백하지 않은 것	Unbleached
	19	00	00	기타	Other
	2			**자루(sack)용 크라프트지**	**Sack kraft paper :**
	21	00	00	표백하지 않은 것	Unbleached
	29	00	00	기타	Other
	3			그 밖의 크라프트지와 판지(1제곱미터당 중량이 150그램 이하인 것으로 한정한다)	Other kraft paper and paperboard weighing 150 g/㎡ or less :
	31			표백하지 않은 것	"이하 생략"

2. 소호 제4804.21호와 제4804.29호에서 "자루(sack)용 크라프트지"란 황산이나 소다공정에 따른 목재섬유의 함유량이 전 섬유중량의 100분의 80 이상이고 1제곱미터의 중량이 60그램 이상 115그램 이하로서, 다음 각 목의 조건 중 어느 하나를 충족시키는 롤 모양의 기계적 완성가공처리를 한 종이를 말한다.

가. 뮤렌(Mullen) 파열강도지수가 1제곱미터당 3.7킬로파스칼/그램 이상으로서 가로 방향의 신장률이 100분의 4.5를 초과하고, 세로 방향의 신장률이 100분의 2를 초과하는 것

나. 인열(引裂)강도의 최저치와 인장(引張)강도의 최저치가 아래 표에 표시된 수치를 가지고 있거나, 표에 표시되지 않은 평량(坪量)은 선형 내삽법(內插法) 또는 외삽법(外插法)에 의한 해당 상당치(linearly interpolated or extrapolated equivalent)를 가지는 것

평량(그램/제곱미터)	인열강도의 최저치 엠엔(mN)		인장강도의 최저치 케이엔/엠(kN/m)	
	세로방향	세로방향 + 가로방향	가로방향	세로방향 + 가로방향
60	700	1,510	1.9	6
70	830	1,790	2.3	7.2
80	965	2,070	2.8	8.3
100	1,230	2,635	3.7	10.6
115	1,425	3,060	4.4	12.3

3. 소호 제4805.11호에서 "반화학 플루팅지(fluting paper)"란 반화학펄프공정에서 생산된 표백하지 않은 활엽수 섬유의 함유량이 전 섬유중량의 100분의 65 이상으로서, 시엠티 30[시험조건설정 30분 후 코러게이트미디엄시험(corrugated medium test : CMT)]의 압축강도(crush resistance)가 상대습도 100분의 50, 섭씨 23도에서 1.8뉴턴을 초과하는 롤 모양인 종이를 말한다.

[fluting paper]

HSK				품명	Description
4805				그 밖의 도포하지 않은 종이와 판지[롤 모양이나 시트(sheet) 모양으로 한정하며, 이 류의 주 제3호의 것 이상의 가공을 하지 않은 것으로 한정한다]	Other uncoated paper and paperboard, in rolls or sheets, not further worked or processed than as specified in Note 3 to this Chapter.
	1			플루팅지(fluting paper)	Fluting paper :
	11	00	00	반화학 플루팅지(fluting paper)	Semi-chemical fluting paper
	12	00	00	스트로 플루팅지(straw fluting paper)	Straw fluting paper
	19	00	00	기타	Other
	2			테스트라이너(testliner)(재생라이너판)	Testliner (recycled liner board) :
	24			1제곱미터당 중량이 150그램 이하인 것	Weighing 150 g/㎡ or less
		10	00	여러 층의 종이와 판지로서 각 층을 표백한 것	Multi-ply paper and paperboard, bleached each layer
		90	00	기타	Other
	25			1제곱미터당 중량이 150그램을 초과하는 것	Weighing more than 150 g/㎡
		10	00	여러 층의 종이와 판지로서 각 층을 표백한 것	Multi-ply paper and paperboard, bleached each layer

	90	00	기타	Other
30	00	00	아황산포장지	Sulphite wrapping paper
40	00	00	여과지와 판지	"이하 생략"

4. 소호 제4805.12호는 반화학공정에서 생산된 스트로펄프(straw pulp)를 주로 하여 만들어진 롤 모양인 종이를 포함한다[1제곱미터당 중량이 130그램 이상이고 시엠티 30(시험조건설정 30분 후 코러게이트미디엄(corrugated medium)시험)의 압축강도가 상대습도 100분의 50, 섭씨 23도에서 1.4뉴턴을 초과하는 것으로 한정한다].

5. 소호 제4805.24호와 제4805.25호는 전부나 주로 회수한 종이나 판지[웨이스트(waste)와 스크랩(scrap)]의 펄프로 만들어진 종이와 판지를 포함한다. 테스트라이너(testliner)는 착색된 표층이나 표백 · 미표백인 비재생펄프로 만든 표층을 가질 수도 있다. 이들의 제품은 뮤렌(Mullen) 파열강도지수가 1제곱미터당 2킬로파스칼/그램 이상이다.

6. 소호 제4805.30호에서 "아황산포장지"란 아황산공정에 따른 목재섬유의 함유량이 전 섬유중량의 100분의 40을 초과하고, 회분의 함유량이 100분의 8 이하로 뮤렌(Mullen) 파열강도지수가 1제곱미터당 1.47킬로파스칼/그램 이상으로 기계적으로 광택가공한 종이를 말한다.

7. 소호 제4810.22호에서 "경량(輕量)의 도포한 종이"란 기계공정에 따른 목재섬유의 함유량이 전 섬유중량의 100분의 50 이상인 종이를 기본재료로 하여 양면을 도포한 1제곱미터의 총중량이 72그램 이하인 종이로서 1면당 도포량이 1제곱미터당 15그램 이하인 종이를 말한다.

HSK				품명	Description
4810				한 면이나 양면을 도포한 종이와 판지[결합재가 있는지에 상관없으며 고령토(kaolin)[차이나 클레이(China clay)]나 그 밖의 무기물질을 도포한 것(그 밖의 다른 물질을 도포한 것은 제외한다)으로서 표면착색 · 표면장식 · 인쇄하였는지에 상관없으며 크기와는 관계없이 롤 모양이나 직사각형(정사각형을 포함한다)의 시트(sheet) 모양으로 한정한다]	Paper and paperboard, coated on one or both sides with kaolin (China clay) or other inorganic substances, with or without a binder, and with no other coating, whether or not surface-coloured, surface-decorated or printed, in rolls or rectangular (including square) sheets, of any size.
"중간생략"					
	2			필기용, 인쇄용, 그 밖의 그래픽용 종이와 판지(기계공정이나 화학-기계공정에 따른 섬유의 함유량이 전 섬유중량의 100분의 10을 초과하는 것으로 한정한다)	Paper and paperboard of a kind used for writing, printing or other graphic purposes, of which more than 10 % by weight of the total fiber content consists of fibers obtained by a mechanical or chemi-mechanical process :
	22	00	00	경량(輕量)의 도포한 종이	Light-weight coated paper
	29	00	00	기타	Other

◉ 총설

1) 종이는 본질적으로 제47류의 펄프의 셀룰로오스섬유로 되어 있으며, 이러한 셀룰로오스섬유가 시트 모양으로 펠트화되어 있다. 티백(tea-bag)재료와 같은 많은 제품들은 이들 셀룰로오스섬유와 방직용 섬유(특히 제54류 주 제1호에 규정한 인조섬유)의 혼합물로 되어 있다. 이때 방직용 섬유가 최대중량을 차지할 경우에 이들 제품은 종이로 간주하지 아니하고 부직포로 분류한다(제5603호). 종이는 다음과 같은 공정을 거쳐 얻는다.

① **펄프의 준비공정** : 펄프는 필요에 따라 충전물, 사이즈물질 또는 염료를 혼합하여 물로 희석하고 기계로 휘저음으로써 적당한 농도로 조제한다. 일반적으로 무기물질(예 : 고령토, 이산화티타늄, 탄산칼슘)인 충전물은 불투명도의 증대, 인쇄적성의 개선 또는 펄프의 절약을 위하여 사용된다. 잉크 등에 대한 흡수성을 적게 하기 위하여 사이즈(예 : 명반을 혼합한 송진)를 사용한다.

② **시트 또는 웹의 형성** : 기계적인 방법 또는 수작업을 통해 웹을 형성시킨 후에 경화시키고, 가열된 원통 위를 통과시키면서 건조시킨다.

③ **완성가공** : 완성가공으로 제지기에 부착되어 있거나 또는 따로 분리되어 있는 캘린더기에 의하여 캘린더가공 또는 슈퍼캘린더가공을 하기도 한다(필요한 경우에는 먼저 습기를 가한다). 이렇게 함으로써 종이의 일면 또는 양면이 다소 윤활하고 광택 있게 된다. 종이 일면의 이와 유사한 표면은 가열원통을 사용하는 기계광택으로 만들어지기도 한다. 이 단계에서 일종의 의사(擬似) 워터마킹이 종이에 새겨지는 수도 있다. 대부분 보통의 필기용지, 인쇄용지 및 그래픽용지는 글루 또는 전분용액과 같은 종류의 것으로 표면사이즈를 하는데, 이것은 종이의 표면강도와 수성액(예 : 필기용 잉크)의 침투 또는 확산에 대한 저항력을 증진시키기 위한 것이다.

2) 이 류의 범위는 다음과 같다.

① 롤 모양 또는 시트모양의 각종 종이, 판지, 셀룰로오스워딩 및 셀룰로오스섬유의 웹(제4801호~제4811호)

- 제4801호, 제4802호, 제4804호 및 제4805에는 도포하지 아니한 종이가 분류되며, 필요한 경우에는 사이즈가공과 단순한 완성가공(예 : 캘린더가공, glaze가공)을 한 것도 분류된다. 제4803호에는 가정용 또는 위생용으로 사용되는 도포하지 아니한 종이와 셀룰로오스워딩 및 셀룰로오스섬유의 웹이 분류되며, 해당 호에 명시된 공정을 거친 것도 규정하고 있다(대표적으로 가정용 화장지). 이 류의 주 제3호는 제4801호에서 제4805호까지 해당하는 종이, 판지, 셀룰로오스워딩 및 셀룰로오스섬유의 웹이 거치는 공정에 대해 규정하고 있다. 제4801호 내지 제4805호에 해당하는 공정은 연속 제지작업공정의 일부로서 행해진다.
- 제4806호~제4811호에는 황산지 · 내지지 및 겹붙인 종이와 같은 특정의 특수지와 판지

가 분류되고, 또한 도포 · 디자인 인쇄 · 괘선 · 침투 · 물결모양으로 하거나 · 주름지게 하거나 · 올록볼록하거나 또는 구멍을 뚫는 등의 처리를 한 종이 · 판지 · 셀룰로오스워딩 및 셀룰로오스섬유의 웹이 분류된다. 제4811호에는 또한 종이 또는 판지를 기본재료로 한 특정의 바닥깔개를 포함한다.

② 제지용 펄프제의 필터블록 · 필터슬래브 및 필터플레이트(제4812호[112]), 궐련지(적합한 크기로 절단하였는지 또는 소책자나 튜브 모양인지에 상관없다)(제4813호), 이 류주 제9호에 규정한 바와 같은 벽지 및 이와 유사한 벽 피복재와 창용 투명지(제4814호)

③ 앞에서 설명한 ①에 규정된 크기 이하의 크기로 절단하였거나 직사각형(정사각형을 포함한다) 이외의 형상으로 절단한 롤 모양 또는 시트 모양의 종이 · 판지 · 셀룰로오스워딩 또는 셀룰로오스섬유의 웹(그러나 제4802호, 제4810호 및 제4811호 또는 앞에서 설명한 ②에 해당하는 종류는 제외한다) 및 제지용 펄프 · 종이 · 판지 · 셀룰로오스워딩 또는 셀룰로오스섬유의 제품. 이들은 제4816호~제4823호 중 하나 또는 하나 이상에 해당된다.

3) **도포한(coated) 종이와 판지** : "도포한 종이와 판지"라는 용어는 특별히 광택이 나는 완성가공품을 생산하기 위하거나 또는 표면이 특수요건에 적합하도록 하기 위해 한 면 또는 양면을 도포한 종이와 판지에 적용된다. 도포에 사용되는 물품은 대개 광물성 재료와 결합제, 그리고 경화제나 분산제와 같이 도포작업에 필요한 여러 첨가제로 구성되어 있다.

표면사이징한 종이와 도포한 종이 사이에는 여러 가지 유사점이 있는데, 일반적으로 도포한 종이와 판지의 경우에는 불규칙한 자연 그대로의 표면이 도포용 재료의 사용으로 상당히 제거되는 데 반하여, 표면사이즈가공의 경우에는 종이 또는 판지의 표면이 자연 그대로의 외관과 조직을 유지하고 있다. 그러나 **표면사이즈가공과 도포**는 여러 가지로 유사하고, 특히 둘 사이의 구분선이 불명확한 경우(borderline cases)가 있어, 이러한 경우에는 소정의 더 복잡한 구분법에 따라야 한다.

4) **착색 또는 인쇄한 종이와 판지** : 제48류에는 여러 가지의 색, 줄무늬, 모티프, 디자인 등을 각종 공정에서 인쇄한 종이와 표면에 대리석 등의 무늬를 넣은 종이가 포함된다. 또한 각종 색의 잉크로 선을 표면에 인쇄한 것도 있다. 이들 제품은 특히 회계부 및 부기장 · 연습장 및 노트 등에 사용된다. 다만 인쇄한 종이로서 그 인쇄가 포장용 · 필기용 등의 용도에 부수적이고, 그 물품이 제49류의 인쇄물이 아닌 경우에 한해서 이 류에 분류된다(이 류주 제12호 참조).

5) **침투한(impregnated) 종이와 판지** : 이러한 종이와 판지의 대부분은 기름 · 왁스 · 플라스틱 등을 침투시킴으로써 만들어지며, 이렇게 처리함으로써 종이와 판지가 일정한 특성(예 : 방수성, 내지성, 반투명성 또는 투명성)을 갖게 된다. 주로 보호용 포장지와 전기절연지로 사용된다.

112 이들 물품은 셀룰로오스의 함유량이 많은 식물성 섬유(면 · 아마 · 목재 등)를 다른 결합제를 사용하지 않고 압축하여 블록 모양 · 슬래브 모양 · 플레이트 모양으로 만든 물품이며, 여기에서의 섬유는 엉성하게 부착한 상태로 되어 있다.

Chapter 49

제49류 인쇄서적 · 신문 · 회화 및 그 밖의 인쇄물, 수제(手製)문서 · 타이프문서 및 도면

호	호의 용어
4901	인쇄서적 · 소책자 · 리플릿(leaflet)과 이와 유사한 인쇄물(단매인지에 상관없다)
4902	신문 · 잡지 · 정기간행물(그림이나 광고 선전물이 있는지에 상관없다)
4903	아동용 그림책과 습화책
4904	악보[인쇄나 수제(手製)의 것으로서 제본되었는지 또는 그림이 있는지에 상관없다]
4905	지도 · 해도나 이와 유사한 차트(제본한 것 · 벽걸이용의 것 · 지형도와 지구의를 포함하며, 인쇄한 것으로 한정한다)
4906	설계도와 도안[건축용 · 공학용 · 공업용 · 상업용 · 지형학용이나 이와 유사한 용도에 사용하는 것으로서 수제(手製) 원도(原圖)로 한정한다], 손으로 쓴 책자와 이들을 감광지에 사진복사 · 카본복사한 것
4907	사용하지 않은 우표 · 수입인지나 이와 유사한 물품(해당국에서 통용되거나 발행된 것으로서 액면가를 갖거나 가질 예정인 것으로 한정한다), 스탬프를 찍은 종이, 지폐, 수표, 주식 · 주권 · 채권과 이와 유사한 유가증권
4908	전사지[디칼커매니어(decalcomania)]
4909	인쇄된 엽서와 그림엽서, 인쇄카드(인사용 · 전언용 · 안내용으로서 그림 · 봉투 · 장식이 있는지에 상관없다)
4910	캘린더(인쇄된 것으로서 캘린더 블록을 포함한다)
4911	그 밖의 인쇄물(인쇄된 서화와 사진을 포함한다)

◉ 류주

1. 이 류에서 다음 각 목의 것은 제외한다.
   가. 투명한 기본재료로 된 사진용 네거티브 · 포지티브(제37류)
   나. 부조(浮彫, in relief)된 지도 · 설계도 · 지구의(인쇄한 것인지에 상관없다)(제9023호)
   다. 제95류의 트럼프나 기타의 물품
   라. 오리지널 동판화 · 목판화 · 석판화(제9702호), 제9704호의 우표 · 수입인지 · 요금별납증지 · 초일(初日)봉투 · 우편엽서류나 이와 유사한 것, 제97류의 제작 후 100년을 초과한 골동품이나 기타의 물품

"가목"에서 사진용의 종이 · 판지 및 직물은 노광하지 않은 것 또는 노광된 것(네거티브나 포지티브)의 경우 현상하지 않은 것에 한하여 제37류에 분류하고, 현상한 것은 제49류 또는 제11부에 분류한다.

2. 제49류에서 "인쇄된 것(printed)"에는 복사기로 재생한 것, 자동자료처리기계로 한 것, 압형인쇄 · 사진촬영 · 사진복사 · 열전도복사 · 타자기로 친 것이 포함된다.

3. 신문 · 잡지 · 정기간행물을 종이 외의 물품으로 제본한(bound) 것과, 신문 · 잡지 · 정기간행물의 2부 이상을 한 장의 표지 안에 세트로 만든 것은 제4901호로 분류한다(광고 선전물이 포함되어 있는지에 상관없다).

4. 제4901호에는 다음 각 목의 것이 포함된다. 다만, 설명문이 없는 인쇄된 회화 또는 삽화는 접장(摺張, Signature)으로 된 것이나 낱장으로 된 것인지의 여부를 불문하고 제4911호에 분류한다.
   가. 회화나 도면 등을 복사한 인쇄물(내용에 관한 설명문이 있는 것으로서, 한 권 이상의 서적의 제본에 적합하게 페이지를 넣은 것으로 한정한다)
   나. 제본된 책자에 딸린 그림이 있는 부록
   다. 인쇄된 서적의 부분으로서 조립된 모양으로 한 것, 분리된 시트(sheet), 접장(摺張, Signature)으로 된 것[113](완전한 작품의 전부나 일부를 구성하며, 제본용으로 적합한 것으로 한정한다)

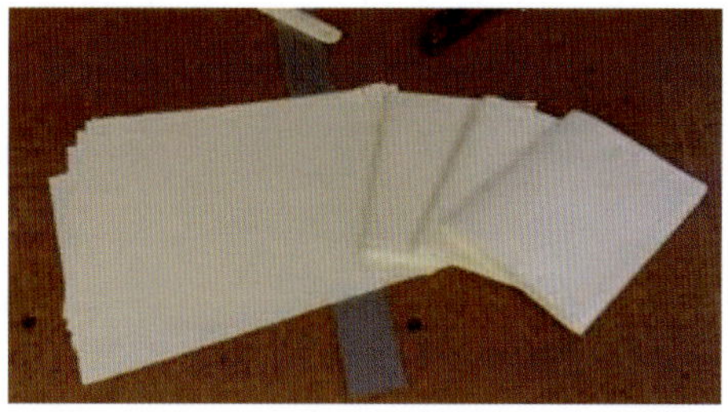
[접장(signature). 책은 많은 접장의 조립으로 만들어진다.]

위에서 접장(摺張, signature)은 출판물을 인쇄한 다음, 제책하기 위해 인쇄물을 손이나 기계(접지기)로 접은 것으로 책의 본문을 만드는 과정의 일부이다. 보통 16페이지 또는 32페이지 접지가 보통이다.

5. 이 류의 주 제3호의 물품을 제외하고는 제4901호에서는 본질적으로 광고 선전용(essentially devoted to advertising)으로 된 인쇄물[예 : 소책자 · 팸플릿(pamphlet) · 리플릿(leaflet) · 상업용 카탈로그(catalogue) · 상업단체와 관광회사의 연감]은 제외하며, 이러한 인쇄물은 제4911호로 분류한다.

6. 제4903호에서 "아동용 그림책(children's picture books)"이란 그림이 주체이며, 그 설명문이 부수적인 아동을 위한 책을 말한다.

◉ 총설

1) 약간의 예외를 제외하고는, 이 류에는 인쇄된 모티브 · 문자나 그림이 그 물품의 본질적인 성격이나 용도를 결정하는 각종 인쇄물이 분류된다. 그러나 제4814호(벽지) 또는 제4821호(라

113 "…in the form of assembled or separate sheets or signatures"를 "분리된 시트(sheet), 전지번호를 붙인 모양으로 한 것"으로 번역하는 것보다는, "분리된 시트(sheet), 접장(摺張, Signature)으로 된 것"이 정확한 표현이다. signature, 즉 접장은 책을 제작할 때에 만드는 중간품 또는 반제품으로, 책은 많은 접장의 조립으로 만들어진다.

벨)의 물품 이외에도 종이·판지, 셀룰로오스워딩 및 그 제품으로서, 이러한 물품의 본래의 용도에 대하여 단순히 부수적으로 인쇄된 것(예 : 인쇄된 포장용지, 인쇄된 문구류)은 제48류에 분류된다.

또한 제3918호(바닥깔개, 벽피복재)·제3919호(접착성 시트)·제4814호(벽지) 또는 제4821호(라벨)의 물품은 이들 물품의 본래의 용도에 단순히 부수적이 아닌 모티프(motif)·문자 또는 그림을 인쇄하고 있다고 하더라도 이 류에서 제외한다.

2) 이 류에 분류되는 물품은 일반적으로 종이 위에 인쇄되어야 하나, 일정 물품의 경우에는 종이 이외의 그 밖의 재료에 인쇄되어 있는 것도 이 류에 분류된다. 다만, 상점간판 및 상점 윈도우에 사용되는 도자제, 유리 또는 비금속제로 된 문자, 숫자, 사인판 및 이와 유사한 모티프로서 인쇄된 서화 또는 문구를 가지고 있는 것은 각각 제6914호, 제7020호 및 제8310호에 분류되거나 또는 조명용의 경우는 제9405호에 분류된다.

3) 보통의 인쇄제품 이외에, 이 류에는 인쇄된 전사지(轉寫紙, printed transfers; decalcomanias)도 포함된다.[114]

[데칼코마니는 주로 인쇄가 곤란한 표면에 전사하기 위해 사용되는 것으로 제49류에 분류한다.]

114 특수 인쇄방식의 한 가지로 문자나 그림 따위를 우선 전사지(轉寫紙, decal paper)에 인쇄한 다음, 그 화상을 피인쇄물의 표면에 전이(轉移: transfer)시켜 인쇄하는 방식. 직접 인쇄하기 곤란한 피인쇄물, 예를 들어 도자기·유리·금속·목재·천 등의 평면 또는 곡면(曲面)에 문자나 그림 따위를 인쇄할 때 이러한 인쇄방식을 사용한다.

제11부 방직용 섬유와 방직용 섬유의 제품

류	류의 표제
50	견
51	양모 · 동물의 부드러운 털이나 거친 털 · 말의 털로 만든 실과 직물
52	면
53	그 밖의 식물성 방직용 섬유, 종이실(paper yarn)과 종이실로 만든 직물
54	인조필라멘트, 인조방직용 섬유재료의 스트립(strip)과 이와 유사한 것
55	인조스테이플섬유
56	워딩(wadding) · 펠트(felt) · 부직포, 특수사, 끈 · 배의 밧줄(cordage) · 로프 · 케이블과 이들의 제품
57	양탄자류와 그 밖의 방직용 섬유로 만든 바닥깔개
58	특수직물, 터프트(tuft)한 직물, 레이스, 태피스트리(tapestry), 트리밍(trimming), 자수천
59	침투 · 도포 · 피복하거나 적층한 방직용 섬유의 직물, 공업용인 방직용 섬유제품
60	메리야스 편물과 뜨개질 편물
61	의류와 그 부속품(메리야스 편물이나 뜨개질 편물에만 적용한다)
62	의류와 그 부속품(메리야스 편물이나 뜨개질 편물은 제외한다)
63	제품으로 된 방직용 섬유의 그 밖의 물품, 세트, 사용하던 의류 · 방직용 섬유제품, 넝마

Ⅰ. 제11부 일반

섬유(纖維, fiber)란 대단히 길고 가늘며 연하게 굽힐 수 있는 천연 또는 인조의 선상(線狀) 물체로 직물의 원료가 될 뿐만 아니라, 편물 · 로프 · 그물 · 펠트 등 섬유제품의 원료 및 제지(製紙)의 원료로 쓰이는 것을 말한다.[115]

일반적으로 제11부에는 견 · 모 · 면 · 인조섬유 등의 방직용 섬유공업의 원료와, 실 및 직물류 등의 반제품 및 이것으로 제조된 제품이 분류된다. 그러나 제11부 주 제1호 및 이 부에 속하는 특정의 류주 또는 각 류의 각 호에 대한 해설서에서 규정된 특정의 많은 원료와 제품은 제외된다.

[코이어(Coir)는 야자열매의 딱딱한 과피를 이루고 있는 천연섬유이다. 로프나 쿠션의 충전재 등의 원료로 쓰인다.]

115 자료 : 두산백과

특히 다음의 것은 제11부에서 제외한다.

① 사람 머리카락 및 그 제품(일반적으로 제0501호, 제6703호 또는 제6704호). 그러나 착유기나 이와 유사한 용도로 사용하는 여과포(濾過布, straining cloth)는 이 부에 포함된다(제5911호).

② 석면섬유 및 그 제품(실·직물·의류 등)(제2524호, 제6812호 및 제6813호)

③ 탄소섬유 및 그 밖의 비금속 광물성 섬유[예 : 탄화규소(silicon carbide), 암면(rock wool)] 및 이들 섬유의 제품(제68류)

④ 유리섬유, 유리사, 유리직물 및 이들의 제품 또는 유리섬유와 방직용 섬유의 복합물품으로서 유리섬유제품의 특성을 가진 것(제70류 참조), 그러나 육안으로 식별할 수 있는 방직용 섬유 직물의 바탕천 위에 유리섬유사로 자수한 것은 이 부에 포함된다.

관세율표 제11부는 제50류부터 제63류까지 14개의 류를 거느리고 있는 대규모의 부 중 하나이다. 제11부는 이를 크게 둘로 나누어, 제50류~55류까지와 제56류~63류까지로 양분하고 있다. 제50류~제55류는 방직용 섬유재료의 종류에 따라 분류되고, 제56류~63류는 제5809호 및 제5902호를 제외하고는,[116] 4단위 호의 수준에 있어서는 방직용 섬유의 종류와 관계없이 물품을 분류한다.

Ⅱ. 제50류~제55류

제50류에서 제55류까지는 일종 또는 이종 이상의 방직용 섬유가 단독 또는 혼합되어 직물로 된 것과, 직물이 되기까지 각 단계의 물품이 분류된다. 대부분의 경우 섬유원료, 웨이스트를 재생한 섬유, 슬리버(sliver) 및 로빙(roving) 등의 형상의 카드 또는 코움한(carded or combed) 섬유,[117] 실 및 직물을 분류한다.

116 제5809호 : 금속사의 직물과 제5605호에 해당하는 금속드리사(metallised yarn)의 직물(의류·실내용품이나 이와 유사한 물품에 사용되는 것으로 한정하며, 따로 분류되는 것은 제외한다)
제5902호 : 강력사의 타이어코드(tyre cord) 직물[나일론이나 그 밖의 폴리아미드·폴리에스테르·비스코스레이온(viscose rayon)의 것으로 한정한다]

117 면이나 양모의 원료는 불순물을 제거한 이후에 보통 두 번의 빗질을 거치는데, 첫째가 carding이고 둘째가 combing이다.

[침포(針布, card clothing). carding 과정에서 침포(針布)를 거치게 된다. 침포 자체는 방적준비기계의 부분품으로 제8448호에 분류한다.]

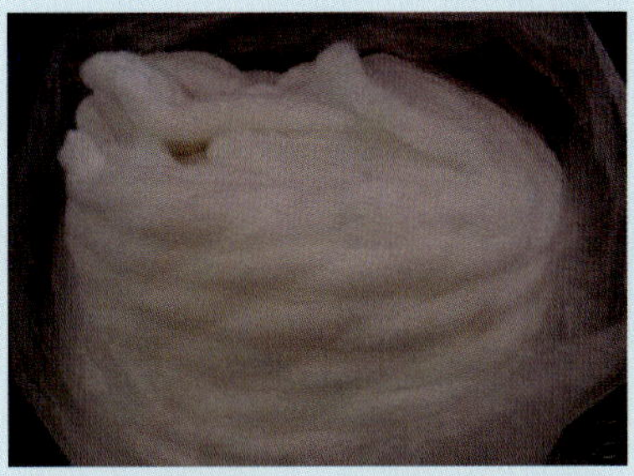

[슬리버(sliver). 두 번의 빗질을 통과한 후에 약간 꼬임을 주면서 길게 하여 만든 것이 가래떡처럼 생긴 슬리버이다.]

[로빙(roving). 슬리버와 실과의 중간 상태로, 정방공정(精紡工程)에 따라 실이 되기 일보직전의 단계이다. 이를 조방사(粗紡絲)라고도 한다.]

1. 실(yarn)

1) 실의 종류

방직용의 섬유사에는 단사, 복합사(연합사) 또는 케이블사가 있다. 이 표의 품목분류에 있어서 이들의 정의는 다음과 같다.

① 단사(單絲, single yarns)란 다음과 같은 물품을 말한다.

- 스테이플섬유를 통상적으로 꼰 것. 견사를 제외한 모나 면 등 대부분의 천연섬유는 스테이플섬유이다. 또한 방사구를 통해 뽑아낸 인조섬유는 기본적으로는 필라멘트이나, 뽑아낸 섬유를 절단하여 스테이플섬유로 만든다. 이들 스테이플섬유는 꼬아서(방적하여) 실을 만들기 때문에 방적사(spun yarns)이다.
- 제5402호부터 제5405호[118]의 한 가닥의 필라멘트(모노필라멘트) 또는 제5402호 또는 제5403호의 두 가닥 이상의 필라멘트(멀티필라멘트)로 구성된 실(꼬았는지의 여부를 불문한다). 이들은 장섬유인 모노필라멘트 또는 멀티필라멘트를 서로 꼬거나 연속으로 합쳐 놓아 실로 만든 것이다.

② 복합사(연합사)(multiple yarns 또는 folded yarns)란 둘 이상의 단사(제5404호 또는 제5405호의 모노필라멘트로부터 제조한 실을 포함한다)를 1회의 꼬는 조작으로 합연한 실을 말한다.

118 제5402호 : 합성필라멘트사(재봉사와 소매용은 제외하며, 67데시텍스 미만인 합성모노필라멘트를 포함한다)
제5403호 : 재생·반(半)합성필라멘트사[재봉사와 소매용은 제외하며, 67데시텍스 미만인 재생·반(半)합성모노필라멘트를 포함한다]
제5404호 : 합성모노필라멘트(67데시텍스 이상인 것으로서 횡단면의 치수가 1밀리미터 이하인 것으로 한정한다), 방직용 합성섬유재료의 스트립(strip)이나 이와 유사한 것[예 : 인조스트로(straw)](시폭이 5밀리미터 이하인 것으로 한정한다)
제5405호 : 재생·반(半)합성모노필라멘트(67데시텍스 이상인 것으로서 횡단면의 치수가 1밀리미터 이하인 것으로 한정한다), 재생·반(半)합성 방직용 섬유재료의 스트립(strip)이나 이와 유사한 것[예 : 인조스트로(straw)](시폭이 5밀리미터 이하인 것으로 한정한다)

꼬여지는 단사의 수에 따라 이연합사(twofold), 삼연합사, 사연합사 등으로 부른다.

그러나 제5402호 또는 제5403호의 모노필라멘트로만 구성된 실은 복합사(연합사)로 취급하지 않는다. 제5402호와 제5403호에는 인조필라멘트사가 분류되는데, 여기에는 67데시텍스 미만인 모노필라멘트도 포함된다. 반면에 제5404호와 제5405호에는 67데시텍스 이상의 모노필라멘트가 분류되는데, 복합사(연합사)에서는 67데시텍스 이상의 상대적으로 굵은 모노필라멘트로 구성된 실은 포함시키나, 67데시텍스 미만의 얇은 모노필라멘트만으로 구성된 실은 인정하지 않겠다는 의미이다.

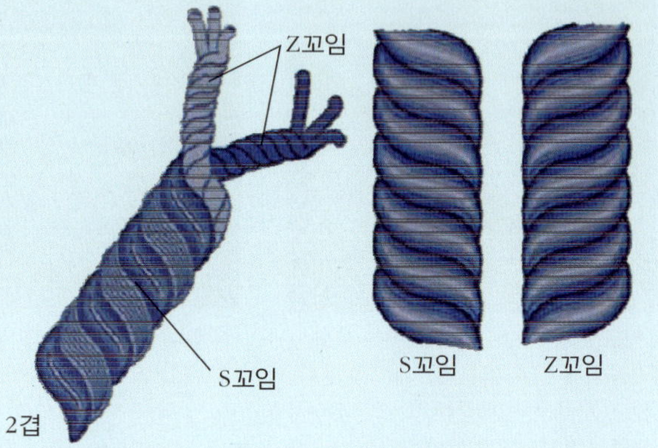

[이연합사. 단사에서는 Z꼬임이고, 연합사로 만들 때는 반대의 S꼬임으로 하였다.]

③ 케이블사(cabled yarn)란 둘 이상의 실[적어도 한 개의 실이 복합사(연합사)이어야 한다]이 1회 이상의 꼬는 과정에서 서로 합쳐진 것을 말한다.

2) 실(섬유)의 굵기

섬유 및 실의 단면이 원형으로 된 경우는 드물기 때문에, 굵기를 지름으로 표시한다는 것은 무의미하다. 그러나 섬유를 등질(等質)인 것으로 생각하면, 무게와 굵기 사이에는 일정한 관계가 있게 된다. 즉, 일정한 길이를 취하면 굵은 것은 무겁고, 일정한 무게를 취하면 굵은 것은 길이가 짧다. 앞의 이치를 응용한 것이 항장식(恒長式) 표시법, 뒤의 이치를 응용한 것이 항중식(恒重式) 표시법이다. 이와 같이 섬유는 길고 가늘면서도 균일한 단면적을 측정하기 어려워 항장식이나 항중식을 이용하여 그 굵기를 측정하는데, 이는 실의 경우에도 마찬가지이다.

① **항장식** : 항장식은 실 굵기 표시법의 하나로, 기준 길이의 무게를 단위 굵기의 수로 나타내는 것이다. 숫자가 커질수록 실 굵기는 굵어진다. 길이를 기준으로 한다는 점에서 주로 장섬유에 적용되는데, 가장 대표적인 것이 데니어(denior)와 텍스(tex)이다. 그 중에서도 데니어는 이전부터 견 1g은 약 9,000m라고 인식된 것으로부터 기인한다. 즉 9,000m가 1g인 경우에 이것을 1데니어라고 하고, 이것을 기준으로 길이 9,000m당 g수를 몇 데니어라고 표시한 것이다. 반면에 텍스는 1,000m당 g수를 나타낸다. 텍스보다 더 자주 쓰이는 것이 데시텍스(decitex 또는 dtex)인데, 이것은 10,000m가 1g인 경우를 말한다. 따라서 만약 9,000m가 9g인 실이 있다면, 이는 9데니어 = 1tex = 10dtex가 된다.

HS에서는 항장식, 그 중에서도 텍스단위를 기준으로 통일하여 표기하도록 하고 있다.

② **항중식** : 항중식은 일정한 무게를 정해 놓고 길이가 얼마나 되는지를 보아 섬유나 실의 굵기를

측정하는 것으로, 일반적으로 단섬유에 적용한다. 섬유의 종류에 따라 모번수·면번수 및 마번수 등이 있고, 각각 기준 중량당 길이를 정하여 이를 1수로 한다. 예로 면번수의 경우에는 기준 중량 1파운드에 대하여 840야드가 1수가 되고, 만약 1파운드가 84,000야드이면 100번수(100수, 또는 100'S)로 한다. 모번수 및 마번수는 면번수와 기준 중량당 길이가 다르다.

[단섬유의 섬도표시는 주로 항중식을 사용한다. 160수는 160'S로 표시한다.]

HS에서는 항장식, 그 중에서도 텍스단위로 통일하여 적용할 것을 정하고 있으나, 전통적으로 단섬유의 경우에는 항중식을 주로 써 왔기 때문에 이를 인정하여, 일정 단섬유의 경우에는 다음과 같이 텍스단위와 번수단위를 병기하여 표기하고 있다.

HS		품명
5206		면사(면의 함유량이 전 중량의 100분의 85 미만인 것으로 한정하며, 재봉사와 소매용은 제외한다)
	1	단사[코움(comb)하지 않은 섬유의 것으로 한정한다]
	11	714.29데시텍스 이상인 것(미터식 번수 14수 이하)
	12	714.29데시텍스 미만 232.56데시텍스 이상인 것(미터식 번수 14수 초과 43수 이하)

2. 직물

1) 제직

경사와 위사를 서로 **아래위로 교차시켜** 짜서 어떤 넓이의 평면체인 천인 직물을 만드는 것을 제직이라 한다. 제직은 직기를 이용하여 행하며, 경사와 위사의 교차 방법에 따라 다음과 같이 나눌 수 있다.

① **평직(平織, plain weave)** : 직물 조직의 각각의 위사가 연속된 경사의 상하를 교차하여 지나가고, 각각의 경사가 연속된 위사의 상하를 교차하며 지나가는 조직을 말한다(제11부 소호주 제1호 자목). 평직은 가장 간단하고 가장 많이 사용되는 직물의 제직방법이다. 평직물의 각 표면상에 경사와 위사의 비율이 같다는 것을 육안으로 볼 수 있으므로 평직물의 양 표면은 항상 동일하다.

[평직은 가장 평범한 제직방법이다.]

② **능직(綾織, twill weave)** : 경사 또는 위사가 두 올이나 그 이상 건너뛰어서 교차되어, 비스듬한 방향으로 무늬가 나타나게 짜는 방법이다. 비스듬한 방향으로 경사무늬가 있으므로 사문직(斜紋織)이라고도 한다.

③ **수자직(繻子織, satin weave)** : 경사나 위사가 서로 교차하지 않는 부분이 많아 직물 표면에 많이 나타나게 하는 조직이다. 수자직은 뜨는 실이 많기 때문에 직물로서의 내구력은 평직이나 능직에 미치지 못한다. 반면에 광택이 좋고 대단히 부드러운 천을 만들 수 있다.

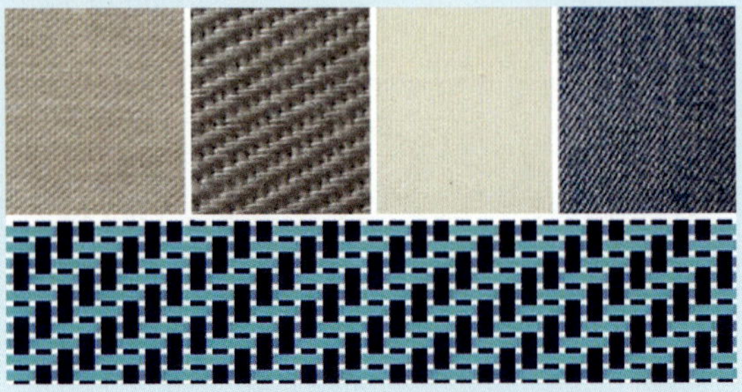

[능직은 비스듬한 방향으로 무늬가 있다. 데님의 직조방법도 능직이다.]

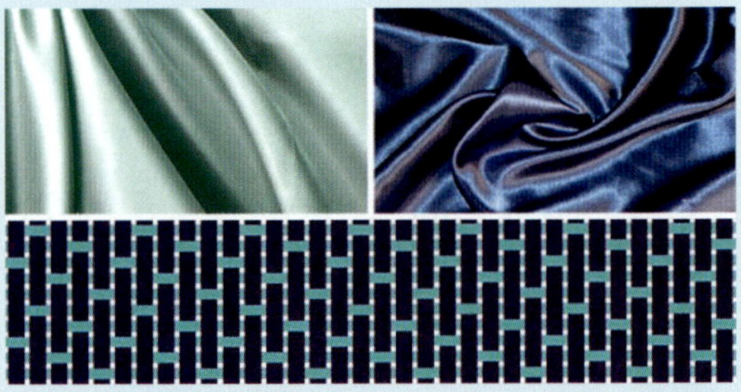

[수자직은 위사나 경사가 서로 덮지 않고 표면에 드러나 있어 광택과 촉감이 좋다.]

2) 제50류에서 제55류까지 분류되는 직물

제50류에서 제55류까지 해당하는 호에 분류되는 직물은 방직용 섬유사(제50류부터 제55류까지 분류되는 종류의 것과 제5607호의 끈·배의 밧줄·로프·케이블 등), 로빙(rovings), 제54류의 모노필라멘트 또는 스트립 및 이와 유사한 것, 루프웨일사(loop wale-yarn), 브레이드(braid) 및 세폭직물 등을 경사 및 위사직기상에서 교차시킴으로써 제직한 것이다. 그러나 직물이라도 다음과 같은 것은 제50류~제55류에서 제외된다. 이들은 주로 특수직물류에 해당하여 특정 호에 분류되도록 하고 있는데, 예를 들면 다음과 같다.

① 카펫 및 그 밖의 바닥에 까는 물품(제57류)

② 제5801호의 파일직물 또는 셔닐직물, 제5802호의 테리타월지 및 이와 유사한 테리직물, 제5803호의 거즈, 제5805호의 태피스트리, 제5806호의 세폭직물 및 제5809호의 금속사 또는 금속드리사를 사용하여 제직한 직물

③ 제5901호 및 제5903호~제5907호의 도포·침투 등으로 처리된 직물류, 제5902호의 타이어코드직물 또는 제5911호의 공업용으로 사용되는 방직용 섬유직물

④ 제11부 주 제7호 규정에 해당하는 제품으로 된 물품

Ⅲ. 제56류~제63류

[브레이드(braid)는 실·제54류의 모노필라멘트·스트립 및 이와 유사한 것을 대각선으로 교차시켜서 얻는다.]

[튈(tulle)은 미세한 다각형의 그물 모양을 한 얇은 망직물이다.]

[자수천는 기존의 기포 위에 장식적인 효과를 나타내기 위하여 자수사로서 자수가공한 것이다.]

제56류~제63류에는 제50류~제55류에서 분류되지 않는 특정의 방직용 섬유의 직물과 그 밖의 방직용 섬유의 제품을 분류한다. 이들의 예를 들자면 파일직물, 세폭직물, 제5606호 또는 제5808호의 셔닐사·짐프사·브레이드(braid) 및 그 밖의 트리밍, 튈(tulle) 및 그 밖의 망직물, 레이스(lace), 직물이나 그 밖의 방직용 섬유재료에 자수한 자수천, 메리야스 편물 또는 뜨개질 편물 등이 있다. 또한 여기에는 제11부 이외의 다른 곳에 분류하도록 하고 있는 물품을 제외하고는, 섬유의 것으로서 제품으로 된 것(made up textile articles)을 포함한다.

◉ 부주

1. 이 부에서 다음 각 목의 것은 제외한다.
   가. 브러시 제조용 동물의 털(제0502호), 말의 털과 말의 털의 웨이스트(waste)(제0511호)
   나. 사람 머리카락과 사람 머리카락으로 된 제품(제0501호·제6703호·제6704호). 다만, 일반적으로 착유기나 이와 유사한 기계에 사용하는 여과포(제5911호)는 제외한다.
   다. 제14류의 면 린터(linter)나 그 밖의 식물성 재료
   라. 제2524호의 석면, 제6812호·제6813호의 석면제품이나 기타의 제품
   마. 제3005호·제3006호의 물품, 치아 사이를 청결하게 하는 데 사용되는 실로서 개별 소매용으로 포장한 것[치실(dental floss)](제3306호)
   바. 제3701호부터 제3704호까지의 감광성 방직용 섬유의 직물류
   사. 플라스틱으로 만든 모노필라멘트로서 횡단면의 치수가 1밀리미터를 초과하는 것과 시폭이 5밀리미터를 초과하는 플라스틱으로 만든 스트립(strip)이나 이와 유사한 것[예 : 인조스트로(straw)](제39류), 이들 모노필라멘트나 스트립(strip)으로 만든 편조물·직물·그 밖의 바구니 세공물(basketware)과 지조세공물(枝條細工物)(제46류)
   아. 플라스틱을 침투시키거나 도포하거나 피복하거나 적층한 직물·메리야스 편물이나 뜨개질

편물·펠트(felt)·부직포와 이들의 제품으로서 제39류에 해당하는 것

자. 고무를 침투시키거나 도포하거나 피복하거나 적층한 직물·메리야스 편물이나 뜨개질 편물·펠트(felt)·부직포와 이들의 제품으로서 제40류에 해당하는 것

차. 털을 제거하지 않은 원피와 모피(제41류·제43류), 제4303호나 제4304호에 해당하는 모피제품·인조모피와 그 제품

카. 제4201호나 제4202호의 방직용 섬유재료의 제품

타. 제48류의 물품이나 제품(예 : 셀룰로오스워딩)

파. 제64류의 신발류와 그 부분품·각반이나 이와 유사한 물품

하. 제65류의 헤어네트·모자류와 그 부분품

거. 제67류의 물품 : 조제 깃털·솜털과 그 제품, 조화, 사람 머리카락으로 된 제품

너. 연마재료를 도포한 방직용 섬유재료(제6805호), 제6815호의 카본섬유와 카본섬유제품

더. 유리섬유와 그 제품(육안으로 식별이 가능한 바탕천 위에 유리섬유사로 자수한 것은 제외한다)(제70류)

러. 제94류의 물품(예 : 가구·침구·램프와 조명기구)

머. 제95류의 물품(예 : 완구·게임용구·운동용구와 망)

버. 제96류의 물품[예 : 브러시·바느질용 여행세트·슬라이드파스너(slide fastener)와 타자기용 리본·위생타월(패드)과 탐폰·유아용 냅킨(기저귀)과 냅킨라이너]

서. 제97류의 물품

2. 가. 제50류부터 제55류까지·제5809호나 제5902호로 분류되는 물품으로서, 두 가지 이상의 방직용 섬유재료로 구성된 물품은 구성하는 방직용 섬유 중 최대중량을 차지하는 것으로 된 물품으로 분류한다. 구성하는 방직용 섬유 중 최대중량을 차지하는 섬유가 없을 경우에는 동일하게 분류가 가능한 호 중에서 가장 마지막 호에 해당하는 물품으로 분류한다.

나. 가목을 적용하는 경우 다음에서 정하는 바에 따른다.

(1) 짐프한(gimped) 말의 털(horsehair)로 만든 실(제5110호)과 금속드리사(metallised yarn)(제5605호)는 하나의 방직용 섬유재료로 보며, 그 중량은 이를 구성하는 중량의 합계에 따른다. 또한 직물의 분류에서는 직물의 일부를 구성하는 금속사(metal thread)도 방직용 섬유재료로 본다.

(2) 해당 호의 결정은 우선 류를 결정한 후, 그 류에 속하는 적절한 호를 결정하여야 하며, 해당 류로 분류되지 않는 재료는 고려하지 않는다.

(3) 제54류와 제55류는 그 밖의 다른 류와의 관계에서 하나의 류로 본다.

(4) 동일한 류나 호에 해당하는 서로 다른 방직용 섬유재료는 그 밖의 다른 류나 호와의 관계에서 하나의 방직용 섬유재료로 본다.

다. 가목과 나목은 주 제3호부터 주 제6호까지에서 규정한 실에도 적용한다.

1) **제5809호** : 금속사의 **직물**과 제5605호에 해당하는 금속드리사(metallised yarn)의 **직물**(의류·실내용품이나 이와 유사한 물품에 사용되는 것으로 한정하며, 따로 분류되는 것은 제외한다)
제5902호 : 강력사의 타이어코드(tyre cord)**직물**[나일론이나 그 밖의 폴리아미드·폴리에스테르·비스코스레이온(viscose rayon)의 것으로 한정한다]

2) 짐프(gimped)하였다는 것은 보통 한 가닥 이상의 방직용 섬유사로 된 심의 주위에 한 가닥 또는 그 이상의 실로써 나선형으로 감아 놓은 것이다. 대부분의 경우에 있어서는 피복용 실은 심을 완전히 덮지만 어떤 경우에는 감겨진 나선형의 사이에 간격이 있는 것도 있다. 후자의 경우는 제50류부터 제55류까지에 해당하는 특정의 복합사(연합사)·케이블사 또는 장식사와 같은 외관을 어느 정도 가지고 있으나, 이는 심 자체가 피복사와 함께 꼬여 있지 않은 짐프사의 특성에 의하여 구별할 수 있다. 이러한 짐프사는 제56류에 분류되나, 짐프한 말의 털[119]로 만든 실은 제5110호에 분류한다.
금속드리사(metallised yarn)는 방직용 섬유의 실에 금속의 실이나 스트립을 **교합**(by a process of twisting, cabling or by gimping)시키거나 별도의 가공을 거쳐 금속을 **피복**한 것을 말한다. 금속드리사는 전체가 금속으로 이루어진 금속사(metal thread)와는 구분된다.
짐프한 말의 털로 만든 실과 금속드리사는 혼방제품의 품목분류에 있어서 동일한 실로 간주한다. 또한 금속사는 단독으로 제시되는 경우에는 방직용 섬유로 분류되지 못하지만(제15부에 분류), 직물의 일부를 구성하는 금속사의 경우에는 이도 방직용 섬유재료로 본다.

3) 본 부주의 내용은 품목분류에 있어서 대단히 중요한 것으로서, 반드시 여기서 정한 분류원칙에 따라 품목분류를 해야 한다. 몇 가지 사례를 들면 다음과 같다.
   ① **제직된 직물로서 합성스테이플섬유(제55류)의 중량이 40%, 코움한 양모(제51류)의 중량이 35%, 코움한 동물의 부드러운 털(제51류)의 중량이 25%인 것의 품목분류** : 제5515호(합성스테이플섬유의 그 밖의 직물)에 분류되지 아니하고 제5112호(코움한 양모나 동물의 부드러운 털의 직물)에 분류된다. 동일한 류나 호에 해당하는 서로 다른 방직용 섬유재료는 그 밖의 다른 류나 호와의 관계에서 하나의 방직용 섬유재료로 보게 되므로, 양모와 동물의 부드러운 털은 같은 제51류에 분류되므로 이들의 중량의 비율을 합산하여야 하기 때문이다.
   ② **제직된 직물 중 전 중량에서 아마(제53류)의 중량이 35%, 황마(제53류)의 중량이 25%, 면(제52류)의 중량이 40%로 된 것의 품목분류** : 제5212호(그 밖의 면직물)에 분류되지 않고 제5309호(아마직물)에 분류된다. 이러한 분류는 먼저 관련 류를 결정하고(본 사례의 경우 아마와 황마를 합해야 하므로 관련 류는 제53류가 됨), 다음에 결정된 류 안에서 아마의 중량이 황마의 중량을 초과하며, 면의 함유량은 고려하지 않으므로 해당 호인 제5309호로 결정한다.

119 여기에서 말의 털(horsehair)이란 단지 말의 털만을 일컫는 것이 아니라, 범위를 넓혀 마속동물이나 소의 갈기털과 꼬리털을 말한다(제05류 류주 제4호). 말의 털은 양모와 달리 기본적으로 방직용 섬유재료로 보지 않아 제05류에 분류된다. 그럼에도 불구하고 말의 털이 방직용 섬유사로 쓰여 실로 만들어진 경우에는, 이러한 말의 털로 만들어진 실은 제51류에 분류된다. 짐프한 말의 털로 만든 실이란 이러한 말의 털 묶음 주위를 면사나 그 밖의 방직용 섬유재료로 나선형으로 감은 실이라는 의미이다.

③ 제직된 중량이 210g/m^2인 직물로서, 면(제52류)의 중량이 전 중량의 40%, 재생 또는 반합성스테이플섬유(제5516호)의 중량이 30%, 합성스테이플섬유(제5515호)의 중량이 30%인 것의 품목분류 : 제5211호(면의 중량이 전 중량의 85% 미만이고, 주로 인조섬유와 혼방한 것으로서 중량이 200g/㎡을 초과하는 면직물)나, 제5514호(합성스테이플섬유의 중량이 전 중량의 85% 미만이고, 주로 면과 혼방한 것으로서 중량이 170g/㎡을 초과하는 합성스테이플섬유직물)에 분류되지 않고, 제5516호(재생 또는 반합성스테이플섬유직물)에 분류된다. 이러한 분류는 먼저 관련 류를 결정하고(본 사례의 경우 합성스테이플섬유와 재생 또는 반합성스테이플섬유의 중량을 합산하여야 하므로 관련 류는 제55류가 됨), 그 다음에 결정된 류 안에서 해당 호인 제5516호(본 사례의 경우 최종호)를 결정한다.

④ 합성필라멘트(제54류)의 중량이 전 중량의 35%, 합성스테이플섬유(제55류)의 중량이 25%, 코움한 양모(제51류)의 중량이 40%로 제조된 직물의 품목분류 : 제5112호(코움한 양모로 만든 직물)에 분류되지 않고, 제5407호(합성필라멘트사의 직물)에 분류된다. 우선 류의 결정 시에 합성필라멘트의 중량과 합성스테이플섬유의 중량의 비율을 합산하여야 하기 때문이다.

⑤ 면(제52류)의 중량이 55%, 인조섬유(제54류 또는 제55류)의 중량이 22%, 양모(제51류)의 중량이 21% 및 견(제50류)의 중량이 2%로 제직된 중량이 200g/m^2 이하인 직물의 품목분류 : 제5212호(그 밖의 면직물)에 해당되지 아니하고 제5210호(면의 중량이 전 중량의 85% 미만이며, 주로 인조섬유와 혼방한 것으로서 중량이 200g/m^2 이하의 것)에 분류된다. 부주의 내용에는 없지만, 혼방제품이 주로 특정 방직용 섬유재료로 이루어진 경우의 분류에 있어서는, 그 혼방제품에 포함되어 있는 각 재료별들 중에서 최대중량을 차지하는 방직용 섬유재료에 대하여 우선 고려한다.

3. 가. 이 부에서 다음의 실[단사·복합사(연합사)·케이블사]은 끈·배의 밧줄·로프·케이블(twine, cordage, ropes and cables)로 보되, 나목의 물품은 제외한다.
   (1) 견이나 견 웨이스트(waste)의 것으로서 2만 데시텍스를 초과하는 것
   (2) 인조섬유의 실(제54류의 두 가닥 이상의 모노필라멘트로 제조한 실을 포함한다)로서 1만데시텍스를 초과하는 것
   (3) 대마사와 아마사로서 다음의 것
      (가) 연마하거나 광택을 낸 것으로서 1,429데시텍스 이상인 것
      (나) 연마하지도 광택을 내지도 않은 것으로서 2만 데시텍스를 초과하는 것
   (4) 코이어(coir)실로서 세 가닥 이상의 실로 된 것
   (5) 그 밖의 식물성 섬유사로서 2만 데시텍스를 초과하는 것
   (6) 금속사로 보강한 실
   나. 가목의 규정은 다음에는 적용하지 않는다.
   (1) 양모나 그 밖의 동물의 털로 만든 실과, 종이실(paper yarn)(금속사로 보강한 실은 제외

한다)

(2) 제55류의 인조필라멘트 토우와 제54류의 꼬임이 없거나 미터당 5회 미만으로 꼬여 있는 멀티필라멘트사

(3) 제5006호의 누에의 거트(gut)와 제54류의 모노필라멘트

(4) 제5605호의 금속드리사(metallised yarn)[가목의 (6)에 해당하는 금속사로 보강한 실은 제외한다]

(5) 제5606호의 셔닐사(chenille yarn)·짐프사(gimped yarn)·루프웨일사(loop wale-yarn)

[셔닐사. 셔닐(chenille)은 프랑스어로 caterpillar, 즉 애벌래를 뜻한다. 겉에 고운 잔털이 붙어 장식용 뜨개질을 하는 데에 쓴다.]

[토우. 토우를 잘라 단섬유인 스테이플섬유로 만든다.]

[짐프사. 일반적인 실처럼 서로 꼬지 않은 것이 특징이다.]

1) 끈·배의 밧줄·로프와 케이블은 포장·예인·적하(loading) 등에 있어서 묶는 끈(binder twine)으로 사용된다. 따라서 쉽게 끊어지지 않아야 하기 때문에 상당한 강인함을 요구한다. 위의 조건을 충족하는 경우에는 실(제50류~제55류)·밧줄·로프와 케이블(주로 제56류)로 HS가 대폭 변경되기 때문에 중요하다. 주 제3호의 가목에서 끈·배의 밧줄·로프와 케이블로 분류되기 위한 조건을 섬유의 종류에 따라 6가지로 제시하고 있다.

2) 주 제3호의 나목에 열거된 물품은 일견 주 제3호의 가목과 유사한 물품이라 하더라도 끈·배의 밧줄·로프와 케이블에 포함시키지 않는다. 왜냐하면 이들은 포장·예인·적하 등에 있어서 묶는 끈으로 사용할 수 있도록 잘 끊어지지 않아야 하는 강인함을 갖추지 못한다고 보거나, 다른 호에 보다 구체적으로 분류하도록 명시하고 있기 때문이다.

4. 가. 제50류·제51류·제52류·제54류·제55류에서 "소매용 실(put up for retail sale in relation to yarn)"이란 주 제4호 나목의 것을 제외한 다음 요건에 해당하는 실[단사·복합사(연합사)·케이블사]을 말한다.

(1) 카드·릴·튜브 또는 이와 유사한 실패(supports)에 감은 실로서, 한 개의 중량(실패의 중량을 포함한다)이 다음 중량 이하인 것

(가) 견사·견 웨이스트사·인조필라멘트사는 85그램

(나) 그 밖의 실은 125그램

(2) 공(ball) 모양으로 감은 실이나 타래실은 다음 중량 이하인 것

(가) 3천 데시텍스 미만의 인조필라멘트사와, 견사·견 웨이스트사는 85그램

(나) 2천 데시텍스 미만의 그 밖의 모든 실은 125그램

(다) 그 밖의 실은 500그램

(3) 간사를 분리하면 각각 독립된 몇 개의 작은 타래로 구성되어 있는 타래 모양으로 감은 실은 한 개의 작은 타래의 중량이 다음 중량 이하인 것

(가) 견사·견 웨이스트사·인조필라멘트사는 85그램

(나) 그 밖의 실은 125그램

[실패에 감은 실]

[타래 모양으로 감은 실(hanks or skeins)]

나. 가목은 다음에는 적용하지 않는다.

(1) 방직용 섬유재료의 단사. 다만, 다음은 제외한다.

(가) 양모나 동물의 부드러운 털로 만든 단사로서 표백하지 않은 것

(나) 양모나 동물의 부드러운 털로 만든 단사 중 표백·염색·날염을 한 것으로서 5천 데시텍스를 초과하는 것

(2) 표백하지 않은 복합사(연합사)나 케이블사로서 다음의 것

(가) 견사나 견 웨이스트사(어떤 포장이라도 가능하다)

(나) 그 밖의 방직용 섬유재료의 실로서 타래로 감은 것(양모나 동물의 부드러운 털로 만든 실은 제외한다)

(3) 견·견 웨이스트의 복합사(연합사)나 케이블사 중 표백·염색·날염을 한 것으로서 133 데시텍스 이하인 것

(4) 방직용 섬유재료의 단사·복합사(연합사)·케이블사로서 다음의 것

(가) 크로스릴(cross-reel) 모양의 타래로 감은 것

(나) 섬유공업에 사용하도록 실패에 감거나 그 밖의 방법으로 감은 것[예 : 콥(cop)·연사(撚絲)용 튜브·펀(pirn)·원추형 보빈(bobbin)·스핀들(spindle)·누에고치 모양으로 감은 자수 직기용의 것]

1) 부주 제4호의 내용을 다시 표로 정리해 보면 다음과 같다.

포장방법	실의 종류	소매용 포장으로 인정되는 요건
카드 · 릴 · 튜브 또는 이와 유사한 실패에 감은 것	견사 · 견 웨이스트사 · 인조필라멘트사	실패를 포함한 중량이 85g 이하의 것
	그 밖의 실	실패를 포함한 중량이 125g 이하의 것
공(ball) 모양이나 타래모양으로 감은 것	3천 데시텍스 미만의 인조필라멘트사와 견사 · 견 웨이스트사	중량이 85g 이하의 것
	2천 데시텍스 미만의 그 밖의 모든 실	중량이 125g 이하의 것
	그 밖의 실	중량이 500g 이하의 것
간사로 분리되어 각각 독립된 몇 개의 작은 타래로 구성되어 있는 타래 모양으로 감은 것	견사 · 견 웨이스트사 · 인조필라멘트사	한 개의 작은 타래의 중량이 85g 이하의 것
	그 밖의 실	한 개의 작은 타래의 중량이 125g 이하의 것

2) 위에서 간사를 분리하면 각각 독립된 몇 개의 작은 타래로 구성되어 있는 타래 모양으로 감은 실은 전체적으로 **하나의 연결된 실**로 되어 있지만, 간사를 절단함으로써 작은 여러 타래로 분리할 수 있는 것을 말한다. 이러한 타래는 연속된 하나의 실로 되어 있다고 하더라도 절단된 상태를 기준으로 중량에 따라 판단한다.

3) 소매용으로 포장된 실은 일반적으로 실을 개별적으로 팔기 위하여 포장한 형상으로 되어 있고, 단위당 중량이 일정 기준 이하이어야 한다. 따라서 콥(cop) · 연사(撚絲)용 튜브 · 펀(pirn) · 원추형 보빈(bobbin) · 스핀들(spindle) · 누에고치 모양으로 감은 자수 직기용의 것처럼 **섬유공업의** 생산라인에서 사용되는 형상의 실은 제외한다.
또한 소매용의 실에서는 크로스릴(cross-reel) 모양의 타래로 감은 것도 제외하는데, 이는 실타래가 한쪽으로 쏠려 나뉘어지지 않게 하기 위해 실을 대각선으로 교차하여 감는 방법으로서, 보통 타래염색을 할 때 사용하는 방법이다. 이것도 소매용의 실로 사용하기 위한 것이 아니기 때문에 소매용으로 포장된 실에서 제외한다.

5. 제5204호 · 제5401호 · 제5508호에서 "재봉사(sewing thread)"란 다음 각 목의 요건에 모두 해당하는 복합사(연합사)나 케이블사를 말한다.
가. 실패(예 : 릴 · 튜브)에 감은 실로서 한 개의 중량(실패의 중량을 포함한다)이 1천 그램 이하인 것
나. 재봉사로 사용되는 드레스한 실
다. 최종꼬임이 "제트"꼬임인 실

[재봉사]

재봉사는 바느질에 적합한 실을 말한다. 보통 재봉사로 사용하기 위해서는 드레스를 해야 하는데, 여기서 드레스라 함은 재봉사로서 사용하기에 적합한 성질을 부여하기 위해 **완성가공처리**를

한 것을 말한다. 이러한 처리는 예를 들면 마찰에 강한 성질 또는 열저항력의 부여, 정전기 형성의 방지 또는 외관의 개선 등을 부여하는 처리를 말한다. 이를 위해서는 보통 실리콘, 전분, 왁스, 파라핀 등을 기본재료로 한 물질을 사용한다.

6. 이 부에서 "강력사(high tenacity yarn)"란 강도를 가지고 있는 실을 말하며, 센티뉴턴/텍스로 표시되는 강도가 다음 각 목의 것보다 커야 한다.
   가. 나일론·폴리아미드·폴리에스테르의 단사 : 60센티뉴턴/텍스
   나. 나일론·폴리아미드·폴리에스테르의 복합사(연합사)나 케이블사 : 53센티뉴턴/텍스
   다. 비스코스레이온(viscose rayon)의 단사·복합사(연합사)·케이블사 : 27센티뉴턴/텍스

일반적으로 강력사는 그 특성으로 인하여 의류용이나 가정용보다는 주로 산업용으로 사용된다. 특히 자동차산업에서 많은 수요가 있는데, 예로 안전벨트나 에어백 및 타이어코드의 원재료로 많이 사용된다.
HS에서는 위의 강도조건을 만족하는 모든 재질의 실에 인정하는 것은 아니다. 즉 강력사는 위의 강도조건을 만족하는 나일론과 그 밖의 폴리아미드, 폴리에스테르 및 비스코스레이온에 대해서만 분류하도록 하고 있다.

7. 이 부에서 "제품으로 된 것"이란 다음 각 목의 것을 말한다.
   가. 정사각형이나 직사각형 외의 모양으로 재단한 물품
   나. 봉제나 그 밖의 가공 없이 완제품으로 사용할 수 있는 것이나, 간사를 절단함으로써 단지 분리만 하여 사용할 수 있는 것[예 : 더스터(duster)·타월·탁상보·정사각형 스카프·모포]
   다. 일정한 모양으로 재단한(cut to size)[120] 물품으로서, 최소한 하나의 가장자리를 눈에 뜨일 정도로 끝을 가늘게 하거나 압착하여 열봉합(heat-sealed)하고, 다른 가장자리들은 이 주의 그 밖의 다른 목에서 규정한 대로 처리를 한 것(열절단이나 그 밖의 간단한 방법으로 그 절단된 가장자리가 풀리지 않도록 된 직물은 제외한다)
   라. 가장자리를 접어 감치거나(hemmed) 단을 댄 물품이나 가장자리에 결절술을 댄 물품. 직물의 절단된 가장자리를 감치거나(whipped) 그 밖의 단순한 방법으로 풀리지 않도록 한 것은 제외한다.
   마. 일정한 모양으로 재단한(cut to size) 물품으로서 드로온 드레드워크(drawn thread work)를 한 것

120 주 제7호의 다목과 마목에는 영어 원문에서 "cut to size"라는 표현을 "일정한 모양으로 재단한"이라고 번역하고 있다. 하지만 문맥과 내용을 볼 때 이는 "일정 크기로 재단한"이라고 해야 앞뒤의 의미전달이 명확해진다.

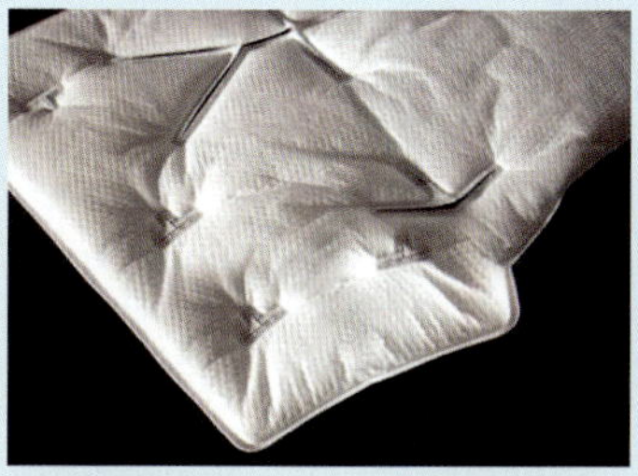
[열봉합은 열절단과 달리 제품으로 된 것으로 인정되기 위한 가공이다.]

[가장자리에 단을 댄 물품]

[drawn thread work]

바. 봉제·풀칠 또는 그 밖의 방법으로 이어붙인(assembled) 물품. 단 동종의 직물류를 두 가지 이상 끝과 끝을 이어 붙인 천과, 두 가지 이상의 직물류를 적층하여 만든 천(속을 채운 것인지에 상관없다)은 제외한다.

사. 특정 모양의 메리야스 편물이나 뜨개질 편물(분리된 부분이나 특정 길이의 여러 모양으로 제시되었는지에 상관없다)

1) 이 주의 "제품으로 된 것(made up)"이라 함은 해당 물품이 어떤 특정한 목적에 사용하고자 의도된 모양의 완성된 상태로 생산되어 별도의 의미 있는 추가 조치가 없이도 바로 사용이 가능하다는 것이다. 예로 사각형 이외의 특정 모양으로 자른(재단한) 경우라든지, 아니면 사각형이라 하더라도 손수건으로 사용하고자 끝에 단을 댄 경우에는 제품으로 된 것으로 인정할 수 있는 것이다. 이러한 제품은 직물이나 편물의 특성상 가장자리 처리가 중요한데, 이는 끝마무리 가공이 되지 않는 경우에는 올이 풀리기 때문이다. 다만 올이 풀리지 않을 정도의 최소한의 가공, 예로 가장자리 감치기(whipping)나 열절단은 제품으로 된 물품을 위한 처리로 인정하지 않는다.

   제품으로 된 것은 기본적으로 제61류, 제62류 및 제63류에 분류된다. 또한 제56류~제59류의 경우에는 기본적으로는 분류하지 않지만, 문맥상 별도로 규정하는 경우에는 분류될 수 있다(아래 주 제8호).

2) 위에서 드로온 드레드워크(drawn thread work)라는 것은 일종의 자수의 반대 개념이다. 즉 자수는 바탕천에 실 등 각종 재료를 이용하여 여러 기법으로 장식하는 것을 말하는데, 드로온 드레드워크는 기본 바탕천에서 필요한 실부분을 제거함으로써 필요한 장식무늬를 만들어 내는 것을 말한다.

8. 제50류부터 제60류까지는 다음 각 목에서 정하는 바에 따른다.

가. 제50류부터 제55류까지와 제60류와, 문맥상 달리 해석되지 않는 한 제56류부터 제59류까지

는 주 제7호의 물품을 적용하지 않는다.

나. 제50류부터 제55류까지와 제60류는 제56류부터 제59류까지의 물품을 적용하지 않는다.

1) 본 주는 제11부에 속하는 여러 호 사이의 품목분류 우선순위와 구분선을 제시해 주고 있다. 위 주 제7호의 제품으로 된 물품은 기본적으로 제61류, 제62류 및 제63류에 분류된다. 다만 별도로 규정하고 있는 경우에는 제56류부터 제59류에도 분류가 가능하다.

2) 제50류부터 제55류까지는 섬유원료부터 직물(woven fabric)까지 섬유의 유형에 따라 분류하고 있고, 제60류에서는 각종의 편물을 분류하고 있다. 즉 각종의 섬유→실→직물(또는 편물)이라는 공식에 부합하는 물품들이 분류된다는 것이다. 따라서 이러한 공식에서 벗어난 워딩·펠트·각종 밧줄류·양탄자류·특수직물·도포된 직물 등은 이들 류에 분류되지 않고 제56류~제59류에 분류하게 된다.

9. 제50류부터 제55류까지의 직물에는 방직용 섬유의 실을 평행하게 병렬한 층을 상호 예각이나 직각으로 겹쳐 만든 직물(이 층은 접착제나 열용융으로 실의 교차점에서 결합되어 있다)을 포함한다.

1) 경사와 위사를 서로 아래위로 교차시켜 짜서 어떤 넓이를 가진 평면체로서의 천인 직물을 만드는 것을 제직이라 하는데, 제50류부터 제55류의 직물은 이러한 제직을 통해 만들어진다. 그런데 제50류~제55류의 직물에는 이러한 제직을 통하지 않고, 단지 방직용 섬유의 실을 평행하게 병렬한 층을 상호 예각이나 직각으로 겹친 다음 붙여 만든 직물이 포함된다. 이들은 실이 분류되지 않도록 접착제나 열용융으로 실의 교차점을 결합시켜 천을 형성하도록 한다.

2) 이러한 물품은 일견 일종의 부직포와 비슷하지만, 이것은 제5603호의 부직포와 다르다. 제5603호의 부직포는 **방직용 섬유**를 일정한 방향으로 가지런히 놓거나 또는 **아무렇게나** 배열하고 접착시킨 시트 또는 웹을 말한다. 이와 달리 위의 물품은 방직용 섬유의 실을 평행하게 병렬한 층을 상호 예각이나 직각으로 겹쳐 만들어야 한다.

10. 고무실(rubber threads)과 결합한 방직용 섬유로 만든 탄성제품은 이 부로 분류한다.

고무실 자체는 제40류에 분류하지만, 방직용 섬유로 피복한 고무실과 고무끈은 제5604호에 분류한다. 그 밖에 고무실과 결합한 방직용 섬유제품은 경우에 따라 제50류~제55류, 제58류, 제60류~제63류에 분류된다.

11. 이 부에서 침투에는 침지(沈漬)가 포함된다.

방직용 섬유제품은 여러 가지 목적으로 플라스틱이나 고무 등의 물질과 결합시켜 사용하는데, 특히 제59류에는 침투·도포·피복하였거나 적층한(impregnated, coated, covered or laminated) 방직용 섬유의 직물이 분류된다. 이 중에 침투(impregnated)에는 침지(dipped)가 포함된다.

12. 이 부에서 폴리아미드(polyamides)에는 아라미드(aramids)가 포함된다.

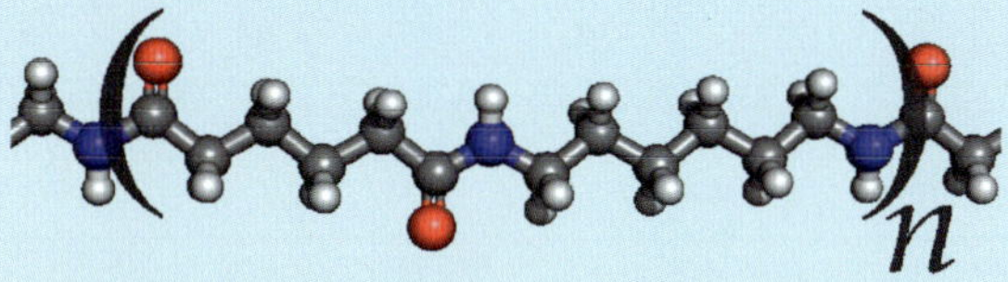

[나일론6,6. 사슬모양의 폴리아미드. 나일론 6와 나일론 6,6가 대표적이다.]

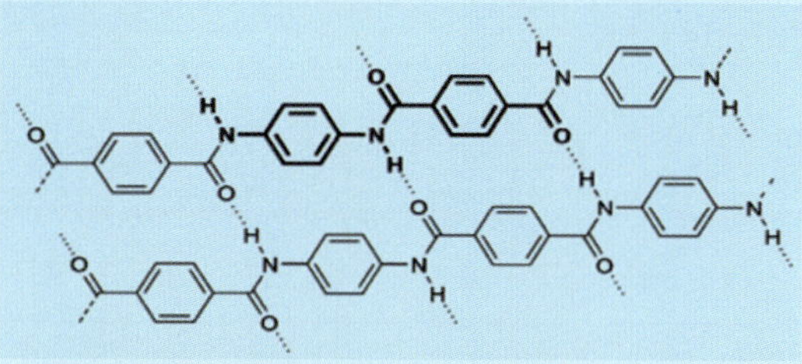

[아라미드는 폴리아미드의 주사슬에 방향족 고리가 있는 것으로, 총알도 뚫지 못하는 강도, 500℃의 불 속에서도 타거나 녹지 않는 내열성, 그리고 아무리 힘을 가해도 늘어나지 않는 뛰어난 인장강도를 가진 섬유로 알려져 있다.]

-CONH-를 아미드 결합이라 하는데, 수많은 아미드 결합으로 연결된 중합체를 폴리아미드(polyamide)라고 한다. 이렇게 폴리아미드는 지방족 또는 방향족 아미드의 주사슬구조를 갖는 중합체로, 지방족 폴리아미드는 일반적으로 나일론이란 이름으로, 방향족 폴리아미드는 아라미드라는 이름으로 잘 알려져 있다.

13. 이 부와 이 표에서 "탄성사(elastomeric yarn)"란 합성섬유로 만든 필라멘트사(모노필라멘트를 포함하며 텍스처드사는 제외한다)로서 원래의 길이의 3배로 늘려도 끊어지지 않고, 원래의 길이의 2배로 늘린 후 5분 이내에 원래의 길이의 1.5배 이하로 되돌아가는 실을 말한다.

[스판덱스는 대표적인 탄성사 제품이다.]

1) 여기서 규정하는 탄성사는 "방직용 섬유로 피복한 고무실과 고무끈"처럼 탄성을 갖지만, 방직용 섬유로 피복한 고무실과 고무끈과 달리 고무성분이 아닌 섬유 그 자체의 성질로 인해 탄성을 갖는다.
2) 탄성사로 분류되기 위해서는 일정한 기술적인 조건, 즉 소정의 연신성(延伸性)과 복원성(復原性)을 충족해야 한다. 그런데 이는 제40류의 주 제4호에서 합성고무에 요구하는 연신성 및 복원성의 수치와 동일한 것을 볼 수 있다.
3) 탄성사에서는 텍스처드사(textured yarn)는 제외한다. 텍스처드사는 합성섬유가 열가소성임을 이용하여 가연(假撚, false twist) 등 각종의 조작으로 실에 여러 모양이 형성되도록 한 것이다. 이렇게 함으로써 탄성을 강하게 하고, 부풀림이 있는 부드러운 촉감으로 된 실을 얻는다. 탄성사는 섬유 자체의 탄성으로부터 얻는 성질

[텍스처드사는 일반 합성필라멘트의 밋밋한 점을 보완하기 위해 만든 것이다.]

이기 때문에 텍스처드사가 연신성 및 복원성 기준을 만족한다 하더라도 이는 탄성사로 보지 않는다.

14. 문맥상 달리 해석되지 않는 한, 각각 서로 다른 호로 분류되는 방직용 섬유의 의류는 소매용 세트도 각각 해당하는 호로 분류한다. 이 주에서 "방직용 섬유의 의류"란 제6101호부터 제6114호까지와 제6201호부터 제6211호까지의 의류를 말한다.

이 규정에 따라 어떤 의류가 각각 다른 호에 분류되는 물품으로 구성된 소매용 세트 상태인 경우에는 당해 세트물품을 각각 나누고 가격도 분리해야 한다. 다만 이 규정에서는 "문맥상 달리 해석되지 않는 한"이라는 단서가 붙어 있는데, 이 경우에 해당하는 경우는 다음과 같다. 즉 제6101호부터 제6114호까지와 제6201호부터 제6211호까지의 호 중에 슈트・파자마・수영복과 같이 호의 용어로서 표현된 세트로 포장된 의류에는 적용하지 아니한다.
또한 이 규정은 제6101호부터 제6114호까지와 제6201호부터 제6211호까지의 의류에 대해서만 적용되는데, 따라서 브래지어・손수건・숄・넥타이류・장갑류・양말류 및 의류 부속품과 부분품은 이 규정의 적용을 받지 않는다.

◉ 소호주

1. 이 부와 이 표에서 다음 각 목의 용어는 아래에서 정하는 바에 따른다.
   가. 표백하지 않은 실
      (1) 구성하는 섬유가 고유의 색상이며 표백・염색(전체적으로 염색되었는지에 상관없다)・날염하지 않은 것
      (2) 가닛스톡(garnetted stock)으로 만들어진 불특정의 색상을 가진 것[생지사(生地絲)]
   ※ 이러한 실은 무색가공제나 순간염료(비누 세탁으로 간단히 색상이 없어지는 것으로 한정한다)로 처리된 것도 있으며, 인조섬유는 전체적으로 염소제[121](예 : 이산화티타늄)로 처리된 것도 있다.

표백(漂白, bleaching)이란 섬유의 내부 및 표면에 부착된 **자연색소**를 화학적으로 분해하여 하얗게 만들거나 화학적으로 제거하는 것을 말한다. 표백하지 않은 실(unbleached yarn)은 다음의 실을 말한다.
① 실의 색깔이 실을 구성하는 섬유의 고유의 색상이고, 표백・염색(전체적으로 염색되었는지에 상관없다)・날염하지 않은 것. 즉 표백 전의 상태이므로 원래 섬유의 색상을 그대로 가지고 있는 것이다.
② 가닛스톡(garnetted stock)으로 만들어진 불특정의 색상을 가진 것[생지사(生地絲)]. 가닛스톡

121 염소제(鹽素劑, delustering agent)는 재료의 광택을 감소 혹은 소멸시키기 위한 약제로서, 섬유에서는 주로 이산화티타늄이 사용된다.

은 직물이나 그 밖의 섬유제품의 넝마 또는 스크랩·웨이스트를 섬유상태로 해체하여 만든 것이다. 이렇게 재생한 섬유로 만든 실이므로 섬유의 출처가 다양한 이유 등으로 특정한 색상이 없다.

나. 표백한 실

(1) 표백공정을 거친 실, 표백한 섬유로 만든 실, 또는 문맥상 달리 해석되지 않는 한 백색으로 염색한 실 또는 백색으로 완성가공(white dressing)처리한 실

(2) 표색하지 않은 섬유와 표백한 섬유의 혼합으로 조성된 실

(3) 표백하지 않은 실과 표백한 실로 이루어진 복합사(연합사)나 케이블사

표백은 초기의 섬유상태나 실상태에서 이루어지고, 또한 전체가 표백된 실뿐만 아니라 일부 표백된 실도 포함한다.

[마알사는 색상이 다른 둘 이상의 섬유가닥을 꼬아서 만든 실이다.]

다. 색실(염색하거나 날염한 것으로 한정한다)

(1) 염색한 실(전체를 염색한 것인지에 상관없으며 백색으로 염색한 것과 일시적으로 염색한 것을 제외한다), 날염한 실, 염색하거나 날염한 섬유로 만들어진 실

(2) 서로 다른 색으로 염색된 섬유의 혼합물로 조성된 실, 표백하지 않았거나 표백한 섬유와 착색한 섬유의 혼합물로 조성된 것[마알사(marl yarn)나 혼방사], 군데군데 점의 모양을 만들기 위해 시차를 두고 하나 또는 둘 이상의 색으로 날염한 것

(3) 날염된 슬리버(sliver)나 로빙(roving)으로 만들어진 것

(4) 복합사(연합사)나 케이블사로서 표백하지 않은 실·표백한 실과 색실로 조성된 것

※ 위 규정은 제54류에 해당하는 모노필라멘트·스트립(strip)이나 이와 유사한 것에도 준용하여 적용된다.

색실을 만들기 위해서는 염색이나 날염과정을 거쳐야 한다. 이러한 염색이나 날염은 섬유상태, 슬리버나 로빙상태 또는 실의 상태에서 수행될 수 있다. 또한 하나의 색깔이나 둘 이상의 색깔, 그리고 점박이무늬(impression of dots)도 포함된다.

라. 표백하지 않은 직물

표백하지 않은 실로 만든 직물로서 표백·염색·날염되지 않은 것을 말한다. 표백하지 않은 직물에는 무색가공이나 순간염색으로 처리된 것이 포함된다.

마. 표백한 직물

(1) 표백하였거나, 문맥상 달리 해석되지 않는 한 백색으로 염색한 것이나 백색으로 완성가

공처리한 것으로서 원단상태(in the piece)에서 처리된 것

(2) 표백한 실로 조성된 것

(3) 표백하지 않은 실과 표백한 실로 조성된 것

바. 염색한 직물

(1) 원단상태에서 처리된 것으로서, 백색 외의 단일 색상으로 균일하게 염색하거나 백색 외의 색으로 착색가공한 것(문맥상 달리 해석되지 않는 경우로 한정한다)

(2) 단일 색상의 색실로 조성된 것

염색한 직물은 바로 아래의 "서로 다른 색실로 된 직물"과 달리 단일의 색상이어야 한다. 이는 직물상태에서 염색하든(후염), 아니면 염색된 실로 직물을 만들든지(선염) 상관이 없다. 염색한 직물은 단일 색상으로 균일하게 염색하거나 착색가공한 것이어야 하는데, 여기서 착색가공처리(treated with a coloured finish)는 염색은 아니지만, 직물의 완성가공에 있어서 착색공정을 거친 것으로 보면 된다.

사. 서로 다른 색실로 된 직물(날염직물은 제외한다)

(1) 서로 다른 색실이나, 동일한 색상의 색조가 다른 실로 조성된 것(구성하는 섬유의 고유 색상은 제외한다)

(2) 표백하지 않거나 표백한 실과 색실로 조성된 것

(3) 마알사(marl yarn)나 혼방사로 조성된 것(모든 경우에서 가장자리와 끝부분에 사용된 실은 고려하지 않는다)

위에서 동일한 색상이면서 다른 색조(different shades of the same colour)란 같은 청색이나 황색 등의 색상이면서 색깔이 강하거나 약한 정도나 상태 또는 짙거나 옅은 정도나 상태가 다른 것을 말한다. 즉 직물을 이루는 실이 같은 색상(colour)이라도 색조(shade)가 다르면 서로 다른 색실로 된 직물로 본다.

아. 날염직물

원단상태에서 날염한 직물을 말하며, 서로 다른 색실로 만든 것인지에 상관없다.

브러시나 스프레이건, 전사지(轉寫紙), 플로킹(flocking)이나 바틱공정(batik process)[122] 등을 통해 도안을 만든 직물은 날염한 직물로 간주한다. 머서가공(mercerisation)은 위의 범주 내의 실이나 직물의 분류에는 영향을 미치지 않는다.

※ 위의 라목부터 아목까지는 메리야스 편물이나 뜨개질 편물에 준용한다.

날염은 천에 무늬를 염색하는 방법으로 실이나 직물, 특히 직물을 부분적으로 착색하여 필요한 무늬가 나타나도록 하는 기술이다. 날염은 원단상태의(in the piece) 직물에 행하는데, 이때 이

122 바틱공정이란 인도네시아에서 발달한 무늬 염색기술을 말한다.

[플로킹. 짧은 섬유를 접착시켜 무늬를 만든다.]

직물은 상이한 색실로 만든 것이라도 날염직물로 분류한다.

플로킹(flocking)이란 직물 위에 짧은 섬유(플록)를 원하는 패턴에 따라 접착시켜 입체적인 기모의 효과를 나타내는 디자인을 만드는 것을 말한다. 또한 머서가공(mercerisation)이란 특히 양모나 면을 수산화나트륨으로 처리하면 광택·강도·염색성이 증가하는데, 이러한 특성을 발견한 J. 머서의 이름을 딴 명칭이다. 머서가공을 실켓(silket)가공이라고도 하는데, 이는 실크와 같은 외관으로 가공한다는 의미에서 붙여진 이름이다.

소호 수준의 직물의 품목분류에 적용되는 라목부터 아목까지의 본 규정은 편물에도 적용할 수 있다. 다음은 이와 관련한 품목분류표의 한 예이다.

HS		품명	Description
6006		그 밖의 메리야스 편물이나 뜨개질 편물	Other Knitted or crocheted fabrics.
	10	양모나 동물의 부드러운 털로 만든 것	Of wool or fine animal hair
	2	면으로 만든 것	Of cotton :
	21	표백하지 않은 것이나 표백한 것	Unbleached or bleached
	22	염색한 것	Dyed
	23	서로 다른 색실의 것	Of yarns of different colours
	24	날염한 것	Printed
	3	합성섬유로 만든 것	Of synthetic fibers :
	31	표백하지 않은 것이나 표백한 것	Unbleached or bleached
	32	염색한 것	Dyed
	33	서로 다른 색실의 것	Of yarns of different colours
	34	날염한 것	Printed
	4	재생·반(半)합성섬유로 만든 것	Of artificial fibers :
	41	표백하지 않은 것이나 표백한 것	Unbleached or bleached
	42	염색한 것	Dyed
	43	서로 다른 색실의 것	Of yarns of different colours
	44	날염한 것	Printed
	90	기타	Other

자. 평직물

직물 조직의 각각의 위사가 연속된 경사의 상하를 교차하여 지나가고, 각각의 경사가 연속된 위사의 상하를 교차하며 지나가는 조직을 말한다.

2. 가. 둘 이상의 방직용 섬유로 구성된 제56류부터 제63류까지의 물품은, 동일한 방직용 섬유재료로 구성된 제50류부터 제55류까지나 제5809호의 품목분류에 관한 이 부의 주 제2호에 따라 최대중량으로 구성된 방직용 섬유제품으로 간주한다.

나. 이 규정을 적용하는 경우

(1) 통칙 제3호에 따라 해당 품목분류를 결정하는 데에만 고려하여야 한다.

(2) 바탕천 · 파일(pile) · 고리(loop)의 면으로 조성된 방직용 섬유제품에서는 바탕천은 고려하지 않는다.

(3) 제5810호의 자수천과 자수천으로 만들어진 물품에서는 바탕천만 고려하여야 한다. 그러나 바탕천을 육안으로 식별할 수 없는 자수천과 자수천으로 만들어진 물품은 자수사만을 고려하여 분류하여야 한다.

1) 제11부의 주 제2호에는 두 가지 이상의 방직용 섬유재료로 구성된 제50~제55류의 제품과 제5809호의 물품 및 제5902호의 물품의 품목분류에 대하여 설명하고 있다. 그리고 제11부의 소호주 제2호에서 나머지 물품인 둘 이상의 방직용 섬유로 구성된 제56류~제63류의 물품의 품목분류에 대해 규정하고 있다. 이들 물품은 기본적으로 제11부 주 제2호의 규정을 그대로 적용한다. 다만 다음의 규정이 추가로 적용된다.

2) 둘 이상의 방직용 섬유로 구성된 제56류~제63류의 물품의 품목분류에 있어서 추가로 적용해야 할 사항은 다음과 같다.

① 제50류~제55류에는 류 수준에서 각각 다른 방직용 섬유 종류에 따라 분류가 되어 있다. 반면에 제56류~제63류에는 섬유의 종류가 아닌 제품의 유형에 따라 류 수준의 분류가 되어져 있다. 통칙 제3호에는 여러 이유로 일견 두 가지 이상의 분류가능한 호가 있는 경우의 품목분류 원칙을 규정하고 있는데,[123] 제56류~제63류에 분류되는 물품은 제50류~제55류의 물품보다는 통칙 제3호가 적용될 가능성이 높다. 만일 제56류~제63류에 분류되는 어떤 물품이 통칙 제3호에 의해 분류된 경우, 그것이 둘 이상의 방직용 섬유로 구성된 물품이라면 통칙 제3호에 의해 정해진 당해 호 부분만 고려하여 선택된 호 내에서 본 소호주의 가목을 적용하라는 것이다.

② 바탕천 위에 파일이나 고리로 덮고 있는 물품의 경우에는 바탕천이 육안으로 일부 보인다고 할지라도 바탕천의 재료는 무시하고 파일이나 고리의 재료에 따라 분류한다.

③ 반대로 제5810호의 자수천과 자수천으로 만들어진 물품에서는 바탕천의 재료에 따라 분류해야 한다. 그러나 바탕천을 육안으로 식별할 수 없는 자수천과 자수천으로 만들어진 물품은 자수사만을 고려하여 분류하여야 한다.

123 통칙 제3호를 적용하는 경우 품목분류는 (가) 가장 구체적인 표현, (나) 본질적인 특성, (다) 순서상 마지막 호의 순으로 적용한다. 자세한 사항은 이 책의 통칙부분을 참조한다.

Chapter 50

제50류 견

호	호의 용어
5001	누에고치(생사를 뽑는 데에 적합한 것으로 한정한다)
5002	생사(꼰 것은 제외한다)
5003	견 웨이스트(waste)[생사를 뽑는 데에 적합하지 않은 누에고치, 실 웨이스트(waste), 가닛스톡(garnetted stock)을 포함한다]
5004	견사[견 웨이스트(waste)로 만든 견방사와 소매용은 제외한다]
5005	견방사[견 웨이스트(waste)인 것으로 한정하며, 소매용은 제외한다]
5006	견사 · 견방사(소매용으로 한정한다), 누에의 거트(gut)
5007	견직물[견 웨이스트(waste)의 것을 포함한다]

◉ 총설

"견"이라 함은 bombyx mori(뽕을 먹는 누에)가 분비하는 섬유질뿐 아니라, 야잠견(野蠶絹, wild silk)으로 알려진 여타의 유사한 곤충(예 : bombyx textor)이 분비하는 섬유질을 포함한다. 일반적으로 이 류에는 원료로부터 직물에 이르기까지 각 제조공정의 견(견으로 분류되는 혼합방직용 섬유의 재료를 포함한다)을 분류하며, 누에의 거트(silk-worm gut)[124]도 포함한다(제5006호).

124 누에의 거트는 누에가 고치를 방출할 정도로 성숙한 단계에 있을 때 누에를 묽은 초산용액에 침지하여 죽인 후 누에로부터 견사선(絹絲腺, silk gland)을 추출하여 잡아당겨 얻는다. 이 누에의 거트는 잘 굽혀지지 않고 광택이 없으며 길이가 50㎝ 초과되는 것은 거의 없다.

Chapter 51

제51류 양모 · 동물의 부드러운 털이나 거친 털 · 말의 털로 만든 실과 직물

호	호의 용어
5101	양모[카드(card)하지도 코움(comb)하지도 않은 것으로 한정한다]
5102	동물의 부드러운 털이나 거친 털[카드(card)하지도 코움(comb)하지도 않은 것으로 한정한다]
5103	양모 · 동물의 부드러운 털이나 거친 털의 웨이스트(waste)[실의 웨이스트(waste)를 포함하며, 가닛스톡(garnetted stock)은 제외한다]
5104	양모 · 동물의 부드러운 털이나 거친 털의 가닛스톡(garnetted stock)
5105	양모 · 동물의 부드러운 털이나 거친 털[카드(card)하거나 코움(comb)한 것으로 한정하며, 코움(comb)한 단편 모양인 양모를 포함한다]
5106	카드(card)한 양모사(소매용은 제외한다)
5107	코움(comb)한 양모사(소매용은 제외한다)
5108	동물의 부드러운 털로 만든 실[카드(card)하거나 코움(comb)한 것으로 한정하며, 소매용은 제외한다]
5109	양모사나 동물의 부드러운 털로 만든 실(소매용으로 한정한다)
5110	동물의 거친 털로 만든 실이나 말의 털로 만든 실[짐프한(gimped) 말의 털로 만든 실을 포함하며, 소매용인지에 상관없다]
5111	직물[카드(card)한 양모나 동물의 부드러운 털로 만든 것으로 한정한다]
5112	직물[코움(comb)한 양모나 동물의 부드러운 털로 만든 것으로 한정한다]
5113	직물(동물의 거친 털이나 말의 털의 것으로 한정한다)

◉ 류주

1. 이 표에서 다음 각 목의 용어는 아래에서 정하는 바에 따른다.
   가. "양모"란 양이나 어린 양의 천연섬유를 말한다.
   나. "동물의 부드러운 털(fine animal hair)"이란 알파카 · 라마 · 비큐나(vicuna) · 낙타(단봉낙타를 포함한다) · 야크 · 앙고라 · 티베탄 · 캐시미르(Kashimir)나 이와 유사한 산양(보통의 산양은 제외한다) · 토끼(앙고라 토끼를 포함한다) · 산토끼 · 비버 · 뉴트리아(nutria) · 사향뒤쥐(musk-rat)의 털을 말한다.
   다. "동물의 거친 털(coarse animal hair)"이란 위에서 언급하지 않은 동물의 털을 말하며, 브러시 제조용 동물의 털(제0502호)과 말의 털(제0511호)은 제외한다.

◉ 총설

일반적으로 이 류에는 원료로부터 직물로 제직되기까지 여러 단계의 양모 및 동물의 부드러운 털 또는 동물의 거친 털을 분류하며, 양모 또는 동물의 털로 분류되는 혼합방직용 섬유재료를 포함한다. 이 류에는 또한 말의 털로 만든 실과 직물을 포함하나, 제0511호의 말의 털과 말의 털의 웨이스트는 제외된다.

제5류의 주 제4호에서 규정한 바와 같이 "말의 털"이라 함은 마속동물의 갈기털과 꼬리털뿐만 아니라 소의 갈기털과 꼬리털도 포함한다.

Chapter 52

제52류 면

호	호의 용어
5201	면[카드(card)하지도 코움(comb)하지도 않은 것으로 한정한다]
5202	면 웨이스트(waste)[실 웨이스트(waste)와 가닛스톡(garnetted stock)을 포함한다]
5203	면[카드(card)하거나 코움(comb)한 것으로 한정한다]
5204	면 재봉사(소매용인지에 상관없다)
5205	면사(면의 함유량이 전 중량의 100분의 85 이상인 것으로 한정하며, 재봉사와 소매용은 제외한다)
5206	면사(면의 함유량이 전 중량의 100분의 85 미만인 것으로 한정하며, 재봉사와 소매용은 제외한다)
5207	면사(재봉사는 제외하며 소매용으로 한정한다)
5208	면직물(면의 함유량이 전 중량의 100분의 85 이상인 것으로서 1제곱미터당 중량이 200그램 이하인 것으로 한정한다)
5209	면직물(면의 함유량이 전 중량의 100분의 85 이상인 것으로서 1제곱미터당 중량이 200그램을 초과하는 것으로 한정한다)
5210	면직물(면의 함유량이 전 중량의 100분의 85 미만이고 주로 인조섬유와 혼방한 것으로서 1제곱미터당 중량이 200그램 이하인 것으로 한정한다)
5211	면직물(면의 함유량이 전 중량의 100분의 85 미만이고 주로 인조섬유와 혼방한 것으로서 1제곱미터당 중량이 200그램을 초과하는 것으로 한정한다)
5212	그 밖의 면직물

◉ 소호주

1. 소호 제5209.42호와 제5211.42호에서 "데님(denim)"이란 3올이나 4올의 능직물(綾織物)[파사문직(破斜文織)의 것을 포함한다]로서 경사(經絲)에 동일한 하나의 색실을 사용하며 위사(緯絲)에 미표백·표백, 회색이나 경사(經絲)의 색상보다 엷은 색실을 사용하는 직물로서, 경사(經絲)를 표면으로 한 서로 다른 색실의 직물을 말한다.

[데님으로 만든 청바지. 빗살무늬의 사문(斜文)을 볼 수 있다.]

HSK				품명	Description
5209				면직물(면의 함유량이 전 중량의 100분의 85 이상인 것으로서 1제곱미터당 중량이 200그램을 초과하는 것으로 한정한다)	Woven fabrics of cotton, containing 85 % or more by weight of cotton, weighing more than 200 g/㎡.
	1			표백하지 않은 것	Unbleached :
	11	00	00	평직물(平織物)	Plain weave
	3			염색한 것	"중간생략"
	31	00	00	평직물(平織物)	Plain weave
	32	00	00	3올이나 4올의 능직물(綾織物)[파사문직(破斜文織)의 것을 포함한다]	3-thread or 4-thread twill, including cross twill
	39	00	00	그 밖의 직물	Other fabrics
	4			서로 다른 색실로 된 것	Of yarns of different colours :
	41	00	00	평직물(平織物)	Plain weave
	42	00	00	데님(denim)	Denim
	43	00	00	3올이나 4올의 그 밖의 능직물(綾織物)[파사문직(破斜文織)의 것을 포함한다]	"이하 생략"

1) **능직물** : 능직물을 나타내는 twill이라는 말은, 경사나 위사가 정확하게 교대로 교차하는 평직물과 달리 2개(twi)씩 건너뛴다는 말에서 유래하였다. 청바지의 재료로 사용되는 데님은, 경사는 인디고로 염색하고 위사는 염색 없이 그대로 사용하되, 능직으로 제직하면서 경사가 표면으로 나오도록 짠 것이다.

2) 청바지를 만드는 재료로서의 데님은 인디고로 염색한 경사와 염색 없이 그대로 사용하는 위사를 사용하여 능직으로 짠 것이지만, HS에서는 경사는 동일한 하나의 색실을 사용하고, 위사는 경사보다 엷은 색실을 사용하여 능직으로 짠 것으로 정의하고 있다.

◉ 총설

일반적으로 이 류에는 원면에서 면직물에 이르기까지의 각 단계의 면섬유가 분류되며, 면으로 분류되는 혼합방직용 섬유재료를 포함한다.

Chapter 53

제53류 그 밖의 식물성 방직용 섬유, 종이실(paper yarn)과 종이실로 만든 직물

호	호의 용어
5301	아마(생것이거나 가공은 하였으나 방적하지 않은 것으로 한정한다), 아마의 토우(tow)와 웨이스트(waste)[실의 웨이스트(waste)와 가닛스톡(garnetted stock)을 포함한다]
5302	대마(생것이거나 가공은 하였으나 방적하지 않은 것으로 한정한다), 대마의 토우(tow)와 웨이스트(waste)[실의 웨이스트(waste)와 가닛스톡(garnetted stock)을 포함한다]
5303	황마와 그 밖의 방직용 인피(靭皮)섬유[아마 · 대마 · 라미(ramie)는 제외하며, 생것이거나 가공은 하였으나 방적하지 않은 것으로 한정한다], 이들 섬유의 토우(tow)와 웨이스트(waste)[실의 웨이스트(waste)와 가닛스톡(garnetted stock)을 포함한다]
5305	코코넛 · 아바카(마닐라마) · 라미(ramie)와 그 밖의 식물성 방직용 섬유(따로 분류되지 않은 것으로 한정하며, 생것이거나 가공은 하였으나 방적하지 않은 것으로 한정한다), 이들의 토우(tow) · 노일(noil) · 웨이스트(waste)[실의 웨이스트(waste)와 가닛스톡(garnetted stock)을 포함한다]
5306	아마사
5307	제5303호의 황마나 그 밖의 방직용 인피(靭皮)섬유사
5308	그 밖의 식물성 섬유사와 종이실(paper yarn)
5309	아마직물
5310	제5303호의 황마나 그 밖의 방직용 인피(靭皮)섬유의 직물
5311	그 밖의 식물성 방직용 섬유의 직물과 종이실(paper yarn)의 직물

◉ 총설

이 류에는 일반적으로 특정 예외규정을 제외하고는, 식물성 방직용 섬유(면은 제외)로서 원료로부터 직물에 이르기까지의 각 단계의 것을 취급한다.

이 류에는 종이실과 종이실로 제직한 직물을 분류하며, 또한 제11부 주 제2호의 규정에 의거 이 류의 물품으로 분류되는 혼합방직용 섬유의 제품도 포함한다.

Chapter 54

제54류 인조필라멘트, 인조방직용 섬유재료의 스트립(strip)과 이와 유사한 것

호	호의 용어
5401	인조필라멘트의 재봉사(소매용인지에 상관없다)
5402	합성필라멘트사(재봉사와 소매용은 제외하며, 67데시텍스 미만인 합성모노필라멘트를 포함한다)
5403	재생·반(半)합성 필라멘트사[재봉사와 소매용은 제외하며, 67데시텍스 미만인 재생·반(半)합성 모노필라멘트를 포함한다]
5404	합성모노필라멘트(67데시텍스 이상인 것으로서 횡단면의 치수가 1밀리미터 이하인 것으로 한정한다), 방직용 합성섬유재료의 스트립(strip)이나 이와 유사한 것[예: 인조 스트로(straw)](시폭이 5밀리미터 이하인 것으로 한정한다)
5405	재생·반(半)합성 모노필라멘트(67데시텍스 이상인 것으로서 횡단면의 치수가 1밀리미터 이하인 것으로 한정한다), 재생·반(半)합성 방직용 섬유재료의 스트립(strip)이나 이와 유사한 것[예: 인조 스트로(straw)](시폭이 5밀리미터 이하인 것으로 한정한다)
5406	인조필라멘트사(재봉사는 제외하며, 소매용으로 한정한다)
5407	합성필라멘트사의 직물(제5404호 재료로 직조한 직물을 포함한다)
5408	재생·반(半)합성 필라멘트사의 직물(제5405호의 재료로 직조한 직물을 포함한다)

◉ 류주

1. 이 표에서 "인조섬유(man-made fibers)"란 다음 각 목의 어느 하나에 해당하는 제조공정에 따라 제조되는 유기중합체의 스테이플섬유나 필라멘트를 말한다.
   가. 중합체를 생산하기 위하여 유기단량체의 중합으로 제조한 것(예 : 폴리아미드·폴리에스테르·폴리올레핀·폴리우레탄)이나, 이 과정에서 만들어진 중합체의 화학적 변성으로 제조한 것(예 : 폴리비닐아세테이트의 가수분해로 제조한 폴리비닐알코올)
   나. 구리암모늄레이온(큐프라)·비스코스레이온(viscose rayon)과 같은 중합체를 제조하기 위하여 천연유기중합체(예 : 셀룰로오스)를 용해하거나 화학적 처리로 제조한 것, 셀룰로오스아세테이트·알기네이트와 같은 중합체를 제조하기 위하여 천연유기중합체[셀룰로오스·카세인(casein)과 그 밖의 단백질·알긴산의 화학적 변성으로 제조한 것

※ 섬유와 관련하여 사용되는 "합성섬유"와 "재생·반(半)합성섬유"의 정의는 다음과 같다.
- 합성섬유(synthetic fiber) : 가목에서 정의한 섬유
- 재생·반(半)합성섬유(artificial fiber) : 나목에서 정의한 섬유

※ 제5404호부터 제5405호까지의 스트립(strip)과 이와 유사한 것은 인조섬유로 간주하지 않는다.

※ "인조", "합성", "재생·반(半)합성섬유"라는 용어는 방직용 섬유재료와 관련하여 사용할 경우 모두 동일한 의미를 가진다.

1) 제50류~제53류까지는 각종의 천연섬유로 이루어진 여러 단계의 제품이 분류된다. 그리고 제54류와 제55류에는 사람이 인위적으로 만들어 낸 인조섬유(人造纖維, man-made fibers)가 분류된다. 이러한 인조섬유는 섬유의 근원이 완전히 합성에 의해 만들어졌는지, 아니면 기존의 천연섬유를 기초물질로 사용했는지 여부에 따라 합성섬유(synthetic fibers)와 재생·반합성섬유(artificial fibers)로 구분한다. "인조", "합성", "재생·반합성섬유"라는 용어는 방직용 섬유재료와 관련하여 사용할 경우 모두 동일한 의미를 가진다. 다만 개념의 범위에 있어서, 인조섬유는 합성섬유와 재생·반합성섬유를 포함하는 것으로 본다.
2) **합성섬유(合成纖維, synthetic fibers)** : 인조섬유 중에서도 합성섬유는 석유·석탄·공기·물 등을 출발원료로 하여 섬유를 형성하는 일련의 긴 분자를 화학적으로 합성하여 섬유로 만든 고분자물질이다. HS에서는 이를 "중합체를 생산하기 위하여 유기단량체의 중합으로 제조한 것(예 : 폴리아미드·폴리에스테르·폴리올레핀·폴리우레탄)이나 이 과정에서 만들어진 중합체의 화학적 변성으로 제조한 것(예 : 폴리비닐아세테이트의 가수분해로 제조한 폴리비닐알코올)"이라고 하여 두 가지 유형으로 설명하고 있다. 공통적으로 나프타 등을 이용하여 원래 자연계에 없는 유기합성품을 만들고, 여기에서 섬유 모양의 가늘고 긴 고분자화합물을 만들어 이것을 방사해서 섬유를 제조한 것을 말하고 있다.
3) **재생·반합성섬유(再生·半合成纖維, artificial fibers)** : **천연섬유**를 인공적으로 가공하여 만든 섬유로서 HS에서는 이를 하나로 보아 분류하고 있으나, 엄밀하게는 재생섬유와 반합성섬유는 성격이 다른 섬유이다.
   ① 구리암모늄레이온(큐프라)·비스코스레이온(viscose rayon)과 같은 중합체를 제조하기 위하여 천연유기중합체(예 : 셀룰로오스)를 용해하거나 화학적 처리로 제조한 것 : 재생섬유
   ② 셀룰로오스아세테이트·알기네이트와 같은 중합체를 제조하기 위하여 천연유기중합체[셀룰로오스·카세인(casein)과 그 밖의 단백질·알긴산]의 화학적 변성으로 제조한 것 : 반합성섬유

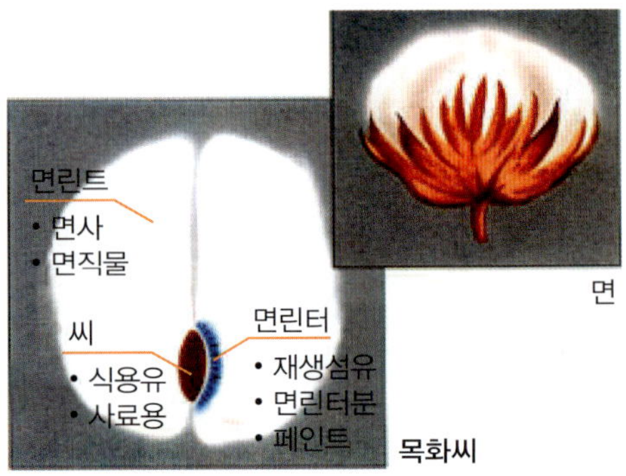

[목화는 조면(繰綿, ginning)이라는 과정을 통해 목화씨를 분리해 내는데, 씨에는 면린터(cotton linter)라고 하는 짧은 섬유가 붙어 있다. 이와 같은 면린터나 목재펄프의 셀룰로오스 부분을 산화구리암모니아액에 녹여 다시 방사한 것이 큐프라이다.]

4) 제5404호 또는 제5405호의 스트립(strip)과 이와 유사한 것은 인조섬유로 간주하지 않는다. 제5404호에는 **합성**의 모노필라멘트와 방직용 섬유재료의 스트립이나 이와 유사한 것이 분류되고, 제5405호에는 **재생·반합성**의 모노필라멘트와 방직용 섬유재료의 스트립이나 이와 유사한

것이 분류되는데,[125] 이들 호에서 모노필라멘트는 인조섬유로 간주하되, 스트립이나 이와 유사한 것은 인조섬유로 간주하지 않도록 하고 있다.

2. 제5402호와 제5403호는 제55류의 합성필라멘트 토우(tow)와 재생·반(半)합성필라멘트 토우(tow)에는 적용하지 않는다.

필라멘트 토우(tow)란 연속된 필라멘트를 스테이플섬유로 만들기 위하여 많은 필라멘트를 모아 가지런히 한 섬유다발을 말한다. 필라멘트 토우는 모양은 필라멘트섬유로서 제54류에 분류해야 할 것으로 보이지만, 일정한 길이로 잘라서 스테이플섬유를 만들 목적의 물품이기 때문에 제55류에 분류하게 된다. 제55류에 분류하는 필라멘트 토우에 대해서는 제55류 주 제1호를 참고하기 바란다.

◉ 총설

1) 제54류 주 제1호의 규정에 의하여, 제54류 및 제55류 또는 이 표의 다른 류에서 사용되는 "인조섬유(人造纖維, man-made fibers)"라는 용어는 다음과 같은 제조공정에서 만들어진 유기 고분자의 필라멘트 또는 스테이플섬유를 의미한다.
   ① **유기단량체를 중합한 것 또는 그렇게 얻은 중합체를 화학적으로 변성한 것(제39류 총설 참조)** : 합성섬유(synthetic fibers).
   ② **천연유기중합체의 용해 또는 화학적 처리를 통해 얻은 것 또는 천연유기중합체를 화학적으로 변성한 것** : 재생 또는 반합성섬유(artificial fibers).
2) **합성섬유** : 이들 섬유를 제조하는 기본재료는 일반적으로 석탄 혹은 석유의 증류물 또는 천연가스로부터 유도된다. 중합에 의해 생산된 물질은 적합한 용제에 용해된 다음, 대기 중으로 또는 적절한 응고용기 중으로 방사구를 통해 방사된다. 이 단계에서 이들 물질의 성질은 대개 계속되는 다음 공정에서 직접 사용하기에는 부적합하므로 연신(drawing)공정을 거쳐야 하며, 이와 같은 처리로 분자가 필라멘트의 길이 방향으로 배열되어 결과적으로 기술적 특성(예 : 강도)이 상당히 개선된다. 폴리아미드, 폴리에스테르, 폴리올레핀 또는 폴리우레탄 등이 있다.
3) **반합성·재생섬유** : 반합성·재생섬유는 위의 합성섬유도 아니고 천연섬유와도 구별되는 섬유이다. 이 섬유를 제조하는 기본재료는 용해나 화학적인 처리 또는 화학적인 변성과 같은 처리 공정에 의하여 **천연의 원료로부터 추출**한 유기고분자이다.
   이러한 섬유는 엄밀하게는 반합성섬유와 재생섬유로 나눌 수 있는데, 재생섬유는 아래의 비스코스레이온과 큐프라와 같이 천연의 섬유를 화학처리를 통해 녹였다가 이를 다시 섬유로 방사한 것이고, 반합성섬유는 아세테이트섬유·단백질계 섬유 및 알긴산섬유처럼 천연유기중

125 제5404호와 제5405호에 분류되기 위해서는 모노필라멘트의 경우에는 67데시텍스 이상인 것으로서 횡단면의 치수가 1밀리미터 이하인 것이어야 하고, 스트립이나 이와 유사한 것은 시폭이 5밀리미터 이하인 것이어야 한다.

합체를 화학적으로 변성(예 : 셀룰로오스 유도체로서의 셀룰로오스아세테이트)[126]한 후에 이로부터 섬유로 방사한 것이다. HS에서는 반합성섬유와 재생섬유를 구별하지 않고 하나로 보아 "artificial fiber", 즉 "재생·반합성섬유"로 분류하고 있다. 다음은 원료에 따른 구분에 의한 것이다.

① **셀룰로오스계 섬유** : 가장 대표적인 반합성·재생섬유이다. 이는 셀룰로오스가 구조적으로 섬유화에 적합하기 때문이다. 대표적으로 세 가지 유형은 다음과 같다.

i) **비스코스레이온** : 셀룰로오스(일반적으로 아황산 목재펄프상)를 수산화나트륨으로 처리하여 제조한 것이다. 일련의 제조공정을 통해 비스코스로 알려진 농후한 용액으로 순차적으로 변화하는데, 이것을 정제·숙성한 후 방사구를 통하여 산성 응고용기에 방사되어 재생셀룰로오스의 필라멘트 형태로 된다.

ii) **구리암모늄레이온(큐프라)** : 일반적으로 면린터 또는 화학펄프 형상의 셀룰로오스를 구리암모늄용액(cuprammonium solution)으로 용해시켜 얻는다.

iii) **아세테이트섬유(트리아세테이스 포함)** : 아세테이트 섬유는 면린터 또는 화학펄프 형상의 셀룰로오스를 초산·무수초산 및 황산의 혼합물로 처리하여 만들어지는 것이다.

② **동식물성의 단백질계 섬유** : 밀크 카세인이나 땅콩·대두·옥수수 등의 식물성 단백질을 수산화나트륨과 같은 알칼리에 용해시켜 제조한다.

③ **알긴산섬유** : 조류(藻類)를 의미하는 algae로부터 이름이 붙여졌다. 다양한 종류의 해초류(seaweed)에 화학적 처리를 하여 점성이 있는 알긴산의 용액을 얻는데(일반적으로 알긴산나트륨), 이것을 금속염 속에 방사시켜 특정한 금속성 알긴산(metallic alginates)으로 변화시킨다.

126 즉 셀룰로오소아세테이트는 셀룰로오스를 화학적으로 변성한 것이고, 이는 비스코스레이온처럼 천연의 고분자인 셀룰로오스 그 자체와는 화학적으로 다른 "셀룰로오스의 유도체"이다. 이러한 이유로 반합성섬유인 아세테이트섬유는 재생섬유인 비스코스레이온과 구별된다.

Chapter 55

제55류 인조스테이플섬유

호	호의 용어
5501	합성필라멘트 토우(tow)
5502	재생·반(半)합성 필라멘트 토우(tow)
5503	합성스테이플섬유[카드(card)·코움(comb)이나 그 밖의 방적준비 처리를 한 것은 제외한다]
5504	재생·반(半)합성 스테이플섬유[카드(card)·코움(comb)이나 그 밖의 방적준비 처리를 한 것은 제외한다]
5505	인조섬유의 웨이스트(waste)[노일(noil)·실의 웨이스트·가닛스톡(garnetted stock)을 포함한다]
5506	합성스테이플섬유[카드(card)·코움(comb)이나 그 밖의 방적준비 처리를 한 것으로 한정한다]
5507	재생·반(半)합성 스테이플섬유[카드(card)·코움(comb)이나 그 밖의 방적준비 처리를 한 것으로 한정한다]
5508	인조스테이플섬유의 재봉사(소매용인지에 상관없다)
5509	합성스테이플섬유사(재봉사와 소매용은 제외한다)
5510	재생·반(半)합성 스테이플섬유사(재봉사와 소매용은 제외한다)
5511	인조스테이플섬유사(재봉사는 제외하며, 소매용으로 한정한다)
5512	합성스테이플섬유의 직물(합성스테이플섬유의 함유량이 전 중량의 100분의 85 이상인 것으로 한정한다)
5513	주로 면과 혼방한 합성스테이플섬유의 직물(합성스테이플섬유의 함유량이 전 중량의 100분의 85 미만인 것으로서 1제곱미터당 중량이 170그램 이하인 것으로 한정한다)
5514	주로 면과 혼방한 합성스테이플섬유의 직물(합성스테이플섬유의 함유량이 전 중량의 100분의 85 미만인 것으로서 1제곱미터당 중량이 170그램을 초과하는 것으로 한정한다)
5515	합성스테이플섬유의 그 밖의 직물
5516	재생·반(半)합성 스테이플섬유의 직물

◉ 류주

1. 제5501호와 제5502호는 토우(tow)의 길이와 동일한 길이의 필라멘트가 병렬로 되어 있는 인조필라멘트 토우(tow)로서 다음 각 목의 요건을 모두 갖춘 것에만 적용한다.

[토우. 토우를 잘라 단섬유인 스테이플섬유로 만든다.]

가. 토우(tow)의 길이가 2미터를 초과하는 것
나. 1미터당 5회 미만으로 꼰 것
다. 구성하는 필라멘트가 67데시텍스 미만인 것
라. 합성필라멘트 토우(tow)는 늘림처리를 한 것으로서 그 길이의 2배를 초과하여 늘리지 않은 것

마. 토우(tow)의 총 측정치[127]가 2만 데시텍시를 초과하는 것. 다만, 길이가 2미터 이하인 토우(tow)는 제5503호나 제5504호로 분류한다.

1) 천연섬유는 대부분 기본적으로 단섬유인 반면에 인조섬유는 방사구를 통해 인위적으로 섬유를 뽑아내기 때문에 보통 장섬유상태로 뽑아진다. 이렇게 인조스테이플섬유, 즉 단섬유는 처음부터 단섬유로 제조되는 것이 아니라, 장섬유인 필라멘트섬유로 방사된 이후에 이것을 절단함으로써 스테이플섬유를 만들게 된다.
인조스테이플섬유는 일반적으로 수많은 구멍으로 된(때로는 수천 개) 방사구(jet)를 통하여 방출되고, 방출된 필라멘트는 토우(tow)의 형상으로 집속된다. 이 토우는 연신된(stretched) 다음에 짧은 길이로 절단되는데, 이것은 방출 즉시 하거나 또는 토우의 상태로 여러 공정(세척·표백 또는 염색 등)을 거친 다음에 행하여진다. 절단된 섬유의 길이는 보통 25mm부터 180mm까지이며, 관련 섬유의 종류, 제조할 실의 종류 및 혼합할 방직용 섬유의 성질에 따라 길이가 달라진다.
2) 앞의 그림에서 보듯 인조필라멘트 토우는 스테이플섬유의 형상이 아니고 제54류의 필라멘트 제품과 매우 유사하여 구분하기가 쉽지 않다. 따라서 아래에서는 제5402호~제5405호에 분류되는 인조필라멘트사와 모노필라멘트 및 제55류의 인조필라멘트 토우를 비교하고 설명한다.

모노필라멘트, 토우 및 실의 분류기준

<table>
<tr><th>제5404호, 제5405호. 모노필라멘트</th><th>제5402호, 제5403호의 필라멘트사</th><th>제5501호, 제5502호의 필라멘트 토우</th></tr>
<tr><td>67데시텍스 이상의 모노필라멘트</td><td>67데시텍스 미만의 모노필라멘트</td><td>구성하는 필라멘트가 67데시텍스 미만이어야 한다.</td></tr>
<tr><td rowspan="5">횡단면의 치수가 1mm 이하의 모노필라멘트, 시폭이 5mm 이하의 합성방직용 섬유재료의 스트립 및 이와 유사한 것</td><td>꼬지 않고 평행으로 감은 필라멘트로 된 단사(單絲). 제55류에 규정되어 있지 않은 필라멘트 토우도 포함한다.</td><td rowspan="2">토우가 꼬이지 않았거나 또는 1m당 5회 미만으로 꼬여야 한다.</td></tr>
<tr><td>필라멘트를 방사구에서 방사함과 동시에 꼰 단사(單絲) 및 그 후 연사공정에서 꼰 단사(單絲)</td></tr>
<tr><td rowspan="3">위에서 설명한 단사(單絲)를 결합하여 만든 복합사(연합사) 및 케이블사</td><td>토우의 총 번수(또는 총 측정치)가 20,000데시텍스를 초과하여야 한다.</td></tr>
<tr><td>토우는 늘림처리, 즉 연신되었어야 한다. 즉, 이것은 원 섬유 길이의 2배를 초과하여 신장될 수 없는 것이어야 한다.</td></tr>
<tr><td>토우의 길이가 2m를 초과하여야 한다. 길이가 2m 이하인 토우는 제5503호나 제5504호에 분류된다.</td></tr>
</table>

127 여기에서 "총 측정치"는 영어원문에서 "total measurement"를 옮긴 것이다. 업계 현장에서는 보통 실의 굵기를 번수라고 표현하는데, 번수라는 말은 항중식에서 사용하는 말이기 때문에 데시텍스로 표현하는 HS규정과 상충된다. 이렇게 현실과 이론과의 괴리로 인해 궁여지책으로 사용한 용어라고 할 수 있다.

① 제5404호 및 제5405호의 모노필라멘트의 분류기준은 명확하다. 즉 67데시텍스 이상이어야 하고, 횡단면의 치수가 1mm 이하, 시폭이 5mm 이하이어야 한다. 67데시텍스 미만인 모노필라멘트는 제5402호 또는 제5403호에 분류된다. 또한 횡단면의 치수가 1mm 초과하거나, 시폭 5mm를 초과하는 경우에는 제39류에 분류된다.

② 멀티필라멘트의 경우에 제55류의 필라멘트 토우가 되기 위해서는 먼저 꼬이지 않거나 미터당 5회 미만으로 꼬여야 한다. 위의 꼬임조건을 충족하지 않는 단사・연합사(복합사) 및 케이블사는 제55류의 필라멘트 토우가 될 수 없다.

③ 하지만 꼬지 아니하고 평행으로 감은 필라멘트로 된 단사도 제54류에 분류될 수 있다. 이러한 필라멘트와 제55류의 필라멘트 토우의 구분은 늘림처리기준과 아래의 총 번수(total measurement)에 의한다.

늘림처리되지 않은 것은 제55류에 분류되지 못하고 제54류에 분류된다. 토우가 단섬유의 제조용으로 바로 전환될 수 있도록 준비된 상태에 있다는 것을 확인하는 것이 늘림처리이다. 즉 제55류의 필라멘트 토우가 필라멘트의 모양을 가지고 있음에도 불구하고 제55류에 분류되는 결정적인 이유가 늘림처리인 것이다.

방사구로부터 추출된 직후의 합성필라멘트는 배향성이 불충분하므로 이들 분자의 배향성을 높이고 섬유로서의 필요한 특성을 부여하기 위하여 연신되어야 한다. 연신된 토우는 아직 다소의 탄력성을 갖고 있으나, 보통의 경우에는 원 길이의 2배 미만으로 늘여도 끊어진다. 반면에 연신되지 않은 토우는 원 길이의 3~4배로 늘여야 끊어진다.

④ 또한 필라멘트 토우의 경우에는 방사되어 집속되는 필라멘트의 수가 대단히 많아 총 번수가 제54류의 꼬임이 없는 단사보다 훨씬 크다. 토우의 총 번수가 20,000데시텍스를 초과하면 제55류에 분류된다.

◉ 총설

1) 이 류에서는 제54류 총설에서 설명된 인조섬유로서, 스테이플섬유(즉, 단섬유) 또는 특정의 장섬유의 토우(tow)가 분류된다. 또한 이 류에는 이 스테이플섬유나 토우(tow)로 제조되는 것으로서 실 및 직물로 되기까지 각 단계의 물품이 분류된다.

2) 필라멘트 토우는 일반적으로 합성스테이플섬유를 제조하는 데 사용하는 것이며, 다음의 공정에 의하여 실로 된다.

① 스테이플섬유로 절단하여 보통 면이나 양모에 사용되는 유사한 공정을 거쳐서 슬라이버(sliver), 로빙(rovings)과 실로 제조된다.

카드공정 중에서는 스테이플섬유와 섬유의 웨이스트가 카드기를 통과함으로써 섬유는 다소 병렬되며, 보통 슬라이버(섬유의 가닥은 가연되지 않은 채 느슨하게 합해져 있다)상태로 만든다.

그 다음 코움공정에서는 카드된 슬라이버를 코움기를 통과시킴으로써 섬유는 거의 완전할 정도로 병렬되며 웨이스트의 경우에는 짧은 섬유(노일)가 제거된다. 코움된 슬라이버는 보통 코일 또는 볼(ball) 모양으로 감겨지며, 이는 이른바 "톱(top)"으로 알려져 있다.

② tow-to-top의 공정을 거쳐서 필라멘트 토우로부터 바로 톱(top)을 만든 후 실로 제조한다. 토우는 섬유의 연속성 또는 병렬된 배열을 교란시키지 않고 단지 필라멘트 토우를 절단 또는 파쇄하는 기계를 거쳐 곧바로 슬라이버상태로 만든다.

카드·코움 또는 tow-to-top공정에 의하여 제조된 슬라이버는 연신하여 로빙으로 만들고, 이 로빙은 방적공정을 거쳐 실로 만들어진다.

Chapter 56

제56류 워딩(wadding) · 펠트(felt) · 부직포, 특수사, 끈 · 배의 밧줄(cordage) · 로프 · 케이블과 이들의 제품

호	호의 용어
5601	방직용 섬유의 워딩(wadding)과 그 제품[예: 방직용 섬유로서 길이가 5밀리미터 이하인 것(플록), 방직용 섬유의 더스트(dust)와 밀네프(mill nep)]
5602	펠트(felt)(침투 · 도포 · 피복 · 적층한 것인지에 상관없다)
5603	부직포(침투 · 도포 · 피복 · 적층한 것인지에 상관없다)
5604	고무실과 고무끈(방직용 섬유로 피복한 것으로 한정한다), 방직용 섬유사, 제5404호나 제5405호의 스트립(strip)과 이와 유사한 물품(고무나 플라스틱을 침투 · 도포 · 피복하거나 시드한(sheathed) 것으로 한정한다)
5605	금속드리사(metallised yarn)[짐프한(gimped) 것인지에 상관없으며 방직용 섬유사, 제5404호나 제5405호의 스트립(strip)과 이와 유사한 것으로서 실 · 스트립(strip) · 가루 모양으로 금속과 결합한 것이나 금속을 피복한 것으로 한정한다]
5606	짐프사(Gimped yarn)와 제5404호나 제5405호에 열거한 스트립(strip)과 그 밖에 이와 유사한 것[짐프한(gimped) 것으로 한정하며 제5605호의 것과 짐프한(gimped) 말의 털로 만든 실은 제외한다], 셔닐사(chenille yarn)[플록(flock) 모양의 셔닐사(chenille yarn)를 포함한다], 루프웨일사(loop wale-yarn)
5607	끈 · 배의 밧줄(cordage) · 로프 · 케이블[엮거나 짠 것인지, 고무나 플라스틱을 침투 · 도포 · 피복 · 시드한(sheathed) 것인지에 상관없다]
5608	매듭이 있는 그물감[끈 · 배의 밧줄(cordage) · 로프로 만든 것으로 한정한다], 방직용 섬유제품으로 만든 어망, 그 밖의 제품으로 만든 그물
5609	제5404호나 제5405호의 실 · 스트립(strip)이나 이와 유사한 것 · 끈 · 배의 밧줄(cordage) · 로프 · 케이블의 제품(따로 분류되지 않은 것으로 한정한다)

◉ 류주

1. 이 류에서 다음 각 목의 것은 제외한다.
   가. 방직용 섬유재료가 단지 매체로 존재하면서 다른 물질이나 조제품(예 : 제33류의 향수나 화장품, 제3401호의 비누나 세척제, 제3405호의 광택제 · 크림이나 이와 유사한 조제품, 제3809호의 직물 유연제)을 침투 · 도포하거나 피복한 워딩(wadding) · 펠트(felt) · 부직포
   나. 제5811호의 섬유제품
   다. 천연 · 인조의 연마용 가루나 알갱이를 펠트(felt)나 부직포의 뒷면에 부착한 것(제6805호)
   라. 응결시키거나 재생한 운모를 펠트(felt)나 부직포의 뒷면에 부착한 것(제6814호)
   마. 금속박(箔)을 펠트(felt)나 부직포의 뒷면에 부착한 것(일반적으로 제14부나 제15부)
   바. 제9619호의 위생타월(패드) · 탐폰, 유아용 냅킨 · 냅킨라이너와 이와 유사한 물품

2. 펠트(felt)에는 니들룸펠트(needleloom felt)와, 웹(web) 자체의 섬유를 이용하여 스티치본딩(stitch-bonding) 방식으로 해당 직물의 응집력을 높인 방직용 섬유의 웹(web)으로 만든 직물류를 포함한다.

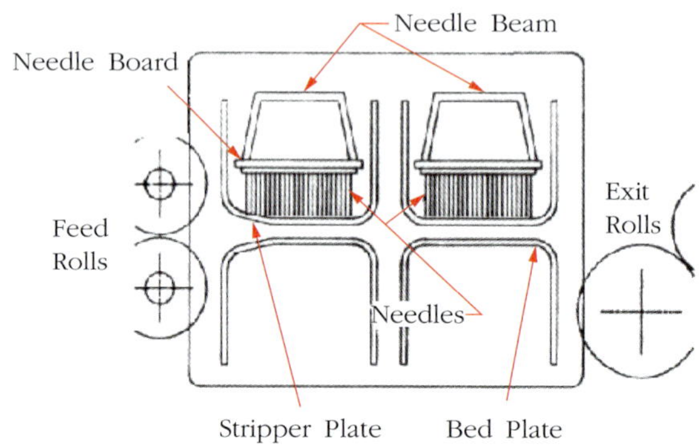

[니들룸의 주요 부분. 낚싯바늘처럼 갈고리가 있는 수많은 바늘이 위아래로 왕복하며 펠트 섬유를 얽어맨다.]

1) 펠트는 펠트화가 잘 되는 양모 등을 주로 사용한다. 그런데 **펠트화가 잘 되지 않는 경우**에는 다른 부가적인 방법을 이용하여 펠트를 제조하게 되는데, 그 중 하나가 니들룸공법을 이용하는 것이다. 니들룸공법은 펠트화하지 아니한 식물성 섬유(예 : 황마) 또는 인조섬유에서 펠트를 제조할 수 있도록 한 것이다. 즉 갈고리 모양의 바늘이 위아래로 왕복하며 섬유를 얽어매면서 펠트화시키는 것이다. 이는 제5603호에 분류되는 부직포 중에 니들룸가공을 거친 부직포와 구분되는데, 제5602호의 펠트로서 니들룸공정을 거친 것은 펠트화가 잘 되지 않는 재료에 대해 펠트를 만드는 주된 가공법인 반면에, 부직포의 경우에는 니들룸공정이 화학적 결합방법 등 다른 결합방법에 보완적으로 거치는 공정이라는 점에서 차이가 있다.

2) 스티치(stitch)는 자수·편물·재봉 등의 한 바늘, 한 번 수놓기, 한 번 꿰매기, 한 번 뜨기, 한 번 감치기 등을 말하는 바늘코·자수코·꿰매기코 및 뜨기코의 총칭이다. 제5602호의 펠트(felt)에는 웹(web) 자체의 섬유를 이용하여 스티치본딩(stitch-bonding) 방식으로 해당 직물의 응집력을 높인 방직용 섬유의 웹(web)으로 만든 직물류를 포함한다. 이러한 직물류의 본질적인 특징은 해당 물품이 방직용 섬유를 응집한 웹으로 구성되는 것으로, 그 응집력이 방직용 **섬유의 실에 의한 것이 아니라 그 웹 자체의 섬유**를 걸어올림으로써 향상되게 되어 있다. 섬유는 바늘로써 웹을 통하여 끌어당겨지며 표면에 체인스티치의 열을 형성한다.

3. 제5602호(펠트)와 제5603호(부직포)에는 플라스틱이나 고무(이들 재료의 성질(콤팩트 또는 셀룰러)인지에 상관없다)를 침투·도포·피복하거나 적층한 펠트(felt)나 부직포를 각각 포함한다. 제5603호에는 플라스틱이나 고무를 결합제로 한 부직포를 포함한다. 다만, 제5602호와 제5603호에서는 다음 각 목의 것은 제외한다.

가. 플라스틱이나 고무를 침투·도포·피복하거나 적층한 펠트(felt)로서 방직용 섬유의 함유량이 전 중량의 100분의 50 이하인 것, 펠트를 플라스틱이나 고무의 중간에 완전히 삽입한 것(제39류나 제40류)

나. 부직포를 플라스틱이나 고무 중간에 완전히 삽입한(completely embedded) 물품과, 부직포 양면 모두에 플라스틱이나 고무를 도포하거나 피복한 물품으로서 육안으로 도포하거나 피복

한 사실을 확인할 수 있는 것(색채의 변화를 고려하지 않는다)(제39류나 제40류)

다. 다포성 플라스틱이나 다포성 고무의 판 · 시트(sheet) · 스트립(strip)으로서 펠트(felt)나 부직포와 결합한 것(섬유는 보강용으로 한정한다)(제39류나 제40류)

1) 품목분류표상 "침투 · 도포 · 피복하거나 적층한 방직용 섬유의 직물" 중에 많은 물품들이 제59류에 분류된다. 그런데 제59류의 주 제1호에서 "문맥상 달리 해석되지 않는 한 이 류에서 '방직용 섬유의 직물'이란 제50류부터 제55류까지 · 제5803호 · 제5806호의 방직용 섬유의 직물류, 제5808호의 원단상태인 브레이드(braid)와 장식용 트리밍(trimming), 제6002호부터 제6006호까지의 메리야스 편물과 뜨개질 편물로 한정한다"라고 하여, 제56류의 물품은 침투 · 도포 · 피복하거나 적층한 경우라도 제59류에 분류하지 않는 것으로 하고 있다. 따라서 이들 침투 등을 한 제56류의 물품은 제56류에 분류된다.

3) 다만 플라스틱이나 고무를 침투 · 도포 · 피복하거나 적층한 제56류의 물품 중에 플라스틱이나 고무가공을 충분히 하여 본 류주의 경우처럼 당해 물품이 방직용 섬유제품의 특성을 잃을 정도로 한 경우에는 제39류나 제40류에 분류하도록 하고 있다.

4. 제5604호에는 방직용 섬유의 실, 제5404호나 제5405호의 스트립(strip)이나 이와 유사한 물품으로서 침투 · 도포하거나 피복한 것을 육안으로 판별할 수 없는 것(통상 제50류부터 제55류까지)은 포함하지 않는다(색채의 변화를 고려하지 않는다).

제5604호에는 크게 두 종류의 물품이 분류된다. 첫째는 고무실과 고무끈으로서 방직용 섬유로 피복한 것이 분류되고, 둘째는 반대로 방직용 섬유사나 제5404호와 제5405호에 분류되는 스트립이나 이와 유사한 물품에 고무나 플라스틱을 침투 · 도포 · 피복하거나 시드한(sheathed) 것이 분류된다.

본 주는 둘째 물품인 "방직용 섬유사나 제5404호와 제5405호에 분류되는 스트립이나 이와 유사한 물품"을 침투 · 도포하거나 피복하였는지 여부를 맨눈으로는 판별할 수 없는(cannot be seen with the naked eye) 경우에는 제5604호에 분류되지 않고 통상 제50류부터 제55류까지에 분류된다는 것이다. 이때 색채의 변화(change of colour)를 고려하지 않는다는 것은, 촉감 등 다른 차이는 전혀 없이 침투 등의 사실을 색채의 변화로만 판별할 수 있는 경우에는 이를 침투 등을 거친 것으로 인정하지 않는다는 것이다.

◉ 총설

이 류에는 많은 종류의 특수한 방직용 섬유제의 물품, 예를 들면 워딩 · 펠트 · 부직포 · 특수사 · 코디지 및 이들 재료의 특정 제품을 분류한다. 이 중 중요한 몇 가지의 물품을 설명하도록 한다.

① **워딩** : 카드공정을 거치거나 에어레이드(air-laid)한[128] 섬유층을 여러 층으로 겹쳐 압축한 것

128 card한 것은 섬유의 엉클어짐을 풀고 평행상태로 하는 조작을 거친 것을 말하고, air-laid한 것은 섬유를 강한

으로, 부직포나 펠트에 비하여 워딩의 내부층 섬유는 쉽게 분리된다. 의류의 안감, 탈지면과 같은 위생용품 및 포장재료 등에 쓰인다.

② **펠트** : 방직용 섬유를 여러 층으로 겹쳐서 만드는데, 증기나 뜨거운 비누물로 가습(加濕)하고 충격을 가하면 섬유가 서로 결합되며 균일한 두께의 시트가 만들어져, 워딩보다 더 촘촘해서 분리하기 힘들게 된다. 펠트는 일반적으로 양모 또는 그 밖의 동물의 털로 제조되거나 이들 섬유와 그 밖의 천연섬유(예 : 식물성 섬유·마모) 또는 인조섬유와의 혼합물로 제조된다. 피아노해머, 중절모자, 신발 등에 쓰인다.

③ **부직포(不織布)** : 경사와 위사로 짠 직물이 아니고 방직용 섬유를 일정한 방향으로 가지런히 놓거나 또는 아무렇게나 배열하고 **접착(bonding)시킨** 시트(sheet) 또는 웹상태의 것이다. 제법은 웹을 형성시킨 다음 접착가공을 하며, 완성가공으로 마무리를 한다. 일회용 냅킨, 위생용 타월 등에 쓰인다.

워딩, 펠트 및 부직포의 구분

구분	워딩	펠트	부직포
HS	제5601호	제5602호	제5603호
정의	card하거나 air-laid한 섬유층을 여러 층으로 겹쳐 압축한 것	방직용 섬유를 여러 층으로 겹쳐서 증기나 뜨거운 비눗물로 가습(加濕)하고 충격을 가하여 섬유가 서로 **얽히면서 결합**되어 만들어진 균일한 두께의 시트	다양한 방법으로 웹을 형성한 다음에 화학적 **접착**이나 열접착 또는 기계적인 접착을 시킨 것
특징	고정이 약해 섬유층이 쉽게 분리된다.	기본적으로 펠트화가 잘 되는 양모 등을 주로 사용하지만, 펠트화가 잘 되지 않는 재료의 경우에는 니들룸공법이나 스티치본딩 방식으로 해당 직물의 응집력을 높이기도 한다.	기계적인 접착은 화학적 접착이나 열접착에 부수적이고 보완적인 경우에만 인정되고, 기계적인 접착이 주된 경우에는 펠트로 분류한다.

공기의 기류를 만들어 날렸다가 스크린에 가라앉은 것을 모은 것을 말한다.

Chapter 57

제 57 류 양탄자류와 그 밖의 방직용 섬유로 만든 바닥깔개

호	호의 용어
5701	양탄자류와 그 밖의 방직용 섬유로 만든 바닥깔개(매듭이 있는 것으로 한정하며, 제품으로 된 것인지에 상관없다)
5702	양탄자류와 그 밖의 방직용 섬유로 만든 바닥깔개[직조한 것으로 한정하고, 터프트(tuft)하거나 플록(flock)한 것은 제외하고, 제품으로 된 것인지에 상관없으며 켈렘(kelem) · 슈맥(schumack) · 카라마니(karamanie)와 이와 유사한 손으로 짠 러그(rug)를 포함한다]
5703	양탄자류와 그 밖의 방직용 섬유로 만든 바닥깔개[터프트(tuft)한 것으로 한정하며, 제품으로 된 것인지에 상관없다]
5704	양탄자류와 그 밖의 방직용 섬유로 만든 바닥깔개[펠트(felt)로 만든 것으로 한정하고, 터프트(tuft)하거나 플록(flock)한 것은 제외하며 제품으로 된 것인지에 상관없다]
5705	그 밖의 양탄자류와 그 밖의 방직용 섬유로 만든 바닥깔개(제품으로 된 것인지에 상관없다)

◉ 류주

1. 이 류에서 "양탄자류와 그 밖의 방직용 섬유로 만든 바닥깔개"란 사용할 때 노출표면이 방직용 섬유재료로 된 바닥깔개를 말하며, 바닥깔개의 특성을 지니고 있으나 그 밖의 용도로 사용할 수 있는 물품을 포함한다.

2. 이 류에서 바닥깔개의 밑받침(underlays)은 제외한다.

[양탄자류와 그 밖의 방직용 섬유로 만든 바닥깔개는 노출표면이 방직용 섬유로 된 것이라야 제57류에 분류된다. 바닥깔개의 밑받침만 단독 제시된 경우에는 재질에 따라 분류된다.]

◉ 총설

1) 이 류에서는 사용 시의 노출표면이 방직용 섬유로 만들어진 양탄자류와 그 밖의 방직용 섬유로 만든 바닥깔개를 분류하며, 바닥깔개의 특성(두께움 · 단단함 · 강도)을 가지고 있으면서 그 밖의 용도(예 : 벽걸이 · 테이블커버 또는 그 밖의 실내용품)에 사용하는 물품을 포함한다. 이 류의 물품은 라텍스 등으로 **침투된 것** 또는 직물 · 부직포 · 셀룰러 고무 또는 셀룰러 플라스틱으로 보강된 것도 있을 수 있다. 반면에 리놀륨과, 방직용 섬유직물의 뒷면을 플라스틱 등으로 **도포 또는 피복한 것**으로 만든 그 밖의 바닥에 까는 물품은 제5904호에 분류한다.

2) 제57류에 분류되는 양탄자류와 그 밖의 방직용 섬유로 만든 바닥깔개는 제품의 제작 시의 제직방식에 따라 각각 해당 4단위 호에 분류하고 있다. 이들 종류를 보면 다음과 같다.

① 매듭이 있는 것 : 제5701호

② 직조한 것 : 제5702호

③ 터프트한 것 : 제5703호

④ 펠트로 만든 것 : 제5704호

⑤ 그 밖의 양탄자류와 그 밖의 방직용 섬유로 만든 바닥깔개 : 제5705호

Chapter 58

제58류 특수직물, 터프트(tuft)한 직물, 레이스, 태피스트리(tapestry), 트리밍(trimming), 자수천

호	호의 용어
5801	파일(pile)직물 · 셔닐(chenille)직물(제5802호나 제5806호에 해당하는 직물은 제외한다)
5802	테리타월지(terry towelling fabric)와 이와 유사한 테리(terry)직물[제5806호에 해당하는 세폭(細幅)직물은 제외한다], 터프트(tuft)한 직물(제5703호에 해당하는 물품은 제외한다)
5803	거즈[제5806호에 해당하는 세폭(細幅)직물은 제외한다]
5804	튈(tulle)과 그 밖의 망직물(제직한 것 · 메리야스 편물이나 뜨개질 편물은 제외한다), 레이스[원단 상태 · 스트립(strip)이나 모티프(motif)로 된 것으로 한정하며, 제6002호부터 제6006호까지의 편물은 제외한다]
5805	고블랭(gobelin)직 · 플랜더스(flanders)직 · 오뷔송(aubusson)직 · 보베(beauvais)직과 이와 유사한 손으로 짠 태피스트리(tapestry), 자수의 태피스트리(tapestry)[예: 프티포인트(petit point) · 십자수](제품으로 된 것인지에 상관없다)
5806	세폭(細幅)직물(제5807호에 해당하는 것은 제외한다)과 접착제로 접착한 경사(經絲)만으로 이루어진 세폭(細幅)직물(볼덕)
5807	섬유로 만든 레이블(label), 배지(badge)와 이와 유사한 물품[원단 상태인 것 · 스트립(strip) 모양인 것 · 특정한 모양이나 크기로 절단한 것으로 한정하며, 자수한 것은 제외한다]
5808	원단 상태인 브레이드(braid)와 원단 상태인 장식용 트리밍(trimming)(자수가 없는 것으로 한정하며, 메리야스 편물이나 뜨개질 편물은 제외한다), 술 · 폼퐁(pompon)과 이와 유사한 물품
5809	금속사의 직물과 제5605호에 해당하는 금속드리사(metallised yarn)의 직물(의류 · 실내용품이나 이와 유사한 물품에 사용되는 것으로 한정하며, 따로 분류되는 것은 제외한다)
5810	자수천[원단 상태인 것 · 스트립(strip) 모양인 것 · 모티프(motif)로 된 것으로 한정한다]
5811	원단 상태인 방직용 누비제품(바느질이나 그 밖의 방법으로 패딩과 조합한 한 층 이상의 방직용 섬유로 만든 것으로 한정하며, 제5810호의 자수천은 제외한다)

◉ 류주

1. 이 류는 제59류의 주 제1호의 방직용 섬유직물로서, 침투 · 도포 · 피복하거나 적층한 것과 제59류의 기타 물품에는 적용하지 않는다.

   1) 제59류의 주 제1호에서는 "문맥상 달리 해석되지 않는 한 이 류에서 "방직용 섬유의 직물"이란 제50류부터 제55류까지 · 제5803호 · 제5806호의 방직용 섬유의 직물류, 제5808호의 원단 상태인 브레이드(braid)와 장식용 트리밍(trimming), 제6002호부터 제6006호까지의 메리야스 편물과 뜨개질 편물로 한정한다"라고 규정하고 있다. 일반적으로 침투 · 도포 · 피복하거나 적층한 방직용 섬유직물은 제59류에 분류하지만, 제59류의 주 제1호에 열거된 것에 한하여 적용된다.

2) 제58류의 직물로서 침투·도포·피복하거나 적층을 통해 제59류에 분류되는 것은 다음과 같다.
   ① 제5803호 : 거즈[제5806호에 해당하는 세폭(細幅)직물은 제외한다]
   ② 제5806호 : 세폭(細幅)직물(제5807호에 해당하는 것은 제외한다)과 접착제로 접착한 경사(經絲)만으로 이루어진 세폭(細幅)직물(볼덕)
   ③ 제5808호의 원단상태인 브레이드(braid)와 장식용 트리밍(trimming)

2. 제5801호에는 위(緯)파일직물(weft pile fabrics)로서, 그 부사(浮絲, float)를 절단하지 않아 직립한 파일(pile)을 가지지 않은 단계인 것을 포함한다.

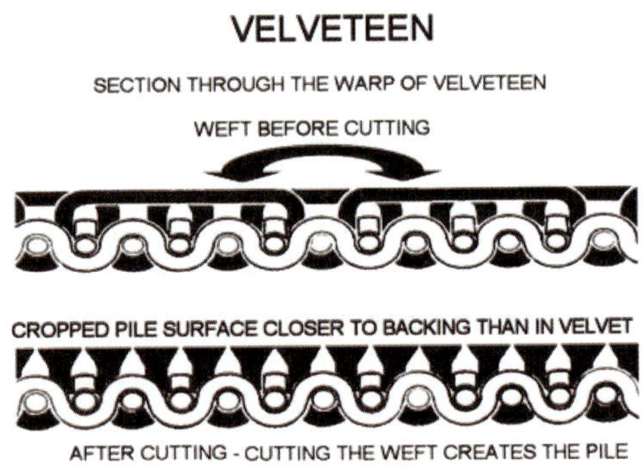

[velveteen은 대표적인 위파일직물의 하나이다. 제5801호의 위파일직물에는 그림 위쪽처럼 부사가 절단되지 않은 것도 포함한다.]

1) 파일직물(pile fabric)은 직물표면을 덮고 있는 부드러운 파일이나 루프가 형성된 직물을 말한다. 경사로 루프를 형성하는 것과 위사로 루프를 형성하는 것이 있다. 또, 형성된 루프를 자른 것과 그대로 둔 것이 있는데, 전자를 컷파일(cut pile), 후자를 언컷파일(uncut pile) 또는 루프파일(loop pile)이라 한다.
파일직물은 적어도 세 가닥 이상의 연속사로 이루어진다. 즉 팽팽한 장력을 가진 경사와 위사가 기포를 형성하고, 다른 한 가닥의 경사 또는 위사가 파일을 형성하고 있다.

2) 위파일직물(velveteens·corduroys 등)은 일반적으로 위사로 만들어진 파일을 가지고 있다. 이 경우에 있어서 위사는 경사의 아래를 교대로 지나고, 그 다음에 두 가닥 이상의 경사의 표면에 부상하여 파일을 만든다. 절단된 위파일직물의 경우에는 제직 후에 직물의 표면에 부상된 루프파일이 절단되고, 절단된 끝부분이 직립함으로써 파일이 형성된다. 부사(浮絲)가 절단되지 않아 직립파일이 없는 위파일직물도 제5801호의 위파일직물에 포함된다.

3. 제5803호에서 "거즈(gauze)"란 그 조직의 전부나 일부에서 지경사(地經絲)와 익경사(搦經絲)로 구성되며, 익경사가 지경사를 반회전, 1회전이나 2회 이상의 회전을 하면서 교전하거나 교착하여 고리(loop)를 만들고 이 고리에 위사(緯絲)가 통과함으로써 짜인 직물을 말한다.

[거즈직물은 보통 엉성하게 짜여 있다.]

1) 제5803호에서 말하는 거즈는 일반적으로 말하는 붕대로 사용되는 거즈와는 다르다. 제5803호에는 주로 붕대로 사용되는 평조직의 엉성하게 짜여진 평직물은 포함하지 않

는다. 보통 거즈라고 불리어지기는 하나, 이것은 의료용·외과용·치과용 또는 수의용(獸醫用)의 목적하에 소매용으로 된 경우에는 제3005호에 분류되고, 그 밖의 경우에는 재질에 따라 제50류부터 제55류까지의 어느 호에 분류된다. 이 호에는 또한 체로 사용되는(for sifting) 볼팅 클로스(bolting cloth)129도 제외한다(제5911호).

2) 제5803호의 거즈는 익직물(搦織物, leno fabrics)이라고도 알려져 있다. 일반직물은 경사가 평행으로 배열되면서 위사와 교차하나, 익직물에서는 지경사와 익경사 **두 개 이상의 경사**가 존재하면서 이들이 꼬이면서 루프를 만들고, 이 루프에 위사가 통과함으로써 짜인 직물을 말한다. 이러한 거즈는 경사끼리 꼬여 있는 동시에 위사가 또한 얽혀 있으므로, 공간이 많은 직물을 만들어도 실이 밀리지 않아 공간을 그대로 유지할 수 있다.

4. 제5804호는 제5608호에 해당하는 끈·배의 밧줄(cordage)·로프로 만든 매듭이 있는 망직물에는 적용하지 않는다.

1) 제5804호 : 튈(tulle)과 그 밖의 망직물(제직한 것·메리야스 편물이나 뜨개질 편물은 제외한다), 레이스[원단상태·스트립(strip)이나 모티프(motif)로 된 것으로 한정하며, 제6002호부터 제6006호까지의 편물은 제외한다]

제5608호 : 매듭이 있는 그물감[끈·배의 밧줄(cordage)·로프로 만든 것으로 한정한다], 방직용 섬유제품으로 만든 어망, 그 밖의 제품으로 만든 그물

2) 제5804호의 망직물은 커튼·침대보 또는 이와 유사한 가정용 실내용품·베일·숙녀복의 제조 및 자수천 등에 사용되는 것으로서, 보통 견·인조섬유·면 또는 아마 등으로서 제직된다. 반면에 제5608호의 끈·배의 밧줄·로프로 만든 매듭이 있는 망직물(knotted net fabrics)은 제5607호에 분류되는 끈·코디지 또는 로프를 가지고 만드는데, 이러한 점에서 제5804호와 제5608호는 구분이 된다.

5. 제5806호에서 "세폭직물(細幅織物, narrow woven fabrics)"이란 다음 각 목의 물품을 말한다.

가. 폭이 30센티미터 이하인 직물로서, 이와 같은 규격으로 직조한 것 또는 광폭(廣幅)의 직물을 절단한 것(직조·풀칠이나 그 밖의 방법으로 양 가장자리를 짜맞추어 만든 귀를 가지는 것으로 한정한다)

나. 관 모양(tubular)인 직물의 평폭이 30센티미터 이하인 것

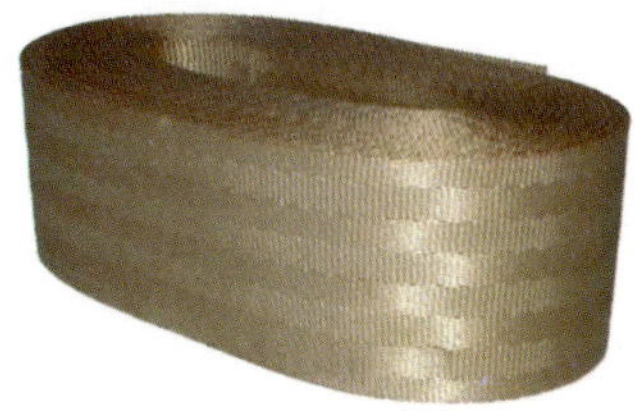

[안전벨트의 끈은 대표적인 세폭직물이다.]

129 거즈·레노 또는 평직으로 된 기공직물(氣孔織物)로서 그 망목(mesh)은 기하학적으로 정확한 크기와 형태(대개 정사각형)로 되어 있어야 하며 이를 사용함으로써 그 망목이 변형되지 않아야 한다. 이 물품들은 주로 거르는 체(sifting)로 사용되며(밀가루·연마분·플라스틱 분말·동물용 사료의 거르는 것) 여과용 및 스크린 날염 등에 사용된다.

다. 가장자리를 접은 바이어스바인딩(bias binding)으로서 가장자리를 폈을 때의 폭이 30센티미터 이하인 것

다만, 직물 자체의 실로 가장자리에 술을 붙인 세폭직물은 제5808호로 분류한다.

[귀를 가진 모양으로 마감한 천]

[바이어스바인딩이란 가장자리에 다른 천으로 가늘게 테두리를 두르고 마감처리를 한 것을 말한다.]

1) 세폭직물은 처음부터 그렇게 직조했든지, 아니면 폭이 넓은 직물을 절단하였든지 간에 폭이 좁은 직물을 말하고, 그 기준을 30cm로 하고 있다. 이러한 세폭직물의 유형에는 위의 세 가지가 있다.
   ① 일반적인 직물로서 폭이 30cm 이하인 직물은 반드시 직조·풀칠이나 그 밖의 방법으로 양 가장자리를 짜맞추어 만든 귀를 가지는 것(selvedges on both edges)이어야 한다. 양 가장자리에 귀가 없으면 올이 풀리기 때문에 올이 풀리지 않게 짜야 한다는 것이다.
   ② 관 모양의 직물의 경우에는 이를 평평하게 눌러 펼쳤을 때의 폭이 30cm 이하이어야 한다.
   ③ 바이어스바인딩(bias binding)이란 가장자리에 **다른 천으로** 가늘게 테두리를 두른 장식으로, 목둘레선 등의 단의 올이 풀리는 것을 막기 위하여 바이어스 테이프나 리본으로 옷감의 가장자리를 정리하는 것을 말한다. 바이어스바인딩 처리한 세폭직물은 바인딩 테이프 외에 접은 천을 폈을 때의 폭이 30cm 이하이어야 한다.
2) 다만, 직물 자체의 실로 가장자리에 술을 붙인 세폭직물(narrow woven fabrics with woven fringes)은 제5808호로 분류한다. 제5808호에는 "원단상태인 브레이드(braid)와 원단상태인 장식용 트리밍(trimming)(자수가 없는 것으로 한정하며, 메리야스 편물이나 뜨개질 편물은 제외한다), 술·폼퐁(pompon)과 이와 유사한 물품"을 분류한다. 즉 제5808호에는 장식용 트리밍이 분류되는데, 이러한 장식용 트리밍에는 세폭직물 형태로 된 것도 많다. 이렇게 세폭직물 중에서 가장자리에 술을 붙이거나 다른 효과를 통해 장식용 트리밍으로 사용될 수 있는 것은 세폭직물로 분류되지 않고, 장식용 트리밍으로서 제5808호에 분류된다.

6. 제5810호에서 "자수천(embroidery)"이란 방직용 섬유직물류의 바탕천에 금속사나 유리섬유의 실로 자수한 것과, 금속이나 유리의 얇은 조각 · 비드(bead) · 방직용 섬유나 그 밖의 물품으로 만든 장식용 모티프(motif)를 꿰매어서 아프리케(applique)로 한 물품을 말한다. 이 호에는 바느질한 태피스트리(tapestry)를 적용하지 않는다(제5805호).

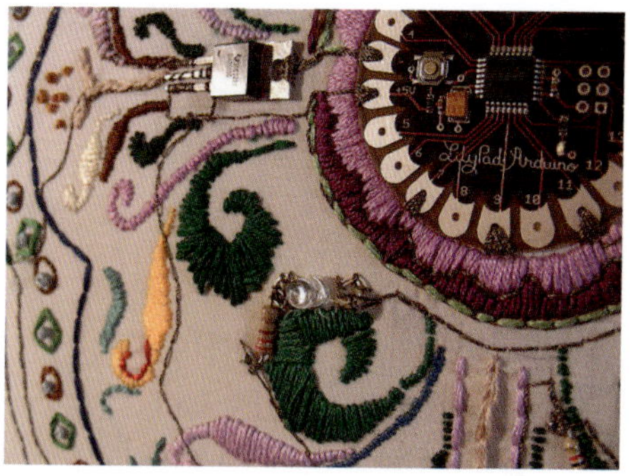

[자수천은 바탕천에 실이나 각종 비드 등으로 장식한 것을 말한다.]

1) 자수천은 기존의 방직용 섬유직물류의 바탕천에 장식적인 효과를 나타내기 위하여 자수사로서 자수가공한 것이다. 자수사는 일반적으로 섬유사가 사용된다. 그러나 그 밖에 금속사나 유리섬유의 실로 자수가공된 것도 이 호에 분류된다.
바탕천은 대개 완성된 자수천의 일부분을 이루고 있다. 그러나 경우에 따라서는 자수 후에 도안만 잔류하고 바탕천은 화학적으로 또는 절단에 의하여 제거되기도 한다. 이와 같이 자수천은 기존의 바탕천을 가지고 제조한다는 점에서 실을 서로 꼬아서 복잡한 무늬요소를 가지도록 만든 장식적 직물인 레이스와 구별된다. 더욱이 자수된 후 바탕천을 제거한 자수천과 레이스는 혼동할 우려가 있는데, 보통 자수천은 앞뒤의 모양이 현저히 다른 반면에 레이스의 경우에는 앞뒤의 모양이 일정부분 동일한 것을 볼 수 있다.

2) 제5810호에는 자수천을 분류하도록 하고 있는데, 이 자수천의 유형에 있어서 두 가지를 예시하고 있다.
① 방직용 섬유직물류의 바탕천에 금속사나 유리섬유의 실로 자수한 것
② 금속이나 유리의 얇은 조각 · 비드(bead) · 방직용 섬유나 그 밖의 물품으로 만든 장식용 모티프(motif)를 꿰매어서 아프리케(applique)로 한 물품

[아프리케한 것]

자수천은 일반적으로 방직용 섬유사를 자수사로 사용하지만, 금속사나 유리섬유의 실로 자수한 것도 포함된다. 또한 아프리케(applique)란 일정한 작품에 별도로 제작된 장식모양을 덧붙이는 장식법을 말하는 것으로서, 섬유공예에 있어서 따로 만들어진 자수무늬나 다른 색의 옷감을 꿰매어 장식하는 경우에 주로 사용되는 용어이다. 제5810호의 자수천에는 바탕천에 장식적인 효과를 나타내기 위해 작은 유리구슬 · 금속박편 또는 이와 유사한 장식적인 부속품 또는 방직용 섬유 또는 그 밖의 재료로 된 장식적인 모티프를 봉합하거나, 그 밖에 브레이드 · 셔닐 또는 그 밖의 트리밍 등을 바탕천 위에 붙이는 방법으로 아프리케(applique)로 한 물품

을 포함한다.

3) 그러나 이 호에는 바느질한 태피스트리(needlework tapestry)를 적용하지 않는다(제5805호). 태피스트리란 사각형의 망목형태의 바탕천(meshed canvas)에 수직(手織, woven by hand)이나 바느질을 통해 만든 것으로서, 이 물품의 본질적인 특징은 흔히 회화적 성격을 갖는 완전하고 독립적인 도안을 내포한 직물의 패널형태로 되어 있다는 것이다. 특히 바느질한 태피스트리의 경우는 자수천과 유사하여 양자간에 구분을 해야 한다. 바느질한 태피스트리는 일반적으로 사각형의 망목으로 된 캔버스 위에 색상이 다른 많은 실로 바느질을 통해 원하는 도안을 만드는데, 제5810호에 분류되는 자수포의 경우와는 달리 바탕천이 완전히 덮여 있고, 혹 전체가 덮여 있지 않다 하더라도 바탕천의 끝부분만 덮여 있지 않고 거의 모두 덮여 있어 완전한 회화작품에 가깝게 만들어져 있다.

[tapestry는 제작과정에서 자수천과 유사한 면이 있지만, 그 자체가 거의 완전한 회화작품에 가깝다.]

7. 이 류에는 제5809호의 물품 외에(in addition to the products of heading 58.09), 의류·실내장식용 직물이나 그 밖에 이와 유사한 물품에 사용하는 금속사의 제품을 포함한다.

제5809호에는 의류용이나 실내장식용의 직물 또는 이와 유사한 물품으로 사용되는 직물로서, 제5605호의 금속드리사(metallised yarn)130를 사용한 직물이 분류되며, 또한 제14부 및 제15부의 금속사로써 제직한 직물도 분류된다. 다만, 금속사로 자수된 자수천과 같이 제58류의 다른 호에 특별히 열거되거나 분류되어 있는 경우에는 제5809호 외에 각각 제58류의 다른 해당 호에 분류한다.

◉ 총설

제5809호를 제외하고, 이 류에는 각종의 광범위한 방직용 섬유물품이 분류되는데, 이들의 4단위호의 분류는 이들 물품을 구성하는 섬유재료와는 무관하다.

제59류의 주 제1호의 규정에 따라, 제5803호의 거즈·제5806호의 세폭직물 및 제5808호의 원단상으로 된 브레이드와 장식용 트리밍으로서 침투·도포(塗布)·피복 또는 적층한 것은 제58류에서 제외되는 데 반하여(보통 제39류, 제40류 또는 제59류), 이 류의 그 밖의 제품으로서 앞에서 설명한 것과 같은 처리를 한 것은 그 처리로 인하여 제39류 또는 제40류 제품의 특성을 갖지 않는 한 이 류에 분류된다.

---

130 금속드리사(metallised yarn)란 방직용 섬유의 실에 금속의 실이나 스트립을 교합(by a process of twisting, cabling or by gimping)시키거나 별도의 가공을 거쳐 금속을 피복한 것을 말한다.

Chapter 59

제59류 침투 · 도포 · 피복하거나 적층한 방직용 섬유의 직물, 공업용인 방직용 섬유제품

호	호의 용어
5901	서적 장정용이나 이와 유사한 용도로 사용하는 방직용 섬유의 직물류로서 검(gum)이나 전분질의 물품을 도포한 것, 투사포(tracing cloth), 회화용 캔버스, 모자 제조에 사용되는 버크럼(buckram)과 이와 유사한 경화가공된 방직용 섬유의 직물
5902	강력사의 타이어코드(tyre cord)직물[나일론이나 그 밖의 폴리아미드 · 폴리에스테르 · 비스코스레이온(viscose rayon)의 것으로 한정한다]
5903	플라스틱을 침투 · 도포 · 피복하거나 적층한 방직용 섬유의 직물류(제5902호에 해당하는 직물류는 제외한다)
5904	리놀륨과 방직용 섬유직물의 뒷면을 도포하거나 피복한 것으로 만든 바닥깔개(특정한 모양으로 절단한 것인지에 상관없다)
5905	방직용 섬유로 만든 벽 피복재
5906	고무가공을 한 방직용 섬유의 직물류(제5902호에 해당하는 직물류는 제외한다)
5907	그 밖의 방법으로 침투 · 도포하거나 피복한 방직용 섬유의 직물류, 극장용 배경이나 스튜디오용 배경막이나 이와 유사하게 사용되는 그림이 그려진 캔버스
5908	램프용 · 스토브용 · 라이터용 · 양초용이나 이와 유사한 용도로 사용하는 방직용 섬유의 심지(직조 · 편조 · 편직한 것으로 한정한다), 백열가스 맨틀(mantle)과 백열가스 맨틀(mantle)용 관 모양의 편물(침투시켰는지에 상관없다)
5909	방직용 섬유로 만든 호스와 이와 유사한 관 모양의 물품(다른 재료를 내장 · 보강한 것인지 또는 부속품이 있는지에 상관없다)
5910	전동(transmission)용 · 컨베이어용 벨트와 벨팅(belting)(방직용 섬유로 만든 것으로 한정하며, 플라스틱을 침투 · 도포 · 피복 · 적층한 것인지 또는 금속이나 그 밖의 물품으로 보강한 것인지에 상관없다)
5911	방직용 섬유제품과 방직용 섬유로 만든 물품(이 류의 주 제7호에 열거된 물품으로 공업용으로 사용되는 것)

◉ 류주

1. 문맥상 달리 해석되지 않는 한, 이 류에서 "방직용 섬유의 직물"이란 제50류부터 제55류까지 · 제5803호 · 제5806호의 방직용 섬유의 직물류, 제5808호의 원단상태인 브레이드(braid)와 장식용 트리밍(trimming), 제6002호부터 제6006호까지의 메리야스 편물과 뜨개질 편물로 한정한다.

1) 제59류는 크게 보아 침투 · 도포 · 피복하거나 적층한 방직용 섬유의 직물과, 공업용인 방직용 섬유제품, 이렇게 두 종류의 제품군으로 나누어 볼 수 있다. 문맥상 여기에서 말하는 "방직용 섬유의 직물(textile fabrics)"은 앞부분의 "침투 · 도포 · 피복하거나 적층한 방직용 섬유의 직물"과 관련이 있는 것이고, 따라서 본 주는 침투 · 도포 · 피복하거나 적층하는 대상이 되는 방

직용 섬유의 직물이 무엇인가를 말하고 있다.

2) 제59류에 분류되는 침투·도포·피복하거나 적층의 대상이 되는 방직용 섬유의 직물은 다음과 같다.

① 제50류부터 제55류까지의 직물

② 제5803호 및 제5806호의 방직용 섬유의 직물류 : 제5803호에는 거즈(gauze), 제5806호에는 세폭직물이 분류된다.

③ 제5808호의 원단상태인 브레이드(braid)와 장식용 트리밍(trimming)

④ 제6002호부터 제6006호까지의 메리야스 편물과 뜨개질 편물

※ 위에 열거한 물품 외의 침투·도포·피복하거나 적층한 방직용 섬유의 직물은 제59류에서 제외된다. 예를 들어 제5810호의 자수천은 위의 리스트에 없는데, 그러므로 자수천의 경우에는 어떤 물질을 침투·도포·피복하거나 적층하였다 하더라도 제59류에 분류되지 않고 그대로 자수천으로 분류된다.

2. 제5903호에는 다음 각 목의 것을 포함한다.

가. 플라스틱을 침투·도포·피복하거나 적층한 방직용 섬유직물[1제곱미터당 중량이나 플라스틱재료의 성질(콤팩트 또는 셀룰러)인지에 상관없대로서 다음에 해당되지 않는 것

(1) 침투·도포하거나 피복한 것을 육안으로 판별할 수 없는 직물류(일반적으로 제50류부터 제55류까지·제58류·제60류로 분류하며, 이 경우 색채의 변화를 고려하지 않는다)

(2) 섭씨 15도부터 30도까지의 온도에서 지름 7밀리미터의 원통둘레에 꺾지 않고는 손으로 감을 수 없는 물품(보통 제39류)

(3) 방직용 섬유의 직물을 플라스틱으로 완전히 덮었거나 이러한 물질로 양면을 완전히 도포·피복한 물품. 다만, 이러한 도포하거나 피복한 것을 육안으로 볼 수 있어야 하며, 이 경우 색채의 변화를 고려하지 않는다(제39류).

(4) 플라스틱을 부분적으로 도포하거나 피복한 그림 모양을 나타낸 직물류(일반적으로 제50류부터 제55류까지·제58류·제60류로 분류한다)

(5) 방직용 섬유의 직물과 결합한 다포성 플라스틱으로 만든 판·시트(sheet)·스트립(strip)(방직용 섬유의 직물은 보강용으로 한정한다)(제39류)

(6) 제5811호의 방직용 섬유제품

나. 제5604호의 플라스틱을 침투·도포·피복하거나 시드한(sheathed) 방직용 섬유사·스트립 또는 이와 유사한 것으로 만든 직물류

1) 제5903호 : 플라스틱을 침투·도포·피복하거나 적층한 방직용 섬유의 직물류(제5902호에 해당하는 직물류는 제외한다)

제5604호 : 고무실과 고무끈(방직용 섬유로 피복한 것으로 한정한다), 방직용 섬유사·제5404

호나 제5405호의 스트립(strip)과 이와 유사한 물품(고무나 플라스틱을 침투·도포·피복하거나 시드한(sheathed) 것으로 한정한다)

2) 어떤 재료로 만든 제품은 필요에 따라 다른 재료를 더하여 보강하거나 약점을 보완하기도 한다. 제59류의 주 제2호에서는 방직용 섬유로 만든 직물에 플라스틱을 침투·도포·피복하거나 적층한 경우에, 이러한 물품은 다음의 세 가지 유형 중에 하나로 볼 수 있다.
   ① 당해 물품이 플라스틱을 침투·도포·피복하거나 적층한 방직용 섬유의 직물류에 해당되어 제5903호에 분류될 수 있는 경우
   ② 플라스틱을 침투·도포·피복하거나 적층한 효과가 미미하여 단지 해당 직물류로 분류하는 경우
   ③ 플라스틱의 침투·도포·피복하거나 적층이 과도하여 섬유제품의 특성을 상실하고 제39류의 플라스틱제품으로 분류하는 경우

   또한 이를 크게 방직용 섬유로 만든 직물에 플라스틱을 침투·도포·피복하거나 적층한 경우와, 처음부터 방직용 섬유로 만든 실이나 스트립에 플라스틱을 침투·도포·피복하거나 시드한(sheathed) 다음에 이를 가지고 직물을 짠 경우로 나누고 있다.

3) 먼저 제59류에 분류되기 위해서는 침투·도포 또는 피복한 것을 육안으로 판별(can be seen with the naked eye)할 수 있어야 한다. 즉 침투 등을 하였음을 실제로 맨눈으로 보아 알아야 한다. 또한 "색채의 변화를 고려하지 않는다"는 의미는 촉감 등 다른 차이는 전혀 없이 침투 등의 사실을 색깔의 변화로만 판별할 수 있는 경우에도 이를 의미 있는 침투 등으로 인정하지 않아 제59류에 분류하지 않는다는 의미이다. 이러한 물품은 해당 방직용 섬유가 분류되는 호에 분류된다. 또한 플라스틱을 부분적으로 도포하거나 피복한 그림 모양을 나타낸 직물류의 경우에는 단지 플라스틱으로 날염(print)한 것으로 보아 해당 방직용 섬유가 분류되는 호에 분류된다.

4) 반면에 섭씨 15도부터 30도까지의 온도에서 지름 7밀리미터의 원통둘레에 꺾지 않고는 손으로 감을 수 없는 물품, 방직용 섬유의 직물을 플라스틱으로 완전히 덮었거나 이러한 물질로 양면을 완전히 도포·피복한 물품 및 방직용 섬유의 직물과 결합한 다포성 플라스틱으로 만든 판·시트(sheet)·스트립(strip)으로 방직용 섬유가 단지 보강용으로 인정되는 경우에는 플라스틱성분이 방직용 섬유의 특성을 상실하게 했다고 보아 이들 물품은 제39류에 분류한다.

5) 마지막으로 제5811호의 방직용 섬유제품은 "바느질이나 그 밖의 방법으로 패딩과 조합한 한 층 이상의 방직용 섬유로 만든 원단상태인 방직용 누비제품(quilted textile products)"을 말한다. 누비제품은 옷감을 안팎으로 맞붙여서 그 사이에 솜(padding)을 넣고 줄이 지게 하거나 여러 가지 모양으로 촘촘하게 홈질이나 박음질한 것을 말하는 것으로서, HS에서는 이러한 물품 이외에도 한 개층의 직물류와 한 개층의 패딩재료(예 : 웹형상의 방직용 섬유·펠트·셀룰로오스워딩·발포플라스틱 또는 발포고무 등)를 바느질 등의 방법으로 조합한 것도 포함한다. 이렇게 플라스틱 패딩재료와 방직용 섬유직물류로 만든 누비제품의 경우에는 제39류나 제5903

호가 아닌 누비제품(제5811호)으로 분류해야 한다는 것이다.

3. 제5905호에서 "섬유로 만든 벽 피복재(textile wall covering)"란 벽이나 천장의 장식용으로 폭이 45센티미터 이상인 롤 모양의 제품을 말하며, 구성하는 직물의 표면이 뒷면에 고정되었거나 뒷면을 붙일 수 있도록 침투시키거나 도포한 제품을 포함한다.[131] 다만, 이 호는 종이(제4814호)의 뒷면이나 직물(일반적으로 제5907호)의 뒷면에 직접 고정한 섬유로 된 플록(flock)이나 더스트(dust)로 구성된 벽 피복재에는 적용하지 않는다.

1) 제5905호의 방직용 섬유 벽 피복재는 먼저 폭이 45cm 이상의 롤 모양의 제품으로서, 겉으로 드러나는 표면이 방직용 섬유로 되어 있어야 하고, 뒷면은 종이 등의 재료로 부착되어 있거나 또는 풀을 붙일 수 있도록 뒷면을 침투 또는 도포 등의 처리를 한 것이다. 즉 걸어놓는 제품이 아니라 벽에 부착하여 고정해야 하므로 방직용 섬유만으로 만드는 것이 아니라 뒷면을 처리해야 한다는 것이다.

2) 그러나 제5905호의 "섬유로 만든 벽 피복재"에는 다음의 것을 제외한다.

① 종이 위에 섬유로 된 플록(flock)이나 더스트(dust)를 붙여 표면장식을 한 벽지는 종이제의 벽지로 보아 제4814호에 분류

② 방직용 섬유의 직물에 섬유로 된 플록(flock)이나 더스트(dust)로 피복한 것은 "그 밖의 방법으로 침투·도포하거나 피복한 방직용 섬유의 직물류"에 해당되는 것으로 제5907호에 분류

4. 제5906호에서 "고무가공을 한 방직용 섬유의 직물류(rubberised textile fabrics)"란 다음 각 목의 것을 말한다. 다만, 방직용 섬유의 직물류와 결합한 다포성 고무의 판·시트(sheet)·스트립(strip)(방직용 섬유가 단지 보강의 목적으로만 되어 있는 것으로 한정한다)(제40류), 제5811호의 방직용 섬유제품에는 적용하지 않는다.

가. 고무를 침투·도포·피복하거나 적층한 방직용 섬유의 직물류

(1) 1제곱미터당 중량이 1,500그램 이하인 것

(2) 1제곱미터당 중량이 1,500그램을 초과하며 방직용 섬유의 함유량이 전 중량의 100분의 50을 초과하는 것

---

131 For the purposes of heading 59.05, the expression "textile wall coverings" applies to products in rolls, of a width of not less than 45 cm, suitable for wall or ceiling decoration, consisting of a textile surface which has been fixed on a backing or has been treated on the back (impregnated or coated to permit pasting). 제5905호의 방직용 섬유 벽 피복재는 겉으로 드러나는 표면이 방직용 섬유로 되어 있어야 하고, 뒷면은 종이 등의 재료로 부착되어 있거나(fixed on a backing) 또는 풀을 붙일 수 있도록 뒷면을 침투 또는 도포 등의 처리를 한 것이다(treated on the back). 벽 피복재와 관련하여서는 제39류의 주 제9호 및 제48류의 주 제9호와 비교하기 바란다.

나. 제5604호의 고무를 침투·도포·피복하거나 시드한(sheathed) 방직용 섬유사·스트립 또는 이와 유사한 것으로 만든 직물류

다. 고무로 응결시킨 방직용 섬유사를 병렬로 놓아 만든 직물류(제곱미터당 중량에 상관없다)

[방직용 섬유의 뒷면에 고무성분을 입혀 만든 접착테이프가 해당 주의 조건에 부합하면 제5906호에 분류된다.]

1) 제5906호의 "고무가공을 한 방직용 섬유의 직물류(rubberised textile fabrics)"는 제5903호의 "플라스틱을 침투·도포·피복하거나 적층한 방직용 섬유의 직물류" 부분과 유사한 규정이다. 즉 방직용 섬유의 직물류에 필요에 의하여 플라스틱가공이나 고무가공을 한 경우에 당해 섬유의 해당 호에 분류할지, 제59류에 분류할지, 아니면 플라스틱이나 고무의 호에 분류할지에 대한 기준을 정해준다.

2) 제5906호에 분류되는 고무가공을 한 방직용 섬유의 직물류는 3가지 유형으로 제시되고 있다.

① **고무를 침투·도포·피복하거나 적층한 방직용 섬유의 직물류** : 플라스틱 도포 등의 직물과 달리 고무 도포 등의 직물은 m^2당 중량 기준을 규정하고 있다. 즉 $1m^2$당 중량이 1,500g 이하이거나, $1m^2$당 중량이 1,500g을 초과는 경우에는 방직용 섬유의 함유량이 전 중량의 50%를 초과하는 것

② 제5604호의 고무를 침투·도포·피복하거나 시드한(sheathed) 방직용 섬유사·스트립 또는 이와 유사한 것으로 만든 직물류

③ 고무로 응결시킨 방직용 섬유사를 병렬로 놓아 만든 직물류(m^2당 중량에 상관없다)

또한 방직용 섬유의 직물류와 결합한 다포성 고무의 판·시트·스트립으로서 방직용 섬유가 단지 보강의 목적으로만 되어 있는 경우에는 고무제품으로서의 특성이 우세하여 제40류에 분류되고, 제5811호의 고무 패딩재료와 방직용 섬유직물류로 만든 누비제품은 제59류에 분류되지 않고 제5811호의 누비제품으로 분류된다.

5. 제5907호에는 다음 각 목의 것을 적용하지 않는다.

가. 침투·도포하거나 피복한 것을 육안으로 판별할 수 없는 직물류(일반적으로 제50류부터 제55류까지·제58류·제60류로 분류하며, 색채의 변화를 고려하지 않는다)

나. 디자인을 넣어 그림을 그린 직물류(극장용 배경이나 스튜디오용 배경막이나 이와 유사하게 사용되는 그림이 그려진 캔버스는 제외한다)

다. 플록(flock)·더스트(dust)·가루 모양인 코르크나 그 밖에 이와 유사한 물품을 부분적으로 피복함으로써 그림 모양을 나타낸 직물류. 다만, 모조 파일(pile)직물은 이 호로 분류한다.

라. 전분이나 이와 유사한 물품을 주성분으로 하여 완성가공한 직물류

마. 방직용 섬유직물의 뒷면에 부착한 베니어판(제4408호)
바. 천연·인조의 연마용 가루나 알갱이를 방직용 섬유직물의 뒷면에 부착한 것(제6805호)
사. 응집하거나 재생한 운모를 방직용 섬유직물의 뒷면에 부착한 것(제6814호)
아. 금속박(箔)을 방직용 섬유직물의 뒷면에 부착한 것(일반적으로 제14부나 제15부)

제5907호에는 침투·도포하거나 피복한 방직용 섬유의 직물류로서, 제5901호~제5906호의 물품을 제외한 침투·도포하거나 피복한 방직용 섬유의 직물류가 분류된다(예 : 건성유의 조제품이나 기름을 도포·침투한 방직용 섬유의 직물류). 다만 다음의 물품은 이 호에서 제외된다.

① **침투·도포하거나 피복한 것을 육안으로 판별할 수 없는 직물류** : 이들은 일반적으로 제50류부터 제55류까지·제58류·제60류로 분류하며, 색채의 변화를 고려하지 않는다. 즉 침투·도포하거나 피복 여부를 색채의 변화만으로 판단할 수 있고 나머지 판단근거가 전무할 때에는 이는 침투·도포하거나 피복한 것으로 보지 않아 제59류에 분류하지 못한다는 것이다.

② **디자인을 넣어 그림을 그린 직물류(극장용 배경이나 스튜디오용 배경막이나 이와 유사하게 사용되는 그림이 그려진 캔버스는 제외한다)** : 직물표면의 일부만을 덮는 디자인을 넣어 그림을 그린 직물류는 이 호에 분류되지 못하고 제50류~제55류나 제58류 또는 제60류에 분류한다. 다만 극장용 배경이나 스튜디오용 배경막이나 이와 유사하게 사용되는 그림이 그려진 캔버스는 제5907호에 분류하도록 호의 용어로 규정하고 있으므로 이 호에 분류한다.

③ **플록(flock)·더스트(dust)·가루 모양인 코르크나 그 밖에 이와 유사한 물품을 부분적으로 피복함으로써 그림 모양을 나타낸 직물류** : 다만, 모조 파일(pile)직물은 이 호로 분류한다. 직물의 표면에 접착제를 가한 후에 플록(flock)·더스트(dust)·가루 모양인 코르크나 그 밖에 이와 유사한 물품을 얇은 층으로 뿌려 도포한 물품은 제5907호에 분류한다. 다만 이들을 직물표면에 부분적으로 뿌려 피복함으로써 그림 모양을 나타낸 직물류는 제외한다. 그러나 모조 파일직물은 제5907호에 분류한다.

④ **전분이나 이와 유사한 물품을 주성분으로 하여 완성가공(normal dressings)한 직물류** : 보통 이들 물품은 제50~제55류나 제58류 또는 제60류에 해당된다. 이 호에서 제외되는 완성가공한 직물류의 예를 들면 사이즈(size)·전분질 또는 이와 유사한 성분을 침투시켰거나 단순히 주름방지·방충·방축(unshrinkable) 또는 방수 등을 위하여 고안된 물질을 침투시킨 직물이 있다.

⑤ 방직용 섬유직물의 뒷면에 부착한 베니어판(제4408호)

⑥ 천연·인조의 연마용 가루나 알갱이를 방직용 섬유직물의 뒷면에 부착한 것(제6805호)

⑦ 응집하거나 재생한 운모를 방직용 섬유직물의 뒷면에 부착한 것(제6814호)

⑧ 금속박(箔)을 방직용 섬유직물의 뒷면에 부착한 것(일반적으로 제14부나 제15부)

위의 ⑤~⑧의 물품들은 직물류와 결합한 물질이 보다 중요한 위치를 차지하고 있고, 직물류는 보강 등의 역할에 지나지 않기 때문에 해당 물질들이 분류되는 곳에 분류해야 한다.

6. 제5910호에는 다음 각 목의 것을 적용하지 않는다.
   가. 방직용 섬유로 만든 전동(transmission)용·컨베이어용 벨팅(belting)으로서 두께가 3밀리미터 미만인 것
   나. 전동용·컨베이어용 벨트나 벨팅(belting)[고무를 침투·도포·피복하거나 적층한 방직용 섬유의 직물류로 제조한 것과 고무를 침투·도포·피복하거나 시드한(sheathed) 방직용 섬유의 실이나 끈으로 제조한 것으로 한정한다](제4010호)

1) **제5910호** : 전동(transmission)용·컨베이어용 벨트와 벨팅(belting)(방직용 섬유로 만든 것으로 한정하며, **플라스틱**을 침투·도포·피복·적층한 것인지 또는 금속이나 그 밖의 물품으로 보강한 것인지에 상관없다)
2) 전동용(傳動用) 또는 컨베이어용 벨트와 벨팅은 동력의 전달이나 물품의 운반용으로 사용된다. 벨트(belts)와 벨팅(belting)의 차이를 보면, 벨트는 벨팅을 일정한 길이로 절단하고 양쪽 끝을 연결하거나 또는 연결할 수 있도록 부속품을 부착한 것으로 해석된다.
3) 제5910호에서는 다음의 물품은 제외된다.
   ① 방직용 섬유로 만든 전동용·컨베이어용 벨팅으로서 두께가 3밀리미터 미만인 것. 두께가 3mm 미만의 것으로서 방직용 섬유만으로 된 벨팅은 전동용이나 컨베이어용으로 사용된다는 특성이 약해 이 호에 분류되지 않고, 세폭직물(제5806호), 브레이드(제5808호) 등으로 분류된다. 다만 같은 물품으로서의 벨트는 이 호에 분류할 수 있다.
   ② **고무**를 침투·도포·피복하거나 적층한 방직용 섬유의 직물류로 제조한 것과, 고무를 침투·도포·피복하거나 시드한(sheathed) 방직용 섬유의 실이나 끈으로 제조한 전동용·컨베이어용 벨트나 벨팅(제4010호)

7. 제5911호에는 제11부의 다른 어느 호에 해당하지 않는 다음 각 목의 물품을 적용한다.
   가. 일정한 길이로 절단하거나 단지 직사각형(정사각형을 포함한다)으로 절단한 원단상태인 방직용 섬유로 만든 물품으로서 다음의 것(제5908호부터 제5910호까지에 열거한 물품의 특성을 가지는 것은 제외한다)
      (1) 일반적으로 침포(針布)로 사용하는 방직용 섬유의 직물류·펠트(felt) 및 펠트로 안을 붙인 직물로서, 고무·가죽 그 밖의 물품을 도포·피복하거나 적층한 것과, 그 밖의 기술적 용도로 사용하는 이와 유사한 직물류[위빙스핀들(weaving spindle)(위빙빔)을 피복하기 위한 고무를 침투시킨 벨벳으로 된 세폭(細幅)직물을 포함한다]
      (2) 볼팅 클로스(bolting cloth)[132]

[132] 거즈·레노 또는 평직으로 된 기공직물(氣孔織物)로서 그 망목(mesh)은 기하학적으로 정확한 크기와 형태(대개 정사각형)로 되어 있어야 하며 이를 사용함으로써 그 망목이 변형되지 않아야 한다. 이 물품들은 주로 거르는 체(sifting)로 사용되며(밀가루·연마분·플라스틱분말·동물용 사료의 거르는 것) 여과용 및 스크린 날염 등에 사용된다.

(3) 착유기나 그 밖에 이와 유사한 기계에 사용하는 방직용 섬유나 사람 머리카락으로 만든 여과포(straining cloth)

(4) 복합경사나 복합위사를 사용한 플랫방직용 섬유의 직물(flat woven textile fabrics)로서 기계나 그 밖의 공업용으로 사용하는 것[펠트(felt)·침투·도포된 것인지에 상관없다]

(5) 공업용으로 사용하는 금속으로 보강한 방직용 섬유의 직물

(6) 공업용으로 사용하는 패킹용이나 윤활용의 끈(cord)·브레이드(braid)와 그 밖에 이와 유사한 것(금속으로 도포·침투·보강한 것인지에 상관없다)

[침포(針布, card clothing)는 얽혀 있는 섬유를 풀고 잡물을 빼내는 카드공정에서 사용된다. 침포는 제8448호의 카드기의 부분품으로 분류된다.]

나. 제5908호부터 제5910호까지의 것은 제외한 방직용 섬유제품으로서 공업용인 것. 예로 제지용 기계나 펄프나 석면시멘트 제조용 등 이와 유사한 기계에 사용하는 엔드리스(endless) 모양이나 연결구를 갖춘 방직용 섬유의 직물류와 펠트(felt)류, 개스킷(gasket), 와셔(washer), 폴리싱디스크(polishing disc)와 그 밖의 기계 부분품

1) **제5911호** : 방직용 섬유제품과 방직용 섬유로 만든 물품(이 류의 주 제7호에 열거된 물품으로 공업용으로 사용되는 것)

2) 제5911호에는 공업용으로 사용되는 그 밖의 방직용 섬유제품과 방직용 섬유로 만든 물품이 분류된다. 이 호에는 공업용으로 사용되는 물품으로서, 앞에서 미리 구체적으로 정한 제5908호부터 제5910호의 물품을 제외한 그 밖의 물품을 분류하는데, 크게 두 가지로 대별된다.

① **일정한 길이로 절단하거나 단지 직사각형(정사각형을 포함한다)으로 절단한 원단상태인 방직용 섬유로 만든 물품으로 본 주에서 열거된 물품** : 예로 열거 물품 중 첫 번째 물품인 침포(針布)를 만들 때 사용하는 바탕은 방직용 섬유의 직물류·펠트(felt) 및 펠트(felt)로 안을 붙인 직물로서, 고무·가죽 그 밖의 물품을 도포·피복하거나 적층한 것을 사용하는데, 이러한 침포 바탕은 제5911호에 분류된다. 다만 침포 자체는 제8448호의 카드기(carding machine)의 부분품으로 분류된다. 이렇게 기술적인 용도로 사용하는 이와 유사한 직물류에는 위빙스핀들(weaving spindle)이나 위빙빔(weaving beam)을 피복하기 위한 고무를 침투시킨 벨벳으로 된 세폭직물(細幅織物)을 포함한다.

② **방직용 섬유제품으로서 공업용인 것** : 예로 제지용 기계나 펄프나 석면시멘트 제조용 등 이와 유사한 기계에 사용하는 엔드리스(endless) 모양이나 연결구를 갖춘 방직용 섬유의 직물류와 펠트(felt)류, 개스킷(gasket), 와셔(washer), 폴리싱디스크(polishing disc)와 그 밖의 기계 부분품

◉ 총설

1) 제59류는 크게 두 부분으로 나뉘는데, 첫 번째 부분은 제50류부터 제55류까지의 직물, 제5803호의 거즈와 제5806호의 세폭직물, 제5808호의 원단상태인 브레이드(braid)와 장식용 트리밍(trimming) 및 제6002호부터 제6006호까지의 메리야스 편물과 뜨개질 편물에 어떤 물질을 침투·도포·피복하거나 적층한 물품이 분류되고, 두 번째 부분은 주로 공업용의 재료나 제품으로 사용되는 방직용 섬유제품이 분류된다.

2) 특히 두 번째 부류의 물품 중에 방직용 섬유로 만든 전동용이나 컨베이어용 벨트나 벨팅(제5910호)과 그 밖의 방직용 섬유로 만든 공업용 물품(제5911호)은 많은 기계류의 부분품으로 사용될 수 있는데, 제16부의 부주 제1호에서 이들 물품이 따로 제시되는 경우에는 제59류의 물품으로 분류하도록 하고 있다(제90류의 류주 제1호에서도 같은 의도의 제외규정이 있다).

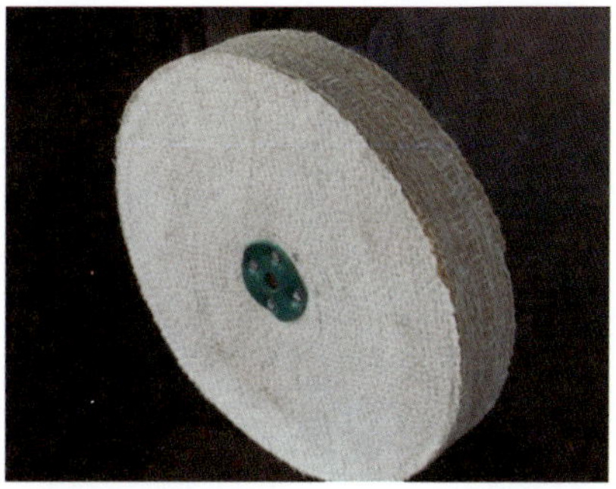

[cotton cloth polishing disc. 기계의 부분품으로 쓰일 경우, 제59류에 분류되는 방직용 섬유로 만든 기계의 부분품은 당해 기계의 부분품에서 제외되어 제59류에 분류한다.]

Chapter 60

제 60 류 메리야스 편물과 뜨개질 편물

호	호의 용어
6001	파일(pile) 편물[롱파일(long pile) 편물과 테리(terry) 편물을 포함하며, 메리야스 편물이나 뜨개질 편물로 한정한다]
6002	메리야스 편물이나 뜨개질 편물(폭이 30센티미터 이하이며 탄성사나 고무실의 함유중량이 전 중량의 100분의 5 이상인 것으로서 제6001호의 것은 제외한다)
6003	메리야스 편물이나 뜨개질 편물(폭이 30센티미터 이하인 것으로서 제6001호나 제6002호의 것은 제외한다)
6004	메리야스 편물이나 뜨개질 편물(폭이 30센티미터를 초과하며 탄성사나 고무실의 함유중량이 전 중량의 100분의 5 이상인 것으로서 제6001호의 것은 제외한다)
6005	경(經)편직 직물류[거룬(galloon) 편직기로 제조한 것을 포함하며, 제6001호부터 제6004호까지의 것은 제외한다]
6006	그 밖의 메리야스 편물이나 뜨개질 편물

◉ 류주

1. 이 류에서 다음 각 목의 것은 제외한다.
   가. 제5804호의 뜨개질 편물의 레이스
   나. 제5807호에 해당하는 메리야스 편물과 뜨개질 편물의 레이블(label)·배지(badge)와 이와 유사한 물품
   다. 제59류의 침투·도포·피복하거나 적층한 메리야스 편물이나 뜨개질 편물제품. 다만, 침투·도포·피복하거나 적층한 메리야스 편물이나 뜨개질 편물의 파일(pile)직물은 제6001호로 분류한다.

1) **나목** : 보통 라벨이라 부르는 레이블(label)은 주로 종이와 방직용 섬유를 사용하여 만든다. 특히 편물로 만든 레이블은 제60류에 분류되지 않고 제5807호에 분류해야 한다. 참고로 종이로 만든 레이블과 방직용 섬유로 만든 레이블의 분류규정을 정리하면 다음과 같다.

구분	제4821호	제5807호
분류 물품	종이나 판지 레이블(인쇄 여부에 상관없다)	방직용 섬유제의 레이블. 재료를 불문하며 편물의 것을 포함한다.
유의점	용도는 해당 **제품의 특징 · 신원 · 소유자 · 송달처 · 가격 등**을 나타내기 위한 것이다. 이들 물품에는 스티커식의 것 또는 그 밖의 방법으로(예 : 끈) 부착되도록 만들어진 것이 있다. 인쇄된 **스티커**로서 **선전 · 광고 · 단순한 장식 등**에 사용하도록 만들어진 것(예 : comic sticker · window sticker)은 이 호에서 제외된다(제4911호).	① 용도는 종이 레이블과 동일하다고 볼 수 있다. ② 자수(embroidery)하지 않아야 한다. 자수한 것은 제5810호의 자수제품으로 분류한다. ③ 원단상태의 것, 스트립의 것 및 특정 모양이나 크기로 절단한 것만 제5807호에 분류하고, 그 이상의 가공을 통해 제품으로 한 것(made up)[133]은 제외한다(제61류, 제62류 또는 제63류).

2) **다목** : 제59류의 주 제1호에 따라 침투 · 도포 · 피복하거나 적층한 제6002호부터 제6006호까지의 메리야스 편물과 뜨개질 편물은 제59류에 분류되지만, 침투 · 도포 · 피복하거나 적층한 메리야스 편물이나 뜨개질 편물의 **파일(pile)직물**은 제6001호에 분류한다.

2. 이 류에는 의류 · 실내용품 · 그 밖에 이와 유사한 물품에 사용하는 금속사로 만든 직물이 포함된다.

1) 일반적으로 금속사(metal thread)는 제14부 또는 제15부에 분류되지만, 의류 · 실내용품 · 그 밖에 이와 유사한 물품에 사용하는 금속사로 만든 직물은 제58류에, 이러한 편물은 제60류에 분류된다. 또한 제61류와 제62류 및 제63류에는 금속사로 만든 의류 · 실내용품 · 그 밖에 이와 유사한 물품이 분류된다.

2) 이와 같이 제14부나 제15부에 해당하는 성분인 금속으로 만든 실을 가지고 제품을 만든 경우에 이들 모두 제11부의 방직용 섬유제품으로 오는 것이 아니라, **의류 · 실내용품 · 그 밖에 이와 유사한 물품과 관련되었을 때에만** 제11부에 분류된다. 따라서 산업용이나 그 밖에 위의 물품과 관련이 없는 귀금속 · 철강 · 구리 또는 알루미늄 등으로 만든 와이어거즈(wire gauze)나 직조한 클로스(woven cloth)는 재질에 따라 제14부 또는 제15부의 해당 호에 분류된다.

3. 이 표의 메리야스 편물과 그 제품에는 스티치본딩(stitch-bonding) 방식으로 만든 물품[체인스티치(chain stitch)가 방직용 섬유의 실로 만들어진 것으로 한정한다]이 포함된다.

스티치본딩은 스티치를 통하여 직물이나 편물 등이 풀어지지 않도록 응집력을 높이는 데 많이 사용된다. 제56류의 펠트(felt)는 웹(web) 자체의 섬유를 이용하여 스티치본딩(stitch-bonding) 방식으로 만든 경우에는 제56류에 분류하도록 하고 있지만, 만약에 방직용 섬유의 실로 스티칭

133 제5807호에서의 "제품으로 된 것(made up)"은 제11부 부주의 "제품으로 된 것(made up)"과 크게 보면 동일한 의미이나 약간의 차이가 발견된다. 즉 제11부의 부주에서 언급한 개념은 "정사각형이나 직사각형 외의 모양으로 재단한 물품"인 반면에, 제5807호의 경우에는 정사각형이나 직사각형 이외에도 특정 형상으로 재단한 것도 따로 제61류~제63류의 제품으로 구분하지 않고 제5807호에 분류한다. "그 이상의 가공을 통해 제품을 한 것"이란 레이블의 기능 이상으로 가공하여 의류 부속품이나 부분품의 성격을 가지고 있음을 의미한다.

(stitching)한 경우에는 제56류에서 제외하도록 하고 있다. 이렇게 체인스티치(chain stitch)가 **방직용 섬유의 실**(textile yarn)로 만들어진 스티치본딩 방식으로 만든 물품은 제60류에 분류한다.

◉ 총설

1) 이 류에는 경사나 위사로서 교착시켜 제직된 것이 아니고, 서로 연결되어 있는 루프를 계속하여 만듦으로써 편조된 편직물이 분류되며, 이는 크게 메리야스 편물과 뜨개질 편물로 나눌 수 있다.
   ① **메리야스 편물(Knitted fabrics)** : 편물용의 기계로 짠 니트의 총칭이다. 위편직(또는 위메리야스, weft knits)과 경편직(또는 경메리야스, warp knits)이 있다.
   ② **뜨개질 편물(Crocheted fabrics)**

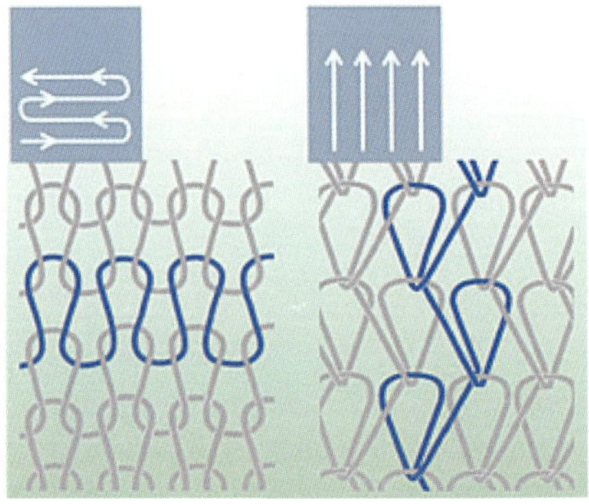
[왼쪽이 위메리야스이고 오른쪽이 경메리야스이다.]

2) 메리야스 편물(knit)의 구조는 직물이나 부직포와는 근본적으로 다르다. 메리야스는 코를 형성하기 위한 실의 급사 방향에 따라 위(緯)메리야스와 경(經)메리야스로 나눈다. 위메리야스란 **한 가닥의 날실**이 천의 가로 방향으로 **여러 개의 바늘에 차례로 공급**되어 코를 형성해 나가는 것이고, 경메리야스는 씨실빔에서 송출된 **여러 가닥의 씨실**이 **각각 대응하는 바늘에 일시에 공급**되어 코가 형성되는 것이다. 따라서 같은 실에 의한 코의 열(列)이 전자는 가로 방향으로 가지런히 연속되는 데 반하여 후자는 세로 방향의 지그재그형으로 연속된다는 점이 다르다. 위메리야스와 경메리야스 모두 천에는 코의 열이 나타나는데, 가로 방향의 열을 코스(course), 세로 방향의 열을 웨일(wale)이라고 한다. 이들 코스와 웨일이 서로 접결(接結) 또는 교차되어 면체(面體)로서의 천이 완성된다.
3) 이 류의 각 호에는 메리야스 편물 또는 뜨개질 편물이 분류되며, 그 편물의 제조에 제11부의 방직용 섬유가 사용되었는지의 여부와 탄성사 또는 고무사를 혼합하고 있는지의 여부를 불문한다. 또한 금속드리사를 사용하여 편직된 메리야스 편물이나 뜨개질 편물이라고 할지라도, 그 용도가 분명히 의류·실내용품 또는 이와 유사한 목적에 사용되는 것은 이 류에 포함된다.

Chapter 61

제61류 의류와 그 부속품(메리야스 편물이나 뜨개질 편물에만 적용한다)

호	호의 용어
6101	남성용이나 소년용 오버코트(overcoat)·카코트(car-coat)·케이프(cape)·클록(cloak)·아노락(anorak)(스키재킷을 포함한다)·윈드치터(wind-cheater)·윈드재킷(wind-jacket)과 이와 유사한 의류(메리야스 편물과 뜨개질 편물로 한정하며, 제6103호의 것은 제외한다)
6102	여성용이나 소녀용 오버코트(overcoat)·카코트(car-coat)·케이프(cape)·클록(cloak)·아노락(anorak)(스키재킷을 포함한다)·윈드치터(wind-cheater)·윈드재킷(wind-jacket)과 이와 유사한 의류(메리야스 편물과 뜨개질 편물로 한정하며, 제6104호의 것은 제외한다)
6103	남성용이나 소년용 슈트·앙상블(ensemble)·재킷·블레이저(blazer)·긴 바지·가슴받이와 멜빵이 있는 바지·짧은 바지(breeches)·반바지(shorts)(메리야스 편물이나 뜨개질 편물로 한정하며, 수영복은 제외한다)
6104	여성용이나 소녀용 슈트·앙상블(ensemble)·재킷·블레이저(blazer)·드레스·스커트·치마바지·긴 바지·가슴받이와 멜빵이 있는 바지·짧은 바지(breeches)·반바지(shorts)(메리야스 편물이나 뜨개질 편물로 한정하며, 수영복은 제외한다)
6105	남성용이나 소년용 셔츠(메리야스 편물이나 뜨개질 편물로 한정한다)
6106	여성용이나 소녀용 블라우스·셔츠·셔츠블라우스(메리야스 편물이나 뜨개질 편물로 한정한다)
6107	남성용이나 소년용 언더팬츠·브리프(brief)·나이트셔츠·파자마·목욕용 가운·드레싱가운과 이와 유사한 물품(메리야스 편물이나 뜨개질 편물로 한정한다)
6108	여성용이나 소녀용 슬립·페티코트(petticoat)·브리프(brief)·팬티·나이트드레스·파자마·네그리제(negligee)·목욕용 가운·드레싱가운과 이와 유사한 의류(메리야스 편물이나 뜨개질 편물로 한정한다)
6109	티셔츠·싱글리트(singlet)와 그 밖의 조끼(메리야스 편물이나 뜨개질 편물로 한정한다)
6110	저지(jersey)·풀오버(pullover)·카디건(cardigan)·웨이스트코트(waistcoat)와 이와 유사한 의류(메리야스 편물이나 뜨개질 편물로 한정한다)
6111	유아용 의류와 그 부속품(메리야스 편물이나 뜨개질 편물로 한정한다)
6112	트랙슈트·스키슈트·수영복(메리야스 편물이나 뜨개질 편물로 한정한다)
6113	의류(제5903호·제5906호·제5907호에 해당하는 메리야스 편물이나 뜨개질 편물로 한정한다)
6114	그 밖의 의류(메리야스 편물이나 뜨개질 편물로 한정한다)
6115	팬티호스(panty hose)·타이츠(tights)·스타킹과 그 밖의 양말류[단계압박 양말류(예: 정맥류 치료용 스타킹)와 바닥을 대지 않은 신발류를 포함하며, 메리야스 편물이나 뜨개질 편물로 한정한다]
6116	장갑류(메리야스 편물이나 뜨개질 편물로 한정한다)
6117	그 밖의 메리야스 편물이나 뜨개질 편물로 만든 의류부속품과 의류·의류부속품의 부분품

◉ 류주

1. 이 류는 메리야스 편물이나 뜨개질 편물의 제품에만 적용한다.

이 류는 메리야스 편물이나 뜨개질 편물의 제품에만 적용한다. 다만 메리야스 편물 또는 뜨개질 편물로 된 브래지어·거들·코르셋(corset)·브레이스(braces)·서스펜더(suspender)·가터(garter)와 이와 유사한 제품 및 이들의 부분품은 메리야스 편물이나 뜨개질 편물로 되어 있다 하더라도 제62류에 분류한다(제6212호).

2. 이 류에서 다음 각 목의 것은 제외한다.
   가. 제6212호의 물품
   나. 제6309호의 사용하던 의류나 그 밖의 사용하던 제품
   다. 정형외과용 기기, 외과용 벨트, 탈장대나 그 밖에 이와 유사한 물품(제9021호)

3. 제6103호와 제6104호에서는 다음 각 목에서 정하는 바에 따른다.
   가. "슈트(suit)"란 겉감이 동일 직물로 제조된 두 부분이나 세 부분으로 구성된 세트의류로서 다음의 구성부분으로 이루어진 것을 말한다.
      - 상반신용 슈트코트나 재킷 한 점 : 소매부분 이외의 겉감이 상반신용으로 재단된 4개 이상의 단으로 되어 있고, 봉제된 조끼(앞부분은 동 세트의류를 구성하는 다른 부분의 겉감과 동일 직물로 되어 있으며, 뒷부분은 슈트코트나 재킷의 안감과 동일 직물로 된 것)가 추가로 있을 수 있다.
      - 하반신용 의류 한 점 : 긴 바지·짧은 바지(breeches)와 반바지(shorts)(수영복은 제외한다)·스커트나 치마바지로서 멜빵이나 가슴받이가 없는 것으로 한정한다.

      슈트의 구성부분이 되는 의류는 직물의 조직·색채·조성이 모두 동일하여야 한다. 또한 스타일도 동일하고 치수가 서로 적합하거나 조화를 이루어야 한다. 다만, 다른 직물로 된 파이핑(piping)[솔기(seam) 모양으로 꿰매진 직물의 스트립(strip)]이 있을 수 있다.

      두 가지 이상의 하반신용 의류가 함께 제시되는 경우[예 : 긴 바지 두 벌, 긴 바지와 반바지(shorts), 스커트나 치마바지와 바지]에는 긴 바지 한 벌(여성용은 스커트나 치마바지)을 슈트의 하반신용 구성부분으로 보며, 그 밖의 의류는 슈트의 구성부분으로 보지 않는다.

      슈트에는 다음의 세트의류를 포함하며, 위의 모든 조건에 합치하는지에 상관없다.
      - 모닝드레스[등으로부터 상당히 아래까지 둥근 밑단(tail)이 있는 플레인재킷(커터웨이)과 줄무늬가 있는 긴 바지로 구성된 것]
      - 이브닝드레스(테일코트)(일반적으로 검은 천으로 만들어졌으며 재킷의 정면부분이 비교적 짧고 닫히지 않으며, 뒤에는 히프부분 중간이 절단되고 늘어진 폭이 좁은 스커트부분이 있는 것)
      - 디너재킷슈트(dinner jacket suit)(재킷의 형태는 앞섶이 많이 벌어진 것도 있으나 일반적

으로 재킷과 유사하며, 광택이 있는 견이나 인조견 옷깃이 있는 것)

나. "앙상블(ensemble)"이란 소매용으로 판매하는 동일 직물의 여러 단으로 만든 세트의류를 말하는 것으로서(제6107호 · 제6108호 · 제6109호의 슈트와 제품은 제외한다) 다음을 포함한다.

- 상반신용 의류 한 점 : 두 점이 한 세트가 되는 경우에는 두 번째의 상반신용 의류가 되는 풀오버(pullover)와 조끼는 제외한다.
- 한 종류나 두 종류의 하반신용 의류 : 긴 바지 · 가슴받이와 멜빵이 있는 바지 · 짧은 바지류(수영복은 제외한다) · 스커트나 치마바지

[슈트. 정장으로서 겉감과 안감이 다르다.]

[앙상블. 동일 직물로 제조된 여러 부분으로 구성된 세트의류를 말한다.]

앙상블(ensemble)의 구성부분이 되는 의류는 직물의 조직 · 스타일 · 색채 · 조성이 모두 동일하여야 하고, 치수가 서로 적합하거나 조화를 이루어야 한다. 앙상블(ensemble)에는 제6112호에 해당하는 트랙슈트나 스키슈트를 포함하지 않는다.

1) **슈트(suit)** : 슈트란 상하의를 같은 천으로 만든 한 벌의 양복을 말한다. 이는 **겉감이 동일 직물**로 제조된 두 부분이나 세 부분으로 구성된 세트의류로서 다음의 구성부분으로 이루어진다.

   ① **상반신용 슈트코트나 재킷 한 점** : 이는 소매(sleeve)부분 이외의 겉감(outer shell)이 상반신용으로 재단된 4개 이상의 단(panels)으로 되어 있다. 여기에 맞춤조끼(tailored waistcoat[134])가 추가될 수 있는데, 이 맞춤조끼의 앞부분은 동 세트의류를 구성하는 다른 부분의 겉감과 동일 직물로 되어 있으며, 뒷부분은 슈트코트나 재킷의 안감과 동일 직물로 되어 있다.

134 'tailored waistcoat'를 주에서는 "봉제된 조끼"라고 표현하고 있으나, 의미상 조끼도 슈트의 일부분으로서 상반신용이나 하반신용의 슈트 구성요소에 맞추어 만들어진 "맞춤조끼"를 의미한다고 보아야 할 것이다.

② **하반신용 의류 한 점** : 긴 바지·짧은 바지(breeches)와 반바지(shorts)(수영복은 제외한다)·스커트나 치마바지로서, 멜빵(braces)이나 가슴받이(bibs)가 없는 것으로 한정한다.

※ 슈트의 구성부분이 되는 의류는 직물의 조직·색채·조성이 모두 동일하여야 한다. 또한 스타일도 동일하고 치수가 서로 적합하거나 조화를 이루어야 한다. 다만, 다른 직물로 된 파이핑(piping), 즉 솔기(seam) 모양으로 꿰매진 직물의 스트립(strip)이 있을 수 있다.

[흰색 파이핑이 들어간 슈트]

2) **앙상블** : "앙상블(ensemble)"이란 동일 직물로 제조된 여러 부분으로 구성된 세트의류를 말한다. 이는 소매용으로 판매하며, 슈트와 제6107호(남성용 내의류)·제6108호(여성용 내의류)·제6109호(티셔츠)의 제품은 제외한다. 앙상블을 구성하는 부분은 다음과 같다.

① **상반신용 의류 한 점** : 두 점이 한 세트가 되는 경우에는 두 번째의 상반신용 의류가 되는 풀오버(pullover)와 조끼는 제외한다.

② **한 종류나 두 종류의 하반신용 의류** : 긴 바지·가슴받이와 멜빵이 있는 바지·짧은 바지류(수영복은 제외한다)·스커트나 치마바지

4. 제6105호와 제6106호에는 허리 아랫부분에 주머니가 있는 의류, 의류 밑부분에 골이 진 허릿단이나 그 밖의 조이는 부분이 있는 의류, 적어도 10센티미터 × 10센티미터 범위에 가로, 세로 방향으로 각각 바늘코(stitch) 수가 1센티미터당 평균 10개 미만인 의류는 제외하며, 제6105호에는 소매가 없는 의류를 포함하지 않는다.

1) 셔츠와 셔츠블라우스는 신체의 상반신을 덮도록 디자인한 소매가 길거나 또는 짧은 의류로서 넥라인을 기점으로 완전히 오픈(open)되어 있거나 또는 부분적으로 오픈되어 있다. 또한 이들 의류는 포켓(허리 위쪽으로만 있음)과 깃(collar)이 있는 것도 있다.

2) 제6105호와 제6106호의 셔츠 또는 블라우스는 위의 주에서 규정하는 기준을 충족해야 한다. 이러한 기준을 충족하지 못하는 사례를 보면 다음과 같다.

① **허리 아랫부분에 주머니가 있는 의류** : 제6103호나 제6104호의 재킷, 또는 제6110호의 카디건으로 분류

② **의류 밑부분에 골이 진 허릿단이나 그 밖의 조이는 부분이 있는 의류 또는 적어도 10센티미터 × 10센티미터 범위에 가로, 세로 방향으로 각각 바늘코(stitch) 수가 1센티미터당 평균 10개 미만인 의류** : 제6101호나 제6102호의 오버코트 등 또는 제6110호의 저지

[풀오버. 앞이 트여 있지 않아서 머리 위에서부터 끌어당겨 입는 울이나 면 스웨터를 말한다. 풀오버는 셔츠나 블라우스 등으로 분류하지 않는다.]

(jersey) · 풀오버(pullover) · 카디건(cardigan) · 웨이스트코트(waistcoat) 등으로 분류

③ **소매가 없는 의류** : 제6109호의 티셔츠, 제6110호의 저지(jersey) · 풀오버(pullover) · 카디건(cardigan) · 웨이스트코트(waistcoat) 또는 제6114호의 그 밖의 의류에 분류

5. 제6109호에는 의류 밑부분에 조임끈(drawstring) · 골이 진 허릿단이나 그 밖의 조이는 부분이 있는 의류를 포함하지 않는다.

제6109호에는 남자용이나 여자용을 불문하고 메리야스 편물이나 뜨개질 편물로 만든 티셔츠류가 분류된다. "티셔츠"라 함은 T자 모양의 가벼운 상의(上衣)를 말하는 것으로서, 몸에 딱 맞게 폭이 좁은 소매가 있으나 단추나 그 밖의 잠금장치와 옷깃이 없는 것에 한한다. 또한 포켓의 유무는 불문한다. 의류 밑부분에 조임끈(drawstring) · 골이 진 허릿단이나 그 밖의 조이는 부분이 있는 의류를 포함하지 않는다.

[싱글리트는 소매가 없는 셔츠를 말한다.]

6. 제6111호는 다음 각 목에서 정하는 바에 따른다.
   가. "유아용 의류와 부속품"이란 신장이 86센티미터 이하인 어린이용을 말한다.
   나. 제6111호와 이 류의 그 밖의 다른 호로 동시에 분류될 수 있는 물품은 제6111호로 분류한다.

7. 제6112호의 "스키슈트"란 일반적으로 외양과 천에 따라 원칙적으로 스키(크로스컨트리나 알파인)를 할 때 입는 의류나 세트의류로 인정되는 것을 말하며, 다음 각 목의 것을 포함한다.
   가. "스키오버롤(ski overall)"[상반신과 하반신을 덮도록 디자인한 전신용 의류를 말하며 소매와 깃(collar) 외에 주머니나 풋스트랩(footstrap)이 있을 수 있다]
   나. "스키앙상블(ski ensemble)"(소매용으로 포장된 두 매나 세 매로 된 세트의류를 말하며 다음을 포함한다)
      - 아노락(anorak) · 윈드치터(wind-cheater) · 윈드재킷(wind-jacket)이나 그 밖에 이와 유사한 한 점의 의류로서 슬라이드파스너(slide fastener)(지퍼)로 닫히며, 추가로 조끼도 있을 수 있다.
      - 긴 바지(허리 위까지 올라오는지에 상관없다), 짧은 바지(breeches) 또는 가슴받이와 멜빵이 있는 바지(bib and brace overall) 한 점

   "스키앙상블(ski ensemble)"에는 가목의 물품과 유사한 오버롤(overall)과, 오버롤 위에 입는 패드를 넣은 소매 없는 재킷을 포함한다.

   "스키앙상블(ski ensemble)"의 구성요소가 되는 의류는 천 · 스타일 · 조성이 모두 동일하여야 하며(동일한 색깔인지에 상관없다), 치수가 서로 적합하거나 조화를 이루어야 한다.

[아노락은 등산이나 스키에 쓰이는 방풍·방설을 위한 후드가 달린 상의이다.]

[스키오버롤. 이것은 옆 그림의 가슴받이와 멜빵이 있는 바지(bib and brace overall)와 다르다.]

[가슴받이와 멜빵이 있는 바지(bib and brace overall). 이것은 스키앙상블의 일부이다.]

1) 제6112호 : 트랙슈트 · 스키슈트 · 수영복(메리야스 편물이나 뜨개질 편물로 한정한다)
2) 스키슈트(ski suit)는 스키오버롤과 스키앙상블로 나누어 볼 수 있다. 스키오버롤은 이 한 벌만 입고 스키를 타도록 만든 것이다. 반면에 스키앙상블은 여러 부분으로 구성되어 있어, 소매용으로 포장된 두 매나 세 매로 된 세트의류를 말한다.

8. 제6113호와 이 류의 그 밖의 다른 호로 동시에 분류될 수 있는 의류는(제6111호는 제외한다) 제6113호로 분류한다.

제6113호의 의류는 제5903호(플라스틱을 침투 · 도포 · 피복하거나 적층한 방직용 섬유의 직물류), 제5906호(고무가공을 한 방직용 섬유의 직물류) 및 제5907호(그 밖의 방법으로 침투 · 도포하거나 피복한 방직용 섬유의 직물류)**에 해당하는 메리야스 편물이나 뜨개질 편물로 만든** 의류를 말한다. 이러한 의류에는 레인코트, 방수복, 잠수복 등이 있다.
제6111호의 유아용 의류와 그 부속품를 제외하고 제6113호와 이 류의 그 밖의 다른 호로 동시에 분류될 수 있는 의류는 제6113호에 우선 분류한다.

9. 이 류의 의류로서 전면 부분의 왼편이 오른편 위로 잠기도록 디자인되어 있는 물품은 남성용이나 소년용 의류로 보며, 오른편이 왼편 위로 잠기도록 디자인되어 있는 물품은 여성용이나 소녀용 의류로 본다. 해당 의류의 재단법(cut of the garment)이 남성용이나 여성용으로 디자인되어 있음을 명백히 가리킬 경우에는 이 규정을 적용하지 않는다. 남성용이나 소년용 의류인지, 여성용이나 소녀용 의류인지를 판별할 수 없는 의류는 여성용이나 소녀용 의류에 해당하는 호로 분류한다.

10. 이 류의 제품에는 금속사(metal thread)로 만든 것도 있다.

1) 일반적으로 금속사(metal thread)는 제14부 또는 제15부에 분류되지만, 의류 · 실내용품 및 그

밖의 이와 유사한 물품에 사용하는 금속사로 만든 직물은 제58류에, 이러한 편물은 제60류에 분류된다. 또한 제61류와 제62류 및 제63류에는 금속사로 만든 의류·실내용품 및 그 밖에 이와 유사한 물품이 분류된다.

2) 이와 같이 제14부나 제15부에 해당하는 성분인 금속으로 만든 실을 가지고 제품을 만든 경우에 이들 모두 제11부의 방직용 섬유제품으로 오는 것이 아니라, **의류·실내용품 및 그 밖에 이와 유사한 물품과 관련되었을 때에만** 제11부에 분류된다. 따라서 산업용이나 그 밖에 위의 물품과 관련이 없는 귀금속·철강·구리 또는 알루미늄 등으로 만든 와이어거즈(wire gauze)나 직조한 클로스(woven cloth)는 재질에 따라 제14부 또는 제15부의 해당 호에 분류된다.

◉ 총설

1) 이 류에는 메리야스 편물 또는 뜨개질 편물로 만든 남자 또는 소년용 및 여자 또는 소녀용의 의류와 의류 부속품을 분류하며, 의류의 부분품 또는 의류 부속품의 부분품도 분류한다. 다만 메리야스 편물 또는 뜨개질 편물로 된 브래지어·거들·코르셋(corset)·브레이스(braces)·서스펜더(suspender)·가터(garter)와 이와 유사한 제품 및 이들의 부분품은 메리야스 편물이나 뜨개질 편물로 되어 있다 하더라도 제62류에 분류한다(제6212호).
이 류에 해당하는 물품 중에서 어떤 물품은 전열식의 물품(electrically heated articles)도 있을 수 있는데, 그렇다 하더라도 이 류에 포함된다.

2) 이 류의 제품에 대한 품목분류는, 예로 메리야스 또는 뜨개질 편물, 모피, 깃털, 가죽, 플라스틱이나 금속으로 만들어진 부분품이나 부속품의 존재에 의해 영향을 받지 않는다. 하지만 이러한 물질의 존재가 전체 제품에 있어서 단순히 트리밍 그 이상인 경우에는, 당해 제품은 관련 류의 주에 의해 분류되고(특히 모피의 경우에는 제43류의 주 제4호, 깃털의 경우에는 제67류의 주 제2호 나목,[135] 이들 류주 규정에 의해 분류하지 못하는 경우에는 통칙에 따라 분류한다.

3) 제11부 주 제14호의 규정[136]의 적용에 의거, 각각 서로 다른 호에 분류되는 의류는 소매용 세트의 경우에도 각각 해당하는 호에 분류한다. 다만, 이 규정은 슈트·파자마·수영복과 같이 호의 용어로서 특별히 명시하고 있는(specifically mentioned in the heading texts) 것으로서 세트로 포장된 의류에 대해서는 적용하지 아니한다. 이때 제11부 주 제14호의 적용에 있어서

135 **제43류 주 제4호** : 모피나 인조모피를 안에 대거나 외부에 붙인 의류와 의류 부속품[주 제2호의 것과 모피·인조모피를 오직 트리밍(trimming)으로 사용한 것은 제외한다]은 제4303호나 제4304호로 분류한다.
제67류 주 제2호 : 제6701호에서 다음 각 목의 것은 제외한다.
가. 깃털이나 솜털을 충전물로만 사용한 물품(예 : 제9404호의 침구)
나. 깃털이나 솜털을 단순히 트리밍(trimming)이나 충전물로만 사용한 의류와 의류부속품
다. 제6702호의 인조꽃이나 잎, 이들의 부분품이나 이들로 제조된 물품

136 **제11부 주 제14호** : 문맥상 달리 해석되지 않는 한, 각각 서로 다른 호로 분류되는 방직용 섬유의 의류는 소매용 세트도 각각 해당하는 호로 분류한다. 이 주에서 "방직용 섬유의 의류"란 제6101호부터 제6114호까지와 제6201호부터 제6211호까지의 의류를 말한다."

"방직용 섬유제의 의류"라 함은 제6101호 내지 제6114호의 의류를 말한다는 것을 유의하여야 한다.

4) 이 류에서는 이 류에 기술된 물품의 미완성 또는 불완전 물품을 포함하는데, 특히 그러한 물품을 제작하기 위해 모양을 만든 메리야스 편물 및 뜨개질 편물도 포함한다. 이러한 제품들이 관련 물품의 본질적 특성을 가지고 있는 경우에는 완성된 물품이 분류되는 호와 같은 호에 분류된다.

Chapter 62

제62류 의류와 그 부속품(메리야스 편물이나 뜨개질 편물은 제외한다)

호	호의 용어
6201	남성용이나 소년용 오버코트(overcoat) · 카코트(car-coat) · 케이프(cape) · 클록(cloak) · 아노락(anorak)(스키재킷을 포함한다) · 윈드치터(wind-cheater) · 윈드재킷(wind-jacket)과 이와 유사한 의류(제6203호의 것은 제외한다)
6202	여성용이나 소녀용 오버코트(overcoat) · 카코트(car-coat) · 케이프(cape) · 클록(cloak) · 아노락(anorak)(스키재킷을 포함한다) · 윈드치터(wind-cheater) · 윈드재킷(wind-jacket)과 이와 유사한 의류(제6204호의 것은 제외한다)
6203	남성용이나 소년용 슈트 · 앙상블(ensemble) · 재킷 · 블레이저(blazer) · 긴 바지 · 가슴받이와 멜빵이 있는 바지 · 짧은 바지(breeches) · 반바지(shorts)(수영복은 제외한다)
6204	여성용이나 소녀용 슈트 · 앙상블(ensemble) · 재킷 · 블레이저(blazer) · 드레스 · 스커트 · 치마바지 · 긴 바지 · 가슴받이와 멜빵이 있는 바지 · 짧은 바지(breeches) · 반바지(shorts)(수영복은 제외한다)
6205	남성용이나 소년용 셔츠
6206	여성용이나 소녀용 블라우스 · 셔츠 · 셔츠블라우스
6207	남성용이나 소년용 싱글리트(singlet)와 그 밖의 조끼 · 언더팬츠 · 브리프(brief) · 나이트셔츠 · 파자마 · 목욕용 가운 · 드레싱가운과 이와 유사한 물품
6208	여성용이나 소녀용 싱글리트(singlet)와 그 밖의 조끼 · 슬립 · 페티코트(petticoat) · 브리프(brief) · 팬티 · 나이트드레스 · 파자마 · 네그리제(negligee) · 목욕용 가운 · 드레싱가운과 이와 유사한 의류
6209	유아용 의류와 그 부속품
6210	의류(제5602호 · 제5603호 · 제5903호 · 제5906호 · 제5907호의 직물류의 제품으로 한정한다)
6211	트랙슈트 · 스키슈트 · 수영복과 그 밖의 의류
6212	브래지어 · 거들 · 코르셋(corset) · 브레이스(braces) · 서스펜더(suspender) · 가터(garter)와 이와 유사한 제품, 이들의 부분품(메리야스 편물이나 뜨개질 편물로 만든 것인지에 상관없다)
6213	손수건
6214	숄(shawl) · 스카프 · 머플러 · 만틸라(mantilla) · 베일(veil)과 이와 유사한 물품
6215	넥타이류
6216	장갑류
6217	그 밖의 제품으로 된 의류부속품, 의류 · 의류부속품의 부분품(제6212호에 해당하는 것은 제외한다)

◉ 류주

1. 이 류는 방직용 섬유의 직물[워딩(wadding)은 제외한다]로서 제품으로 된 것에 적용하며, 메리야스 편물이나 뜨개질 편물의 제품(제6212호에 해당하는 것은 제외한다)은 제외한다.

이 류에서는 제50류~제56류와 제58류 및 제59류의 직물(워딩을 제외하며, 펠트 또는 부직포를 포함한다)로 만든 남자・여자 또는 어린이용 의류와, 의류 부속품 및 의류 부분품 또는 의류 부속품의 부분품을 분류한다.

제6212호에 분류되는 "브래지어・거들・코르셋(corset)・브레이스(braces)・서스펜더(suspender)・가터(garter)와 이와 유사한 제품 및 이들의 부분품"을 제외하고는 메리야스 편물 또는 뜨개질 편물제의 의류・의류 부속품 및 부분품은 이 류에서 제외된다.

2. 이 류에서 다음 각 목의 것은 제외한다.
   가. 제6309호에 해당하는 사용하던 의류와 그 밖의 사용하던 제품
   나. 정형외과용 기기・외과용 벨트・탈장대나 그 밖에 이와 유사한 물품(제9021호)

3. 제6203호와 제6204호에서는 다음 각 목에서 정하는 바에 따른다.
   가. "슈트"란 겉감이 동일 직물로 제조된 두 부분이나 세 부분으로 구성된 세트의류로서 다음의 구성부분으로 이루어진 것을 말한다.
      - 상반신용 슈트코트나 재킷 한 점[소매부분 이외의 겉감이 상반신용으로 재단된 4개 이상의 단으로 되어 있고, 봉제된 조끼(앞부분은 동 세트의류를 구성하는 다른 부분의 겉감과 동일 직물로 되어 있으며, 뒷부분은 슈트코트나 재킷의 안감과 동일 직물로 된 것)가 추가로 있을 수 있다]
      - 하반신용 의류 한 점[긴 바지・짧은 바지(breeches)와 반바지(shorts)(수영복은 제외한다)・스커트나 치마바지로서 멜빵이나 가슴받이가 없는 것으로 한정한다]

      슈트의 구성부분이 되는 의류는 직물의 조직・색채・조성이 모두 동일하여야 한다. 또한 스타일도 동일하고 치수가 서로 적합하거나 조화를 이루어야 한다. 다만, 다른 직물로 된 파이핑(piping)[솔기(seam) 모양으로 꿰매진 직물의 스트립(strip)]이 있을 수 있다.

      두 가지 이상의 하반신용 의류가 함께 제시되는 경우[예 : 긴 바지 두 벌, 긴 바지와 짧은 바지(shorts), 스커트나 치마바지와 바지]에는 긴 바지 한 벌(여성용은 스커트나 치마바지)을 슈트의 하반신용 구성부분으로 보며, 그 밖의 의류는 슈트의 구성부분으로 보지 않는다.

      슈트에는 다음의 세트의류를 포함하며, 위의 모든 조건에 합치하는지에 상관없다.
      - 모닝드레스[등으로부터 상당히 아래까지 둥근 밑단(tail)이 있는 플레인 재킷(커터웨이)과 줄무늬가 있는 긴 바지로 구성된 것]
      - 이브닝드레스(테일코트)(일반적으로 검은 천으로 만들어졌으며 재킷의 정면부분이 비교적 짧고 닫히지 않으며, 뒤에는 히프부분 중간이 절단되고 늘어진 폭이 좁은 스커트부분이 있는 것)
      - 디너재킷슈트(dinner jacket suit)(재킷의 형태는 앞섶이 많이 벌어진 것도 있으나 일반적으로 재킷과 유사하며, 광택이 있는 견이나 인조견 옷깃이 있는 것)

나. "앙상블(ensemble)"이란 소매용으로 판매하는 동일 직물의 여러 단으로 만든 세트의류를 말하는 것으로서(제6207호·제6208호의 슈트와 제품은 제외한다) 다음을 포함한다.

- 상반신용 의류 한 점(두 번째의 상반신용 의류인 조끼는 제외한다)
- 한 종류나 두 종류의 하반신용 의류[긴 바지·가슴받이와 멜빵이 있는 바지·짧은 바지류(수영복은 제외한다)·스커트나 치마바지]

앙상블(ensemble)의 구성부분이 되는 의류는 직물의 조직·스타일·색채·조성이 모두 동일하여야 하고, 치수가 서로 적합하거나 조화를 이루어야 한다. 앙상블(ensemble)에는 제6211호에 해당하는 트랙슈트나 스키슈트를 포함하지 않는다.

4. 제6209호에서는 다음 각 목에서 정하는 바에 따른다.

가. "유아용 의류와 이들의 부속품"이란 신장이 86센티미터 이하인 어린이용을 말한다.

나. 제6209호와 이 류의 그 밖의 다른 호로 동시에 분류될 수 있는 물품은 제6209호로 분류한다.

5. 제6210호와 이 류의 그 밖의 다른 호(제6209호는 제외한다)로 동시에 분류될 수 있는 의류는 제6210호로 분류한다.

제5602호(펠트)·제5603호(부직포)·제5903호(플라스틱을 침투·도포·피복하거나 적층한 방직용 섬유의 직물류)·제5906호(고무가공을 한 방직용 섬유의 직물류) 및 제5907호(그 밖의 방법으로 침투·도포하거나 피복한 방직용 섬유의 직물류)로 만든 제품은 이 류의 다른 호에 우선하여 분류한다(제6209호의 유아용 의류와 그 부속품 제외).

6. 제6211호의 "스키슈트"란 일반적으로 외양과 천에 따라 원칙적으로 스키(크로스컨트리나 알파인)를 할 때 입는 의류나 세트의류로 인정되는 것을 말하며, 다음 각 목의 것을 포함한다.

가. "스키오버롤(ski overall)"[상반신과 하반신을 덮도록 디자인한 전신용 의류를 말하며 소매와 깃(collar) 외에 주머니나 풋스트랩(footstrap)이 있을 수 있다]

나. "스키앙상블(ensemble)"[소매용으로 포장된 두 매나 세 매로 된 세트의류를 말하며 다음을 포함한다]

- 아노락(anorak)·윈드치터(wind-cheater)·윈드재킷(wind-jacket)이나 그 밖에 이와 유사한 한 점의 의류로서 슬라이드파스너(slide fastener)(지퍼)로 닫히며, 추가로 조끼도 있을 수 있다.
- 긴 바지(허리 위까지 올라오는지에 상관없다)·짧은 바지(breeches)·가슴받이와 멜빵이 있는 바지 한 점

"스키앙상블(ski ensemble)"에는 가목의 물품과 유사한 오버롤(overall)과 오버롤(overall) 위에 입는 패드를 넣은 소매 없는 재킷을 포함한다.

"스키앙상블(ski ensemble)"의 구성요소가 되는 의류는 천·스타일·조성이 모두 동일하여

야 하며(동일한 색깔인지에 상관없다), 치수가 서로 적합하거나 조화를 이루어야 한다.

7. 정사각형이나 거의 정사각형인 스카프와 이와 유사한 물품 중, 각 변의 길이가 60센티미터 이하인 것은 손수건(제6213호)으로 분류하며, 어느 한 변의 길이가 60센티미터를 초과하는 것은 제6214호로 분류한다.

 정사각형 모양을 가진 스카프류의 품목분류는 한 변의 길이 60cm를 기준으로 그 이하이면 제6213호의 손수건으로 분류하고, 60cm를 초과하면 제6214호의 숄(shawl)·스카프·머플러·만틸라(mantilla)·베일(veil)과 이와 유사한 물품으로 분류한다.

8. 이 류의 의류로서 전면 부분의 왼편이 오른편 위로 잠기도록 디자인되어 있는 물품은 남성용이나 소년용 의류로 보며, 오른편이 왼편 위로 잠기도록 디자인되어 있는 물품은 여성용이나 소녀용 의류로 본다. 해당 의류의 재단법이 남성용이나 여성용으로 디자인되어 있음을 명백히 가리킬 경우에는 이 규정을 적용하지 않는다. 남성용이나 소년용 의류인지, 여성용이나 소녀용 의류인지를 판별할 수 없는 의류는 여성용이나 소녀용 의류에 해당하는 호로 분류한다.

9. 이 류의 제품에는 금속사로 만든 것도 있다.

◉ 총설

이 류에서는 제50류~제56류와 제58류 및 제59류의 직물(**워딩을 제외**하며, 펠트 또는 부직포를 포함한다)로 만든 남자·여자 또는 어린이용 의류와, 의류 부속품 및 의류 부분품 또는 의류 부속품의 부분품(men's, women's or children's articles of apperel, clothing accessories and parts of apperel or of clothing accessories)을 분류한다. 펠트와 부직포로 만든 의류 등의 제품은 제62류로 빠져 분류되는 것과 달리, 워딩으로 만든 의류 등의 제품은 제5601호에 워딩과 함께 남아 분류된다.

제6212호에 분류되는 "브래지어·거들·코르셋(corset)·브레이스(braces)·서스펜더(suspender)·가터(garter)와 이와 유사한 제품, 이들의 부분품"을 제외하고는 메리야스 편물 또는 뜨개질 편물제의 의류·의류 부속품 및 부분품은 이 류에서 제외된다.

그 밖의 규정은 대부분 제61류를 따르고 있다.

Chapter 63

제63류 제품으로 된 방직용 섬유의 그 밖의 물품, 세트, 사용하던 의류 · 방직용 섬유제품, 넝마

호	호의 용어
	제1절 제품으로 된 방직용 섬유의 그 밖의 물품
6301	모포류와 여행용 러그(rug)
6302	베드린넨(bed linen) · 테이블린넨(table linen) · 토일렛린넨(toilet linen) · 주방린넨(kitchen linen)
6303	커튼[드레이프(drape)를 포함한다] · 실내용 블라인드(blind), 커튼이나 침대용 밸런스(valance)
6304	그 밖의 실내용품(제9404호의 물품은 제외한다)
6305	포장용 빈 포대
6306	방수포(tarpaulin) · 차양 · 차일, 텐트, 돛[보트용 · 세일보드(sailboard)용 · 랜드크래프트(landcraft)용], 캠프용품
6307	그 밖의 제품[드레스패턴(dress pattern)을 포함한다]
	제2절 세트
6308	러그(rug)용 · 태피스트리(tapestry)용 · 자수한 테이블보용 · 서비에트(serviette)용 직물이나 실로 구성된 세트(부속품이 있는지에 상관없다), 이와 유사한 방직용 섬유제품을 제조하기 위한 것으로서 소매용으로 포장한 것
	제3절 사용하던 의류 · 방직용 섬유제품, 넝마
6309	사용하던 의류와 그 밖의 사용하던 물품
6310	넝마(사용하던 것이나 신품으로 한정한다), 끈 · 배의 밧줄(cordage) · 로프 · 케이블의 스크랩(scrap), 끈 · 배의 밧줄(cordage) · 로프 · 케이블 제품의 폐품(방직용 섬유로 만든 것으로 한정한다)

◉ 류주

1. 제1절은 방직용 섬유의 직물류로 제품을 만든 것에만 적용한다.[137]

1) 제63류의 제1절에 해당하는 제6301호~제6307호에는 직물 또는 편물 · 펠트 · 부직포 등 방직용 섬유직물(재료 여하를 불문한다)을 **제품으로 한 것**으로서, 제11부의 다른 류나 이 표의 다른 호에 열거되어 있지 않은 물품을 분류한다. 여기에서 "제품으로 한 것"이라 함은 제11부 주 제7호에 규정한 대로 만든 물품을 말한다.

2) 제1절의 제품의 분류에 있어서, 모피 · 금속(귀금속 포함) · 가죽 · 플라스틱 등으로 된 간단한 장식이나 부속품의 사용은 해당 물품의 품목분류에 어떠한 영향을 주지 아니한다. 그러나 방

137 1. Sub-Chapter I applies only to made up articles, of any textile fabric.

직용 섬유 이외의 재료가 단순한 트리밍이나 부속품의 범주 이상의 것으로 되어 있는 제품은 경우에 따라서는 통칙 제1호에 의하여 분류되거나, 각 경우에 해당하는 다른 통칙에 따라 분류된다.

2. 제1절에서 다음 각 목의 것은 제외한다.
   가. 제56류부터 제62류까지의 물품
   나. 제6309호에 해당하는 사용하던 의류나 그 밖의 사용하던 물품

3. 제6309호에는 다음 각 목에 열거한 물품만을 적용한다.
   가. 방직용 섬유로 만든 제품
      (1) 의류·의류 부속품과 이들의 부분품
      (2) 모포와 여행용 러그(rug)류
      (3) 베드린넨(bed linen)·테이블린넨(table linen)·토일렛린넨(toilet linen)·주방린넨(kitchen linen)
      (4) 실내용품[제5701호부터 제5705호까지에 해당하는 양탄자와 제5805호의 태피스트리(tapestry)는 제외한다]
   나. 신발류와 모자류(어떠한 재질이라도 가능하며, 석면제품은 제외한다)
   ※ 위에 열거된 물품이 이 호로 분류되기 위해서는 다음 두 가지 조건에 적합한 것이어야 한다.
      (1) 눈에 뜨일 정도로 사용하던 흔적이 있어야 하고
      (2) 벌크·가마니·부대나 그 밖에 이와 유사한 것으로 포장된 상태이어야 한다.

구제의류라는 이름으로 중고의류를 수입하여 이를 수선하거나 정돈하여 다시 되파는 가게가 많다. 이러한 중고의류의 수입은 pc나 set 단위보다는 kg 단위로 많이 거래된다. 우리나라의 세율체계상 일반적으로 제6309호의 사용하던 의류와 그 밖의 사용하던 물품은 신품 의류보다 세율이 낮은데, 제6309호에 분류되기 위해서는 위의 조건에 적합해야 한다.

[사용하던 의류와 그 밖의 사용하던 물품은 눈에 뜨일 정도로 사용하던 흔적이 있어야 하고, 벌크·가마니·부대나 그 밖에 이와 유사한 것으로 포장된 상태이어야 한다.]

◉ 총설

제63류는 다음의 세 개의 절로 구성되어 있다.

① 제1절 제6301호~제6307호 : 직물 또는 편물·펠트·부직포 등 방직용 섬유의 직물류(of textile fabric)로 만든 제품으로서, 제11부의 다른 류나 이 표의 다른 호에 열거되어 있지 않은 것에 한하여 분류한다. "제품으로 한 방직용 섬유제품"이라 함은 제11부 주 제7호에 규정한

대로 만든 물품을 말한다.

② 제2절 제6308호 : 부속품의 유무를 불문하며, 러그(rug)용 · 태피스트리(tapestry)용 · 자수한 테이블보용 · 서비에트(serviette)[138]용 **직물이나 실로 구성된 세트** 또는 이와 유사한 방직용 섬유제품을 제조하기 위한 것으로서 소매용으로 포장한 것이 분류된다.

③ 제3절 제6309호~제6310호 : 류주 제3호에서 규정하고 있는 사용하던 의류와 그 밖의 사용하던 물품과 넝마(사용하던 것이나 신품으로 한정한다), 끈 · 배의 밧줄(cordage) · 로프 · 케이블의 스크랩(scrap), 끈 · 배의 밧줄(cordage) · 로프 · 케이블제품의 폐품(방직용 섬유로 만든 것으로 한정한다)이 분류된다.

138 일종의 냅킨이다.

Section 제 12 부

신발류 · 모자류 · 산류(傘類) · 지팡이 · 시트스틱(seat-stick) · 채찍과 이들의 부분품, 조제 깃털과 그 제품, 조화, 사람 머리카락으로 된 제품

류	류의 표제
64	신발류 · 각반과 이와 유사한 것, 이들의 부분품
65	모자류와 그 부분품
66	산류(傘類) · 지팡이 · 시트스틱(seat-stick) · 채찍과 이들의 부분품
67	조제 깃털 · 솜털과 그 제품, 조화, 사람 머리카락으로 된 제품

Chapter 64

제64류 신발류 · 각반과 이와 유사한 것, 이들의 부분품

호	호의 용어
6401	방수 신발류[바깥 바닥과 갑피(甲皮)를 고무나 플라스틱으로 만든 것으로 한정하며, 갑피(甲皮)를 바닥에 스티칭(stitching) · 리베팅(riveting) · 네일링(nailing) · 스크루잉(screwing) · 플러깅(plugging)이나 이와 유사한 방법으로 부착하거나 조립한 것은 제외한다]
6402	그 밖의 신발류[바깥 바닥과 갑피(甲皮)를 고무나 플라스틱으로 만든 것으로 한정한다]
6403	신발류[바깥 바닥을 고무 · 플라스틱 · 가죽 · 콤퍼지션 레더(composition leather)로 만들고, 갑피(甲皮)를 가죽으로 만든 것으로 한정한다]
6404	신발류[바깥 바닥을 고무 · 플라스틱 · 가죽 · 콤퍼지션 레더(composition leather)로 만들고, 갑피(甲皮)를 방직용 섬유재료로 만든 것으로 한정한다]
6405	그 밖의 신발류
6406	신발류 부분품[갑피(甲皮)(바깥 바닥을 제외한 바닥에 부착한 것인지에 상관없다)를 포함한다], 갈아 끼울 수 있는 안창과 힐쿠션(heel cushion)이나 이와 유사한 물품, 각반 · 레깅스나 이와 유사한 물품과 이들의 부분품

◉ 류주

1. 이 류에서 다음 각 목의 것은 제외한다.
   가. 바닥을 대지 않고 얇은 소재(예 : 종이 · 플라스틱 박판)로 만든 일회용 신발류와 신발 덮개는 그 구성재료에 따라 분류한다.
   나. 방직용 섬유재료로 만든 신발류[바깥 바닥과 갑피(甲皮)를 접착제로 붙이거나 바느질하거나 그 외의 방법으로 붙인 것은 제외한다](제11부)
   다. 제6309호의 사용하던 신발류
   라. 석면제품(제6812호)
   마. 정형외과용 신발이나 그 밖의 정형외과용 기기나 이들의 부분품(제9021호)
   바. 완구용 신발 · 아이스스케이트나 롤러스케이트가 붙은 스케이팅부츠, 정강이 보호구나 이와 유사한 보호용 운동용품(제95류)

2. 제6406호의 부분품에는 못 · 프로텍터(protector) · 아일릿(eyelet) · 훅(hook) · 버클(buckle) · 장신구 · 끈 · 레이스 · 폼퐁(pompon)이나 그 밖의 트리밍(trimming)(각각 해당하는 호로 분류한다)과 제9606호의 단추나 기타의 물품을 포함하지 않는다.

신발도 여러 부분으로 구성되기 때문에 다양한 부분품을 가지고 있다. 이러한 부분품은 제6406호에 분류되지만, 못(pegs) · 프로텍터(protector) · 아일릿 · 훅 · 버클 · 장신구 · 끈 · 레이스 · 폼퐁

(pompon)이나 그 밖의 트리밍(trimming)은 재질에 따라 각 해당 호에 분류되고, 단추는 제9606호에 분류된다.

3. 이 류에서

가. "고무"와 "플라스틱"이라는 용어에는 육안으로 볼 수 있는 고무나 플라스틱의 표면층을 가진 직물이나 그 밖의 방직용 섬유제품을 포함한다. 이 경우 색채의 변화를 고려하지 않는다.

나. "가죽"이란 제4107호, 제4112호부터 제4114호까지의 물품을 말한다.

[신발은 크게 바깥 바닥(outer soles)과 갑피(uppers)로 이루어진다.]

1) 고무나 플라스틱은 신발의 바깥 바닥과 갑피에 두루 사용되는데, 이때 신발에 사용되는 "고무"와 "플라스틱"이라는 용어는 직물이나 그 밖의 방직용 섬유제품 위에 고무나 플라스틱이 위치하여 눈으로 보이는 표면층이 고무나 플라스틱인 경우에도 이에 포함한다. 다만 이렇게 외부표면층으로 보이는 고무나 플라스틱은 육안으로 볼 때 고무나 플라스틱이라는 것이 충분히 판단되어야 하고, 단지 색채의 변화만으로 고무나 플라스틱의 표면층을 가진 것이 판단된다면 이를 인정하지 않는다.

2) 제64류의 신발류에서 "가죽"이라는 용어는 소가죽류(제4107호), 양가죽류(제4112호) 및 그 밖의 동물의 가죽(제4113호)을 말하고, 섀미가죽 · 페이턴트 레더(patent leather)와 적층한 페이턴트 레더(patent leather) · 메탈라이즈드 레더(metallised leather)(이상 제4114호) 등을 포함한다.

4. 갑피(甲皮)나 바깥 바닥의 재료의 결정은 주 제3호의 규정을 전제로 하여 다음 각 목에서 정하는 바에 따른다.

가. 갑피(甲皮)의 재료는 외부표면적이 가장 넓은 면의 구성재료에 따라 결정된다. 이때 앵클패치(ankle patch) · 에징(edging) · 장식품 · 버클(buckle) · 탭(tab) · 아일릿스테이(eyelet stay)나 이와 유사한 부착물 등의 부속품과 보강재는 갑피(甲皮)의 구성재료를 결정할 때 고려하지 않는다.

나. 바깥 바닥의 재료는 접지하는(in contact with the ground) 외부표면적이 가장 넓은 면의 구성재료에 따라 결정된다. 이때 스파이크 · 바(bar) · 못 · 프로텍터(protector)나 이와 유사한 부착물 등의 부속품과 보강재는 바깥 바닥의 구성재료를 결정할 때 고려하지 않는다.

◉ 소호주

1. 소호 제6402.12호 · 제6402.19호 · 제6403.12호 · 제6403.19호 · 제6404.11호에서 "스포츠용 신발류(sports footwear)"는 다음 각 목에만 적용된다.
   가. 스포츠활동용으로 제작된 것으로, 스파이크 · 스프리그(sprig) · 스톱(stop) · 클립 · 바(bar)나 이와 유사한 부착물을 붙였거나 붙이도록 준비된 신발
   나. 스케이팅부츠 · 스키부츠 · 크로스컨트리스키화 · 스노보드부츠 · 레슬링부츠 · 복싱부츠 · 사이클화

HSK				품명	Description
6402				그 밖의 신발류[바깥 바닥과 갑피(甲皮)를 고무나 플라스틱으로 만든 것으로 한정한다]	Other footwear with outer soles and uppers of rubber or plastics.
	1			스포츠용 신발류	Sports footwear :
	12	00	00	스키부츠 · 크로스컨트리스키화 · 스노보드부츠	Ski-boots, cross-country ski footwear and snowboard boots
	19	00	00	기타	Other
	20	00	00	신발[갑피(甲皮)끈을 플러그(plug) 삽입식으로 바닥에 조립한 것으로 한정한다]	"이하 생략"

1) 스포츠용 신발류는 일반적인 운동화를 가리키는 것이 아니라, 위의 가목과 나목 두 가지 유형에 한정한다. 다만 신발의 바닥에 스케이트가 부착된 롤러스케이팅부츠나 아이스스케이팅부츠는 제외되어 운동용구가 분류되는 제9506호에 분류한다.
2) 따라서 일반적으로 스포츠용 신발류로 인정할 수도 있는 테니스화 · 농구화 · 체조화 · 훈련화나 이와 유사한 것은 스포츠용 신발류에서 제외된다. 그런데 제6404.11호에는 "스포츠용 신발류, 테니스화 · 농구화 · 체조화 · 훈련화나 이와 유사한 것"이 분류되는데, 여기서 "테니스화 · 농구화 · 체조화 · 훈련화나 이와 유사한 것"이 스포츠용 신발류에 속하는 것이 아니라, 해당 소호에 스포츠용 신발류와 테니스화 등이 동시에 분류되는 것으로 해석해야 한다.

HSK				품명	Description
6404				신발류[바깥 바닥을 고무 · 플라스틱 · 가죽 · 콤퍼지션 레더(composition leather)로 만들고, 갑피(甲皮)를 방직용 섬유재료로 만든 것으로 한정한다]	Footwear with outer soles of rubber, plastics, leather or composition leather and uppers of textile materials.
	1			신발류(바깥 바닥을 고무나 플라스틱으로 만든 것으로 한정한다)	Footwear with outer soles of rubber or plastics :
	11	00	00	스포츠용 신발류, 테니스화 · 농구화 · 체조화 · 훈련화나 이와 유사한 것	Sports footwear; tennis shoes, basketball shoes, gym shoes, training shoes and the like
	19			기타	"이하 생략"

◉ 총설

1) 특정한 예외를 제외하고, 제6401호~제6405호의 각 호에는 형태와 크기·특정 용도·제조방법 또는 구성재료에 관계없이 각종 형태의 신발류(오버슈즈 포함)를 분류한다. 이 류에서의 "신발류"라 함은 얄팍한 재료(예 : 종이나 플라스틱제의 시트 등)로 된 1회용의 신발로서 바닥을 대지 않은 신발류는 제외된다. 이들 제품은 구성재료에 따라 분류된다.

2) 이 류에 분류되는 신발류는 석면을 제외하고는 고무·가죽·플라스틱·목재코르크·방직용섬유·모피·조물재료 등 어떠한 재료로도 만들어질 수 있으며, 제71류의 재료를 어느 정도 포함하고 있는 경우도 있다.

   이 류의 품목분류에 있어서 제6401호~제6405호의 품목분류를 결정하는 것은 **바깥 바닥(outer soles)과 갑피(uppers)의 구성재료**이다.

Chapter 65

제65류 모자류와 그 부분품

호	호의 용어
6501	모체(hat-shape)[펠트(felt)로 만든 성형하지 않은 것으로서 차양을 붙이지 않은 것으로 한정한다], 펠트(felt)로 만든 플래토우(plateaux)와 망숑(manchon)[슬릿망숑(slit manchon)을 포함한다]
6502	모체(hat-shape)[각종 재료로 만든 스트립(strip)을 엮거나 결합하여 만든 것으로서 미성형인 것, 차양을 붙이지 않은 것, 안을 대지 않거나 장식하지 않은 것으로 한정한다]
6504	모자[각종 재료로 만든 스트립(strip)을 엮거나 결합하여 만든 것으로 한정하며, 안을 댄 것인지 또는 장식한 것인지에 상관없다]
6505	모자[메리야스 편물이나 뜨개질 편물의 것과 원단 상태(스트립 모양은 제외한다)인 레이스 · 펠트(felt)나 그 밖의 방직용 섬유의 직물류로 만든 것으로 한정하며, 안을 댄 것인지 또는 장식한 것인지에 상관없다], 각종 재료로 만든 헤어네트(hair-net)(안을 대거나 장식한 것인지에 상관없다)
6506	그 밖의 모자(안을 댄 것인지 또는 장식한 것인지에 상관없다)
6507	헤드밴드 · 내장재 · 커버 · 모자의 파운데이션(foundation) · 모자의 프레임(frame) · 챙 · 턱끈

◉ 류주

1. 이 류에서 다음 각 목의 것은 제외한다.
   가. 제6309호의 사용하던 모자
   나. 석면으로 만든 모자(제6812호)
   다. 제95류의 인형 모자 · 그 밖의 완구용 모자 · 카니발용품

[hat blocks. 이러한 모형을 가지고 모자를 성형한다.]

2. 제6502호에서는 봉합하여 만든 모체(hat-shapes made by sewing)는 제외한다. 다만, 스트립(strip)을 단순히 나선형으로 봉합하여 만든 모체는 포함한다.

1) 모자를 분류하는 제65류는 6개의 4단위 호로 구성되는데, 차례로 펠트제의 모체(제6501호), 조물재료의 모체(제6502호), 조물재료의 모자(제6504호), 방직용 섬유제의 모자(제6505호), 그 밖의 모자(제6506호), 그리고 모자의 부속품(제6507호)이 분류된다. 이 중에 제6502호에는 섬유재료 · 짚 · 갈대 · 종이띠 · 플라스틱의 스트립 등과 같은 각종 재료를 엮거나 결합하여 만든 모체(帽體)로서 미성형인 것(not blocked to shape), 차양(遮陽, brims)을 붙이지 않은 것, 안을 대지 않거나(not lined) 장식하지 않은 것이 분류된다.

2) 제6502호의 모체는 스트립을 엮거나 결합(plaiting or assembling the strips)하여 만드는데, 이

를 나누어 보면 다음과 같다.

① 섬유 또는 짚·갈대·종이띠·플라스틱의 스트립 등과 같은 각종 재료를 엮은 것(plaiting)

② 어떤 재료를 엮은 것, 펠트나 그 밖의 방직용 섬유의 직물, 모노필라멘트나 플라스틱의 스트립 등과 같은 각종의 재료의 스트립을 결합한 것(assembling). 이것은 보통 모자의 윗부분에서부터 시작하여 이 스트립을 나선형으로 봉합하거나, 엮은 것을 나선형으로 배열하면서 그 톱니모양의 끝을 서로 맞붙여 실로 결합하여 만들어지는 것이다.

3) 위의 내용에서 두 번째의 각종 재료를 결합하여 만든 모체의 경우에, 스트립을 단순히 나선형으로 봉합하여(simply by sewing strips in spirals) 만든 모체는 제6502호에 포함되지만, 이러한 스트립을 봉합하여 만든 모체는 완성도를 인정하여 조물재료로 만든 모자로 보아 제6504호에 분류한다.

◉ 총설

일정 예외를 제외하고, 이 류에서는 구성재료나 용도(일상용·무대용·가면용·보호용 등)에 관계없이 모체(hat-shapes)와 후드(hood) 및 각종의 모자류를 분류한다. 이 류에는 또한 헤어네트(재료를 불문한다)와 모자용 특정 부착물도 분류한다. 이 류의 모자류에는 제71류의 재료로 만든 장식물을 포함한 각종의 장식물을 부착할 수 있다.

Chapter 66

제66류 산류(傘類) · 지팡이 · 시트스틱(seat-stick) · 채찍과 이들의 부분품

호	호의 용어
6601	산류(傘類)[지팡이 겸용 우산 · 정원용 산류(傘類)와 이와 유사한 산류(傘類)를 포함한다]
6602	지팡이 · 시트스틱(seat-stick) · 채찍 · 승마용 채찍과 이와 유사한 물품
6603	제6601호나 제6602호의 물품의 부분품 · 트리밍(trimming) · 부속품

◉ 류주

1. 이 류에서 다음 각 목의 것은 제외한다.
   가. 자 겸용 지팡이나 이와 유사한 물품(제9017호)
   나. 장총 · 장검 · 납을 박은 지팡이나 이와 유사한 물품(제93류)
   다. 제95류의 물품[예 : 완구용 산류(傘類)]

2. 제6603호에는 방직용 섬유재료로 만든 부분품 · 트리밍(trimming) · 부속품, 각종 재료로 만든 커버 · 술 · 가죽끈 · 산류(傘類)의 케이스나 이와 유사한 것은 제외하되, 이러한 물품들이 제6601호나 제6602호의 물품과 함께 부착되지 않은 상태로 제시되는 경우에는 해당 물품을 구성하는 부분품으로 취급하지 않고 각각 해당하는 호로 분류한다.

   제6603호에는 우산 · 양산 · 지팡이 · 채찍 등에 사용되는 손잡이(knob), 우산 또는 양산용의 대, 채찍의 자루 등과 같은 제6601호나 제6602호의 물품의 부분품 · 트리밍(trimming) · 부속품이 분류된다.
   그러나 **방직용 섬유재료**로 만든 부분품 · 트리밍(trimming) · 부속품, **각종 재료**로 만든 커버 · 술 · 가죽끈 · 산류(傘類)의 케이스나 이와 유사한 것은 이들이 제6601호나 제6602호의 물품과 함께 부착된(fitted) 상태로 제시되면 이들 물품과 함께 분류되나, 만일 함께 제시되더라도 부착된 상태가 아니라면 따로 분류하게 되는데, 이들은 제6603호에도 분류하지 못하고 각각의 해당 호에 분류해야 한다.

◉ 총설

제63류에는 지팡이 겸용 우산 · 정원용 산류(傘類)와 이와 유사한 산류(傘類)를 포함한 산류(제6301호)와, 지팡이 · 시트스틱(seat-stick) · 채찍 · 승마용 채찍과 이와 유사한 물품(제6302호) 및 제6601호나 제6602호의 물품의 부분품 · 트리밍(trimming) · 부속품(제6303호)이 분류된다.

Chapter 67

제67류 조제 깃털·솜털과 그 제품, 조화, 사람 머리카락으로 된 제품

호	호의 용어
6701	새의 깃털이나 솜털이 붙은 가죽과 그 밖의 부분·깃털과 그 부분·솜털과 이들의 제품[제0505호의 물품과 가공한 깃대(scape)·깃촉(quill)은 제외한다]
6702	인조 꽃·잎·과실과 이들의 부분품, 인조 꽃·잎·과실로 만든 제품
6703	사람 머리카락(정돈·표백이나 그 밖의 가공을 한 것으로 한정한다), 가발이나 이와 유사한 것을 제조하기 위한 양모나 그 밖의 동물의 털이나 그 밖의 방직용 섬유재료
6704	가발·가수염·눈썹·속눈썹·스위치와 이와 유사한 것(사람 머리카락·동물의 털·방직용 섬유재료로 만든 것으로 한정한다), 사람 머리카락으로 된 제품(따로 분류되지 않은 것으로 한정한다)

◉ 류주

1. 이 류에서 다음 각 목의 것은 제외한다.
   가. 사람 머리카락으로 만든 여과포(濾過布)(제5911호)
   나. 레이스·자수천이나 그 밖의 방직용 섬유의 직물류로 만든 꽃 모양의 모티프(motif)(제11부)
   다. 신발류(제64류)
   라. 모자류나 헤어네트(hair-net)(제65류)
   마. 완구·운동용구·카니발용품(제95류)
   바. 깃털로 만든 먼지떨이·화장용 분첩이나 털로 만든 체(제96류)

[깃털(feather)]

[솜털(down)]

[깃대(scape)는 가운데 뼈대를, 깃촉(quill)은 그 중에서도 뾰족한 끝부분을 말한다.]

2. 제6701호에서 다음 각 목의 것은 제외한다.
   가. 깃털이나 솜털을 충전물로만 사용한 물품(예 : 제9404호의 침구)
   나. 깃털이나 솜털을 단순히 트리밍(trimming)이나 충전물로만 사용한 의류와 의류부속품
   다. 제6702호의 인조꽃이나 잎, 이들의 부분품이나 이들로 제조된 물품

1) 제0505호에는 "새의 깃털이나 솜털이 붙은 가죽과 그 밖의 부분, 깃털과 그 부분(가장자리를 정리했는지에 상관없다), 새의 솜털(청정 · 소독 · 보존을 위한 처리 이상의 가공을 하지 않은 것으로 한정한다), 새의 깃털이나 그 부분의 가루와 웨이스트"가 분류되는데, 제6701호에는 이러한 제0505호의 물품을 가공한 것들이 분류된다. 제0505호의 물품을 가공하였다 함은 아래와 같다

   ① **새의 깃털이나 솜털이 붙은 가죽과 그 밖의 부분, 깃털과 그 부분 및 솜털** : 표백 · 염색 · 컬(curl) 또는 웨이브가공을 한 경우를 들 수 있다. 다만 청정 · 소독이나 보전을 하기 위한 단순한 처리만을 한 것은 제0505호에 분류한다.

   ② **새의 깃털이나 솜털이 붙은 가죽과 그 밖의 부분으로 만든 제품 및 깃털과 그 부분 · 솜털로 만든 제품** : 이러한 제품에는 이들 재료로 만든 모자나 의류에 사용하는 장식품, 부채 등을 들 수 있다. 다만 가공한 깃대(scape) · 깃촉(quill)은 이 호에서 제외되는데, 만일 이들이 낚시용 찌로 만들었다면 제95류에 분류하고, 이쑤시개로 만들었다면 제96류에 분류한다.

2) 본 주에 따라, 제6701호에서는 또한 다음의 물품도 제외한다.

   ① 깃털이나 솜털을 충전물로만 사용한 물품. 예로 깃털이나 솜털을 충전하여 만든 침대 매트리스나 이불은 제9404호의 침구에 분류한다.

   ② 깃털이나 솜털을 단순히 트리밍(trimming)이나 충전물로만 사용한 의류와 의류 부속품

   ③ 제6702호의 인조꽃이나 잎, 이들의 부분품이나 이들로 제조된 물품

3. 제6702호에서 다음 각 목의 것은 제외한다.

   가. 유리제품(제70류)

   나. 도자기 · 돌 · 금속 · 목재나 그 밖의 재료로 만든 인조꽃 · 잎 · 과실로서 성형 · 단조 · 조각 · 스탬핑(stamping)이나 그 밖의 방법으로 단일체로 만든 것이거나 이들의 부분품들이 결속 · 접착 · 부착이나 이와 유사한 방법 외의 방법으로 조립된 것

제6702호의 제품은 주로 가정이나 교회의 장식용에 사용되며, 모자나 의류 등의 장식물로도 사용된다. 이들 물품은 방직용 섬유재료 · 펠트 · 종이 · 플라스틱 · 고무 · 가죽 · 금속의 박 · 깃털 · 패각(shells) 등으로 만들 수도 있으나, 유리로 만든 것이나(제70류에 분류), 도자기 · 돌 · 금속 · 목재나 그 밖의 재료로 만든 인조꽃 · 잎 · 과실로서 성형 · 단조 · 조각 · 스탬핑(stamping)이나 그 밖의 방법으로 단일체로 만든 것이거나(obtained in one piece), 이들의 부분품들이 결속 · 접착 · 부착(binding, glueing, fitting into one another)이나 이와 유사한 방법 외의 방법으로 조립된 것은 제외한다.

[제6702호의 각종 인조꽃 · 잎 · 과실]

[도자기 · 돌 · 금속 · 목재 등의 재료를 성형 · 단조 · 조각 · 스탬핑 등의 방법으로 단일체로 만든 인조꽃은 제6702호에 분류되지 않고 재료에 따라 분류된다.]

◉ 총설

이 류에는 새의 깃털이나 솜털의 제품(제6701호), 조화(造花)와 이와 유사한 제품(제6702호), 정돈 · 표백 등의 가공을 한 사람 머리카락과 가발재료(제6703호) 및 가발류와 이와 유사한 것(사람 머리카락 · 동물의 털 · 방직용 섬유재료로 만든 것으로 한정한다), 사람 머리카락으로 된 제품(제6704호) 등이 분류된다.

제13부 돌 · 플라스터(plaster) · 시멘트 · 석면 · 운모나 이와 유사한 재료의 제품, 도자제품, 유리와 유리제품

류	류의 표제
68	돌 · 플라스터(plaster) · 시멘트 · 석면 · 운모나 이와 유사한 재료의 제품
69	도자제품
70	유리와 유리제품

Chapter 68

제68류 돌 · 플라스터(plaster) · 시멘트 · 석면 · 운모나 이와 유사한 재료의 제품

호	호의 용어
6801	포석 · 연석 · 판석[천연 석재로 한정하며, 슬레이트(slate)는 제외한다]
6802	가공한 석비용 · 건축용 석재[슬레이트(slate)는 제외한다]와 이들의 제품(제6801호의 물품은 제외한다), 모자이크 큐브와 이와 유사한 것[천연 석재의 것으로서 슬레이트(slate) 제품을 포함하며, 뒷면을 보강한 것인지에 상관없다], 인공적으로 착색한 천연 석재[슬레이트(slate)를 포함한다]의 알갱이 · 조각 · 가루
6803	가공한 슬레이트(slate)와 슬레이트(slate) 제품, 응결 슬레이트(slate)의 제품
6804	밀스톤(millstone) · 그라인드스톤(grindstone) · 그라인딩휠(grinding wheel)과 이와 유사한 것(연마용 · 버리기용 · 광택용 · 정형용 · 절단용인 것으로서 프레임을 갖추지 않은 것으로 한정한다) · 수지석(手砥石)과 이들의 부분품[천연석, 응결시킨 천연 · 인조의 연마재료로 만든 것이나 도자(陶瓷)제의 것으로 한정하며, 그 밖의 재료로 만든 부분품이 부착되었는지에 상관없다]
6805	천연 · 인조의 연마용 가루나 알갱이를 방직용 섬유재료 · 종이 · 판지나 그 밖의 재료에 부착한 물품(특정한 모양으로 절단 · 봉합한 것인지 또는 그 밖의 방법으로 만든 제품인지에 상관없다)
6806	슬래그 울(slag wool) · 암면(rock wool)과 이와 유사한 광물성 울, 박리한 버미큘라이트(vermiculite) · 팽창점토 · 다포슬래그(slag)와 이와 유사하게 팽창하는 광물성 재료, 단열용 · 방음용 · 흡음용 광물성 재료의 혼합물과 그 제품(제6811호 · 제6812호나 제69류의 것은 제외한다)
6807	아스팔트 제품이나 이와 유사한 재료[예 : 석유역청이나 콜타르 피치(coal tar pitch)]의 제품
6808	패널 · 보드 · 타일 · 블록과 이와 유사한 물품[식물성 섬유 · 짚 · 목재의 대팻밥 · 칩 · 파티클(particle) · 톱밥이나 그 밖의 웨이스트(waste)를 시멘트 · 플라스터(plaster)나 그 밖의 광물성 결합재로 응결시킨 것으로 한정한다]
6809	플라스터(plaster) 제품이나 플라스터(plaster)를 기본 재료로 조합한 제품
6810	시멘트 제품 · 콘크리트 제품 · 인조석 제품(보강한 것인지에 상관없다)
6811	석면시멘트 제품 · 셀룰로오스파이버시멘트 제품이나 이와 유사한 것
6812	가공한 석면섬유, 석면을 기본 재료로 한 혼합물, 석면과 탄산마그네슘을 기본재료로 한 혼합물, 그 혼합물들의 제품, 석면제품[예 : 석면의 실 · 직물 · 의류 · 모자 · 신발 · 개스킷(gasket)](보강한 것인지에 상관없으며 제6811호와 제6813호의 물품은 제외한다)
6813	마찰 재료와 그 제품[예 : 시트(sheet) · 롤 · 스트립(strip) · 세그먼트 · 디스크(disc) · 와셔(washer) · 패드](장착되지 않은 것으로서 브레이크용 · 클러치용이나 이와 유사한 용도의 석면 · 그 밖의 광물성 재료 · 셀룰로오스를 기본재료로 한 것으로 한정하며, 직물이나 그 밖의 재료와 결합한 것인지에 상관없다)
6814	운모(가공한 것으로 한정한다)와 운모의 제품(응결시키거나 재생한 운모를 포함하며 종이 · 판지나 그 밖의 재료로 된 지지물에 부착한 것인지에 상관없다)
6815	석제품이나 그 밖의 광물성 재료의 제품[탄소섬유 · 탄소섬유의 제품 · 이탄(泥炭)제품을 포함하며, 따로 분류되지 않은 것으로 한정한다]

◉ 류주

1. 이 류에서 다음 각 목의 것은 제외한다.
   가. 제25류의 물품
   나. 제4810호 또는 제4811호의 도포 · 침투시키거나 피복한 종이와 판지(예 : 운모 가루나 흑연을 도포한 종이와 판지 · 역청지와 역청판지 · 아스팔트지와 아스팔트판지)
   다. 제56류나 제59류의 도포 · 침투시키거나 피복한 방직용 섬유의 직물(예 : 운모 가루를 도포하거나 피복한 직물 · 역청직물 · 아스팔트직물)
   라. 제71류의 물품
   마. 제82류의 공구와 그 부분품
   바. 제8442호의 인쇄용 석판석
   사. 애자(제8546호)나 제8547호의 절연재료로 만든 전기용 물품
   아. 치과용 버어(burr)(제9018호)
   자. 제91류의 물품(예 : 시계와 시계 케이스)
   차. 제94류의 물품(예 : 가구 · 램프와 조명기구 · 조립식 건축물)
   카. 제95류의 물품(예 : 완구 · 게임용구 · 운동용구)
   타. 제9602호의 물품으로서 제96류의 주 제2호 나목의 재료로 된 물품, 제9606호의 물품(예 : 단추), 제9609호의 물품(예 : 석필), 제9610호의 물품(예 : 도화용 석판)
   파. 제97류의 물품(예 : 예술품)

2. 제6802호의 "가공한 석비용 · 건축용 석재(worked monumental or building stone)"에는 제2515호나 제2516호[139]의 각종 석재뿐만 아니라 이와 유사하게 가공한 그 밖의 모든 자연석(예 : 규석 · 수석 · 백운석 · 동석)의 경우에도 이를 적용한다. 다만, 슬레이트(slate)는 제외한다.

   1) 제6802호 : 가공한 석비용 · 건축용 석재[슬레이트(slate)는 제외한다]와 이들의 제품(제6801호의 물품은 제외한다), 모자이크큐브와 이와 유사한 것[천연석재의 것으로서 슬레이트(slate) 제품을 포함하며, 뒷면을 보강한 것인지에 상관없다], 인공적으로 착색한 천연석재[슬레이트(slate)를 포함한다]의 알갱이 · 조각 · 가루
   2) 이 호에는 제25류의 채석장의 산품을 더 가공하여 만든 천연의 석비용 또는 건축용 석재(슬레이트는 제외)가 분류된다. 그러므로 이 호에는 분할, 거칠게 절단 또는 네모로 절단 또는 톱질에 의하여 네모로 절단하여 단순히 블록 · 시트 · 슬래브로 만든 것 이상의 고도의 가공을 한

139 제2515호 : **대리석** · 트래버틴(travertine) · 에코신(ecaussine)과 그 밖의 석비(石碑)용 · 건축용 석회질의 암석(겉보기 비중이 2.5 이상인 것으로 한정한다)과 설화석고(alabaster)[톱질이나 그 밖의 방법으로 거칠게 다듬거나 단순히 절단하여 직사각형(정사각형을 포함한다)의 블록 모양이나 슬래브 모양으로 한 것인지에 상관없다]
제2516호 : 화강암 · 반암(斑巖) · 현무암 · 사암과 그 밖의 석비(石碑)용 · 건축용 암석[톱질이나 그 밖의 방법으로 거칠게 다듬거나 단순히 절단하여 직사각형(정사각형을 포함한다)의 블록 모양이나 슬래브 모양으로 한 것인지에 상관없다]

석재를 분류한다.

◉ 총설

1) 이 류에는 다음의 것을 분류한다.
   ① 제25류의 물품을 제25류 주 제1호[140]에서 규정한 가공 이상으로 가공한 각종의 물품
   ② 제25류의 주 제2호 마목[141]의 규정에 의하여 제25류에서 제외되는 물품
   ③ 제5부의 광물성 재료로 제조한 특정 물품
   ④ 제28류의 특정 재료(예 : 인조연마재)로 제조한 물품
2) 위의 ③ 또는 ④의 범주에 해당하는 물품 중 어떤 것은 결합제(binder)에 의해서 응집된 것도 있고 충전재(filler)를 함유한 것도 있으며, 연마재나 운모와 같은 제품의 경우에 있어서는 방직용 섬유재료·종이·판지나 그 밖의 재료로 뒤편을 보강하거나 이들 재료로 된 지지물에 부착한 것도 있다.

이들 물품과 완제품의 대부분은 모양을 만들거나 주형을 뜨는(shaping or moulding) 방법과 같이 구성재료 자체를 변형시키는 것이 아니라, **그 형상을 변형**시키는 가공방법에 의하여 만들어진다. 어떤 물품은 응집에 의하여 만들어지고, 어떤 물품은 고압솥(autoclave)에서 가공하여 경화된다.

이 류에는 또한 슬래그 울(slag wool)이나 용융현무암 등을 제조하는 용융법과 같이 원재료의 본래의 성상(性狀)을 변화시키는 방법에 의하여 제조되는 특정의 물품도 포함한다.

140 제25류 주 제1호 : 문맥상 달리 해석되지 않거나 이 류의 주 제4호에서 따로 규정되지 않는 한, 가공하지 않은 것, 세척한 것(물품의 구조의 변화 없이 불순물을 제거하기 위하여 화학물질로 세척하는 것을 포함한다), 부순 것, 잘게 부순 것, 가루 모양인 것, 체로 친 것, 부유선광(浮遊選鑛)·자기선광(磁氣選鑛) 등 기계적 방법이나 물리적 방법에 따라 선광(選鑛)한 것[결정법(結晶法)으로 선광(選鑛)한 것은 제외한다]만 분류하며, 배소(焙燒)한 것·하소(煆燒)한 것·혼합한 것과 각 호에서 규정한 처리방법 외의 방법으로 가공한 것은 제외한다. 이 류의 생산품에는 항분제(抗粉劑)를 첨가한 것도 포함되나, 그 첨가로 해당 물품이 일반적 용도가 아니라 특정한 용도에 특별히 더 적합하게 되는 것은 제외한다.

141 제25류의 주 제2호. 이 류에서 다음 각 목의 것은 제외한다.
마. 포석(鋪石)·연석(緣石)·판석(板石)(제6801호), 모자이크큐브(mosaic cube)나 이와 유사한 물품(제6802호), 지붕용·외장용(facing)·방습층용 슬레이트(제6803호)

Chapter 69

제69류 도자제품

호	호의 용어
	제1절 규산질의 화석 가루나 이와 유사한 규산질의 흙으로 만든 제품과 내화제품
6901	벽돌 · 블록 · 타일과 그 밖의 도자제품[규산질의 화석 가루(예 : 규조토 · 트리폴리트 · 다이어토마이트)나 이와 유사한 규산질의 흙으로 제조한 것으로 한정한다]
6902	내화벽돌 · 내화블록 · 내화타일과 이와 유사한 건설용 내화 도자제품(규산질의 화석 가루나 이와 유사한 규산질의 흙으로 만든 제품은 제외한다)
6903	그 밖의 내화성 도자제품[예 : 레토르트(retort) · 도가니 · 머플 · 노즐 · 플러그 · 서포트 · 큐펠(cupel) · 관(管) · 쉬드(sheath) · 막대(rod)](규산질의 화석 가루나 이와 유사한 규산질의 흙으로 만든 제품은 제외한다)
	제2절 그 밖의 도자제품
6904	도자제의 건축용 벽돌 · 바닥깔개용 블록 · 서포트타일(support tile) · 필러타일(filler tile)과 이와 유사한 것
6905	기와 · 굴뚝통 · 굴뚝갓 · 굴뚝용 내장재 · 건축용 장식품과 그 밖의 도자제의 건설용품
6906	도자제의 관(管) · 도관(導管) · 홈통과 관(管)의 연결구류
6907	도자제의 판석과 포장(鋪裝)용 · 노(爐)용 · 벽용 타일(유약처리하지 않은 것으로 한정한다), 도자제의 모자이크 큐브와 이와 유사한 것(유약처리하지 않은 것으로 한정하며, 뒷면을 보강한 것인지에 상관없다)
6908	도자제의 판석과 포장(鋪裝)용 · 노(爐)용 · 벽용 타일(유약처리를 한 것으로 한정한다), 도자제의 모자이크 큐브와 이와 유사한 것(유약처리를 한 것으로 한정하며, 뒷면을 보강한 것인지에 상관없다)
6909	실험실용 · 화학용이나 그 밖의 공업용 도자제품, 농업용 도자제 통과 이와 유사한 용기, 물품의 수송용 · 포장용으로 사용하는 도자제의 항아리 · 단지와 이와 유사한 제품
6910	도자제의 설거지통 · 세면대 · 세면대용 받침 · 목욕통 · 비데 · 수세식 변기통 · 수세식 변기용 물통 · 소변기와 이와 유사한 위생용 물품
6911	자기제의 식탁용품 · 주방용품 · 그 밖의 가정용품 · 화장용품
6912	도자제의 식탁용품 · 주방용품 · 그 밖의 가정용품 · 화장용품(자기제의 것은 제외한다)
6913	도자제의 작은 조각상과 그 밖의 장식용 제품
6914	도자제의 그 밖의 제품

◉ 류주

1. 이 류는 성형한 후에 불에 구워서 만든 도자제품(ceramic products)에만 적용한다. 제6904호부터 제6914호까지는 제6901호부터 제6903호까지로 분류되는 것 외의 제품에만 적용한다.

1) 이 류에 분류되는 도자제품의 가장 큰 특징은 제품의 모양을 만든 후에 **불에 굽는다**는 것이다. 따라서 이 류의 물품은 제68류에 분류되는 불에 굽지 않은 광물성 재료의 제품이나 석제품과는 본질적으로 구별되며, 유리화될 수 있는 혼합물이 완전히 용융되어 있는 제70류의 유리제

품과도 구별된다.

2) 이 류의 물품은 그 구성재질과 불에 굽는 과정에 따라 아래와 같이 크게 두 개의 절(Sub-chapter)로 나누고 있다. 여기서 제2절의 물품은 제1절의 물품에 분류되는 것 외의 제품에만 적용한다.

① 제1절(제6901호~제6903호) : 규산질의 화석 가루(siliceous fossil meals)나 이와 유사한 규산질의 흙으로 만든 제품과, 내화제품

② 제2절(제6904호~제6914호) : 그 밖의 도자제품

2. 이 류에서 다음 각 목의 것은 제외한다.

가. 제2844호의 물품
나. 제6804호의 물품
다. 제71류의 물품(예 : 모조 신변장식용품)
라. 제8113호의 서멧(cermet)
마. 제82류의 물품
바. 애자(제8546호)나 제8547호의 절연재료로 만든 전기용 물품
사. 의치(義齒)(제9021호)
아. 제91류의 물품(예 : 시계와 시계 케이스)
자. 제94류의 물품(예 : 가구·램프와 조명기구·조립식 건축물)
차. 제95류의 물품(예 : 완구·게임용구·운동용구)
카. 제9606호의 물품(예 : 단추)이나 제9614호의 물품(예 : 흡연용 파이프)
타. 제97류의 물품(예 : 예술품)

◉ 총설

도자제품(ceramic products)이란 다음의 방법에 의하여 제조된 물품을 말한다.

① 조제된 무기물이나 비금속재료(non-metallic materials)를 보통 실온(室溫)에서 사전에 성형하여 구워 만든 방법

② 암석을 조형 후 불에 굽는 방법

Chapter 70

제70류 유리와 유리제품

호	호의 용어
7001	깨진 유리, 유리의 그 밖의 웨이스트(waste) · 스크랩(scrap), 유리 괴(塊)
7002	유리로 만든 구(球)[제7018호의 마이크로스피어(microsphere)는 제외한다], 막대(rod)나 관(管)(가공하지 않은 것으로 한정한다)
7003	주입법과 롤(roll)법으로 제조한 유리[시트(sheet) 모양이나 프로파일(profile) 모양으로 한정하고, 흡수층 · 반사층 · 무반사층인지에 상관없으며 그 밖의 방법으로 가공하지 않은 것으로 한정한다]
7004	인상법(引上法)과 취입법(吹入法)으로 제조한 유리[시트(sheet) 모양으로 한정하고, 흡수층 · 반사층 · 무반사층인지에 상관없으며 그 밖의 방법으로 가공하지 않은 것으로 한정한다]
7005	플로트유리(float glass)와 표면을 연마한 유리[시트(sheet) 모양으로 한정하고, 흡수층 · 반사층 · 무반사층인지에 상관없으며 그 밖의 방법으로 가공하지 않은 것으로 한정한다]
7006	제7003호 · 제7004호 · 제7005호의 유리(구부린 것 · 가장자리 가공한 것 · 조각한 것 · 구멍을 뚫은 것 · 에나멜을 칠한 것이나 그 밖의 방법으로 가공한 것으로 한정하며, 프레임을 붙인 것이나 그 밖의 재료를 붙인 것은 제외한다)
7007	안전유리(강화유리나 접합유리로 된 것으로 한정한다)
7008	유리로 만든 복층 절연유닛
7009	유리거울(백미러를 포함하며, 틀을 붙인 것인지에 상관없다)
7010	유리로 만든 카보이(carboy) · 병 · 플라스크 · 단지 · 항아리 · 약병 · 앰플과 그 밖에 이와 유사한 용기(물품의 수송용 · 포장용으로 한정한다), 유리로 만든 보존병, 유리로 만든 마개 · 뚜껑과 그 밖의 마개류
7011	밀폐되지 않은 유리로 만든 외피(벌브와 튜브를 포함한다)와 이들의 부분품(전구 · 음극선관이나 이와 유사한 용도의 것으로서 부착물이 없는 것으로 한정한다)
7013	유리제품(식탁용 · 주방용 · 화장실용 · 사무용 · 실내장식용이나 이와 유사한 용도로 한정하며, 제7010호나 제7018호의 것은 제외한다)
7014	신호용 유리제품과 유리로 만든 광학용품(제7015호의 것과 광학적으로 가공한 것은 제외한다)
7015	시계용 유리와 이와 유사한 유리, 안경용(시력교정용인지에 상관없다) 유리[곡면인 것 · 구부린 것 · 중공(中空)인 것이나 이와 유사한 것으로 광학적으로 가공하지 않은 것으로 한정한다], 이들의 제조에 사용하는 중공구면(中空球面)유리와 그 세그먼트
7016	압축하거나 주형한 유리로 만든 포장(鋪裝)용 블록 · 슬래브 · 벽돌 · 스퀘어(square) · 타일과 그 밖의 제품[망입(網入)한 것인지에 상관없으며 건축용이나 건설용으로 한정한다], 유리로 만든 입방체와 그 밖의 유리 세공품(뒷면을 보강한지에 상관없으며 모자이크용이나 이와 유사한 장식용으로 한정한다), 레드라이트(leaded light)와 이와 유사한 것, 블록(block) · 패널(panel) · 플레이트(plate) · 쉘(shell)이나 이와 유사한 모양의 다공(多孔)유리나 다포(多泡)유리
7017	실험실용 · 위생용 · 약제용 유리제품(눈금이 있는지에 상관없다)
7018	유리로 만든 비드(bead) · 모조 진주 · 모조 귀석과 반귀석 · 이와 유사한 유리 세공품 · 모조 신변장식용품을 제외한 유리제품, 인체용을 제외한 유리 안구, 작은 조각상과 램프 가공한(lamp-worked) 그 밖의 장식용 유리제품(모조 신변장식용품은 제외한다), 지름이 1밀리미터를 초과하지 않는 유리로 만든 마이크로스피어(microsphere)

7019	유리섬유[글라스 울(glass wool)을 포함한다]와 이들의 제품(예: 실 · 직물)
7020	유리로 만든 그 밖의 제품

◉ 류주

1. 이 류에서 다음 각 목의 것은 제외한다.
   가. 제3207호의 물품[예 : 법랑 · 유약 · 유리 프리트(frit)와 가루 모양 · 알갱이 모양 · 플레이크(flake) 모양인 그 밖의 유리]
   나. 제71류의 물품(예 : 모조 신변장식용품)
   다. 제8544호의 광섬유 케이블, 애자(제8546호), 제8547호의 절연재료로 만든 전기용 물품
   라. 제90류의 광섬유 · 광학용품(광학적으로 가공한 것으로 한정한다) · 피하주사기 · 의안(義眼) · 온도계 · 기압계 · 액체비중계나 그 밖의 물품
   마. 제9405호의 램프와 조명기구 · 조명용 사인 · 조명용 명판이나 이와 유사한 것(고정 광원을 가지는 것으로 한정한다)과 이들의 부분품
   바. 제95류의 완구 · 게임용구 · 운동용구 · 크리스마스트리용 장식품이나 그 밖의 물품(기계장치를 하지 않은 유리로 만든 눈으로서 제95류의 인형이나 그 밖의 물품에 사용하는 것은 제외한다)
   사. 제96류의 단추 · 장착된 진공 플라스크 · 향수용 분무기나 이와 유사한 화장용 분무기 · 그 밖의 물품

2. 제7003호 · 제7004호 · 제7005호는 다음 각 목에서 정하는 바에 따른다.
   가. 서랭(徐冷) 전 공정단계에서 처리된 유리는 가공한 유리제품으로 보지 않는다.
   나. 특정한 모양으로 절단한 것은 시트(sheet)유리의 품목분류에 영향을 미치지 않는다.
   다. "흡수층 · 반사층 · 무반사층(absorbent, reflecting or non-reflecting layer)"이란 적외선 등을 흡수하거나 유리의 투명도나 반투명도를 유지하면서 반사효과를 높이거나 유리표면에서 빛이 반사되는 것을 방지하기 위하여 금속이나 화학적 화합물(예 : 금속산화물)을 극히 얇게 도포한 것을 말한다.

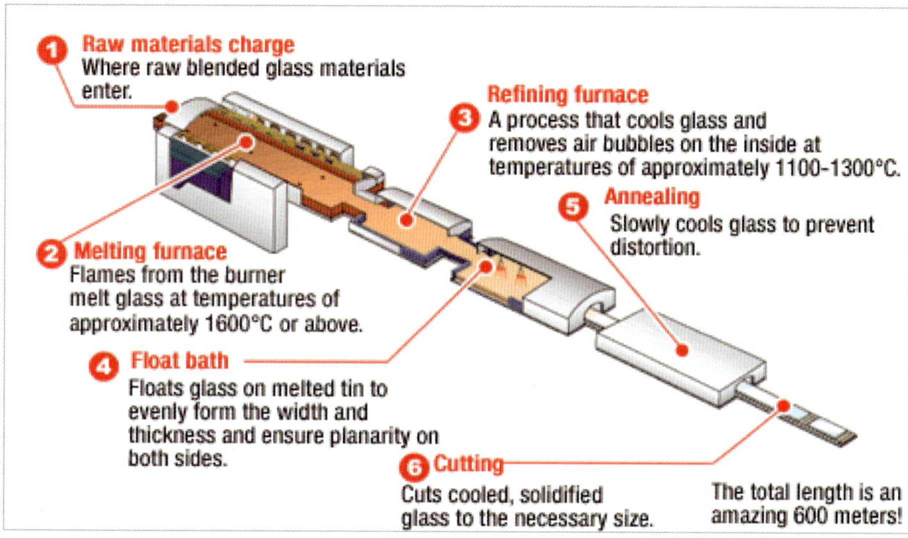

[floating glass의 제조공정도. 원재료 투입 → 노에서 용융 → 청징(淸澄, refining) → 용융 주석(melted tin)에 유리를 띄워 평평하게 성형 → 서랭(annealing) → 절단의 공정을 거친다.]

1) 유리(琉璃, glass)는 초자(硝子)라고도 부르는데, 일반적으로 융해된 액체를 냉각하면 일정한 온도에서 응고하여 결정(結晶)으로 되지만, 어떤 종류의 것은 냉각해도 응고·결정화하지 않고 온도가 낮아짐에 따라 점차 점성이 증가하고 나중에는 굳은 고형물이 된다. 이 상태를 유리상태라고 하는데, 겉보기에는 고체이지만 고체 특유의 결정구조(crystal structure)를 가지지 않는다. 다시 말하면 유리는 무정형(無定形)의 고체물질(amorphous or non-crystalline solid material)이라고 할 수 있다.

유리는 일반적으로 규사 및 여러 원료의 혼합물을 고온에서 녹인 후 냉각하는 과정에서 결정화가 일어나지 않은 채 고체화되면서 생기는 투명도가 높은 물질을 말한다. 유리는 또한 끓지 않고 수증기로 증발하지도 않으며, 녹였다가 급랭을 시킬 때 그 구조가 매우 불규칙한 특성을 갖고 있다. 이렇게 액체상태에서 제자리를 찾아가지 못하고 그냥 굳어지기 때문에 유리는 열역학적으로 액체(동결된 냉각액체)에 속한다. 이렇게 차갑게 냉각되어 굳어진 유리는 너무 빨리 차가워졌기 때문에 상당히 불안정하고, 강도가 낮기 때문에 쉽게 깨져버린다. 그래서 이때는 서랭이라는 과정을 다시 거친다.

2) 서랭(徐冷, annealing) : 유리는 급속하게 굳어진 경우 불안정한 상태가 되어 살짝만 건드려도 쉽게 깨져 버리게 된다. 이 때문에 성형된 유리를 서랭로(徐冷爐)에 넣고 서서히 온도를 낮춰 가면서 식혀 완전한 제품의 유리가 만들어지게 되는 것이다.[142]

제7003호~제7005호의 유리제품은 일정 이상의 가공을 거친 유리는 제외하는데, 가공한 유리는 제7006호 이후에 분류하게 된다. 즉 흡수층·반사층 또는 무반사층으로 가공하거나 표면

142 한국판유리산업협회 홈페이지 참고.

을 연마한(surface ground or polished) 이상의 가공을 거치게 되면 제7003호~제7005호에 분류하지 않는다. 다만 어떤 가공이 서랭(徐冷) 전 공정단계에서 이루어진 것이라면 해당 가공을 거쳤더라도 가공한 유리제품으로 보지 않는다.

3) 유리의 제조과정은 여러 종류가 있는데, 예를 들면 다음과 같다.
   ① 주입법(casting) : 일정 모양의 틀 안에 넣어 굳힌다.
   ② 롤법(rolling) : 용융유리를 롤러 사이에 통과시키면, 여기에서 연속된 리본 모양 또는 판 모양 또는 프로파일 모양의 것을 얻는다.
   ③ 인상법(引上法, drawing) : 녹은 유리를 위로 끌어올려 모양을 만든다.
   ④ 취입법(blowing) : 수동이나 기계적인 방법으로 공기를 불어 넣으면서 모양을 만든다.
   ⑤ 플로트유리(floating) : 녹은 유리를 금속용탕(金屬鎔湯)에 공급하면 유리는 금속용탕에 녹지 않고 평면의 층을 이룬 후 액체표면이 매끄럽게 된다. 이 상태에서 용탕 끝에 닿기 전에 어떠한 표시나 일그러짐 없이 롤을 통과시켜 충분히 굳어지게 온도를 냉각시킨다.

4) 제7003호~제7005호의 유리제품은 시트 모양으로 한정한다(다만 주입법과 롤법으로 제조한 유리는 프로파일 모양을 포함한다). 여기서 시트 모양의 유리제품에 있어서 특정한 모양으로 절단한 것은 시트(sheet)유리의 품목분류에 영향을 미치지 않는다. 즉 시트유리를 특정한 모양으로 절단하더라도 원 모양의 시트유리와 같이 분류한다는 것이다.

5) 유리의 제조공정 중이나 제조공정 후에 유리에 비추는 빛에 대해 의도하는 빛의 특성(흡수·반사 또는 무반사)을 실현시키기 위해 금속이나 화학적 화합물을 극히 얇게 도포하기도 하는데, 이러한 도포작업을 행한 유리도 제7003호~제7005호에 분류하게 된다.

3. 제7006호의 물품은 제품으로서의 특성이 있는지에 상관없이 해당 호로 분류한다.

제7006호에는 제7003호부터 제7005호까지에서 언급한 형태의 유리로서 다음 공정 중 한 가지 이상의 공정을 거친 유리를 분류한다. 이들은 제품으로서의 특성이 있는지에 상관없이 제7006호로 분류한다.

① 구부린 것(bent)
② 가장자리 가공한 것(edge-worked)
③ 조각한 것(engraved)
④ 구멍을 뚫은 것
⑤ 에나멜을 칠하는 등 제조 후 표면가공을 한 유리(enamelled or surface worked after manufacture)

※ 다만 제7006호에는 프레임을 붙인 것이나 그 밖의 재료를 붙인 것은 제외한다.

4. 제7019호에서 "글라스울(glass wool)"이란 다음 각 호의 것을 말하며, 그 외의 광물성 울은 제6806호로 분류한다.

가. 실리카의 함유량이 전 중량의 100분의 60 이상인 광물성 울

나. 실리카의 함유량이 전 중량의 100분의 60 미만인 것으로서, 산화알칼리의 함유량이 전 중량의 100분의 5를 초과하는 광물성 울이나 산화붕소의 함유량이 전 중량의 100분의 2를 초과하는 광물성 울

[glass wool로 만든 blanket. 글라스울은 열이나 소리를 차단하는 차단재, 공기를 여과해서 청정하게 하는 필터 등에 사용한다.]

1) 제7019호 : 유리섬유[글라스울(glass wool)을 포함한다]와 이들의 제품(예 : 실 · 직물)

2) 유리섬유(glass fiber)도 섬유의 일종이므로 제11부와의 관계를 검토하여야 하는 바, 유리섬유는 방직용 섬유로는 적합하지 않다고 보아 제11부에서 제외하여 제70류에 분류하도록 하고 있다. 유리섬유는 식물성 또는 동물성 섬유보다 유연성이 적으며, 잘 늘어나지 않고 질기다. 또한 불에 잘 타지 않고, 부패성이 없고 방수성 및 내산성이 있으며, 전기가 잘 통하지 않으며 열과 소리의 전도성도 나쁘며 습기를 잘 흡수하지 않는다.

3) 일반적인 유리는 약 75%를 차지하는 실리카(SiO_2)와, 산화칼륨(K_2O)산화나트륨(Na_2O) 등과 같은 산화알칼리, 석회(CaO) 및 그 밖의 여러 성분들로 구성되어 있다. 여기서 실리카는 유리의 주성분을 구성하고, 산화칼륨이나 산화나트륨은 실리카의 녹는점을 낮추어주는 역할을 하며, 석회는 안정제 역할을 한다. 유리의 제조에 있어서 산화칼륨이나 산화나트륨처럼 실리카의 녹는점을 낮추어주는 역할을 하는 것을 융제(flux)라고 한다. 또한 유리의 잘 깨지는 특성을 보완하기 위해 산화붕소(B_2O_3)를 첨가하기도 한다.

글라스울의 경우에는 실리카의 함유량이 60% 이상이면 제70류의 글라스울로 분류될 수 있으나, 60% 미만인 경우에는 제6806호의 광물성 울(mineral wool)로 분류한다. 다만 실리카의 함유량이 60% 미만이라 하더라도 산화칼륨(K_2O)이나 산화나트륨(Na_2O)와 같은 산화알칼리(alkaline oxide)의 함유량이 전 중량의 5%를 초과하는 광물성 울이나, 산화붕소(boric oxide)의 함유량이 전 중량의 2%를 초과하는 광물성 울의 경우에는 제7019호에 분류가 가능하다.

[석영(quartz). 규사(quartz sand)는 실리카성분을 포함한 모래인 반면, 석영은 고순도의 실리카결정체이다.]

5. 이 표에서 유리에는 석영유리(fused quartz and other fused silica)를 포함한다.

보통의 유리공업에서는 규사나 규석을 다른 융제(flux)와 함께 녹여 원래의 온도보다 낮은 온도

에서 실리카를 얻는 반면에, 석영유리(fused quartz and other fused silica)는 석영(SiO_2) 또는 고순도의 규사 자체만을 용융 응고하여 얻어진 유리이다. 고순도인 실리카로 인해 기계적으로나 전기적으로나 다른 유리에 비해 뛰어나다. 투과율이 높은 광학용의 부품으로 쓰이는 광학재료 및 반도체용, 실험실용, 안경렌즈용 등으로 사용한다.

◉ 소호주

1. 소호 제7013.22호, 제7013.33호, 제7013.41호, 제7013.91호에서 "납크리스탈(lead crystal)"이란 산화납[lead monoxide(PbO)]의 함유량이 최소한 전 중량의 100분의 24 이상인 유리만을 말한다.

HSK				품명	Description
7013				유리제품(식탁용 · 주방용 · 화장실용 · 사무용 · 실내장식용이나 이와 유사한 용도로 한정하며, 제7010호나 제7018호의 것은 제외한다)	Glassware of a kind used for table, kitchen, toilet, office, indoor decoration or similar purposes (other than that of heading 70.10 or 70.18).
	10	00	00	유리 도자제의 것	Of glass-ceramics
	2			굽 달린 음료용 유리컵류(유리 도자제의 것은 제외한다)	Stemware drinking glasses, other than of glass-ceramics :
	22	00	00	**납 크리스탈로 만든 것**	**Of lead crystal**
	28	00	00	기타	Other
	3			그 밖의 음료용 유리컵류(유리 도자제의 것은 제외한다)	Other drinking glasses, other than of glass ceramics :
	33	00	00	**납 크리스탈로 만든 것**	**Of lead crystal**
	37	00	00	기타	"이하 생략"

납크리스탈(lead crystal)은 유리 제조 시에 안정제로 투입되는 석회(산화칼슘성분) 대신에 산화납(PbO)을 사용하기 때문에 붙여진 이름이다. 가공성이 뛰어나 유리제의 장식품을 만드는 데 많이 사용된다.

[납크리스탈로 만든 제품]

◉ 총설

석영유리를 제외하고, 유리는 실리카를 얻는 주재료(규사 또는 규석 등)와 실리카의 녹는점을 낮추어주는 융제(flux) 및 안정제 등이 배합되어 만들어진다. 이들은 그 소요되는 성분의 구성에 따라 각종의 유리가 있다(예 : 보헤미안유리 · 크라운유리 · 납크리스탈유리 등). 이 류의 각 호는 유리의 다양성에 관계없이 각 호에 부합하는 물품을 분류한다.

Section 제 14 부 천연진주 · 양식진주 · 귀석 · 반귀석 · 귀금속 · 귀금속을 입힌 금속과 이들의 제품, 모조 신변장식용품, 주화

류	류의 표제
71	천연진주 · 양식진주 · 귀석 · 반귀석 · 귀금속 · 귀금속을 입힌 금속과 이들의 제품, 모조 신변장식용품, 주화

Chapter 71

제71류 천연진주 · 양식진주 · 귀석 · 반귀석 · 귀금속 · 귀금속을 입힌 금속과 이들의 제품, 모조 신변장식용품, 주화

호	호의 용어
	제1절 천연진주나 양식진주, 귀석이나 반귀석
7101	천연진주나 양식진주(가공한 것인지 또는 등급을 매긴 것인지에 상관없으며 실로 꿴 것 · 장착되거나 세트로 된 것은 제외한다. 다만, 수송의 편의를 위하여 일시적으로 실로 꿴 것을 포함한다)
7102	다이아몬드(가공한 것인지에 상관없으며 장착되거나 세트로 된 것은 제외한다)
7103	귀석(다이아몬드는 제외한다)과 반귀석(가공한 것인지 또는 등급을 매긴 것인지에 상관없으며 실로 꿴 것 · 장착되거나 세트로 된 것은 제외한다. 다만, 등급을 매기지 않은 것으로서 수송의 편의를 위하여 일시적으로 실로 꿴 것을 포함한다)
7104	합성 · 재생한 귀석이나 반귀석(가공한 것인지 또는 등급을 매긴 것인지에 상관없으며 실로 꿴 것, 장착되거나 세트로 된 것은 제외한다. 다만, 등급을 매기지 않은 것으로서 수송의 편의를 위하여 일시적으로 실로 꿴 것을 포함한다)
7105	천연의 것이나 합성한 귀석 · 반귀석의 더스트(dust)와 가루
	제2절 귀금속과 귀금속을 입힌 금속
7106	은(금이나 백금을 도금한 은을 포함하며, 가공하지 않은 것 · 반가공한 모양이나 가루 모양인 것으로 한정한다)
7107	은을 입힌 비금속(卑金屬)(반가공한 것보다 더 가공하지 않은 것으로 한정한다)
7108	금(백금을 도금한 금을 포함하며, 가공하지 않은 것 · 반가공한 모양이나 가루 모양인 것으로 한정한다)
7109	금을 입힌 비금속(卑金屬)이나 은(반가공한 것보다 더 가공하지 않은 것으로 한정한다)
7110	백금(가공하지 않은 것 · 반가공한 모양이나 가루 모양인 것으로 한정한다)
7111	백금을 입힌 비금속(卑金屬) · 은 · 금(반가공한 것보다 더 가공하지 않은 것으로 한정한다)
7112	귀금속이나 귀금속을 입힌 금속의 웨이스트(waste)와 스크랩(scrap), 귀금속이나 귀금속 화합물을 포함하고 있는 그 밖의 웨이스트(waste)와 스크랩(scrap)(주로 귀금속의 회수에 사용되는 것으로 한정한다)
	제3절 신변장식용품, 금 세공품 · 은 세공품과 그 밖의 제품
7113	신변장식용품과 그 부분품(귀금속으로 만들거나 귀금속을 입힌 금속으로 만든 것으로 한정한다)
7114	금 세공품이나 은 세공품과 이들의 부분품(귀금속으로 만들거나 귀금속을 입힌 금속으로 만든 것으로 한정한다)
7115	귀금속이나 귀금속을 입힌 금속의 그 밖의 제품
7116	천연진주나 양식진주, 귀석이나 반귀석(천연의 것, 합성 · 재생한 것)의 제품
7117	모조 신변장식용품
7118	주화

◉ 류주

1. 물품의 전부나 일부가 다음 각 목의 재료로 구성되는 물품은 이 류로 분류한다. 다만, 제6부의 주 제1호 가목과 이 류의 주 제2호부터 주 제11호까지에서 따로 규정한 것은 그에 따른다.
   가. 천연진주 · 양식진주 · 귀석 · 반귀석(천연의 것, 합성 · 재생한 것)
   나. 귀금속이나 귀금속을 입힌 금속(precious metal or of metal clad with precious metal)

1) **제6부의 주 제1호 가목** : "제2844호나 제2845호에 열거된 것에 해당하는 물품(방사성 광물은 제외한다)은 해당 각 호로 분류하며, 이 표의 다른 호로 분류하지 않는다."
본 주의 규정은 "방사성원소 · 방사성동위원소와 이들의 화합물, 이들의 물품을 함유한 혼합물과 잔재물(제2844호)" 및 "동위원소와 그 동위원소의 무기화합물이나 유기화합물(제2845호)"에 해당하는 물품의 최우선 분류원칙을 규정한 부분이다. 이 규정은 핵 관련 물질의 국제이동을 감시 · 관리하기 위해 만든 우선 적용규정이다. 따라서 "이리듐 192"는 방사성동위원소이므로, 백금인 이리듐이라 할지라도 제71류에 분류되지 않고 제2844호에 분류해야 한다.
2) 제71류에는 물품의 전부나 일부가 천연진주 · 양식진주 · 귀석 · 반귀석 또는 귀금속이나 귀금속을 입힌 금속으로 구성되는 물품을 분류한다. 다만 위의 제6부의 주 제1호 가목과 제71류의 주에서 따로 규정하는 경우에는 이에 따른다.

2. 가. 제7113호 · 제7114호 · 제7115호에서는 귀금속이나 귀금속을 입힌 금속이 미미한 구성물(minor constituents)로 사용된 부착구나 장식[예 : 두문자(頭文字) · 테 · 외륜] 등과 같은 물품은 제외한다. 다만, 주 제1호 나목은 이러한 물품에는 적용하지 않는다.
   나. 제7116호에서는 귀금속이나 귀금속을 입힌 금속(이를 미미한 구성물로 사용한 경우는 제외한다)을 함유한 제품은 제외한다.

1) 일반적으로 제품의 전부 또는 일부를 천연 또는 양식진주 · 다이아몬드 또는 그 밖의 귀석과 반귀석(천연 · 합성 또는 재생의 것) · 귀금속 또는 귀금속을 입힌 금속을 사용한 제품은 제7113호~제7116호에 분류된다. 이 중에 제7113호부터 제7115호까지는 귀금속이나 귀금속을 입힌 금속의 제품과 관련된다. 특히 이들 그룹에는 신변장식용품이나 금 · 은 세공품 등이 포함되지만, 다음의 것은 제외된다.
   ① **이 류주 제3호의 제외규정에서 열거된 물품** : 즉 제71류에서 제외되도록 하는 물품.
   ② **어떤 물품에서 귀금속이나 귀금속을 입힌 금속이 그 물품의 전체에서 볼 때 미미한 구성물(minor constituents)에 지나지 않을 때** : 미미한 구성물로 볼 수 있는 예를 들면, 두문자나 테 · 외륜(monograms, ferrules, rims) 같이 제품 전체에서 볼 때 미미한 부착구(minor fixture)나 미미한 장식(minor ornamentation) 등을 들 수 있다.
2) 제7113호부터 제7115호까지는 귀금속 또는 귀금속을 입힌 금속을 사용한 제품이 분류되는데, 이들 제품에 천연 또는 양식진주나, 천연 · 합성 또는 재생의 귀석과 반귀석을 함유하더라도 제

7113호~제7115호에 분류한다. 즉 귀금속 또는 귀금속을 입힌 금속을 사용한 제품은 천연·합성 또는 재생의 귀석과 반귀석을 함유하는지의 여부와 관계없이 우선적으로 제7113호~제7115호에 분류한다는 것이다. 다만 귀금속이나 귀금속을 입힌 금속이 미미한 구성물(minor constituents)로 사용된 제품의 경우에는 제7116호에 분류한다.

[가운데 두문자와 외륜이 금으로 이루어져 있지만, 이들은 미미한 장식이므로 이 접시는 제71류에 분류되지 않는다.]

3) 위의 규정의 사례를 들면 다음과 같다.

① 비(卑)금속 또는 비(非)금속의 손잡이가 달린 칼·조각용구 세트·면도칼 및 그 밖의 칼붙이 제품(articles of cutlery)은 이들이 비록 귀금속 또는 귀금속을 입힌 금속으로 된 이니셜·두문자 또는 테 등이 있을지라도 제82류에 분류된다. 반면 귀금속 또는 귀금속을 입힌 금속제의 손잡이가 달린 칼붙이제품은 이 류에 분류된다.

② 대접이나 꽃병 및 그 밖의 자기제나 유리제의 식탁용품은, 귀금속 또는 귀금속을 입힌 금속으로 된 미미한 부착구(minor fixture)나 미미한 장식(minor ornamentation)이 있더라도 제69류 또는 제70류에 분류된다.

③ 귀금속을 도금한 비금속(卑金屬) 또는 비금속(非金屬) 제품은 제외한다. 다만 귀금속을 입힌 금속제의 물품은 제71류의 해당호에 분류한다.

3. 이 류에서 다음 각 목의 것은 제외한다.

가. 귀금속의 아말감(amalgam)과 콜로이드(colloid) 모양인 귀금속(제2843호)

나. 제30류의 살균한 외과용 봉합재·치과용 충전재나 그 밖의 물품

다. 제32류의 물품[예 : 러스터(lustre)]

라. 서포트된(supported) 촉매(제3815호)

마. 제42류의 주 제3호 나목의 제4202호나 제4203호의 물품

바. 제4303호나 제4304호의 물품

사. 제11부의 물품(방직용 섬유와 그 제품)

아. 제64류나 제65류의 신발류·모자류나 그 밖의 물품

자. 제66류의 산류(傘類)·지팡이나 그 밖의 물품

차. 제6804호나 제6805호, 제82류의 연마용품으로서 귀석·반귀석(천연의 것·합성한 것)의 더스트(dust)나 가루를 함유한 것, 제82류의 물품으로서 귀석·반귀석(천연의 것, 합성·재생한 것)으로 된 작용부분을 가진 물품, 제16부의 기계류·기기류·전기용품이나 이들의 부분품. 다만, 이들 제품과 그 부분품으로서 전부가 귀석·반귀석(천연의 것, 합성·재생한 것)으로 된 것은 이류로 분류하되, 장착되지 않은 것으로서 축음기 바늘용으로 가공된 사파이어와

다이아몬드(제8522호)는 제외한다.

카. 제90류 · 제91류 · 제92류의 물품(정밀기기 · 시계 · 악기)

타. 무기나 이들의 부분품(제93류)

파. 제95류의 주 제2호의 물품

하. 제96류의 주 제4호에 따라 제96류로 분류되는 물품

거. 오리지널 조각이나 조상(제9703호) · 수집품(제9705호)이나 제작 후 100년이 초과된 골동품(제9706호). 다만, 천연진주 · 양식진주 · 귀석 · 반귀석은 제외한다.

4. 가. "귀금속"이란 은 · 금 · 백금을 말한다.

나. "백금"이란 플라티늄(platinum) · 이리듐(iridium) · 오스뮴(osmium) · 팔라듐(palladium) · 로듐(rhodium) · 루테늄(ruthenium)을 말한다.

다. 귀석 · 반귀석에는 제96류의 주 제2호 나목의 물품을 포함하지 않는다.

1) 귀금속(貴金屬, precious metal)은 자연에 희귀하게 존재하여 경제적 가치를 지닌 금속을 말한다. HS에서 귀금속은 은 · 금 · 백금만을 말하고, 여기서 백금은 플라티늄(platinum) · 이리듐(iridium) · 오스뮴(osmium) · 팔라듐(palladium) · 로듐(rhodium) · 루테늄(ruthenium)을 말한다.

2) 귀석과 반귀석(precious and semi-precious stones)은 보통 결정체로서, 색깔 · 광채 · 변질하지 않는 속성 및 때로는 희소성으로 인해 장식품 또는 의장품의 제조용으로 사용된다. 또한 루비 · 사파이어 · 마노 · 석영 등은 경고성(hardness)과 그 밖의 특별한 물성으로 인해 시계나 공구용 또는 그 밖의 산업용 재료로 사용된다.

제7103호의 해설서에서는 이러한 귀석과 반귀석으로 분류될 수 있는 물품의 리스트를 보여주고 있는데, 여기에서는 제96류의 물품으로 분류되는 광물성의 조각용 재료에 해당하는 호박 · 해포석(meerschaum) · 응결시킨 호박과 응결시킨 해포석 · 흑옥과 광물성 흑옥대용품이 빠져 있다. 즉 이들은 일반적으로 귀석이나 반귀석으로 인정되지만, HS에서는 제71류에서 제외시키고 조각용 재료로 분류하도록 하고 있는 것이다.

5. 이 류에서 귀금속을 함유한 합금(소결한 혼합물과 금속 간 화합물을 포함한다) 중 귀금속의 어느 하나의 함유량이 전 중량의 100분의 2 이상인 것은 귀금속의 합금으로 본다. 이 경우 귀금속의 합금은 다음 각 목의 규정에 따라 분류한다.

가. 백금의 함유량이 전 중량의 100분의 2 이상인 것은 백금의 합금으로 본다.

나. 금의 함유량이 전 중량의 100분의 2 이상인 것으로서 백금을 함유하지 않은 것이나 백금이 전 중량의 100분의 2 미만인 합금은 금의 합금으로 본다.

다. 은의 함유량이 전 중량의 100분의 2 이상인 그 밖의 합금은 은의 합금으로 본다.

1) 합금은 보통 첨가하고자 의도된 성분을 녹여서 합친 것을 말하는데, 귀금속을 함유한 합금(소결한 혼합물과 금속 간 화합물을 포함한다) 중 귀금속의 어느 하나의 함유량이 전 중량의 100분의 2 이상인 것은 귀금속의 합금으로 본다. 따라서 어떤 합금 중에 중량 기준으로 백금이 1%, 금이 1% 그리고 은이 1%씩 각각 함유되었다고 한다면, 이 합금은 제71류에 분류되지 못하게 된다.

2) 위에서 소결한 혼합물과 금속 간 화합물이란 다음의 의미를 갖는다. 이들도 귀금속을 함유한 합금으로 본다.

   ① **금속가루의 혼합물을 소결한 물품** : 소결(燒結, sintering)이란 금속가루를 가열하였을 때, 가루의 입자 간에 결합이 일어나 응고하는 현상을 말한다. 금속가루를 틀 속에 넣고 프레스로 적당히 눌러 단단하게 만든 다음 그 물질의 녹는점에 가까운 온도로 가열했을 때 가루가 서로 접한 면에서 접합이 이루어지거나 일부가 증착(蒸着)하여 서로 연결되어 한 덩어리로 된다.

   ② **2종 이상의 금속으로 이루어진 금속간화합물**(intermetallic compound) : 금속간화합물은 두 가지 이상의 금속원소가 간단한 정수비(일반적으로 mAnB로 표시된다)로 결합된 화합물이다. 보통의 합금과는 달리, 화합물의 결정구조나 물리화학적 성질이 그 성분원소와 명확히 다르고, 또한 일정한 녹는점을 가진 것이 많다. 금속간화합물과 합금과의 기본적인 상이점은 금속간화합물의 결정격자 중에 있는 서로 다른 원자 사이의 배열이 규칙적인 것에 반하여, 합금에 있어서는 불규칙하다는 것이다.

3) 위의 규정에 근거하여 **일단 귀금속의 합금으로 인정된 경우**에 있어서, 귀금속 사이에서의 합금의 품목분류 판단은 다음에 따른다.

   ① 백금의 함유량이 전 중량의 100분의 2 이상인 것은 백금의 합금으로 본다.

   ② 금의 함유량이 전 중량의 100분의 2 이상인 것으로서 백금을 함유하지 않은 것이나 백금이 전 중량의 100분의 2 미만인 합금은 금의 합금으로 본다.

   ③ 은의 함유량이 전 중량의 100분의 2 이상인 그 밖의 합금은 은의 합금으로 본다.

6. 이 표의 귀금속에는 문맥상 달리 해석되지 않는 한 주 제5호에 따른 귀금속의 합금도 포함한다. 다만, 귀금속을 입힌 금속, 귀금속을 도금한 비금속(卑金屬)이나 비(非)금속은 제외한다.

1) 귀금속의 합금도 귀금속으로 분류한다. 여기에서 귀금속의 합금에는 소결한 혼합물과 금속간 화합물을 포함한다. 그러나 귀금속을 입힌 금속(metal clad with precious metal)과, 비금속(卑金屬)이나 비금속(非金屬)에 귀금속을 도금한 물품은 제71류의 귀금속에서 제외한다.

2) 여기서 귀금속을 입힌 금속은 아래의 주 7호에서 정의하고 있다. 즉 "귀금속을 입힌 금속"이란 금속의 한 면 이상에 땜접 · 납접 · 용접 · 열간압연이나 이와 유사한 기계적 방법으로 귀금속을 입힌 것을 말하며, 문맥상 달리 해석되지 않는 한 비금속(卑金屬)에 귀금속을 박아 넣은

것도 포함한다.[143] 귀금속을 입혔다는 것(clad)은 납땜 · 용접 · 열간압연 등의 **기계적 방법**으로 귀금속을 씌워 접합시켰다(affixed a covering of precious metal)는 것으로, 전기분해 · 증착(蒸着) · 분사 또는 귀금속의 염용액에 담그는 등의 방법으로 귀금속을 도금한 비금속(卑金屬)과 혼동해서는 안 된다. 이들 도금된 비금속(卑金屬)은 도금 두께에 관계없이 각각 기초금속이 속하는 류에 분류한다.

일반적으로 미미한 구성물(minor constituents)로 사용된 경우를 제외하고 귀금속제품에는 귀금속을 입힌 금속으로 만든 제품도 포함되지만, 이는 귀금속의 합금 개념에서는 제외된다.

7. 이 표에서 "귀금속을 입힌 금속"이란 금속의 한 면 이상에 땜접 · 납접 · 용접 · 열간압연이나 이와 유사한 기계적 방법으로 귀금속을 입힌 것을 말하며, 문맥상 달리 해석되지 않는 한 비금속(卑金屬)에 귀금속을 박아 넣은 것도 포함한다.

8. 제6부의 주 제1호 가목의 것을 제외하고 제7112호에 열거한 품명에 해당하는 물품은 해당 호로 분류하며, 이 표의 다른 호로 분류하지 않는다.

이 류의 주 제1호에서 설명한 바와 같이 제6부의 주 제1호 가목의 방사성물질과 동위원소물질을 제외하고는 귀금속의 웨이스트(waste)와 스크랩(scrap)은 제7112호에 우선하여 분류하여야 한다. 이들 물품들은 주로 귀금속을 회수하는 데 사용된다.

[사용한 백금 촉매. 귀금속 회수용의 waste와 scrap은 제7112호에 우선 분류한다.]

9. 제7113호에서 "신변장식용품(articles of jewellery)"이란 다음 각 목의 것을 말한다.
   가. 각종의 소형 신변장식용품[예 : 반지 · 팔찌 · 목걸이 · 브로치 · 귀걸이 · 시계용 체인 · 회중시곗줄 · 펜던트(pendant) · 타이핀(tie-pin) · 커프링크(cuff-link) · 의복장식용 단추 · 종교용이나 그 밖의 용도의 메달과 기장]
   나. 일반적으로 주머니 · 핸드백이나 신변에 휴대하여 사용하는 개인용품[예 : 시가나 궐련케이스 · 코담배박스 · 구중제갑(cachou box)이나 환약갑 · 화장갑 · 돈지갑 · 묵주]

이러한 물품은 천연진주 · 양식진주 · 귀석 · 반귀석 · 합성하거나 재생한 귀석 · 반귀석, 거북귀갑, 진주 모패(母貝) · 상아(ivory) · 천연 또는 재생 호박 · 흑옥 · 산호 등과 결합되어 있거나 세트로 되어 있는 것인지에 상관없다.

143 영어 원문이 이해하기가 더 쉽다. "metal clad with precious metal" means material made with a base of metal upon one or more surfaces of which there is affixed by soldering, brazing, welding, hot-rolling or similar mechanical means a covering of precious metal. Except where the context otherwise requires, the expression also covers base metal inlaid with precious metal.

1) 영어원문 "articles of jewellery"를 "신변장식용품"으로 표현한 것은 이들 물품이 몸에 걸치거나 휴대하여 사용하는 물품의 특징을 가진 데 따른 것이다. 이러한 신변장식용품은 그 다음 호인 제7114호의 금・은 세공품(articles of goldsmith's or silversmith's wares)과 혼동할 염려가 있으므로 가목과 나목의 정의와 예시를 검토하여 결정하여야 한다.

3) 제7113호에는 귀금속의 신변장식용품이 분류되고, 천연진주나 양식진주 또는 귀석이나 반귀석 등으로 만든 신변장식용품은 제7113호에 분류되지 않고 제7116호[144]에 분류된다. 다만 귀금속의 신변장식용품에 귀석이나 반귀석 등이 결합되어 있거나 세트로 되어 있는 경우에는 제7113호의 귀금속의 신변장식용품으로 분류한다.

10. 제7114호의 금 세공품이나 은 세공품에는 장식품・식탁용품・화장용품・흡연용품이나 그 밖의 가정용・사무용・종교용 물품이 포함된다.

제7114호에는 전부 또는 일부가 귀금속 또는 귀금속을 입힌 금속으로 만든 것으로, 장식품・식탁용품・화장용품・흡연용품이나 그 밖의 가정용・사무용・종교용 물품이 포함된다. 일반적으로 이들 물품은 제7113호의 신변장식용품보다 크다는 특징이 있다.

11. 제7117호에서 "모조 신변장식용품(imitation jewellery)"이란 주 제9호 가목의 신변장식용품(제9606호의 단추나 그 밖의 물품, 제9615호의 빗・헤어슬라이드나 이와 유사한 것・헤어핀은 제외한다)으로서 천연진주・양식진주나 귀석・반귀석(천연의 것, 합성・재생한 것)을 사용하지 않은 것과 귀금속이나 귀금속을 입힌 금속을 사용하지 않은 것(귀금속을 도금하거나 미미한 구성물로 사용한 경우는 제외한다)을 말한다.

1) 제7117호의 모조 신변장식용품은 신변장식용품에 해당하는 물품으로서 귀금속이나 귀금속을 입힌 금속을 사용하지 않은 것과 천연진주・양식진주나 귀석・반귀석(천연의 것, 합성・재생한 것)을 사용하지 않은 것을 말한다. 즉 제71류의 주 제1호에서 규정하는 제71류에 속하는 재료로 만들지 않은 신변장식용품에 해당하는 물품을 말한다.
빗・헤어슬라이드나 이와 유사한 것・헤어핀은 모조 신변장식용품에 해당하지만 제9615호에서 특정하여 분류하고 있으므로 이 호에서 제외한다.

2) 제품을 만들 때에 귀금속을 도금하거나 미미한 구성물로 사용한 경우는 귀금속이나 귀금속을 입힌 금속을 사용한 것으로 보지 않는다(위의 주 제2호 참조). 따라서 모조 신변장식용품에 귀금속을 도금하거나 미미한 구성물로 사용한 경우에는 모조 신변장식용품으로 분류할 수 있다.

◉ 소호주

1. 소호 제7106.10호・제7108.11호・제7110.11호・제7110.21호・제7110.31호・제7110.41호에서 "가

144 제7116호 : 천연진주나 양식진주, 귀석이나 반귀석(천연의 것, 합성・재생한 것)의 제품

루(powder)"와 "가루 모양(powder form)"이란 메시(mesh) 구경이 0.5밀리미터인 체를 통과한 중량이 전 중량의 100분의 90 이상인 물품을 말한다.

HSK				품명	Description
7106				은(금이나 백금을 도금한 은을 포함하며, 가공하지 않은 것 · 반가공한 모양이나 가루 모양인 것으로 한정한다)	Silver (including silver plated with gold or platinum), unwrought or in semi-manufactured forms, or in powder form.
	10	00	00	**가루**	**Powder**
	9			기타	"이하 생략"

위에 열거한 소호들은 금(제7106.10호)과 은(제7108.11호) 및 백금(제7110.21호 · 제7110.31호 · 제7110.41호)의 가루와 가루 모양에 대한 기준을 정하고 있다. 이러한 기준은 메시(mesh) 구경이 0.5밀리미터인 체를 통과한 중량이 전 중량의 90% 이상이어야 한다. 이는 제15부의 주에서 비금속(卑金屬)의 가루(powder)에 대한 정의, "메시(mesh) 구경이 **1밀리미터**인 체를 통과한 중량이 전 중량의 90% 이상인 물품"과 비교하면 귀금속의 가루가 비금속(卑金屬)의 가루보다 더 미세한 기준을 요구하고 있음을 알 수 있다.

2. 이 류의 주 제4호 나목에도 불구하고 소호 제7110.11호와 제7110.19호에서 "백금"이란 이리듐(iridium) · 오스뮴(osmium) · 팔라듐(palladium) · 로듐(rhodium) · 루테늄(ruthenium)은 포함하지 않는다.

HSK				품명	Description
7110				백금(가공하지 않은 것 · 반가공한 모양이나 가루 모양인 것으로 한정한다)	Platinum, unwrought or in semi-manufactured forms, or in powder form.
	1			**플라티늄(platinum)**	**Platinum :**
	11	00	00	가공하지 않은 것이나 가루 모양인 것	Unwrought or in powder form
	19	00	00	기타	Other
	2			팔라듐(palladium)	Palladium :
	21	00	00	가공하지 않은 것이나 가루 모양인 것	Unwrought or in powder form
	29	00	00	기타	Other
	3			로듐(rhodium)	Rhodium :
	31	00	00	가공하지 않은 것이나 가루 모양인 것	Unwrought or in powder form
	39	00	00	기타	Other
	4			이리듐(iridium) · 오스뮴(osmium) · 루테늄(ruthenium)	Iridium, osmium and ruthenium :
	41	00	00	가공하지 않은 것이나 가루 모양인 것	Unwrought or in powder form
	49	00	00	기타	Other

이 소호주는 통칙 제6호[145]의 내용과 같은 맥락이라고 할 수 있다. 제71류 주 제4호 나목에서 "백금이란 플라티늄·이리듐·오스뮴·팔라듐·로듐·루테늄을 말한다"라고 정의하고 있는 반면에, 제71류 소호주 제2호에서는 "이 류의 주 제4호 나목에도 불구하고, 소호 제7110.11호와 제7110.19호에서 백금이란 이리듐·오스뮴·팔라듐·로듐·루테늄은 포함하지 않는다"라고 하여 류주의 내용과 소호주의 내용이 서로 상충하고 있다. 이런 경우에는 소호주의 규정이 우선 적용되므로, 본 소호주에서 적시하고 있는 소호에 있어서는 류주 제4호의 나목은 적용되지 않는다.

3. 제7110호의 소호에 합금을 분류하는 경우, 각각의 합금은 플라티늄(platinum)·팔라듐(palladium)·로듐(rhodium)·이리듐(iridium)·오스뮴(osmium)·루테늄(ruthenium) 중 각각 다른 금속보다 중량이 가장 많은 금속으로 분류한다.

플라티늄(platinum)·팔라듐(palladium)·로듐(rhodium)·이리듐(iridium)·오스뮴(osmium)·루테늄(ruthenium) 등 6개의 금속은 산출이나 화학적 성질도 비슷한 점이 많아 흔히 일괄하여 백금족원소라고 부른다. HS에서는 제71류 주 제4호 나목에 근거하여 이들 모두를 백금으로 보아 4단위 호를 결정하고 있다. 그러나 일단 백금의 성분이 전체 중량의 2% 이상으로 제7110호에 분류되었으면, 그 하위 소호의 분류는 이들 6개 금속을 서로 비교하여 중량이 가장 많은 백금으로 분류하여야 한다는 것이다.

◉ 총설

1) 제71류는 절(sub-chapter)이 존재하는데, 다음과 같은 세 개의 절로 구성되어 있다.
   제1절 : 천연진주나 양식진주, 귀석이나 반귀석(제7101호~제7105호)
   제2절 : 귀금속과 귀금속을 입힌 금속(제7106호~제7112호)
   제3절 : 신변장식용품, 금 세공품·은 세공품과 그 밖의 제품(제7113호~제7118호)
2) 이러한 제71류를 좀 더 세분하여 그 내용을 보면 다음과 같다.
   ① **제7101호~제7105호** : 제7101호~제7104호에는 천연 또는 양식진주, 다이아몬드와 그 밖의 귀석 또는 반귀석(천연·합성·재생의 것)이 분류되는데, 이들은 가공하였는지 여부는 상관이 없으나, 장착되었거나 세트로 된 것이나 실로 꿴 것은 제외한다. 또한 이들의 가공 중에 발생한 특정의 웨이스트는 제7105호에 분류한다.
   ② **제7106호~제7112호** : 제7106호~제7111호에는 귀금속과 귀금속을 입힌 금속(가공되지 않은 것)과 반제품의 것 또는 가루 모양의 것으로 제3절에 해당되는 제품상태에 미달한 것을 분류한다. 제7112호에는 귀금속 또는 귀금속을 입힌 금속의 웨이스트와 스크랩과, 귀금속 또는 귀금속 화합물을 함유하고 있는 웨이스트와 스크랩으로서 주로 귀금속의 회수에 사

145 법적인 목적상 어느 호(號) 중 소호(小號)의 품목분류는 같은 수준의 소호(小號)들만을 서로 비교할 수 있다는 점을 조건으로 해당 소호(小號)의 용어와 관련 소호(小號)의 주(註)에 따라 결정하며, 위의 모든 통칙을 준용한다. 또한 이 통칙의 목적상 문맥에서 달리 해석되지 않는 한 관련 부(部)나 류(類)의 주(註)도 적용한다.

용되는 것을 분류한다.

③ 제7113호~제7116호 : 보통 전부 또는 일부를 천연 또는 양식진주, 다이아몬드 또는 그 밖의 귀석과 반귀석(천연・합성 또는 재생의 것) 및 귀금속 또는 귀금속을 입힌 금속을 사용한 제품은 제7113호 내지 제7116호에 분류된다. 특히 이들 그룹에는 신변장식용품이나 금 세공품 또는 은 세공품이 포함된다.

④ 제7117호 : 모조 신변장식용품

⑤ 제7118호 : 주화. 다만 수집품(collectors' pieces)은 제외한다(제9705호).

Section 제15부 비금속(卑金屬)과 그 제품

류	류의 표제
72	철강
73	철강의 제품
74	구리와 그 제품
75	니켈과 그 제품
76	알루미늄과 그 제품
77	유보
78	납과 그 제품
79	아연과 그 제품
80	주석과 그 제품
81	그 밖의 비금속(卑金屬), 서멧(cermet), 이들의 제품
82	비금속(卑金屬)으로 만든 공구 · 도구 · 칼붙이 · 스푼 · 포크, 이들의 부분품
83	비금속(卑金屬)으로 만든 각종 제품

◉ 부주

1. 이 부에서 다음 각 목의 것은 제외한다.
   가. 조제페인트 · 잉크나 그 밖의 물품으로서 금속의 플레이크(flake)나 가루를 기본재료로 한 것(제3207호부터 제3210호까지 · 제3212호 · 제3213호 · 제3215호)
   나. 페로세륨(ferro-cerium)이나 그 밖의 발화성 합금(제3606호)
   다. 제6506호나 제6507호의 모자와 그 부분품
   라. 제6603호의 산류(傘類)의 프레임과 기타의 물품
   마. 제71류의 물품[예 : 귀금속의 합금 · 귀금속을 입힌 비금속(卑金屬) · 모조 신변장식용품]
   바. 제16부의 물품(기계 · 기계류와 전기용품)
   사. 조립한 철도용이나 궤도용 선로(제8608호)와 제17부의 기타 물품(차량 · 선박 · 항공기)
   아. 제18부의 기기(시계용 스프링을 포함한다)
   자. 총포탄용으로 조제한 연탄(鉛彈)(제9306호)이나 제19부의 기타 물품(무기 · 총포탄)
   차. 제94류의 물품[예 : 가구 · 매트리스 서포트(mattress support) · 램프와 조명기구 · 조명용 사

인·조립식 건축물]

카. 제95류의 물품(예 : 완구·게임용구·운동용구)

타. 제96류(잡품)의 수동식 체·단추·펜·펜슬홀더·펜촉이나 기타의 물품

파. 제97류의 물품(예 : 예술품)

2. 이 표에서 "범용성 부분품(parts of general use)"이란 다음 각 목의 것을 말한다.

가. 제7307호·제7312호·제7315호·제7317호·제7318호의 물품과 비금속(卑金屬)으로 만든 이와 유사한 물품

나. 비금속(卑金屬)으로 만든 스프링과 스프링판(제9114호의 시계용 스프링은 제외한다)

다. 제8301호·제8302호·제8308호·제8310호의 물품과 제8306호의 비금속(卑金屬)으로 만든 틀과 거울

제73류부터 제76류까지와 제78류부터 제82류까지(제7315호는 제외한다)의 부분품에는 가목부터 다목까지에서 규정한 물품은 포함하지 않는다.

위의 규정과 제83류의 주 제1호에 따른 경우를 제외하고는, 제82류나 제83류의 물품은 제72류부터 제76류까지와 제78류부터 제81류까지에서 제외한다.

1) 범용성 부분품은 여러 기계에 범용으로 사용이 가능하다고 인정되는 종류의 부분품을 말하는 것으로서, 이것은 실제로 어떤 부분품이 자체로 여러 기계에 장착이 가능하다는 것이 아니고, 볼트나 너트 등과 같은 부분품의 종류가 여러 기계에 사용되는 것에 착안한 것이다. 따라서 어떤 볼트나 스프링이 특정 자동차에 전용으로 사용하도록 일정한 크기와 형상으로 만들어졌다 하더라도 본 부주의 범용성 부분품 리스트에 속해 있으면 당해 자동차의 부분품이 아닌 범용성 부분품으로 분류해야 한다는 것이다.

2) 제15부의 범용성 부분품으로 분류되는지의 여부는 열거주의에 의한다. 즉 부주 제2호의 가목~다목에 속해 있으면 당해 물품은 어떤 기계의 부분품으로 사용되었다고 하더라도, 그 기계의 부분품으로 분류되지 않고 제15부의 한 호에 분류되어야 한다는 것이다. 제15부의 범용성 부분품은 다음과 같다.

가. 제7307호·제7312호·제7315호·제7317호·제7318호의 물품과 비금속(卑金屬)으로 만든 이와 유사한 물품

① **제7307호** : 철강으로 만든 관(管) 연결구류[예 : 커플링(coupling)·엘보(elbow)·슬리브(sleeve)]

② **제7312호** : 철강으로 만든 연선(撚線, stranded wire[146])·로프·케이블·엮은 밴드·사슬과 이와 유사한 것(전기절연한 것은 제외한다)

③ **제7315호** : 철강으로 만든 체인과 그 부분품

146 꼬은 선을 말한다.

④ 제7317호 : 철강으로 만든 못·압정·제도용 핀·물결 모양 못·스테이플(제8305호[147]의 것은 제외한다)과 이와 유사한 물품[두부(頭部)가 그 밖의 다른 재료로 만든 것인지에 상관없으나 구리를 재료로 한 것은 제외한다]

⑤ 제7318호 : 철강으로 만든 스크루(screw)·볼트(bolt)·너트(nut)·코치 스크루(coach screw)·스크루 훅(screw hook)·리벳(rivet)·코터(cotter)·코터핀(cotter-pin)·와셔(washer)[스프링와셔(spring washer)를 포함한다]와 이와 유사한 물품

(1) 승용차용 판스프링

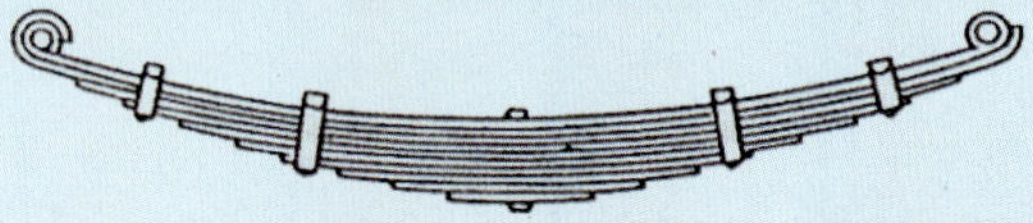

(2) 트럭용 판스프링

(3) Progressive형의 보조스프링이 있는 판스프링

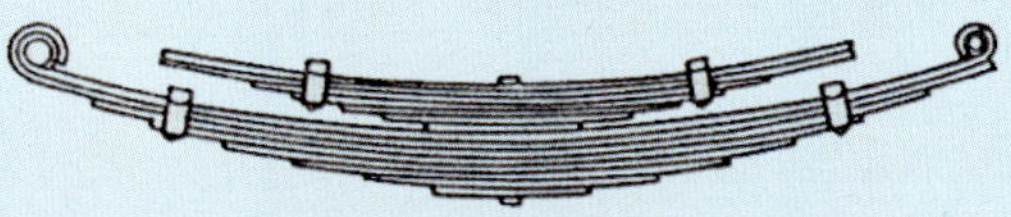

(4) 보조스프링이 있는 판스프링

[자동차용의 판스프링은 자동차에 전용으로 사용하도록 만들었다고 하더라도, 제7320호에 분류되는 범용성부분품이다]

※ 철강 외의 비금속으로 만든 이와 유사한 물품도 범용성 부분품으로 본다.

나. 비금속(卑金屬)으로 만든 스프링과 스프링판(제9114호의 시계용 스프링은 제외한다)

다. 제8301호·제8302호·제8308호·제8310호의 물품과 제8306호의 비금속(卑金屬)으로 만든 틀과 거울

① 제8301호 : 비금속(卑金屬)으로 만든 자물쇠(열쇠식·다이얼식·전기작동식), 비금속(卑金屬)으로 만든 걸쇠와 걸쇠가 붙은 프레임으로 자물쇠가 결합되어 있는 것, 이들 물품에 사용되는 비금속(卑金屬)으로 만든 열쇠

② 제8302호 : 비금속(卑金屬)으로 만든 장착구·부착구와 이와 유사한 물품[가구·문·계단·창·블라인드·차체(coachwork)·마구·트렁크·장·함이나 이와 유사한 것에 적합한 것으로 한정한다], 비금속(卑金屬)으로 만든 모자걸이·브래킷(bracket)과 이와 유사한 부착구, 비금속(卑金屬)으로 만든 장착구가 있는 카스터(castor), 비금속(卑金屬)으로 만든 자동도어 폐지기

③ 제8308호 : 비금속(卑金屬)으로 만든 걸쇠·걸쇠가 붙은 프레임·버클(buckle)·버클걸쇠·훅(hook)·아이(eye)·아일릿(eyelet)과 이와 유사한 것(의류·신발류·차양·핸드백·여행구나 그 밖의 물품에 사용하는 것으로 한정한다), 비금속(卑金屬)으로 만든 관 리벳(tubular rivet)이나 두 가닥 리벳(bifurcated rivet), 구슬과 스팽글(spangle)

147 제8305호 : 비금속(卑金屬)으로 만든 루스-리프(loose-leaf)식 바인더용이나 서류철용 피팅(fitting)·서신용 클립·레터코너(letter corner)·서류용 클립·색인용 태그와 이와 유사한 사무용품, 비금속(卑金屬)으로 만든 스트립 모양인 스테이플(staple)(예 : 사무실용·가구류용·포장용의 것)

④ 제8310호 : 비금속(卑金屬)으로 만든 사인판·명판·주소판과 이와 유사한 판, 숫자·문자와 그 밖의 심벌(제9405호의 것은 제외한다)

⑤ 제8306호 : 비금속(卑金屬)으로 만든 벨·징과 이와 유사한 것(전기식은 제외한다), 비금속(卑金屬)으로 만든 작은 조각상과 그 밖의 장식품, **비금속(卑金屬)으로 만든 사진틀·그림틀이나 이와 유사한 틀**, 비금속(卑金屬)으로 만든 거울. 이 중에서 비금속(卑金屬)으로 만든 사진틀·그림틀이나 이와 유사한 틀, 비금속(卑金屬)으로 만든 거울만 범용성 부분품으로 인정된다.

3) 제73류부터 제76류까지와 제78류부터 제82류까지(제7315호는 제외한다)의 부분품에는 가목부터 다목까지에서 규정한 물품은 포함하지 않는다. 제73류부터 제82류까지의 각 호에는 각종의 비금속(卑金屬)제품이 분류되는데, 이 중에는 아래 제7316호의 표에서 보는 바와 같이 부분품도 분류될 수 있다. 만일 이러한 부분품이 본 주에서 규정하고 있는 범용성 부분품에 속한다면 해당 물품의 부분품으로 분류하지 않고 범용성 부분품으로 분류해야 한다. 즉 아래의 철강으로 만든 닻의 부분품으로서의 볼트와 너트는 철강제 닻의 부분품으로 분류하지 않고, 범용성 부분품으로서 볼트와 너트가 분류되는 제7318호에 분류해야 한다.

다만 예외적으로 제7315호에는 철강제의 체인이 분류되고 제7315.90호에는 철강제 체인의 부분품이 분류되도록 하고 있는데, 이때에는 철강제 체인 자체가 범용성 부분품이므로, 체인의 부분품은 그대로 제7315.90호에 분류하도록 하고 있다.148

HSK				품명	Description
7316	00			철강으로 만든 닻과 그 부분품	Anchors, grapnels and parts thereof, of iron or steel.
		10	00	닻	Anchors and grapnels
		20	00	**부분품**	**Parts**

HSK				품명	Description
7315				철강으로 만든 체인과 그 부분품	Chain and parts thereof, of iron or steel.
	1			마디가 있는 링크체인(link chain)과 그 부분품	Articulated link chain and parts thereof :
	11	00	00	롤러체인(roller chain)	Roller chain
	12	00	00	그 밖의 체인	Other chain
	19	00	00	**부분품**	**Parts**
	20	00	00	스키드체인(skid chain)	Skid chain
	8			그 밖의 체인	Other chain :

148 다만 체인의 부분품 중에 다른 범용성 부분품, 예로 볼트가 있다면 이는 제7315.90호에 분류하는 것이 아니라, 볼트의 해당 호인 제7318호에 분류되어야 할 것이다.

81	00	00	스터드링크(stud-link)	Stud-link
82	00	00	기타(용접한 링크의 것으로 한정한다)	Other, welded link
89	00	00	기타	Other
90	00	00	그 밖의 부분품	Other parts

4) 이와 같이 범용성 부분품은 어떤 물품의 전용 부분품에 속하는 것으로 보지 않기 때문에, 설사 당해 부분품이 어떤 제품만을 위해 제작된 부분품이라 하더라도 그것이 위의 범용성 부분품에 속하는 경우에는 제15부의 범용성 부분품 호 중 어느 한 호에 분류하게 된다. 제15부의 제품의 부분품으로서의 범용성 부분품에 대한 품목분류는 본 부주에서 규정하는 대로 제7315호를 제외하고는 각 범용성 부분품이 분류되는 호에 분류한다.

반면에 제15부 외의 물품, 주로 각종 기계의 부분품으로서의 범용성 부분품의 품목분류는 각 해당 주에 규정되어 있는 바, 제16부의 주, 제17부의 주, 제90류~제96류의 주에서 모두 비금속의 범용성 부분품은 제15부의 해당 호에 분류하도록 하고 있다. 또한 제15부의 비금속으로 만든 범용성 부분품뿐만 아니라 이와 유사한 물품(특히 플라스틱으로 만든 것)도 범용성 부분품에 준하여 당해 제품의 부분품이 아닌 재질에 따라 해당 호에 분류하도록 하고 있다.

5) 위의 규정, 즉 "제73류부터 제76류까지와 제78류부터 제82류까지(제7315호는 제외한다)의 부분품에는 가목부터 다목까지에서 규정한 물품은 포함하지 않는다"라는 규정과 제83류의 주 제1호[149]에 따른 경우를 제외하고는, 제82류나 제83류의 물품은 제72류부터 제76류까지와 제78류부터 제81류까지에서 제외한다.

이 규정은 제15부 내에서 제품군 간의 분류 우선순위에 대한 내용이다. 제15부의 물품을 제품군의 특성에 따라 나누어 보면 제72류~제81류 및 제82류~제83류로 크게 구분하여 볼 수 있다. 전자의 경우에는 비금속의 종류에 따라 비금속 원재료와 반제품 및 완성도가 비교적 높은 제품까지 분류된다. 반면에 후자의 경우에는 비금속의 종류와 관계없이 특정의 완성품을 열거하여 분류하도록 하고 있다. 제82류에는 일반적으로 공구류(tools)로 인정되는 물품이 분류되고, 제83류에는 여러 특정 용도의 물품을 분류하도록 하고 있다. 이렇게 두 제품군의 품목분류에 있어서 경합이 있는 경우에는 후자, 즉 제82류나 제83류에 우선 분류하도록 한다. 다만 범용성 부분품과 관련된 두 가지 제외사항은 먼저 고려되어야 한다.

3. 이 표에서 "비금속(卑金屬, base metal)"이란 철강·구리·니켈·알루미늄·납·아연·주석·텅스텐(월프람)·몰리브데늄·탄탈륨·마그네슘·코발트·비스무트·카드뮴·티타늄·지르코늄·안티모니·망간·베릴륨·크로뮴·게르마늄·바나듐·갈륨·하프늄·인듐·니오븀(컬러븀)·레늄·탈륨을 말한다.

149 이 류에서 비금속(卑金屬)으로 만든 부분품은 그 본체와 함께 분류한다. 다만, 제7312호·제7315호·제7317호·제7318호·제7320호의 철강으로 만든 물품, 제74류부터 제76류까지와 제78류부터 제81류까지에 해당하는 그 밖의 비금속(卑金屬)으로 만든 이와 유사한 물품은 이 류의 물품의 부분품으로 분류하지 않는다.

제15부에 분류되는 비금속은 모두 28개이다. 비금속으로부터 제외되는 중요한 것으로는, 금속에 속한다 할지라도 귀금속은 제14부에 분류되고, 방사성원소와 방사성동위원소는 제2844호 및 제2845호에 우선 분류되도록 하고 있다.

4. 이 표에서 "서멧(cermet)"이란 금속요소(metallic component)와 세라믹요소(ceramic component)의 현미경적 불균질 결합물질을 함유한 물품을 말한다. 또한 소결(燒結)한 금속카바이드(carbide)[금속을 소결(燒結)한 금속카바이드(carbide)]를 포함한다.

서멧(cermet)은 세라믹성분과 금속성분을 동시에 함유하고 있는 물질로서, 소결[150]이나 분산(dispersion) 또는 그 밖의 공정을 통해 만들어진다. 금속요소로는 철·니켈·알루미늄·크로뮴·코발트 등이 많이 쓰이고, 세라믹요소로는 산화물(oxide)·탄화물(carbide)·붕화물(boride) 등이 쓰인다. 이들 구성요소의 성질을 동시에 가지므로 세라믹의 특성인 경도·내열성·내산화성·내약품성·내마모성과, 금속의 강인성·가소성·기계적 강도 등을 함께 가진다. HS에서는 이를 하나의 비금속으로 보아 제81류에 분류하도록 하고 있다.

[텅스텐 카바이드(WC) 분말. 이 분말 자체는 탄화물(carbide)의 일종으로 제2849호에 분류된다. 금속카바이드를 다른 금속과 함께 소결하는 경우에는 제81류의 서메트로 분류한다.]

서멧에는 소결한 금속카바이드(금속을 소결한 금속카바이드)[sintered metal carbides(metal carbides sintered with a metal)]를 포함한다. 이는 제2849호에 분류되는 금속의 탄화물과 구분된다.

5. 합금의 분류는 다음 각 목에서 정하는 바에 따른다. 여기에서 제72류와 제74류의 주에서 정의한 합금철(ferro-alloy)과 모합금(master alloy)은 제외한다.

가. 비금속(卑金屬)의 합금은 함유중량이 가장 많은 금속의 합금으로 본다.

나. 이 부의 비금속(卑金屬)과 이 부에 해당되지 않는 원소로 구성된 합금의 경우, 이 부의 비금속(卑金屬)의 중량을 합계한 것이 그 밖의 원소의 중량을 합계한 것 이상이면 이 부의 비금속(卑金屬)의 합금으로 본다.

다. 이 부의 합금에는 금속가루의 혼합물을 소결(燒結)한 것과, 용융(鎔融)으로 제조한 금속의 불균질한 혼합물[서멧(cermet)은 제외한다]과 금속간화합물이 포함된다.

1) 제11부의 주 제5호, 주 제6호 및 주 제7호는 단일금속이 아닌 다른 금속과의 합금, 금속이 아

150 소결(燒結, sintering)은 분말체(粉末體)를 적당한 형상으로 가압 성형한 것을 가열하면 서로 단단히 밀착하여 고결(固結)하는 현상을 말한다. 원래 녹는점이 높아서 녹이기 어려운 텅스텐에 처음 사용되었다. 적당히 구멍이 있는 고체를 만들거나, 녹였을 때 혼합되지 않는 두 물질의 복합재료(예 : 금속과 세라믹스)를 만드는 데 사용된다.

닌 다른 물질과의 합금, 그리고 이들 물질로 만들어진 제품의 품목분류방법에 대해 규정하고 있다. 이 중에 주 제5호는 비금속(卑金屬)의 합금에 대한 내용인 바, 다시 두 가지의 유형으로 나누고 있다.

2) 첫 번째는 복수의 비금속(卑金屬)으로 이루어진 합금에 대한 것이다. 이 경우에는 함유중량이 가장 많은 금속의 합금으로 본다. 다만 합금철(ferro-alloy)과 모합금(master alloy)은 제외하는데, 이들은 일반적인 비금속의 용도로 사용되는 것이 아닌 합금첨가제나 금속 야금 시의 탈산제·탈황제 등과 같이 일종의 화학제품처럼 사용되는 특징이 있다(각각 제72류와 제74류의 주 참조). 또한 금·은·백금 등 귀금속과 비금속(卑金屬)의 합금에 있어서는 귀금속에 속하는 이들 세 가지 중에 하나라도 2% 이상이면 귀금속의 합금으로 분류되고, 이들 모두가 2% 미만인 경우에는 비금속의 합금으로 분류된다.

3) 두 번째는 제15부의 비금속(卑金屬)과 제15부 이외의 성분과의 합금일 경우에 적용된다. 여기서 제15부 이외의 성분은 대부분 비금속(非金屬)이라고 할 수 있다. 이 경우 제15부의 비금속(卑金屬)의 중량을 합계한 것이 그 밖의 원소의 중량을 합계한 것 이상이면 제15부의 비금속(卑金屬)의 합금으로 본다. 일단 제15부의 비금속의 합금으로 판단되면, 제15부 내의 비금속 사이에서의 품목분류는 바로 위의 규정을 적용한다.

4) 합금은 보통 첨가하고자 의도된 성분을 녹여서 합친 것이다. 그러나 일반적인 합금 외에도 다음의 합금 유형이 있는데, 이러한 경우에도 제15부에 있어서의 합금으로 인정된다.

① **금속가루의 혼합물을 소결한 물품** : 소결(燒結, sintering)이란 금속가루를 가열하였을 때, 가루의 입자 간에 결합이 일어나 응고하는 현상을 말한다. 금속가루를 틀 속에 넣고 프레스로 적당히 눌러 단단하게 만든 다음 그 물질의 녹는점에 가까운 온도로 가열했을 때, 가루가 서로 접한 면에서 접합이 이루어지거나 일부가 증착(蒸着)하여 서로 연결되어 한 덩어리로 된다. 그러나 금속가루의 혼합물로서 소결되지 않은 것은 이 부주 제7호의 규정(2종 이상의 재료로 제조된 물품)에 따라 분류된다.

② **용융(melting)에 의하여 제조한 금속의 불균질한 혼합물(서멧은 제외)** : 이러한 혼합물에는 특히 금속스크랩을 용해하여 제조한 잉곳으로서 여러 가지 성분을 함유한 것도 포함된다. 서멧은 성분 중의 세라믹 성분으로 인해 용융이 되지 않고 주로 "분산"을 통해 만들어진다. HS에서 서멧은 단일금속으로 보기 때문에 합금으로 보지 않는다.

③ **2종 이상의 비금속으로 이루어진 금속간화합물(intermetallic compound)** : 금속간화합물은 두 가지 이상의 금속원소가 간단한 정수비(일반적으로 mAnB로 표시된다)로 결합된 화합물이다. 보통의 합금과는 달리, 화합물의 결정구조나 물리화학적 성질이 그 성분원소와 명확히 다르고, 또한 일정한 녹는점을 가진 것이 많다. 금속간화합물과 합금과의 기본적인 상이점은 금속간화합물의 결정격자 중에 있는 서로 다른 원자 사이의 배열이 규칙적인 것에 반하여, 합금에 있어서는 불규칙하다는 것이다. HS에서는 이러한 화합물도 일종의 합금으로 보고, 합금의 품목분류원칙에 따라 분류한다.

6. 이 표의 비금속(卑金屬)은 문맥상 달리 해석되지 않는 한, 주 제5호에 따라 해당 비금속(卑金屬)의 합금으로 분류되는 것도 포함한다.

관세율표에서 비금속에는 위의 주 제5호에서 규정하는 내용을 충족하는 비금속의 합금도 포함된다. 다만 이 규정은 문맥상 달리 해석되지 않는 경우에 한하여 적용된다. 예로 제72류에는 합금강의 경우에는 별도로 분류하고 있다. 이때에는 당해 합금은 합금강으로 별도로 분류해야지 해당 합금강의 주요 금속성분에 포함되어서는 안 된다.

7. 복합물품(composite articles)의 분류는 다음 각 목에서 정하는 바에 따른다. 다만, 각 호에서 따로 규정하지 않은 경우에는 둘 이상의 비금속(卑金屬)을 함유한 비금속(卑金屬)으로 만든 물품[비금속(卑金屬) 외의 재료를 혼합한 물품으로서 이 표의 통칙에 따라 비금속(卑金屬)으로 만든 물품으로 보는 것을 포함한다]은 함유중량이 가장 많은 비금속(卑金屬)의 물품으로 본다.
가. 철과 강(鋼)은 동일한 종류의 금속으로 본다.
나. 합금은 주 제5호에 따라 그 합금으로 보는 금속으로 전부 구성되어 있는 것으로 본다.
다. 제8113호의 서멧(cermet)은 단일의 비금속(卑金屬)으로 본다.

1) 각 호에서 따로 규정하지 않은 경우에는,[151] 둘 이상의 비금속(卑金屬)을 함유한 비금속(卑金屬)으로 만든 물품은 **함유중량이 가장 많은** 비금속(卑金屬)의 물품으로 본다. 이때 이러한 물품에는 비금속(卑金屬) 외의 재료를 혼합한 물품으로서 이 표의 통칙에 따라 비금속(卑金屬)으로 만든 물품으로 보는 것을 포함한다. 통칙 제3호의 나목에는 "혼합물(mixtures), 서로 다른 재료로 구성되거나 서로 다른 구성요소로 이루어진 복합물(composite goods)과, 소매용으로 하기 위하여 세트로 된 물품으로서 가목에 따라 분류할 수 없는 것은 가능한 한 이들 물품에 **본질적인 특성을 부여하는** 재료나 구성요소로 이루어진 물품으로 보아 분류한다"라고 규정하고 있다. 한 물품이 제15부의 비금속(卑金屬)성분과 비금속(非金屬)성분으로 구성되어 있는 경우에, 제15부의 비금속(卑金屬)성분이 당해 물품의 본질적인 특성을 부여하고 있다면 당해 물품은 제15부의 물품으로 분류된다. 이렇게 일단 제15부의 물품으로 분류된 당해 물품의 품목분류에 있어서도, 당해 물품을 구성하는 비금속(卑金屬)성분끼리 비교하여 최대중량의 비금속(卑金屬)제품으로 분류한다는 것이다.
2) 최대중량에 따른 분류원칙에 있어서 다음의 사항을 적용한다.
가. 철과 강(鋼)은 동일한 종류의 금속으로 본다.
나. 합금은 주 제5호에 따라 그 합금으로 보는 금속으로 전부 구성되어 있는 것으로 본다.
다. 제8113호의 서멧(cermet)은 단일의 비금속(卑金屬)으로 본다.

151 둘 이상의 비금속(卑金屬)을 함유한 비금속(卑金屬)으로 만든 물품은 최대중량을 차지하는 성분에 따라 분류하게 된다. 하지만 각 호에서 따로 규정하는 경우에는 그렇지 않다. 예로 제7415호에는 구리로 만든 두부(頭部)를 가진 철강으로 만든 못·압정·제도용 핀·스테이플이 분류되는데, 만일 철강의 성분이 구리성분보다 많다 하더라도 이 경우에는 구리제품이 분류되는 제74류에 속하게 되는 것이다.

8. 이 부에서 다음 각 목의 용어는 아래에서 정하는 바에 따른다.
   가. 웨이스트(waste)와 스크랩(scrap)
   "웨이스트(waste)와 스크랩(scrap)"이란 금속의 제조나 금속에 대한 기계작업에 따라 발생한 금속의 웨이스트(waste)와 스크랩(scrap), 파손·절단·마손(磨損)이나 그 밖의 사유로 원래의 용도대로 사용할 수 없는 금속물품을 말한다.
   나. 가루
   "가루"란 메시(mesh) 구경이 1밀리미터인 체를 통과한 중량이 전 중량의 100분의 90 이상인 물품을 말한다.

◉ 총설

1) 이 부에서는 비금속(화학적으로 순수한 것을 포함한다)과 그 제품이 분류된다. 이 부에는 맥석(脈石)으로부터 분리된 천연상태의 금속(native metals)과, 제련공업의 중간생산물인 구리의 매트나 니켈매트 또는 코발트매트[152]를 포함한다. 그러나 아직 맥석상태의 금속광과 천연금속은 제외된다(제2601호~제2617호).

[구리를 품목 있는 맥석. 맥석(脈石, gangue)이란 광석에서 필요한 광물을 싸고 있거나 광물과 섞여 있는 경제적으로 가치가 없는 부분을 말한다. 맥석에 갇힌 상태의 비금속(卑金屬)은 제26류에 분류된다.]

2) 이 부의 주 제3호에 따라, 이 표에 있어서 비금속이라 함은 철강·동·니켈·알루미늄·연·아연·주석·텅스텐(월프람)·몰리브덴·탄탄륨·마그네슘·코발트·비스머드·카드뮴·티타늄·지르코늄·안티몬·망간·베릴륨·크로뮴·게르마늄·바나듐·갈륨·하프늄·인듐·니오븀(컬러븀)·레늄 및 탈륨을 말한다.
3) 제72류에서 제76류 및 제78류에서 제81류까지의 각 류는 개개의 가공하지 않은 모양의 비금속과 봉·선 또는 판과 같은 비금속(卑金屬)의 물품(products) 및 그 제품(articles)이 분류된다. 다만 제82류와 제83류에는 조성금속의 성질에 관계없이 이들 류에 분류되는 특정 제품을 분류한다.

152 매트(matte)란 구리·니켈·코발트 등을 제련할 때 **중간생산물**로서 생기는 중금속(重金屬)으로, 황화물(sulfide)이 섞여 있는 혼합물이다.

Chapter 72

제72류 철강

호	호의 용어
	제1절 일차재료와 알갱이 모양이나 가루 모양인 제품
7201	선철(銑鐵)과 스피그라이즌(spiegeleisen)[피그(pig) · 블록(block) 모양이나 그 밖의 일차제품(primary form) 형태인 것으로 한정한다]
7202	합금철(ferro-alloy)
7203	철광석을 직접 환원하여 제조한 철제품과 그 밖의 해면질의 철제품[럼프(lump) · 펠릿(pellet)이나 이와 유사한 모양인 것으로 한정한다]과 순도가 최저 전 중량의 100분의 99.94인 철[럼프(lump) · 펠릿(pellet)이나 이와 유사한 모양인 것으로 한정한다]
7204	철의 웨이스트(waste)와 스크랩(scrap), 철강의 재용해용 스크랩 잉곳(scrap ingot)
7205	알갱이와 가루[선철(銑鐵) · 스피그라이즌(spiegeleisen) · 철강의 것으로 한정한다]
	제2절 철과 비합금강
7206	잉곳(ingot)이나 그 밖의 일차제품(primary form) 형태인 철과 비합금강(제7203호의 철은 제외한다)
7207	철이나 비합금강의 반제품
7208	철이나 비합금강의 평판압연제품[폭이 600밀리미터 이상인 것으로서 열간(熱間)압연한 것으로 한정하고, 클래드(clad) · 도금 · 도포한 것은 제외한다]
7209	철이나 비합금강의 평판압연제품[폭이 600밀리미터 이상인 것으로서 냉간압연(냉간환원)한 것으로 한정하고, 클래드(clad) · 도금 · 도포한 것은 제외한다]
7210	철이나 비합금강의 평판압연제품[폭이 600밀리미터 이상인 것으로서 클래드(clad) · 도금 · 도포한 것으로 한정한다]
7211	철이나 비합금강의 평판압연제품[폭이 600밀리미터 미만인 것으로 한정하고, 클래드(clad) · 도금 · 도포한 것은 제외한다]
7212	철이나 비합금강의 평판압연제품[폭이 600밀리미터 미만인 것으로서 클래드(clad) · 도금 · 도포한 것으로 한정한다]
7213	철이나 비합금강의 봉[열간(熱間)압연한 것으로서 불규칙적으로 감은 코일 모양인 것으로 한정한다]
7214	철이나 비합금강의 그 밖의 봉[단조(鍛造) · 열간(熱間)압연 · 열간인발(熱間引拔) · 열간(熱間)압출보다 더 가공하지 않은 것으로 한정하고, 압연 후 꼬임가공된 것을 포함한다]
7215	철이나 비합금강의 그 밖의 봉
7216	철이나 비합금강의 형강(形鋼)
7217	철이나 비합금강의 선(線)
	제3절 스테인리스강
7218	스테인리스강[잉곳(ingot)이나 그 밖의 일차제품(primary form) 형태인 것으로 한정한다]과 스테인리스강의 반제품
7219	스테인리스강의 평판압연제품(폭이 600밀리미터 이상인 것으로 한정한다)

7220	스테인리스강의 평판압연제품(폭이 600밀리미터 미만인 것으로 한정한다)
7221	스테인리스강의 봉[열간(熱間)압연한 것으로서 불규칙적으로 감은 코일 모양인 것으로 한정한다]
7222	스테인리스강의 그 밖의 봉과 스테인리스강의 형강(形鋼)
7223	스테인리스강의 선(線)
	제4절 그 밖의 합금강과 합금이나 비합금강의 중공(中空)드릴봉
7224	그 밖의 합금강[잉곳(ingot)이나 그 밖의 일차제품(primary form) 형태인 것으로 한정한다]과 그 밖의 합금강의 반제품
7225	그 밖의 합금강의 평판압연제품(폭이 600밀리미터 이상인 것으로 한정한다)
7226	그 밖의 합금강의 평판압연제품(폭이 600밀리미터 미만인 것으로 한정한다)
7227	그 밖의 합금강의 봉[열간(熱間)압연한 것으로서 불규칙적으로 감은 코일 모양으로 한정한다]
7228	그 밖의 합금강의 그 밖의 봉, 그 밖의 합금강의 형강(形鋼), 합금강이나 비합금강의 중공(中空)드릴봉
7229	그 밖의 합금강의 선(線)

◉ 류주

1. 이 류에서 다음 각 목의 용어는 아래에서 정하는 바에 따른다(라목 · 마목 · 바목은 이 표의 전체에 적용한다).
   가. 선철(銑鐵, pig iron)
      "선철(銑鐵)"이란 실용상 단조(鍛造)에 적합하지 않은 철-탄소의 합금으로서 탄소의 함유량이 전 중량의 100분의 2를 초과하고, 다음에 열거한 하나 이상의 그 밖의 원소의 함유량이 중량비로 다음 한도 이하인 것을 말한다.
      - 크로뮴 100분의 10
      - 망간 100분의 6
      - 인 100분의 3
      - 규소 100분의 8
      - 그 밖의 원소의 함유량의 합계 100분의 10

[선철(銑鐵, pig iron)]

1) 선철(銑鐵, pig iron)은 용광로에서 제철을 할 때 생기는 것으로 무쇠라고도 한다. 노 밑의 쇳물이 모이는 곳에 녹아서 괴어 있는 것을 출선구(出銑口)로 흘려 내보내어 쇳물목이라는 용기로 받는다. 이것은 그대로 제강공장으로 운반하여 굳어지기 전에 제강원료로 사용하는 경우와, 일단 주선기(鑄銑機)라고 하는 장치로 작게 구분한 덩어리, 즉 잉곳으로 하여 굳히고, 이것을 주철제품을 만드는 주물공장 또는 제강만 하는 공장에 보내어 다시 녹여서 사용하는 경우가 있다.

2) 선철은 탄소의 양이 많아 실용상 단조에 적합하지 않다. 즉 재료를 가지고 압연이나 인발 등

의 작업을 하기가 어렵다는 것이다. HS에서 이러한 가단성(可鍛性, malleability)은 탄소 함유량 2%를 기준으로 철과 강의 중요한 구분점이 된다.

3) 선철을 만드는 것을 제선(製銑)이라고 한다. 제선공정을 막 거쳐 뽑아진 선철은 철과 탄소뿐 아니라 그 외에도 다양한 성분을 가지고 있다. 이러한 성분은 성분 중에 하나 이상이 크로뮴 10% 이하, 망간 6% 이하, 인 3% 이하, 규소 8% 이하, 그 밖의 원소의 함유량의 합계 10% 이하이면 선철로 분류할 수 있다.

   선철 중에서도 특정 성분을 일정량 초과하여 함유하고 있는 선철을 합금선철이라 하는데, 제72류의 소호주에서는 6단위 수준에서 합금선철을 정의하고 있다. 합금선철은 선철 중에서 크로뮴 0.2% 초과, 구리 0.3% 초과, 니켈 0.3% 초과, 그리고 알루미늄·몰리브데늄·티타늄·텅스텐(월프럼)·바나듐 중 어느 하나의 원소가 0.1%를 초과하는 조건 중 하나라도 충족하면 합금선철로 분류한다.

나. 스피그라이즌(spiegeleisen)

"스피그라이즌(spiegeleisen)"이란 망간의 함유량이 전 중량의 100분의 6을 초과하고 100분의 30 이하인 철-탄소의 합금으로서, 그 밖의 원소의 함유량은 가목에서 정하는 기준에 해당한 것을 말한다.

스피그라이즌은 절단면이 거울처럼 빛이 난다고 하여 경철(鏡鐵)이라고도 한다. 이것은 6~30%의 망간을 함유하고 있다.

[spiegeleisen]

다. 합금철(ferro-alloy)

"합금철(ferro-alloy)"이란 피그(pig)·블록(block)·럼프(lump)나 이와 유사한 일차제품(primary form) 형태인 합금, 연속주조법[153]으로 제조한 모양인 합금, 알갱이 모양이나 가루 모양인 합금으로서(응결된 것인지에 상관없다), 통상 그 밖의 합금 제조 시에 첨가제로 사용되거나 철을 야금(冶金)할 때에 탈산제·탈황제나 이와 유사한 용도로 사용되고, 보통 실용상 단조(鍛造)에는 적합하지 않고, 철의 함유량이 전 중량의 100분의 4 이상이며, 다음에 열거한 원소의 하나 이상의 함유량이 중량비로 다음 비율을 초과하는 것을 말한다.

- 크로뮴 100분의 10
- 망간 100분의 30

153 전통적인 철강 주조방법은 제강공장에서 나온 철을 일단 잉곳으로 만든 다음 이를 가공해 다음 단계의 제품을 생산하는 것이 일반적이었다. 이럴 경우에 다음 공정에서 추가로 가공할 때 다시 가열해야 하기 때문에 무엇보다도 에너지 손실이 많고, 그 과정도 매우 비능률적이었다. 연속주조법은 용융상태의 금속을 그대로 받아서 연속적으로 블룸(bloom)·빌릿(billet)·슬래브(slab)나 시트바(sheet bar) 등의 반제품을 주조하는 획기적인 방법이다.

- 인 100분의 3
- 규소 100분의 8
- 그 밖의 원소의 함유량의 합계 100분의 10(탄소를 제외하고, 구리는 최대의 함유량을 전 중량의 100분의 10으로 한다)

[다양한 형태의 합금철. 일반적인 철의 용도가 아니라 일종의 화학제품처럼 사용된다.]

1) 합금철(ferro-alloy)이란 철과 비철금속 등이 혼합된 상태의 철의 합금이다. 예를 들면 철과 크롬과의 합금을 페로크롬이라 하며, 이 외에도 페로니켈, 페로망간 등이 있다. 합금철은 보통 실용상 단조에 적합하지 않다(not usefully malleable). 즉 합금철은 일반적으로 펴고 늘이는 조작을 통해 어떤 모양의 철제품으로 만들어 사용하는 것이 아니라 주로 일종의 화학제품처럼 사용되는데, 용도에 따라 강재의 성질을 개선하기 위한 원소의 첨가를 주목적으로 하는 첨가용 합금철과, 철강을 만들 때 탈산・탈황에 쓰이는 탈산・탈황용 합금철로 대별된다.
2) 합금철은 'ferro-alloy'라는 이름에서 보듯이 철을 기본으로 하지만, 합금철이 되기 위한 철의 최소함유량은 4%에 불과하다. 철의 함유량이 4% 이상이고, 나머지 필요한 성분을 갖추면 합금철로 분류가 가능하다는 것이다. 나머지 성분에 대해서는 크로뮴 10% 초과, 망간 30% 초과, 인 3% 초과, 규소 8% 초과, 그 밖의 원소의 함유량의 합계가 10% 초과(탄소를 제외하고, 구리는 최대의 함유량을 전 중량의 10%으로 한다)하면 되는데, 이들 성분 중에 하나 이상만 충족해도 합금철로 분류될 수 있다.
   제7202호의 소호에서 합금철(ferro-alloy)의 분류는 다음 규정을 준수하여야 한다(제72류 소호주 제2호). 합금원소 중의 한 원소만이 이 류의 주 제1호 다목에서 규정한 최소한도의 비율을 초과하는 경우에는 합금철을 이원합금(binary)으로 보아 해당 소호에(해당 소호가 있는 경우) 분류하고, 위 규정의 유추해석에 따라 두 가지나 세 가지의 합금원소가 최소한도의 비율을 초과하는 경우 각각 삼원합금이나 사원합금(ternary or quaternary)으로 취급한다.
   이 류의 주 제1호 다목의 "그 밖의 원소"에 이 규정을 적용할 때는 함유량이 각각 전 중량의 100분의 10을 초과하여야 한다. 다만 구리는 최대의 함유량이 전 중량의 10% 이하이어야 하는데, 만일 10%가 초과하는 경우에는 제74류의 모합금(master alloy)으로 분류될 수 있기 때문이다.

라. 강(鋼, steel)

"강(鋼)"이란 실용상 단조(鍛造)에 적합한 철재(주조 모양으로 제조된 것은 제외한다)로서, 탄소의 함유량이 전 중량의 100분의 2 이하인 것을 말하고, 제7203호의 철재(鐵材, ferrous materials)는 제외한다. 다만, 크로뮴(chromium)강은 탄소의 함유량이 전 중량의 100분의 2를 초과하여 함유될 수 있다.

선철(銑鐵)에서 불순물을 제거하고 강(鋼)을 만드는 과정을 제강(製鋼)이라고 한다. 용융 또는 고체형태의 선철이나 주철 등은 웨이스트 및 스크랩과 함께 기본적인 제강재료가 된다. 또한 생석회·형석·탈산제와 같은 첨가물과 각종의 합금원소가 추가된다. 이들 제강공정에 투입되는 요소들을 고온에서 녹이고 **공기나 산소를 불어 넣어 탄소를 산화해서 제거**함으로써 탄소의 함유량을 전 중량의 2% 이하로 떨어뜨린다.

이러한 강은 합금원소의 함유량에 따라 비합금강과 합금강(스테인리스 및 그 밖의 합금강)으로 구분된다. 또한 이들 강의 특성에 따라 쾌삭강, 규소전기강, 고속도강 또는 규소 망간강 등으로 구분된다.

마. 스테인리스강

"스테인리스강"이란 탄소의 함유량이 전 중량의 100분의 1.2 이하이고 크로뮴(chromium)의 함유량이 전 중량의 100분의 10.5 이상인 합금강을 말한다(그 밖의 원소가 함유되어 있는지에 상관없다).

1) 제72류에서는 강(鋼)을 비합금강과 합금강으로 나누고, 다시 합금강을 스테인리스강과 그 밖의 합금강으로 나누어 분류하고 있다. 즉 비합금강은 제2절에, 스테인리스강은 제3절에 분류하고, 그 밖의 합금강은 제4절에 각각 분류하고 있다.
2) 스테인리스강(stainless steel)은 철의 최대 결점인 내식성((耐蝕性, non scaling property)의 부족을 개선할 목적으로 만들어진 내식용 강(鋼)을 말한다. 여러 가지 유형이 있으나, HS에서는 크로뮴의 함유량 10.5%를 기준으로 스테인리스강 여부를 판단한다.

바. 그 밖의 합금강

"그 밖의 합금강"이란 스테인리스강의 정의에 해당하지 않고, 다음에 열거한 원소의 하나 이상의 함유량이 중량비로 다음 비율 이상인 강을 말한다.

- 알루미늄 100분의 0.3
- 붕소 100분의 0.0008
- 크로뮴 100분의 0.3
- 코발트 100분의 0.3
- 구리 100분의 0.4

- 납 100분의 0.4
- 망간 100분의 1.65
- 몰리브데늄 100분의 0.08
- 니켈 100분의 0.3
- 니오븀 100분의 0.06
- 규소 100분의 0.6
- 티타늄 100분의 0.05
- 텅스텐(월프람) 100분의 0.3
- 바나듐 100분의 0.1
- 지르코늄 100분의 0.05
- 그 밖의 원소(황 · 인 · 탄소 · 질소는 제외한다) 각각 100분의 0.1

1) HS에서 철과 강의 구분선을 탄소함유량 2%를 기준으로 한다(크로뮴강 제외). 철광석에서 빼낸 선철은 탄소함유량이 높은데, 탄소함유량을 2% 이하로 조절하고, 동시에 필요한 강의 성질을 얻기 위해 **다른 원소를 첨가**하여 각종의 강(steel)을 얻게 된다. 이렇게 하여 위에 열거한 원소의 하나 이상의 함유량이 중량비로 위에 정해진 비율 이상인 강이면 그 밖의 합금강으로 분류한다.

2) HS에서 그 밖의 합금강은 학문적으로나 개념적으로 특별한 의미가 있는 것은 아니고, 품목분류상 스테인레스강 이외의 합금강을 말한다.[154] 그 밖의 합금강에는 제72류 소호주에 나오는 각종 합금강, 즉 전기규소강 · 고속도강 · 실리코망간강 등이 포함되고, 쾌삭강에 있어서도 비합금쾌삭강도 있지만 합금쾌삭강도 있다.

사. 재용해용 철강의 스크랩 잉곳(Remelting scrap ingot of iron or steel)

"재용해용 철강의 스크랩 잉곳(scrap ingot)"이란 잉곳(ingot) 모양[피더헤드(feeder-head)나 핫톱(hot top)이 없는 것이나 피그(pig) 모양으로 거칠게 주조한 제품으로서 표면에 흠이 뚜렷하게 나타나 있으며, 선철(銑鐵) · 스피그라이즌(spiegeleisen) · 합금철(ferro-alloy)의 화학적 조성에 해당하지 않는 것을 말한다.

1) 재용해용 철강의 스크랩 잉곳은 연마분진이나 미세한 연삭칩과 같은 미세한 형상의 웨이스트나 스크랩을 재용해하여 주조함으로써 얻어진 것이다. 보통 잉곳형상이나 피그형상으로 되어

154 제72류는 네 개의 절(sub-chapter)로 이루어져 있는데, 이는 다음과 같다. 그 밖의 합금강의 제품은 제4절에 분류되는 것이다.
제1절 일차재료와 알갱이 모양이나 가루 모양인 제품
제2절 철과 비합금강
제3절 스테인리스강
제4절 그 밖의 합금강과 합금이나 비합금강의 중공(中空)드릴봉

있으며, 그들 물품은 압연가공에 투입되지 않고 강제조 시에 첨가물로 사용된다.

2) 그들 물품은 잉곳형상이나 피그 모양으로 거칠게 주조되어 표면에 흠(fault)이 뚜렷하게 나타나 있다. 보통 잉곳으로 주조할 때에는 잉곳이 냉각 시에 수축함으로 인하여 공동(空洞, cavity)이 생겨 잉곳 품질에 문제가 될 수 있는데, 이 문제를 해결하기 위한 것이 압탕(押湯, feeder-head 또는 hot top)이다. 압탕은 잉곳 주형의 상부에 여분의 액체상태로 해두고, 주물의 본체가 냉각하여 수축할 때에 이 부분의 용탕이 흡입되어서 주물의 수축으로 인한 공간을 메우도록 하는 일종의 탕이 괸 것을 말한다. 재용해용 철강의 스크랩 잉곳은 이러한 압탕을 만들지 않기 때문에 잉곳에 압탕이 없는 것이다.

아. 알갱이(granules)

"알갱이"란 메시(mesh) 구경이 1밀리미터인 체를 통과한 중량이 전 중량의 100분의 90 미만이고, 메시(mesh) 구경이 5밀리미터인 체를 통과한 중량이 전 중량의 100분의 90 이상인 물품을 말한다.

참고로 제15부의 주 제8호의 나목을 보면, "가루"란 메시(mesh) 구경이 1밀리미터인 체를 통과한 중량이 전 중량의 100분의 90 이상인 물품을 말한다.
다만 본 주의 알갱이에 대한 정의는 제72류에 한정하여 적용됨을 유의해야 한다.

자. 반제품(semi-finished products)

"반제품"이란 횡단면에 중공(中空)이 없는 연속주조제품[일차열간(熱間)압연공정을 거친 것인지에 상관없다]과, 일차 열간(熱間)압연공정이나 단조(鍛造)에 따른 거친 성형보다 더 가공하지 않은 중공(中空)이 없는 그 밖의 제품을 말한다[형강(形鋼)의 소재를 포함하며, 이들 제품들은 코일상태로는 되어 있지 않다].

[steel billet. 반제품은 다음 단계에 투입이 용이하도록 가공한 상태를 말한다. bloom은 대강편이라고도 하며, 소강편이라고 불리는 billet보다 훨씬 크다.]

1) 보통 잉곳상태의 철강은 다양한 형태의 완제품의 가공에 적합한 상태로 일차적으로 만들게 된다. 블룸·빌릿·슬래브 및 시트바 등이 여기에 해당하는데, 이들은 완제품을 만드는 다음 공정에 사용되기 때문에 이를 반제품이라고 한다.

2) 반제품은 기본적으로 제품에 중공(中空)이 없어야 한다(solid section). 또한 완제품으로서의 철강제의 관(tube and pipe)과 중공프로파일(hollow profile)은 기본적으로 제72류에 분류하지 않고 제73류에 분류한다. 다만 아래 주 거목에서 규정하는 중공드릴봉(Hollow drill bars

and rods)은 예외적으로 제72류에 분류한다.

3) 반제품은 그 형상에 따라 블룸·빌릿·슬래브·라운드 및 시트바 등으로 나눌 수 있다. 이들은 용융상태의 철강을 연속주조공정을 거치면서 이들 반제품 형상으로 만들기도 하고, 잉곳을 가공하여 이들 형상으로 만들기도 한다. 연속주조공정을 통할 경우에는 일차열간압연(primary hot-rolling)을 거치더라도 반제품으로 인정하고, 잉곳을 가공하는 경우에는 일차열간압연과 거친 단조를 통해 반제품 형상으로 만들어진다.

철강제의 형강(形鋼, angles, shapes or sections)은 완제품으로서 제72류에 분류하나, 용접된 형강은 제73류에 분류한다. 반면 반제품으로서의 형강의 소재(blanks for angles, shapes or sections)는 반제품으로 분류된다. 또한 코일형상은 반제품의 형상으로 인정되지 않는다.

4) HS에서 철강제품은 비금속(卑金屬) 중에서도 중요하기 때문에, 두 개의 류를 할애하여 제72류와 제73류에 나누어 분류하고 있다. 철강의 반제품은 제72류에 분류하게 된다. 반제품은 완제품으로 가공되고, 어떤 경우에는 잉곳이 직접 완제품으로 가공되는데, 완제품은 보통 평판제품(flat products)과 길쭉한 제품(long products)으로 나누어 볼 수 있다. 평판제품에는 판·시트 및 스트립이 해당되고, 길쭉한 제품에는 봉·형강 및 선 등이 해당된다. 이들 완제품도 기본적으로는 제72류에 분류된다.

차. 평판압연제품(flat-rolled products)

"평판압연제품"이란 자목의 정의에 해당하지 않고 횡단면에 중공(中空)이 없는 직사각형(정사각형은 제외한다)의 압연제품으로서 그 모양이 다음과 같은 것을 말한다.

- 연속적 적층 모양인 코일이거나
- 직선형인 경우에는, 두께가 4.75밀리미터 미만이라면 폭이 두께의 열 배 이상인 것, 또는 두께가 4.75밀리미터 이상이면 폭이 150밀리미터를 초과하고 적어도 두께의 두 배 이상인 것으로 한정한다.

[코일제품. 평판압연제품은 감아서 적층 모양으로 한 코일과 납작한 직선형의 것이 있다.]

평판압연제품은 압연할 때에 직접 발생하는 부조무늬[예 : 홈·리브(rib)·체크무늬·물방울무늬·단추무늬·마름모꼴무늬]가 있는 것, 구멍을 뚫은 것, 물결 모양으로 한 것, 연마한 것도 포함한다(다른 호에 해당하는 물품이나 제품의 특성이 있는 것은 제외한다). 직사각형이나 정사각형 외의 형태의 평판압연제품은 크기에 상관없이 폭이 600밀리미터 이상인 제품으로 분류한다(다른 호에 해당하는 물품이나 제품의 특성이 있는 것은 제외한다).

1) 평판압연제품을 만들 때에는 보통 슬래브(slab)라는 반제품을 사용하여 압연을 하여 만든다. 코일상의 제품은 충분히 얇게 압연되었다고 보고 그대로 평판압연제품으로 인정한다. 반면에

직선상의 제품은 두께 4.75mm를 기준으로 평판압연제품 여부를 판단하는데, 두께 4.75mm 미만이면 폭이 두께의 열 배 이상이어야 한다. 또한 두께가 4.75mm를 초과하면 폭이 150mm를 초과하고 동시에 폭이 두께의 두 배 이상이어야 한다.

2) 이 호의 평판압연제품은 압연작업에서 직접 생긴 홈·리브(rib)·체크무늬·물방울무늬·단추무늬·마름모꼴무늬 등의 부조무늬(patterns in relief)를 가질 수 있으며, 압연한 후에 가공, 즉 구멍 뚫기·물결 모양 만들기 또는 가장자리 둥글게 하기 등을 할 수 있으나, 그로 인하여 다른 호의 물품이나 제품의 특성을 갖게 되어서는 안 된다.

3) 또한 제72류에서 평판압연제품은 폭 600mm를 기준으로 4단위 호를 구분하여 분류하고 있는데(아래 제2절 분류표 참조), 직사각형이나 정사각형 외의 형태의 평판압연제품은 크기에 상관없이 폭이 600밀리미터 이상인 제품으로 분류한다. 다만 이때에도 직사각형이나 정사각형 외의 형태로 인해 다른 호에 해당하는 물품이나 제품의 특성을 갖게 되어서는 안 된다.

제2절 철과 비합금강	
7206	잉곳(ingot)이나 그 밖의 일차제품(primary form) 형태인 철과 비합금강(제7203호의 철은 제외한다)
7207	철이나 비합금강의 반제품
7208	철이나 비합금강의 평판압연제품[**폭이 600밀리미터 이상인 것**으로서 열간(熱間)압연한 것으로 한정하고, 클래드(clad)·도금·도포한 것은 제외한다]
7209	철이나 비합금강의 평판압연제품[**폭이 600밀리미터 이상인 것**으로서 냉간압연(냉간환원)한 것으로 한정하고, 클래드(clad)·도금·도포한 것은 제외한다]
7210	철이나 비합금강의 평판압연제품[**폭이 600밀리미터 이상인 것**으로서 클래드(clad)·도금·도포한 것으로 한정한다]
7211	철이나 비합금강의 평판압연제품[**폭이 600밀리미터 미만인 것**으로 한정하고, 클래드(clad)·도금·도포한 것은 제외한다]
7212	철이나 비합금강의 평판압연제품[**폭이 600밀리미터 미만인 것**으로서 클래드(clad)·도금·도포한 것으로 한정한다]
7213	철이나 비합금강의 봉[열간(熱間)압연한 것으로서 불규칙적으로 감은 코일 모양인 것으로 한정한다] "이하 생략"

카. 불규칙적으로 감은 코일 모양인 열간(熱間)압연한 봉(bars and rods, hot rolled in irregularly wound coils)

"불규칙적으로 감은 코일 모양인 열간(熱間)압연한 봉"이란 불규칙적으로 감은 코일 모양인 열간(熱間)압연한 제품으로서, 횡단면에 중공(中空)이 없는 원형·궁형·타원형·직사각형(정사각형을 포함한다)·삼각형이나 그 밖의 볼록다각형인 것[대칭하는 두 변이 볼록아크형이고, 다른 두 변은 길이가 동일하고, 평행한 직선을 가진 단면이 "플랫서클(flattened circle)"과 "변형된 직사각형"인 것을 포함한다]을 말한다. 그 물품들에는 압연공정에서 발생하는 톱니 모양의 마디·리브(rib)·홈이나 그 밖의 봉을 보강하는 모양인 것도 있다.

주로 선의 인발에 사용하기 때문에 선재(線材, wire rod)라고도 한다. 그 외에도 건물의 구조재나 볼트 및 너트의 재료, 용접봉의 재료로도 사용된다. 또한 콘크리트 보강용의 재료로도 사용되는데, 이 경우에는 콘크리트에 결합이 잘 되도록 압연공정에서 발생하는 톱니 모양의 마디·리브(rib)·홈을 내기도 한다. 이러한 물품도 불규칙적으로 감은 코일 모양인 열간압연한 봉으로 분류한다.

[불규칙적으로 감은 코일 모양의 열간압연한 봉. 주로 선의 인발에 사용하기 때문에 선재(線材, wire rod)라고도 한다.]

타. 그 밖의 봉(other bars and rods)

"그 밖의 봉"이란 자목·차목·카목·하목의 정의에 해당하지 않는 제품으로서 그 횡단면이 전체를 통하여 균일하고 중공(中空)이 없고, 원형·궁형·타원형·직사각형(정사각형을 포함한다)·삼각형이나 그 밖의 볼록다각형인 것[대칭하는 두 변이 볼록아크형이며, 다른 두 변은 길이가 동일하고 평행한 직선을 가진 단면의 "플랫서클(flattened circle)"과 "변형된 직사각형"인 것을 포함한다]을 말한다. 이 경우 그 물품들에는 압연공정에서 발생하는 톱니 모양의 마디·리브(rib)·홈이나 그 밖의 봉을 보강하는 모양인 것도 있고, 압연 후 꼬임가공된 것도 있다.

파. 형강(形鋼, angles, shapes and sections)

"형강(形鋼)"이란 그 횡단면이 전체를 통하여 균일하고, 중공(中空)이 없는 제품으로서 자목·차목·카목·타목·하목의 정의에 해당하지 않는 제품을 말한다. 다만, 제72류에는 제7301호나 제7302호의 제품을 포함하지 않는다.

[각종의 형강]

1) 제7301호 : 철강으로 만든 널말뚝(sheet piling)(구멍을 뚫은 것인지 또는 조립된 것인지에 상관없다)과 용접된 형강(形鋼)

제7302호 : 철강으로 만든 철도용이나 궤도용 선로의 건설재료[레일(rail)·체크레일

(check-rail)과 랙레일(rack rail) · 스위치 블레이드(switch blade) · 교차구류(crossing frog) · 전철봉(point rod)과 그 밖의 크로싱피스(crossing piece) · 침목(크로스타이) · 이음매판(fish-plate) · 좌철(座鐵) · 좌철(座鐵)쐐기 · 밑판(sole plate)(베이스플레이트) · 레일클립 · 받침판(bedplate) · 격재(tie)와 레일의 접속이나 고착에 전용되는 그 밖의 재료로 한정한다]

2) 형강을 영어로 표현하면 'angles, shapes and sections'이다. 형강이란 **단면의 형태가 일정**하도록 압연해 만든 구조용 압연강재를 총칭해 일컫는 말로, 주로 철골구조용으로 사용된다. 단편의 형상에 따라 봉강, I형강, T형강, L형강, D형강, ㄷ형강 등으로 분류된다.
3) 보통 형강은 제72류에 분류한다. 다만 용접된 형강(welded angles, shapes and sections)은 제73류에 분류한다.

하. 선(線, wire)

"선(線)"이란 그 횡단면이 전체를 통하여 균일하고 중공(中空)이 없는 코일 모양의 냉간(冷間)성형제품으로서 평판압연제품의 정의에 해당하지 않는 것을 말한다.

선(線)은 위의 카목의 물품(선재)을 다이를 통해 인발하여 대부분 제조하지만, 기타의 냉간성형공정(예 : 냉간압연)에 의하여 얻어질 수도 있다.

직물과 같은 재료로 피복한 선으로서, 철강의 심이 기본 구성요소이고 다른 재료는 단지 피복하기 위해서만 사용된 것, 예로 모자의 틀을 잡아주는 선이나 조화용 줄기로 쓰이는 것 등은 이 류의 선으로 본다.

거. 중공(中空)드릴봉(hollow drill bars and rods)

"중공(中空)드릴봉"이란 어느 횡단면에든 중공(中空)이 있는 봉으로서 드릴용에 적합하고, 횡단면 외측의 최대치수가 15밀리미터를 초과하나 52밀리미터 이하인 것이며, 내측의 최대치수가 외측 최대치수의 2분의 1을 초과하지 않는 것을 말하고 이에 해당하지 않는 철강의 중공(中空)봉은 제7304호로 분류한다.

[중공드릴봉]

이들은 드릴강(drill steel)으로도 알려져 있다. 드릴강은 합금 또는 비합금강의 빌릿에다 구멍을 뚫고 이를 재압연하여 제조한다. 횡단면은 보통 둥근 것 · 육각형 · 팔각형이며, 제8207호의 드릴비트(drill bits)를 제조하기 위해 짧은 길이로 절단한다. 강의 안쪽으로 길게 나 있는 구멍은, 비트의 작업 시에 윤활유를 공급하는 통로의 역할과 분산먼지의 최소화의 역할을 한다.

2. 성분이 다른 철금속을 입힌 철금속(ferrous metals clad with another ferrous metal)은 중량이 가장 많은 철금속의 제품으로 분류한다.

성분이 다른 철금속을 입힌 철금속, 즉 서로 다른 금속을 클래딩(cladding)하였다 함은 접촉면의 분자침투에 의하여 서로 다른 색깔이나 성질을 갖는 금속층을 조합하는 것을 말한다. 여기에서 성분이 다르다고 하는 것은, 복수의 구성성분이 제72류에서 제2절(철과 비합금강), 제3절(스테인리스강) 및 제4절(그 밖의 합금강) 중에 각기 다른 절에 속한다는 것이고, 그 성분 중에 중량이 가장 많은 철금속이 속하는 절의 제품으로 분류한다는 것이다.

3. 전해법・압착주조법・소결법으로 제조된 철강제품(iron or steel products obtained by electrolytic deposition, by pressure casting or by sintering)은 그 형태・구성・외관에 따라 이와 유사한 열간(熱間)압연제품에 해당하는 이 류의 각 호로 분류한다.

1) 전해법, 압착주조법 및 소결법으로 제조된 철강제품은 제72류에 당해 제조법을 명시하고 있는 호가 없으면 그 형태・구성・외관에 따라 이와 유사한 열간압연제품에 해당하는 각 호에 분류한다. 전해법, 압착주조법 및 소결법은 철강의 완제품을 제조하는 단계에 해당하는 제조방법이라 할 수 있다. 제72류에서 이러한 완제품의 제조방법은 크게 열간소성변형(hot plastic deformation)과 냉간소성변형(cold plastic deformation)으로 나누어 볼 수 있는데, 위의 세 가지 제조방법이 따로 제72류 중에 명시되지 않은 경우에는 열간소성변형 중에 열간압연제품이 분류되는 해당 호에 분류하라는 것이다.

2) 전해법・압착주조법・소결법의 각 의미는 다음과 같다.

① **전해법**(electrolytic deposition) : 전해전착(電解電着), 전해에 의해서 금속이나 합금 등의 물질을 전극에 석출시키는 방법으로, 재료를 도금하는 것을 말한다.

② **압착주조법**(pressure casting) : 다이캐스팅, 이 공정은 용융상이나 페이스트상의 합금을 다소 높은 압력으로 주형에 주입하는 공정이다. 이와 같은 공정은 대량 제품의 생산을 용이하게 하고 규격의 정밀도를 높인다.

③ **소결법**(sintering) : 이것은 아주 조밀한 분말을 주형에서 형을 뜬 다음 연속해서 특수로에서 가열하는 분말야금술이다.

◉ 소호주

1. 이 류에서 다음 각 목의 용어는 아래에서 정하는 바에 따른다.

가. 합금선철(alloy pig iron)

"합금선철(alloy pig iron)"이란 다음에 열거한 원소의 하나 이상의 함유량이 중량비로 다음 비율을 초과하는 선철을 말한다.

- 크로뮴 100분의 0.2
- 구리 100분의 0.3
- 니켈 100분의 0.3
- 알루미늄・몰리브데늄・티타늄・텅스텐(월프럼)・바나듐 중 어느 하나의 원소 100분의 0.1

나. 비합금쾌삭강(non-alloy free-cutting steel)

"비합금쾌삭강(non-alloy free-cutting steel)"이란 다음에 열거한 중량비의 원소를 하나 이상 함유한 것을 말한다.

- 황 100분의 0.08 이상
- 납 100분의 0.1 이상
- 셀레늄 100분의 0.05 초과
- 텔루륨 100분의 0.01 초과
- 비스무트 100분의 0.05 초과

[쾌삭강은 고강도이면서 깎거나 자르기 쉬운 강철이다.]

단단한 강은 절삭 등 가공하기가 어려운데, 이러한 결점을 보완하기 위해 성분 속에 황이나 납 등의 양을 늘려 절삭성을 개량한 강을 쾌삭강(快削鋼)이라고 한다. 다량 생산하는 나사 등을 만들 때 쓴다.

다. 규소전기강(silicon-electrical steel)

"규소전기강(silicon-electrical steel)"이란 규소의 함유량이 전 중량의 100분의 0.6 이상 100분의 6 이하이고 탄소의 함유량이 전 중량의 100분의 0.08 이하인 합금강을 말한다. 이 합금강은 알루미늄의 함유량이 중량비로 100분의 1 이하일 수도 있으나 다른 합금강의 특성을 부여하는 비율로 그 밖의 원소가 함유되어 있어서는 안 된다.

[모터의 코어. 규소강은 전기적인 유용성으로 인해 발전기·변압기 또는 전동기 등의 철심재로 사용되어 전기강이라고 불린다.]

규소의 양이 늘어나면 강의 성질이 딱딱해지고 내식성이 강해진다. 이때 탄소의 양을 대폭 줄이면 연신율도 늘고 압연도 가능해진다.

철강은 여러 원소 중에서 자석에 가장 잘 붙는 특성을 가지고 있어, 자기력을 이용하여 기계장치를 움직이려 할 때 필수적으로 사용된다. 구리선에 전기를 흐르게 하면 여기서 나온 약한 자기력을 철심이 수천 배 증폭해서 모터를 돌리게 되는 구조인데, 이게 바로 전기장치에 철심이 사용되는 이유이다. 이러한 이유로 규소강은 발전기·변압기 또는 전동기 등의 철심재로 사용된다.

라. 고속도강(high speed steel)

"고속도강(high speed steel)"이란 그 밖의 다른 원소가 함유되어 있는지에 상관없으나, 몰리브데늄·텅스텐·바나듐의 세 가지 원소 중 적어도 두 가지 원소를 합한 함유량이 전 중량의 100분의 7 이상이고, 탄소가 100분의 0.6 이상이며, 크로뮴(chromium)이 100분의 3 이상 100분의 6 이하인 합금강을 말한다.

고속도강은 빠른 속도로 절삭하는 공구에 사용되는 특수강이다. 보통 빠른 속도로 재료를 절삭하면 공구가 가열되어 연화(軟化)되는데, 이런 현상을 방지하기 위해 만들어진 강이다.

마. 실리코망간강(silico manganese steel)

"실리코망간강(silico manganese steel)"이란 원소의 함유량이 중량비로 다음 비율인 합금강을 말한다.

- 탄소 100분의 0.7 이하
- 망간 100분의 0.5 이상 100분의 1.9 이하
- 규소 100분의 0.6 이상 100분의 2.3 이하

그러나 다른 합금강의 특성을 부여하는 비율로 그 밖의 다른 원소가 함유되어서는 안 된다.

규소(silicon)는 강에 심각한 가공성의 손실을 주지 않고서도 강도를 높일 수 있게 해주는 물질이면서 녹에 대한 저항성도 강하다. 또한 망간은 주어진 탄소함유량으로 경도를 증가시키고 황 첨가 시에 기계가공도를 향상시킬 수 있게 한다. 실리코망간강은 이러한 복합적인 성질을 부여하는 합금강이다.

2. 제7202호의 소호에서 합금철(ferro-alloy)의 분류는 다음 규정을 준수하여야 한다. 합금원소 중의 한 원소만이 이 류의 주 제1호 다목에서 규정한 최소한도의 비율을 초과하는 경우에는 합금철을 이원합금으로 보아 해당 소호에(해당 소호가 있는 경우) 분류하고, 위의 규정의 유추해석에 따라 두 가지나 세 가지의 합금원소가 최소한도의 비율을 초과하는 경우 각각 삼원합금이나 사원합금으로 취급한다.

이 류의 주 제1호 다목의 "그 밖의 원소"에 이 규정을 적용할 때는 함유량이 각각 전 중량의 100분의 10을 초과하여야 한다.

HS		품명	Description
7202		합금철(ferro-alloy)	Ferro-alloys.
	1	페로망간	Ferro-manganese :
	11	탄소의 함유량이 전 중량의 100분의 2를 초과하는 것	Containing by weight more than 2 % of carbon.
	19	기타	Other
	2	페로실리콘(ferro-silicon)	Ferro-silicon :
	21	실리콘의 함유량이 100분의 55를 초과하는 것	Containing by weight more than 55 % of silicon
	29	기타	Other

	30	페로실리코망간(ferro-silico-manganese)	Ferro-silico-manganese
	4	페로크로뮴(ferro-chromium)	Ferro-chromium :
	41	탄소의 함유량이 전 중량의 100분의 4를 초과하는 것	Containing by weight more than 4 % of carbon
	49	기타	Other
	50	페로실리코크로뮴(ferro-silico-chromium)	Ferro-silico-chromium "이하 생략"

◉ 총설

1) 철은 원자번호 26번의 금속이다. 원소상태의 철은 은회색 광택이 나지만, 습한 공기에 의해 쉽게 산화되어 적갈색의 녹이 슨다. 순수한 철은 알루미늄보다도 무르나, 공업적으로 얻는 철은 고온의 야금과정에서 탄소가 다량 들어가 합금을 만들기 때문에 매우 단단하다. 자연상태에서 철은 주로 산화물형태로 철광석에 존재한다.
2) 초기 용광로가 있기 전에는 노(爐)의 온도가 1,000℃를 넘지 않아, 철광석으로부터 다공성의 해면철을 얻어 이를 가열과 두드림을 반복하여 불순물을 제거하면서 연철(鍊鐵, wrought iron)로 만들고, 이를 숯불 위에서 계속 가열하여 탄소를 흡수시키고, 이것을 물에 담금질하면 매우 단단한 철을 얻을 수 있었다. 노에 바람을 불어넣는 방법을 개선해 온도를 올리면 1,130℃ 정도에서 철은 보다 많은 탄소와 결합하여 녹게 되는데, 이것이 주철(鑄鐵, cast iron)이다. 주철은 탄소함량이 3.7~4.3%인 철로서 단단하나 부서지기 쉽다. 주철은 거푸집에 부어 여러 주물을 쉽게 만들 수 있다.
3) 현대적 제철의 주된 방법은 용광로(鎔鑛爐, blast furnace)를 사용하는 것인데, 용광로의 높이가 대단히 높기 때문에 이를 고로법(高爐法)이라고도 한다. 용광로에서는 노의 아래에서 공기를 불어넣으면서 노의 꼭대기에서 철광석과 연료인 코크스 및 용제(석회석)를 넣으면 이들이 아래로 내려가면서 철광석이 환원되고 용융된 철이 아래로 내려와 빼낼 수 있다. 이때 얻어지는 철은 선철(銑鐵, pig iron)로서, 고온에서 얻어지다 보니 탄소를 다량 함유하고 있다. 선철은 이러한 탄소 외에, 크로뮴·망간·인·규소 등을 함유하며, 이것들이 선철의 성질을 무르게 하기 때문에 녹는점이 낮다.

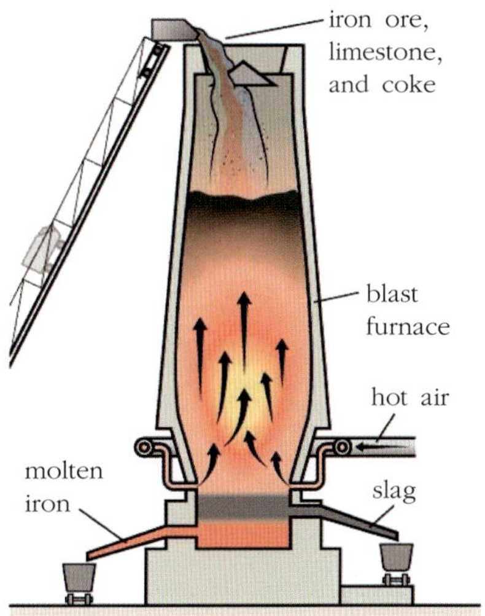

[용광로]

4) 이 류에는 철금속(ferrous metals)을 분류하며, 다음과 같이 크게 4개의 절로 구성되어 있다.
   - 제1절 일차재료와 알갱이 모양이나 가루 모양인 제품 :

선철 · 스피그라이즌 · 합금철(ferro-alloy) 및 기타의 일차제품

- **제2절 철과 비합금강** : 철 또는 비합금강의 철강공업제품(잉곳 및 기타 일차형상의 제품 · 반제품과 이들로부터 직접 생산한 주요 제품)
- **제3절 스테인리스강** : 스테인리스강의 제품
- **제4절 그 밖의 합금강과 합금이나 비합금강의 중공(中空)드릴봉** : 기타 합금강의 제품 및 합금이나 비합금강의 중공드릴봉

위의 제품에서 추가가공을 거친 주조품이나 단조품, 널말뚝(sheet piling), 용접된 형강, 철도선로건설재료 및 관은 제73류에 분류된다. 그러나 특별한 경우에는 다른 류에 분류한다.

5) **웨이스트와 스크랩** : 제72류의 철강의 웨이스트와 스크랩에는 제15부 주 제8호 가목에 정의된 웨이스트와 스크랩[155]을 포함한다. 이러한 철강의 웨이스트와 스크랩은 잡다한 성질의 것으로, 다음과 같은 형태를 가진다.

① 철강의 제조나 기계작업에 따라 발생한 철강의 웨이스트와 스크랩

② 파손, 절단, 마손이나 그 밖의 사유로 원래의 용도대로 사용할 수 없는 철강물품

웨이스트와 스크랩은 일반적으로 재용해를 통해 금속재생에 사용되거나, 화학제품의 제조에 사용된다.

철강의 웨이스트와 스크랩에서는 보수나 수선 여부를 불문하고 원래의 목적에 재사용할 수 있는 물품과, 다른 용도에 전용되어 사용할 수 있는 물품은 제외된다. 또한 금속 본래의 성질로 재생됨이 없이 타 제품으로 모양을 바꿀 수 있는 물품도 제외된다. 예를 들면, 낡은 부분을 보수한 후 사용할 수 있는 건축용의 철강제품, 광산의 갱도지주로 사용할 수 있거나 재압연하여 타 물품으로 전환할 수 있는 노후한 철도선로, 깨끗하게 다시 갈아서 재사용할 수 있는 강제의 줄(steel files)도 제외한다. 이 호에는 또한 다음 물품이 제외된다.

① 철강의 제조과정에서 생긴 슬래그 · 드로스 · 스케일링 또는 그 밖의 웨이스트(금속재생용에 적합한 것이라도 상관없다)(제2619호)

② 방사성이 있기 때문에 철강산업에 직접 사용할 수 없는 웨이스트와 스크랩(제2844호)

③ 선철 또는 스피그라이즌의 파손품(제7201호)

---

155 제15부 주 제8호. 이 부에서 다음 각 목의 용어는 아래에서 정하는 바에 따른다.

가. **웨이스트(waste)와 스크랩(scrap)** : "웨이스트와 스크랩"이란 금속의 제조나 금속에 대한 기계작업에 따라 발생한 금속의 웨이스트와 스크랩, 파손 · 절단 · 마손(磨損)이나 그 밖의 사유로 원래의 용도대로 사용할 수 없는 금속물품을 말한다. (이하 생략)

Chapter 73

제73류 철강의 제품

호	호의 용어
7301	철강으로 만든 널말뚝(sheet piling)(구멍을 뚫은 것인지 또는 조립된 것인지에 상관없다)과 용접된 형강(形鋼)
7302	철강으로 만든 철도용이나 궤도용 선로의 건설재료[레일(rail) · 첵레일(check-rail)과 랙레일(rack rail) · 스위치 블레이드(switch blade) · 교차구류(crossing frog) · 전철봉(point rod)과 그 밖의 크로싱피스(crossing piece) · 침목(크로스타이) · 이음매판(fish-plate) · 좌철(座鐵) · 좌철(座鐵)쐐기 · 밑판(sole plate)(베이스플레이트) · 레일클립 · 받침판(bedplate) · 격재(tie)와 레일의 접속이나 고착에 전용되는 그 밖의 재료로 한정한다]
7303	주철로 만든 관(管)과 중공(中空)프로파일(profile)
7304	철강(주철은 제외한다)으로 만든 관(管)과 중공(中空)프로파일(profile)[무계목(無繼目)으로 한정한다]
7305	철강으로 만든 그 밖의 관(管)[예: 용접 · 리벳(rivet)이나 이와 유사한 방법으로 봉합한 것]으로서 횡단면이 원형이고, 바깥지름이 406.4밀리미터를 초과하는 것
7306	철강으로 만든 그 밖의 관(管)과 중공(中空)프로파일(profile)[예 : 오픈심(open seam) · 용접 · 리벳(rivet)이나 이와 유사한 방법으로 봉합한 것]
7307	철강으로 만든 관(管) 연결구류[예 : 커플링(coupling) · 엘보(elbow) · 슬리브(sleeve)]
7308	철강으로 만든 구조물(제9406호의 조립식 건축물은 제외한다)과 구조물의 부분품[예 : 다리와 교량 · 수문 · 탑 · 격자주(格子柱) · 지붕 · 지붕틀 · 문과 창 및 이들의 틀과 문지방 · 셔터 · 난간 · 기둥], 구조물용으로 가공한 철강으로 만든 판 · 대 · 봉 · 형재(形材) · 관(管)과 이와 유사한 것
7309	철강으로 만든 각종 재료용 저장조 · 탱크 · 통과 이와 유사한 용기(압축용이나 액화가스용은 제외하고, 기계장치나 가열 · 냉각 장치를 갖추지 않은 것으로서 용적이 300리터를 초과하는 것으로 한정하며, 내장한 것인지 또는 열절연한 것인지에 상관없다)
7310	철강으로 만든 각종 재료용 탱크 · 통 · 드럼 · 캔 · 상자와 이와 유사한 용기(압축용이나 액화가스용은 제외하고, 기계장치나 가열 · 냉각장치를 갖추지 않은 것으로 용적이 300리터 이하인 것으로 한정하며, 내장한 것인지 또는 열절연한 것인지에 상관없다)
7311	철강으로 만든 용기(압축용이나 액화가스용으로 한정한다)
7312	철강으로 만든 연선(stranded wire) · 로프 · 케이블 · 엮은 밴드 · 사슬과 이와 유사한 것(전기절연한 것은 제외한다)
7313	철강으로 만든 유자선(有刺銑) · 대 · 평선을 꼰 것[유자(有刺)의 것인지에 상관없다]과 느슨하게 꼰 2중선으로서 울타리용으로 사용하는 것
7314	철강선으로 만든 클로스(cloth)[엔드리스 밴드(endless band)를 포함한다] · 그릴 · 망 · 울타리 · 익스팬디드 메탈(expanded metal)
7315	철강으로 만든 체인과 그 부분품
7316	철강으로 만든 닻과 그 부분품
7317	철강으로 만든 못 · 압정 · 제도용 핀 · 물결 모양 못 · 스테이플(제8305호의 것은 제외한다)과 이와 유사한 물품[두부(頭部)가 그 밖의 다른 재료로 만든 것인지에 상관없으나 구리를 재료로 한 것은 제외한다]

7318	철강으로 만든 스크루(screw)·볼트(bolt)·너트(nut)·코치 스크루(coach screw)·스크루 훅(screw hook)·리벳(rivet)·코터(cotter)·코터핀(cotter-pin)·와셔(washer)[스프링와셔(spring washer)를 포함한다]와 이와 유사한 물품
7319	철강으로 만든 수봉침·수편침·돗바늘·코바늘·자수용 천공수침과 이와 유사한 물품으로서 손으로 사용하는 것, 철강으로 만든 안전핀과 그 밖의 핀(따로 분류되지 않은 것으로 한정한다)
7320	철강으로 만든 스프링과 스프링판
7321	철강으로 만든 스토브(stove)·레인지(range)·화상(火床)·조리기(중앙난방용 보조보일러를 갖춘 것을 포함한다)·바비큐(barbecue)·화로·가스풍로·가열판과 이와 유사한 비전기식 가정용 기구와 이들의 부분품
7322	철강으로 만든 방열기(중앙난방용으로 한정하고, 전기가열식은 제외한다)와 이들의 부분품, 동력구동식 송풍기를 갖춘 공기가열기와 온풍배분기(냉풍이나 조절된 공기를 공급할 수 있는 배분기를 포함하고, 전기가열식은 제외한다)와 이들의 부분품
7323	철강으로 만든 식탁용품·주방용품이나 그 밖의 가정용 물품과 이들의 부분품, 철강의 울, 철강으로 만든 용기 세정용구와 세정용이나 폴리싱(polishing)용 패드·글러브(glove)와 이와 유사한 것
7324	철강으로 만든 위생용품과 그 부분품
7325	철강으로 만든 그 밖의 주물제품
7326	철강으로 만든 그 밖의 제품

◉ 류주

1. 이 류에서 "주철(cast iron)"이란 주조방식으로 제조되고, 철의 함유중량이 각각의 다른 원소보다 가장 많은 것으로서 제72류의 주 제1호 라목에서 규정한 강(鋼)의 화학적 구성비에 해당하지 않는 제품을 말한다.

제73류는 철강의 제품을 분류하기 때문에, 여기서의 주철은 주철 자체를 말하는 것이 아니라 주철제품을 말한다. 이러한 주철제품은 주조방식으로 제조되고, 원료가 되는 주철은 제72류의 주에 나오는 강(steel)의 화학적 구성비에 해당하지 않는 제품을 말한다. 실제로 주철은 탄소함량 2%를 초과하고, 선철과 거의 같은 성분구성비를 가진다.

[주철로 주조된 맨홀뚜껑은 철강으로 만든 그 밖의 주물제품으로 제7325호에 분류된다.]

2. 이 류에서 "선(線, wire)"이란 열간(熱間)이나 냉간(冷間) 성형제품으로서, 횡단면의 모양에 상관없으며 횡단면의 치수가 16밀리미터를 초과하지 않는 것을 말한다.

제73류 주 제2호의 선(wire)은 제72류의 주 제1호의 하목에 나오는 선(wire)156과는 다르게 정의되어 있다. 이는 제73류가 철강의 제품을 분류하는 류이기 때문이다. 제73류의 선은 횡단면이 전

156 제72류의 주 제1호의 하목 : 선(線)이란 그 횡단면이 전체를 통하여 균일하고 중공(中空)이 없는 코일 모양의 냉간(冷間) 성형제품으로서 평판압연제품의 정의에 해당하지 않는 것을 말한다.

체적으로 균일하지 않아도 되고, 다만 횡단면의 치수가 16mm이하이어야 한다는 점에서 제72류의 선과 차이가 있다.
제73류에 분류되는 선 제품은 철강선으로 된 유자선(有刺線, barbed wire), 철강선으로 만든 클로스(cloth)·그릴·망·울타리·익스팬디드 메탈(expanded metal) 등이 있다.

◉ 총설

1) 철강은 가장 중요한 비금속(卑金屬)이기 때문에 HS에서는 두 개의 류를 할애하고 있다. 일반적으로 제73류에서는 제72류의 제품을 더욱 가공하여 한층 더 구체적인 기능이나 용도를 부여한 제품을 분류한다.
2) 철강제품으로서 관(tubes and pipes)과 중공프로파일(hollow profile)은 제72류에 분류되지 않고 제73류에 분류한다. 반면 중공드릴봉(hollow drill bars and rods)은 제72류에 분류한다.
   ① **관(管)** : 전 길이를 통하여 가운데가 단 하나로 뚫리고, 횡단면이 균일한 동심(同心)의 중공제품(concentric hollow products)으로 내측면과 외측면이 동일한 형상을 갖는다. 강관은 주로 원형·타원형·직사각형(정사각형을 포함한다)의 횡단면을 갖지만 그 이외에 이등변삼각형 및 기타 볼록정다각형의 횡단면인 것을 포함하기도 한다. 원형 이외의 횡단면을 갖는 제품으로 전 길이를 통하여 둥근 모양의 모서리를 가지는 것과, 끝이 업셋(upset)되어 있는 관도 또한 관으로 간주된다. 이들은 연마한 것·도포한 것·구부린 것(코일상의 관을 포함한다)·나선가공한 것, 연결구를 붙인 것이나 붙이지 않은 것·구멍을 뚫은 것·웨이스트한(waisted) 것·익스팬디드한 것·원추형으로 한 것 또는 플랜지·고리 또는 링을 붙인 것도 있다.

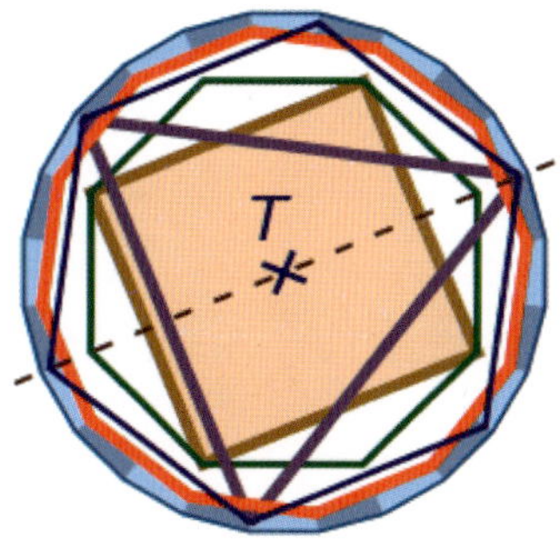

[관은 균일한 동심을 갖는 중공제품이다. T점이 동심점을 나타낸다.]

   ② **중공프로파일** : 상기 정의에 일치하지 않는 중공제품(中空製品)으로서 주로 내측면과 외측면이 동일형상이 아닌 것을 말한다.

Chapter 74

제74류 구리와 그 제품

호	호의 용어
7401	구리의 매트(mat)와 시멘트동(침전동)
7402	정제하지 않은 구리와 전해정제용 구리 양극
7403	정제한 구리와 구리합금(가공하지 않은 것으로 한정한다)
7404	구리의 웨이스트(waste)와 스크랩(scrap)
7405	구리의 모합금(master alloy)
7406	구리의 가루와 플레이크(flake)
7407	구리의 봉과 프로파일(profile)
7408	구리의 선
7409	구리의 판·시트(sheet)·스트립(두께가 0.15밀리미터를 초과하는 것으로 한정한다)
7410	구리의 박(箔)[인쇄한 것인지 또는 종이·판지·플라스틱이나 이와 유사한 보강재로 뒷면을 붙인 것인지에 상관없으며 그 두께(보강재의 두께는 제외한다)가 0.15밀리미터 이하인 것으로 한정한다]
7411	구리로 만든 관(管)
7412	구리로 만든 관(管) 연결구류[예 : 커플링(coupling)·엘보(elbow)·슬리브(sleeve)]
7413	구리로 만든 연선·케이블·엮은 밴드와 이와 유사한 것(전기 절연한 것은 제외한다)
7415	구리로 만든 못·압정·제도용 핀·스테이플(제8305호의 것은 제외한다)과 이와 유사한 물품[구리로 만든 것이나 구리로 만든 두부(頭部)를 가진 철강으로 만든 것으로 한정한다], 구리로 만든 스크루(screw)·볼트(bolt)·너트(nut)·스크루훅(screw hook)·리벳(rivet)·코터(cotter)·코터핀(cotter-pin)·와셔(washer)[스프링와셔(spring washer)를 포함한다]와 이와 유사한 물품
7418	구리로 만든 식탁용품·주방용품이나 그 밖의 가정용 물품과 이들의 부분품, 구리로 만든 용기 세정용구와 세정용이나 폴리싱(polishing)용 패드·글러브(glove)와 이와 유사한 것, 구리로 만든 위생용품과 그 부분품
7419	구리로 만든 그 밖의 제품

◉ 류주

1. 이 류에서 다음 각 목의 용어는 아래에서 정하는 바에 따른다.
   가. 정제한 구리(refined copper)
   "정제한 구리"란 구리의 함유량이 전 중량의 100분의 99.85 이상인 금속이나, 전 중량에 대한 그 밖의 원소의 함유중량 비율이 다음 표에 열거한 한도를 초과하지 않는 한 구리의 함유량이 전 중량의 100분의 97.5 이상인 금속을 말한다.

[블리스터동은 모양이 물집 잡힌 것과 같이 생겼다고 붙여진 이름이다. 구리매트에서 철이나 황성분 등을 제거하여 구리 순도를 높인 것이다.]

그 밖의 원소표

원소	함유중량비율(%)
은(Ag)	0.25
비소(As)	0.5
카드뮴(Cd)	1.3
크로뮴(Cr)	1.4
마그네슘(Mg)	0.8
납(Pb)	1.5
황(S)	0.7
주석(Sn)	0.8
텔루륨(Te)	0.8
아연(Zn)	1
지르코늄(Zr)	0.3
그 밖의 원소*는 각각	0.3

* 그 밖의 원소의 예 : 알루미늄 · 베릴륨 · 코발트 · 철 · 망간 · 니켈 · 규소

구리의 제련은 일반적인 제철과정처럼 구리원석을 용광로에 투입하여 뽑아낸다. 용광로에서 일차적으로 뽑아낸 것을 구리매트(copper matte)라고 한다. 이를 다시 철이나 황성분을 제거하여 블리스터동(blister copper)으로 만드는데, 블리스터동의 순도를 높이기 위해서는 전기분해 등의 방법으로 정제과정을 거친다. 정제한 구리의 인정기준은 다음의 두 가지 기준으로 판단하고 있다.

① 구리의 함유량이 전 중량의 99.85% 이상인 것

② 구리의 함유량이 전 중량의 97.5% 이상이면서 위의 표에 표시된 한도범위 내에서 하나 이상의 그 밖의 원소를 함유하는 것. 이러한 물품은 정제한 구리, 즉 구리함유량이 99.85% 이상의 정제한 구리와 위의 표의 그 밖의 원소를 합금하여 제조한 것이다.

나. 구리합금

"구리합금"이란 정제하지 않은 구리 외의 금속물질로서, 구리의 함유중량이 각각 다른 원소보다 가장 많고 다음 조건에 해당하여야 한다.

(1) 그 밖의 원소 중 적어도 하나의 원소의 함유중량비율이 가목의 그 밖의 원소표에 열거한 비율보다 크거나

(2) 그 밖의 원소의 함유량의 합계가 전 중량의 100분의 2.5를 초과하는 것

구리합금은 인위적으로 만든 합금으로서, 정제를 거치지 않은 구리가 구리 외에 여러 성분을 가지고 있는 것과는 차이가 있다.

다. 모합금(master alloy)

"모합금(master alloy)"이란 구리의 함유량이 전 중량의 100분의 10을 초과하고, 그 밖의 원소를 함유한 합금으로서 실용상 단조(鍛造)에 적합하지 않으며, 일반적으로 그 밖의 합금을

제조할 때 첨가제나 비(非)철금속을 야금할 때 탈산제·탈황제와 이와 유사한 용도에 사용하는 것을 말한다. 다만, 인의 함유량이 전 중량의 100분의 15를 초과하는 인동은 제2848호로 분류한다.

모합금은 제72류의 합금철(ferro-alloy)와 유사한 개념의 물품으로서, 어떤 동제품을 만들기 위한 것이 아니라 일종의 화학제품처럼 첨가제나 탈산제 및 탈황제 등으로 사용되는 물품이다. 다만 인의 함유량이 전 중량의 15%를 초과하는 인동(燐銅, copper phosphide 또는 phosphor copper)은 제2848호에 분류되는 인화물(phosphides)로 본다.

라. 봉(bars and rods)

"봉"이란 압연·압출·인발(引拔)·단조(鍛造)제품으로서 코일 모양이 아니어야 하고, 그 횡단면이 전체를 통하여 균일하고 중공(中空)이 없으며, 원형·타원형·직사각형(정사각형을 포함한다)·이등변삼각형·볼록정다각형(마주 보는 두 변이 볼록궁형이며 다른 두 변은 직선이고 길이가 같으며, 평행한 "편평 모양의 원형"과 "변형된 직사각형"을 포함한다)인 것을 말한다. 이 경우 횡단면이 직사각형(정사각형을 포함한다)·삼각형·다각형인 물품은 전체를 통하여 둥근 모양의 모서리를 가지는 경우도 있다. 횡단면이 직사각형("변형된 직사각형"을 포함한다)인 물품은 그 두께가 폭의 10분의 1을 초과하는 것으로 한정한다.

또한 주조나 소결(燒結)제품으로서 제조된 후 단순히 트리밍(trimming)이나 스케일 제거(de-scaling)와는 달리, 연속가공(subsequently worked)으로 위와 동일한 모양과 치수를 가지는 것도 포함한다(다른 호에 해당하는 물품이나 제품의 특성이 있는 것은 제외한다). 다만, 선재[와이어로드(wire-rod)]나 관(管) 등을 제조하기 위한 기계가공을 용이하게 하도록 단순히 끝을 가늘게 하거나 그 밖의 가공을 한 와이어바(wire-bar)와 빌릿(billet)은 제7403호의 구리의 괴(塊)로 본다.

1) 제74류의 구리의 봉(bars and rods)의 정의는 제72류의 철강의 "그 밖의 봉"의 정의와 거의 유사하다. 추가로 제74류에서는 두께가 폭의 10분의 1을 초과해야 한다고 하여 평판제품과의 구분을 하고 있다.
2) 구리의 봉은 보통 압연·압출·인발 또는 단조공정에 의해 만든다. 반면 주조 또는 소결방법에 의해서 얻어진(cast or sintered) 봉이라면 제조된 후에 일정 수준 이상의 후속 가공(subsequently worked)을 통해 위와 동일한 모양과 치수를 가지는 경우에 봉으로 인정한다. 즉 주조 또는 소결에 의해서 얻어진 봉이 단순히 트리밍이나 스케일 제거 이상의 추가가공을 하지 않은 것은 본 주의 봉으로 인정하지 않고 제7403호의 가공하지 않은 정제한 구리로 분류한다. 이러한 정도를 넘어서 후속 가공된 경우에는 그로 인해 이들이 다른 호에 해당하는 물품이나 제품의 특성이 있는 것으로 간주되지 않는 한 본 주의 구리의 봉으로 분류된다(제7407호에 분류).

3) 주조 또는 소결방법에 의해서 얻어진 봉은 그 모양이 길쭉한 모양이라 하더라도 일정 이상의 추가가공을 거쳐야 구리의 완제품으로서의 봉으로 인정을 받는다. 즉 주조나 소결로 만들어진 봉은 기본적으로 반제품이라는 것이다. 마찬가지로 와이어바(wire-bar)와 빌릿(billet)은 기본적으로 구리의 반제품으로서 구리의 봉으로 보지 않는다. 이들 물품 중에는 선재(wire rod)나 관(tubes) 등을 제조하기 위한 기계가공을 용이하게 하도록 단순히 끝을 가늘게 하거나 그 밖의 가공을 한 경우도 있는데, 그렇다 하더라도 이를 봉으로 인정하지 않고 제7403호의 가공하지 않은 구리(unwrought copper)로 본다는 것이다.

마. 프로파일(profile)

"프로파일(profile)"이란 압연·압출·인발(引拔)·단조(鍛造)·형조(形造)제품으로서 코일 모양인지에 상관없으며 그 횡단면이 전체를 통하여 균일하며, 봉·선·판·시트(sheet)·스트립·박(箔)·관(管)의 어느 정의에도 해당하지 않는 것을 말한다. 또한 주조나 소결(燒結)제품으로서, 제조된 후 단순히 트리밍(trimming)이나 스케일 제거(de-scaling)와는 달리 연속가공으로 위와 동일한 모양과 치수를 가지는 것도 포함한다. 다만, 다른 호에 해당하는 물품이나 제품의 특성이 있는 것은 제외한다.

[비철금속(非鐵金屬)의 프로파일은 대체로 철강의 형강 개념에 해당한다.]

1) 비철금속(非鐵金屬)의 프로파일(profile)은 대체로 철강의 형강(形鋼, angles, shapes and sections) 개념에 해당한다. 봉 또는 선과 프로파일의 가장 큰 차이점은 외관의 차이이다. 즉 봉(bars and rods)이나 선(wire)이 "중공(中空)이 없으며, 원형·타원형·직사각형(정사각형을 포함한다)·이등변삼각형·볼록정다각형(마주 보는 두 변이 볼록궁형이며 다른 두 변은 직선이고 길이가 같으며, 평행한 "편평 모양의 원형"과 "변형된 직사각형"을 포함한다)인 것"을 말하지만, 프로파일은 이 정의에 해당하지 않아야 한다. 또한 프로파일은 코일 모양인지의 여부에는 상관없으나, 아래의 선이나 판·시트(sheet)·스트립·박(箔)에는 해당하지 않아야 한다.
2) 또한 주조나 소결(燒結)을 통해 만들어진 프로파일은 제조된 후에 단순히 트리밍(trimming)이나 스케일 제거(de-scaling) 이외에 후속가공으로 위와 동일한 모양과 치수를 가지는 것도 포함한다.

바. 선(線)

"선(線)"이란 압연·압출·인발(引拔)제품으로서 코일 모양이어야 하고, 그 횡단면이 전체를 통하여 균일하며, 중공(中空)이 없고, 원형·타원형·직사각형(정사각형을 포함한다)·이등변삼각형·볼록정다각형(마주 보는 두 변이 볼록궁형이고, 다른 두 변은 직선이며 길이가 같고 평행한 "편평 모양인 원형"과 "변형된 직사각형"을 포함한다)인 것을 말한다. 이 경우 횡단면이 직사각형(정사각형을 포함한다)·삼각형·다각형인 물품은 전체를 통하여 둥근 모양의 모서리를 가지는 경우도 있다. 횡단면이 직사각형("변형된 직사각형"을 포함한다)인 물품은 그 두께가 폭의 10분의 1을 초과하는 것으로 한정한다.

사. 판·시트(sheet)·스트립·박(箔)

"판·시트(sheet)·스트립·박(箔)"이란 평판 모양인 제품(제7403호의 가공하지 않은 물품은 제외한다)으로서 코일 모양인지에 상관없으며 횡단면에 중공(中空)이 없는 직사각형(정사각형은 제외한다)인 것으로서 둥근 모양의 모서리(마주 보는 두 변이 볼록궁형이고, 다른 두 변은 직선이며 길이가 같고 평행한 "변형된 직사각형"을 포함한다)를 가지는 것인지에 상관없으며 두께가 균일한 것으로서 다음과 같은 것을 말한다.

- 직사각형(정사각형을 포함한다)인 것은 두께가 폭의 10분의 1을 초과하지 않아야 한다.
- 직사각형이나 정사각형 외의 형태인 것은 그 크기에 상관없다. 다만, 다른 호에 해당하는 물품이나 제품의 특성이 있는 것은 그렇지 않다.

※ 제7409호와 제7410호는 판·시트(sheet)·스트립·박(箔)으로서 무늬가 있는 것[예 : 홈·리브(rib)·체크무늬·물방울무늬·단추무늬·마름모꼴무늬]과 이것에 구멍을 뚫은 것·물결 모양으로 한 것·연마한 것·도포한 것으로서 다른 호에 해당하는 물품이나 제품의 특성이 없는 것에 적용한다.

1) 제7409호와 제7410호에는 구리의 판·시트(sheet)·스트립·박(箔)이 분류되는데, 두께 0.15mm를 중심으로 0.15mm를 초과하면 판·시트(sheet)·스트립으로 보고, 0.15mm 이하이면 구리의 박(foil)으로 본다. 판과 시트는 보통 제7403호[157]의 생산품을 열간압연 또는 냉간압연하여 얻으며, 스트립은 압연하여 제조하거나 판과 시트를 절단하여 얻는다.
2) 이러한 모든 물품은 각종의 무늬가 있는 것·구멍을 뚫은 것·물결 모양으로 한 것·연마한 것·도포한 것으로 가공하였다 하더라도, 그로 인하여 다른 호에 해당되는 물품이나 제품의 특성을 갖는 것으로 간주되지 않는 한 구리의 판·시트(sheet)·스트립·박(箔)으로 인정된다.

아. 관(tubes and pipes)

"관(管)"이란 전체를 통하여 하나의 중공(中空)을 가지는 제품으로서 코일 모양인지에 상관없으며 그 횡단면이 균일하며, 원형·타원형·직사각형(정사각형을 포함한다)·이등변삼각형·볼록정다각형인 모양으로서 그 관(管)의 벽의 두께가 균일한 것을 말한다. 이 경우 횡단면이 직사각형(정사각형을 포함한다)·이등변삼각형·볼록정다각형인 물품은 전체를 통하여 둥근 모양의 모서리를 가지는 경우도 있고, 횡단면의 내측과 외측이 동심(同心)이며 위와 동일한 모양과 방향성을 가지고 있는 경우에는 관(管)으로 본다. 위와 같은 횡단면을 가진 관

157 제7403호 : 정제한 구리와 구리합금(가공하지 않은 것으로 한정한다)

(管)들은 연마한 것, 도포한 것, 구부린 것, 나선가공한 것, 구멍을 뚫은 것, 웨이스트한(waisted) 것, 익스팬디드한(expanded) 것, 원추형으로 한 것, 플랜지(flange)·고리·링을 붙인 것도 있다.

◉ 소호주

1. 이 류에서 다음 각 목의 용어는 아래에서 정하는 바에 따른다.
   가. 구리-아연의 합금(황동)
      구리와 아연의 합금으로서 그 밖의 원소가 함유된 것인지에 상관없으며 그 밖의 원소가 함유될 경우
      - 아연의 함유량이 중량비로 각각 다른 원소보다 가장 많으며,
      - 니켈의 함유중량이 전 중량의 100분의 5 미만이며[참조 : 구리-니켈-아연의 합금(양백)],
      - 주석의 함유량이 전 중량의 100분의 3 미만인 것[참조 : 구리-주석의 합금(청동)]

   나. 구리-주석의 합금(청동)
      구리와 주석의 합금으로서 그 밖의 원소가 함유된 것인지에 상관없다. 그 밖의 원소가 함유될 경우 주석의 함유량이 중량비로 각각 다른 원소보다 가장 많아야 한다. 다만, 주석의 함유량이 전 중량의 100분의 3 이상인 경우에는 아연의 함유량이 주석의 함유량보다 초과될 수 있으나 100분의 10 미만이어야 한다.

   다. 구리-니켈-아연의 합금(양백)
      구리-니켈 및 아연의 합금으로서 그 밖의 원소가 함유된 것인지에 상관없다. 니켈의 함유량은 전 중량의 100분의 5 이상이다[참조: 구리-아연의 합금(황동)].

   라. 구리-니켈의 합금
      구리와 니켈의 합금으로서 그 밖의 원소가 함유된 것인지에 상관없으나 아연의 함유량은 전 중량의 100분의 1 이하가 되어야 한다. 그 밖의 원소가 함유될 경우 니켈의 함유량은 중량비로 각각 다른 원소보다 가장 많아야 한다.

구리는 여러 원소와의 합금을 만들어 목적에 따라 유용하게 사용할 수 있다. 구리의 합금은 기본적으로 제74류의 주 제1호 나목과 관련이 있다. 기본적으로 구리합금이 되기 위해서는 무엇보다 구리의 함유중량이 각각 다른 원소보다 가장 많아야 한다.

◉ 총설

1) 이 류에는 구리와 구리합금 및 이들로 된 일정 제품이 분류된다. 구리는 각종 광석(제2603호의 해설 참조)에서 추출되며, 또 천연상태의 금속(metal in its native state)을 가공하거나 또는 웨이스트와 스크랩으로부터의 회수에 의하여 제조된다.

2) 구리는 황화광(黃化鑛, sulphide ores)에서 주로 추출해 얻는데, 이 경우 정광에서 여분의 황을 제거하기 위해 배소하고 나서 용광로에서 제련하여 구리의 매트(copper matte)를 얻는다. 이렇게 얻은 매트는 다시 철과 황의 대부분을 제거하기 위해서 전로(轉爐, converter)에서 처리되어 블리스터동(blister copper)을 얻는데, 블리스터동은 그것이 거칠고 물집이 잡힌 것 같은 표면을 가지고 있기 때문에 그렇게 부른다. 블리스터동은 전기분해 등의 방법에 의해서 정제하여 순도를 높인다.

[황동광(chalcopyrite). 구리는 황동광과 같은 황화광에서 주로 얻는다. 그래서 보통 제련에 들어가기 전에 황을 제거하려고 배소과정을 거친다.]

3) 구리는 연성과 가단성이 우수하고, 은(silver) 다음으로 가장 우수한 열과 전기의 도체이다. 순수한 상태의 구리는 특히 전선용으로 많이 사용되고, 냉동기 구성요소로서 코일 또는 판(plate)의 형태로 많이 사용된다. 그러나 구리는 보통 합금상태로 사용된다.

Chapter 75

제75류 니켈과 그 제품

호	호의 용어
7501	니켈의 매트(mat)·소결(燒結)한 산화니켈·니켈 제련으로 생산된 그 밖의 중간생산물
7502	니켈의 괴(塊)
7503	니켈의 웨이스트(waste)와 스크랩(scrap)
7504	니켈의 가루와 플레이크(flake)
7505	니켈의 봉 · 프로파일(profile) · 선(線)
7506	니켈의 판 · 시트(sheet) · 스트립 · 박(箔)
7507	니켈로 만든 관(管)이나 관(管) 연결구류[예 : 커플링(coupling) · 엘보(elbow) · 슬리브(sleeve)]
7508	니켈로 만든 기타 제품

◉ 류주

1. 이 류에서 다음 각 목의 용어는 아래에서 정하는 바에 따른다.

가. 봉

"봉"이란 압연·압출·인발(引拔)·단조(鍛造)제품으로서 코일 모양이 아니어야 하고, 그 횡단면이 전체를 통하여 균일하며, 중공(中空)이 없고, 원형·타원형·직사각형(정사각형을 포함한다)·이등변삼각형·볼록정다각형(마주 보는 두 변이 볼록궁형이고 다른 두 변은 직선이며 길이가 같고 평행한 "편평 모양인 원형"과 "변형된 직사각형"을 포함한다)인 것을 말한다. 이 경우 횡단면이 직사각형(정사각형을 포함한다)·삼각형·다각형인 물품은 전체를 통하여 둥근 모양의 모서리를 가지는 경우도 있다. 횡단면이 직사각형("변형된 직사각형"을 포함한다)인 물품은 그 두께가 폭의 10분의 1을 초과하는 것으로 한정한다. 또한 주조나 소결(燒結)제품으로서, 제조된 후 단순히 트리밍(trimming)이나 스케일 제거(de-scaling)와는 달리 연속가공으로 위와 동일한 모양과 치수를 가지는 것도 포함한다. 다만, 다른 호에 해당하는 물품이나 제품의 특성이 있는 것은 제외한다.

나. 프로파일(profile)

"프로파일(profile)"이란 압연·압출·인발(引拔)·단조(鍛造)·형조(形造)제품으로서 코일 모양인지에 상관없으며 그 횡단면이 전체를 통하여 균일하며, 봉·선·판·시트(sheet)·스트립·박(箔)·관의 어느 정의에도 해당하지 않는 것을 말한다. 또한 주조나 소결(燒結)제품으로서, 제조된 후 단순히 트리밍(trimming)이나 스케일 제거(de-scaling)와는 달리 연속가공으로 위와 동일한 모양과 치수를 가지는 것도 포함한다. 다만, 다른 호에 해당하는 물품이나 제품의 특성이 있는 것은 제외한다.

다. 선(線)

"선(線)"이란 압연·압출·인발(引拔)제품으로서 코일 모양이어야 하고, 그 횡단면이 전체를 통하여 균일하며, 중공(中空)이 없고, 원형·타원형·직사각형(정사각형을 포함한다)·이등변삼각형·볼록정다각형(마주 보는 두 변이 볼록궁형이고, 다른 두 변은 직선이며, 길이가 같고 평행한 "편평 모양인 원형"과 "변형된 직사각형"을 포함한다)인 것을 말한다. 이 경우 횡단면이 직사각형(정사각형을 포함한다)·삼각형·다각형인 물품은 전체를 통하여 둥근 모양의 모서리를 가지는 경우도 있다. 횡단면이 직사각형("변형된 직사각형"을 포함한다)인 물품은 그 두께가 폭의 10분의 1을 초과하는 것으로 한정한다.

라. 판·시트(sheet)·스트립·박(箔)

"판·시트(sheet)·스트립·박(箔)"이란 평판 모양인 제품(제7502호의 가공하지 않은 물품은 제외한다)으로서 코일 모양인지에 상관없으며 횡단면에 중공(中空)이 없는 직사각형(정사각형은 제외한다)인 것으로서 둥근 모양의 모서리(마주 보는 두 변이 볼록궁형이며 다른 두 변은 직선이고 길이가 같으며, 평행한 "변형된 직사각형"을 포함한다)를 가지는 것인지에 상관없으며 두께가 균일한 것으로서 다음과 같은 것을 말한다.

- 직사각형(정사각형을 포함한다)인 것은 두께가 폭의 10분의 1을 초과하지 않고
- 직사각형이나 정사각형 외의 형태인 것은 그 크기에 상관없다. 다만, 다른 호에 해당하는 물품이나 제품의 특성이 있는 것은 그렇지 않다.

제7506호는 판·시트(sheet)·스트립·박(箔)으로서 무늬가 있는 것[예 : 홈·리브(rib)·체크무늬·물방울무늬·단추무늬·마름모꼴무늬]과 이것에 구멍을 뚫은 것·물결 모양으로 한 것·연마한 것·도포한 것으로서 다른 호에 해당하는 물품이나 제품의 특성이 없는 것에 적용한다.

마. 관(管)

"관(管)"이란 전체를 통하여 하나의 중공(中空)을 가지는 제품으로서 코일 모양인지에 상관없으며 그 횡단면이 균일하며, 원형·타원형·직사각형(정사각형을 포함한다)·이등변삼각형·볼록정다각형인 모양으로서 그 관(管)의 벽의 두께가 균일한 것을 말한다. 이 경우 횡단면이 직사각형(정사각형을 포함한다)·이등변삼각형·볼록정다각형인 물품은 전체를 통하여 둥근 모양의 모서리를 가지는 경우도 있고, 횡단면의 내측과 외측이 동심(同心)이며, 위와 동일한 모양과 방향성을 가지고 있는 경우에는 관(管)으로 본다. 위와 같은 횡단면을 가진 관(管)들은 연마한 것, 도포한 것, 구부린 것, 나선가공한 것, 구멍을 뚫은 것, 웨이스트한(waisted) 것, 익스팬디드한(expanded) 것, 원추형으로 한 것, 플랜지(flange)·고리·링을

붙인 것도 있다.

◉ 소호주

1. 이 류에서 다음 각 목의 용어는 아래에서 정하는 바에 따른다.

   가. 합금하지 않은 니켈(nickel, not alloyed)

   니켈과 코발트의 함유량이 전 중량의 100분의 99 이상인 금속으로서, 다음 조건에 모두 해당하여야 한다.

   (1) 코발트 함유량이 전 중량의 100분의 1.5를 초과하지 않고

   (2) 그 밖의 원소의 함유량은 중량비로 다음 표에 열거한 한도를 초과하지 않아야 한다.

▌그 밖의 원소표

원소	함유중량비율(%)
철(Fe)	0.5
산소(O)	0.4
그 밖의 원소는 각각	0.3

   나. 니켈합금

   니켈의 함유량이 중량비로 각각 그 밖의 원소보다 가장 많은 금속물질로 다음 조건에 해당하여야 한다.

   (1) 코발트 함유량이 전 중량의 100분의 1.5를 초과하거나

   (2) 그 밖의 원소 중 적어도 한 원소의 함유량이 중량비로 앞 표에 열거한 한도보다 크거나

   (3) 니켈과 코발트 외에 그 밖의 원소의 함유량의 합계가 전 중량의 100분의 1을 초과하여야 한다.

2. 이 류의 주 제1호 다목에도 불구하고 소호 제7508.10호의 "선(線)"이라는 용어는 횡단면의 치수가 6밀리미터 이하인 제품(코일 모양인지와 횡단면의 모양에 상관없다)에만 적용한다.

◉ 총설

니켈은 미국의 5센트 동전을 말하기도 하는데, 실제로 5센트 동전에는 니켈성분이 일부 함유되어 있다. 니켈은 이렇게 동전의 재료 외에도 여러 합금(특히 합금강)의 제조, 보통 전착(電着, electrodeposition)을 통한 타 금속의 피복용으로도 사용된다. 또한 많은 화학반응에서 촉매로도 사용된다.

Chapter 76

제76류 알루미늄과 그 제품

호	호의 용어
7601	알루미늄의 괴(塊)
7602	알루미늄의 웨이스트(waste)와 스크랩(scrap)
7603	알루미늄의 가루와 플레이크(flake)
7604	알루미늄의 봉과 프로파일(profile)
7605	알루미늄의 선
7606	알루미늄의 판 · 시트(sheet) · 스트립(두께가 0.2밀리미터를 초과하는 것으로 한정한다)
7607	알루미늄의 박(箔)[인쇄한 것인지 또는 종이 · 판지 · 플라스틱이나 이와 유사한 보강재로 뒷면을 붙인 것인지에 상관없으며 그 두께(보강재의 두께는 제외한다)가 0.2밀리미터를 초과하지 않는 것으로 한정한다]
7608	알루미늄으로 만든 관(管)
7609	알루미늄으로 만든 관(管) 연결구류[예: 커플링(coupling) · 엘보(elbow) · 슬리브(sleeve)]
7610	알루미늄으로 만든 구조물(제9406호의 조립식 건축물은 제외한다)과 그 부분품[예: 다리와 교량 · 수문 · 탑 · 격자주(格子柱) · 지붕 · 지붕틀 · 문과 창 및 이들의 틀과 문지방 · 난간 · 기둥], 구조물용으로 가공한 알루미늄으로 만든 판 · 봉 · 프로파일(profile) · 관(管)과 이와 유사한 것
7611	알루미늄으로 만든 각종 재료용 저장조 · 탱크 · 통과 이와 유사한 용기(압축용이나 액화가스용은 제외하고, 기계장치나 가열 · 냉각 장치를 갖추지 않은 것으로서 용적이 300리터를 초과하는 것으로 한정하며, 내장한 것인지 또는 열절연한 것인지에 상관없다)
7612	알루미늄으로 만든 각종 재료용 통 · 드럼 · 캔 · 상자와 이와 유사한 용기(경질이나 연질의 튜브형 용기를 포함하고, 압축용이나 액화가스용은 제외하며, 기계장치나 가열 · 냉각장치를 갖추지 않은 것으로서 용적이 300리터 이하인 것으로 한정하고, 내장한 것인지 또는 열절연한 것인지에 상관없다)
7613	알루미늄으로 만든 용기(압축용이나 액화가스용으로 한정한다)
7614	알루미늄으로 만든 연선 · 케이블 · 엮은 밴드와 이와 유사한 것(전기 절연한 것은 제외한다)
7615	알루미늄으로 만든 식탁용품 · 주방용품이나 그 밖의 가정용 물품과 이들의 부분품, 알루미늄으로 만든 용기 세정용구와 세정용이나 폴리싱(polishing)용 패드 · 글러브(glove)와 이와 유사한 것, 알루미늄으로 만든 위생용품과 그 부분품
7616	알루미늄으로 만든 그 밖의 제품

◉ 류주

1. 이 류에서 다음 각 목의 용어는 아래에서 정하는 바에 따른다.

가. 봉

"봉"이란 압연 · 압출 · 인발(引拔) · 단조(鍛造)제품으로서 코일 모양이 아니어야 하고, 그 횡단면이 전체를 통하여 균일하며, 중공(中空)이 없고, 원형 · 타원형 · 직사각형(정사각형을 포함한다) · 이등변삼각형 · 볼록정다각형(마주 보는 두 변이 볼록궁형이고, 다른 두 변은 직선이며, 길이가 같고 평행한 "편평 모양인 원형"과 "변형된 직사각형"을 포함한다)인 것을 말한다. 이 경우 횡단면이 직사각형(정사각형을 포함한다)·삼각형·다각형인 물품은 전체를 통하여 둥근 모양의 모서리를 가지는 경우도 있다. 횡단면이 직사각형("변형된 직사각형"을 포함한다)인 물품은 그 두께가 폭의 10분의 1을 초과하는 것으로 한정한다. 또한 주조나 소결(燒結)제품으로서, 제조된 후 단순히 트리밍(trimming)이나 스케일 제거(de-scaling)와는 달리 연속가공으로 위와 동일한 모양과 치수를 가지는 것도 포함한다. 다만, 다른 호에 해당하는 물품이나 제품의 특성이 있는 것은 제외한다.

나. 프로파일(profile)

"프로파일(profile)"이란 압연·압출·인발(引拔)·단조(鍛造)·형조(形造)제품으로서 코일 모양인지에 상관없으며 그 횡단면이 전체를 통하여 균일하며, 봉·선·판·시트(sheet)·스트립·박(箔)·관(管)의 어느 정의에도 해당하지 않는 것을 말한다. 또한 주조나 소결(燒結)제품으로서, 제조된 후 단순히 트리밍(trimming)이나 스케일 제거(de-scaling)와는 달리 연속가공으로 위와 동일한 모양과 치수를 가지는 것도 포함한다. 다만, 다른 호에 해당하는 물품이나 제품의 특성이 있는 것은 제외한다.

다. 선(線)

"선(線)"이란 압연·압출·인발(引拔)제품으로서 코일 모양이어야 하고, 그 횡단면이 전체를 통하여 균일하며, 중공(中空)이 없고, 원형·타원형·직사각형(정사각형을 포함한다)·이등변삼각형·볼록정다각형(마주 보는 두 변이 볼록궁형이고, 다른 두 변은 직선이며, 길이가 같고 평행한 "편평 모양인 원형"과 "변형된 직사각형"을 포함한다)인 것을 말한다. 이 경우 횡단면이 직사각형(정사각형을 포함한다)·삼각형·다각형인 물품은 전체를 통하여 둥근 모양의 모서리를 가지는 경우도 있다. 횡단면이 직사각형("변형된 직사각형"을 포함한다)인 물품은 그 두께가 폭의 10분의 1을 초과하는 것으로 한정한다.

라. 판·시트(sheet)·스트립·박(箔)

"판·시트(sheet)·스트립·박(箔)"이란 평판 모양인 제품(제7601호의 가공하지 않은 물품은 제외한다)으로서 코일 모양인지에 상관없으며 횡단면에 중공(中空)이 없는 직사각형(정사각형은 제외한다)인 것으로 둥근 모양의 모서리(마주 보는 두 변이 볼록궁형이고, 다른 두 변은 직선이며, 길이가 같고 평행한 "변형된 직사각형"을 포함한다)를 가지는 것인지에 상관없으며 두께가 균일한 것으로서 다음과 같은 것을 말한다.

- 직사각형(정사각형을 포함한다) 형태인 것은 두께가 폭의 10분의 1을 초과하지 않고
- 직사각형이나 정사각형 외의 형태인 것은 그 크기에 상관없다. 다만, 다른 호에 해당하는 물품이나 제품의 특성이 있는 것은 그렇지 않다.

제7606호와 제7607호는 판·시트(sheet)·스트립·박(箔)으로서 무늬가 있는 것[예 : 홈·리브(rib)·체크무늬·물방울무늬·단추무늬·마름모꼴무늬]과 이것에 구멍을 뚫은 것·물결모양으로 한 것·연마한 것·도포한 것으로서 다른 호에 해당하는 물품이나 제품의 특성이 없는 것에 적용한다.

마. 관(管)

"관(管)"이란 전체를 통하여 하나의 중공(中空)을 가지는 제품으로서 코일 모양인지에 상관없으며 그 횡단면이 균일하며, 원형·타원형·직사각형(정사각형을 포함한다)·이등변삼각형·볼록정다각형인 모양으로서 그 관(管)의 벽의 두께가 균일한 것을 말한다. 이 경우 횡단면이 직사각형(정사각형을 포함한다)·이등변삼각형·볼록정다각형인 물품은 전체를 통하여 둥근 모양의 모서리를 가지는 경우도 있고, 횡단면의 내측과 외측이 동심(同心)이며, 위와 동일한 모양과 방향성을 가지고 있는 경우에는 관으로 본다. 위와 같은 횡단면을 가진 관(管)들은 연마한 것, 도포한 것, 구부린 것, 나선가공한 것, 구멍을 뚫은 것, 웨이스트한(waisted) 것, 익스팬디드한(expanded) 것, 원추형으로 한 것, 플랜지(flange)·고리·링을 붙인 것도 있다.

◉ 소호주

1. 이 류에서 다음 각 목의 용어는 아래에서 정하는 바에 따른다.

가. **합금하지 않은 알루미늄**

알루미늄의 함유량이 전 중량의 100분의 99 이상인 금속으로서, 그 밖의 원소의 함유량이 중량비로 다음 표에 열거한 한도를 초과하지 않아야 한다.

그 밖의 원소표

원소	함유중량비율(%)
철 + 규소 그 밖의 원소*, 각각	1 0.1**

* 그 밖의 원소 : 예를 들면 크로뮴·구리·마그네슘·망간·니켈·아연
** 구리는 100분의 0.1을 초과하고 100분의 0.2 이하의 비율로 함유되어야 한다(크로뮴이나 망간의 함유량은 100분의 0.05를 초과하지 않아야 한다).

나. 알루미늄합금

알루미늄의 함유량이 중량비로 각각 그 밖의 원소보다 가장 많은 금속물질로 다음 조건에 해당하여야 한다.

(1) 그 밖의 원소 중 적어도 한 원소나 철과 규소의 함유량이 중량비로 앞 표에 열거한 한도보다 크거나

(2) 이러한 그 밖의 원소의 함유량의 합계가 전 중량의 100분의 1을 초과하여야 한다.

2. 이 류의 주 제1호 다목에 불구하고 소호 제7616.91호의 "선(線)"이라는 용어는 횡단면의 치수가 6밀리미터 이하인 제품(코일 모양인지와 횡단면의 모양에 상관없다)에만 적용한다.

◉ 총설

1) 알루미늄은 주로 보크사이트(제2606호 해설 참조)에서 얻어진다. 알루미늄 추출의 제1단계는 보크사이트를 순수한 산화알루미늄(알루미나)으로 전환시키는 것이다. 이를 위하여 분쇄한 광석을 하소한 다음에 수산화나트륨(sodium hydroxide)으로 처리하면 알루미늄산나트륨(sodium aluminate)의 용액이 된다. 산화철이나 실리카 등 용액으로 녹지 않는 불용성의 불순물을 제거하기 위하여 이를 여과한다. 이때 알루미늄은 수산화알루미늄으로 침전되는데, 열처리를 통해 백색분말상인 순수한 산화알루미늄(aluminium oxide), 즉 알루미나를 얻는다.

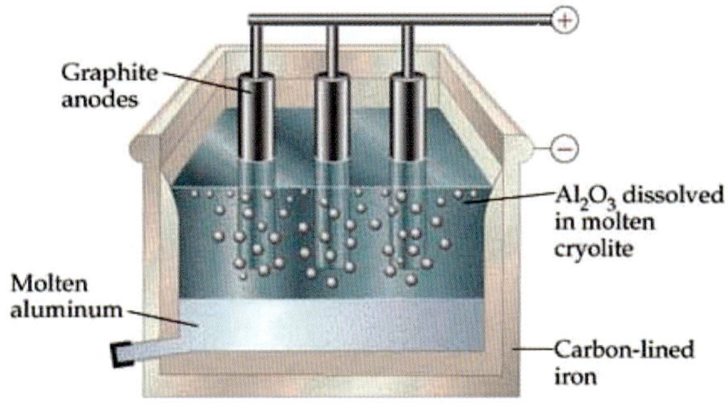

[알루미늄은 용광로가 아닌 전기분해조에서 생산된다. 이를 위해 알루미나를 녹여야 하는데, 전기료가 비싸 생산비용이 높다. 전기분해 시 양극은 탄소막대를 쓰고 음극은 전해통 자체이다.]

2) 제2단계에서 알루미나는 전기분해를 통해 환원시킴으로써 알루미늄을 얻는다. 알루미늄은 전해통의 저부에 모여지는데, 이것은 보통 정제 후 블록·잉곳·빌릿·슬래브·와이어바 등의 모양으로 주조된다. 전해를 되풀이하면 아주 고순도의 알루미늄을 얻을 수 있다.

Chapter 78

제78류 납과 그 제품

호	호의 용어
7801	납의 괴(塊)
7802	납의 웨이스트(waste)와 스크랩(scrap)
7804	납의 판 · 시트(sheet) · 스트립 · 박(箔), 가루와 플레이크(flake)
7806	납으로 만든 그 밖의 제품

류주

1. 이 류에서 다음 각 목의 용어는 아래에서 정하는 바에 따른다.

가. 봉

"봉"이란 압연 · 압출 · 인발(引拔) · 단조(鍛造)제품으로서 코일 모양이 아니어야 하고, 그 횡단면이 전체를 통하여 균일하며, 중공(中空)이 없고, 원형 · 타원형 · 직사각형(정사각형을 포함한다) · 이등변삼각형 · 볼록정다각형(마주 보는 두 변이 볼록궁형이며 다른 두 변은 직선이고 길이가 같으며 평행한 "편평 모양인 원형"과 "변형된 직사각형"을 포함한다)인 것을 말한다. 이 경우 횡단면이 직사각형(정사각형을 포함한다) · 삼각형 · 다각형인 물품은 전체를 통하여 둥근 모양의 모서리를 가지는 경우도 있다. 횡단면이 직사각형("변형된 직사각형"을 포함한다)인 물품은 그 두께가 폭의 10분의 1을 초과하는 것으로 한정한다. 또한 주조나 소결(燒結)제품으로서, 제조된 후 단순히 트리밍(trimming)이나 스케일 제거(de-scaling)와는 달리 연속가공으로 위와 동일한 모양과 치수를 가지는 것도 포함한다. 다만, 다른 호에 해당하는 물품이나 제품의 특성이 있는 것은 제외한다.

나. 프로파일(profile)

"프로파일(profile)"이란 압연 · 압출 · 인발(引拔) · 단조(鍛造) · 형조(形造)제품으로서 코일 모양인지에 상관없으며 그 횡단면이 전체를 통하여 균일하며, 봉 · 선 · 판 · 시트(sheet) · 스트립 · 박(箔) · 관(管)의 어느 정의에도 해당하지 않는 것을 말한다. 또한 주조나 소결(燒結)제품으로서, 제조된 후 단순히 트리밍(trimming)이나 스케일 제거(de-scaling)와는 달리 연속가공으로 위와 동일한 모양과 치수를 가지는 것도 포함한다. 다만, 다른 호에 해당하는 물품이나 제품의 특성이 있는 것은 제외한다.

다. 선(線)

"선(線)"이란 압연·압출·인발(引拔)제품으로서 코일 모양이어야 하고, 그 횡단면이 전체를 통하여 균일하며, 중공(中空)이 없고, 원형·타원형·직사각형(정사각형을 포함한다)·이등변삼각형·볼록정다각형(마주 보는 두 변이 볼록궁형이며, 다른 두 변은 직선이고, 길이가 같으며, 평행한 "편평 모양인 원형"과 "변형된 직사각형"을 포함한다)인 것을 말한다. 이 경우 횡단면이 직사각형(정사각형을 포함한다)·삼각형·다각형인 물품은 전체를 통하여 둥근 모양의 모서리를 가지는 경우도 있다. 횡단면이 직사각형("변형된 직사각형"을 포함한다)인 물품은 그 두께가 폭의 10분의 1을 초과하는 것으로 한정한다.

라. 판·시트(sheet)·스트립·박(箔)

"판·시트(sheet)·스트립·박(箔)"이란 평판 모양인 제품(제7801호의 가공하지 않은 물품은 제외한다)으로서 코일 모양인지에 상관없으며 횡단면에 중공(中空)이 없는 직사각형(정사각형은 제외한다)인 것으로 둥근 모양의 모서리(마주 보는 두 변이 볼록궁형이고, 다른 두 변은 직선이며, 길이가 같고 평행한 "변형된 직사각형"을 포함한다)를 가지는 것인지에 상관없으며 두께가 균일한 것으로서 다음과 같은 것을 말한다.

- 직사각형(정사각형을 포함한다) 형태인 것은 두께가 폭의 10분의 1을 초과하지 않고
- 직사각형이나 정사각형 외의 형태인 것은 그 크기에 상관없다. 다만, 다른 호에 해당하는 물품이나 제품의 특성이 있는 것은 그렇지 않다.

제7804호는 판·시트(sheet)·스트립·박(箔)으로서 무늬가 있는 것[예 : 홈·리브(rib)·체크무늬·물방울무늬·단추무늬·마름모꼴무늬]과 이것에 구멍을 뚫은 것·물결 모양으로 한 것·연마한 것·도포한 것으로서 다른 호에 해당하는 물품이나 제품의 특성이 없는 것에 적용한다.

마. 관(管)

"관(管)"이란 전체를 통하여 하나의 중공(中空)을 가지는 제품으로서 코일 모양인지에 상관없으며 그 횡단면이 균일하며, 원형·타원형·직사각형(정사각형을 포함한다)·이등변삼각형·볼록정다각형인 모양으로서 그 관(管)의 벽의 두께가 균일한 것을 말한다. 이 경우 횡단면이 직사각형(정사각형을 포함한다)·이등변삼각형·볼록정다각형인 물품은 전체를 통하여 둥근 모양의 모서리를 가지는 경우도 있고, 횡단면의 내측과 외측이 동심(同心)이며, 위와 동일한 모양과 방향성을 가지고 있는 경우에는 관(管)으로 본다. 위와 같은 횡단면을 가진 관(管)들은 연마한 것, 도포한 것, 구부린 것, 나선가공한 것, 구멍을 뚫은 것, 웨이스트한(waisted) 것, 익스팬디드한(expanded) 것, 원추형으로 한 것, 플랜지(flange)·고리·링을 붙인 것도 있다.

소호주

1. 이 류에서 "정제한 납"이란 납의 함유량이 전 중량의 100분의 99.9 이상인 금속으로서 그 밖의 원소의 함유량이 중량비로 다음 표에 열거한 한도를 초과하지 않아야 한다.

그 밖의 원소표

원소	함유중량비율(%)
은(Ag)	0.02
비소(As)	0.005
비스머드(Bi)	0.05
칼슘(Ca)	0.002
카드뮴(Cd)	0.002
구리(Cu)	0.08
철(Fe)	0.002
황(S)	0.002
안티모니(Sb)	0.005
주석(Sn)	0.005
아연(Zn)	0.002
그 밖의 원료(예 : 텔루륨)는 각각	0.001

총설

이 류에는 납과 그 합금 및 일정한 납의 제품이 분류된다. 납은 흔히 은(silver)을 함유하고 있는 천연의 황화납인 방연석(galena)으로부터 주로 제조된다.

[방연석(方鉛石, galena). 납 생산에 가장 많이 이용되는 광물로서, 화학성분이 PbS인 황화납이다.]

광석을 분쇄하여 부유선광을 한 후, 일반적으로 배소 또는 소결하고, 그 다음 용해하여 환원제련된다. 배소 또는 소결과정에서 황화물은 대부분 산화물로 되며, 용해제련과정에서 이 산화물은 코크스와 플럭스(flux)를 사용하여 납으로 환원시킨다. 이와 같은 방법으로 bullion lead(work lead라고도 한다)가 제조되는데, 이는 많은 불순물을 함유하며, 흔히 은을 함유한다. 이 때문에 거의 완전한 순수상태의 납을 제조하기 위해서는 대개 추가적인 정제과정을 거친다. 납은 또한 납의 웨이스트 및 스크랩을 재용해하여 제조되기도 한다.

Chapter 79

제79류 아연과 그 제품

호	호의 용어
7901	아연의 괴(塊)
7902	아연의 웨이스트(waste)와 스크랩(scrap)
7903	아연의 더스트(dust) · 가루 · 플레이크(flake)
7904	아연의 봉 · 프로파일(profile) · 선(線)
7905	아연의 판 · 시트(sheet) · 스트립 · 박(箔)
7907	아연으로 만든 그 밖의 제품

◉ 류주

1. 이 류에서 다음 각 목의 용어는 아래에서 정하는 바에 따른다.

가. 봉

"봉"이란 압연 · 압출 · 인발(引拔) · 단조(鍛造)제품으로서 코일 모양이 아니어야 하고, 그 횡단면이 전체를 통하여 균일하며, 중공(中空)이 없고, 원형 · 타원형 · 직사각형(정사각형을 포함한다) · 이등변삼각형 · 볼록정다각형(마주 보는 두 변이 볼록궁형이고, 다른 두 변은 직선이며, 길이가 같고 평행한 "편평 모양인 원형"과 "변형된 직사각형"을 포함한다)인 것을 말한다. 이 경우 횡단면이 직사각형(정사각형을 포함한다) · 삼각형 · 다각형인 물품은 전체를 통하여 둥근 모양의 모서리를 가지는 경우도 있다. 횡단면이 직사각형("변형된 직사각형"을 포함한다)인 물품은 그 두께가 폭의 10분의 1을 초과하는 것으로 한정한다. 또한 주조나 소결(燒結)제품으로서, 제조된 후 단순히 트리밍(trimming)이나 스케일 제거(de-scaling)와는 달리 연속가공으로 위와 동일한 모양과 치수를 가지는 것도 포함한다. 다만, 다른 호에 해당하는 물품이나 제품의 특성이 있는 것은 제외한다.

나. 프로파일(profile)

"프로파일(profile)"이란 압연 · 압출 · 인발(引拔) · 단조(鍛造) · 형조(形造)제품으로서 코일 모양인지에 상관없으며 그 횡단면이 전체를 통하여 균일하며, 봉 · 선 · 판 · 시트(sheet) · 스트립 · 박(箔) · 관(管)의 어느 정의에도 해당하지 않는 것을 말한다. 또한 주조나 소결(燒結)제품으로서, 제조된 후 단순히 트리밍(trimming)이나 스케일 제거(de-scaling)와는 달리 연속가공으로 위와 동일한 모양과 치수를 가지는 것도 포함한다. 다만, 다른 호에 해당하는 물품이나 제품의 특성이 있는 것은 제외한다.

다. 선(線)

"선(線)"이란 압연·압출·인발(引拔)제품으로서 코일 모양이어야 하며, 그 횡단면이 전체를 통하여 균일하고 중공(中空)이 없고, 원형·타원형·직사각형(정사각형을 포함한다)·이등변삼각형·볼록정다각형(마주 보는 두 변이 볼록궁형이며 다른 두 변은 직선이고 길이가 같으며 평행한 "편평 모양인 원형"과 "변형된 직사각형"을 포함한다)인 것을 말한다. 이 경우 횡단면이 직사각형(정사각형을 포함한다)·삼각형·다각형인 물품은 전체를 통하여 둥근 모양의 모서리를 가지는 경우도 있다. 횡단면이 직사각형("변형된 직사각형"을 포함한다)인 물품은 그 두께가 폭의 10분의 1을 초과하는 것으로 한정한다.

라. 판·시트(sheet)·스트립·박(箔)

"판·시트(sheet)·스트립·박(箔)"이란 평판 모양의 제품(제7901호의 가공하지 않은 물품은 제외한다)으로서 코일 모양인지에 상관없으며 횡단면에 중공(中空)이 없는 직사각형(정사각형은 제외한다)인 것으로 둥근 모양의 모서리(마주 보는 두 변이 볼록궁형이고, 다른 두 변은 직선이며, 길이가 같고 평행한 "변형된 직사각형"을 포함한다)를 가지는 것인지에 상관없으며 두께가 균일한 것으로서 다음과 같은 것을 말한다.

- 직사각형(정사각형을 포함한다) 형태인 것은 두께가 폭의 10분의 1을 초과하지 않고
- 직사각형이나 정사각형 외의 형태인 것은 그 크기에 상관없다. 다만, 다른 호에 해당하는 물품이나 제품의 특성이 있는 것은 그렇지 않다.

제7905호는 판·시트(sheet)·스트립·박(箔)으로서 무늬가 있는 것[예 : 홈·리브(rib)·체크무늬·물방울무늬·단추무늬·마름모꼴무늬]과 이것에 구멍을 뚫은 것·물결 모양으로 한 것·연마한 것·도포한 것으로서 다른 호에 해당하는 물품이나 제품의 특성이 없는 것에 적용한다.

마. 관(管)

"관(管)"이란 전체를 통하여 하나의 중공(中空)을 가지는 제품으로서 코일 모양인지에 상관없으며 그 횡단면이 균일하며, 원형·타원형·직사각형(정사각형을 포함한다)·이등변삼각형·볼록정다각형인 모양으로서 그 관(管)의 벽의 두께가 균일한 것을 말한다. 이 경우 횡단면이 직사각형(정사각형을 포함한다)·이등변삼각형·볼록정다각형인 물품은 전체를 통하여 둥근 모양의 모서리를 가지는 경우도 있고, 횡단면의 내측과 외측이 동심(同心)이며, 위와 동일한 모양과 방향성을 가지고 있는 경우에는 관(管)으로 본다. 위와 같은 횡단면을 가진 관(管)들은 연마한 것, 도포한 것, 구부린 것, 나선가공한 것, 구멍을 뚫은 것, 웨이스트한(waisted) 것, 익스팬디드한(expanded) 것, 원추형으로 한 것, 플랜지(flange)·고리·링을 붙인 것도 있다.

◉ 소호주

1. 이 류에서 다음 각목의 용어는 아래에서 정하는 바에 따른다.

가. 합금하지 않은 아연

아연의 함유량이 전 중량의 100분의 97.5 이상인 금속을 말한다.

나. 아연합금

아연의 함유량이 중량비로 각각 그 밖의 원소보다 가장 많은 금속물질로서 그 밖의 원소의 함유량 합계가 전 중량의 100분의 2.5를 초과하여야 한다.

다. 아연 더스트(dust)

아연증기를 응축시켜 얻어지는 더스트(dust)로서, 아연 가루(zinc powder)보다 더 미세한 구(球) 모양인 미립자로 구성된다. 63마이크로미터(마이크론)의 메시(mesh)를 가진 체를 통과한 미립자가 전 중량의 100분의 80 이상이어야 한다. 아연의 함유량은 전 중량의 100분의 85 이상이어야 한다.

1) 아연 더스트(zinc dust)는 아연광의 환원공정에서 직접 생산하거나, 아연을 함유하는 재료를 끓이는 처리를 통해 생산하는 아연증기(zinc vapour)를 응축시켜 얻는다.

2) 이러한 아연 더스트는 아연 가루(zinc powder)보다 더 미세한 구(球) 모양인 미립자로 구성되는데, 아연 더스트의 미립자의 크기는 63마이크로미터(마이크론)의 메시(mesh)를 가진 체를 통과한 미립자가 전 중량의 80% 이상이어야 한다. 반면에 아연 가루는 제79류에서 별도로 규정하는 곳이 없으므로, 제15부의 가루에 대한 정의가 적용된다. 즉 메시(mesh) 구경이 1밀리미터인 체를 통과한 중량이 전 중량의 90% 이상인 물품을 말한다.

◉ 총설

1) 이 류에는 아연 및 아연합금과 특정 제품이 분류된다. 아연은 주로 황화광인 섬아연광(閃亞鉛鑛, zinc blende)에서 추출된다. 그 외에 탄산염광 및 규산염광이 사용되기도 한다(제2608호의 해설 참조).

섬아연광은 일단 광석을 부유선광을 통해 정광(精鑛)으로 만든 다음 배소과정을 거치는데, 이를 통해 산화아연을 얻게 된다. 산화아연은 열환원(thermal reduction) 또는 전기분해를 거쳐 아연을 추출한다.

① **열환원법** : 산화아연을 코크스와 함께 밀폐된 증류기 내에 넣어 가열하면 아연이 환원되어 나오는데, 이때 아연성분이 증발하도록 충분히 온도를 높여주면 아연증기가 되어 응축기로 모여서 대부분이 “스펠터(spelter)”[158]로서 집적된다. 이 불순물을 함유하고 있는 아연은 도금용으로 직접 사용되거나, 또는 여러 방법에 의해 정제되기도 한다.

158 스펠터는 아연의 동의어로 이전부터 쓰이던 말로, 아연 외에 다른 여러 성분을 함유하고 있다.

② **전해법** : 산화아연을 묽은 황산에 용해시킨다. 이 용해된 황산아연을 조심스럽게 정제하여 카드뮴·철·구리 등을 제거하고, 다음에 전기분해하여 매우 순수한 아연을 얻는다.

2) 아연은 청백색의 금속으로, 적당한 온도하에서 압연·인발·타발·압출 등이 가능하며 쉽게 주조될 수 있다. 아연은 공기 중에서 부식되지 않기 때문에 건축용으로 사용되고(예 : 지붕 덮는 것), 다른 금속, 특히 용융도금(hot-dip galvanising)이나 전기도금을 통해 철강의 표면보호재료로 많이 쓰인다.

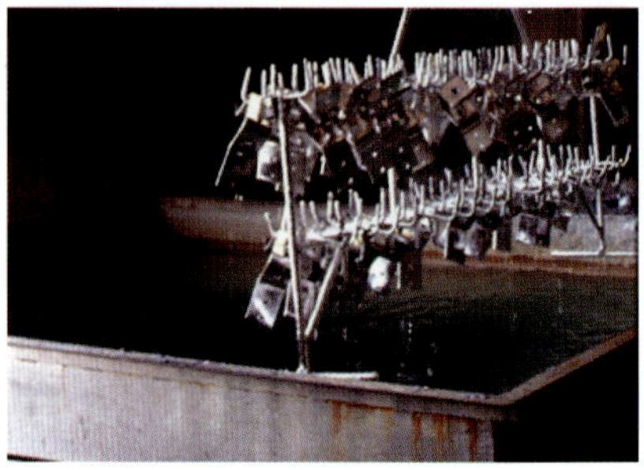

[용융도금에서는 피복할 물품을 용융 아연 속에 넣는다.]

Chapter 80

제80류 주석과 그 제품

호	호의 용어
8001	주석의 괴(塊)
8002	주석의 웨이스트(waste)와 스크랩(scrap)
8003	주석의 봉 · 프로파일(profile) · 선(線)
8007	주석으로 만든 그 밖의 제품

류주

1. 이 류에서 다음 각 목의 용어는 아래에서 정하는 바에 따른다.

가. 봉

"봉"이란 압연 · 압출 · 인발(引拔) · 단조(鍛造)제품으로서 코일 모양이 아니어야 하고, 그 횡단면이 전체를 통하여 균일하며, 중공(中空)이 없고, 원형 · 타원형 · 직사각형(정사각형을 포함한다) · 이등변삼각형 · 볼록정다각형(마주 보는 두 변이 볼록궁형이고, 다른 두 변은 직선이며, 길이가 같고 평행한 "편평 모양인 원형"과 "변형된 직사각형"을 포함한다)인 것을 말한다. 이 경우 횡단면이 직사각형(정사각형을 포함한다) · 삼각형 · 다각형인 물품은 전체를 통하여 둥근 모양의 모서리를 가지는 경우도 있다. 횡단면이 직사각형("변형된 직사각형"을 포함한다)인 물품은 그 두께가 폭의 10분의 1을 초과하는 것으로 한정한다. 또한 주조나 소결(燒結)제품으로서, 제조된 후 단순히 트리밍(trimming)이나 스케일 제거(de-scaling)와는 달리 연속가공으로 위와 동일한 모양과 치수를 가지는 것도 포함한다. 다만, 다른 호에 해당하는 물품이나 제품의 특성이 있는 것은 제외한다.

나. 프로파일(profile)

"프로파일(profile)"이란 압연 · 압출 · 인발(引拔) · 단조(鍛造) · 형조(形造)제품으로서 코일 모양인지에 상관없으며 그 횡단면이 전체를 통하여 균일하며, 봉 · 선 · 판 · 시트(sheet) · 스트립 · 박(箔) · 관(管)의 어느 정의에도 해당하지 않는 것을 말한다. 또한 주조나 소결(燒結)제품으로서, 제조된 후 단순히 트리밍(trimming)이나 스케일 제거(de-scaling)와는 달리 연속가공으로 위와 동일한 모양과 치수를 가지는 것도 포함한다. 다만, 다른 호에 해당하는 물품이나 제품의 특성이 있는 것은 제외한다.

다. 선(線)

"선(線)"이란 압연 · 압출 · 인발(引拔)제품으로서 코일 모양이어야 하고, 그 횡단면이 전체를 통하여 균일하며, 중공(中空)이 없고, 원형 · 타원형 · 직사각형(정사각형을 포함한다) · 이등변삼각형 · 볼록정다각형(마주 보는 두 변이 볼록궁형이고, 다른 두 변은 직선이며, 길이가 같고 평행한 "편평 모양인 원형"과 "변형된 직사각형"을 포함한다)인 것을 말한다. 이 경우 횡단면이 직사각형(정사각형을 포함한다) · 삼각형 · 다각형인 물품은 전체를 통하여 둥근 모양의 모서리를 가지는 경우도 있다. 횡단면이 직사각형("변형된 직사각형"을 포함한다)인 물품은 그 두께가 폭의 10분의 1을 초과하는 것으로 한정한다.

라. 판 · 시트(sheet) · 스트립 · 박(箔)

"판 · 시트(sheet) · 스트립 · 박(箔)"이란 평판 모양인 제품(제8001호의 가공하지 않은 물품은 제외한다)으로서 코일 모양인지에 상관없으며 횡단면에 중공(中空)이 없는 직사각형(정사각형은 제외한다)인 것으로 둥근 모양의 모서리(마주 보는 두 변이 볼록궁형이고 다른 두 변은 직선이며 길이가 같고 평행한 "변형된 직사각형"을 포함한다)를 가지는 것인지에 상관없으며 두께가 균일한 것으로서 다음과 같은 것을 말한다.

- 직사각형(정사각형을 포함한다) 형태인 것은 두께가 폭의 10분의 1을 초과하지 않고
- 직사각형이나 정사각형 외의 형태인 것은 그 크기에 상관없다. 다만, 다른 호에 해당하는 물품이나 제품의 특성이 있는 것은 그렇지 않다.

마. 관(管)

"관(管)"이란 전체를 통하여 하나의 중공(中空)을 가지는 제품으로서 코일 모양인지에 상관없으며 그 횡단면이 균일하며, 원형 · 타원형 · 직사각형(정사각형을 포함한다) · 이등변삼각형 · 볼록정다각형인 모양으로서 그 관(管)의 벽의 두께가 균일한 것을 말한다. 이 경우 횡단면이 직사각형(정사각형을 포함한다) · 이등변삼각형 · 볼록정다각형인 물품은 전체를 통하여 둥근 모양의 모서리를 가지는 경우도 있고, 횡단면의 내측과 외측이 동심(同心)이며, 위와 동일한 모양과 방향성을 가지고 있는 경우에는 관(管)으로 본다. 위와 같은 횡단면을 가진 관(管)들은 연마한 것, 도포한 것, 구부린 것, 나선가공한 것, 구멍을 뚫은 것, 웨이스트한(waisted) 것, 익스팬디드한(expanded) 것, 원추형으로 한 것, 플랜지(flange) · 고리 · 링을 붙인 것도 있다.

◉ 소호주

1. 이 류에서 다음 각 목의 용어는 아래에서 정하는 바에 따른다.

가. 합금하지 않은 주석

주석의 함유량이 전 중량의 100분의 99 이상인 금속으로서 비스무트(bismuth)나 구리의 함유량이 중량비로 다음 표에 열거한 한도 미만이어야 한다.

▌그 밖의 원소표

원소	함유중량비율(%)
비스무트(Bi) 구리(Cu)	0.1 0.4

나. 주석합금

주석의 함유량이 중량비로 각각 다른 원소보다 가장 많은 금속물질로서 다음 조건에 해당하여야 한다.

(1) 그 밖의 원소의 함유량 합계가 전 중량의 100분의 1을 초과하거나

(2) 비스무트(bismuth)나 구리의 함유량이 중량비로 앞 표에 열거한 한도 이상이어야 한다.

◉ 총설

1) 이 류에는 주석(tin) 및 그 합금과 이들 제품이 분류된다. 주석은 상업적으로는 제2609호에 분류되는 산화물 광석인 주석석(朱錫石)에서 채취된다. 주요한 제련공정은 다음과 같다.

① 세척 또는 분쇄, 부유선광에 의한 정광의 제조

② **산화물의 처리** : 배소, 자기선광(磁氣旋光) 또는 산이나 그 밖의 용제로 처리하여 황·비소·구리·납·철 및 텅스텐과 같은 불순물을 제거

③ 불순물을 제거한 산화물을 코크스로 환원하여 조주석(crude tin)을 제련

④ 조주석을 각종의 방법에 의해 정제하여 거의 순수상태의 주석으로 제조

2) 주석은 주로 다른 비금속(卑金屬), 특히 철강의 도금용으로 사용되며(예 : 통조림 캔을 만드는 석도강판용), 청동(구리 + 주석) 등의 합금제조용으로도 사용된다.

Chapter 81

제81류 그 밖의 비금속(卑金屬), 서멧(cermet), 이들의 제품

호	호의 용어
8101	텅스텐(월프람)과 그 제품[웨이스트(waste)와 스크랩(scrap)을 포함한다]
8102	몰리브데늄과 그 제품[웨이스트(waste)와 스크랩(scrap)을 포함한다]
8103	탄탈륨과 그 제품[웨이스트(waste)와 스크랩(scrap)을 포함한다]
8104	마그네슘과 그 제품[웨이스트(waste)와 스크랩(scrap)을 포함한다]
8105	코발트의 매트(mat)와 코발트 제련으로 생산된 그 밖의 중간생산물, 코발트와 그 제품[웨이스트(waste)와 스크랩(scrap)을 포함한다]
8106	비스무트(bismuth)와 그 제품[웨이스트(waste)와 스크랩(scrap)을 포함한다]
8107	카드뮴과 그 제품[웨이스트(waste)와 스크랩(scrap)을 포함한다]
8108	티타늄과 그 제품[웨이스트(waste)와 스크랩(scrap)을 포함한다]
8109	지르코늄과 그 제품[웨이스트(waste)와 스크랩(scrap)을 포함한다]
8110	안티모니와 그 제품[웨이스트(waste)와 스크랩(scrap)을 포함한다]
8111	망간과 그 제품[웨이스트(waste)와 스크랩(scrap)을 포함한다]
8112	베릴륨 · 크로뮴 · 게르마늄 · 바나듐 · 갈륨 · 하프늄 · 인듐 · 니오븀(컬럼븀) · 레늄 · 탈륨과 이것으로 만든 제품[웨이스트(waste)와 스크랩(scrap)을 포함한다]
8113	서멧(cermet)과 그 제품[웨이스트(waste)와 스크랩(scrap)을 포함한다]

소호주

1. 제74류의 주 제1호의 "봉", "프로파일(profile)", "선(線)"과 "판 · 시트(sheet) · 스트립 · 박(箔)"의 규정은 이 류에 준용한다.

품목분류표상 제81류의 소호에는 "봉", "프로파일(profile)", "선(線)"과 "판 · 시트(sheet) · 스트립 · 박(箔)"을 분류하는 소호가 있는데, 이들 물품에 대해서는 제74류의 관련 규정이 그대로 준용된다. 다만 여기에는 "관(管)"이 빠져 있는데, 그 이유는 제81류의 소호 중에는 "관(管)"을 분류하는 소호가 없기 때문이다. 그렇기 때문에 제81류의 금속으로 된 "관(管)"은 기타 호에 분류하면 된다.

HS		품명	Description
8101		텅스텐(월프람)과 그 제품[웨이스트(waste)와 스크랩(scrap)을 포함한다]	Tungsten (wolfram) and articles thereof, including waste and scrap.
	10	가루	Powders
	9	기타	Other :
	94	괴(塊)[단순히 소결(燒結)로 얻어지는 봉을 포함한다]	Unwrought tungsten, including bars and rods obtained simply by sintering
	96	선(線)	Wire
	97	웨이스트(waste)와 스크랩(scrap)	Waste and scrap
	99	기타	Other

◉ 총설

이 류에 분류되는 것은 다음의 비금속과 그 합금 및 그 제품으로서, 이 표의 다른 호에서 특별히 포함되지 않은 것에 한한다.

① 텅스텐(제8101호), 몰리브데늄(제8102호), 탄탈륨(제8103호), 마그네슘(제8104호), 코발트(코발트 매트 및 기타 코발트 제련의 중간생산물을 포함한다)(제8105호), 비스무트(제8106호), 카드뮴(제8107호), 티타늄(제8108호), 지르코늄(제8109호), 안티모니(제8110호), 망간(제8111호)

② 베릴륨, 크로뮴, 게르마늄, 바나듐, 갈륨, 하프늄, 인듐, 니오븀(컬럼븀), 레늄 및 탈륨(제8112호)

③ 이 류에는 서메트도 분류된다(제8113호).

Chapter 82

제82류 비금속(卑金屬)으로 만든 공구 · 도구 · 칼붙이 · 스푼 · 포크, 이들의 부분품

호	호의 용어
8201	수공구에 해당하는 것 중 가래 · 삽 · 곡괭이 · 픽스(picks) · 괭이 · 포크와 쇠스랑, 도끼 · 빌훅(bill hook)과 이와 유사한 절단용 공구, 각종 전지가위, 낫 · 초절기(草切機) · 울타리 전단기(剪斷機) · 제재(製材)용 쐐기와 그 밖의 농업용 · 원예용 · 임업용 공구
8202	수동식 톱, 각종 톱날[슬리팅(slitting) · 슬로팅(slotting) · 이가 없는 톱날을 포함한다]
8203	줄 · 플라이어(plier)[절단용 플라이어(plier)를 포함한다] · 집게 · 핀셋 · 금속 절단용 가위 · 파이프커터(pipe-cutter) · 볼트크로퍼(bolt cropper) · 천공펀치와 이와 유사한 수공구
8204	수동식 스패너(spanner)와 렌치(wrench)[토크미터렌치를 포함하나 탭렌치(tap wrench)는 제외한다], 호환성 스패너소켓(spanner socket)(손잡이가 달린 것인지에 상관없다)
8205	수공구(유리 가공용 다이아몬드공구를 포함하며 따로 분류되지 않은 것으로 한정한다), 블로램프(blow lamp), 공작기계의 부분품 · 부속품 외의 바이스(vice) · 클램프(clamp)와 이와 유사한 것, 모루, 가반식 화덕, 프레임을 갖춘 수동식이나 페달식 그라인딩휠(grinding wheel)
8206	제8202호부터 제8205호까지에 해당하는 둘 이상의 공구가 소매용 세트로 되어 있는 것
8207	수공구용(동력작동식인지에 상관없다)이나 기계용 호환성 공구[예: 프레싱(pressing)용 · 스탬핑(stamping)용 · 펀칭(punching)용 · 태핑(tapping)용 · 드레딩(threading)용 · 드릴링(drilling)용 · 보링(boring)용 · 브로칭(broaching)용 · 밀링(milling)용 · 터닝(turning)용 · 스크루드라이빙(screw driving)용][금속의 인발(引拔)용이나 압출용 다이(die)와 착암용이나 굴착용 공구를 포함한다]
8208	기계용이나 기구용 칼과 절단용 칼날
8209	공구용 판 · 봉 · 팁과 이와 유사한 것[서멧(cermet)으로 만든 것으로서 장착하지 않은 것으로 한정한다]
8210	수동식 기계기구(음식물의 조리 · 제공에 사용되는 것으로 한 개의 중량이 10킬로그램 이하인 것으로 한정한다)
8211	칼(톱니가 있는지에 상관없으며 절단용 칼날을 갖춘 것으로 한정하고 전정용 칼을 포함하며 제8208호의 칼은 제외한다)과 그 날
8212	면도기와 면도날[면도날의 블랭크(blank)로서 스트립 모양인 것을 포함한다]
8213	가위, 재단용 가위와 이와 유사한 가위, 이들의 날
8214	그 밖의 칼붙이 제품[예: 이발기 · 정육점용이나 주방용 칼붙이 · 토막용 칼(chopper)과 다지기(mincing)용 칼 · 종이용 칼], 매니큐어 · 페디큐어(pedicure) 세트와 용구(손톱줄을 포함한다)
8215	스푼 · 포크 · 국자 · 스키머(skimmer) · 케이크서버(cake-server) · 생선용 칼 · 버터용 칼 · 설탕집게와 이와 유사한 주방용품이나 식탁용품

◉ 류주

1. 이 류에는 다음 각 목의 재료로 만들어진 날·작용단·작용면이나 그 밖의 작용하는 부분(working part)이 있는 것만을 분류한다. 다만, 블로램프(blow lamp), 휴대용 화덕(portable forges), 프레임을 갖춘 그라인딩휠(grinding wheel), 매니큐어·페디큐어(pedicure) 세트와 제

8209호의 물품은 제외한다.
가. 비금속(卑金屬)
나. 금속탄화물이나 서멧(cermet)
다. 귀석이나 반귀석(천연의 것, 합성·재생한 것)으로 비금속(卑金屬)·금속탄화물·서멧(cermet)의 지지물에 부착된 것
라. 연마재료로서 비금속(卑金屬)으로 만든 지지물에 부착된 것. 다만, 비금속(卑金屬)으로 만든 절삭치(cutting teeth)·홈과 이와 유사한 것을 가지는 물품으로서 연마제를 부착한 후에도 그 동일성과 기능을 가지는 경우로 한정한다.

1) 제82류에는 인간의 노동을 효율적으로 할 수 있도록 도와주는 공구류(tools)가 분류된다. 공구류는 칼의 날처럼 작용하는 부분(working part)을 가지고 있는데, 제82류의 공구류는 그 작용하는 부분이 제82류의 주 제1호의 각목에서 정해진 재료로 만들어져야 한다.
우선 공구나 칼붙이 등은 날, 작용단, 작용면이나 그 밖의 작용하는 부분이 비금속(卑金屬), 금속탄화물(metal carbide)이나 서멧제의 것이어야 한다.[159] 나아가 비금속(卑金屬) 등으로 된 작용하는 부분이 비금속(非金屬)의 자루·몸체 등과 결합된 것은, 그 비금속(非金屬) 부분이 금속제의 작용하는 부분의 중량을 초과하더라도 이 류에 포함된다(예 : 금속제의 날을 갖춘 목제 대패).
또한 이 류에는 천연·합성 또는 재생의 귀석이나 반귀석으로 된 작용하는 부분이 비금속(卑金屬)·금속탄화물 또는 서메트제의 지지물에 결합된 공구도 포함된다.
어떤 경우에는 작용하는 부분이 비금속(卑金屬)으로 만든 지지물에 연마재료를 부착 또는 도포한 물품도 제82류의 공구류로 분류된다. 이러한 공구류는 연마재료의 부착이나 도포 이전에도 물품 자체가 비금속(卑金屬)으로 만든 절삭치(cutting teeth)·홈과 이와 유사한 것을 가지는 물품으로서 연마제를 부착한 후에도 그 동일성과 기능을 가지는 경우로 한정한다. 즉, 제82류의 연마재료를 부착 또는 도포한 물품은 연마재료를 더하지 않아도 본래의 용도에 사용될 수 있는 공구만을 말한다. 그렇지 않은 경우에는 제68류에 분류된다.
2) 다만, 블로램프(blow lamp), 휴대용 화덕, 프레임을 갖춘 그라인딩휠(grinding wheel), 매니큐어·페디큐어(pedicure) 세트와 제8209호[160]의 물품(공구용 판·봉·팁과 이와 유사한 것)처럼 어느 특정한 호에 분류하도록 정해진 물품은 다음의 이유로 이 주의 규정을 적용하지 않는다.
① **블로램프(blow lamp), 휴대용 화덕 및 프레임을 갖춘 그라인딩휠(grinding wheel)** : 이들은 제8205호[161]에 호의 용어로 명시되어 있다. 이들은 비금속(卑金屬) 등의 작용부분을 갖추지

159 제15부의 주 제4호에서는 금속탄화물(metal carbide)을 금속카바이드라고 표현하고 있다. 해당부분을 참고하기 바람.
160 제8209호 : 공구용 판·봉·팁과 이와 유사한 것[서멧(cermet)으로 만든 것으로서 장착하지 않은 것으로 한정한다]
161 제8205호 : 수공구(유리가공용 다이아몬드공구를 포함하며 따로 분류되지 않은 것으로 한정한다), **블로램프**(blow lamp), 공작기계의 부분품·부속품 외의 바이스(vice)·클램프(clamp)와 이와 유사한 것, 모루, **휴대용**

않아도 제8205호에 명시되어 있기 때문에 제8205호에 분류한다.

[blow lamp]

[휴대용 화덕(portable forges)]

[프레임을 갖춘 grinding wheel]

② **매니큐어 · 페디큐어(pedicure) 세트** : 이들은 제8214호162에 분류되는데, 세트로 된 매니큐어 · 페디큐어 용품은 가위 · 비금속(非金屬)으로 된 손톱 광택기 · 모발용구 등이 들어 있는 것도 포함된다. 이렇게 세트의 구성요소 중에 비금속(非金屬)으로 되어 있는 요소가 들어 있고, 비금속(卑金屬) 등의 작용부분이 없다 하더라도 이들 물품은 제82류에 분류될 수 있다.

③ **제8209호의 물품** : 공구용 판 · 봉 · 팁과 이와 유사한 것[서멧(cermet)으로 만든 것으로서 장착하지 않은 것으로 한정한다]. 이들은 공구에 부착되어 당해 공구가 의도하는 가공을 직접 수행하는 것으로서, 고온에서도 대단히 견고하고 단단한 특성을 가지고 있다. 이들은 날 · 작용단 · 작용면이나 그 밖의 작용하는 부분(working part)이 별도로 없다 하더라도 제8209호에 분류된다.

2. 이 류에 해당하는 물품의 비금속(卑金屬)으로 만든 부분품[따로 열거되어 있는 부분품과 제8466호의 수공구용 툴홀더(tool holder)는 제외한다]은 해당 물품이 해당하는 호로 분류한다. 다만, 제15부의 주 제2호에 규정한 범용성 부분품은 전부 이 류에서 제외한다. 전기면도기나 전기이발기의 두부(頭部) · 날 · 절삭판은 제8510호로 분류한다.

제82류에 해당하는 물품은 당해 물품을 구성하는 부분품의 결합으로 된 경우가 많다. 이때 이러한 부분품이 별도로 제시되었을 때에는 해당 물품이 해당하는 호에 분류한다. 다만 이러한 원칙에는 아래와 같은 여러 예외가 있다.

① 별도의 호에 특정되어 분류되어 있는 물품은 당해 호에 분류해야 한다.

② 수공구용의 툴홀더(tool holder)는 제8466호163에 분류하도록 정하고 있기 때문에, 이 류에 해당하는 수공구의 부분품이라 하더라도 제8466호에 우선 분류해야 한다.

화덕, 프레임을 갖춘 수동식이나 페달식 그라인딩휠(grinding wheel)

162 제8214호 : 그 밖의 칼붙이 제품[예 : 이발기 · 정육점용이나 주방용 칼붙이 · 토막용 칼(chopper)과 다지기(mincing)용 칼 · 종이용 칼], **매니큐어 · 페디큐어(pedicure) 세트**와 용구(손톱줄을 포함한다)

163 제8456호부터 제8465호까지의 기계에 전용되거나 주로 사용되는 부분품과 부속품[가공물홀더 · **툴홀더(tool holder)** · 자동개폐식 다이헤드(diehead) · 분할대와 그 밖의 공작기계용 특수 부착물을 포함한다]과 수지식 공구에 사용되는 각종 툴홀더(tool holder)

③ 무엇보다도 제15부의 주 제2호에서 규정한 범용성 부분품은 어떠한 경우라도 이 류에서 제외되어 해당 범용성 부분품의 호에 분류해야 한다.

④ 제8510호에는 전동기를 갖춘 면도기·이발기·모발제거기가 분류된다. 이들 물품에 장착되는 두부·날·절삭판(heads, blades and cutting plates)은 이들이 비금속(卑金屬)의 작용하는 부분(working part)이라 하더라도 제8510호의 전기면도기 등의 부분품으로 분류된다.

3. 제8211호에 해당되는 한 개 이상의 칼과 제8215호에 해당되는 물품이 최소한 같은 수량으로 세트를 구성하는 경우에는 제8215호로 분류한다.

제8211호의 칼은 반드시 절단용 칼날(cutting blades)을 가지고 있어야 한다. 제8215호에도 생선용 칼, 버터용 칼 등과 같이 칼이 분류되지만, 이들 칼의 핵심기능은 절단에 있지 않다.
제8211호에 해당되는 한 개 이상의 칼과 제8215호에 해당되는 물품이 최소한 같은 수량으로 세트를 구성하는 경우에는 이를 제8215호로 분류한다. 만일 제8211호의 절단용 칼의 수가 많으면 제8211호에 분류한다.

◉ 총설

1) 이 류에는 공구·도구·칼붙이 및 식탁용품 등의 성격을 갖는 비금속제의 특정 제품이 분류된다. 이들 물품에는 다음의 것이 포함된다.

① **특정 예외물품을 제외한 수공구(手工具, tools used in the hand)(제8201호부터 제8205호까지)** : 특정 예외물품의 예로는 기계식 톱의 날을 들 수 있는데, 이 물품은 수공구가 아니더라도 제8202호에 분류된다.

② 제8202호 내지 제8205호에 해당하는 둘 이상의 공구가 소매용으로 세트가 되어 있는 것(제8206호)

③ 수공구용·기계식 공구용 또는 동력작동식 수공구용의 호환성 공구(interchangeable tools, 제8207호), 기계용이나 기구용 칼과 칼날(제8208호) 및 공구용의 판·봉·팁(plates, sticks, tips)과 이와 유사한 것(제8209호)

④ 칼붙이(직업용·개인용 또는 가정용으로 사용되는 것), 기계식의 가정용 기구(mechanical domestic appliances), 스푼·포크·국자·스키머(skimmer)·케이크서버(cake-server)·생선용 칼·버터용 칼·설탕집게와 이와 유사한 식탁용품 및 주방용품(제8210호 내지 제8215호)

2) 일반적으로 이 류에는 단독으로 손으로 사용하는 공구가 포함되는데, 이러한 공구가 기어·크랭크핸들·플런저·스크루메커니즘 또는 레버 등과 같은 간단한 기구(simple mechanism)와 결합되어 있는지의 여부를 불문한다. 그러나 용구들이 작업대·벽 등에 고정하도록 설계된 것, 또는 중량, 치수 또는 그것을 사용하는 데 필요한 힘의 정도에 따라 바닥이나 작업대 등에 놓기 위한 베이스플레이트(base plate)·스탠드·지지용 프레임 등과 함께 결합되어 있는 경우에는 보통 제84류에 분류된다.

Chapter 83

제83류 비금속(卑金屬)으로 만든 각종 제품

호	호의 용어
8301	비금속(卑金屬)으로 만든 자물쇠(열쇠식 · 다이얼식 · 전기작동식), 비금속(卑金屬)으로 만든 걸쇠와 걸쇠가 붙은 프레임으로 자물쇠가 결합되어 있는 것, 이들 물품에 사용되는 비금속(卑金屬)으로 만든 열쇠
8302	비금속(卑金屬)으로 만든 장착구 · 부착구와 이와 유사한 물품[가구 · 문 · 계단 · 창 · 블라인드 · 차체(coachwork) · 마구 · 트렁크 · 장 · 함이나 이와 유사한 것에 적합한 것으로 한정한다], 비금속(卑金屬)으로 만든 모자걸이 · 브래킷(bracket)과 이와 유사한 부착구, 비금속(卑金屬)으로 만든 장착구가 있는 카스터(castor), 비금속(卑金屬)으로 만든 자동도어 폐지기
8303	비금속(卑金屬)으로 만든 장갑하거나(armoured) 보강한 금고, 스트롱박스(strong-box), 스트롱룸(strong-room)용 문과 저장실, 현금함이나 손금고와 이와 유사한 것
8304	비금속(卑金屬)으로 만든 서류정리함 · 카드인덱스함 · 페이퍼 트레이(paper tray) · 페이퍼 레스트(paper rest) · 펜 트레이(pen tray) · 사무실용 스탬프스탠드(stamp stand)와 이와 유사한 사무실용이나 책상용 비품(제9403호에 해당하는 사무실용 가구는 제외한다)
8305	비금속(卑金屬)으로 만든 루스-리프(loose-leaf)식 바인더용이나 서류철용 피팅(fitting) · 서신용 클립 · 레터코너(letter corner) · 서류용 클립 · 색인용 태그와 이와 유사한 사무용품, 비금속(卑金屬)으로 만든 스트립 모양인 스테이플(staple)(예:사무실용 · 가구류용 · 포장용의 것)
8306	비금속(卑金屬)으로 만든 벨 · 징과 이와 유사한 것(전기식은 제외한다), 비금속(卑金屬)으로 만든 작은 조각상과 그 밖의 장식품, 비금속(卑金屬)으로 만든 사진틀 · 그림틀이나 이와 유사한 틀, 비금속(卑金屬)으로 만든 거울
8307	비금속(卑金屬)으로 만든 플렉시블 튜빙(flexible tubing)(연결구류가 붙은 것인지에 상관없다)
8308	비금속(卑金屬)으로 만든 걸쇠 · 걸쇠가 붙은 프레임 · 버클(buckle) · 버클(buckle)걸쇠 · 훅(hook) · 아이(eye) · 아일릿(eyelet)과 이와 유사한 것(의류 · 신발류 · 차양 · 핸드백 · 여행구나 그 밖의 물품에 사용하는 것으로 한정한다), 비금속(卑金屬)으로 만든 관 리벳(tubular rivet)이나 두 가닥 리벳(bifurcated rivet), 구슬과 스팽글(spangle)
8309	비금속(卑金屬)으로 만든 전(栓) · 캡 · 뚜껑[병마개 · 스크루캡(screw cap) · 점적구용 전(栓)을 포함한다] · 병용 캡슐 · 나선형 마개 · 마개용 커버 · 실(seal)과 그 밖의 포장용 부속품
8310	비금속(卑金屬)으로 만든 사인판 · 명판 · 주소판과 이와 유사한 판, 숫자 · 문자와 그 밖의 심벌(제9405호의 것은 제외한다)
8311	비금속(卑金屬)이나 금속탄화물로 만든 선 · 봉 · 관 · 판 · 용접봉과 이와 유사한 물품[금속이나 금속탄화물의 납땜 · 납접 · 용접 · 용착에 사용하는 것으로서 플럭스(flux)를 도포하였거나 심(芯)에 충전한 것으로 한정한다], 비금속(卑金屬) 가루를 응결시켜 제조한 금속 스프레이(metal spraying)용 선과 봉

◉ 류주

1. 이 류에서 비금속(卑金屬)으로 만든 부분품은 그 본체와 함께 분류한다. 다만, 제7312호 · 제7315호 · 제7317호 · 제7318호 · 제7320호의 철강으로 만든 물품, 제74류부터 제76류까지와 제78류부터 제81류까지에 해당하는 그 밖의 비금속(卑金屬)으로 만든 이와 유사한 물품은 이 류의 물품의

부분품으로 분류하지 않는다.

원칙적으로 제83류에 속하는 물품의 비금속(卑金屬) 부분품도 그 본체와 함께 같은 호에 분류한다. 다만 제7312호 · 제7315호 · 제7317호 · 제7318호 · 제7320호의 철강으로 만든 물품과 제74류~81류까지의 이와 유사한 물품은 이 류에 해당하지 않고 각각의 해당 호에 분류해야 한다. 본 규정은 범용성 부분품과 관련된 규정으로서, 본 주에서는 제15부 주 제2호의 범용성 부분품에서 제7307호와 제83류의 물품들만 빠져 있다.

2. 제8302호에서 "카스터(castor)"란 지름(타이어가 있는 경우에는 이를 포함한다)이 75밀리미터를 초과하지 않는 것을 말하며, 지름(타이어가 있는 경우에는 이를 포함한다)이 75밀리미터를 초과하는 경우에는 부착된 휠이나 타이어의 폭이 30밀리미터 미만인 것을 말한다.

1) 제8302호 : 비금속(卑金屬)으로 만든 장착구 · 부착구와 이와 유사한 물품[가구 · 문 · 계단 · 창 · 블라인드 · 차체(coachwork) · 마구 · 트렁크 · 장 · 함이나 이와 유사한 것에 적합한 것으로 한정한다], 비금속(卑金屬)으로 만든 모자걸이 · 브래킷(bracket)과 이와 유사한 부착구, 비금속(卑金屬)으로 만든 장착구가 있는 카스터(castor), 비금속(卑金屬)으로 만든 자동도어 폐지기

2) 제8302호의 카스터는 비금속(卑金屬)의 장착구(mountings)가 부착되어야 하지만, 바퀴는 귀금속을 제외하고는 어떠한 재료일 수도 있다. 공기를 넣은 타이어를 가진 카스터의 경우, 카스터의 직경은 보통의 공기를 넣은 타이어로 측정되어야 한다. 호 본문 또는 류 주 제2호의 규정과 부합하지 않는 카스터는 제외된다(예 : 제87류).
제8302호에 분류되는 카스터는 지름(diameter)이 75mm를 초과하지 않는 것을 말하며, 지름이 75mm를 초과하는 경우에는 부착된 휠이나 타이어의 폭(width)이 30mm 미만인 것을 말한다.

[카스터]

◉ 총설

제73류부터 제76류 및 제78류부터 제81류까지의 물품에 있어서는 해당 금속의 성분에 따라 분류되고 있으나, 이 류에서는 제82류와 같이 구성되는 비금속의 성분에 관계없이 어떤 특정한 부류의 물품이 분류된다.

Section 제16부 기계류 · 전기기기와 이들의 부분품, 녹음기 · 음성재생기 · 텔레비전의 영상과 음향의 기록기 · 재생기와 이들의 부분품 · 부속품

류	류의 표제
84	원자로 · 보일러 · 기계류와 이들의 부분품
85	전기기기와 그 부분품, 녹음기 · 음성재생기 · 텔레비전 영상과 음성의 기록기 · 재생기와 이들의 부분품 · 부속품

◉ 부주

1. 이 부에서 다음 각 목의 것은 제외한다.
   가. 전동(transmission)용 · 컨베이어용 벨트나 벨팅으로서 플라스틱으로 만든 것(제39류)이나 가황한 고무로 만든 것(제4010호), 기계류나 전기기기에 사용되거나 그 밖의 공업용으로 사용되는 경질고무 외의 가황한 고무의 그 밖의 제품(제4016호)
   나. 기계용이나 그 밖의 공업용 가죽제품 · 콤퍼지션 레더(composition leather)제품(제4205호)과 모피제품(제4303호)
   다. 보빈(bobbin) · 스풀(spool) · 콥(cop) · 콘(cone) · 코어(core) · 릴(reel)이나 그 밖에 이와 유사한 지지구[재료가 무엇이든 상관없다(예 : 제39류 · 제40류 · 제44류 · 제48류나 제15부에 해당하는 것)]
   라. 자카드기와 그 밖에 이와 유사한 기계용 천공카드(예 : 제39류 · 제48류나 제15부에 해당하는 것)
   마. 방직용 섬유로 만든 전동(transmission)용이나 컨베이어용 벨트나 벨팅(제5910호)과 그 밖의 방직용 섬유로 만든 공업용 물품(제5911호)
   바. 제7102호부터 제7104호까지의 천연의 것이나 합성 · 재생한 귀석 · 반귀석이나 제7116호의 제품으로서 전부가 이들 귀석이나 반귀석으로 된 것. 다만, 축음기 바늘용으로 가공한 사파이어나 다이아몬드로서 장착되지 않은 것은 제외한다(제8522호).
   사. 제15부의 주 제2호의 비금속(卑金屬)으로 만든 범용성 부분품(제15부)이나 이와 유사한 플라스틱으로 만든 물품(제39류)

아. 드릴파이프(drill pipe)(제7304호)

자. 금속의 선이나 스트립으로 만든 엔드리스 벨트(제15부)

차. 제82류나 제83류의 물품

카. 제17부의 물품

타. 제90류의 물품

파. 제91류의 시계와 그 밖의 물품

하. 제8207호의 호환성 공구, 기계의 부분품으로 사용되는 브러시(제9603호)나 이와 유사한 호환성 공구는 작용하는 부분의 구성재료에 따라 분류한다(예 : 제40류 · 제42류 · 제43류 · 제45류 · 제59류 · 제6804호 · 제6909호).

거. 제95류의 물품

너. 타자기용 리본이나 이와 유사한 리본[스풀(spool)에 감긴 것인지 또는 카트리지 모양인지에 상관없으며 구성재료에 따라 분류하되, 잉크가 침투되었거나 인쇄에 사용할 수 있는 상태인 것은 제9612호로 분류한다]

2. 기계의 부분품(제8484호 · 제8544호 · 제8545호 · 제8546호 · 제8547호의 물품의 부분품은 제외한다)은 이 부의 주 제1호, 제84류의 주 제1호, 제85류의 주 제1호에 규정한 것 외에는 다음 각 목에서 정하는 바에 따라 분류한다.

가. 제84류나 제85류 중 어느 특정한 호(제8409호 · 제8431호 · 제8448호 · 제8466호 · 제8473호 · 제8487호 · 제8503호 · 제8522호 · 제8529호 · 제8538호 · 제8548호는 제외한다)에 포함되는 물품인 부분품은 각각 해당 호로 분류한다.

나. 그 밖의 부분품으로서 특정한 기계나 동일한 호로 분류되는 여러 종류의 기계(제8479호나 제8543호의 기계를 포함한다)에 전용되거나 주로 사용되는 부분품은 그 기계가 속하는 호나 경우에 따라 제8409호 · 제8431호 · 제8448호 · 제8466호 · 제8473호 · 제8503호 · 제8522호 · 제8529호 · 제8538호로 분류한다. 다만, 주로 제8517호와 제8525호부터 제8528호까지의 물품에 공통적으로 사용되는 부분품은 제8517호로 분류한다.

다. 그 밖의 각종 부분품은 경우에 따라 제8409호 · 제8431호 · 제8448호 · 제8466호 · 제8473호 · 제8503호 · 제8522호 · 제8529호 · 제8538호로 분류하거나 위의 호로 분류하지 못하는 경우에는 제8487호나 제8548호로 분류한다.

기계의 부분품은 제84류와 제85류 공히 다음의 분류원칙을 순차적으로 적용하여 분류한다.

1) 특게된 5개의 호, 즉 당해 호 자체가 부분품의 성격을 가지는 물품을 분류하는 제8484호 · 제8544호 · 제8545호 · 제8546호 · 제8547호[164]는 적용대상에서 우선 제외한다. 이들 호에 해당

164 제8484호 : 개스킷(gasket)과 이와 유사한 조인트(금속 외의 재료와 결합한 금속판으로 만든 것이나 금속을 두 개 이상 적층한 것으로 한정한다), 재질이 다른 것을 세트로 하거나 소포장한 개스킷(gasket)과 이와 유사한 조인트(작은 주머니와 봉투에 넣은 것이나 이와 유사한 포장을 한 것으로 한정한다), 메커니컬 실(mechanical seal)

하는 물품의 부분품은 일반적으로 해당 재료가 속하는 류에 분류한다.

또한 제16부 부주 및 제84류와 제85류의 류주에서 우선 제외하도록 하고 있는 물품을 최우선적으로 제외시킨다. 이 내용에 있어서 특히 범용성 부분품 여부를 따져서 우선 제16부에서 제외시켜야 하는데, 범용성 부분품은 일정 물품을 리스트로 열거한 것이므로 당해 리스트에 해당되는지 검토한다.

2) 부분품 자체가 제16부의 기계에 해당되어 그 물품이 제16부의 어느 한 호에 속하면 당해 호에 분류한다. 예로 컴퓨터의 부분품 중 하나인 팬(fan)은 컴퓨터용으로 제작되었더라도 컴퓨터의 부분품으로 분류되지 않고 제8414호의 팬(fan)으로 분류한다.

3) 특정한 기계나 동일한 호로 분류되는 여러 종류의 기계(제8479호나 제8543호의 기계를 포함한다)에 전용되거나 주로 사용되는 부분품은 해당 호의 특정 기계의 부분품 또는 당해 호의 공통 부분품 호에 분류한다. 한 호에서 부분품은 보통 당해 제품과 함께 분류되기도 하고 하나의 소호를 할당받기도 한다.

그리고 어떤 호에는 별도로 부분품을 분류하도록 하는 소호가 없고, 몇 개의 호에 공통적으로 적용되는 4단위의 부분품 호를 별도로 만든 경우도 있다. 제8409호·제8431호·제8448호·제8466호·제8473호·제8503호·제8522호·제8529호·제8538호[165]가 이러한 부분품 호들이다. 다만, 방송통신용 기기가 분류되는 제8517호와 제8525호부터 제8528호[166]까지의 물품에 공통

제8544호 : 절연(에나멜 도포나 산화피막처리를 한 것을 포함한다)전선·케이블(동축케이블을 포함한다)과 그 밖의 전기절연도체(이것은 접속자가 부착된 것인지에 상관없다), 광섬유 케이블(섬유를 개별 피복하여 만든 것으로 한정하며, 전기도체나 접속자가 부착된 것인지에 상관없다)

제8545호 : 탄소전극·탄소브러시·램프용 탄소·전지용 탄소와 그 밖의 흑연이나 탄소제품(전기용으로 한정하며, 금속이 함유된 것인지에 상관없다)

제8546호 : 애자(어떤 재료라도 가능하다)

제8547호 : 전기기기용으로서 전부가 절연재료로 구성된 절연용 물품(나선가공 소켓과 같이 단순히 조립을 위하여 주조과정에서 소량의 금속이 주입된 것을 포함하며, 제8546호의 애자는 제외한다), 비금속(卑金屬)으로 만든 전기용 도관(導管)과 그 연결구류(절연재료로 속을 댄 것으로 한정한다)

165 제8409호 : 제8407호나 제8408호의 엔진에 전용되거나 주로 사용되는 부분품

제8431호 : 제8425호부터 제8430호까지의 기계에 전용되거나 주로 사용되는 부분품

제8448호 : 제8444호·제8445호·제8446호·제8447호의 기계의 보조기계[예 : 도비(dobby)기·자카드기·자동정지기·셔틀교환기], 이 호나 제8444호·제8445호·제8446호·제8447호의 기계에 전용되거나 주로 사용되는 부분품과 부속품[예 : 스핀들·스핀들 플라이어·침포·코움(comb)·방사니플·셔틀·종광(heald)·종광프레임·메리야스용 바늘]

제8466호 : 제8456호부터 제8465호까지의 기계에 전용되거나 주로 사용되는 부분품과 부속품[가공물홀더·툴홀더(tool holder)·자동개폐식 다이헤드(diehead)·분할대와 그 밖의 공작기계용 특수 부착물을 포함한다]과 수지식 공구에 사용되는 각종 툴홀더(tool holder)

제8473호 : 제8469호부터 제8472호까지에 해당하는 기계에 전용되거나 주로 사용되는 부분품과 부속품(커버·휴대용 케이스와 이와 유사한 물품은 제외한다)

제8503호 : 부분품(제8501호나 제8502호의 기계에 전용되거나 주로 사용되는 것으로 한정한다)

제8522호 : 제8519호나 제8521호의 기기에 전용되거나 주로 사용되는 부분품과 부속품

제8529호 : 부분품(제8525호부터 제8528호까지에 열거된 물품에 전용되거나 주로 사용되는 것으로 한정한다)

제8538호 : 부분품(제8535호·제8536호·제8537호의 기기에 전용되거나 주로 사용되는 것으로 한정한다)

적으로 사용되는 부분품은 통신용 기기가 분류되는 제8517호에 우선적으로 분류한다.

특정 기계의 부분품으로 분류되는 부분품

HSK				품명	Description
8401				원자로, 방사선을 조사(照射)하지 아니한 원자로용 연료체(카트리지) 및 동위원소 분리용의 기기	Nuclear reactors; fuel elements(cartridges), non-irradiated, for nuclear reactors; machinery and apparatus for isotopic separation.
	10	00	00	원자로	Nuclear reactors
	20	00	00	동위원소 분리용 기기와 그 부분품	Machinery and apparatus for isotopic separation, and parts thereof
	30	00	00	방사선을 조사(照射)하지 않은 연료체(카트리지)	Fuel elements (cartridges), non-irradiated
	40	00	00	원자로의 부분품	Parts of nuclear reactors

동일한 호의 공통의 부분품

HSK				품명	Description
8420				캘린더기 또는 기타의 로울기(금속 또는 유리가공용의 것을 제외한다) 및 이들에 사용되는 실린더	Calendering or other rolling machines, other than for metals or glass, and cylinders therefor.
	10			캘린더기 또는 기타의 로울기	Calendering or other rolling machines
		10	00	제지용	For paper making
		20	00	직물용	For textile fabrics
		30	00	가죽용	For leather
		40	00	고무용 · 플라스틱용	For rubber or plastic
		90	00	기타	Other
	9			부분품	Parts :
	91	00	00	실린더	Cylinders
	99	00	00	기타	Other

166 제8517호 : 전화기(셀룰러통신망이나 그 밖의 무선통신망용 전화기를 포함한다)와 음성 · 영상이나 그 밖의 자료의 송신용 · 수신용 그 밖의 기기(근거리 통신망이나 원거리 통신망과 같은 유선 · 무선통신망에서 통신하기 위한 기기를 포함하며, 제8443호 · 제8525호 · 제8527호 · 제8528호의 송신용 · 수신용 기기는 제외한다)

제8525호 : 라디오방송용이나 텔레비전용 송신기기(수신기기 · 음성기록기기 · 재생기기를 갖춘 것인지에 상관없다)와 텔레비전 카메라 · 디지털 카메라 · 비디오카메라레코더

제8526호 : 레이더기기 · 항행용 무선기기 · 무선원격조절기기

제8527호 : 라디오방송용 수신기기(음성기록기기 · 재생기기, 시계가 동일한 하우징 내에 결합된 것인지에 상관없다)

제8528호 : 텔레비전 수신기기를 갖추지 않은 모니터와 프로젝터, 텔레비전 수신용 기기(라디오방송용 수신기기 · 음성이나 영상의 기록용 기기나 재생용 기기를 결합한 것인지에 상관없다)

▌여러 호의 물품에 공통으로 적용되는 부분품을 위한 호

HSK				품명	Description
8466				제8456호 내지 제8465호의 기계에 전용 또는 주로 사용되는 부분품과 부속품(가공물홀더·툴홀더·자동개폐식 다이헤드·분할대와 기타의 공작기계용 특수 부착물을 포함한다) 및 수지식 공구에 사용되는 각종의 툴홀더	Parts and accessories suitable for use solely or principally with the machines of headings 84.56 to 84.65, including work or tool holders, self-opening dieheads, dividing heads and other special attachments for machine-tools; tool holders for any type of tool for working in the hand.
	10	00	00	툴홀더(tool holder)와 자동개폐식 다이헤드(diehead)	Tool holders and self-opening dieheads
	20			가공용 홀더	Work holders
		10	00	항공기용	For aircrafts
		90	00	기타	Other
	30	00	00	분할대와 그 밖의 공작기계용 특수 부착물	Dividing heads and other special attachments for machine-tools
	9			기타	Other :
	91	00	00	제8464호의 기계용	For machines of heading 84.64
	92	00	00	제8465호의 기계용	For machines of heading 84.65
	93	00	00	제8456호부터 제8461호까지의 기계용	For machines of headings 84.56 to 84.61
	94	00	00	제8462호나 제8463호의 기계용	For machines of heading 84.62 or 84.63

4) 위의 기준에 따라 분류가 불가능한 경우에는, 다시 한 번 공통 부분품 호에 분류를 시도해 보고, 그래도 분류할 수 없는 경우에는 부분품의 구제호인 **제8487호 또는 제8548호**에 분류한다.

3. 두 가지 이상의 기계가 함께 결합되어 하나의 완전한 기계를 구성하는 복합기계(composite machines)와 그 밖의 두 가지 이상의 보조기능이나 선택기능을 수행할 수 있도록 디자인된 기계(다기능기계)는 문맥상 달리 해석되지 않는 한 이들 요소로 구성된 단일의 기계로 분류하거나 주된 기능을 수행하는 기계로 분류한다.

이 부의 주 제3호와 제4호는 아래에서 함께 검토한다.

4. 하나의 기계(여러 종류의 기계가 결합된 것을 포함한다)가 각종 개별기기로 구성되어 있는 경우에도(따로 분리되어 있는지 또는 배관·전동장치·전력케이블이나 그 밖의 장치로 상호 연결되어 있는지에 상관없다) 이들이 제84류나 제85류 중의 어느 호에 명백하게 규정된 기능을 함께 수행하기 위한 것일 때에는 그 전부를 그 기능에 따라 해당하는 호로 분류한다.

제16부의 주 제3호와 주 제4호 및 제84류의 주 제7호에는 네 가지 유형의 기계를 설명하고 있다. 이들은 전체적으로 함께 보면서 특징과 차이점을 검토해야 한다.

1) **복합기계(composite machines)** : 제16부 주 제3호 앞부분

① **의의** : 복합기계란 2종 이상의 다른 기기로 구성되는 기계로서, 일체가 되도록 함께 **결합되어** 있고, 일반적으로 그 기능들이 보충적이며 제16부의 다른 호에 기술되어 있는 별개의 기능을 연속적 또는 동시에 수행하는[167] 기계를 말한다. 기계의 집합체는 기계가 서로 결합되거나 동상 · 동일 프레임 · 동일 하우징(common base, frame, housing) 등에 **영구적으로 부착**되도록 제작되어 있지 않는 한 일체구조로 함께 결합된 것으로 취급되지 아니한다. 즉, 잠정적인 성격을 갖는 기계의 집합체와 복합기계로서 정상적으로 조립되어 있지 않은 집합체는 여기서 제외된다. 상(floors) · 콘크리트제 베이스 · 벽 · 칸막이 · 천장 등은 기기를 설치하기 위하여 특별히 설치된 것이라 할지라도 해당 기기를 일체 구조로 결합시키기 위한 동상(同床, common base)으로는 인정되지 않는다.

② **분류원칙** : 그 복합기계의 주기능(principal function)에 따라 분류된다.

③ **예** : 종이를 접기 위한 보조기계와 결합된 인쇄기계는 인쇄기계로 분류(제8443호), 네임 또는 간단한 도안을 인쇄하기 위한 보조기계와 결합된 판지제의 상자제조기계는 판지가공기계로 분류(제8441호), 양하용 또는 하역용 기계와 결합된 공업용로는 공업용로로 분류(제8417호 또는 제8514호), 보조적인 포장기계와 결합된 연초제조기는 연초제조기로 분류(제8478호)

2) **다기능기계** : 제16부 주 제3호 뒷부분

① **의의** : 하나의 기계가 두 가지 이상의 보조기능이나 선택기능을 수행할 수 있도록 디자인된 기계를 말한다.

② **분류원칙** : 일반적으로 주기능에 따라 분류되고, 주기능을 결정할 수 없을 경우에는 통칙 제3호 다목의 최종호 분류기준에 따라 분류한다.

③ **예** : 여러 가지 다른 기계작업(예 : 밀링, 보링 · 래핑)을 수행할 수 있도록 호환성 공구를 사용하는 금속가공용 공작기계. 제8425호부터 제8428호에 기술된 기능(권양 · 적하)과 동시에 제8429호 또는 제8430호에 기술된 기능(굴착 · 지균 · 천공 등)도 수행할 수 있는 기계[168]

3) **다용도기계** : 제84류 주 제7호

① **의의** : 제16부에 있어서 다기능기계와 다용도기계에 있어서 기능(function)과 용도(purpose)의 의미는 아주 중요하게 받아들여진다. 기능은 수행할 수 있는 역할을 의미하고, 용도는 그 기계가 사용되는 산업분야를 의미한다. 이 개념은 제84류를 대분류함에 있어서도 사용

---

167 …fitted together to form a whole, consecutively or simultaneously performing separate functions which are generally complementary and are described in different headings of Section XVI.

168 복합기계와 다기능기계의 관계를 살펴보면 복합기계도 일종의 다기능기계라고 할 수 있다. 이런 이유로 제16부의 주 제3호에서 같이 두 기계를 정의하고 있고, 분류원칙도 같다. 다만 복합기계는 둘 이상의 기계가 결합하여 형성된 기계이고, 별도로 정의되는 다기능기계는 하나의 기계가 둘 이상의 기능을 수행할 수 있는 기계로 개념 구분이 된다.

된다[제84류 총설(B) 제84류의 일반적인 구성 참조].

제16부에 있어서 다용도기계라 함은 두 가지 이상의 용도, 즉 두 가지 이상의 산업분야에 사용되는 기계류를 말하는 것으로서, 제84류의 총설에서는 다용도기계를 제8401호~제8424호 이외의 호 중에 둘 이상의 호에 분류가 가능한 기계라고 규정하고 있다.

② **분류원칙** : 다용도기계의 품목분류는 주 용도(principal purpose)를 유일한 용도로 취급하여 이를 분류한다. 어느 호에도 주 용도가 규정되어 있지 아니하거나 주 용도가 불명확한 기계류는 제84류의 주 제2호나 제16부의 주 제3호에 따라 분류되는 경우를 제외하고, 문맥상 달리 해석되지 않는 한 이를 제8479호에 분류한다.

③ **예** : 금속 및 그 밖의 재료의 가공이 가능한 공작기계 또는 종이·방직물·가죽·플라스틱 등 공업에서 공통으로 동등하게(equally) 사용되는 아이레팅기(eyeletting machines)의 경우에는 주로 사용되는 산업분야가 불명확하다고 인정되어 제8479호에 분류된다.

4) **기능단위기계**[169] : 제16부 주 제4호

① **의의** : 하나의 기계(여러 종류의 기계가 결합된 것을 포함한다[170])가 각종의 개별기기로 구성되어 있는 경우에도(따로 분리되어 있거나 배관·전동장치·전력케이블 또는 기타의 장치로 상호 연결되어 있는 것인지의 여부를 불문한다) 이들이 제84류 또는 제85류 중의 어느 호에 명백하게 규정된 기능을 함께 수행하기 위한 것일 때에는 그 전부를 그 기능에 따라 해당하는 호에 분류한다.

이 주는 기계(여러 종류의 기계가 조합된 것을 포함한다)가 제84류 또는 제85류(이 류에 더 많다)의 어느 호에 명백하게 규정된 기능을 함께 수행하도록 고안된 개개의 구성부품으로 형성되는 경우에 적용한다. 각종의 구성 부품이 (편의상 또는 그 밖의 사유로) **분리되어** 있거나, 공기·압축가스·기름 등을 운송하는 파이프, 동력전달장치, 전력케이블 또는 그 밖의 장치로 **연결되어**(interconnected) 있거나를 막론하고, 전체로서 그 기능에 따라 적정한 호에 분류되도록 한다. 이 주에서 "명백하게 규정된 기능을 함께 수행하기 위한 것(intended to contribute together to a clearly defined function)"이라 함은 전체로서의 functional units가 본질적으로 그 특유한 기능을 수행하는 기계와 여러 종류의 기계가 조합된 것만을 포함한다. 그러므로 보조적 기능(auxiliary functions[171])을 수행하는 기기와

169 자세한 내용은 김구태, 박형래『기능단위기계의 개념 정비와 실무상 적용에 있어서의 유의점에 관한 연구』관세학회지(2013. 05)를 참고하기 바란다.

170 기능단위기계의 정의에 있어서 "…including a combination of machines"를 "여러 종류의 기계가 결합된 것을 포함한다"고 번역하고 있고, 또한 제16부 총설에서는 이를 "복합기계를 포함한다"라고 표현하고 있다. 그러나 이는 combination이라는 단어와 composite라는 단어의 차이를 고려하고, 기능단위기계의 개념과 비교하여 볼 때 "여러 종류의 기계가 **조합된 것**을 포함한다"라고 번역하는 것이 적합할 것이다.

171 여기에서의 보조적인 기능(auxiliary functions)은 복합기계에서 표현하고 있는 보조기능 또는 보충적인 기능(complementary functions)과는 다르다. 복합기계에서는 당해 기능이 주기능에 보충적이고 보완적인 기능으로 역할을 하지만, 기능단위기계에서의 보조적인 기능은 당해 기능이 없어도 전체 기능 수행에 있어서 문제가 없는 의미로 이해된다.

전체적인 기능에 기여하지 않는 기기는 제외한다.

② **분류원칙** : 기능단위기계를 구성하는 요소 전부를 그 기능에 따라 해당하는 호에 분류한다.

③ **예** : 기능단위기계의 품목분류에 필요한 여러 기준을 일목요연하게 정의하는 것은 쉽지 않기 때문에, 제16부의 해설서에서도 더 세부적인 기준은 제시하지 않고 다만 구체적인 예시를 다수 보이고 있는데, 다음과 같이 13개의 기능단위기계 인정 예시와 1개의 불인정 예시를 보이고 있다.

가. 하이드롤릭시스템(hydraulic system)

i) 구성요소 : 유압시스템(hydraulic system)은 유압동력장치(주로 유압펌프 · 전동기 · 컨트롤 밸브 및 오일탱크로 구성된다), 유압실린더 및 유압실린더를 유압동력장치에 연결하는 데 필요한 파이프나 호스로 구성된다(제8412호)

ii) 해설 : 유압시스템(hydraulic system)은 유압동력장치로부터 얻은 동력원을 파이프나 호스를 통해 유압실린더로 전달하여 기계류를 작동시키는 일련의 시스템이다. 이들 구성요소가 전체적으로 유압엔진이나 모터의 기능을 수행하는 경우에는 기능단위기계로서 제8412호에 분류된다.

나. 냉매순환관으로 상호 연결된 냉장기구

i) 구성요소 : 압축기, 응축기, 팽창밸브, 증발기 및 이들을 상호 연결해 주는 관으로 구성

ii) 해설 : 냉장기구는 냉매를 압축(기화된 냉매의 압력을 크게 변화시킨다) → 응축(액체로 응축한다) → 팽창(팽창밸브를 통해 냉매의 압력을 팽창시킨다) → 증발(증발기 안에서 액체상태의 냉매가 다시 증기로 기화할 때 주위 열을 빼앗는다)의 일련의 순환을 통해 작동한다. 이러한 냉장기구는 일반적으로 일체구조로 결합되어 있으나, 각 압축 · 응축 · 팽창 및 증발을 하는 구성요소가 냉매를 순환시키는 관으로 연결되어 작동하는 경우에는 이들 전체를 기능단위기계로 보아 제8418호의 냉장기구나 냉동기구에 분류한다.[172]

다. 관개시스템(irrigation systems)

i) 구성요소 : Control Station(필터, 주입기, 계량밸브 등으로 구성됨)과 지하배수관과 지관 및 지상배관시설로 이루어진다(제8424호).

ii) 해설 : 관개시스템은 전체적인 기능으로 볼 때 물을 흩뿌리는 기능에 연관시켜 제8424호[173]에 분류하고 있지만, 제8424호의 호의 용어와 제8424호 내의 소호의 용어 및 기타 세분화된 품목분류에는 관개시스템이나 여타 이러한 기능을 명시하고

172 제8418호에는 "냉장고 · 냉동고와 그 밖의 냉장기구나 냉동기구(전기식인지에 상관없다)" 외에도 "열펌프(제8415호의 공기조절기는 제외한다)"가 분류된다. 열펌프(heat pump)란 저온의 열원으로부터 열을 흡수하여 고온의 장소에 열을 방출하는 장치를 말한다. 열펌프는 근본적으로(essentially) 빌딩의 난방용 또는 가정의 온수공급용으로 사용된다.

173 제8424호 : 액체나 가루의 분사용 · 살포용 · 분무용 기기(수동식인지에 상관없다), 소화기(소화제를 충전한 것인지에 상관없다), 스프레이건과 이와 유사한 기기, 증기나 모래의 분사기와 이와 유사한 제트분사기

있는 부분이 없다. 따라서 제8424호에서 관개시스템을 명백히 규정하고 있는가를 판단하는 것은 쉽지 않은 것으로 보인다.

라. 착유기(milking machines)

i) 구성요소 : 진공펌프 · 교반기 · 유두(乳頭)컵 및 통과 같은 개개의 구성부품이 호스나 파이프라인으로 상호 연결되어 있다(제8434호).

ii) 해설 : 기능단위기계의 구성요소로 인정되는 위의 4개의 구성요소들은 모두 착유기능에 필수적으로 기여하는 요소들이다. 반면에 착유기능(milking function)에 직접 관여하지 아니하는 기기, 예로 필터, 냉각장치, 저장탱크와, 유두컵이나 파이프라인의 세척용 기기 등은 착유기능에 직접적으로 기여하는 부분이 없다고 보아 기능단위기계의 구성요소로 인정되지 않아 함께 분류되지 못하고 각각 적정한 호에 분류된다.

마. 양조장기계

i) 구성요소 : 발아기, 맥아파쇄기, 반죽통(mashing vats), 여과통 등으로 구성된다(제8438호).

ii) 해설 : 제8438호는 그 밖의 식음료의 조제 · 제조산업용 기계가 분류되는 호이다.[174] 즉 호의 용어에는 양조장기계라고 명시된 내용이 없다. 하지만 제8438호의 소호(제8438.40호)에 양조용 기계(brewery machinery)가 명시되어 있으므로, 양조장기계의 구성요소들이 기능단위기계의 조건을 충족하는 경우에는 전체를 제8438.40호에 분류할 수 있다. 다만 양조 기능에 필수적으로 기여하고 있지 않다고 보는 보조기기인 병주입기와 레이블인기 등은 제외시켜 그들의 해당 호에 분류해야 한다.

바. 편지분류시스템

i) 구성요소 : 편지분류시스템은 필수적으로 코딩데스크(coding desk), 예비분류채널시스템, 중간분류기 및 최종분류기로 구성된다. 이들은 전체가 자동자료처리기계에 의하여 제어된다(제8472호).

ii) 해설 : 이 예시는 제84류의 주 제5호 마목과 관련된다. 즉 "자동자료처리기계와 결합되거나 연결되어 자료처리 외의 특정한 기능을 수행하는 기계는 각각의 고유한 기능에 따라 해당 호로 분류하며, 그 기능에 따라 분류되는 호가 없는 경우에는 잔여 호로 분류한다"라는 규정과, 관련 해설서 제84류의 총설 (E)의 (2) "자동자료처리기계와 함께 제시되는 기계로서 자료처리 이외의 특수기능을 수행하기 위해 그들에 연결되어 작동하도록 되어 있는 것은 다음과 같이 분류된다. 만약, 전체가 제16부 주 제4호 또는 제90류 주 제3호를 적용하여 제84류, 제85류 또는 제90류의 다른 호에 분류되지 않는다면, 자동자료처리기계는 분리하여 제8471호에 분류하여야

174 제8438호 : 식음료의 조제 · 제조산업용 기계(이 류에 따로 분류되지 않은 것으로 한정하며, 동물성 또는 비휘발성인 식물성 지방이나 기름의 추출용이나 조제용 기계는 제외한다)

하고 다른 기계는 그 기계가 수행하는 기능에 해당하는 호에 분류하여야 한다."
즉 자동자료처리기계와 연결되어 사용하는 기계로서, 자료처리 이외의 특수기능을 수행하는 기계는 전체를 기능단위기계로 보아 해당 기능에 따라 분류하고, 만일 기능단위기계로 분류할 수 없는 경우에는 자동자료처리기계는 제8471호에, 나머지 기계는 각각 해당 호에 분류해야 한다는 것이다.

사. 아스팔트 플랜트(Asphalt Plant)

i) 구성요소 : 피드 호퍼(Feed hopper), 컨베이어, 건조기, 진동체(vibrating screen), 혼합기, 저장통과 제어장치 등의 각각 분리된 기기들로 구성되어 있으며, 이들은 보통 나란히 장치되어 있다(제8474호).

ii) 해설 : 이 예시는 거대한 플랜트가 전체로서 기능단위기계를 구성하고 있는 한 예이다. 이들은 서로 보통 연결되어 있지 않고, 주로 분리된 상태로 나란히 장치되어 처리된 원재료를 다음 장치로 이송하면서 전체로서의 아스팔트를 만드는 기능을 수행한다.

아스팔트 플랜트는 제8474호의 호의 용어나, 해당 호의 5단위 또는 6단위의 소호의 용어에도 명시적으로 나타나 있지 않다.[175] 다만 HSK 제8474.32-1000호에는 명시적으로 아스팔트 플랜트가 나와 있다. 이 예시는 위의 관개시스템 예시처럼 호의 용어나 소호의 용어로부터 기능단위기계로 분류할 것인지 판단하기가 쉽지 않은 예에 속한다. 이들 두 경우에는 제16부의 해설서에서 기능단위기계의 한 예시로서 보여주고 있으므로 문제가 없겠지만, 이러한 예시에 이들이 없었다면 기능단위기계로서 인정할 것인가 판단하는 것은 대단히 어려울 것이다.

또한 만일 이렇게 명확한 예시가 없는 물품으로서, 우리나라의 아스팔트 플랜트의 예와 같이 6단위 이하에 더욱 세분하고 있는 국가와 그렇지 않는 국가 간에 품목분류에 대한 이견이 생길 가능성이 있을 것이다.

아. 필라멘트전구 조립용 기계

i) 구성요소 : 이들 구성부품은 컨베이어에 의해서 상호 연결되고, 유리의 열처리용 기구와 펌프 및 램프테스트 장치를 포함한다(제8475호).

ii) 해설 : 필라멘트전구 조립용 기계는 유리전구를 봉합하고 펌프로 진공상태로 만들며, 램프의 테스트까지 일련의 컨베이어를 통해 이루어진다. 이들은 제8475호의 "전기램프나 전자램프 · 튜브 · 밸브 · 플래시벌브의 조립기계"에 해당되어 전체를 당해 호에 분류하면 된다.

175 제8474호의 호의 용어는 "선별기 · 기계식 체 · 분리기 · 세척기 · 파쇄기 · 분쇄기 · 혼합기 · 반죽기(고체 모양 · 분말 모양 · 페이스트 모양인 토양 · 돌 · 광석이나 그 밖의 광물성 물질의 처리용으로 한정한다), 조괴기(造塊機) · 형입기 · 성형기(成形機)(고체의 광물성 연료 · 세라믹 페이스트 · 굳지 않은 시멘트 · 석고 · 가루 모양이나 페이스트 모양인 그 밖의 광물성 생산품의 처리용으로 한정한다), 주물용 사형(砂型)의 성형기(成形機)"이고, 아스팔트 플랜트가 분류되는 소호인 제8474.32호는 "역청질과 광물성 재료의 혼합기"이다.

자. 용접기기

i) 구성요소 : 용접 헤드 또는 집게(Tongs)와 이들에 전류를 공급하기 위한 변압기·발전기 또는 정류기로 구성된다(제8515호).

ii) 해설 : 전기식의 납땜용 기계나 용접용 기계는 보통 직류발전기에서 저전압의 직류를 공급받거나 변압기에서 저전압의 교류를 공급받는다. 변압기 등은 보통 기계에 결합되어 있으나, 어떤 경우에는 이동성의 기계로서 용접헤드 및 용접기기가 전선에 의하여 변압기 등에 연결되어 사용된다. 이렇게 변압기 등이 용접헤드 또는 용접기기와 연결되어 사용하도록 함께 제시되었다면, 전체의 장치가 기능단위기계로서 제8515호에 분류된다. 그러나 이들이 따로 제시된 경우에는 변압기 또는 발전기는 각기 해당 호에 분류된다(제8502호 또는 제8504호).

차. 휴대용 무선전화송신기

i) 구성요소 : 휴대용 무선전화송신기와 이에 부수되는 수지식 마이크로폰

ii) 해설 : 전화송신기에는 반드시 마이크로폰이 부착되어야 하는데, 마이크로폰이 송신기에 부착이 되지 않고 부수적으로 함께 제시되더라도 이들을 함께 기능단위기계로서 무선전화송신기로 보아 제8517호에 분류한다.

카. 레이더기기

i) 구성요소 : 레이더기기와 이에 부수되는 전원장치, 증폭기 등

ii) 해설 : 레이더기기는 본체인 레이더기기 외에 전원장치와 증폭기 등이 있어야 사용할 수 있다. 따라서 이들이 함께 제시된 경우에는 기능단위기계로서 제8526호의 레이더기기로서 분류할 수 있다.

타. 위성 텔레비전 수신시스템(satellite television reception systems)

i) 구성요소 : 수신기, 파라폴라안테나 반사판, 반사판 제어회전자, 피드혼(도파관), 편파기(polarizer), 저잡음차단(LNB)변환기, 적외선 원격조절기기로 구성

ii) 해설 : 수신기(set-top box)와 그 주변기기들로서 위성 텔레비전을 수신하기 위해 반드시 있어야 하는 요소들이다. 이들은 제8528호의 텔레비전 수신용 기기로서 전체가 기능단위기기로 인정된다.

파. 도난경보기

i) 구성요소 : 예를 들면 전체가 적외선램프, 광전지와 벨로 구성된 도난경보기(제8531호)

ii) 해설 : 도난경보기는 감지부(detecting parts)와, 감지부가 작동할 때에 자동적으로 조작되는 벨(bell) · 버저(buzzer) · 가시표시기 등의 신호부(signalling parts)의 두 부분으로 구성되어 있다. 예로 적외선램프로 적외선을 광전지에 투사할 때 누군가의 침입으로 적외선이 끊기면 벨이 울리게 되는 구조이다. 이러한 도난경보시스템은 전체로서 제8531호의 도난경보기에 해당되어 기능단위기기로서 인정될 수 있다.

하. 폐쇄회로 비디오감시시스템

i) 구성요소 : 여러 대의 텔레비전 카메라와 비디오 모니터를 제어기, 스위치, 음성보드/수신기 및 경우에 따라서는 자료 저장용 자동자료처리기계 및/또는 영상 녹화용 비디오 레코더에 동축케이블로 연결

ii) 해설 : 이 예시는 유일하게 기능단위기계로서 인정되지 않은 예이다. 이 예시에서 당해 물품의 집합체가 기능단위기계로서 인정되지 않은 이유는 이들 구성요소들이 어떤 기능을 수행하는 데에 있어서 상호 연관성이 없는 물품들의 조합이기 때문이 아니라, 이들이 수행하는 기능인 "폐쇄회로 비디오감시"라는 기능을 제84류 또는 제85류의 어디에서도 찾을 수 없다는 데 있다. 즉 제8525호에는 폐쇄회로용의 카메라는 분류가 되지만, 이러한 카메라는 영상을 녹화하기 위한 내장기능이 없을 것을 규정하여 카메라 기능에 한정하고 있고, 그 외의 부분에서도 명시적으로 당해 기능을 규정하고 있는 곳을 찾을 수 없는 것이다. 따라서 이들 구성요소들은 전체로서 기능단위기계로 분류되는 것이 아니라, 각각 요소별로 해당 호에 분류해야 하는 것이다.

5. 이 부의 주에서 "기계"란 제84류나 제85류에 열거된 각종 기계 · 기계류 · 설비 · 장비 · 장치 · 기기(machine, machinery, plant, equipment, apparatus or appliance)를 말한다.

1) 백과사전상의 기계의 정의를 간단히 보면 다음과 같다.
기계란 다수의 부품으로 구성된 것으로, 일정한 상대운동에 의해 유용한 일을 하는 동적 장치를 가리킨다. 넓은 의미로는 에너지를 변환시키거나 전달시키는 장치의 총칭이다. 1875년 독일의 F. 루르는 운동학상 기계의 정의를, "기계란 저항 있는 물체의 조합으로 한정된 상대운동을 하고, 공급된 에너지를 유효한 일로 바꾸는 것이다"라고 하였다. 이 정의에 의하면 톱 · 드라이버 · 끌 · 대패 등은 상대운동을 하지 않으므로 기계가 아니다. 보일러도 그 구성부분은 상대운동을 하지 않으므로 기계부류에 속하지 않는다. 또 실험이나 측정 등의 일정한 목적을 두고 만든 것은 기기(器機)로 표시하여 구별하며, 특히 간단한 구조의 것은 기구(器具)라고 한다.[176]

2) HS에서의 기계의 정의와 범위는 백과사전상의 그것과 일치하지 않는다. 본 주에서 제16부에 적용되는 기계의 정의를 내릴 때, "기계란 제84류나 제85류에 열거된 각종 기계 · 기계류 · 설비 · 장비 · 장치 · 기기(machine, machinery, plant, equipment, apparatus or appliance)를 말한다"라고 하고 있다.
HS 전체를 볼 때 기계라고 인지되어지는 물품들을 HS체계에 따라 정리하면 다음과 같다.

176 자료 : 두산백과

① 기능 및 산업별 일반적 기계류 : 제84류
② 전기기기 : 제85류
③ 차량, 항공기, 선박 등 수송기기 : 제17부
④ 광학기기, 측정기기, 의료용 기기, 악기류 등 : 제18부
⑤ 무기류 : 제19부

◉ 총설

1) 이 부에는 제16부 주 또는 제84류와 제85류의 주의 규정에 의하여 제외되는 것과 다른 부에 보다 구체적으로 열거되어 있는 물품을 제외한 각종의 기계류와 전기기기 및 이들의 부분품과 기계식 또는 전기식이 아닌 특정의 장치와 설비(예 : 보일러·보일러의 부속기기 및 여과용 기기 등) 및 그 부분품이 포함된다. 일반적으로 이 부의 물품은 그 재료가 어떠한 것인지의 여부를 불문한다. 대부분의 기기는 비금속(卑金屬)으로 되어 있지만, 이 부에는 비금속(卑金屬)이 아닌 재료제의 기계류(예 : 전부가 플라스틱으로 된 펌프) 및 플라스틱·나무·귀금속 등으로 된 부분품도 포함한다.

2) **부속기기(accessory apparatus)** : 주 기기와 **함께 제시**되는 부속기기(예 : 압력계·온도계·액면계 또는 그 밖의 측정용 또는 검사용 기기·출력계·시계장치식 스위치·컨트롤패널·자동조절기)로서 보통 주 기기에 종속되는 것은 주 기기와 함께 분류된다. 이들 부속기기들은 하나의 특정 기계를 측정·검사·제어 또는 조절하도록 설계·제작된 것이어야 한다(이들은 주 기기와 함께 전체로서 기계들의 조합 또는 기능단위기계일 경우도 있다).
그러나 여러 개의 기계를 측정·검사·제어 또는 조절하도록 설계·제작된 경우에는, 그 여러 개의 기계가 같은 타입이라 하더라도 각 해당 호에 분류한다.

3) **불완전한 기계(incomplete machine)와 미조립의 기계(unassembled machine)** : 이 규정은 통칙 제2호의 가목과 관련된 사항이다.
   ① **불완전한 기계** : 이 부의 각 호에서 규정한 기계 또는 장치에는 완전한 기계뿐만 아니라 불완전한 기계(즉, 부분품의 조립 물품으로서 거기까지의 정도가 완전한 기계의 본질적인 특징을 갖춘 것)도 포함된다. 따라서 단지 flywheel, a bed plate, calender rolls, tool holders 등이 없는 기계는 부분품으로서 별도 호에 분류하지 아니하고 완전한 기계로서 동일 호에 분류한다. 또한 일반적으로 전동기를 결합하는 기기(예 : 제8467호의 전기기계식의 수지식 공구)는 전동기가 없는 상태로 제시된 경우라 할지라도 해당 완전한 기계로서 동일 호에 분류한다.
   ② **미조립의 기계** : 수송의 편의상 많은 기기들은 미조립상태로 운송된다. 이러한 물품들은 실제로 부분품의 집합이지만, 부분품으로서 별개 호에 분류되지 않고 조립된 하나의 기계로 분류된다.
   이러한 규정은 미조립의 상태로 제시되는, 완전한 기계의 특성을 갖는 불완전한 기계에도

적용된다(제84류 및 제85류의 관련 해설 참조). 그러나 완전한 기계 또는 완전한 기계의 특성을 갖는 불완전한 기계에 필요한 수량을 초과한 미조립 구성품은 각 해당 호에 분류된다.

4) **이동식의 기계(mobile machinery)** : 하역기계나 건설기계 중에는 스스로 원동기를 갖추고 이동할 수 있는 기계, 즉 자주식(自走式) 및 그 밖의 이동식 기계(self-propelled or other mobile machines)를 많이 볼 수 있다. 이러한 기계는 제84류에 분류되느냐 또는 제17부에 분류되느냐에 따라 관세율의 차이가 있기 때문에,[177] 이러한 이동식의 기계에 대해 제84류의 하역기계나 건설기계로 볼 것인지, 아니면 제17부의 수송기기로 볼 것인지에 대해 분쟁이 종종 있었다. 이들 하역기계나 건설기계들은 제86류의 철도용이나 궤도용의 차량, 제87류의 도로주행용 차량, 제89류의 선박이나 그 외의 수상구조물에 장착되어 이동하며 사용되는 유형이 있는가 하면, 독자적인 이동식의 하역기계나 건설기계로 존재하기도 한다. 기본적으로 제84류에는 한 장소에 고정된 기계뿐만 아니라 이동식 기계도 포함되나, 다음의 경우와 같이 수송기기의 특성이 보다 강한 경우에는 제17부에 분류하게 된다. 다음에서는 이들을 유형에 따라 구분하여 설명한다.

[철도 보수용 크레인과 같이 철도궤조 위에서 작업하도록 만들어진 크레인 등은 제86류에 분류된다.]

① **제86류의 철도용이나 궤도용의 차량에 장착된 기계** : 철도궤조의 위를 주행하도록 설계된 열차에 장착된 크레인이나 굴착기 등은 전체로 제86류에 분류된다. 그러나 플랫폼과 같이 철도궤조가 아닌 곳에 장치된 크레인이나 굴착기 등은 제84류에 분류된다.

② **제87류의 트랙터에 장착된 기계** : 제87류의 트랙터는 주로 다른 차량 · 기기 · 화물을 끌거나 밀기 위하여 제작된 차량을 말한다. 이러한 트랙터에 호환성 장치로서 부착시키도록 설계된 기계와 작업도구(machines and working tools)는 트랙터와 함께 제시된 경우에도 각 해당 호로 분류한다.

그러나 이러한 기계와 작업도구는 트랙터에 호환성 장치로서 필요에 따라 장착과 분리가 가능한 경우에 한하여 각각의 해당 호에 분류된다. 그리고 트랙터는 그 고유한 기능인 밀고 끄는 기능대로 제8701호[178]에 별도로 분류하면 된다.

반면에 불도저나 굴착기 등의 경우와 같이, 주행부(propelling base) · 조작제어장치 · 작업도구 및 구동장치가 특별히 상호 결합되어 구조적으로 일체의 기계를 형성시키도록 설계

177 제84류의 건설기계류는 보통 0%의 관세율이 적용되나, 제17부의 수송기계는 주로 8%의 관세율이 적용되는 바, 일반적으로 이러한 기계류는 가격이 비싸므로 관세율에 따라 이해관계가 첨예하게 대립되는 것이다.

178 제8701호 : 트랙터(제8709호의 트랙터는 제외한다)

된 것은, 이러한 주행부가 트랙터와 유사한 면이 있다 하더라도 트랙터의 특성을 잃은 것으로 보아 제87류가 아닌 제8425호·제8426호·제8429호·제8430호 및 제8432호[179] 등과 같은 제84류의 해당 호에 분류된다.

[트럭의 섀시. 원동기(engine)·기어박스·변속용 제어장치와 조향 및 제동장치를 완전히 구비한 섀시에 장착된 하역 또는 건설기계는 제87류에 분류된다.]

③ **자동차용 섀시에 장치된 기계** : 크레인과 같은 하역기계나 건설기계는 실제로 완성된 자동차용 섀시에 많이 장치되는 것을 볼 수 있다. 여기서의 자동차용 섀시는 적어도 다음과 같은 기계적 특징, 즉 **주행용 원동기, 기어박스 및 변속용 제어장치, 그리고 조향 및 제동장치**(propelling engine, gear box and controls for gear-changing, and steering and braking facilities)를 완전하게 구비한 것을 말한다. 이러한 완전한 자동차용 섀시 위에 장착된 하역 또는 건설기계는 특수용도 자동차로서 일괄적으로 제8705호에 분류된다.

반면에 위에 설명한 완전한 섀시를 구성하는 요소 중에 하나 이상이 차량의 섀시 위에 장착된 하역기계나 건설기계의 운전실(cab)에 설치된 자주식 기계는 제84류에 분류된다. 또한 섀시와 작업기계가 상호 간에 특별히 설계 제작되어 있어 일체구조의 기계장치를 이루고 있는 자주식의 기계도 제84류에 분류된다. 이 경우에 작업기계는 자동차용 섀시에 간단한 형태로 장착된 것이 아니라, 타목적에 사용될 수 없을 정도로 섀시와 완전히 일체구조로 되어 있으며, 앞에서 설명한 주행용 원동기 등 자동차의 필수적인 요소를 갖출 수도 있다.

④ **제89류의 수상구조물에 장착된 기계** : 모든 하역기계나 건설기계는 자주식의 여부를 불문하고 제89류에 분류된다.

5) **이화학적으로 사용되는 기기**(machinery and apparatus for use in laboratories) : 이 부에 해당

---

179 제8425호 : 풀리 태클(pulley tackle)과 호이스트(hoist)[스킵호이스트(skip hoist)는 제외한다], 윈치(winch)와 캡스턴(capstan), 잭(jack)

제8426호 : 선박의 데릭(derrick), 크레인(케이블크레인을 포함한다), 이동식 양하대·스트래들 캐리어(straddle carrier), 크레인이 결합된 작업트럭

제8429호 : 자주식(自走式) 불도저(bulldozer)·앵글도저(angledozer)·그레이더(grader)·레벨러(leveller)·스크래퍼(scraper)·메커니컬셔블(mechanical shovel)·엑스커베이터(excavator)·셔블로더(shovel loader)·탬핑머신(tamping machine)·로드롤러(road roller)

제8430호 : 그 밖의 이동용·정지(整地)용·지균(地均)용·스크래핑(scraping)용·굴착용·탬핑(tamping)용·콤팩팅(compacting)용·채굴용·천공용 기계(토양용·광석용·광물용으로 한정한다), 항타기와 항발기, 스노플라우(snow-plough)와 스노블로어(snow-blower)

제8432호 : 농업용·원예용·임업용 기계(토양 정리용이나 경작용으로 한정한다)와 잔디용이나 운동장용 롤러

하는 기기는 실험실에서 사용하도록 특별히 제작되었거나, 과학기기나 측정기기와 관련하여 사용하도록 특별히 제작된 것이라 할지라도, 제9023호[180]의 비공업용의 전시용의 기기(non-industrial demonstrational apparatus) 또는 제90류의 측정용 또는 검사용의 기기를 구성하지 않는 한 이 부에 분류된다. 예를 들면, 실험실에서 사용되는 소형로, 증발장치, 분쇄기, 혼합기, 변압기 및 축전기는 이 부에 분류된다.

180 제9023호 : 전시용으로 설계된 기구와 모형(예 : 교육용이나 전람회용)(다른 용도에 사용될 수 없는 것으로 한정한다)

Chapter 84

제84류 원자로 · 보일러 · 기계류와 이들의 부분품

호	호의 용어
8401	원자로, 방사선을 조사(照射)하지 않은 원자로용 연료 요소(카트리지)와 동위원소 분리용 기기
8402	증기발생보일러(저압증기도 발생시킬 수 있는 중앙난방용 온수보일러는 제외한다)와 과열수보일러(super-heated water boiler)
8403	중앙난방용 보일러(제8402호의 것은 제외한다)
8404	제8402호나 제8403호의 보일러용 부속기기(예: 연료절약기 · 과열기 · 그을음제거기 · 가스회수기)와 증기원동기용 응축기
8405	발생로가스(producer gas)나 수성(水性)가스 발생기, 아세틸렌가스 발생기와 이와 유사한 습식가스 발생기(청정기를 갖춘 것인지에 상관없다)
8406	증기터빈
8407	왕복이나 로터리 방식으로 움직이는 불꽃점화식 피스톤 내연기관
8408	압축점화식 피스톤 내연기관(디젤엔진이나 세미디젤엔진)
8409	제8407호나 제8408호의 엔진에 전용되거나 주로 사용되는 부분품
8410	수력터빈 · 수차와 이들의 조정기
8411	터보제트 · 터보프로펠러와 그 밖의 가스터빈
8412	그 밖의 엔진과 모터
8413	액체펌프(계기를 갖추었는지에 상관없다)와 액체엘리베이터
8414	기체펌프나 진공펌프 · 기체 압축기와 팬, 팬이 결합된 환기용이나 순환용 후드(필터를 갖추었는지에 상관없다)
8415	공기조절기(동력구동식 팬과 온도나 습도를 변화시키는 기구를 갖춘 것으로 한정하며, 습도만을 따로 조절할 수 없는 것도 포함한다)
8416	액체연료 · 잘게 부순 고체연료 · 기체연료를 사용하는 노(爐)용 버너, 기계식 스토커(stoker)[이들의 기계식 불판 · 기계식 회(灰) 배출기와 이와 유사한 기기를 포함한다]
8417	비전기식 공업용이나 실험실용 노(爐)와 오븐(소각로를 포함한다)
8418	냉장고 · 냉동고와 그 밖의 냉장기구나 냉동기구(전기식인지에 상관없다), 열펌프(제8415호의 공기조절기는 제외한다)
8419	가열 · 조리 · 배소(焙燒) · 증류 · 정류 · 살균 · 저온살균 · 증기가열 · 건조 · 증발 · 응축 · 냉각과 그 밖의 온도 변화에 따른 방법으로 재료를 처리하는 기계 · 설비 · 장치[전기가열식(제8514호의 노(爐)와 오븐과 그 밖의 장비는 제외한다), 실험실용을 포함하며 일반적으로 가정용으로 사용하는 것은 제외한다]와 전기가열식이 아닌 즉시식이나 저장식 물 가열기
8420	캘린더기(calendering machine)나 그 밖의 로울기(rolling machine)(금속이나 유리 가공용은 제외한다)와 이것에 사용되는 실린더
8421	원심분리기(원심탈수기를 포함한다), 액체용이나 기체용 여과기나 청정기

8422	접시세척기, 병이나 그 밖의 용기의 세정용이나 건조용 기계, 병 · 깡통 · 상자 · 자루 · 그 밖의 용기의 충전용 · 봉함용 · 실링(sealing)용 · 레이블 부착용 기계, 병 · 단지 · 통과 이와 유사한 용기의 캡슐 부착(capsuling)용 기계, 그 밖의 포장기계(열수축 포장기계를 포함한다), 음료용 탄산가스 주입기
8423	중량 측정기기[감량(感量)이 50밀리그램 이하인 저울은 제외하며, 중량측정식 계수기와 검사기를 포함한다]와 각종 저울 추
8424	액체나 가루의 분사용 · 살포용 · 분무용 기기(수동식인지에 상관없다), 소화기(소화제를 충전한 것인지에 상관없다), 스프레이건과 이와 유사한 기기, 증기나 모래의 분사기와 이와 유사한 제트분사기
8425	풀리 태클(Pulley tackle)과 호이스트(hoist)[스킵호이스트(skip hoist)는 제외한다], 윈치(winch)와 캡스턴(capstan), 잭(jack)
8426	선박의 데릭(derrick), 크레인(케이블크레인을 포함한다), 이동식 양하대 · 스트래들 캐리어(straddle carrier), 크레인이 결합된 작업트럭
8427	포크리프트트럭(fork-lift truck), 그 밖의 작업트럭[권양(捲揚)용이나 하역용 장비가 결합된 것으로 한정한다]
8428	그 밖의 권양(捲揚)용 · 하역용 · 적하용 · 양하용 기계류[예: 리프트 · 에스컬레이터 · 컨베이어 · 텔레페릭(teleferic)]
8429	자주식(自走式) 불도저(bulldozer) · 앵글도저(angledozer) · 그레이더(grader) · 레벨러(leveller) · 스크래퍼(scraper) · 메커니컬셔블(mechanical shovel) · 엑스커베이터(excavator) · 셔블로더(shovel loader) · 탬핑머신(tamping machine) · 로드롤러(road roller)
8430	그 밖의 이동용 · 정지(整地)용 · 지균(地均)용 · 스크래핑(scraping)용 · 굴착용 · 탬핑(tamping)용 · 콤팩팅(compacting)용 · 채굴용 · 천공용 기계(토양용 · 광석용 · 광물용으로 한정한다), 항타기와 항발기, 스노플라우(snow-plough)와 스노블로어(snow-blower)
8431	제8425호부터 제8430호까지의 기계에 전용되거나 주로 사용되는 부분품
8432	농업용 · 원예용 · 임업용 기계(토양 정리용이나 경작용으로 한정한다)와 잔디용이나 운동장용 롤러
8433	수확기나 탈곡기(짚이나 건초 결속기를 포함한다), 풀 베는 기계, 새의 알 · 과실이나 그 밖의 농산물의 세정기 · 분류기 · 선별기(제8437호의 기계는 제외한다)
8434	착유기와 낙농기계
8435	포도주 · 사과술 · 과즙이나 이와 유사한 음료의 제조에 사용되는 프레스(press) · 크러셔(crusher)와 이와 유사한 기계
8436	그 밖의 농업용 · 원예용 · 임업용 · 가금(家禽) 사육용 · 양봉용 기계(기계장치나 가열장치를 갖춘 발아용 기기를 포함한다)와 가금(家禽)의 부란기와 양육기
8437	종자 · 곡물 · 건조한 채두류(菜豆類)의 세정기 · 분류기 · 선별기, 제분업용 기계나 곡물 · 건조한 채두류(菜豆類)의 가공기계(농장형은 제외한다)
8438	식음료의 조제 · 제조 산업용 기계(이 류에 따로 분류되지 않은 것으로 한정하며, 동물성 또는 비휘발성인 식물성 지방이나 기름의 추출용이나 조제용 기계는 제외한다)
8439	섬유소 펄프의 제조용 기계와 종이 · 판지의 제조용이나 완성가공용 기계
8440	제본기계(제본용 재봉기를 포함한다)
8441	그 밖의 제지용 펄프 · 종이 · 판지의 가공기계(각종 절단기를 포함한다)
8442	플레이트 · 실린더나 그 밖의 인쇄용 구성 부품의 조제용이나 제조용 기계류 · 장치 · 장비(제8456호부터 제8465호까지의 공작기계는 제외한다), 플레이트 · 실린더와 그 밖의 인쇄용 구성 부품, 인쇄용으로 조제가공[예: 평삭(平削) · 그레인 · 연마]한 플레이트 · 실린더와 석판석
8443	제8442호의 플레이트 · 실린더와 그 밖의 인쇄용 구성 부품을 사용하는 인쇄기, 그 밖의 인쇄기 · 복사기 · 팩시밀리(함께 조합되었는지에 상관없다), 이들의 부분품과 부속품

8444	인조섬유의 방사(紡絲)용 · 늘림(drawing)용 · 텍스처(textur)용 · 절단용 기계
8445	방적준비기계, 방적기 · 합사기(合絲機) · 연사기(撚絲機)와 그 밖의 방직사 제조기계, 권사기(捲絲機)[위권기(緯捲機)를 포함한다]와 제8446호나 제8447호의 기계에 사용되는 방직사를 제조하는 기계와 준비기계
8446	직기(직조기)
8447	편직기, 스티치본딩기(stitch-bonding machine), 짐프사(gimped yarn) · 튈(tulle) · 레이스 · 자수천 · 트리밍(trimming) · 브레이드(braid)나 망의 제조용 기계 · 터프팅(tufting) 기계
8448	제8444호 · 제8445호 · 제8446호 · 제8447호의 기계의 보조기계[예: 도비(dobby)기 · 자카드기 · 자동정지기 · 셔틀교환기], 이 호나 제8444호 · 제8445호 · 제8446호 · 제8447호의기계에 전용되거나 주로 사용되는 부분품과 부속품[예: 스핀들 · 스핀들 플라이어 · 침포 · 코움(comb) · 방사니플 · 셔틀 · 종광(heald) · 종광 프레임 · 메리야스용 바늘]
8449	펠트나 부직포(성형인 것을 포함한다)의 제조 · 완성가공용 기계(펠트모자 제조용 기계를 포함한다)와 모자 제조용 형(型)
8450	가정형이나 세탁소형 세탁기(세탁 · 건조 겸용기를 포함한다)
8451	세탁용 · 클리닝용 · 쥐어짜기용 · 건조용 · 다림질용 · 프레스용[퓨징프레스(fusing press)를 포함한다] · 표백용 · 염색용 · 드레싱용 · 완성가공용 · 도포용 · 침지(沈漬)용 기계류[제8450호의 것은 제외하며, 방적용 실 · 직물류나 이들 제품에 사용하는 것으로 한정한다]와 리놀륨과 같은 바닥깔개의 제조에 사용되는 직물이나 그 밖의 지지물에 페이스트를 입히는 기계, 직물류의 감기(reeling)용 · 풀기(unreeling)용 · 접음용 · 절단용 · 핑킹(pinking)용 기계
8452	재봉기(제8440호의 제본용 재봉기는 제외한다), 재봉기용으로 특수 제작된 가구 · 밑판 · 덮개, 재봉기용 바늘
8453	원피나 가죽의 유피(柔皮)준비기 · 유피(柔皮)기 · 가공기계, 원피 · 가죽으로 만든 신발이나 그 밖의 물품의 제조용 · 수선용 기계(재봉기는 제외한다)
8454	전로 · 레이들(ladle) · 잉곳(ingot)용 주형과 주조기(야금용이나 금속 주조용으로 한정한다)
8455	금속 압연기와 그 롤
8456	각종 재료의 가공 공작기계[레이저나 그 밖의 광선 · 광자빔 · 초음파 · 방전 · 전기화학 · 전자빔 · 이온빔 · 플라즈마아크(plasma arc) 방식으로 재료의 일부를 제거하여 가공하는 것으로 한정한다]와 워터제트 절단기
8457	금속 가공용 머시닝센터(machining centre) · 유닛 컨스트럭션 머신(unit construction machine)(싱글스테이션) · 멀티스테이션(multi-station)의 트랜스퍼머신(transfer machine)
8458	금속 절삭가공용 선반(터닝센터를 포함한다)
8459	금속 절삭가공용 공작기계[웨이타입(way-type) 유닛헤드머신(unit head machine)을 포함한다]로서 드릴링(drilling) · 보링(boring) · 밀링(milling) · 나선가공 · 태핑(tapping)에 사용되는 것[제8458호의 선반(터닝센터를 포함한다)은 제외한다]
8460	디버링(deburring) · 샤프닝(sharpening) · 그라인딩(grinding) · 호닝(honing) · 래핑(lapping) · 폴리싱(polishing)이나 그 밖의 완성가공용 공작기계로서 연마석 · 연마재 · 광택재로 금속이나 서멧(cermet)을 가공하는 것(제8461호의 기어절삭기 · 기어연삭기 · 기어완성가공기는 제외한다)
8461	플레이닝(planing)용 · 쉐이핑(shaping)용 · 슬로팅(slotting)용 · 브로칭(broaching)용 · 기어절삭용 · 기어연삭용 · 기어완성가공용 · 톱질용 · 절단용 공작기계와 금속이나 서멧(cermet)을 절삭하는 방식으로 가공하는 그 밖의 공작기계(따로 분류되지 않은 것으로 한정한다)
8462	단조(鍛造)용 · 해머링(hammering)용 · 다이스탬핑(die-stamping)용 금속가공기계(프레스를 포함한다), 굽힘용 · 접음용 · 교정용 · 펼침용 · 전단용 · 펀칭용 · 낫칭(notching)용 금속가공기계(프레스를 포함한다)와 그 외의 가공방법에 의한 금속이나 금속탄화물 가공용 프레스

8463	그 밖의 금속이나 서멧(cermet)의 가공기계(재료를 절삭하지 않는 방식으로 한정한다)
8464	돌 · 도자기 · 콘크리트 · 석면시멘트나 이와 유사한 광물성 물질의 가공기계와 유리의 냉간(冷間) 가공기계
8465	목재 · 코르크 · 뼈 · 경질 고무 · 경질 플라스틱이나 이와 유사한 경질물의 가공기계(네일용 · 스테이플용 · 접착용과 그 밖의 조립용 기계를 포함한다)
8466	제8456호부터 제8465호까지의 기계에 전용되거나 주로 사용되는 부분품과 부속품[가공물홀더 · 툴홀더(tool holder) · 자동개폐식 다이헤드(diehead) · 분할대와 그 밖의 공작기계용 특수 부착물을 포함한다]과 수지식 공구에 사용되는 각종 툴홀더(tool holder)
8467	수지식 공구(압축공기식, 유압식, 전동기를 갖추거나 비전기식 모터를 갖춘 것으로 한정한다)
8468	납땜용이나 용접용 기기(절단이 가능한지에 상관없으며 제8515호에 해당하는 것은 제외한다)와 표면 열처리용 기기(가스를 사용하는 것으로 한정한다)
8469	타자기(제8443호의 프린터기는 제외한다)와 워드프로세싱머신
8470	계산기와 계산 기능을 갖춘 포켓사이즈형 전자수첩 · 회계기 · 우편요금계기 · 표권발행기와 그 밖에 이와 유사한 기계(계산기구를 갖춘 것으로 한정한다), 금전등록기
8471	자동자료처리기계와 그 단위기기, 자기식이나 광학식 판독기, 자료를 자료매체에 부호 형태로 전사하는 기계와 이러한 자료의 처리기계(따로 분류되지 않은 것으로 한정한다)
8472	그 밖의 사무용 기계[예: 헥토그래프(hectograph) · 스텐실(stencil) 등사기 · 주소인쇄기 · 현금 자동지불기 · 주화분류기 · 주화계수기나 주화포장기 · 연필깎이 · 천공기 · 지철기(stapling machine)]
8473	제8469호부터 제8472호까지에 해당하는 기계에 전용되거나 주로 사용되는 부분품과 부속품(커버 · 휴대용 케이스와 이와 유사한 물품은 제외한다)
8474	선별기 · 기계식 체 · 분리기 · 세척기 · 파쇄기 · 분쇄기 · 혼합기 · 반죽기(고체 모양 · 분말 모양 · 페이스트 모양인 토양 · 돌 · 광석이나 그 밖의 광물성 물질의 처리용으로 한정한다),조괴기(造塊機) · 형입기 · 성형기(成形機)(고체의 광물성 연료 · 세라믹페이스트 · 굳지 않은 시멘트 · 석고 · 가루 모양이나 페이스트 모양인 그 밖의 광물성 생산품의 처리용으로 한정한다), 주물용 사형(砂型)의 성형기(成形機)
8475	전기램프나 전자램프 · 튜브 · 밸브 · 플래시벌브(flashbulb)(외피를 유리로 만든 것으로 한정한다)의 조립기계와 유리나 유리제품의 제조용이나 열간(熱間)가공용 기계
8476	물품의 자동판매기(예 : 우표 · 담배 · 식품 · 음료의 자동판매기)와 화폐교환기
8477	고무나 플라스틱을 가공하거나 이들 재료로 제품을 제조하는 기계(이 류에 따로 분류되지 않은 것으로 한정한다)
8478	담배의 조제기나 제조기(이 류에 따로 분류되지 않은 것으로 한정한다)
8479	이 류에 따로 분류되지 않은 기계류(고유의 기능을 가진 것으로 한정한다)
8480	금속 주조용 주형틀, 주형 베이스, 주형 제조용 모형, 금속[잉곳(ingot)용은 제외한다] · 금속탄화물 · 유리 · 광물성 물질 · 고무 · 플라스틱 성형용 주형
8481	파이프 · 보일러 동체 · 탱크 · 통이나 이와 유사한 물품에 사용하는 탭 · 코크 · 밸브와 이와 유사한 장치(감압밸브와 온도제어식 밸브를 포함한다)
8482	볼베어링(ball bearing)이나 롤러베어링(roller bearing)
8483	전동축[캠샤프트(cam shaft)와 크랭크샤프트(crank shaft)를 포함한다], 크랭크(crank), 베어링하우징(bearing housing)과 플레인 샤프트베어링(plain shaft bearing), 기어(gear)와 기어링(gearing), 볼이나 롤러 스크루(roller screw), 기어박스(gear box), 그 밖의 변속기[토크컨버터(torque converter)를 포함한다], 플라이휠(flywheel)과 풀리(pulley)[풀리블록(pulley block)을 포함한다], 클러치(clutch)와 샤프트커플링(shaft coupling)[유니버설조인트(universal joint)를 포함한다]

8484	개스킷(gasket)과 이와 유사한 조인트(금속 외의 재료와 결합한 금속판으로 만든 것이나 금속을 두 개 이상 적층한 것으로 한정한다), 재질이 다른 것을 세트로 하거나 소포장한 개스킷(gasket)과 이와 유사한 조인트(작은 주머니와 봉투에 넣은 것이나 이와 유사한 포장을 한 것으로 한정한다), 메커니컬 실(mechanical seal)
8486	반도체 보울(boule)이나 웨이퍼(wafer) · 반도체디바이스 · 전자집적회로 · 평판디스플레이의 제조에 전용되거나 주로 사용되는 기계와 기기, 이 류의 주 제9호다목에서 특정한 기계와 기기, 그 부분품과 부속품
8487	기계류의 부분품(접속자 · 절연체 · 코일 · 접촉자와 그 밖의 전기용품을 포함하지 않으며, 이 류에 따로 분류되지 않은 것으로 한정한다)

◉ 류주

1. 이 류에서 다음 각 목의 것은 제외한다.
   가. 제68류의 밀스톤(millstone) · 그라인드스톤(grindstone)이나 그 밖의 물품
   나. 도자제의 기계류(예 : 펌프)와 기계류(어떤 재료라도 가능하다)의 도자제 부분품(제69류)
   다. 실험실용 유리제품(제7017호), 유리로 만든 공업용 기기나 그 밖의 물품과 그 부분품(제7019호나 제7020호)
   라. 제7321호나 제7322호의 물품과 그 밖의 비금속(卑金屬)으로 만든 이와 유사한 물품(제74류부터 제76류까지나 제78류부터 제81류까지)
   마. 제8508호의 진공청소기
   바. 제8509호의 가정용 전기기기, 제8525호의 디지털 카메라
   사. 모터를 갖추지 않은 기계식 바닥청소기(수동식으로 한정한다)(제9603호)

2. 제16부의 주 제3호[181]나 이 류의 주 제9호에 따라 적용될 호가 정하여지는 경우를 제외하고는, 제8401호부터 제8424호까지와 제8486호의 하나 이상의 호에 해당하는 기기가 동시에 제8425호부터 제8480호까지의 하나 이상의 호에도 해당되는 경우, 이 기기는 제8401호부터 제8424호까지의 적합한 호로 분류하거나 경우에 따라 제8486호로 분류하고, 제8425호부터 제8480호까지에는 분류하지 않는다.

   ※ 다만, 제8419호[182]에서 다음 각 목의 것은 제외한다.
   가. 발아용 기기 · 부란기 · 양육기(제8436호)
   나. 곡물가습기(제8437호)
   다. 당즙 추출용 침출기(제8438호)

181 제16부 주 제3호 : 두 가지 이상의 기계가 함께 결합되어 하나의 완전한 기계를 구성하는 복합기계와, 그 밖의 두 가지 이상의 보조기능이나 선택기능을 수행할 수 있도록 디자인된 기계는, 문맥상 달리 해석되지 않는 한 이들 요소로 구성된 단일의 기계로 분류하거나 주된 기능을 수행하는 기계로 분류한다.

182 제8419호 : 가열 · 조리 · 배소(焙燒) · 증류 · 정류 · 살균 · 저온살균 · 증기가열 · 건조 · 증발 · 응축 · 냉각과 그 밖의 온도 변화에 따른 방법으로 재료를 처리하는 기계 · 설비 · 장치[전기가열식(제8514호의 노(爐)와 오븐과 그 밖의 장비는 제외한다), 실험실용을 포함하며 일반적으로 가정용으로 사용하는 것은 제외한다]와 전기가열식이 아닌 즉시식이나 저장식 물 가열기

라. 방직용 섬유사 · 직물류나 그 제품의 열처리용 기계(제8451호)

마. 기계적 작동을 하도록 설계된 기계류나 장치류로서 온도의 변화가 그 작동에 있어서는 필수적이라 할지라도 그 기능에서는 종속적인 것

※ 제8422호[183]에서 다음 각 목의 것은 제외한다.

가. 자루나 이와 유사한 용기를 봉합하는 재봉기(제8452호)

나. 제8472호의 사무용 기기

※ 제8424호[184]에서 다음 각 목의 것은 제외한다.

가. 잉크젯방식 인쇄기(제8443호)

나. 워터제트 절단기(제8456호)

1) 제84류의 일반적인 구성

① **제8401호** : 원자로 · 방사선을 조사하지 않은 원자로용 연료체(카트리지) 및 동위원소 분리용의 기기를 분류한다.

② **제8402호~제8424호** : 그들이 사용되는 산업의 종류 여하를 불문하고, 주로 고유의 **기능**에 따른(mainly by reference to their function) 기기를 분류한다.

③ **제8425호~제8478호**까지의 호에는 특정 예외는 있지만, 기기가 수행하는 특유의 기능과는 관계없이 그들이 사용되는 **산업분야**에 따라서(by reference to the field of industry in which they are used) 분류되는 기기들을 분류한다. 즉 용도에 따른 분류원칙이 적용되는 부분이다.

④ **제8479호** : 이 류의 이전 부분의 어느 호에도 해당되지 아니하는 기계와 기계식 기구를 분류한다.

⑤ **제8480호** : 금속주조용 몰딩박스 및 몰딩패턴 이외에, 손이나 또는 기계에 의하여 어느 특정 재료의 몰딩에 사용되는 주형을 분류한다. 다만 잉곳용 주형은 제외하는데, 잉곳용 주형은 용융금속이, 예를 들면 ingots, pigs, slabs 등의 형으로 임시적으로 주조되는 금속제의 물품으로 제8454호[185]에 분류된다. 또한 탄소제나 흑연제, 도자재료제의 잉곳용 주형은 제6815호 및 제6903호[186]에 분류된다.

---

183 제8422호 : 접시세척기, 병이나 그 밖의 용기의 세정용이나 건조용 기계, 병 · 깡통 · 상자 · 자루 · 그 밖의 용기의 충전용 · 봉함용 · 실링(sealing)용 · 레이블 부착용 기계, 병 · 단지 · 통과 이와 유사한 용기의 캡슐 부착(capsuling)용 기계, 그 밖의 포장기계(열수축 포장기계를 포함한다), 음료용 탄산가스 주입기

184 제8424호 : 액체나 가루의 분사용 · 살포용 · 분무용 기기(수동식인지에 상관없다), 소화기(소화제를 충전한 것인지에 상관없다), 스프레이건과 이와 유사한 기기, 증기나 모래의 분사기와 이와 유사한 제트분사기

185 제8454호 : 전로 · 레이들(ladle) · 잉곳(ingot)용 주형과 주조기(야금용이나 금속주조용으로 한정한다)

186 제6815호 : 석제품이나 그 밖의 광물성 재료의 제품[탄소섬유 · 탄소섬유의 제품 · 이탄(泥炭)제품을 포함하며, 따로 분류되지 않은 것으로 한정한다]
제6903호 : 그 밖의 내화성 도자제품[예 : 레토르트(retort) · 도가니 · 머플 · 노즐 · 플러그 · 서포트 · 큐펠(cupel) · 관(管) · 쉬드(sheath) · 막대(rod)](규산질의 화석 가루나 이와 유사한 규산질의 흙으로 만든 제품은 제외한다)

⑥ 제8481호~제8484호 : 기계의 부분품 또는 다른 류의 물품의 부분품으로 사용하는 데 적합한 특정의 물품이 분류된다.[187]

⑦ 제8486호 : 반도체 보울(boule) 또는 웨이퍼·반도체 디바이스·전자집적회로 또는 평판디스플레이의 제조에 전용 또는 주로 사용되는 기계 및 기기와, 이 류의 주 제9호 다목에 규정한 기계 및 기기를 분류한다.

⑧ 제8487호 : 다른 호에 분류되지 아니한 비전기식 부분품을 분류한다.

2) 제84류의 제8401호부터 제8424호까지와 제8486호의 하나 이상의 호에 해당하는 기기가 동시에 제8425호부터 제8480호까지의 하나 이상의 호에도 해당되는 경우의 품목분류의 우선순위는 다음과 같다.

① 제16부 부주 제3호의 다기능기계(복합기계 포함)와 제84류의 주 제9호의 다용도기계에 있어서는 해당 주 규정을 우선 적용하여 품목분류를 하면 된다.

② 제8401호부터 제8424호까지의 호 중에 적합한 호 또는 제8486호로 우선 분류하고, 제8425호부터 제8480호까지에는 분류하지 않는다. 즉 기능에 따라 우선 분류한다. 여기에서 제8486호는 반도체 및 평판디스플레이 제조기기를 분류하는 호이므로 사실상 용도와 관련된 호이나, 제84류의 주 제9호 라목의 제8486호 우선 분류규정에 근거하여 우선적으로 분류하도록 하고 있다.

③ 제외규정 : 제8419호, 제8422호 및 제8424호의 경우 제84류 주 제2호에서 일정하게 열거한 경우에 해당할 때에는 기능보다 용도에 우선하여 분류한다.

예로 제8437호의 곡물가습기는 온도 변화의 결과로 재료가 변형되도록 하기 위하여 재료를 가열 또는 냉각공정에 놓도록 제작된 기계와 설비가 분류되는 제8419호에도 분류가 가능하고, 제8401호부터 제8424호까지 호 및 제8486호가 더 우선하므로 제8419호에 분류하여야 하지만, 그럼에도 불구하고 본 주에서 곡물가습기는 제8437호에 분류하도록 따로 규정하고 있으므로 제8437호에 분류하여야 한다.

3. 제8456호의 규정에 해당하는 각종 재료의 가공용 공작기계가 동시에 제8457호·제8458호·제8459호·제8460호·제8461호·제8464호·제8465호의 규정에도 해당되는 경우에는 이를 제8456호로 분류한다.

1) 제8456호의 공작기계는 각종 재료의 성형(shaping) 또는 표면가공용의 기계이다. 이러한 공작기계는 다음과 같은 세 가지 기본적인 조건을 갖추어야만 한다.

① 이러한 공작기계는 재료를 제거하는 방법으로 가공하여야 한다.

② 이러한 공작기계는 기존의 공구(conventional tools)를 갖춘 공작기계에서 수행되어지는 종류로 공정이 수행되는 것이어야 한다. 즉 CNC(컴퓨터수치제어) 또는 NC(수치제어)에

187 제8485호는 없는 호이다.

의하여 제어되는 것이 아닌 전통적인 공작기계의 형태를 말한다.

③ 이러한 공작기계는 다음의 8가지 공정 중의 하나를 사용하여야 한다 : 레이저 또는 그 밖의 광선과 광자빔 · 초음파 · 방전 · 전기화학 · 전자빔 · 이온빔 또는 플라즈마아크방식

2) 위의 8가지 에너지원을 이용하여 각종 재료를 가공하는 공작기계는 제8456호뿐만 아니라 제8457호 · 제8458호 · 제8459호 · 제8460호 · 제8461호 · 제8464호 · 제8465호에도 부합할 수 있다. 이러한 유형의 공작기계는 특수한 가공에너지원에 주목하여 제8456호의 조건을 충족하면 제8456호를 우선 적용한다.

4. 제8457호는 다음 각 목 중 어느 하나의 방법으로 여러 가지 종류의 기계가공을 행할 수 있는 금속가공용 공작기계[선반(터닝센터를 포함한다)은 제외한다]에만 적용한다.

가. 머시닝(machining)프로그램에 따라 매거진이나 그 밖에 이와 유사한 장치로부터 공구를 자동적으로 교환하는 방법[머시닝센터(machining centre)]

나. 고정된 가공물에 대하여 서로 다른 유닛헤드(unit head)를 자동적으로 작용시켜 동시 또는 연속으로 가공하는 방법[싱글스테이션(single station)의 유닛컨스트럭션머신(unit construction machine)]

다. 가공물을 서로 다른 유닛헤드(unit head)로 자동이송하는 방법[멀티스테이션(multi-station)의 트랜스퍼머신(transfer machine)]

[machining center. 자동적으로 공구를 교체해 가면서 여러 종류의 일을 한다.]

1) 제8457호에는 하나의 작업대상(workpiece)에 한 종류 이상의 작업(drilling, boring, tapping 등)을 자동적으로 수행하는 기계를 분류한다. 즉 이 호의 기계류는 제16부의 주 제3호에서 규정하고 있는 다기능기계(multi-function machines)에 해당한다. 다만 이 호에 분류되는 기계는 다음의 세 가지 유형에 한정한다.

① 머시닝센터(machining centre) : 머시닝프로그램에 따라 매거진이나 그 밖에 이와 유사한 장치로부터 공구를 자동적으로 교환하는 방법. 이러한 머시닝센터는 두 가지 이상의 기계가공작업을 수행할 수 있어야 하고, 공구교환은 자동적으로 이루어져야 한다.

② 싱글스테이션(single station)의 유닛컨스트럭션머신(unit construction machine) : 고정된 가공물에 대하여 서로 다른 유닛헤드(unit head)를 자동적으로 작용시켜 동시 또는 연속으로 가공하는 방법. 여기서 유닛헤드는 호환성 공구를 장착시켜서 잡아주거나, 안내하거나, 작동(회전 · 전진 · 후퇴 등)하는 데 사용되도록 하는 기계의 부분품인데, 이렇게 다른 종류의 기계작업을 수행하는 유닛헤드가 둘 이상이어야 한다.

③ 멀티스테이션(multi-station)의 트랜스퍼머신(transfer machine) : 가공물을 서로 다른 유닛헤

드(unit head)로 자동 이송하는 방법. 이 기계는 하나의 베이스(common base)를 가진 단일기계이어야 한다. 따라서 가공물을 운반하는 컨베이어에 의하여 연결되는 각종 기계로 구성되는 트랜스퍼 라인(transfer line)은 이 호에 포함되지 않는다.

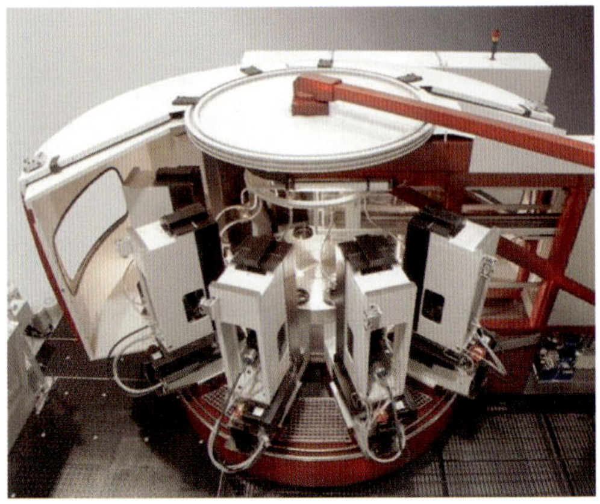

[10-station rotary transfer machine]

2) 다만 제8459호에는 선반(터닝센터를 포함한다)은 제외되는데, 선반(旋盤, lathe)은 **공작물에 회전을 주어** 외주 단면 등을 가공하는 공작기계를 말하는 것으로서, 절단·샌딩·드릴링(cutting·sanding·drilling) 등의 다양한 가공을 한다. 또한 터닝센터(TC : Turning Center)는 범용 선반에 컨트롤러를 장착한 자동화기기로서의 선반을 말한다. 이러한 선반과 터닝센터는 공작물을 회전시키는 가운데 가공하는 것이 특징인 바, 이러한 선반과 터닝센터는 특별히 제8458호에서 따로 분류하고 있어, 특히 터닝센터가 제8457호의 특성을 많이 가졌지만 제8458호에 별도로 분류하도록 하고 있다.

5. 가. 제8471호에서 "자동자료처리기계"란 다음을 말한다.
(1) 처리 중의 프로그램이나 처리하여야 할 프로그램과 적어도 프로그램 실행에 바로 소요되는 자료(data)를 기억할 수 있으며
(2) 사용자의 필요에 따라 프로그램을 자유롭게 작성하고
(3) 사용자가 지정한 수리계산을 실행할 수 있으며
(4) 처리 중의 논리 판단에 따라 변경을 요하는 처리프로그램을 사람의 개입 없이 스스로 변경할 수 있는 것

나. 자동자료처리기계는 여러 개의 독립된 기기로 구성된 시스템의 형태를 갖춘 경우도 있다.

다. 아래 라목이나 마목의 것은 제외하고 다음 요건을 모두 충족하는 기기는 자동자료처리시스템의 일부로 본다.
(1) 자동자료처리시스템에 전용되거나 주로 사용되는 것으로서
(2) 중앙처리장치에 직접적으로 접속되거나 한 개 이상의 다른 단위기기를 통하여 접속될 수 있는 것이며,
(3) 해당 시스템에서 사용하는 부호나 신호의 형식으로 자료를 받아들이거나 전송할 수 있는 것
자동자료처리기계의 단위기기들이 분리되어 제시되는 경우에는 제8471호로 분류한다. 그러나, 다목 (2)와 (3)의 조건을 충족하는 키보드, 엑스-와이 코디네이트(X-Y co-ordinate) 입력장치, 디스크 기억장치는 어떠한 경우라도 제8471호로 분류한다.

라. 다음 물품은 분리되어 제시되는 경우 위의 주 제5호 다목의 요건을 충족하더라도 제8471호

로 분류되지 않는다.

(1) 프린터, 복사기, 팩시밀리(결합되었는지에 상관없다)

(2) 음성, 영상이나 그 밖의 데이터를 송신하거나 수신하기 위한 기기[유선이나 무선 네트워크(예를 들어 근거리 통신망이나 원거리 통신망)에서 통신을 위한 기기를 포함한다]

(3) 확성기, 마이크로폰

(4) 텔레비전 카메라, 디지털 카메라, 비디오카메라레코더

(5) 텔레비전 수신기기를 갖추지 않은 모니터와 프로젝터

마. 자동자료처리기계와 결합되거나 연결되어 자료처리 외의 특정한 기능을 수행하는 기계는 각각의 고유한 기능에 따라 해당 호로 분류하며, 그 기능에 따라 분류되는 호가 없는 경우에는 잔여 호로 분류한다.

1) **자동자료처리기계(주 제5호의 가목)** : 제8471호의 자동자료처리기계는 제84류 주 제5호 가목에서 설정한 조건을 동시에 이행할 수 있어야 한다. 즉,

① 처리 중의 프로그램 또는 처리하여야 할 프로그램과 적어도 프로그램 실행에 바로 소요되는 자료를 기억할 수 있고,

② 사용자의 필요에 따라 프로그램을 자유롭게 작성하고,

③ 사용자가 특별히 정하는 수리계산을 수행할 수 있으며,

④ 처리진행 중 논리적 판단에 따라 변경을 요하는 처리프로그램을 사람의 개입 없이 스스로 변경할 수 있는 것이어야 한다.

고정된 프로그램, 즉 사용자에 의하여 변경될 수 없는 프로그램만으로 작동하는 기계는 비록 사용자가 이러한 고정 프로그램들 사이에 선택이 가능할지라도 자동자료처리기계로 인정되지 않는다.

2) **자동자료처리기계 시스템(주 제5호의 나목)** : 자동자료처리기계는 동일한 하우징 내에 중앙처리장치, 입력장치(예 : 키보드 또는 스캐너) 및 출력장치(예 : 영상표시장치)로 이루어지거나, 따로 분리되어 상호접속된 여러 개의 단위기기로 구성되기도 한다. 후자의 경우 최소한 중앙처리장치와 하나의 입력장치 및 하나의 출력장치를 갖추어야 시스템(system)의 형식을 갖추고 있다고 할 수 있다(이 류의 소호 주 제1호 참조). 상호접속은 유선 또는 무선으로 할 수 있다.

3) **자동자료처리기계의 단위기기(주 제5호의 다목)** : 제84류의 주 제5호의 라목 및 마목에 의한 경우를 제외하고, 제8471호에는 자동자료처리시스템을 구성하는 기기로서 분리하여 제시되는 단위기기(units)도 포함된다. 이러한 단위기기는 분리된 하우징을 갖고 있는 기기의 형태이거나 분리된 하우징을 갖고 있지 않고 기계 안에 삽입하도록(예 : 메인보드에 삽입하는 CPU) 설계된 기기의 형태이다. 자동자료처리시스템의 단위기기로서 다음 조건을 충족하는 장치만이 제8471호에 분류될 수 있다.

① 자료처리기능을 수행할 것

② 이 류의 주 제5호 다목에서 정한 다음의 요건을 구비할 것 : 즉 (i) 자동자료처리시스템에 전용 또는 주로 사용되는 것으로, (ii) 중앙처리장치에 직접 접속되거나 하나 또는 그 이상의 단위기기를 통하여 접속될 수 있고, (iii) 해당 시스템에서 사용될 수 있는 부호 또는 신호의 형식으로 자료를 받아들이거나 전송할 수 있는 것이어야 한다.

③ 이 류의 주 제5호 라목 및 마목에 의해 제외되지 않을 것 : 이 류의 주 제5호 다목의 마지막 단락의 규정에 따라 앞에서 설명한 ②의 (ii) 및 (iii)의 조건을 충족하는 키보드・엑스-와이 코디네이트 입력장치[188] 및 디스크 기억장치는 어떠한 경우에도 자료처리시스템의 구성 단위기기로 분류한다.

[조이스틱은 X-Y 코디네이트의 한 종류로서, 제85류의 주 제5호 다목의 두 번째와 세 번째 조건만 만족시키면 자동자료처리기계의 단위기기로 분류된다. 따라서 자동자료처리기계가 아닌 게임기에 전용되더라도 나머지 두 조건을 만족하면 제8471호에 분류될 수 있다.]

4) **자동자료처리기계의 단위기기에서 제외되는 물품(주 제5호의 라목)** : 제84류의 주 제5호의 라목에서 열거한 목록상의 물품들은 자동자료처리기계와 접속되어 사용이 가능하다 하더라도 제8471호의 단위기기로 분류할 수 없다. 그 이유는 이들 기기의 경우 다른 호에서 명확하게 분류하고 있기 때문이다. 이들을 열거하면 다음과 같다.

① 프린터, 복사기, 팩시밀리(결합되었는지에 상관없다)는 제8443호

② 음성・영상이나 그 밖의 데이터를 송신하거나 수신하기 위한 기기(예를 들어 근거리 통신망이나 원거리 통신망의 유선이나 무선 네트워크에서 통신을 위한 기기를 포함한다)는 제8517호

③ 확성기・마이크로폰은 제8518호

④ 텔레비전 카메라・디지털 카메라・비디오카메라레코더는 제8525호

⑤ 텔레비전 수신기기를 갖추지 않은 모니터와 프로젝터는 제8528호

이들 물품은 모두 4단위 호의 용어로서 명백하게 규정하고 있는 물품들인 바, 품목분류 시에 호의 용어에 근거하여 우선 분류해야 한다는 통칙 제1호에 의거 분류해야 하는 것이다.

5) **자동자료처리기계와 결합되거나 또는 연결되어 작동하는 기계로서 특정한 기능을 수행하는 것(주 제5호의 마목)** : 제84류 주 제5호 마목의 규정에 따라서 다음의 분류원칙은 자동자료처리기계와 결합하거나 또는 연결되어 작동하는 기계(machines incorporating or working in conjunction with an automatic data processing machine)로서 특정한 기능을 수행하는 경우에 적용하여야 한다.

188 이 장치에는 마우스・라이트 펜・조이스틱・트랙 볼・터치스크린이 포함된다. 이의 일반적인 특성은 입력에 의해 어떤 고정된 점에 관련하여 데이터의 위치를 지정하거나 해석하는 것이다. 일반적 용법은 키보드 위의 커서 키를 대신하거나 보완하여 디스플레이기기 위의 커서의 위치를 조정하는 것이다.

① 자동자료처리기계와 **결합한**(incorporating) 기계로서 자료처리 이외의 특정한 기능을 수행하는 것은 전체를 그 기계의 기능에 해당하는 호에 분류한다. 만약 이러한 기계가 특별히 포함되는 호가 없는 경우에는 다른 잔여 호(제8479호)에 분류하며, 제8471호에는 분류하지 않는다.

이러한 기계는 일종의 복합기계이다. 복합기계의 경우에는 전체를 하나로 주기능에 따라 분류하도록 하고 있는데, 자동자료처리기계는 자료처리를 통해 당해 기계의 특정한 고유의 기능을 수행할 수 있도록 도와주는 역할을 하고 있으므로, 당해 주기능(특정한 기능)이 명확하지 않은 경우에는 제8471호에 분류하지 않고 전체를 제8479호에 분류한다.

② 자동자료처리기계와 함께 제시되는 기계로서, 자료처리 이외의 특정한 기능을 수행하기 위해 그들에 **연결되어** 작동하도록 되어 있는 것은 다음과 같이 분류된다. 만약, 전체가 제16부 주 제4호 또는 제90류 주 제3호를 적용하여 제84류, 제85류 또는 제90류의 어느 한 호에 명백하게 규정된 기능을 함께 수행하기 위한 것일 때에는 그 전부를 그 기능에 따라 해당하는 호로 분류한다. 만약 이러한 명백히 규정된 기능의 호가 없는 경우에는 자동자료처리기계는 분리하여 제8471호에 분류하여야 하고 다른 기계는 그 기계가 수행하는 기능에 해당하는 호에 분류하여야 한다.

이러한 기계는 기능단위기계의 정의에 부합한다. 이들은 하나로 결합되어 있지 않고 단지 서로 연결되어 있을 뿐이므로 기능단위기계로서 전체로서의 기능에 해당하는 호가 없는 경우에는 그 전부를 제8479호에 분류하지 않고 구성요소를 각각 품목분류해야 한다.

6. 공칭(公稱)지름(nominal diameter)에 대한 최대오차가 100분의 1 이하이거나 0.05밀리미터 이하(둘 중 작은 기준을 적용한다)인 연마강구(鋼球)는 제8482호로 분류하며, 그 밖의 강구(鋼球)는 제7326호로 분류한다.

연마강구(polished steel ball) 중에 공칭지름의 오차가 작은 강구는 베어링의 부분품으로 사용될 수 있는 것으로 보아 제8482호의 베어링의 부분품으로 분류한다. 그렇지 않은 오차가 큰 그 밖의 강구는 제7326호의 그 밖의 철강제품으로 분류한다.

7. 두 가지 이상의 용도에 사용되는 기계류의 분류에서는 그 주 용도를 유일한 용도로 취급하여 이를 분류한다. 어느 호에도 주 용도가 규정되어 있지 않거나 주 용도가 불명확한 기계류는 이 류의 주 제2호나 제16부의 주 제3호에 따라 분류되는 경우를 제외하고 문맥상 달리 해석되지 않는 한 제8479호로 분류한다. 또한 제8479호에는 금속선 · 방직용 섬유사 · 그 밖의 재료나 이들 재료를 혼합하여 로프나 케이블을 제조하는 기계도 포함된다[예 : 스트랜딩(stranding)기, 트위스팅(twisting)기, 케이블링(cabling)기].

다용도 기계에 대해서는 제16부 주 제3호와 주 제4호의 내용을 참조하길 바란다.

8. 제8470호에서 "포켓 사이즈"라는 용어는 크기가 170밀리미터×100밀리미터×45밀리미터 이하인 기계에만 적용한다.

제8470호에는 계산 기능을 갖춘 포켓사이즈형 전자수첩(pocket-size data recording, reproducing and displaying machines with calculating function)이 분류되는데, 여기서 포켓사이즈의 크기는 170밀리미터×100밀리미터×45밀리미터 이하인 경우로 한정한다.[189]

9. 가. 제85류의 주 제8호 가목과 나목의 "반도체 디바이스"와 "전자집적회로"의 표현은 이 주와 제8486호에서도 적용된다. 다만, 이 주와 제8486호의 목적에 따라 "반도체 디바이스"는 감광성 반도체 디바이스와 발광다이오드를 포함한다.

나. 이 주와 제8486호의 목적상 "평판디스플레이의 제조"는 기판을 평판으로 제조(fabrication of substrates into a flat panel)하는 것을 포함한다. "평판디스플레이의 제조"는 유리 제조나 평판 모양인 인쇄회로기판의 조립이나 그 밖의 전자소자 조립은 포함하지 않는다.[190] "평판디스플레이"는 음극선관기술을 포함하지 않는다.

다. 제8486호에는 또한 다음에 전용되거나 주로 사용되는 기계도 분류한다.

(1) 마스크와 레티클(reticle)의 제조·수리

(2) 반도체 디바이스나 전자집적회로의 조립

(3) 보울(boule[191]), 웨이퍼(wafer), 반도체 디바이스, 전자집적회로와 평판디스플레이의 권양(捲揚), 하역, 적하(積荷)나 양하(簍荷)

라. 제16부의 주 제1호와 제84류의 주 제1호의 규정에 따라 적용될 호가 정하여지는 경우를 제외하고, 제8486호의 표현을 만족하는 기계는 이 표의 다른 호로 분류하지 않으며, 제8486호로 분류한다.

1) 제8486호의 반도체 디바이스(가목) : 제85류 주 제8호의 가목에서 "다이오드·트랜지스터와 이와 유사한 반도체 디바이스란 전계(電界)의 작용에 따른 저항의 변화로 작용을 하는 반도체 디바이스를 말한다"고 정의하고 있다. 그런데 제8486호의 "반도체 디바이스"에는 여기에 감광성 반도체 디바이스와 발광다이오드를 추가하여 적용시키고 있다.

제8541호에는 크게 네 그룹의 물품이 포함된다. 즉 i) 다이오드·트랜지스터 및 이와 유사한 반도체 디바이스, ii) 감광성 반도체 디바이스, iii) 발광다이오드, iv) 장착된 압전기결정소자가 이에 해당한다. 그런데 제85류 주 제8호의 가목은 첫 번째 물품인 "다이오드·트랜지스터 및

189 이러한 포켓사이즈의 크기는 제8527.12호에 분류되는 "포켓사이즈형 라디오카세트 플레이어"에도 똑같이 적용된다.

190 It does not cover the manufacture of glass or the assembly of printed Circuit boards or other electronic components onto the flat panel. "평판디스플레이의 제조에는 유리의 제조와 인쇄회로기판 또는 그 밖의 전자소자를 평판상에 조립하는 것은 포함하지 않는다"라고 수정 번역한다.

191 boule은 반도체 단결정 잉곳을 말하는 것으로서 길다란 실린더 모양이다. 이것을 슬라이스 모양으로 절단하여 wafer를 만든다(제28류 주 제8호의 그림 참조).

이와 유사한 반도체 디바이스"를 정의하고 있고, 이들 반도체 디바이스는 전계의 작용에 따른 저항의 변화로 작동하는 물품을 말하고 있는 바, 전계의 작용에 따른 저항의 변화로 작동하는 물품이 아닌 감광성 반도체 디바이스(빛에 대해 작용)와 발광다이오드(전기에너지의 작용에 따라 발광)도 제8486호의 반도체 디바이스 개념 적용에 있어서는 포함시켜 해석한다는 것이다. 이에 따라 이 호에는 일반 반도체 제조용의 기기뿐만 아니라 감광성 반도체나 LED용 반도체 제조용의 기기도 포함된다.

2) **평판디스플레이의 제조(나목)** : 평판디스플레이(Flat Panel Display)는 유리기판에 반도체공정과 유사한 공정을 비롯한 각종 공정을 거쳐 평판으로 제조(fabrication of substrates into a flat panel)된다. 평판디스플레이가 완성되기까지의 일련의 공정 중에 제8486호에 분류될 수 있는 공정에 사용되는 기기는 유리기판(substrate)의 가공부터 평판(flat panel)의 완성에 사용되는 기기까지에 적용된다. 그러므로 그 이전단계인 유리 제조나, 그 이후 단계인 평판제조공정과 무관한 평판상에 인쇄회로기판이나 그 밖의 전자소자를 조립하는 데에 사용하는 기기는 제8486호에 포함되지 않는다. 또한 "평판디스플레이"는 음극선관기술을 포함하지 않는다.

3) **그 밖의 분류물품(다목)** : 제8486호에는 i) boule 또는 웨이퍼 제조용 기계와 기기, ii) 반도체 디바이스 또는 전자집적회로 제조용 기계와 기기, iii) 평판디스플레이 제조용 기계 및 기기가 분류되고, 추가로 제84류 주 제9호의 다목에서 열거한 물품이 분류된다. 특히 이들 물품은 반도체나 평판디스플레이의 제조용과 그 밖의 물품의 제조용과 혼동 가능성이 있으므로, 이들이 해당 물품의 제조에 전용되거나 주로 사용되는 기계인지의 판단에 유의하여야 한다.

4) **제8486호의 우선 적용(라목)** : 제16부의 주 제1호와 제84류의 주 제1호의 제외규정에 따라 적용될 호가 정하여지는 경우를 제외하고, 제8486호의 표현을 만족하는 기계는 이 표의 다른 호로 분류하지 않으며, 제8486호로 분류한다.

◉ 소호주

1. 소호 제8471.49호에서 "시스템"이란 제84류의 주 제5호 다목의 조건들을 충족하는 기기들로 이루어진 자동자료처리기계를 말하며, 적어도 중앙처리장치와 한 개의 입력장치(예 : 키보드나 스캐너)와 한 개의 출력장치(예 : 영상디스플레이장치나 프린터)로 이루어진 것을 말한다.

HS		품명	Description
8471		자동자료처리기계와 그 단위기기, 자기식이나 광학식 판독기, 자료를 자료매체에 부호형태로 전사하는 기계와 이러한 자료의 처리기계(따로 분류되지 않은 것으로 한정한다)	Automatic data processing machines and units thereof; magnetic or optical readers, machines for transcribing data onto data media in coded form and machines for processing such data, not elsewhere specified or included.

	30	휴대용 자동자료처리기계(중량이 10kg 이하인 것으로서 적어도 중앙처리장치, 키보드, 디스플레이를 갖추고 있는 것으로 한정한다)	Portable automatic data processing machines, weighing not more than 10 kg, consisting of at least a central processing unit, a keyboard and a display
	4	그 밖의 자동자료처리기계	Other automatic data processing machines :
	41	적어도 동일 하우징 속에 중앙처리장치와 입출력장치를 내장한 것(이들이 상호 결합한 것인지에 상관없다)	Comprising in the same housing at least a central processing unit and an input and output unit, whether or not combined
	49	**기타(시스템 형태로 제시된 것으로 한정한다)**	**Other, presented in the form of systems** "이하 생략"

2. 소호 제8482.40호(니들롤러베어링)는 지름이 5밀리미터 이하이고 길이가 최소한 지름의 세 배 이상인 원통 롤러를 갖춘 베어링에만 적용한다. 롤러의 양끝은 둥근 것일 수도 있다.

[니들롤러베어링. 다른 롤러 베어링보다 가늘게 생겼다.]

HS		품명	Description
8482		볼베어링(ball bearing)이나 롤러베어링(roller bearing)	Ball or roller bearings.
	10	볼베어링(ball bearing)	Ball bearings
	20	원추형 롤러베어링(roller bearing)[콘과 결합된 원추형 롤러베어링(roller bearing)을 포함한다]	Tapered roller bearings, including cone and tapered roller assemblies
	30	구형 롤러베어링(roller bearing)	Spherical roller bearings
	40	**니들 롤러베어링(roller bearing)**	**Needle roller bearings**
	50	그 밖의 원통형 롤러베어링(roller bearing)	Other cylindrical roller bearings
	80	그 밖의 베어링[볼베어링(ball bearing)과 롤러베어링(roller bearing)이 결합된 것을 포함한다]	Other, including combined ball/roller bearings
	9	부분품	Parts :
	91	볼 · 니들 · 롤러	Balls, needles and rollers
	99	기타	Other

◉ 총설

1) 일반적으로 제84류에는 기계류가 포함되고, 제85류에는 전기기기가 포함된다. 그러나 어떤 기계는 제85류의 각 호에 특별히 포함되어 있고(예 : 전자기계식의 가정용 기기), 반면에 제84류에는 비기계식 장치가 특별히 포함되어 있기도 하다(예 : 증기발생 보일러 및 동 부속기기와 여과기 등). 또한 제84류에 포함되는 각종의 기계류에는 그것이 비록 전기식의 것이라 할지라

도 이 류에 분류된다는 것이 있는데, 이를 예시하면 다음과 같다.

① 전동기에 의하여 구동되는 기계

② 전기가열식의 기계류 : 예를 들면 제8403호의 전기식 중앙난방보일러, 제8419호의 기계 및 전기가열장치(electrical heating elements)를 갖춘 그 밖의 기계(예 : 캘린더기, 직물의 세탁용 또는 표백용 기계 또는 프레스기)[192]

③ 전자식(電磁式)으로 작동되는(operated electro-magnetically) 기계 또는 전자식(電磁式) 장치를 갖춘 기계 : 전자식 작동기계의 예로는 전자석 밸브를 들 수 있고, 전자식 장치를 갖춘 기계의 예로는 전기식 자동정지장치를 갖춘 직기, 전자식(電磁式)의 리프팅 헤드를 갖춘 크레인 또는 전자식(電磁式) 척(chuck)을 갖춘 선반 등을 들 수 있겠다.[193]

④ 전자식(電子式)으로 작동되는 기계(예 : 전자식의 계산기 또는 자동자료처리기계) 또는 광전식 또는 전자식의 장치를 갖춘 기계(예 : 광전식 제어장치를 갖춘 금속압연기와 각종의 전자제어장치를 갖춘 공작기계)[194]

2) 도자제의 기계류(예 : 펌프)와 기계류의 도자제 부분품(제69류), 이화학용의 유리제품(제7017호)과 유리제의 기계류 및 동 부분품(제7019호 또는 제7020호)은 이 류에서 제외된다. 이러한 이유로 품명과 성질로 보아 이 류에 포함될 것 같은 기계라 할지라도 도자재료 또는 유리로 만든 제품의 특성을 갖는 경우에는 이 류에 분류되지 아니한다.[195] 이러한 경우가 적용되는 예를 들면, 마개류 · 조인트 · 탭 등과, 조이거나 고정시키기 위한 밴드 및 이음고리와, 그 밖의 고정 또는 지지용 장치(스탠드 · 삼각대 등)와 같이 다른 재료로 만든 중요하지 않은 부분과 결합된 도자제품 또는 유리제품이 있다.

반면에 다음에 열거하는 물품은 대체로 도자제품 · 이화학용 유리제품 · 도자재료 또는 유리로 만든 기계류 및 동 부분품의 특성을 상실한 것으로 취급된다.

① 구성비율이 높은 다른 재료(예 : 금속)와 도자 또는 유리가 함께 결합된 물품, 다른 재료로 만든 프레임 · 케이스 및 이와 유사한 물품에 결합되었거나 영구적으로 장착된 제품으로 도자 또는 유리성분의 구성비율이 높은 물품

192 캘린더기는 제8420호, 직물의 세탁용 또는 표백용 기계 및 프레스는 제8451호에 각각 분류된다.

193 Machines operated electro-magnetically (e.g., electro-magnetic valves) or incorporating electro-magnetic devices (e.g., textile looms with electrical automatic stop motions, cranes with electro-magnetic lifting heads and lathes with electro-magnetic chucks).

194 Machines operated electronically (e.g., electronic calculating or automatic data processing machines) or incorporating photoelectric or electronic devices (e.g., rolling mills with photo-electric apparatus and machine-tools incorporating a variety of electronic control devices).

195 예로 세라믹 펌프(ceramic pump)는 내부식성을 필요로 하는 경우에 사용하는 펌프인데, 제8413호와 제8414호에 펌프가 분류되도록 특게가 되어 있을지라도 당해 물품이 도자제의 본질적인 특성이 있는 경우에는 제69류에 분류한다. 제6909호와 제7020호에는 각각 공업용의 세라믹제품과 공업용의 유리제품을 분류하도록 하고 있는데, 제84류의 기계나 기계부분품으로서 세라믹이나 유리가 제품의 본질적인 특성을 부여하는 경우에는 제84류의 기계나 기계의 부분품으로 보지 않고 제69류나 제70류에 분류한다. 반면에 제85류의 경우에는 이 규정이 적용되지 않는다.

② 다른 재료(예 : 금속)로 만든 전동기 · 펌프 등과 같은 기계적 부분과 도자재료 또는 유리로 만든 정적인 부분이 함께 결합되어 있는 물품

3) 이 류의 기계에 사용되는 부분품 중에 **단독으로 제시되는 전기식 부분품(electrical parts)**은 일반적으로 제85류의 각 호에 분류된다. 예를 들면 전동기(제8501호), 전기변압기(제8504호), 전자석 · 영구자석, 크레인용의 전자식 리프팅헤드와 전자식 척(chuck)(제8505호), 피스톤식 내연기관용의 전기식 시동용 기기(제8511호), 전기스위치 · 제어반 · 플러그 · 접속함 등(제8535호~제8537호), 전자관(제8540호) · 다이오드 · 트랜지스터 및 이와 유사한 반도체 디바이스(제8541호), 전자집적회로(제8542호), 전기 탄소(제8545호) · 애자(제8546호) 및 전기기기용의 절연용 물품(제8547호) 등이 있다. 이러한 물품은 기계의 다른 부분품과 함께 결합되어 있지 않는 한, 이 류의 특정 기계에 원칙적으로 전용되도록 설계 · 제작된 것이라 할지라도 앞에서 설명한 각 호에 분류된다. 그 밖의 전기식 부분품은 다음과 같이 분류된다.

① 만일 이들 부분품들이 제8409호 · 제8431호 · 제8448호 · 제8466호 또는 제8473호의 물품에 해당되는 것이면 이들 각 호에 분류된다.

② 그렇지 않으면, 이들 부분품들이 특정 기계에 원칙적으로 전용 또는 주로 사용되도록 설계 제작된 것에 한하여 이 류의 당해 기계와 같은 호에 분류된다. 만일 이 조건을 충족하지 못하면 제8548호에 분류된다.

4) 이 류의 2 이상의 호에 해당하는 기계(류 주 제2호, 제7호 및 제9호 라목)

① 제16부의 주 제1호와 제84류 주 제1호의 규정에 따라 적용될 호가 정하여지는 경우를 제외하고, 제8486호의 표현을 만족하는 기계는 이 표의 다른 호에는 분류하지 **않고**, 제8486호에 분류한다.

② 제8401호에서 제8424호까지에는 일반적으로 그 기능에 따라 제품명이 표현되어 있는데, 여기에는 다양한 분야의 산업에서 사용될 수 있는 기계류가 포함된다. 나머지 호에 해당되는 기계류는 대부분의 경우 그들이 사용되는 산업 또는 활용분야에 따라 열거되어 있다. 2 이상의 호에 해당되는 기계류로서, 그 해당하는 호의 하나가 첫째 그룹(즉, 제8401호~제8424호)에 속하는 것은 이 류의 주 제2호에 따라 그 첫째 그룹에 속하는 호에 분류된다. 따라서 원동기는 그 용도에 관계없이 항상 제8406호~제8408호 및 제8410호~제8412호에 분류된다. 이러한 분류원칙은 비록 방직용의 펌프나 농업용의 펌프와 같이 당해 물품이 특정용도에 전용되도록 제작된 것일지라도, 펌프 · 원심분리기 · 캘린더기 · 여과용 프레스 · 노(爐) · 증기발생기 등의 경우에도 똑같이 적용한다. 이 일반원칙에 대하여는 제8419호 · 제8422호 및 제8424호에 관한 몇 가지의 예외규정이 있다(이 류의 주 제2호에 열거되어 있음).

③ 제8401호에서 제8424호까지에 대한 우선 규정은 전체가 하나의 기계로 인정되는 기계에 한하여 적용된다. 복합기계와 다기능기계는 제16부 주 제3호에 의하여 분류되며, 기능단위기계는 이 부주 제4호에 의하여 분류된다. 제8401호에서 제8424호까지의 호 이외의 2 이상의 호에 해당하는 기계류는 가장 구체적으로 열거되어 있는 호 또는 해당 기계의 주 용도에 따라 분류

된다. 수종의 다른 용도 또는 산업에 공통으로 사용되는 다용도기계(예 : 종이 · 섬유 · 가죽 · 플라스틱 등의 산업에 공통으로 사용되는 아이레팅기)로서 주용도를 결정할 수 없는 때에는 제8479호에 분류된다.

5) **제8401호의 원자로, 방사선을 조사(照射)하지 않은 원자로용 연료 요소(카트리지)와 동위원소 분리용 기기** : 제8401호에는 다음의 물품이 분류된다.

① **원자로(原子爐, nuclear reactor)** : 원자로는 핵분열 연쇄반응의 진행 속도를 인위적으로 제어해서 순간에 방출되는 에너지를 서서히 꺼내는 장치를 말한다. 생물보호용 방사선차폐물 그 자체와 그 차폐물에 의하여 차단된 구역 내의 모든 기구가 포함되고, 또한 차폐물의 내측에 포함되어 있는 기구와 일체를 이루고 있는 것이면 차폐된 구역 밖에 있는 다른 기기도 포함한다. 원자로는 노심부(CORE), 기계적 구조물, 측정용 · 검사용 또는 자동제어용의 기기 및 열차폐 또는 생체차폐 등으로 이루어져 있다. 이 중 가장 중요한 노심부는 핵연료(핵분열성의 것 또는 핵연료성의 것), 감속재(moderator)와 중성자 반사체(neutron reflector), 냉각재(coolant), 제어봉(制御棒, control rod) 등[196]으로 구성되어 있다.

② **방사성 동위원소의 분리용 기기** : 이들 그룹은 동위원소 중의 하나의 원소를 화학적 원소 또는 화합물로 농축하거나 혼합 구성된 동위원소를 분리하는데 사용하도록 설계·제작된 모든 기계적 · 열관계적 · 전기적 기기를 포함한다. 가장 중요한 것은 중수(重水)의 생산용 또는 우라늄을 U235로 농축하는데 사용되는 기기들이다.

③ **원자로용 연료요소(카트리지)** : 원자로용으로 조사(照射)되지 않은 것(non-irradiated). 조사된 원자로용 연료카트리지는 제2844호에 분류된다.

6) **제8479호에 분류되는 물품** : 제8479호는 고유의 기능(individual function)을 가진 기계류로서 다음의 조건을 충족시키는 것에 한하여 적용된다.

① 어떤 부 또는 류의 주에 의하여 제84류에서 제외되지 않는 것

② 품목분류표의 다른 어떤 류의 호에 특별히 분류되지 않은 것

③ 다음의 이유 때문에 이 류의 어떤 다른 특정 호에 분류될 수 없는 것

i) 기계류의 기능 · 품명 또는 형식에 의하여 다른 호에 분류되지 않는 것

ii) 기계류의 사용목적 또는 이러한 기계를 사용하는 산업에 따라 다른 호에 분류되지 않는 것

iii) 둘 또는 그 이상의 다른 호에 동시에 분류될 수 있는 것(범용성 기계)

196 감속재(moderator)는 중성자의 속도를 늦춰주는 물질인데(느린 중성자만이 연쇄핵분열이 가능하기 때문이다), 감속재의 재료로는 경수나 중수 또는 흑연 등이 이용된다. 중성자 반사체(neutron reflector)는 노심의 주위에 설치하고, 중성자를 반사하여 노 밖으로의 누출을 방지하는 것을 말한다. 냉각재(coolant)는 원자로의 노심을 냉각하여 노심의 온도가 높아져서 원자로가 파손되는 것을 방지하는 데 있다. 또한 제어봉(制御棒, control rod)은, 이것을 노심에 넣으면 열중성자(熱中性子, thermal neutron)가 흡수되어 노의 반응도가 낮아지고, 반대로 이것을 빼면 노의 반응도가 높아지는데, 이를 통해 핵연료의 반응도를 조절하는 작용을 한다.

제8479호의 기계류는 해당 기계류가 고유의 기능을 가지고 있다는 사실에 의하여 부분품에 관한 일반적 규정에 따라 분류되는 기계류의 부분품과는 구별된다. 즉 제8479호는 부분품이 아니라, 고유한 기능이 있는 기계류이다. 호의 적용에 있어서 다음의 것은 "고유의 기능(individual functions)"을 가진 것으로 간주한다.

① 기계의 기능이 다른 어떤 기계 또는 기기로부터 별개로, 또한 독립하여 작용될 수 있는 기계. 이때 전동기 또는 그 밖의 구동장치가 부착되어 있는지의 여부를 불문한다.[197]

② 다른 기계 혹은 기기에 부착되거나(mounted) 또는 좀 더 복잡한 개체(more complex entity) 중에 결합된(incorporated) 경우에 한하여 그 기능이 수행될 수 있는 것으로서 다음의 기능을 갖는 기계

i) 그것이 부착될 기계 또는 기기나, 그것이 결합될 개체에 의하여 행하여지는 기능과는 별개의 기능이고,

ii) 이와 같은 기능은 이러한 기계·기기 또는 개체의 조작상 필수불가결의 부분으로 작용하지 아니하는 것(…does not play an integral and inseparable part in…)[198]

8) **제8487호에 분류되는 물품** : 이 호에는 기계류의 부분품 중 다음에 열거한 물품을 제외하고 모든 비전기식의 부분품이 포함된다.

① 특정의 기계(제8479호 또는 제8543호·제17부·제90류 등의 기계를 포함한다)에 전용 또는 주로 사용하도록 특별히 설계되어 있고, 따라서 해당 기계와 동일한 호(부분품에 관하여 단독의 호가 규정되어 있는 경우에는 해당 단독의 호)에 분류되는 부분품

② 제8481호에서 제8484호까지에 해당되는 부분품

③ 품목분류표의 다른 호에 특히 해당되는 부분품 또는 제16부 주 제1호 혹은 제84류 주 제1호의 규정에 의하여 제외되는 부분품

따라서 제8487호에 속하는 물품은 일반적으로 기계의 부분품으로서 인정될 수 있는 것이지만, 특정 기계의 부분품은 제외된다. 이러한 조건에 따라 이 호에는 비자동식의 윤활유용 포트(pots), 그리스용의 니플, 수동식 휠과 레버 및 손잡이, 안전덮개와 베이스플레이트(safety

197 단독으로 제시되는 공기의 제습기는 오존발생기에 부착하도록 설계·제작된 것이라 할지라도 고유의 기능을 가진 것으로서 이 호에 분류된다. 즉 이는 오존발생기의 부분품이 아닌 별개로 또한 독립하여 제습기능을 하는 별개의 기계류이다.

198 예로 체인 커터(chain cutter)는 공업용 재봉기에 부착되는 것으로서, 해당 재봉기가 끊임없이 작동될 수 있도록 실을 자동적으로 절단하는 장치이다. 이 체인커터는 해당 재봉기의 재봉이라는 기능과 별개의 기능을 행하기 때문에 고유의 기능을 가지는 것이고, 다른 열거된 호가 없으므로 체인커터는 제8479호에 분류된다. 반면에 내연기관용 기화기의 기능은 엔진의 기능과 별개의 것이나, 기화기(氣化器, carburettor)의 작용은 엔진의 작용과 분리할 수 없는 것이므로 "고유의 기능"은 아닌 것이다. 따라서 단독으로 제시된 기화기는 제8409호의 엔진의 부분품으로서 분류된다. 또한 기계식 또는 액압식의 쇼크옵서버(shock absorber)는 부착될 기계 또는 기기의 필요불가결한 부분을 구성하는 것이므로 단독으로 제시된 쇼크옵서버는 부착되어야 할 기계 또는 기기의 부분품으로서 분류된다(차량용 또는 항공기용 쇼크옵서버는 제17부에 해당된다).

guard and baseplate), 오일실링이 포함된다. 특히 오일실링의 경우, 일반적으로 횡단면이 원형인 이들 링은 움직이는 부분이 없는 것이 특징이며 구조가 대단히 간단하다(예를 들면 경질의 고무링과 금속보강재를 벌커나이즈드하여 조립한 것).199 이들 물품은 수많은 기계 및 기기에서 연결 표면을 밀폐하여 오일 또는 가스의 누출을 방지하거나 혹은 먼지 등이 들어오는 것을 방지하는 데 사용된다. 또한 이 호에는 선박용 또는 보트용의 프로펠러 및 패들휠도 포함된다.

199 반면에 하나의 실(seal)에 고정된 부분과 움직이는 부분을 모두 가진 것을 메커니컬실(mechanical seal)이라고 한다. 이는 제8484호에 분류된다. 또한 단일재질로 된 실(seal)은 해당 재질에 따라 분류된다(예로 고무실은 제4016호에 분류).

Chapter 85

제85류 전기기기와 그 부분품, 녹음기·음성재생기·텔레비전의 영상과 음성의 기록기·재생기와 이들의 부분품·부속품

호	호의 용어
8501	전동기와 발전기(발전세트는 제외한다)
8502	발전세트와 회전변환기
8503	부분품(제8501호나 제8502호의 기계에 전용되거나 주로 사용되는 것으로 한정한다)
8504	변압기·정지형 변환기(예: 정류기)와 유도자
8505	전자석, 영구자석과 자화(磁化)한 후 영구자석으로 사용되는 물품, 전자석이나 영구자석식 척(chuck)·클램프와 이와 유사한 가공물 홀더, 전자석 커플링(coupling)·클러치와 브레이크, 전자석 리프팅헤드(lifting head)
8506	일차전지
8507	축전지(격리판을 포함하며, 직사각형이나 정사각형인지에 상관없다)
8508	진공청소기
8509	가정용 전기기기(전동기를 갖춘 것으로 한정하며, 제8508호의 진공청소기는 제외한다)
8510	면도기·이발기·모발제거기[전동기를 갖춘 것으로 한정한다]
8511	불꽃점화식이나 압축점화식 내연기관의 점화용·시동용 전기기기(예: 점화용 자석발전기·자석발전기·점화코일·점화플러그·예열플러그·시동전동기), 내연기관에 부속되는 발전기(예 : 직류발전기·교류발전기)와 개폐기
8512	전기식 조명용이나 신호용 기기(제8539호의 물품은 제외한다)·윈드스크린와이퍼(windscreen wiper)·제상기(defroster)·제무기(demister)(자전거용이나 자동차용으로 한정한다)
8513	휴대용 전등(건전지·축전지·자석발전기와 같은 자체 전원기능을 갖춘 것으로 한정하며, 제8512호의 조명기기는 제외한다)
8514	공업용이나 실험실용 전기식 노(爐)와 오븐[전자유도식이나 유전손실(dielectric loss)식을 포함한다]과 그 밖의 공업용이나 실험실용의 전자유도식이나 유전손실(dielectric loss)식 가열기
8515	전기식(전기발열에 따른 가스식을 포함한다)·레이저나 그 밖의 광선식·광자빔식·초음파식·전자빔식·자기펄스(magnetic pulse)식·플라즈마 아크(plasma arc)식 납땜용이나 용접용 기기(절단기능이 있는지에 상관없다), 금속이나 서멧(cermet)의 가열분사용 전기식 기기
8516	전기식의 즉시식·저장식 물가열기와 투입식 가열기, 난방기기와 토양가열기, 전기가열식 이용기기[예 : 헤어드라이어·헤어컬러·컬링통히터(curling tong heater)], 손 건조기, 전기다리미, 그 밖의 가정용 전열기기, 전열용 저항체(제8545호의 것은 제외한다)
8517	전화기(셀룰러 통신망이나 그 밖의 무선 통신망용 전화기를 포함한다)와 음성·영상이나 그 밖의 자료의 송신용·수신용 그 밖의 기기(근거리 통신망이나 원거리 통신망과 같은 유선·무선 통신망에서 통신하기 위한 기기를 포함하며, 제8443호·제8525호·제8527호·제8528호의 송신용·수신용 기기는 제외한다)
8518	마이크로폰과 그 스탠드, 확성기[인클로저(enclosure)에 장착된 것인지에 상관없다], 헤드폰과 이어폰(마이크로폰이 부착된 것인지에 상관없다), 마이크로폰과 한 개 이상의 확성기로 구성된 세트, 가청주파증폭기, 음향증폭세트
8519	음성 녹음용이나 재생용 기기

8521	영상기록용이나 재생용 기기(비디오튜너를 결합한 것인지에 상관없다)
8522	제8519호나 제8521호의 기기에 전용되거나 주로 사용되는 부분품과 부속품
8523	디스크 · 테이프 · 솔리드 스테이트(solid-state)의 비휘발성 기억장치 · 스마트카드와 음성이나 그 밖의 현상의 기록용 기타 매체[기록된 것인지에 상관없으며 디스크 제조용 매트릭(matrice)과 마스터(master)를 포함하되, 제37류의 물품은 제외한다]
8525	라디오 방송용이나 텔레비전용 송신기기(수신기기 · 음성기록기기 · 재생기기를 갖춘 것인지에 상관없다)와 텔레비전 카메라 · 디지털 카메라 · 비디오카메라레코더
8526	레이더기기 · 항행용 무선기기 · 무선원격조절기기
8527	라디오방송용 수신기기(음성기록기기 · 재생기기, 시계가 동일한 하우징 내에 결합된 것인지에 상관없다)
8528	텔레비전 수신기기를 갖추지 않은 모니터와 프로젝터, 텔레비전 수신용 기기(라디오 방송용 수신기기 · 음성이나 영상의 기록용 기기나 재생용 기기를 결합한 것인지에 상관없다)
8529	부분품(제8525호부터 제8528호까지에 열거된 물품에 전용되거나 주로 사용되는 것으로 한정한다)
8530	철도용 · 궤도용 · 도로용 · 내륙수로용 · 주차장용 · 항만용 · 공항용 전기식 신호기기 · 안전기기 · 교통관제기기(제8608호의 것은 제외한다)
8531	전기식 음향이나 시각 신호용 기기(예 : 벨 · 사이렌 · 표시반 · 도난경보기 · 화재경보기). 다만, 제8512호나 제8530호의 것은 제외한다.
8532	축전기[고정식 · 가변식 · 조정식(프리세트)으로 한정한다]
8533	전기저항기[가감저항기(rheostat)와 전위차계(potentiometer)를 포함하며, 전열용 저항체는 제외한다]
8534	인쇄회로
8535	전기회로의 개폐용 · 보호용 · 접속용 기기[예 : 개폐기 · 퓨즈 · 피뢰기 · 전압제한기 · 서지(surge)억제기 · 플러그와 그 밖의 커넥터 · 접속함](전압이 1,000볼트를 초과하는 것으로 한정한다)
8536	전기회로의 개폐용 · 보호용 · 접속용 기기[예: 개폐기 · 계전기 · 퓨즈 · 서지(surge)억제기 · 플러그 · 소켓 · 램프홀더와 그 밖의 커넥터 · 접속함](전압이 1,000볼트 이하인 것으로 한정한다)와 광섬유용 · 광섬유다발용 · 케이블용 커넥터
8537	전기제어용이나 배전용 보드 · 패널 · 콘솔 · 책상 · 캐비닛과 그 밖의 기반(基盤)(제8535호나 제8536호의 기기를 두 가지 이상 장착한 것으로 한정하고 제90류의 기기와 수치제어기기와 결합한 것을 포함하며, 제8517호의 교환기기는 제외한다)
8538	부분품(제8535호 · 제8536호 · 제8537호의 기기에 전용되거나 주로 사용되는 것으로 한정한다)
8539	필라멘트램프나 방전램프[실드빔 램프유닛(sealed beam lamp unit)과 자외선램프나 적외선램프를 포함한다], 아크램프
8540	열전자관 · 냉음극관 · 광전관[예 : 진공관 · 증기나 가스를 봉입한 관 · 수은아크정류관 · 음극선관 · 텔레비전용 촬상관(camera tube)]
8541	다이오드 · 트랜지스터와 이와 유사한 반도체 디바이스, 감광성 반도체 디바이스(광전지는 모듈 · 패널에 조립되었는지 여부와 관계없이 포함한다), 발광다이오드, 장착된 압전기 결정소자
8542	전자집적회로
8543	그 밖의 전기기기(이 류에 따로 분류되지 않은 것으로서 고유의 기능을 가진 것으로 한정한다)
8544	절연(에나멜 도포나 산화피막처리를 한 것을 포함한다) 전선 · 케이블(동축케이블을 포함한다)과 그 밖의 전기절연도체(이것은 접속자가 부착된 것인지에 상관없다), 광섬유 케이블(섬유를 개별 피복하여 만든 것으로 한정하며, 전기도체나 접속자가 부착된 것인지에 상관없다)
8545	탄소전극 · 탄소브러시 · 램프용 탄소 · 전지용 탄소와 그 밖의 흑연이나 탄소제품(전기용으로 한정하며, 금속이 함유된 것인지에 상관없다)

8546	애자(어떤 재료라도 가능하다)
8547	전기기기용으로서 전부가 절연재료로 구성된 절연용 물품(나선가공 소켓과 같이 단순히 조립을 위하여 주조 과정에서 소량의 금속이 주입된 것을 포함하며, 제8546호의 애자는 제외한다), 비금속(卑金屬)으로 만든 전기용 도관(導管)과 그 연결구류(절연재로로 속을 댄 것으로 한정한다)
8548	일차전지와 축전지의 웨이스트(waste)와 스크랩(scrap), 수명이 끝난 일차전지와 축전지, 기기의 전기식 부분품(이 류에 따로 분류되지 않은 것으로 한정한다)

류주

1. 이 류에서 다음 각 목의 것은 제외한다.
   가. 전기가열식 모포·베드패드(bed pad)·발싸개나 이와 유사한 물품, 전기가열식 의류·신발류·귀가리개와 그 밖의 착용품이나 신변용품
   나. 제7011호[200]의 유리제품
   다. 제8486호의 기계와 기기
   라. 내과용·외과용·치과용·수의과용 진공기기(제9018호)
   마. 제94류의 전기가열식 가구

2. 제8501호부터 제8504호까지에서는 제8511호·제8512호·제8540호·제8541호·제8542호에 규정한 물품을 제외한다. 다만, 금속조의 수은아크정류기(metal tank mercury arc rectifiers)는 제8504호로 분류한다.

[금속조의 수은아크정류기. AC → DC로 바꾸는 정류기로서, 다른 수은아크정류기는 제8540호에 분류되나, 금속조형의 것은 제8504호에 예외적으로 분류된다.]

   1) 어떤 물품이 제8501호부터 제8504호까지와 제8511호·제8512호·제8540호·제8541호·제8542호에 동시에 분류가 가능한 경우에는 이를 제8511호·제8512호·제8540호·제8541호·제8542호에 우선하여 분류한다. 다만 금속조의 수은아크정류기(metal tank mercury arc rectifiers)는 제8504호에 분류한다.
   2) 수은아크정류기는 진공도가 높은 용기 속의 수은증기 안에서 아크방전을 일으켜 정류를 하는 것을 말한다. 일반적인 수은아크정류기는 제8540호에 분류되지만, 대용량의 정류를 하는 금속조의 수은아크정류기는 제8504호에 분류한다.

3. 제8509호에는 일반적으로 가정에서 사용하는 다음 각 목의 전기기기(electro-mechanical machines)만을 분류한다.
   가. 바닥광택기·식품용 그라인더·식품용 믹서·과즙이나 야채즙 추출기(중량에 상관없다)
   나. 가목에서 규정한 전기기기 외의 것으로서 그 중량이 20킬로그램 이하인 것

200 제7011호 : 밀폐되지 않은 유리로 만든 외피(벌브와 튜브를 포함한다)와 이들의 부분품(전구·음극선관이나 이와 유사한 용도의 것으로서 부착물이 없는 것으로 한정한다)

다만 팬과, 팬을 결합한 환기용 · 순환용 후드[필터를 갖추었는지에 상관없다(제8414호)], 원심식 의류건조기(제8421호), 접시세척기(제8422호), 가정용 세탁기(제8450호), 로울기(roller machine)나 그 밖의 다림질기(제8420호나 제8451호), 재봉기(제8452호), 전기가위(제8467호), 전열기기(제8516호)는 제8509호로 분류하지 않는다.

1) 제8509호에는 가정용 전기기기로서 **전동기를 결합**한 것이 분류된다. **이 호에서 "가정용 기기"란 일반적으로 가정에서 사용되는 기기를 말한다.** 단 제8508호의 진공청소기는 제8508호에 특게된 물품으로서, 제8509호에서 제외된다. 전동기를 결합한 가정용 전기기기이므로 분리형의 전동기로 구동되는 기기도 또한 제외된다. **이들 기기는 형식에 따라 총체적인 수치 · 설계 · 용량 또는 용적 등 하나 이상의 특징에 의해 구별된다.** 가정용 기기의 기준은 해당 기기가 가정용으로서의 필요성을 초과하는 레벨로 작동되어서는 안 된다는 것을 말한다.
2) 전동기를 결합한 전기기기는 가정용의 것과 그렇지 않은 것의 구분이 모호하고, 또한 전동기를 결합한 것으로서 가정용으로 사용하더라도 다른 호에서 더 명확하게 규정하는 물품들이 많기 때문에 품목분류 시에 혼선을 가져올 수 있다. 이에 따라 제85류의 주에서 다음과 같이 이에 대해 정리를 해주고 있다.
   ① 바닥광택기 · 식품용 그라인더 · 식품용 믹서 · 과즙이나 야채즙 추출기는 중량에 관계없이 무조건 제8509호에 분류한다.
   ② 그 외의 전기기기는 당해 물품의 중량이 20kg 이하인 것에 한하여 가정용으로 인정하여 제8509호에 분류한다.
   ③ 다만 팬과 팬을 결합한 환기용 · 순환용 후드[필터를 갖추었는지에 상관없다(제8414호)], 원심식 의류건조기(제8421호), 접시세척기(제8422호), 가정용 세탁기(제8450호), 로울기(roller machine)나 그 밖의 다림질기(제8420호나 제8451호), 재봉기(제8452호), 전기가위(제8467호), 전열기기(제8516호)는 제8509호로 분류하지 않는다. 이러한 물품들은 다른 호에 4단위 호의 용어로 명확하게 특게되어 있으므로, 가정용 기기로 별도로 분류하는 것보다 당해 특게호에 분류함이 더 적절하기 때문일 것이다.

4. 제8523호에서

가. "솔리드스테이트(solid-state)의 비휘발성 기억장치[예 : 플래시 메모리카드(flash memory card)나 플래시 전자기억카드(flash electronic storage card)]"란 인쇄회로기판 위에 하나 이상의 집적회로 형태의 플래시 메모리(flash memory)[예 : 플래시이이피롬(FLASH E2PROM)]를 동일 하우징 속에 구성하고, 연결용 소켓을 갖춘 기억장치를 말한다. 이러한 물품은 집적회로 형태의 제어기와 축전기 · 저항기와 같은 수동(受動) 개별 부품을 갖춘 것도 있다.

나. "스마트카드"란 하나 이상의 칩 형태 전자집적회로[하나의 마이크로프로세서, 램(RAM)이나 롬(ROM)]를 내장한 카드를 말한다. 이러한 카드는 접속부, 마그네틱스트라이프(magnetic stripe)나 내장형 안테나를 갖춘 것도 있으나, 다른 종류의 능동이나 수동 회로소자를 갖춘 것은 제외한다.

1) 제8523호에는 기록 여부를 불문하고, 음성 또는 그 밖의 현상(숫자자료, 문자, 영상 또는 그 밖의 영상자료, 소프트웨어)의 기록(recording)을 위한 여러 형태의 매체를 포함한다. 이러한 매체들은 일반적으로 기록장치 또는 판독장치를 통해 이용되며, 한 기록장치나 판독장치에서 다른 기록장치나 판독장치로 전송될 수 있다. 이러한 기록매체의 종류로는 마그네틱테이프 등의 자기식 매체, CD-ROM 등의 광학식 매체, 그리고 플래시 메모리카드와 같은 반도체식의 기록매체 등이 있다.

2) 제85류의 주 제4호에서는 이 중에 반도체식의 기록매체 중 "솔리드스테이트(solid-state)의 비휘발성 기억장치"와 "스마트카드"에 대해 정의해 주고 있다.

[플래시 메모리카드는 반도체식 매체의 하나로서, solid-state의 비휘발성 기억장치의 한 종류이다.]

① **솔리드스테이트(solid-state)의 비휘발성 기억장치** : 여기서 솔리드스테이트란 용어는 고체상태란 뜻으로, 전자공학분야에서는 반도체 부품·집적회로(IC) 등을 가리킨다. 이는 종래에 사용하던 진공관이 기체상태의 것과 연관된 것임에 대비한 용어로 만들어진 것이다. 비휘발성 기억장치는 하나 또는 그 이상의 플래시 메모리가 집적회로형태로 인쇄기판 위에 내장되어 있으며, 호스트기기와 연결하기 위한 소켓도 장착되어 있다.

② **스마트카드** : 칩형태의 하나 또는 그 이상의 전자집적회로(마이크로프로세서·RAM·ROM)를 내장한 것이다. 스마트카드는 접속부·마그네틱스트라이프 또는 내장한 안테나를 갖춘 경우도 있으나, 다른 종류의 능동 또는 수동 회로소자는 없는 것이다.

5. 제8534호에서 "인쇄회로"란 인쇄제판기술[예 : 양각·도금·식각(etching)]이나 막회로기술(film circuit technique)로 도체소자·접속자나 그 밖의 인쇄된 구성부분[예 : 인덕턴스(inductance)·저항기·축전기]을 절연기판 위에 형성하여 만든 회로를 말한다. 다만, 해당 구성부분이 미리 정하여진 패턴에 따라 상호접속되어 있는지에 상관없으며 전기적인 신호를 발생·정류·변조·증폭할 수 있는 소자(예 : 반도체소자)는 제외한다. 인쇄회로에는 인쇄공정 중에 얻어지는 소자 외의 소자가 결합된 회로와 개별·불연속 저항기, 축전기나 인덕턴스(inductance)는 포함하지 않는다. 다만, 인쇄회로에는 인쇄되지 않은 접속용 소자가 부착되어 있는 것도 있다. 동일한 기술공정에서 얻어지는 수동소자와 능동소자로 구성되는 박막회로(thin-film circuit)나 후막회로(thick-film circuit)는 제8542호로 분류한다.

1) 인쇄회로란 흔히 PCB(Printed Circuit Boards)라 부르는 물품으로서, 절연기판 위에 도체 배선을 비롯하여 접속자나 그 밖에 인덕턴스·저항기·축전기 등의 소자를 인쇄하는 방법으로 만

든 회로를 말한다. 인쇄는 전통적인 인쇄방법 또는 양각(embossing) · 도금(plating-up) · 식각(etching) 등의 인쇄처리방법에 의한다. PCB는 또한 막회로기술(film circuit technique)을 이용하여 만든 것으로, 수동소자만으로 구성된 박막회로(thin-film circuits) 또는 후막회로(thick-film circuits)도 포함된다.201

2) 제8534호의 인쇄회로로 분류될 수 있는 요건 중에 가장 큰 특징은 이들 제품이 인쇄기술로 만들어지든, 막회로기술로 만들어지든 전기적인 신호를 발생 · 정류 · 변조 · 증폭할 수 있는 소자, 즉 능동소자가 부착되지 않아야 한다는 것이다. 일단 능동소자가 부착이 되면 제8534호에 분류할 수 없고 다른 호에 분류해야 한다.

[인쇄회로. 인쇄회로에는 능동소자가 포함되어서는 안 된다. 또한 접속용 소자를 제외하고 인쇄공정 중에 얻어지는 소자 외의 소자가 결합되어서는 안 된다.]

6. 제8536호에서 광섬유용 · 광섬유다발용 · 케이블용 커넥터(connectors for optical fibres, optical fibre bundles or cables)는 디지털통신용 시스템에서 단순히 광섬유의 끝 상호 간을 기계적으로 맞추기 위한 커넥터를 말한다. 이러한 것들은 신호의 증폭 · 재생 · 변조의 기능이 없는 것이다.

1) **제8536호** : 전기회로의 개폐용 · 보호용 · 접속용 기기[예 : 개폐기 · 계전기 · 퓨즈 · 서지(surge) 억제기 · 플러그 · 소켓 · 램프홀더와 그 밖의 커넥터 · 접속함](전압이 1,000볼트 이하인 것으로 한정한다)와 광섬유용 · 광섬유다발용 · 케이블용 커넥터

2) 제8536호에서 광섬유용 · 광섬유다발용 · 케이블용 커넥터라 함은 디지털 회선시스템에서 광섬유를 단순히 기계적으로 정렬해 주는 커넥터를 말한다. 이들은 그 밖의 기능으로서 신호의 증폭 · 재생 또는 변조 기능은 수행하지 않는다. 케이블이 달려 있지 않은 광섬유용 커넥터는 이 호에 분류되지만, 케이블이 달린 경우에는 이 호에서 제외된다(제8544호 또는 제9001호). 참고로 제9001호에는 광섬유와 광섬유다발, 그리고 하나 이상의 광섬유다발을 한 번에 피복한 광섬유케이블이 분류된다. 반면에 제8544호에는 섬유를 개별적으로 피복하여 만든 광섬유케이블이 분류된다.

7. 제8537호에는 텔레비전 수신기기나 그 밖의 전기장치의 원격제어를 위한 무선 적외선기기는 포함하지 않는다(제8543호).

201 **박막회로는** 진공증착법 · 음극스퍼터링증착법(cathode sputtering) 또는 화학적 방법에 의하여 유리제 또는 도자제의 판 위에 금속막 또는 부전도막(dielectric film)의 특정한 모형을 부착함으로써 형성된다. 이러한 모형에는 마스크(mask)를 사용하여 형성된 것도 있고, 또한 선택적 식각을 하여 만든 연속상의 시트를 부착시켜 형성한 것도 있다. **후막회로는** 스크린인쇄(screen printing)에 의하여, 분상의 유리 · 도자제 및 금속의 혼합물에 적당한 용제를 함유한 페이스트(또는 잉크)를 사용하여 박막회로와 유사한 모형을 도자제의 판 위에 형성한 다음 그 판을 노로 가열시킨다.

제8537호는 기본적으로 제8535호 또는 제8536호의 기기를 보드나 패널 등에 둘 이상 장착한 물품을 분류한다. 이렇게 복합적으로 전기를 개폐・보호・접속함으로써 전기를 제어하거나 배전하는 물품이 제8537호에 분류되는 것이다. 이러한 기기는 유선기기만을 말하는 것이고, 무선기기는 제외한다.

8. 제8541호와 제8542호에서

가. "다이오드・트랜지스터와 이와 유사한 반도체 디바이스"란 전계(電界)의 작용에 따른 저항의 변화로 작용을 하는 반도체디바이스를 말한다.

나. "전자집적회로"란 다음 물품을 말한다.

(1) 모노리식(monolithic) 집적회로
회로소자(다이오드・트랜지스터・저항기・축전기・인덕턴스 등)가 하나의 반도체나 화합물반도체[예 : 도프된(doped) 실리콘, 비소화갈륨(gallium arsenide), 실리콘 게르마늄, 인화인듐(iridium phosphide)]의 내부나 표면에 한 덩어리 상태로 집적되어 있으며, 분리가 불가능하도록 결합된 회로

(2) 하이브리드 집적회로
박막(薄膜)기술이나 후막(厚膜)기술로 만들어진 수동소자(저항기・축전기・인덕턴스 등)와 반도체기술로 만들어진 능동소자(다이오드・트랜지스터・모노리식 집적회로 등)를 절연재료(유리, 도자제 등)로 된 하나의 기판 위에 실용상 분리가 불가능하도록 상호접속자나 상호접속용 케이블로 결합한 회로를 말하며, 이 회로에는 개별 부품(discrete components)을 부착시킨 것도 포함된다.

(3) 복합구조칩 집적회로(Multichip integrated circuits)
각자의 의도와 목적에 따라 분리가 불가능하도록 결합된 두 개 이상의 모노리식(monolithic) 집적회로로 구성된 복합구조의 칩으로 이루어진 집적회로를 말한다. 한 개 이상의 절연기판과 리드프레임(leadframe)을 갖춘 것인지에 상관없으며 다른 능동회로소자나 수동회로소자를 갖춘 것은 제외한다.

※ 이 주에서 규정한 물품을 분류하는 경우 제8541호나 제8542호는 제8523호의 경우를 제외하고, 특히 그 기능으로 보아 해당 물품을 포함하는 것으로 해석되는 이 표의 다른 어느 호보다 우선한다.

1) 다이오드・트랜지스터와 이와 유사한 반도체 디바이스는 전계(電界)의 작용에 따른 **저항의 변화**로 작용을 하는 반도체 디바이스를 말한다. 반도체재료로는 전기적인 특성에 있어서 그 저항률이 도체와 부도체의 중간인 성질을 가진 실리콘이나 셀렌과 같은 원소나 화학적인 반도체화합물이 사용된다. 이러한 재료들은 전자공업에 사용하기 위하여 일정한 원소로 도프처리되는데, 이렇게 도프처리할 때 사용하는 원소에 따라 과잉전자상태의 n형 반도체가 되기도

하고, 전자부족상태인 p형 반도체가 되기도 한다. 이들 반도체는 선택적 확산(selective diffusion)[202]을 통해 n형과 p형을 접합(junction)시켜 사용하게 된다. 이렇게 선택적 확산처리 이전의 반도체는 재료상태에 따라 제28류 또는 제38류에 분류되고, 선택적 확산처리를 거친 반도체는 제85류에 분류되는 것이다. 다음의 표는 반도체재료의 상태에 따른 분류구분 내용을 정리한 것이다.

반도체재료의 상태에 따른 구분

구분	제28류	제38류	제85류
분류물품	① 실리콘과 셀렌과 같은 원소를 도프처리한 것으로서, 인상가공하지 않은 모양이나 실린더모양 또는 막대모양의 것 ② 비소화갈륨(GaAs : gallium arsenide)과 같은 반도체화합물	① 도프처리된 실리콘 등의 화학원소를 결정성장시킨 것으로서 디스크 · 웨이퍼 모양이나 이와 유사한 모양의 것 ② 도프처리된 반도체화합물의 경우에는 실린더 모양, 막대 모양 또는 디스크 모양 · 웨이퍼 모양 또는 이와 유사한 모양인지의 여부를 불문하고 제38류에 분류한다.	선택적 도핑 또는 선택적 확산을 거친 반도체. 단자 또는 도선을 장착하거나 패키지한 것(component), 장착되어 있지 않은 것(element) 또는 소편으로 잘려 있지 않는 디스크상이나 웨이퍼상인지의 여부를 불문하고 이 호에 분류한다.
특징	화학적으로 단일한 반도체재료(대표적으로 실리콘)는 단결정성장을 통해 실린더 모양으로 만드는데, 막대의 모양까지는 제28류에 분류하나, 디스크 모양으로 슬라이싱한 것은 제38류에 분류한다. 반면에 반도체화합물의 경우에는 인상가공한 것부터 제38류에 분류한다.	제38류에는 화학적으로 단일하지 않은 반도체화합물과 제28류의 실리콘 등의 단결정을 웨이퍼 모양으로 만든 것도 분류된다. 제38류에 분류되는 웨이퍼에 불연속 영역(discrete regions)을 생성하기 위해 선택적 확산처리를 한 경우에는 제8541호의 반도체 디바이스로 분류된다.	pn접합이 된 반도체 디바이스는 웨이퍼 모양이나 칩 모양을 불문하고 제85류에 분류한다. 필요에 따라 단자나 도선을 장착하거나 패키징을 한다.

2) 가목에서 제8541호와 관련하여 "다이오드 · 트랜지스터와 이와 유사한 반도체 디바이스란 전계(電界)의 작용에 따른 저항의 변화로 작용을 하는 반도체 디바이스를 말한다"라고 하고 있다. 제8541호에는 이렇게 저항의 변화로 작용을 하는 반도체 디바이스 이외에 다음과 같은 세 가지의 추가적인 유형의 물품을 분류한다.

① **감광성 반도체 디바이스(photosensitive semiconductor devices)** : 가시광선, 적외선 또는 자외선의 작용이 내부 광전효과(光電效果, photoelectric effect)에 의해 저항을 변경하거나 기전력(起電力)을 발생하는 감광성 반도체 디바이스가 포함된다.

② **발광다이오드(light emtting diodes)** : 전기에너지를 가시광선, 적외선, 자외선으로 변환시키는 디바이스이다. 이들은 제어장치 속에서 자료를 표시하거나 전달해 주는 데 사용된다.

202 반도체 디바이스를 실리콘 웨이퍼 내에 만들어 넣기 위한 불순물 확산공정에서 웨이퍼 표면의 원하는 영역을 골라 이곳에서 확산을 하는 것을 말한다. 반도체 표면에 불순물을 확산시켜서 pn접합을 만드는 경우 확산을 시키지 않는 곳은 절연 피막으로 마스크해 두고 필요한 곳만 구멍을 뚫어 두어 불순물의 주입이 이루어지도록 하는 방법이다.

③ 장착된 압전기결정소자(mounted piezo-electric crystals) : 압전이란 어떤 종류의 결정판(結晶板)에 일정한 방향에서 압력을 가하면 판의 양면에 외력에 비례하는 양·음의 전하가 나타나는 현상을 말한다. 이러한 압전기결정소자는 마이크로폰·확성기·초음파기기·안정된 주파수의 발진회로 등에 사용된다. 장착되지 않은 압전기결정소자는 제외되는데, 이들은 일반적으로 제3824호·제7103호 또는 제7104호 등에 분류한다.

3) 본 주의 나목에서는 "전자집적회로(electronic integrated circuits)"에 대해 정의하고 있다. 전자집적회로는 수동 및 능동의 소자나 부품을 고밀도로 조합시킨 초소형화된 장치이며, 단일유닛으로 간주되는 것이다. 다만, 수동소자만으로 구성되는 전자회로는 제8542호에서 제외된다.

전자집적회로에는 DRAM·SRAM·PROM·EPROM 등과 같은 메모리, 마이크로 컨트롤러, 제어회로, 논리회로, 게이트 어레이, 인터페이스 회로 등이 있다. 전자집적회로에는 다음의 것들이 포함된다.

① 모노리식 집적회로(monolithic IC) : 회로소자(다이오드·트랜지스터·저항기·축전기·인덕턴스 등)가 하나의 반도체나 도프된 실리콘, 비소화갈륨(gallium arsenide), 실리콘 게르마늄, 인화인듐(iridium phosphide) 등의 화합물반도체의 내부나 표면에 한 덩어리 상태로 집적되어 있으며, 분리가 불가능하도록 결합된 회로를 말한다. 모노리식 집적회로에는 다음의 상태로 제시되는 것도 있다.

[모노리식 직접회로, CMOS SRAM IC]

i) 장착되어 있는 것(mounted), 즉 단자 또는 도선(lead)을 갖춘 것으로서 도자기·금속 또는 플라스틱에 봉입되어 있는 것인지의 여부를 불문한다. 봉입한 케이싱(casing)은 원통형·평행육면체 등의 모양일 수도 있다.

ii) 장착되어 있지 않은 것, 즉 칩(chip)상태의 것으로서 보통 직사각형으로 옆쪽의 길이가 일반적으로 수 mm 정도이다.

iii) 절단하지 않은 웨이퍼(wafer)모양의 것, 즉 칩(chip)으로 절단하지 않은 상태의 것이다.

② 하이브리드 집적회로 : 박막(薄膜)기술이나 후막(厚膜)기술로 만들어진 수동소자(저항기·축전기·인덕턴스 등)와 반도체기술로 만들어진 능동소자(다이오드·트랜지스터·모노리식 집적회로 등)를 **절연재료(유리, 도자제 등)로 된 하나의 기판 위에** 실용상 분리가 불가능하도록 상호접속자나 상호접속용 케이블로 결합한 회로를 말하며, 이 회로에는 개별 부품을 부착시킨 것도 포함된다.

③ 복합구조칩 집적회로(multichip integrated circuits) : 각자의 의도와 목적에 따라 분리가 불가능하도록 결합된 두 개 이상의 모노리식(monolithic) 집적회로로 구성된 복합구조의 칩

으로 이루어진 집적회로를 말한다. 한 개 이상의 절연기판과 리드프레임(leadframe)을 갖춘 것인지에 상관없으며, 다른 능동회로소자나 수동회로소자를 갖춘 것은 제외한다. 복합구조칩 집적회로의 일반적인 형태는 다음과 같다.

i) 두 개 또는 그 이상의 모노리식 집적회로를 나란히 적재한 것

ii) 두 개 또는 그 이상의 모노리식 집적회로를 위아래로 적층한 것

iii) 세 개 또는 그 이상의 모노리식 집적회로로 이루어진 것으로 위의 두 가지 형태를 혼합한 것

이 모노리식 집적회로들은 하나의 몸체로 결합되어 연결되며 봉입 또는 다른 방법으로 패키지될 수 있다. 이들은 어떠한 목적으로든 간에 분리가 불가능하게 결합되어야 한다. 예를 들면, 몇 개의 소자는 이론상으로는 제거하고 대체할 수는 있지만, 이것은 정상적인 제조상태하에서는 비경제적이며 시간이 오래 걸리고 복잡한 일이다. 모노리식 집적회로는 접착제 · 와이어본드 · 플립칩기술 등 다양한 방법으로 연결될 수 있다.

[세라믹 기판 하이브리드 직접회로]

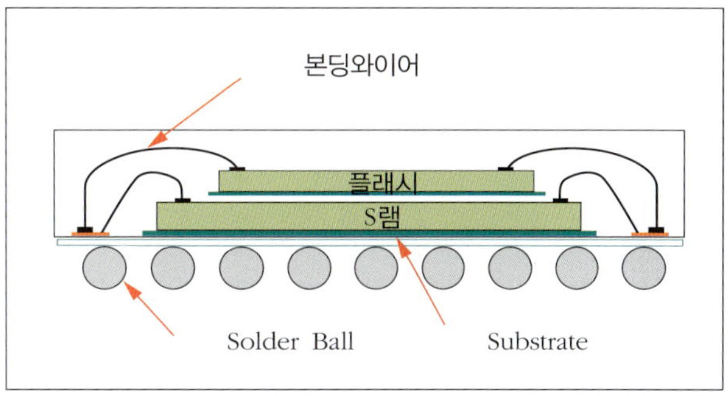

[복합구조칩 직접회로의 간단한 개념도. 복합구조칩 직접회로는 D램, S램, 플래시 메모리 반도체 등 개별 제품을 하나로 통합하여 하나의 제품으로 만든 것으로, 이동전화 · 개인휴대단말기(PDA) · 디지털 카메라 등 휴대형 정보기기에 이용된다.]

9. 제8548호에서 "수명이 끝난 일차전지와 축전지"란 파손 · 절단 · 소진이나 그 밖의 이유 등으로 사용할 수 없거나 재충전할 수 없는 것을 말한다.

1) **제8548호** : 일차전지와 축전지의 웨이스트(waste)와 스크랩(scrap), 수명이 끝난 일차전지와 축전지, 기기의 전기식 부분품(이 류에 따로 분류되지 않은 것으로 한정한다)

2) 수명이 끝난 일차전지와 축전지는 일반적으로 금속(납 · 니켈 · 카드뮴 등), 금속혼합물 또는 슬래그를 회수하기 위한 가공용으로 사용하기 위해 거래되는데, 환경문제를 유발할 수 있기 때문에 필요한 수입요건의 확인을 받도록 하고 있다.

◉ 소호주

1. 소호 제8527.12호에는 외부의 전원 없이 작동할 수 있는 것으로서 크기가 170밀리미터×100밀리

미터×45밀리미터 이하인 카세트플레이어(앰프는 내장되어 있으나 확성기는 내장되어 있지 않은 것)만을 분류한다.

HSK				품명	Description
8527				라디오방송용 수신기기(음성기록기기·재생기기, 시계가 동일한 하우징 내에 결합된 것인지에 상관없다)	Reception apparatus for radio-broadcasting, whether or not combined, in the same housing, with sound recording or reproducing apparatus or a clock.
	1			라디오방송용 수신기기(외부 전원 없이 작동할 수 있는 것으로 한정한다)	Radio-broadcast receivers capable of operating without an external source of power :
	12	00	00	**포켓사이즈형 라디오 카세트플레이어**	**Pocket-size radio cassette-players**
	13			그 밖의 기기(음성기록기기나 음성재생기기와 결합된 것으로 한정한다)	"이하 생략"

◉ 총설

1) 이 류에는 다음의 예외를 제외한 모든 전기기기가 포함된다.

① 전기기기일지라도 그것이 제84류에 포함되는 종류의 기계류인 경우에는 제84류에 분류된다(제84류 총설 참조)

② 전체로서 이 류에서 제외되는 물품(제16부 총설 참조). 제84류의 규정과는 반대로, 이 류에는 비록 그들이 세라믹재료나 유리로 된 것일지라도 이 류에 분류된다. 다만 제7011호의 유리구(전구 및 관 포함)[203]를 제외한다.

2) 이 류에는 다음의 물품이 포함된다.

① 전기의 발생·변환 또는 저장에 사용되는 기기[예 : 발전기·변압기 등(제8501호 내지 제8504호)·일차전지(제8506호)와 축전지(제8507호)]

② 특정의 가정용 기기(제8509호) 및 면도기와 이발용품과 모발제거기(제8510호)

③ 전기의 특성 또는 효과에 의하여 작동하는 종류의 기기. 예로 전자적(電磁的)인 효과 또는 발열성 등에 의하여 작동되는 것(제8505호, 제8511호 ~ 제8518호, 제8525호 ~ 제8531호 및 제8543호)

④ 음성녹음용이나 재생용 기기, 영상기록용이나 재생용 기기 및 이들 기기의 부분품과 부속품(제8519호~제8522호)

⑤ 음성기록용 매체 또는 이와 유사한 그 밖의 현상의 기록매체(영상기록용 매체를 포함하되, 제37류의 사진촬영용 또는 영화촬영용 필름을 제외한다)(제8523호)

⑥ 일반적으로 단독으로는 사용되지 않으나 전기기기 내에 부품으로서 특정의 역할을 하도록

---

203 전구, 전자관의 제조용에 사용하는 각종 형태의 크기의 밀폐되지 않은 유리제의 외피(진공 방전관과 튜브를 포함한다)로서 부속품을 부착하지 아니한 것을 말한다. 이들은 제7011호에 분류된다.

설계된 종류의 전기용품[예 : 축전기(제8532호) · 개폐기 · 퓨즈 접속함 등(제8535호 또는 제8536호) · 램프(제8539호) · 열전자관 등(제8540호) · 다이오드 · 트랜지스터와 이와 유사한 반도체 디바이스(제8541호) · 전기용 탄소(제8545호)]

⑦ 전도성 또는 전기절연성을 이용하여 전기기기에 사용되는 종류의 제품 및 재료[예 : 전기절연선과 그 조립품(제8544호) · 애자(제8546호) · 전기절연용품 및 절연재료로 내장한 금속제의 도관(제8547호)]

3) 상기 전기용품 외에, 이 류에는 영구자석(자화하지 않은 것도 포함) 및 영구자석식의 가공물 홀더도 포함된다(제8505호).

또한 이 류에는 전기식의 노(제8514호) 및 난방기기 · 가정용 기기 등(제8516호)과 같은 특정형의 전열기기(only certain types of electro-thermic apparatus)만이 포함되고, 일반적으로 전기가열식의 기기는 다른 류(주로 제84류)에 분류된다. 예를 들면, 증기발생 보일러와 과열수 보일러(제8402호) · 공기조절기(제8415호) · 배소 · 증류 또는 그 밖의 기기(제8419호) · 캘린더기 또는 그 밖의 압연기 및 동 실린더(제8420호) · 가금용의 부란기와 양육기(8436호) · 나무 · 코르크 · 가죽 등에 사용되는 범용성의 낙인기계(제8479호) · 의료용 기기(제9018호) 등이 있다.

4) 제8523호[204]에 분류되는 물품으로 간주되지 않으면서도 그 밖의 고유한 기능을 가진 것도 아닌 특정의 전자 메모리모듈[예 : SIMM (Single In-line Memory Module)[205] 과 DIMM(Dual In-line Memory Module)]은 제16부 주 제2호(기계의 부분품 규정)를 적용하여 다음과 같이 분류해야 함에 유의하여야 한다.

[SIMM]

① 전용 또는 주로 자동자료처리기계와 결합하여 사용하기 적합한 모듈은 그 기계들의 부분품으로서 제8473호로 분류한다.

② 전용 또는 주로 그 밖의 특정 기계 또는 같은 호의 일군의 기계들과 결합하여 사용하기 적합한 모듈은 그 기계의 부분품 또는 해당 호 기계류의 부분품으로 분류한다.

③ 주 용도를 결정할 수 없는 모듈은 제8548호로 분류한다.

204 제8523호 : 디스크 · 테이프 · 솔리드스테이트(solid-state)의 비휘발성 기억장치 · 스마트카드와 음성이나 그 밖의 현상의 기록용 기타 매체[기록된 것인지에 상관없으며 디스크 제조용 매트릭(matrice)과 마스터(master)를 포함하되, 제37류의 물품은 제외한다]

205 SIMM이란 LSI 메모리칩을 인쇄기판에 압축하여 붙인 PC 등의 기억용량 증설용 기판 모듈로서, 통상 PC는 8, 16, 32비트 단위로 데이터를 취급하기 때문에 8개 또는 4개 단위의 DRAM칩으로 된 SIMM기판이 제품화되어 있다.

5) **제8543호에 분류되는 물품** : 제8543호에는 제85류의 다른 호에 해당되지 않고, 품목분류표의 다른 류의 호에 특히 분류되지 않으며, 또한 제16부 또는 제85류의 법정 주를 적용하여도 제85류로부터 제외되지 않는 모든 전기기기가 포함된다. 특히 다른 류에 분류되는 주요한 전기기기는 제84류의 전기기계와 제90류의 어떤 종류의 기기이다.

   제8543호에 해당하는 전기기기는 고유의 기능을 갖지 않으면 안 된다. 고유의 기능을 갖는 기계류에 관한 제8479호의 해설의 규정은 제8543호의 기기에도 준용하여 적용된다.

6) 제85류의 부분품의 분류는 일반적으로 제16부 총설 내용에 따른다. 또한 이 류의 기기의 비전기식 부분품(non-electrical parts)은 다음과 같이 분류된다.

   ① 실제에 있어서는 다른 류(특히 제84류)에 해당되는 물품이 많다. 예를 들면, 펌프 및 팬(제8413호 또는 제8414호)·탭·콕 등(제8481호)·볼베어링(제8482호)·전동축·기어링 등(제8483호)이 있다.

   ② 이 류의 어떤 특정한 전기기기(또는 이 류의 동일 호에 해당하는 여러 기기)에 전용 또는 주로 사용하기에 적합한 비전기식 부분품은 그 전기기기(또는 그 기기류)가 속하는 호에 분류하거나 또는 몇 개의 호에 공통적으로 적용되는 4단위의 부분품 호에 해당하는 경우에는, 제8503호·제8522호·제8529호·제8538호에 분류된다.

   ③ 그 밖의 비전기식 부분품은 제8487호에 분류된다. 즉 제85류에 해당하는 전기기기의 부분품일지라도 그것이 비전기식 부분품으로서 위의 두 조건에 부합하지 않는 경우에는, 그 밖의 전기식 부분품이 분류되는 제8548호[206]에 분류하지 않고 제8487호[207]에 분류됨을 유의하여야 한다.

206 제8548호 : 일차전지와 축전지의 웨이스트(waste)와 스크랩(scrap), 수명이 끝난 일차전지와 축전지, 기기의 전기식 부분품(이 류에 따로 분류되지 않은 것으로 한정한다)

207 제8487호 : 기계류의 부분품(접속자·절연체·코일·접촉자와 그 밖의 전기용품을 포함하지 않으며, 이 류에 따로 분류되지 않은 것으로 한정한다)

제17부 차량 · 항공기 · 선박과 수송기기 관련품

류	류의 표제
86	철도용이나 궤도용 기관차 · 차량과 이들의 부분품, 철도용이나 궤도용 장비품과 그 부분품, 기계식(전기기계식을 포함한다) 각종 교통신호용 기기
87	철도용이나 궤도용 외의 차량과 그 부분품 · 부속품
88	항공기와 우주선, 이들의 부분품
89	선박과 수상구조물

부주

1. 이 부에서는 제9503호의 완구 또는 제9508호에 해당하는 흥행장용 물품 및 제9506호의 운동용구에 해당하는 봅슬레이 · 터보건과 이와 유사한 물품을 제외한다.

   1) **제9503호** : 세발자전거 · 스쿠터 · 페달 자동차와 이와 유사한 바퀴가 달린 완구, 인형용 차, 인형과 그 밖의 완구, 축소 모형과 이와 유사한 오락용 모형(작동하는 것인지에 상관없다), 각종 퍼즐

   제9508호 : 회전목마 · 그네 · 실내사격연습장용품과 그 밖의 놀이공원용품(fairground amusements)과 순회서커스 · 순회동물원 · 순회극장용품

   제9506호 : 일반적으로 육체적 운동 · 체조 · 육상 · 그 밖의 운동에 사용하는 물품(탁구용품을 포함한다), 옥외게임용품(이 류에 따로 분류되지 않은 것으로 한정한다), 수영장용품과 패들링풀(paddling pool)용품

   2) 제9503호의 완구 또는 제9508호에 해당하는 흥행장용 물품 및 제9506호의 운동용구에 해당하는 봅슬레이 · 터보건과 이와 유사한 물품도 일종의 탈것에 해당하지만, 제17부의 수송기기에 해당하지 않아 제17부에서 제외된다.

2. "부분품"이나 "부분품과 부속품"에 대한 규정은 다음 각 목의 물품(이 부의 물품에 사용하는 것인지에 상관없다)에는 적용하지 않는다.

   가. 각종 재료로 만든 조인트(joint) · 와셔(washer)와 이와 유사한 물품(구성재료에 따라 분류하거나 제8484호로 분류한다)이나 경질고무 이외의 가황(加黃)한 고무의 그 밖의 제품(제4016호)

   나. 제15부의 주 제2호의 비금속(卑金屬)으로 만든 범용성 부분품(제15부)이나 이와 유사한 플라

스틱으로 만든 물품(제39류)

다. 제82류의 물품(공구)

라. 제8306호의 물품

마. 제8401호부터 제8479호까지의 기기나 이들의 부분품, 제8481호나 제8482호의 물품, 엔진이나 모터의 필수적인 부분을 구성하는 제8483호의 물품

제8483호

바. 전기기기(제85류)

사. 제90류의 물품

아. 제91류의 물품

자. 무기(제93류)

차. 제9405호의 램프나 조명기구

카. 차량의 부분품으로 사용되는 브러시(제9603호)

1) **라목** : 제8306호에는 "비금속(卑金屬)으로 만든 벨·징과 이와 유사한 것(전기식은 제외한다), 비금속(卑金屬)으로 만든 작은 조각상과 그 밖의 장식품, 비금속(卑金屬)으로 만든 사진틀·그림틀이나 이와 유사한 틀, 비금속(卑金屬)으로 만든 거울"을 분류하는데, 이 중에 비금속(卑金屬)으로 만든 틀과 거울만 범용성 부분품에 해당되나, 위의 나목과 별도로 라목에서는 제8306호 전체를 제17부의 부분품이나 부속품에서 제외하도록 하고 있다.

2) **마목** : 이 중에서 특히 중요한 것은 제8483호와의 관계이다. 제8483호에는 "전동축(캠샤프트와 크랭크샤프트를 포함한다), 크랭크(crank), 베어링하우징(bearing housing)과 플레인 샤프트베어링(plain shaft bearing), 기어(gear)와 기어링(gearing), 볼이나 롤러 스크루(roller screw), 기어박스(gear box), 그 밖의 변속기(토크컨버터를 포함한다), 플라이휠(flywheel)과 풀리(pulley)(풀리블록을 포함한다), 클러치(clutch)와 샤프트커플링(shaft coupling)(유니버설조인트를 포함한다)"이 분류된다. 이들은 외부의 원동력장치로부터 하나 또는 둘 이상의 기계에 **동력을 전달**하기 위하여 사용되는 특정한 기계식 부분품 또는 동일 기계의 각종 부분에 동력을 전달하기 위하여 사용되는 기계 내부의 특정 부분품들인데, 이러한 물품은 제17부의 수송기기에서 핵심적인 지위를 차지하는 물품들이다. 제17부에 분류되는 전동장치와 제8483호에 분류되는 전동장치의 구분은 다음과 같다.

① 기어박스·전동축·클러치·차동장치(差動裝置) 등의 전동장치(傳動裝置, transmission equipment)로서 차량 또는 항공기에 전용되거나 주로 사용하도록 설계된 것은 제17부에 분류한다. 따라서 자동차 전용의 전동축·기어박스 및 차동장치(differentials)는 제8708호에 분류된다.

② 다만 이 규정은 차량 또는 항공기 기관의 내부 부분품(internal parts of vehicle or aircraft engines)에는 적용되지 아니하며, 이러한 **엔진이나 모터의 부분품으로서의 전동장치는 제8483**

호에 분류한다. 따라서 자동차 엔진용의 크랭크샤프트 또는 캠샤프트는 자동차의 기관(engine)에 전용되는 것이라 할지라도 제8483호에 해당된다. 이는 HS의 체계상 수송기관의 엔진이나 모터(전동기는 제외)가 제17부가 아닌 제84류에 분류되고 있기 때문에 이와 연관이 있는 것으로 사료된다.[208]

③ 다만 제17부에 있어서도 제89류의 선박에 전용으로 사용되는 부분품은, 제89류에 선박의 부분품에 대해서는 규정하고 있지 않으므로, 이러한 전동장치는 선박전용의 것으로 설계된 것이라 할지라도 제8483호에 분류한다.

3. 제86류부터 제88류까지의 부분품이나 부속품에 대한 규정은 그 류의 물품에 전용되거나 주로 사용하기에 적합하지 않은 부분품과 부속품에는 적용하지 않으며, 이들 류 중 둘 이상의 호에서 규정한 내용에 동시에 적합할 경우에는 그 부분품이나 부속품의 주 용도에 따라 분류한다.

1) **부분품 및 부속품** : 일반적으로 자동차 1대는 2만~3만여 가지의 부분품 및 부속품으로 구성되어 있다고 알려지고 있다. 그만큼 자동차 관련 분야에서는 부분품에 대한 품목분류가 중요하다. 제17부에서는 제86류부터 제88류의 수송기기의 부분품에 대한 품목분류원칙을 제17부 부주에서 정해주고 있다. 다만 제89류의 "선박과 수상구조물"에 대한 부분품(선체를 제외한다) 및 부속품에 대하여는 규정한 바 없음을 유의해야 한다. 따라서 이들의 부분품 및 부속품은 선박 등에 사용하는 것으로 인정되는 것이라 할지라도 다른 류의 해당 호에 분류되어야 한다. 제17부 물품의 부분품 또는 부속품으로 분류되기 위해서는 다음에서 정한 3가지 요건을 모두 갖춘 것에 한하여 적용해야 한다.

① 이 부의 주 제2호의 조건에 의하여 제외되지 않는 것. 아래의 2) 규정 참조할 것

② 제86류부터 제88류까지의 물품에 전용 또는 주로 사용하기에 적합한 것일 것. 다음의 3) 규정 참조할 것

③ 이 품목분류표의 다른 호에 특별히 포함되지 않는 것일 것. 다음의 4) 규정 참조할 것

2) 제17부 주 제2호에 따라 제외되는 부분품 및 부속품

① 각종 재료로 된 조인트 · 개스킷 및 이와 유사한 물품(구성재료에 따라 분류하거나 제8484호에 분류함)과 경화하지 않은 가황한 고무의 그 밖의 제품(예 : 흙받이용 가리개 및 페달 커버)(제4016호)

② 제15부 주 제2호에서 규정한 범용성 부분품. 예로 케이블과 체인[209] · 못 · 볼트 · 너트 · 와셔 · 스프링[차량용 리프 스프링(leaf spring)을 포함] · 차량의 차체(coach-work)에 사용하는

---

208 불꽃점화식 엔진은 제8407호에, 압축점화식 엔진은 제8408호에 분류되고, 그 밖의 엔진과 모터는 제8412호에 분류된다.

209 케이블은 제7312호에 분류되는 범용성 부분품의 하나이다. 이 케이블은 특정의 길이로 절단하였는지와 끝부분에 부착물을 갖추었는지 여부를 불문하나, 제87류의 차량용에 적합한 브레이크 케이블(brake cable)이나 엑셀러레이터 케이블(accelerator cable) 및 그 밖의 이와 유사한 케이블은 제외되어 제87류에 분류하게 된다.

자물쇠장치(locks) · 부착구 또는 장착구. 이들은 비금속(卑金屬)재질인 경우에는 제15부에 분류하고, 플라스틱재질인 경우에는 제39류에 분류한다.

③ 제82류의 스패너 · 렌치 및 그 밖의 공구

④ 제8306호의 벨(예 : 사이클용) 및 그 밖의 물품

⑤ 제8401호부터 제8479호까지의 기기 및 이들의 부분품, 제8407호부터 제8412호까지에 해당하는 각종의 엔진(기어박스를 갖춘 엔진을 포함한다)과 이들의 부분품, 펌프 · 압축기 및 팬(제8413호 또는 제8414호), 공기조절기(제8415호), 제8479호의 윈드스크린 와이핑기구(windscreen wiping mechanism) 등[210]

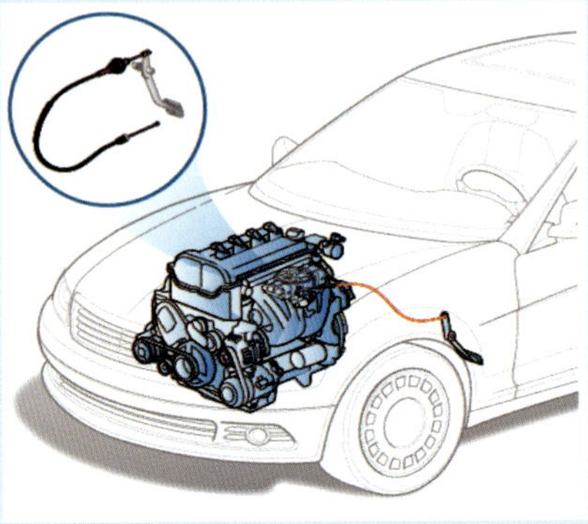

[가속케이블은 범용성 부분품으로서의 케이블로 분류되지 않고, 제17부의 부분품으로 분류된다.]

⑥ 제84류의 특정의 그 밖의 물품. 예로 탭 · 코크 · 밸브 및 이와 유사한 기구(예 : 라디에이터의 배수용 탭 · 이너튜브 밸브)(제8481호), 볼베어링 또는 롤러베어링(제8482호), 제8483호에 해당하는 엔진 또는 모터의 내부 부분품(크랭크샤프트 · 캠샤프트 · 플라이휠 등)

⑦ 제85류의 전기기기. 예로 제8501호 또는 제8504호의 모터 · 발전기 · 변압기 등, 축전지(제8507호), 불꽃점화식 또는 압축점화식 내연기관용의 전기식 점화기기 또는 시동기기(점화플러그 · 시동전동기 등)(제8511호), 사이클 또는 자동차용의 전기식의 조명 · 신호 · 윈드스크린와이핑 · 제상용 · 제무용 기기(제8512호), 그 밖의 차량(예 : 트레인 등)용 · 항공기 또는 선박용의 전기식 신호기기(제8531호), 그 밖의 차량 · 항공기 또는 선박용의 전기식 제상기 · 제무기(제8543호), 자동차 또는 철도차량 · 항공기 등에 사용하는 전열기기(제8516호), 제8539호의 전기식 필라멘트램프 및 전기식 방전램프(실드 빔 램프유닛을 포함한다), 절연 전선 및 케이블(와이어링 세트를 포함한다)과 같은 그 밖의 전기용품 및 흑연 또는 그 밖의 탄소제의 물품(터미널의 부착 여부를 불문한다) · 애자 · 전기절연용 물품(제8544호~제8548호)

⑧ 제90류의 기기(특정 차량용으로 사용하는 것을 포함한다). 예로 항행용 기기(제9014호), 제9029호의 적산회전계 · 택시미터 · 속도계와 회전속도계 및 그 밖의 기구, 제9031호의 측정 또는 검사용의 기기

⑨ 시계(예 : instrument panel clocks)(제91류)

⑩ 무기(제93류)

⑪ 제9405호의 램프와 조명용품(예 : 항공기 또는 열차용 헤드램프)

⑫ 브러시(예 : 도로청소차용)(제9603호)

210 전기식, 유압식 및 압축공기식의 윈드스크린와이퍼로서 항공기용, 선박용 및 모든 차량용(all vehicles)의 것은 제8479호에 분류된다. 다만 자전거용과 자동차용(for cycles or motor vehicles)의 전기식 윈드스크린와이퍼는 제외되어 이들은 제8512호에 분류된다.

3) 전용 또는 주 용도의 기준

① 제17부와 다른 부에 함께 분류가능한 부분품과 부속품 : 기본적으로 제86류부터 제88류까지의 물품에 전용 또는 주로 사용하기에 부적합한 부분품과 부속품은 이들 각 류에서 제외된다. 그러므로 이 주 제3호의 의미는 하나의 부분품이 제17부에는 물론 하나 이상의 다른 부에도 해당될 수 있는 경우에 그 최종적인 분류는 그 주 용도에 의하여 결정된다는 것이다. 제84류에 해당되는 많은 이동식 기계에 사용되는 조종장치 · 브레이크장치 · 로드휠(road wheels) · 진흙받이 등은 실제로 제87류의 차량류에 사용하는 것과 동일하며, 그 주 용도는 차량과 함께 사용하는 것이므로, 이러한 부분품과 부속품은 이 부에 분류된다.

② 이 부의 둘 이상의 호에 분류가능한 부분품과 부속품 : 어떤 종류의 부분품과 부속품은 두 가지 이상의 차량형(자동차 · 항공기 · 모터사이클 등)에 사용하는 데 적합한 것이다. 이러한 물품에는 브레이크 · 조종장치 · 차륜 · 차축 등이 있다. 이와 같은 부분품과 부속품은 이들이 주로 사용되는 차량의 부분품과 부속품에 관계되는 호에 분류되는 것이다.

4) 본 품목분류표의 다른 호에 보다 구체적으로 분류되는 부분품과 부속품 : 부분품과 부속품이 이 부의 물품용으로 인정될 수 있는 것이라도, 이들이 본 품목분류표의 다른 호에 보다 구체적으로 분류되는 것이면 이 부에서 제외한다. 예를 들면 다음과 같다.

① 가황고무제의 전동용 벨트(제4010호)

② 방직용 섬유제의 양탄자(제57류)

③ 강화유리 또는 합판유리로 된 틀을 붙이지 않은 안전유리(성형한 것인지 여부를 불문한다)(제7007호)

④ 제9401호의 차량용 의자(seat) 등

4. 이 부에서는 다음 각 목에서 정하는 바에 따른다.

가. 도로와 궤도를 주행하도록 특수 제작된 차량은 제87류의 해당 호로 분류한다.

나. 수륙양용 자동차는 제87류의 해당 호로 분류한다.

다. 도로 주행차량으로 겸용할 수 있도록 특수 제작된 항공기는 제88류의 해당 호로 분류한다.

5. 공기완충식 차량(ACV : air-cushion vehicles)은 이 부로 분류하되, 다음 각 목에서 정한 바에 따르며, 그 중 가장 유사한 차량에 분류한다.

가. 가이드트랙(guide-track) 위를 주행하도록 설계된 것은 제86류[호버트레인(hovertrain)]

나. 육상용이나 수륙양용으로 설계된 것은 제87류

다. 물 위를 주행하도록 설계된 것은 제89류[해변이나 부잔교(landing stage) 위에 상륙할 수 있는지 또는 얼음 위를 주행할 수 있는지를 불문한다]

공기완충식 차량의 부분품과 부속품은 그 차량의 분류와 동일한 방법으로 해당 차량이 속하는 호로 분류한다. 호버트레인(hovertrain)선로용 장치물은 철도선로용 장치물로 분류하며, 호버트레인(hovertrain)용 신호기기·안전기기나 교통관제기기는 철도용 신호기기·안전기기나 교통관제용 기기로 보아 각각 분류한다.

공기완충식 차량(ACV)은 기체로부터 지면으로 공기를 분출하는 경우 기체와 지면에 둘러싸인 공간에 생기는 장력에 의해 부상하는 것으로 그라운드 이펙트 머신(GEM : ground effect machine)이라고도 한다. 보통 수륙양용으로 쓰인다. 또한 열차가 공기의 지지로 궤도(軌道)보다 차체를 약간 뜨게 하여 구동시키는 것을 호버트레인(hovertrain)211이라 한다.

◉ 총설

1) **제17부의 일반적인 내용 :** 이 부에는 각종 형태의 철도 차량 및 호버트레인(제86류), 그 밖의 육상용 차량(공기완충식 차량을 포함한다)(제87류), 항공기와 우주선(제88류) 및 선박·보트·호버크래프트 및 수상구조물(제89류)을 분류하며, 다음의 물품을 제외한다.
   ① 특정의 이동식 기계(아래의 관련 내용 참조)
   ② 제9023호의 전시용 모형
   ③ 완구, 특정의 겨울 스포츠용구, 놀이공원용의 차량. 이 부에서는 예를 들면, 장난감 자전거(일반 자전거는 제외), 어린이용으로 설계·제작된 페달차(pedal car) 등, 완구용 보트 및 항공기(제9503호), 봅슬레이·터보건 및 이와 유사한 물품(제9506호), dodge'em car(제9508호)를 제외한다.

[dodge'em car는 놀이공원용품 중 하나로 제17부에 분류되지 않는다.]

이 이외에 이 부에서는 한 가지 이상의 수송방식에 의하여 운반할 수 있도록 특별히 설계되고 장비된 컨테이너·특정의 철도선로용 장비품·기계식(전기기계식을 포함함)의 신호용 기기(제86류)와, 낙하산·항공기 발진장치·갑판 착륙장치 또는 유사한 장치 및 항공용 지상비행 훈련장치(제88류)와 같은 수송 관련 장비의 특수물품을 포함한다.

부분품 규정에서 따로 규정한 바를 제외하고 이 부에서는 또한 제86류부터 제88류까지의 차량·항공기 등의 부분품 및 부속품도 분류한다.

2) **자주식 또는 그 밖의 이동식 기계 :** 자주식 또는 그 밖의 이동식 기계에 대해서는 제16부의 총설 내용 중 "이동식의 기계(mobile machinery)" 부분을 참고하기 바란다.

211 호버트레인은 공기의 지지방법 이외의 유형도 있다. 레일 위를 차바퀴로 달리는 철도형식의 실용 속도의 한계는 300km/h이다. 이것을 초과하는 속도로 달리게 하기 위해서는 궤도(軌道)보다 차체를 약간 뜨게 하여 구동시키는 방법이 고안되었고, 이것에는 자력(磁力)의 반발력을 이용하여 뜨게 하는 리니어 모터, 공기로 지지하는 터보프롯 또는 제트(jet)에 의한 것 등이 있다. 영국에서는 이것을 호버트레인이라고 부르고 있다(자료 : 네이버 지식백과 기계공학용어사전, 1995.3.1, 한국사전연구사).

Chapter 86

제86류 철도용이나 궤도용 기관차 · 차량과 이들의 부분품, 철도용이나 궤도용 장비품과 그 부분품, 기계식(전기기계식을 포함한다) 각종 교통신호용 기기

호	호의 용어
8601	철도용 기관차(외부 전원이나 축전지로 주행하는 것으로 한정한다)
8602	그 밖의 철도용 기관차와 탄수차(炭水車)
8603	자주식(自走式) 철도용이나 궤도용 객차와 화차(제8604호의 것은 제외한다)
8604	철도나 궤도의 유지용이나 보수용 차량[자주식(自走式)의 것인지에 상관없다][예 : 공작차(workshop) · 기중기차(crane) · 밸러스트 템퍼(ballast tamper) · 트랙라이너(trackliner) · 검사차 · 궤도검사차]
8605	철도용이나 궤도용 객차[자주식(自走式)은 제외한다], 수하물차 · 우편차와 그 밖의 철도용이나 궤도용 특수용도차[자주식(自走式)과 제8604호의 것은 제외한다]
8606	철도용이나 궤도용 화차[자주식(自走式)은 제외한다]
8607	철도용이나 궤도용 기관차나 차량의 부분품
8608	철도나 궤도선로용 장치물, 철도 · 궤도 · 도로 · 내륙수로 · 주차장 · 항만 · 비행장에서 사용되는 기계식(전기기계식을 포함한다) 신호용 · 안전용 · 교통관제용 기기, 이들의 부분품
8609	컨테이너(액체운반용 컨테이너를 포함하며, 하나 이상의 운송수단으로 운반할 수 있도록 특별히 설계되거나 구조를 갖춘 것으로 한정한다)

◉ 류주

1. 이 류에서 다음 각 목의 것은 제외한다.
   가. 목재나 콘크리트로 만든 철도용이나 궤도용 침목(枕木)이나 콘크리트로 만든 호버트레인(hovertrain)용 가이드트랙섹션(guide-track section)(제4406호나 제6810호)
   나. 제7302호의 철강으로 만든 철도용이나 궤도건설용 재료
   다. 제8530호의 전기식 신호기기 · 안전기기 · 교통관제용 기기

2. 제8607호(철도용이나 궤도용 기관차나 차량의 부분품)에는 특히 다음 각 목의 물품이 포함된다.
   가. 차축 · 차륜 · 차륜세트(주행장치) · 금속으로 만든 바퀴 · 외륜(hoop) · 윤심(hub)과 그 밖의 차륜 부분품
   나. 프레임(frame) · 언더프레임(underframe) · 보기(bogie)[대차(臺車)] · 비셀보기(bissel-bogie)
   다. 차축함(axle box)과 제동기
   라. 차량의 완충기 · 훅과 그 밖의 연결기와 통로연결기
   마. 차체

[차축(axle). 또한 차축함(axle box)란 차축(車軸)의 베어링과 그 급유장치를 내장한 상자이다.]

[보기대차. 레일 위를 달리는 바퀴부분의 전체를 말한다. 비셀보기(bissel-bogie)는 보기대차의 일종이다.]

3. 제8608호에는 다음 각 목의 물품을 포함하되, 주 제1호의 물품은 제외한다.

가. 조립된 선로 · 전차대(轉車臺, turntable) · 플랫폼용 완충기 · 로딩게이지(loading gauge)[212]

나. 완목(腕木)신호기, 기계식 신호판, 건널목용 · 신호용 · 전철용(轉轍用) 제어기,[213] 그 밖의 철도 · 도로 · 내륙수로 · 주차장 · 항만 · 비행장에서 사용하는 기계식(전기기계식을 포함한다) 신호용 · 안전용 · 교통관제용 기기(전등을 부착하였는지에 상관없다)

[전차대는 기관차의 방향을 돌리는 시설이다.]

위에서 "신호용 기기(signalling equipment)"라 함은 차량 · 선박 또는 항공기에 지시를 전달할 때마다 두 가지 이상의 양상을 표시할 수 있는 기기를 말한다. 기계적인 특징을 갖지 않은 도로 · 철도 등의 신호판(예 : 속도제한 · 방향 또는 비탈 신호판)은 제외되며, 이들은 그 구성재료에 따라 분류한다(예 : 제4421호 또는 제8310호). 또한 이러한 신호용의 기기로서 **전기식(electrical)의 것은 제8530호**에 분류하고, 전기기계식을 포함한 기계식(mechanical, including electro-mechanical)의 것은 이 호에 분류한다.

◉ 총설

1) 이 류에는 철도 또는 궤도용의 기관차와 차량 및 이들의 부분품과 각종 철도선로(협궤철도 · 모노레일 등을 포함함)용의 일부 장비품이 포함된다. 또한 이 류에서는 한 가지 이상의 수송방식에 의하여 운반할 수 있도록 특별히 설계 · 제작되고 장비를 갖춘 컨테이너도 포함되며,

212 플랫폼용 완충기는 종착역 끝에서 정지하지 않는 사고에 대비해 차량을 세우는 장치를 말하고, 로딩게이지는 아치형의 구조물로서 이 아래를 지나는 열차가 규정된 최대허용높이 및 넓이를 초과하지 않도록 확인시키는 것이다.

213 전철용(轉轍用)의 제어기는 철도에서 차량이나 열차를 다른 선로로 이동시키기 위하여 두 선로가 만나는 곳에 장치한 기계장치를 말한다.

기계식(전기기계식을 포함함)의 각종 교통신호 · 안전 또는 교통관제용 기기(주차장에서 사용하는 것을 포함함)도 이 류에 분류한다.

2) 이 류 전체를 통해서 "철도와 궤도(railway and tramway)"라 함은 철강제의 레일을 사용하는 보통 철도선로와 전차궤도뿐만 아니라, 자기부유 또는 콘크리트 궤도를 사용하는 것과 같은 유사한 가이드시스템도 말한다.

3) 이들 각종 물품은 다음과 같이 분류된다.

① 기관차 · 전동기를 갖춘 철도차량 및 레일카(rail-car)와 같은 각종 형의 자주식(自走式)의 철도차량(제8601호 내지 제8603호). 또한 제8602호에는 탄수차(炭水車)도 포함된다. 두 가지의 동력형태로 작동되는 기관차는 사용되는 주 동력형태에 따라 해당하는 호에 분류된다.

[완목신호기(semaphore)]

② 철도 또는 궤도선로의 유지용 또는 보수용 차량(자주식인지 여부를 불문한다)(제8604호)

③ 각종 형식의 견인되어지는 차량(hauled vehicles) : 자체 동력이 없는 철도 또는 궤도용의 객차와 수하물차 · 철도 또는 궤도용의 화차 · 왜건 및 트럭 등(제8605호 및 제8606호)

④ 철도 또는 궤도용의 기관차와 차량의 부분품(제8607호) 및 철도 또는 궤도선로용의 장비품과 **기계식(전기기계식을 포함함)의 도로 · 철도 또는 차량 · 선박 또는 항공기에 사용하는 신호 또는 관제용 기기**(제8608호)

⑤ 한 가지 이상의 수송방식에 의하여 운반할 수 있도록 특별히 설계 · 제작되고 장비를 갖춘 컨테이너(제8609호)

Chapter 87

제87류 철도용이나 궤도용 외의 차량과 그 부분품 · 부속품

호	호의 용어
8701	트랙터(제8709호의 트랙터는 제외한다)
8702	10인 이상(운전자를 포함한다) 수송용 자동차
8703	주로 사람을 수송할 수 있도록 설계된 승용자동차와 그 밖의 차량[제8702호의 것은 제외하며, 스테이션왜건(station wagon)과 경주용 자동차를 포함한다]
8704	화물자동차
8705	특수용도차량(주로 사람이나 화물 수송용으로 설계된 것은 제외한다)[예 : 구난차(breakdown lorry) · 기중기차(crane lorry) · 소방차 · 콘크리트믹서 운반차 · 도로청소차 · 살포차 · 이동공작차 · 이동방사선차]
8706	엔진을 갖춘 섀시(제8701호부터 제8705호까지의 자동차용으로 한정한다)
8707	차체(운전실을 포함하며, 제8701호부터 제8705호까지의 자동차용으로 한정한다)
8708	부분품과 부속품(제8701호부터 제8705호까지의 차량용으로 한정한다)
8709	공장 · 창고 · 부두 · 공항에서 화물의 단거리 운반에 사용하는 형으로 권양(捲揚)용이나 하역용 장비가 결합되지 않은 자주식(自走式) 작업차, 철도역의 플랫폼에서 사용하는 형의 트랙터, 이들의 부분품
8710	전차와 그 밖의 장갑차량[자주식(自走式)으로 한정하며, 무기를 장비하였는지에 상관없다], 이들의 부분품
8711	모터사이클[모페드(moped)를 포함한다]과 보조모터를 갖춘 자전거[사이드카(side-car)를 부착하였는지에 상관없다], 사이드카(side-car)
8712	모터를 갖추지 않은 이륜자전거와 그 밖의 자전거(배달용 3륜자전거를 포함한다)
8713	신체장애인용 차량(모터를 갖추었는지 또는 기계구동식인지에 상관없다)
8714	부분품과 부속품(제8711호부터 제8713호까지의 차량의 것으로 한정한다)
8715	유모차와 그 부분품
8716	트레일러와 세미트레일러, 기계구동식이 아닌 그 밖의 차량, 이들의 부분품

◉ 류주

1. 이 류에는 궤도주행 전용으로 설계된 철도용이나 궤도용 차량(railway or tramway rolling-stock)을 제외한다.

2. 이 류에서 "트랙터"란 본질적으로 다른 차량 · 기기 · 화물을 끌거나 밀기 위하여(essentially for hauling or pushing) 제작된 차량을 말한다(트랙터의 주 용도에 따라 공구 · 종자 · 비료나 그 밖의 물품의 수송용 보조기구를 갖추었는지에 상관없다). 호환성 장치로서 제8701호의 트랙터에 부착시키도록 설계된 기계와 작업도구는 트랙터와 함께 제시된 경우에도 각 해당 호로 분류하며 이들이 트랙터에 장착된 것인지에 상관없다(whether or not mounted on it).

1) 제8701호의 트랙터는 본질적으로 다른 차량 · 기기 또는 화물을 **끌거나 밀기 위해** 제작된 차량이다. 다만 트랙터가 본질적으로 가지고 있는 끌거나 미는 기능 외에, 부수적인 기능으로 수송용 보조기구를 갖추어도 상관없다. 또한 호환성 장치로서 제8701호의 트랙터에 부착시키도록 설계된 기계와 작업도구(machines and working tools)는 트랙터와 함께 제시된 경우에도 각 해당 호로 분류하며, 이들이 트랙터에 장착된 것인지에 상관없다.
2) 그러나 이러한 기계와 작업도구는 트랙터에 호환성 장치로서 필요에 따라 장착과 분리가 가능한 경우에 한하여 각각의 해당 호에 분류된다. 기계와 작업도구는 필요한 경우에 주로 작업 장소에서 장착하여 사용하는 것이고, 트랙터는 그 고유한 기능인 밀고 끄는 기능대로 제8701호에 별도로 분류하면 된다.
   반면에 불도저나 굴착기 등의 경우와 같이, 주행부(propelling base) · 조작제어장치 · 작업도구 및 동 구동장치가 특별히 상호 결합되어 구조적으로 일체의 기계를 형성시키도록 설계된 것은 이것이 트랙터와 유사한 면이 있다 하더라도 트랙터의 특성을 잃은 것으로 보아 제87류가 아닌 제8425호 · 제8426호 · 제8429호 · 제8430호 및 제8432호 등과 같은 제84류의 해당호에 분류된다.

3. 운전실이 있고 원동기를 부착한 자동차 섀시(motor chassis fitted with cabs)는 제8706호로 분류하지 않고 제8702호부터 제8704호까지로 분류한다.

엔진을 갖춘 섀시로서 운전실(cab)까지 갖춘 섀시는 온전한 자동차로 본다. 이때 운전실이 완전한지 여부는 상관없다(예 : 시트가 없는 차체). 반대로 각종의 기계적 부분품이 장착되어 있더라도 엔진이 없는 섀시는 제8706호의 섀시로 분류할 수 없고, 이는 제8708호의 자동차 부분품으로 분류한다.

[섀시는 운동기(engine), 동력전달장치, 조향 및 제동장치 등으로 이루어져, 이 섀시만으로도 주행이 가능하다.]

4. 제8712호에는 각종 어린이용 이륜자전거를 포함하며, 그 밖의 어린이용 자전거는 제9503호로 분류한다.

어린이용의 자전거는 이륜자전거만이 제8712호에 분류되고, 그 밖의 것은 완구로 보아 제9503호에 분류한다.

◉ 총설

1) 이 류에는 제16부에 해당되는 특정 이동식 기계를 제외하고, 다음의 차량이 분류된다(제8701호 · 제8705호 및 제8716호 해설 참조).
   ① 트랙터(제8701호)

② 여객 수송용 자동차(제8702호 또는 제8703호) 또는 화물 수송용(제8704호) 또는 특수용(제8705호)으로 제작한 자동차

③ 권양 또는 하역장비를 갖추지 않은 자주식의 작업 트럭으로 공장·창고·부두 또는 공항에서 화물의 단거리 운반용으로 사용되는 형식의 것과 철도역 플랫폼에서 사용되는 형식의 트랙터(제8709호)

④ 자주식의 장갑차(제8710호)

⑤ 모터사이클과 사이드카, 자전거, 신체장애인용 차량(모터의 부착 여부를 불문한다)(제8711호~제8713호)

⑥ 유모차(제8715호)

⑦ 트레일러와 세미트레일러 및 그 밖의 차량으로서 기계식으로 구동되지 않는 것. 즉, 이는 다른 차량에 의하여 견인되는 차량, 손으로 밀거나 끄는 차량 또는 동물에 의하여 견인되는 차량이다(제8716호).

2) 미조립 또는 미완성의 차량으로서 조립 또는 완성된 차량의 중요한 특성을 가진 것은 해당 완성된 차량으로서 분류된다. 예로, 차륜 또는 타이어 및 배터리를 갖추지 않은 자동차, 엔진 또는 내부장치를 갖추지 않은 자동차, 안장 및 타이어를 갖추지 않은 자전거 등이 있다.

3) 이 호에서 "스테이션왜건(station wagon)"이란 최대 9인(운전자 포함)이 앉을 수 있는 좌석을 갖춘 차량으로, 내부 구조 변경 없이도 사람과 화물의 두 가지 수송에 사용될 수 있는 차량을 말한다. 스테이션왜건은 사람과 화물을 모두 수송할 수 있도록 되어 있지만, 품목분류는 제8703호의 승용자동차로 분류한다.

4) 불완전 또는 미완성의 차량으로서 완전 또는 완성된 차량의 본질적인 특성을 가진 것은 해당 완전 또는 완성된 차량으로서 분류된다(통칙 2 (가) 참조). 예를 들면, 다음과 같은 것이 있다.

① 차륜(wheels) 또는 타이어 및 배터리를 갖추지 않은 자동차

② 엔진 또는 내부장치(interior fittings)를 갖추지 않은 자동차

③ 안장 및 타이어를 갖추지 않은 자전거

5) 특정 자동차를 제8703호의 승용자동차로 분류할지 또는 제8704호의 화물자동차로 분류할지의 결정에 있어서, 제8703호의 승용자동차로 분류가 가능한지 여부는 화물운반 목적이 아닌 승객운송을 주목적으로 설계·제작된 것을 나타내는 특징에 따라 결정된다. 이러한 특징들은 자동차의 분류를 결정하는 데 매우 유용한 바, 제8703호의 승용자동차로 분류되는 자동차의 특징은 일반적으로 총중량이 5톤 미만급이며, 운전사와 승객을 위한 구역으로 단일의 폐쇄된 내부공간을 갖고 있고, 사람과 화물을 운송하는 데 사용되는 또 다른 구역을 갖고 있다. 이 범주에 해당하는 자동차에는 일반적으로 "다목적" 자동차(예 : 밴형 자동차·스포츠유틸리티 자동차·특정한 픽업형 자동차)로 알려진 자동차들이 포함된다.

다음에 해당하는 특징들은 제8703호로 분류되는 자동차에 일반적으로 적용할 수 있는 설계상의 특성이다.

① 예로 안전벨트나 안전벨트를 설치하기 위한 앵커포인트(anchor point) 또는 장착구 등과 같은 안전장치(safety equipment)를 갖춘 승객용의 내구성 좌석을 갖추거나, 또는 운전자나 앞쪽 승객을 위한 공간 뒤쪽에 좌석이나 안전장치를 설치하기 위한 앵커포인트 또는 장착구를 갖춘 것. 이때 이러한 좌석은 고정되어 있거나 접어서 이동시키거나 앵커포인트로부터 분리할 수 있으며 접이식 의자일 수 있다.

② 뒷좌석 양쪽에 유리창이 존재할 것

③ 차 옆이나 뒤에 유리창을 갖춘 미닫이문 또는 안팎으로 열리는 문 또는 들어올리는 문이 있을 것

④ 운전자 및 앞쪽 승객용 구역과, 사람과 화물운송용으로 모두 가능한 뒤쪽 구역 사이에 내구성의 패널이나 벽이 없을 것

⑤ 자동차 실내에 자동차의 승객용 구역과 연관된 편리한 모양 · 내부마감 · 용품 등(예 : 바닥카펫 · 환풍구 · 내부조명 · 재떨이)이 있을 것

6) 반대로 특정 자동차를 제8704호의 화물자동차로 분류할지의 여부는 승객운송(제8703호) 목적이 아닌 **화물운반을 목적으로 설계 · 제작**되었음을 보여주는 특징에 따라 결정된다. 이러한 특징들은 총중량이 5톤 미만급의 자동차의 분류를 결정하는 데 매우 유용한 바, 이 호로 분류되는 자동차의 특징은 보통 화물운송에 사용되는 독립되어 폐쇄된 후위 공간을 갖고 있거나 열린 후위 플랫폼을 갖고 있다. 그러나 이 호로 분류되는 자동차는 후면에 안전벨트와 앵커 포인트 및 승객편의시설 등을 갖추지 않은 벤치형(型)의 좌석이 있을 수 있는데, 이 좌석은 화물운송 시에 후위 플랫폼을 최대한 활용할 수 있도록 양면에 바싹 붙여 접을 수 있다. 이 범주에 해당하는 자동차에는 일반적으로 "다목적" 자동차(예 : 밴형 자동차 · 픽업형 자동차 · 특정한 스포츠유틸리티 자동차)로 알려진 자동차들이 포함된다.

다음에 해당하는 특징들은 이 호로 분류되는 자동차에 일반적으로 적용할 수 있는 설계상의 특성이다.

① 예로 안전벨트나 안전벨트를 설치하기 위한 앵커포인트(anchor point) 또는 장착구 등과 같은 안전장치(safety equipment) 또는 승객편의시설을 갖추지 않은 벤치형의 좌석이 있을 것. 이 좌석은 보통 접어서 이동시키거나 접이식 의자여서 화물을 운송하는 데 있어 후위바닥(밴형 자동차) 또는 독립된 플랫폼(픽업 자동차)을 최대한 활용할 수 있다.

② 독립된 운전자 및 승객용 객실이 있으며, 양옆 벽면과 아래로 젖혀지는 후문을 갖춘 독립된 열린 플랫폼이 있을 것(픽업 자동차)

③ 뒷부분의 양 옆면에 유리창이 없을 것, 후미 또는 옆면에 화물을 상하차하기 위한 유리창이 없는 미닫이문 · 안팎으로 열리는 문 · 들

[픽업 자동차. 양옆 벽면과 아래로 젖혀지는 후문을 갖춘 독립된 열린 플랫폼이 있다.]

어울리는 문이 있을 것(밴형 자동차)

④ 운전자 및 앞쪽 승객용 구역과 후면구역 사이에 내구성의 패널 또는 벽이 존재할 것

⑤ 화물적재구역에 자동차의 승객용 구역과 유사한 편의시설, 내부마감이나 장착구 등(예 : 바닥 카펫·환풍구·내부조명·재떨이)이 없을 것

7) **특수용도차량**(Special purpose motor vehicles) : 제8705호의 특수용도차량은 수송 이외의 기능을 수행하도록 특별히 설계·제작되었거나 고안되었으며, 각종 장비를 갖춘 자동차의 종류를 포함한다. 즉, 제8705호에 열거된 차량의 주 용도는 사람 또는 화물의 수송을 하는 것이 아니다.

이러한 특수용도차량의 예로는 구난차, 기중기차, 이동식 시추용 데릭차, 소방차, 콘크리트믹서운반차, 살포차, 도로청소차, 제설차, 이동진료차 등이 있다.

Chapter 88

제88류 항공기와 우주선, 이들의 부분품

호	호의 용어
8801	기구 · 비행선 · 글라이더 · 행글라이더와 그 밖의 무동력 항공기
8802	그 밖의 항공기(예 : 헬리콥터 · 비행기), 우주선(인공위성을 포함한다), 서보비틀(suborbital), 우주선 운반로켓
8803	부분품(제8801호나 제8802호의 것으로 한정한다)
8804	낙하산(조종 가능한 낙하산과 패러글라이더를 포함한다)과 로토슈트(rotochute), 이들의 부분품과 부속품
8805	항공기 발진장치, 갑판 착륙장치나 이와 유사한 장치, 지상비행 훈련장치, 이들의 부분품

◉ 소호주

1. 소호 제8802.11호부터 제8802.40호까지에서 "자체 중량(unladen weight)"이란 정상비행상태에서의 기체(機體) 중량을 말한다[승무원 · 연료 · 장비(영구 장착된 장비는 제외한다)의 중량은 제외한다].

HS		품명	Description
8802		그 밖의 항공기(예 : 헬리콥터 · 비행기), 우주선(인공위성을 포함한다), 서보비틀(suborbital), 우주선 운반로켓	Other aircraft (for example, helicopters, aeroplanes); spacecraft (including satellites) and suborbital and spacecraft launch vehicles.
	1	헬리콥터	Helicopters :
	11	**자체 중량이 2,000킬로그램 이하인 것**	**Of an unladen weight not exceeding 2,000 kg**
	12	자체 중량이 2,000킬로그램을 초과하는 것	Of an unladen weight exceeding 2,000 kg
	20	자체 중량이 2,000킬로그램 이하인 비행기와 그 밖의 항공기	Aeroplanes and other aircraft, of an unladen weight not exceeding 2,000 kg
	30	자체 중량이 2,000킬로그램을 초과하고 15,000킬로그램 이하인 비행기와 그 밖의 항공기	Aeroplanes and other aircraft, of an unladen weight exceeding 2,000 kg but not exceeding 15,000 kg
	40	**자체 중량이 15,000킬로그램을 초과하는 비행기와 그 밖의 항공기**	**Aeroplanes and other aircraft, of an unladen weight exceeding 15,000 kg**

◉ 총설

이 류에는 기구(氣球)와 비행선 및 무동력항공기(제8801호), 그 밖의 항공기, 우주선(인공위성을 포함한다) 및 우주선운반로켓(제8802호), 낙하산과 같은 관련기기(제8804호), 항공기발진장치, 갑판착륙장치 및 지상비행훈련장치(제8805호)를 분류한다.

Chapter 89

제 89 류 선박과 수상구조물

호	호의 용어
8901	순항선 · 유람선 · 페리보트(ferry-boat) · 화물선 · 부선(barge)과 이와 유사한 선박(사람이나 화물 수송용으로 한정한다)
8902	어선과 어획물의 가공용이나 저장용 선박
8903	요트, 유람용이나 운동용 그 밖의 선박, 노를 젓는 보트와 카누
8904	예인선과 푸셔크라프트(pusher craft)
8905	조명선 · 소방선 · 준설선 · 기중기선과 주로 항해 외의 특수기능을 가지는 그 밖의 특수선박, 부선거(艀船渠), 물에 뜨거나 잠길 수 있는 시추대나 작업대
8906	그 밖의 선박(군함 · 노를 젓는 보트 외의 구명보트를 포함한다)
8907	그 밖의 물에 뜨는 구조물[예: 부교 · 탱크 · 코퍼댐(coffer-dam) · 부잔교(landing stage) · 부표 · 수로부표]
8908	선박과 그 밖의 물에 뜨는 구조물(해체용으로 한정한다)

◉ 류주

1. 선체(hull), 미완성 · 불완전 선박(조립 · 미조립 · 분해된 것인지에 상관없다)이나 완성된 선박(미조립되거나 분해된 것으로 한정한다)으로서 특정한 선박의 중요한 특성을 갖추고 있지 않은 경우에는 제8906호로 분류한다.

1) 제8906호 : 그 밖의 선박(군함 · 노를 젓는 보트 외의 구명보트를 포함한다)

2) 제89류에는 부분품 규정이 따로 없다. 따라서 선박의 부분품은 제89류 외의 다른 류에 알맞은 번호를 찾아 분류되어야 한다.
한편 부분품이 아닌 선체(hull), 미완성 · 불완전 선박(조립 · 미조립 · 분해된 것인지에 상관없다)이나 완성된 선박(미조립되거나 분해된 것으로 한정한다)으로서 특정한 선박의 중요한 특성을 갖추고 있지 않은 경우에는 그 밖의 선박이 분류되는 제8906호로 분류한다.

◉ 총설

1) 이 류에는 선박 · 보트와 그 밖의 각종 선박(자주식인지 여부 불문)과 코퍼댐(coffer-dams) · 부잔교(浮棧橋, landing stages)[214] · 부표(buoy) 등의 수상구조물(floating structures)이 분류

214 코퍼댐(coffer-dams)은 일정 구조물을 구축할 때 물을 차단하고 물이 없는 상태에서 구조물 설치공사를 진행하기 위하여 임시적으로 만든 댐을 말하고, 부잔교(浮棧橋, floating pier, floating landing stage)란 조석 간만의 차가 심한 곳에서 조위(潮位)에 관계없이 선박이 접안할 수 있도록 수상플랫폼을 1개 또는 여러 개 연결하여 부두 기능을 갖도록 한 부체(浮體)이다.

된다. 또한 물 위를 주행하도록 설계된 공기완충식 차량(호버크래프트)은 해안 혹은 부잔교 위로 상륙할 수 있거나 얼음 위를 주행할 수 있는 것인지의 여부를 불문하고 이 류에 분류된다(제17부 주 제5호 참조).

[부잔교는 육지에서 일정 거리 떨어져 선박이 접안하는 시설이다.]

2) 제89류에는 부분품을 분류하는 호가 없다. 이에 따라 제17부의 다른 류에 분류되는 수송용 기기에 관한 규정과는 달리, 별도로 제시된 선박 또는 수상구조물의 부분품(선체를 제외한다)과 부속품은 명백히 부분품 또는 부속품으로서 인정되는 것일지라도 이 류에 분류되지 않는다. 이러한 부분품 및 부속품은 이 품목분류표의 다른 해당 호에 분류해야 한다. 예를 몇 가지 들면 다음과 같다.

① 금속구조물로서의 성격을 갖는 마스트 · 보판(步板) · 난간 및 선박이나 보트용의 격벽과 선체의 부분품 등(제7308호)

② 철강제의 닻(제7316호)

③ 프로펠러와 기선용 외륜(paddle-wheels)(제8487호)

④ 조타륜(操舵輪, rudders)(제4421호 · 제7325호 · 제7326호 등)

⑤ 선박이나 보트용의 그 밖의 조타장치(steering and rudder equipments)(제8479호)

Section

제 18 부

광학기기 · 사진용 기기 · 영화용 기기 · 측정기기 · 검사기기 · 정밀기기 · 의료용 기기, 시계, 악기, 이들의 부분품과 부속품

류	류의 표제
90	광학기기 · 사진용 기기 · 영화용 기기 · 측정기기 · 검사기기 · 정밀기기 · 의료용 기기, 이들의 부분품과 부속품
91	시계와 그 부분품
92	악기와 그 부분품과 부속품

Chapter 90

제 90 류 광학기기 · 사진용 기기 · 영화용 기기 · 측정기기 · 검사기기 · 정밀기기 · 의료용 기기, 이들의 부분품과 부속품

호	호의 용어
9001	광섬유와 광섬유 다발, 제8544호의 것 외의 광섬유 케이블, 편광재료(polarizing material)로 만든 판, 각종 재료로 만든 렌즈(콘택트렌즈를 포함한다), 프리즘 · 반사경과 그 밖의 광학용품으로서 장착되지 않은 것(광학적으로 가공하지 않은 유리로 만든 광학용품은 제외한다)
9002	각종 재료로 만든 렌즈 · 프리즘 · 반사경과 그 밖의 광학용품(장착된 것으로서 기기의 부분품으로 사용하거나 기기에 부착하여 사용하는 것으로 한정하며, 광학적으로 가공하지 않은 유리로 만든 것은 제외한다)
9003	안경 · 고글이나 이와 유사한 물품의 테와 장착구, 이들의 부분품
9004	시력교정용 · 보호용이나 그 밖의 용도의 안경 · 고글과 이와 유사한 물품
9005	쌍안경 · 단안경 · 그 밖의 광학식 망원경과 이들의 장착구, 그 밖의 천체관측용 기기와 그 장착구(전파관측용 기기는 제외한다)
9006	사진기(영화용은 제외한다), 사진용 섬광기구와 제8539호의 방전램프 외의 섬광전구
9007	영화용 촬영기와 영사기(음성의 기록기기나 재생기기를 갖춘 것인지에 상관없다)
9008	투영기 · 사진 확대기와 사진 축소기(영화용은 제외한다)
9010	사진(영화를 포함한다) 현상실용 기기(이 류에 따로 분류되지 않은 것으로 한정한다), 네가토스코프(negatoscope), 영사용 스크린
9011	광학현미경(마이크로 사진용 · 마이크로 영화촬영용 · 마이크로 영사용을 포함한다)
9012	광학현미경 외의 현미경과 회절기기(diffraction apparatus)
9013	액정 디바이스(다른 호에서 더 구체적으로 규정한 물품을 구성하는 것은 제외한다), 레이저기기[레이저 다이오드(laser diode)는 제외한다], 그 밖의 광학기기(이 류에 따로 분류되지 않은 것으로 한정한다)
9014	방향탐지용 컴퍼스(compass)와 그 밖의 항행용 기기
9015	토지측량기기(사진측량용을 포함한다) · 수로측량기기 · 해양측량기기 · 수리계측기기 · 기상관측기기 · 지구물리학용 기기[컴퍼스(compass)는 제외한다] · 거리측정기
9016	감량(感量) 50밀리그램 이하인 저울(추가 있는지에 상관없다)
9017	제도용구 · 설계용구 · 계산용구(예 : 제도기 · 축소확대기 · 분도기 · 제도세트 · 계산척 · 계산반), 수지식 길이 측정용구[예: 곧은 자와 줄자 · 마이크로미터 · 캘리퍼스(callipers)](이 류에 따로 분류되지 않은 것으로 한정한다)
9018	내과용 · 외과용 · 치과용 · 수의용 기기[신티그래픽(scintigraphic)식 진단기기 · 그 밖의 전기식 의료기기와 시력검사기기를 포함한다]
9019	기계요법용 기기, 마사지용 기기, 심리학적 적성검사용 기기, 오존 흡입기 · 산소 흡입기 · 에어로졸 치료기 · 인공호흡기나 그 밖의 치료용 호흡기기
9020	그 밖의 호흡용 기기와 가스마스크(기계적인 부분품과 교환용 필터를 모두 갖추지 않은 보호용 마스크는 제외한다)
9021	정형외과용 기기(목발 · 외과용 벨트와 탈장대를 포함한다),골절 치료용 부목과 그 밖의 골절 치료구, 인조인체 부분, 보청기, 결함 · 불구를 보정하기 위하여 착용하거나 휴대하거나 인체에 삽입하는 그 밖의 기기

9022	엑스선이나 알파선 · 베타선 · 감마선을 사용하는 기기(내과용 · 외과용 · 치과용 · 수의용인지에 상관없으며 방사선 사진용이나 방사선 치료용 기기 · 엑스선관과 그 밖의 엑스선 발생기 · 고압 발생기 · 조절반 · 스크린 · 검사용이나 치료용 테이블 · 의자와 이와 유사한 물품을 포함한다)
9023	전시용으로 설계된 기구와 모형(예 : 교육용이나 전람회용)(다른 용도에 사용될 수 없는 것으로 한정한다)
9024	재료(예 : 금속 · 목재 · 직물 · 종이 · 플라스틱)의 경도 · 항장력 · 압축성 · 탄성이나 그 밖의 기계적 성질의 시험용 기기
9025	액체비중계와 이와 유사한 부력식 측정기 · 온도계 · 고온계 · 기압계 · 습도계와 건습 습도계(이들을 결합한 것을 포함하며, 기록장치가 있는지에 상관없다)
9026	액체나 기체의 유량 · 액면 · 압력이나 그 밖의 변량(變量)의 측정용이나 검사용 기기(예 : 유량계 · 액면계 · 압력계 · 열 측정계). 다만, 제9014호 · 제9015호 · 제9028호 · 제9032호의 것은 제외한다.
9027	물리나 화학 분석용 기기(예 : 편광계 · 굴절계 · 분광계 · 가스나 매연 분석기), 점도 · 포로서티(porosity) · 팽창 · 표면장력이나 이와 유사한 것의 측정용이나 검사용 기기, 열 · 소리 · 빛의 양의 측정용이나 검사용 기기(노출계를 포함한다), 마이크로톰(microtome)
9028	기체 · 액체 · 전기의 적산(積算)용 계기(그 검정용 계기를 포함한다)
9029	적산(積算)회전계 · 생산량계 · 택시미터 · 주행거리계 · 보수계와 이와 유사한 계기, 속도계와 회전속도계(제9014호나 제9015호의 것은 제외한다), 스트로보스코프(stroboscope)
9030	오실로스코프(Oscilloscope) · 스펙트럼 분석기와 그 밖의 전기적 양의 측정용이나 검사용 기기(제9028호의 것은 제외한다), 알파선 · 베타선 · 감마선 · 엑스선 · 우주선이나 그 밖의 전리선의 검사용이나 검출용 기기
9031	그 밖의 측정용이나 검사용 기기(이 류에 따로 분류되지 않은 것으로 한정한다)와 윤곽 투영기
9032	자동조절용이나 자동제어용 기기
9033	제90류의 기계 · 기기 · 장치 · 장비용 부분품과 부속품(이 류에 따로 분류되지 않은 것으로 한정한다)

◉ 류주

1. 이 류에서 다음 각 목의 것은 제외한다.
   가. 기기용이나 그 밖의 공업용 물품으로서 경화(硬化)하지 않은 가황(加黃)한 고무의 그 밖의 제품(제4016호), 가죽이나 콤퍼지션 레더(composition leather)제품(제4205호), 방직용 섬유제품(제5911호)
   나. 방직용 섬유로 만든 지지(支持)용 벨트나 그 밖의 지지(支持)용 제품으로서 해당 신체기관에 대한 의도된 효과가 이 벨트나 제품의 탄성으로부터 유래되는 것[예 : 임산부용 벨트, 가슴부위의 지지(支持)용 붕대, 복부부분의 지지(支持)용 붕대, 관절이나 근육에 대한 지지구(支持具)](제11부)
   다. 제6903호의 내화제품과 제6909호의 실험실용·화학용이나 그 밖의 공업용 도자제품
   라. 제7009호의 유리거울(광학적으로 가공하지 않은 것으로 한정한다)이나 광학용품을 제외한 비금속(卑金屬)이나 귀금속으로 만든 거울(제8306호나 제71류)
   마. 제7007호·제7008호·제7011호·제7014호·제7015호·제7017호의 물품
   바. 제15부의 주 제2호의 비금속(卑金屬)으로 만든 범용성 부분품(제15부)과 이와 유사한 플라스

틱으로 만든 물품(제39류)

사. 제8413호의 계기를 갖춘 펌프, 중량측정식 계수기 · 검사기나 따로 분리하여 제시된 저울용 추(제8423호),[215] 권양(捲揚)용이나 하역용 기계(제8425호부터 제8428호까지), 각종 종이나 판지의 절단기(제8441호), 제8466호의 공작기계의 가공물이나 공구조정용 부착물(광학식 분할대와 같이 눈금을 읽기 위한 광학식 기구를 갖춘 부착물을 포함하나, 중심조정용 망원경과 같이 본질적으로 그 자체가 광학기기인 것은 제외한다), 계산기(제8470호), 제8481호의 밸브나 그 밖의 기기, 제8486호의 기계와 기기[고감도 반도체재료에 회로 모형을 투영하거나 드로잉(drawing)하는 기기를 포함한다]

아. 사이클용 · 자동차용 서치라이트(searchlight)나 스포트라이트(spotlight)(제8512호), 제8513호의 전기식 휴대용 램프, 영화용인 음성의 기록용 · 재생용 · 재기록용 기기(제8519호), 사운드헤드(sound-head)(제8522호) · 텔레비전 카메라 · 디지털 카메라 · 비디오카메라레코더(제8525호), 레이더기기 · 항행용 무선기기 · 무선원격조절기기(제8526호), 광섬유용 · 광섬유다발용 · 케이블용 커넥터(제8536호), 수치제어기기(제8537호), 실드빔 램프유닛(sealed beam lamp unit)(제8539호), 광섬유 케이블(제8544호)

자. 제9405호의 서치라이트(searchlight)와 스포트라이트(spotlight)

차. 제95류의 물품

카. 용적 측정구(해당 물품의 구성재료에 따라 분류한다)

타. 스풀(spool) · 릴(reel)이나 이와 유사한 지지구(支持具)[해당 물품의 구성재료에 따라 분류한다(예 : 제3923호나 제15부)]

아목. 디지털 카메라와 광학식 카메라

① **디지털 카메라** : 제8525호에 해당하는 디지털 카메라는 CMOS 또는 CCD[216]와 같은 감광성 장치(light-sensitive device)에 상의 초점을 맞춤으로써 상을 포착한다. 감광성 장치에서 포착한 전기적인 이미지 표현은 추가로 처리되어 아날로그 또는 디지털 기록으로 변환된다.

② **광학식 카메라** : 제90류에 분류되는 광학식 카메라는 사진기의 광학시스템을 통한 화상 또는 빛에, 화학약품(예 : 은할로겐화합물)이 처리된 필름 · 판 또는 종이를 노출시켜 필름 · 판 또는 종이에 화학적 변화를 야기시키는 것이다. 가시적인 화상을 창출하기 위해서는 추가적인 공정이 필요하다. 사진기의 종류는 매우 많다. 그러나 보통 형의 것은 원칙적으로 명암상자 · 렌즈 · 셔터 · 조리개 · 건판 또는 필름의 홀더 및 뷰파인더로 구성된다. 이러한 각 부분의 본질적 특징과 다양성에 의하여 사진기의 형태가 구별된다.

215 저울은 감량(感量, sensitivity) 50mg을 중심으로, 그 이하이면 정밀측정용의 기기로 보아 제9016호에 분류하고, 50mg을 초과하면 제8423호에 분류한다.

216 CMOS는 complementary metal oxide semiconductor, CCD는 charge-coupled device를 말한다. 한편 CMOS 자체는 직접회로로서 제8542호에, CCD는 제8541호에 분류한다.

③ 제8525호의 디지털 카메라와 제9006호의 사진기 또는 제9007호의 영화용 촬영기는 물리적으로 비슷하다. 제8525호와 제90류의 카메라는 일반적으로 감광매체에 영상초점을 맞추기 위한 광학렌즈와 카메라에 들어오는 빛의 양을 조정하기 위한 장치가 갖추어져 있다. 그러나 제90류의 사진기나 영화용 촬영기의 경우에는 제37류의 사진필름 등에 영상을 노출하나, 제8525호에 해당하는 카메라는 영상을 CMOS 또는 CCD와 같은 감광성 장치에 상의 초점을 맞춤으로써 상을 포착하고, 이를 아날로그 또는 디지털 자료형태로 변환한다.

2. 주 제1호에서 규정한 것을 제외하고는, 이 류의 기기의 부분품과 부속품은 다음 각 목의 규정에 따라 분류한다.

가. 부분품과 부속품이 제84류 · 제85류 · 제90류 · 제91류 중의 어느 호(제8487호 · 제8548호 · 제9033호는 제외한다)에 속하는 물품인 경우에는 각각 해당 호로 이를 분류한다.

나. 그 밖의 부분품과 부속품으로서 특정한 기기나 동일한 호에 해당하는 여러 종류의 기기(제9010호 · 제9013호 · 제9031호의 기기를 포함한다)에 전용되거나 주로 사용되는 것은 해당 기기와 함께 분류한다.

다. 그 밖의 각종 부분품과 부속품은 제9033호로 분류한다.

1) 본 규정은 제90류 물품의 부분품이 별도로 제시되었을 경우에 적용되는 분류규정이다. 제90류의 물품의 부분품 규정도 제16부의 부분품 규정과 맥을 같이하는데, 제90류 물품에 대한 부분품 규정의 적용 순서를 보면 다음과 같다.

① **우선 제외물품** : 제90류의 주 제1호의 각종 제외물품으로서, 대표적으로 가황고무 · 가죽 및 섬유제의 제품, 범용성 부분품, 각종의 지지구(supports) 등이 있다.

② 제90류 물품의 부분품이 제84류 · 제85류 · 제90류 · 제91류 중의 어느 호에 속하는 물품인 경우에는 각각 해당 호로 이를 분류한다. 예로 의료용 기기에 연결하여 사용되는 전선의 품목분류는 그 전선이 어떤 모델의 의료 기기용으로 특별히 제작되었다고 하더라도 당해 의료 기기의 부분품이 아닌 제8544호의 물품으로 분류해야 한다.

단 제8487호, 제8548호 및 제9033호[217]는 제외한다. 이들 호는 각각 해당 류의 그 밖의 부분품이 분류되는 호이다.

③ 그 밖의 부분품과 부속품으로서 특정한 기기나 동일한 호에 해당하는 여러 종류의 기기(제9010호 · 제9013호 · 제9031호[218]의 기기를 포함한다)에 전용되거나 주로 사용되는 것은

217 제8487호 : 기계류의 부분품(접속자 · 절연체 · 코일 · 접촉자와 그 밖의 전기용품을 포함하지 않으며, 이 류에 따로 분류되지 않은 것으로 한정한다)
제8548호 : 일차전지와 축전지의 웨이스트(waste)와 스크랩(scrap), 수명이 끝난 일차전지와 축전지, 기기의 전기식 부분품(이 류에 따로 분류되지 않은 것으로 한정한다)
제9033호 : 제90류의 기계 · 기기 · 장치 · 장비용 부분품과 부속품(이 류에 따로 분류되지 않은 것으로 한정한다)

218 9010호 : 사진(영화를 포함한다) 현상실용 기기(이 류에 따로 분류되지 않은 것으로 한정한다), 네가토스코프(negatoscope), 영사용 스크린

해당 기기와 함께 분류한다.

④ 그 밖의 각종 부분품과 부속품은 제9033호로 분류한다.

2) 제16부의 주 제2호에서는 부분품(parts)에 한정하여 규정하고 있으나, 본 주에서는 부분품과 부속품(parts and accessories) 모두에 대해 규정하고 있음에 유의하여야 한다.

3. 제16부의 주 제3호와 제4호는 이 류에도 적용한다.

제16부의 복합기계, 다기능기계 및 기능단위기계에 대한 규정은 제90류의 기기에도 동일하게 적용된다(자세한 내용은 제16부의 해당 내용 참조).

4. 제9005호에서는 무기용 망원조준기, 잠수함용이나 전차용 잠망경과 이 류나 제16부의 기기용 망원경은 제외하며, 이러한 망원조준기와 망원경은 제9013호로 분류한다.

[망원조준기는 단독으로 사용되지 않고 무기에 장착하여 사용한다.]

1) 제9005호에는 "쌍안경 · 단안경 · 그 밖의 광학식 망원경과 이들의 장착구, 그 밖의 천체관측용 기기와 그 장착구(전파관측용 기기는 제외한다)"가 분류된다.

망원경(望遠鏡, telescope)은 렌즈 또는 반사경을 여러 개 조립하여 멀리 있는 물체를 확대하여 확실하게 보는 광학기기를 말하는 것으로서, 제9005호에는 이러한 광학식 망원경을 분류하도록 하고 있다.

2) 그런데 이러한 망원경 중에서 무기용 망원조준기(telescopic sights), 잠수함용이나 전차용 잠망경(periscopic telescopes)과 이 류의 다른 호에 해당하는 기기의 부분을 형성하도록 설계된 망원경 또는 제16부의 기계의 부분을 구성하는 망원경은 "그 밖의 광학기기"로 보아 제9013호에 분류한다.

5. 제9013호와 제9031호로 동시에 분류될 수 있는 광학식 측정용 · 검사용 기기는 제9031호로 분류한다.

광학식의 측정용 · 검사용 기기(measuring or checking optical instruments, appliances or machines)가 제9013호와 제9031호에 동시에 분류될 수 있다는 것은, 당해 물품이 제9013호의 "그 밖의 광학기기"에 해당하면서 동시에 제9031호의 "그 밖의 측정용이나 검사용 기기(이 류에 따로 분류되지 않은 것으로 한정한다)"에 해당한다는 것이다. 예로 프리즘과 렌즈의 결합에 의하여 표면의 상태를 측정하는 광학식의 표면검사기는 제9013호가 아닌 제9031호에 분류해야 한다.

제9013호 : 액정 디바이스(다른 호에서 더 구체적으로 규정한 물품을 구성하는 것은 제외한다), 레이저기기[레이저 다이오드(laser diode)는 제외한다], 그 밖의 광학기기(이 류에 따로 분류되지 않은 것으로 한정한다)
제9031호 : 그 밖의 측정용이나 검사용 기기(이 류에 따로 분류되지 않은 것으로 한정한다)와 윤곽 투영기

6. 제9021호에서 "정형외과용 기기"란 다음 각 목의 기기를 말한다.
   가. 신체상의 불구를 예방하거나 교정하는 기기
   나. 질병, 수술이나 부상 후 신체의 일부를 지주하는 기기(supporting or holding parts)
   ※ 이 경우 정형외과용 기기에는 정형외과 교정 목적으로 1) 주문 제작되거나 2) 대량생산된 신발과 특수 안창(footwear and special insoles)을 포함한다(양발에 맞게 제작된 켤레가 아닌 한 족이어야 한다).

어떤 물품이 제9021호의 "정형외과용 기기"인지, 아니면 제9018호의 "내과용 · 외과용 · 치과용 · 수의용 기기"인지의 품목분류 논쟁이 종종 있어 왔다.[219] 제9021호의 정형외과용 기기는 위의 정의에 부합해야만 당해 호에 분류가 가능하다.

7. 제9032호는 다음 각 목의 물품에만 적용한다.
   가. 액체나 기체의 유량 · 깊이 · 압력이나 그 밖의 변량(變量)의 자동제어용 기기나 온도의 자동제어용 기기(자동제어하여야 할 요소에 따라 변화하는 전기적 현상으로 작동하는 것인지에 상관없으며, 지속적으로나 주기적으로 이 요소의 실제 값을 측정하여 이 요소를 장애에 안정적으로 목표치에 맞추고 유지하도록 설계되어 있다)
   나. 전기적 양의 자동조절기기와, 제어되어야 할 요소에 따라 변화하는 전기현상으로 작동하는 비전기적 양의 자동제어기기(지속적으로나 주기적으로 이 요소의 실제 값을 측정하여 이 요소를 장애에 안정적으로 목표치에 맞추고 유지하도록 설계되어 있다)

1) 제9032호에 분류되는 자동조절용의 기기나 자동제어용의 기기는 그 기능을 볼 때 단일의 요소로 수행할 수 있는 기능이 아니고, 보통은 2가지 이상의 구성요소로 구성되어 있다. 이러한 이유로 이들 기기는 여러 구성요소를 하나로 결합시켜 일체의 기기로 만들거나, 아니면 구성요소들을 연결하여 하나의 특정기능을 수행하는 기능단위기계의 형식을 갖추고 있다. 자동조절용의 기기나 자동제어용의 기기는 조절하는 대상에 따라 위의 가목과 나목 두 가지로 나누어 볼 수 있다.

[온도 자동조절용 기기 thermostat. 목표 온도를 설정하여 그 온도가 유지되도록 자동제어한다.]

2) 액체나 기체의 유량 · 깊이 · 압력이나 그 밖의 변량(變量)의 자동제어용 기기 또는 온도의 자동제어용 기기(자동제어하여야 할 요소에 따라 변화하는 전기적 현상으로 작동하는 것인지에 상관없으며, 지속적으로나 주기적으로 이 요소의 실제 값을 측정하여 이 요소를 장애에 안정적으로 목표치에 맞

219 특히 2013년 현재까지 우리나라에서는 제9018호는 기본세율 8%를 적용하는 반면에, 제9021호는 WTO양허세율 0%를 적용하기 때문에 이러한 세율차이로 인한 품목분류 분쟁이 여러 건 있었다.

추고 유지하도록 설계되어 있다)

이 기기는 일반적으로 다음의 구성요소로 이루어져 있다.

① 탱크의 압력이나 수위, 또는 실내 온도 등과 같은 조절해야 할 변량을 측정하는 장치(measuring device)

② 측정치와 목표치를 비교하고 아래 ③에 기재된 장치에 당해 비교값에 따른 작동 여부를 전달하는 제어장치(control device)

③ 기동장치, 정지장치 또는 작동장치(starting, stopping or operating device) : 실제 압력이나 수위 또는 온도를 조절하는 기계, 즉 자동제어용 기기의 명령을 수행하는 기기(예 : 펌프, 물공급장치 또는 온도를 높이는 보일러 등)를 작동시키는 밸브나 스위치 등

※ 액체나 기체의 유량 · 깊이 · 압력이나 그 밖의 변량(變量)의 자동제어용 기기나 온도의 자동제어용 기기는 펌프 · 압축기 · 밸브 · 노의 버너 등과 같은 자동제어용 기기의 명령을 수행하는 기기와 연결되어 있어, 이들을 작동시켜 탱크의 수위나 실내의 온도와 같은 변량을 미리 정해진 목표치에 맞추는 역할을 한다. 또한 안전시스템의 경우에는, 예로 제어되는 기계나 기구의 작동을 멈추도록 한다.

이들 명령을 수행하는 기기들은 일반적으로 기계식 · 유압식 · 압축공기식 또는 전기적 조절에 의해 원격조절되는데, 이들이 별도로 제시된 경우에는 펌프 또는 압축기는 제8413호 또는 제8414호, 밸브는 제8481호 등과 같이 각 해당하는 호에 분류된다. 그런데 만약에 자동제어용 기기가 펌프나 압축기와 같은 명령을 수행하는 기기와 함께 동시에 제시된 경우에는, 이들 전체를 하나로 보아 통칙 제1호 또는 통칙 제3호의 나목에 의해 결정된다(제16부의 총설내용 중 '부속기기' 부분 및 제8481호의 해설 참조).

자동제어용기기와 명령을 수행하는 펌프 등의 기기가 동시에 제시된 경우에는 보통 자동제어용 기기는 제16부의 총설내용 중 '부속기기' 부분에서 설명하는 바와 같이 명령을 수행하는 기기의 부속기기(accessory instruments and apparatus)가 된다. 이때에는 다음과 같이 품목분류하면 된다.

① 주 기기와 부속기기가 연결된 경우로서 이들 기기가 전체로 기능단위기계로 인정되지 않거나, 부속기기가 여러 개의 주 기기를 제어하는 경우에는 각각 별도의 HS로 분류한다.

② 주 기기와 부속기기가 연결된 경우로서 이들 기기가 전체로 기능단위기계로 인정되는 경우에는 전체로서의 기능에 따라 한 HS로 분류한다.

③ 주 기기와 부속기기가 결합된 경우에는 통칙 제1호에 의거 정해진 호 또는 통칙 제3호의 나목에 의거 주 기능에 따라 전체를 하나의 HS로 분류한다.

3) 전기적 양의 자동조절기기와, 제어되어야 할 요소에 따라 변화하는 전기현상으로 작동하는 비전기적 양의 자동제어기기(지속적으로나 주기적으로 이 요소의 실제 값을 측정하여 이 요소를 장애에 안정적으로 목표치에 맞추고 유지하도록 설계되어 있다) : 이 기기는 볼트 · 암페어 · 주파수 및 전력 등의 전기적인 양뿐만 아니라, 분당 회전수(rpm) · 토크(torque) · 견인력

(traction force) · 압력 · 유량이나 온도 등과 같은 비전기적 양의 조절에도 사용된다. 이 기기는 일반적으로 다음의 구성요소로 이루어져 있다.

① **측정장치(measuring device)** : 제어할 변량의 실제치를 측정하며, 이를 해당 측정치에 비례되는 전기적 신호로 변환(converts it into a proportional electrical signal)한다.

② **전기조절장치(electrical control device)** : 측정치와 목표치를 비교하고 아래의 작동장치에 필요한 신호를 보낸다.

③ **기동장치, 정지장치 또는 작동장치(starting, stopping or operating device)** : 이들은 일반적으로 제8536호의 접촉자, 개폐기, 회로차단기 등으로서 액튜에이터는 예로 아크노(arc furnace)의 전극 사이의 간격을 조절하는 클램프나, 보일러의 물이나 스팀의 유입을 조절하는 모터식 밸브와 같이 변량의 희망치를 맞추는 역할을 한다. 위의 조절장치로부터 받은 신호에 따라 액튜에이터(actuator)에 전류를 공급한다.

◉ 국내주

1. 소호 제9006.51호 · 제9006.52호 · 제9006.53호 · 제9006.59호에서 "특수용도 사진기"란 현미경용 · 반도체소자 촬영용과 그 밖의 특수용도에 사용되는 사진기를 말한다.

본 주는 국내에서 별도로 만든 국내주 중의 하나이다. 제9006호에서 제9006.51호 · 제9006.52호 · 제9006.53호 및 제9006.59호를 보다 세분한 부분, 예로 제9006.51-1000호를 보면 특수용도 사진기(photographic cameras for special use)를 분류하고 있다. 여기서 특수용도 사진기란 현미경용 · 반도체소자 촬영용과 그 밖의 특수용도에 사용되는 사진기를 말한다.

HSK				품명	Description
9006				사진기(영화용은 제외한다), 사진용 섬광기구와 제8539호의 방전램프 외의 섬광전구	Photographic (other than cinematographic) cameras; photographic flashlight apparatus and flashbulbs other than discharge lamps of heading 85.39.
	10	00	00	인쇄제판용 사진기	Cameras of a kind used for preparing printing plates or cylinders
"중간 생략"					
	5			그 밖의 사진기	Other cameras :
	51			렌즈를 통하여 볼 수 있는 뷰파인더(viewfinder)[싱글렌즈리플렉스(SLR)]를 갖춘 것(폭이 35밀리미터 이하인 롤필름용으로 한정한다)	With a through-the-lens viewfinder(single lens reflex (SLR)), for roll film of a width not exceeding 35mm
		10	00	**특수용도 사진기**	**Photographic cameras for special use**
		90	00	기타	"이하 생략"

◉ 총설

1) **이 류의 일반적인 내용과 그 배열** : 이 류에는 일반적으로 높은 완성가공도와 정밀도에 의하여 특징지어지는 각종 기기가 분류된다. 대부분의 것은 주로 과학분야(이화학 · 분석 · 천문학 등), 특수한 기술 또는 공업분야(측정 또는 검사 · 관측 등) 또는 의학분야에 사용된다. 특히 이 호에는 다음의 것을 포함한다.

   ① **광범위한 광학용품 및 광학기기** : 제9001호 및 제9002호의 간단한 광학용품뿐만 아니라 제9004호의 안경에서 천체용 · 사진용 · 영화용 또는 현미경의 관찰용에 사용되는 복잡한 기기를 포함한다.

   ② **특정한 용도의 기기** : 측량용 · 기상용 · 제도용 · 계산용 등

   ③ 내과용 · 외과용 · 치과용 또는 수의용의 기기와 이에 관련되는 기기(방사선요법용 · 기계요법용 · 산소요법용 · 정형외과용 · 보철용 등)

   ④ 재료의 시험용 기기

   ⑤ 이화학용 기기

   ⑥ 대부분의 측정용 · 검사용 또는 자동조절용의 기기(광학식 또는 전기식 및 특히 이 류주 제7호에서 정의하는 것과 같은 제9032호의 것인지를 불문한다)

2) 이러한 기기 중 약간의 것은 특정의 호에 품명이 열거되어 있는 바, 예를 들면 광학현미경(제9011호)이나 전자현미경(제9012호) 등의 경우이다. 그 밖의 기기들은 해당 과학, 공업 등에 관련되는 각 호에 보다 일반적인 명칭으로 표현되어 있다(예 : 제9005호의 천체관측용 기기, 제9015호의 토지측량기기, 제9022호의 엑스선 등을 사용하는 기기). 이 류에는 또한 내과, 외과, 치과 또는 수의과학용의 진공기기(vacuum apparatus)도 포함한다(제9018호).

   이 류에 해당하는 기기는 일반적으로 정밀기기이나 약간의 예외가 있다. 예를 들면 보통의 보호용 고글(제9004호), 단순한 확대경 및 확대식이 아닌 잠망경(제9013호), 눈금자(divided scales)와 학교용 자(제9017호) 및 장식적인 습도계(정확도를 불문한다)(제9025호)도 이 류에 포함된다.

   이 류에 분류되는 기기 및 그 부분품은 주 제1호의 규정에 의하여 제외되는 것(예 : 고무제나 가죽제의 와셔 및 개스킷, 가죽제의 계기용 다이어프램) 이외에는 재질의 여하를 불문한다. 따라서 귀금속제나 귀금속을 입힌 금속제 및 천연 · 합성 또는 재생의 귀석제 또는 반귀석제의 것도 이 류에 포함된다.

Chapter 91

제91류 시계와 그 부분품

호	호의 용어
9101	손목시계·회중시계와 그 밖의 휴대용 시계(스톱워치를 포함하며, 케이스를 귀금속으로 만든 것이나 귀금속을 입힌 금속으로 만든 것으로 한정한다)
9102	손목시계·회중시계와 그 밖의 휴대용 시계(스톱워치를 포함하되 제9101호의 것은 제외한다)
9103	휴대용 시계의 무브먼트(movement)를 갖춘 클록(clock)(제9104호의 것은 제외한다)
9104	차량용·항공기용·우주선용·선박용 계기반 클록(clock)과 이와 유사한 클록(clock)
9105	그 밖의 클록(clock)
9106	시각을 기록하는 기기와 시계의 무브먼트(movement)나 동기(同期) 전동기를 갖춘 것으로서 시간을 측정·기록하거나 알리는 기기[예 : 타임레지스터(time-register)·타임레코더(time-recorder)]
9107	타임스위치[시계의 무브먼트(movement)나 동기(同期) 전동기를 갖춘 것으로 한정한다]
9108	휴대용 시계의 무브먼트(movement)(완전한 것으로서 조립된 것으로 한정한다)
9109	클록 무브먼트(clock movement)(완전한 것으로서 조립된 것으로 한정한다)
9110	완전한 시계의 무브먼트(movement)(미조립이나 부분적으로 조립된 것으로 한정한다)(무브먼트세트), 불완전한 시계의 무브먼트(movement)(조립된 것으로 한정한다), 러프(rough)한 시계의 무브먼트(movement)
9111	휴대용 시계의 케이스와 그 부분품
9112	클록(clock) 케이스, 이 류의 그 밖의 물품에 사용되는 이와 유사한 유형의 케이스와 이들의 부분품
9113	휴대용 시겟줄·휴대용 시계밴드·휴대용 시계팔찌와 이들의 부분품
9114	그 밖의 시계의 부분품

◉ 류주

1. 이 류에서 다음 각 목의 것은 제외한다.
   가. 시계 유리와 추(이들의 구성재료에 따라 분류한다)
   나. 휴대용 시계의 체인(경우에 따라 제7113호나 제7117호로 분류한다)
   다. 제15부의 주 제2호의 범용성 부분품으로서 비금속(卑金屬)으로 만든 것(제15부)이나 이와 유사한 플라스틱으로 만든 물품(제39류), 귀금속으로 만든 것이나 귀금속을 입힌 금속으로 만든 물품(일반적으로 제7115호로 분류한다). 다만, 시계 스프링은 시계 부분품으로 분류한다(제9114호).
   라. 베어링볼(bearing ball)(경우에 따라 제7326호나 제8482호로 분류한다)
   마. 제8412호의 물품[탈진기(escapement) 없이 작동할 수 있도록 만들어진 것]
   바. 볼베어링(ball bearing)(제8482호)

사. 제85류의 물품. 다만, 물품 상호 간이나 다른 물품과 함께 시계용 무브먼트(movement)나 시계용 무브먼트(movement)의 부분품으로 전용되거나 주로 사용하기에 적합한 물품으로 조립되지 않은 것으로 한정한다(제85류).

2. 제9101호에는 케이스 전부를 귀금속으로 만든 것이나 귀금속을 입힌 금속(metal clad with precious metal)으로 만든 것과, 제7101호부터 제7104호까지의 천연진주 · 양식진주나 귀석 · 반귀석(천연의 것, 합성 · 재생한 것)을 위의 재료에 결합시킨 휴대용 시계만을 분류한다. 다만, 케이스가 귀금속을 박은 비금속(卑金屬)으로 만들어진 휴대용 시계는 제9102호로 분류한다.

[금으로 만든 회중시계(懷中時計, pocket watch)]

제15부의 주 제7호에 의하면, "귀금속을 입힌 금속(metal clad with precious metal)이란 금속의 한 면 이상에 땜접 · 납접 · 용접 · 열간압연이나 이와 유사한 기계적 방법으로 귀금속을 입힌 것을 말하며, 문맥상 달리 해석되지 않는 한 **비금속(卑金屬)에 귀금속을 박아 넣은 것**도 포함한다"고 정의하고 있다. 이 정의는 제9101호의 귀금속을 입힌 금속으로 만든 휴대용 시계에 적용되지만, 이 중에 비금속(卑金屬)에 귀금속을 박아 넣은(base metal inlaid with precious metal) 케이스의 경우에는 적용되지 않고 이러한 시계는 제9102호에 분류하도록 하고 있다. 또한 케이스가 귀금속이나 귀금속을 입힌 비금속(卑金屬)으로 된 시계로서 뒷면이 강철로 된 것도 제9101호에 분류되지 않고 제9102호에 분류된다.

3. 이 류에서 "휴대용 시계의 무브먼트(watch movements)"란 밸런스휠(balance-wheel) · 헤어스프링(hairspring) · 수정진동자나 그 밖의 시간 간격을 정할 수 있는(determining intervals of time) 각종 기구로 조정되는 장치로서, 표시부를 갖춘 것이나 기계식 표시부를 내장할 수 있는 기구를 갖춘 것을 말한다. 이 경우 휴대용 시계의 무브먼트(movement)는 두께가 12밀리미터 이하이고, 폭 · 길이 · 지름이 50밀리미터 이하인 것으로 한정한다.

1) 시계는 크게 보면 무브먼트와 무브먼트용 케이스의 두 부분으로 구성된다. 시계의 무브먼트는 시계가 작동하도록 하는 내부장치로서, 완전한 무브먼트는 여기에 케이스만 씌우면 완전한 시계로 사용할 수 있다. 무브먼트는 반드시 밸런스휠(balance-wheel) · 헤어스프링(hairspring) · 수정진동자 등과 같은 시간 간격을 정할 수 있는 장치를 갖추어야 하고, 또한 표시부를 갖춘 것이나 기계식 표시부를 내장할 수 있는 기구를 갖추어야 한다.

2) 이러한 휴대용 시계의 무브먼트는 두께가 12mm 이하이고, 폭 · 길이 · 지름이 50mm 이하인 것으로 한정한다. 따라서 두께가 12mm를 초과하거나, 폭 · 길이 · 지름이 50mm를 초과하면 휴대용 시계의 무브먼트로 인정되지 않고 클록의 무브먼트(clock movement)로 분류된다.

4. 주 제1호의 것을 제외하고는 시계와 그 밖의 물품(예 : 정밀기계)에 함께 사용하기에 적당한 무브먼트(movement)와 그 밖의 다른 부분품들은 이 류로 분류한다.

어떤 무브먼트나 그 밖의 다른 부분품들이 이 류의 시계용으로도 사용이 가능하고 동시에 정밀기계와 같은 그 밖의 물품을 만드는 데에도 사용이 가능한 경우에는 이 류로 분류한다.

◉ 국내주

1. 소호 제9102.11호·제9102.21호·제9102.29호·제9111.90호·제9113.10호에서 "귀금속으로 만든 것이나 귀금속을 입힌 금속으로 만든 것"이란 이 류의 주 제2호 본문의 귀금속으로 만든 것이나 귀금속을 입힌 금속으로 만든 것과, 제7101호부터 제7104호까지의 천연진주·양식진주나 귀석·반귀석(천연의 것, 합성·재생한 것) 등을 위의 재료에 결합한 것을 말한다.

2. 이 류의 주 제2호 단서의 "케이스가 귀금속을 박은 비금속(卑金屬)으로 만들어진 휴대용 시계"는 소호 제9102.11호·제9102.21호·제9102.29호 중 "문자판·밴드 등을 귀금속으로 만든 것이나 귀금속을 입힌 금속으로 만든 것"에 포함되는 것으로 본다.

HSK				품명	Description
9102				손목시계·회중시계와 그 밖의 휴대용 시계(스톱워치를 포함하되 제9101호의 것은 제외한다)	Wrist-watches, pocket-watches and other watches, including stop-watches, other than those of heading 91.01.
	1			손목시계(전기구동식으로 한정하며, 스톱워치 기능을 갖춘 것인지에 상관없다)	Wrist-watches, electrically operated, whether or not incorporating a stop-watch facility :
	11			기계식 표시부만을 갖춘 것	With mechanical display only
		10	00	맹인용	For the blind
		20	00	**문자판·밴드 등을 귀금속으로 만든 것이나 귀금속을 입힌 금속으로 만든 것**	**With dials, bands or similar of precious metal or of metal clad with precious metal**
		90		기타	Other
			10	밧데리·축전지 구동식	Battery or accumulator operated
			90	기타	Other
이하 생략					

◉ 총설

이 류에는 주로 시간을 측정하거나, 시간과 관련된 어떤 작동에 영향을 주도록 설계·제작된 기기를 분류한다. 이러한 기기에는 휴대용 시계나 스톱워치와 같이 사람이 휴대할 수 있는 시계, 보통의 클록·휴대용 시계의 무브먼트를 갖춘 시계·자명종 시계·항행용 크로노미터[220]·차량용의 시계 등 그 밖의 시계와, 시각의 기록용 기기, 시간의 간격을 측정하는 기기 및 타임스위치[221]가 포함되며, 일반적으로 이러한 물품의 부분품도 포함된다.

[항행용 크로노미터]

220 항행용의 크로노미터는 항해하는 선박에서 배의 위치를 계산할 때 사용하는 매우 정밀한 시계로서, 이러한 항행용의 크로노미터의 시간은 그리니치 표준시에 세팅되어 있다. 항해사는 자신의 로컬타임과 항행용 크로노미터 시간의 비교를 통해 배의 현재 위치를 알아낸다. 현대의 선박에는 항법장치(navigational equipment)가 있어 잘 쓰이지 않는다.

221 타임스위치(time switch)란 보통 미리 설정한 시간에 자동적으로 전기회로의 개폐를 행하도록 설계·제작된 장치를 말한다. 제91류에 분류되는 타임스위치는 시계의 무브먼트 또는 동기 전동기(synchronous motor)를 갖춘 것이어야 한다.

Chapter 92

제 92 류 악기와 그 부분품과 부속품

호	호의 용어
9201	피아노(자동피아노를 포함한다) · 하프시코드(harpsichord)와 그 밖의 건반이 있는 현악기
9202	그 밖의 현악기(예: 기타 · 바이올린 · 하프)
9205	관악기(예 : 키보드 파이프 오르간 · 아코디언 · 클라리넷 · 트럼펫 · 백파이프)[페어그라운드 오르간(fairground organ)과 메케니컬 스트리트 오르간(mechanical street organ)은 제외한다]
9206	타악기[예 : 북 · 목금 · 심벌 · 캐스터네츠 · 마라카스(maracas)]
9207	전기적으로 음이 발생하거나 증폭되는 악기(예 : 오르간 · 기타 · 아코디언)
9208	뮤지컬박스 · 페어그라운드 오르간(fairground organ) · 메커니컬 스트리트 오르간(mechanical street organ) · 기계식 자명조(singing bird) · 뮤지컬소(musical saw)와 그 밖의 악기로서 이 류의 다른 호에 해당하지 않는 것, 각종 데코이 콜(decoy call), 휘슬 · 호각과 그 밖의 입으로 불어서 나는 소리로 신호하는 기구
9209	악기의 부분품(예 : 뮤지컬박스용 메카니즘)과 부속품(예: 기계식 악기용 카드 · 디스크 · 롤), 박절기(metronom) · 소리굽쇠, 각종 조율관(調律管)

◉ 류주

1. 이 류에서 다음 각 목의 것은 제외한다.
   가. 제15부의 주 제2호의 범용성 부분품으로서 비금속(卑金屬)으로 만든 물품(제15부)이나 이와 유사한 플라스틱으로 만든 물품(제39류)
   나. 제85류나 제90류의 마이크로폰 · 증폭기 · 확성기 · 헤드폰 · 개폐기 · 스토로보스코프(stroboscope)나 그 밖의 부속기기로서 이 류의 기기와 함께 사용하는 물품. 다만, 동일 캐비닛 속에 결합되거나 내장된 것은 제외한다.
   다. 완구용품(제9503호)
   라. 악기 소제용 브러시(제9603호)
   마. 수집품이나 골동품(제9705호 · 제9706호)

2. 제9202호 · 제9206호의 악기의 연주에 사용되는 활 · 채와 이와 유사한 물품으로서 적정한 수량의 범위 안에서 악기와 함께 제시되며, 명백히 악기와 함께 사용되는 것은 해당 악기와 같은 호로 분류한다. 다만, 악기와 함께 제시되는 제9209호의 카드 · 디스크 · 롤은 해당 악기와는 별개의 물품으로 보며, 그 악기의 일부를 구성하는 것으로 보지 않는다.

제9209호에는 자동연주악기(mechanical instrument)에 사용되는 카드 · 디스크 및 롤이 분류된다. 자동연주악기에 사용되는 카드 · 디스크 및 롤은 악기와 함께 제시되더라도 해당 악기와는 별개의 품목으로 취급되어 해당 악기의 부분품으로 분류되지 않고 별도로 제9209호에 분류된다.

[가운데 둥근 모양의 것이 자동연주악기의 디스크이다.]

◉ 총설

1) 이 호에는 악기(제9201호~제9208호)와 악기의 부분품과 부속품(제9209호)을 분류한다.

   어떤 악기(피아노 · 기타 등)는 전기 사운드픽업(sound pick up)이나 증폭장치와 같은 전기장치를 갖춘 것도 있다. 이때 악기가 전기장치가 없이도 보통형의 악기와 같이 사용할 수 있는 경우에는 각각 이 류의 해당되는 호에 분류된다. 반면에 전기장치는 그 자체가 악기의 필수적인 부분(integral part)을 구성하지 않거나 또는 악기와 같은 캐비닛 안에 내장되어 있지 않은 한 항상 이 류에서 제외되고 제8518호[222]에 분류된다. 반면에 전기식 또는 전자식 장치가 없이는 연주할 수 없는 전기식 또는 전자식 악기는 "전기적으로 음이 발생하거나 증폭되는 악기"가 분류되는 제9207호에 분류된다.

[전기 사운드픽업. 악기의 전기장치는 그 자체가 악기의 필수적인 부분을 구성하지 않거나 악기와 같은 캐비닛 안에 내장되어 있지 않으면 이는 일종의 마이크로폰으로서 제8518호에 분류된다.]

2) 이 류의 기기는 그 구성재료의 여하를 불문하며, 귀금속제와 귀금속을 입힌 금속제의 것, 그리고 귀석 또는 반귀석(천연 · 합성 또는 재생의 것)을 결합한 것도 있다.

222 제8518호 : 마이크로폰과 그 스탠드, 확성기[인클로저(enclosure)에 장착된 것인지에 상관없다], 헤드폰과 이어폰(마이크로폰이 부착된 것인지에 상관없다), 마이크로폰과 한 개 이상의 확성기로 구성된 세트, 가청주파증폭기, 음향증폭세트

Section

제 19 부

무기 · 총포탄과 이들의 부분품과 부속품

류	류의 표제
93	무기 · 총포탄과 이들의 부분품과 부속품

Chapter 93

제93류 무기 · 총포탄과 이들의 부분품과 부속품

호	호의 용어
9301	군용 무기[리볼버(revolver) · 피스톨(pistol)과 제9307호의 무기는 제외한다]
9302	리볼버(revolver)와 피스톨(pistol)(제9303호 · 9304호의 것은 제외한다)
9303	그 밖의 화기와 폭약으로 점화되는 이와 유사한 장치[예 : 경기용 산탄총과 라이플(rifle), 총구장전 화기, 베리식 피스톨(Very pistol), 신호용 화염만을 발생하는 그 밖의 장치, 공포탄용 피스톨(pistol) · 리볼버(revolver), 캡티브볼트(captive-bolt)형 무통(無痛) 도살기, 줄 발사총(line-throwing gun)]
9304	그 밖의 무기(예 : 스프링총 · 공기총 · 가스총 · 경찰봉)(제9307호의 것은 제외한다)
9305	부분품과 부속품(제9301호부터 제9304호까지의 것으로 한정한다)
9306	폭탄 · 유탄 · 어뢰 · 지뢰 · 미사일과 이와 유사한 군수품과 이들의 부분품, 탄약 · 그 밖의 총포탄 · 탄두와 이들의 부분품[산탄알과 탄약 안에 충전되는 와드(wad)를 포함한다]
9307	검류 · 창과 이와 유사한 무기, 이들의 부분품과 집

◉ 류주

1. 이 류에서 다음 각 목의 것은 제외한다.
   가. 제36류의 물품(예 : 화관 · 뇌관 · 신호용 조명탄)
   나. 제15부의 주 제2호의 범용성 부분품으로서 비금속(卑金屬)으로 만든 것(제15부)이나 이와 유사한 플라스틱으로 만든 물품(제39류)
   다. 장갑차량(제8710호)
   라. 무기용으로 적합한 망원조준기나 그 밖의 광학기기(무기에 장착된 것이나 장착용으로 설계된 것으로서 무기와 함께 제시된 경우는 제외한다)(제90류)
   마. 활 · 화살 · 펜싱용 칼 · 완구(제95류)
   바. 수집품과 골동품(제9705호 · 제9706호)
2. 제9306호의 "이들의 부분품"에는 제8526호의 무선기기나 레이더기기를 포함하지 않는다.

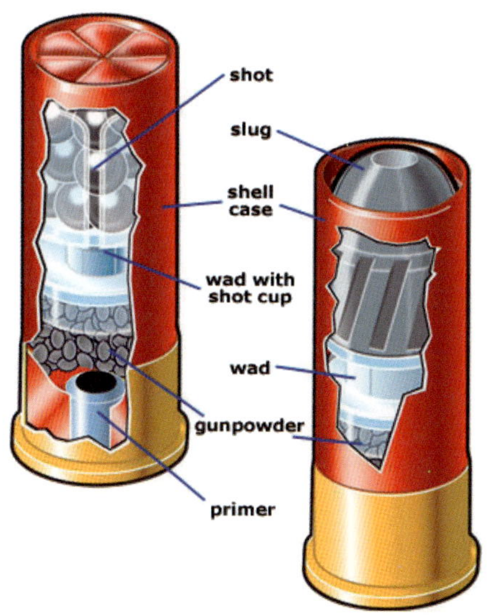

[탄약(cartridge). 와드(wad)는 펠트나 플라스틱으로 된 마개로서 발사되는 부분과 화약을 분리한다.]

제9306호 : 폭탄 · 유탄 · 어뢰 · 지뢰 · 미사일과 이와 유사한 군수품과 이들의 부분품, 탄약 · 그 밖의 총포탄 · 탄두와 이들의 부분품[산탄알과 탄약 안에 충전

되는 와드(wad)를 포함한다]

◉ 총설

1) 이 류에는 다음의 것을 분류한다.

① 지상용·해상용 또는 공중전용으로 설계·제작된 각종 무기 : 군사용·경찰용 또는 세관·국경경비대 등 그 밖의 기관에서 사용하는 무기

② 개인의 호신용·수렵용·사격용으로 사용되는 무기

③ 폭약의 점화로 작동하는 그 밖의 장치

④ 총포탄 및 미사일(제36류의 물품은 제외한다)

이 류에는 몇 가지 예외를 제외하고 무기의 부분품과 부속품 및 총포탄의 부분품을 포함한다.

2) 무기에 사용되는 망원조준기 및 그 밖의 광학기기로서, 이러한 것이 무기에 장착되어 있거나 장착할 무기와 함께 제시된 경우에는 무기와 같이 분류된다. 다만, 별도 제시된 경우에 이러한 광학무기는 제외된다(제90류).

차량류는 군용의 것이라 할지라도 무기가 부착된 것인지의 여부를 불문하고 이 류에서 제외된다. 따라서 이 류에서는, 예를 들면 장갑철도차량(제86류)·전차 및 장갑차(제8710호)·군용 항공기(제8801호 또는 제8802호) 및 군함(제8906호)이 제외된다. 다만, 이러한 차량 등에 부착되도록 제작된 무기가 별도로 제시된 경우에는 이 류에 분류된다.

Section 제20부 잡품

류	류의 표제
94	가구, 침구 · 매트리스 · 매트리스 서포트(mattress support) · 쿠션과 이와 유사한 물품, 다른 류로 분류되지 않은 램프 · 조명기구, 조명용 사인 · 조명용 네임플레이트(name-plate)와 이와 유사한 물품, 조립식 건축물
95	완구 · 게임용구 · 운동용구와 이들의 부분품과 부속품
96	잡품

Chapter 94

제94류 가구, 침구·매트리스·매트리스 서포트(mattress support)·쿠션과 이와 유사한 물품, 다른 류로 분류되지 않은 램프·조명기구, 조명용 사인·조명용 네임플레이트(name-plate)와 이와 유사한 물품, 조립식 건축물

호	호의 용어
9401	의자(침대로 겸용할 수 있는지에 상관없으며 제9402호의 것은 제외한다)와 그 부분품
9402	내과용·외과용·치과용·수의용 가구류(예 : 수술대·검사대·기계식 장비를 갖춘 병원용 침대·치과용 의자), 회전·뒤로 젖힘·상하 조절 기능을 갖춘 이발용 의자와 이와 유사한 의자, 이들의 부분품
9403	그 밖의 가구와 그 부분품
9404	매트리스 서포트(mattress support), 침구와 이와 유사한 물품[예 : 매트리스·이불·우모이불·쿠션·푸프(pouff)·베개]으로서 스프링을 부착한 것이나 각종 재료를 채우거나 내부에 끼워 넣은 것이나 셀룰러 고무나 플라스틱으로 만든 것(피복하였는지에 상관없다)
9405	램프·조명기구[서치라이트(searchlight)·스포트라이트(spotlight)와 이들의 부분품을 포함하고, 따로 분류되지 않은 것으로 한정한다], 조명용 사인·조명용 네임플레이트(nameplate)와 이와 유사한 물품(광원이 고정되어 있는 것으로 한정한다), 이들의 부분품(따로 분류되지 않은 것으로 한정한다)
9406	조립식 건축물

◉ 류주

1. 이 류에서 다음 각 목의 것은 제외한다.
   가. 제39류·제40류·제63류의 매트리스·베개·쿠션으로서 공기나 물을 넣어서 사용하는 것
   나. 제7009호의 거울로서 마루나 지면에 놓고 사용하도록 만들어진 것[예 : 체경(體鏡)]
   다. 제71류의 물품
   라. 제15부의 주 제2호의 범용성 부분품으로서 비금속(卑金屬)으로 만든 물품(제15부)이나 이와 유사한 플라스틱으로 만든 물품(제39류)과 제8303호의 금고
   마. 제8418호의 냉장기구나 냉동기구의 부분품으로 특별히 설계한 가구와 재봉기용으로 특별히 설계한 가구(제8452호)
   바. 제85류의 램프·조명기구
   사. 제8518호의 기기 부분품으로 특별히 설계한 가구(제8518호), 제8519호·제8521호의 기기 부분품으로 특별히 설계한 가구(제8522호)나 제8525호부터 제8528호까지의 기기 부분품으로 특별히 설계한 가구(제8529호)
   아. 제8714호의 물품
   자. 제9018호의 치과기기를 갖춘 치과용 의자나 치과용 타구(제9018호)
   차. 제91류의 물품[예 : 클록(clock)과 클록(clock) 케이스]

카. 완구용 가구 · 완구용 램프나 조명기구(제9503호), 당구대나 그 밖의 오락용으로 특별히 설계한 가구(제9504호), 중국등(燈)과 같은 마술(conjuring trick)용이나 장식용 가구[전기식 가랜드(garland)는 제외한다](제9505호)

2. 제9401호부터 제9403호까지에서 규정한 물품(부분품은 제외한다)은 마루나 지면에 놓고 사용하도록 만들어진 것으로 한정하여 각각 이들의 호로 분류한다. 다만, 다음 각 목의 물품은 매달거나 벽에 붙이거나 다른 물품 위에 놓고 사용하도록 만들어진 것이라 할지라도 이들의 호로 분류한다.
   가. 식기선반 · 서가 · 선반식 가구(벽에 고정시키기 위한 지지물과 함께 제시된 단일의 선반을 포함한다)와 유닛식 가구[223]
   나. 의자와 침대

제9401호부터 제9403호까지에는 각종의 가구가 분류된다. HS에서는 **마루나 지면에 놓고**(placing on the floor or ground) 사용하도록 만들어진 것을 가구의 중요한 특징으로 삼고 있다. 다만 식기선반 · 서가 · 선반식 가구(벽에 고정시키기 위한 지지물과 함께 제시된 단일의 선반을 포함한다)와 유닛식 가구, 그리고 의자와 침대는 매달거나 벽에 붙이거나 다른 물품 위에 놓고 사용하도록 만들어진 것이라 할지라도 이들의 호로 분류한다.

3. 가. 제9401호부터 제9403호까지의 물품의 부분품에는 유리로 만들거나(거울을 포함한다), 제68류 · 제69류의 대리석 · 그 밖의 돌이나 각종 재료로 만든 시트(sheet)나 슬래브(특정한 모양으로 절단하였는지에 상관없으나 다른 부분품과 결합된 것은 제외한다)가 포함되지 않는다.
   나. 제9404호의 물품이 따로 제시되는 경우에는 제9401호 · 제9402호 · 제9403호의 부분품으로 분류하지 않는다.

1) 제9401호에서 제9403호까지의 부분품은 이들 각 호의 가구류에 전용 또는 주로 사용할 수 있도록 설계 · 제작한 부분품으로 인정할 수 있는 것에 한한다. 이들 부분품은 다른 류에서 보다 더 구체적으로 분류되지 않을 경우 이 류에 분류한다.
2) 가구의 부분품으로 다음의 물품은 가구의 부분품으로 보지 않는다.
   ① 유리로 만든 것(거울을 포함한다)
   ② 제68류 · 제69류의 대리석 · 그 밖의 돌이나 각종 재료로 만든 시트(sheet)나 슬래브. 이들은 특정한 모양으로 절단하였더라도 제68류나 제69류에 분류되지만, 이들이 가구의 다른 부분품과 결합된 경우에는 가구의 부분품으로 본다.
   ③ 제9404호의 매트리스 서포트(mattress support), 침구와 이와 유사한 물품이 따로 제시되는 경우에는 제9401호~제9403호의 부분품으로 분류하지 않고 제9404호에 분류해야 한다.

223 유닛식 가구(unit furniture)는 디자인 · 치수 등이 통일된 1세트의 가구이다. 책꽂이 · 책상 · 서랍장 · 양복장 · 선반 등이 일정한 규격으로 만들어져 있어 이것들을 필요에 따라 여러 가지 형태로 짝을 맞추어 사용할 수 있다. 방의 크기나 사용목적에 따라서 적당히 선택할 수 있고, 쉽게 구성방법을 바꿀 수도 있는 것이 특징이다.

즉 제9403호에는 각종의 침대가 분류되는데, 매트리스 서포트 등이 별도로 제시되는 경우에는 침대의 부분품으로 분류하지 않고 별도로 제9404호에 분류된다는 것이다.

4. 제9406호에서 "조립된 건축물(prefabricated buildings)"이란 공장에서 완성한 건축물이나 현장에서 조립할 수 있는 요소를 갖추어 동시에 제시되는 건축물(예 : 가옥·작업현장의 숙박시설·사무실·학교·상점·차고나 그 밖에 이와 유사한 건물)을 말한다.

조립된 건축물은 처음부터 공장에서 완성되어 나오기도 하지만, 대부분은 구성요소들을 현장에서 조립하여 완성한다. 미조립상태의 건축물은 건축물을 완성할 구성요소가 동시에 제시되어야 한다.

◉ 총설

1) 이 류에 있어서 가구란 다음의 것을 말한다.

① 가동성의 물품(이 표의 다른 호에 분류되는 것을 제외한다)으로서 그 본질적인 특성이 바닥 또는 지면에 놓도록 만들어진 데 있으며, 실용목적에 주로 사용되고 개인주택·호텔·극장·영화관·사무실·교회·학교·카페·식당·실험실·병원 등이나 선박·항공기·철도객차·자동차·캐러밴트레일러(caravan trailers) 또는 이와 유사한 운송수단에 설치되어 있는 것.

이 류에 있어서의 물품은 예를 들면 선박에 사용되는 의자와 같이 바닥에 볼트 등으로 고정시키도록 만들어졌을지라도 가동성의 가구로 간주된다는 점에 유의하여야 한다. 정원·광장·산책길 등에 사용되는 의자 등 이와 유사한 물품도 이 범주에 포함된다.

② 식기선반·서가·선반식 가구(벽에 고정시키기 위한 지지물과 함께 제시된 단일의 선반을 포함한다)와 유닛식 가구, 그리고 의자와 침대는 매달거나 벽에 붙이거나 다른 물품 위에 놓고 사용하도록 만들어진 것은 마루나 지면에 놓고 사용하도록 만들어지지 않아도 이 류의 가구로 본다.

2) 위의 ②에서 열거한 물품을 제외하고, "가구"라는 용어를 사용하지만 다른 가구나 선반 위에 놓기 위해서 또는 벽에 걸기 위하여 또는 천장에 매달기 위하여 설계·제작된 물품은 가구로 보지 않는다. 따라서 이 류에서는 코트걸이·모자걸이·열쇠걸이·신문걸이 등과 같은 벽부착구(wall fixtures)와 라디에이터 스크린과 같은 물품은 포함하지 아니한다. 마찬가지로, 이 류에서는 바닥에 놓도록 설계·제작되지 않은 다음의 물품, 즉 소형의 목제 캐비닛 물품(예 : 장식함 및 보석함)과 소형의 목제 실내용품(제4420호) 및 플라스틱제 또는 비금속제의 사무용품(예 : 분류함·서류함)(제3926호 또는 제8304호)은 이 류에서 제외한다.

다만, 붙박이 또는 붙박이할 수 있도록 설계·제작한 비품(식기선반·라디에이터 스크린 등)으로서, 제9406호의 조립된 건축물과 동시에 제시되고 이 건물의 주요 부분을 이루는 것은 제9406호에 분류된다.

Chapter 95

제95류 완구 · 게임용구 · 운동용구와 이들의 부분품과 부속품

호	호의 용어
9503	세발자전거 · 스쿠터 · 페달 자동차와 이와 유사한 바퀴가 달린 완구, 인형용 차, 인형과 그 밖의 완구, 축소 모형과 이와 유사한 오락용 모형(작동하는 것인지에 상관없다), 각종 퍼즐
9504	비디오게임 콘솔과 비디오게임기 · 오락용구 · 테이블게임용구나 실내게임용구(핀테이블용구 · 당구용구 · 카지노게임용 특수테이블 · 자동식 볼링장용구를 포함한다)
9505	축제용품 · 카니발용품이나 그 밖의 오락용품[마술용품과 기술(奇術)용품을 포함한다]
9506	일반적으로 육체적 운동 · 체조 · 육상 · 그 밖의 운동에 사용하는 물품(탁구용품을 포함한다), 옥외게임용품(이 류에 따로 분류되지 않은 것으로 한정한다), 수영장용품과 패들링풀(paddling pool)용품
9507	낚싯대 · 낚싯바늘과 그 밖의 낚시용구, 낚시용 망 · 포충망(捕蟲網)과 이와 유사한 망, 조류 유인용구(제9208호나 제9705호의 것은 제외한다)와 이와 유사한 수렵용구
9508	회전목마 · 그네 · 실내사격연습장용품과 그 밖의 놀이공원용품과 순회서커스 · 순회동물원 · 순회극장용품

류주

1. 이 류에서 다음 각 목의 것은 제외한다.
   가. 양초(제3406호)
   나. 제3604호의 불꽃이나 기타의 화공품
   다. 제39류 · 제4206호 · 제11부의 낚시용 실 · 모노필라멘트 · 끈(cord) · 거트(gut)나 이와 유사한 물품(길이에 따라 절단하였으나 낚싯줄로 완성하지 않은 것으로 한정한다)
   라. 제4202호 · 제4303호 · 제4304호의 운동용 백이나 그 밖의 용기
   마. 제61류나 제62류의 방직용 섬유로 만든 운동용 의류나 가장복(fancy dress)
   바. 제63류의 방직용 섬유로 만든 깃발류나 보트용 · 세일보드용 · 랜드크라프트(land craft)용 돛
   사. 제64류의 운동용 신발류(아이스스케이트나 롤러스케이트가 부착된 스케이팅부츠는 제외한다)나 제65류의 운동용 헤드기어
   아. 지팡이 · 채찍 · 승마용 채찍이나 이와 유사한 물품(제6602호)과 이들의 부분품(제6603호)
   자. 제7018호의 인형이나 그 밖의 완구용인 유리로 만든 안구로서 장착되지 않은 것
   차. 제15부의 주 제2호의 범용성 부분품으로서 비금속(卑金屬)으로 만든 물품(제15부)이나 이와 유사한 플라스틱으로 만든 물품(제39류)
   카. 제8306호의 벨 · 징이나 이와 유사한 물품
   타. 액체펌프(제8413호), 액체용이나 기체용 여과기 · 청정기(제8421호), 전동기(제8501호), 변압

기(제8504호), 디스크·테이프·솔리드스테이트(solid-state)의 비휘발성 기억장치·스마트카드·음성이나 그 밖의 현상을 기록하기 위한 기타의 매체(기록이 되어 있는지에 상관없다)(제8523호), 무선원격조절기기(제8526호), 무선적외선 원격제어장치(제8543호)

파. 제17부의 경기용 차량(봅슬레이·터보건과 이와 유사한 물품은 제외한다)

하. 어린이용 이륜자전거(제8712호)

거. 카누·스키프(skiff)와 같은 운동용 크라프트(craft)(제89류)나 이들의 추진용구(목제품은 제44류)

너. 운동용이나 옥외게임용 안경·고글과 이와 유사한 물품(제9004호)

더. 데코이 콜(decoy call)이나 휘슬(제9208호)

러. 제93류의 무기나 그 밖의 물품

머. 각종 전기식 가랜드(garland)(제9405호)

버. 라켓용 줄, 텐트와 그 밖의 캠프용품, 장갑·벙어리장갑(그 구성재료에 따라 분류한다)

서. 식탁용품·주방용품·화장용품·카페트와 그 밖의 방직용 섬유로 만든 바닥깔개·의류·베드린넨(bed linen)·테이블린넨(table linen)·토일렛린넨(toilet linen)·주방린넨(kitchen linen)과 실용상의 기능을 가진 이와 유사한 물품(구성재질에 따라 분류한다)

2. 이 류에는 천연진주·양식진주·귀석·반귀석(천연의 것, 합성·재생한 것)·귀금속·귀금속을 입힌 금속을 단지 미소한 부분에 사용한 물품이 포함된다.

본 주는 제71류의 주 제2호와 맥을 같이하는 규정이다. 즉 제95류와 관련되는 "완구·게임용구·운동용구와 이들의 부분품과 부속품"에는 천연진주·양식진주·귀석·반귀석(천연의 것, 합성·재생한 것)·귀금속·귀금속을 입힌 금속을 함유하고 있는 경우가 있는데, 이때에는 제95류에 분류되지 못하고 제71류에 분류해야 한다. 다만 이들 물품 전체적으로 볼 때 천연진주·양식진주·귀석·반귀석(천연의 것, 합성·재생한 것)·귀금속·귀금속을 입힌 금속을 단지 미소한 부분(only minor constituents)에 사용한 경우에는 제95류에 분류한다.

3. 주 제1호의 것을 제외하고는 이 류의 물품에 전용되거나 주로 사용되는 부분품과 부속품은 해당 물품과 함께 분류한다.

4. 주 제1호의 것을 제외하고는, 제9503호는 하나 이상의 물품이 함께 조합된 이 호에서 정한 물품(통칙 제3호 나목에 따라 세트로 간주되지 않고, 분리되어 제시되는 경우에는 다른 호로 분류되는 물품)에 특별히 적용된다. 다만, 이들 물품이 소매용으로 함께 구성되어 있고 이러한 구성이 완구의 주요한 특성을 이루고 있다는 것을 조건으로 하여 적용된다.

주 제1호의 것을 제외하고, 제9503호에는 이 호에 해당하는 물품이 하나 또는 그 이상의 다른 호에 분류되는 물품과 조합된 물품이 분류된다. 이 규정은 완구류가 어린이를 위한 물품이고, 이러한 이유로 이들 물품을 판매 시에 소소한 선물류를 함께 포장하는 현실을 반영하여 만들어진 규정이다. 다만 이들 물품은 다음의 조건을 만족해야 한다.

① 조합된 물품들은 소매용 포장으로 되어 있어야 하나, 이 조합은 통칙 제3호의 나목에 근거한 세트물품으로 간주되지 않아야 한다. 주로 "어떤 요구를 충족시키기 위해서나 또는 어떤 특정의 활동을 행하기 위해 함께 조합하는 제품이나 물품으로 구성되어야 한다"는 조건을 충족시키지 못한다.

② 조합된 물품들은 그 본질적인 특성이 완구에 있어야 한다. 이러한 조합은 일반적으로 제9503호에 속하는 하나의 물품과 덜 중요한 다른 호의 물품(예 : 작은 판촉물과 소량의 과자류)으로 구성된다.

5. 제9503호는 그 디자인·외형·구성재료로 볼 때 전적으로 동물을 위한 것으로 볼 수 있는 물품(예 : 애완동물용 장난감)을 제외한다(이러한 물품은 각각 해당 호로 분류한다).

제9503호에는 본질적으로 사람(어린이나 어른)의 오락을 위해 의도된 완구가 분류된다. 디자인·모양 또는 구성재료로 보아 동물(예 : 애완동물)만을 위해 의도되었음을 확인할 수 있는 완구는 이 호에 분류하지 않고 다른 적절한 호에 분류한다.

◉ 소호주

1. 소호 제9504.50호는 다음 각 목의 것을 포함한다.

가. 텔레비전 수상기·모니터나 그 밖의 외부의 스크린이나 표면 위에 영상이 재생되는 비디오게임 콘솔

나. 비디오 스크린을 갖춘 비디오게임기(휴대용인지에 상관없다)

이 소호에서는 코인·은행권·은행카드·토큰이나 그 밖의 다른 지급수단에 의하여 작동되는 비디오게임 콘솔이나 비디오게임기는 제외한다(소호 제9504.30호).

HS		품명	Description
9504		비디오게임 콘솔과 비디오게임기·오락용구·테이블게임용구나 실내게임용구(핀테이블용구·당구용구·카지노게임용 특수테이블·자동식 볼링장용구를 포함한다)	Video game consoles and machines, articles for funfair, table or parlour games, including pintables, billiards, special tables for casino games and automatic bowling alley equipment.
	20	각종 당구용구와 부속품	Articles and accessories for billiards of all kinds
	30	그 밖의 게임용구(코인·은행권·은행카드·토큰과 그 밖의 지급수단으로 작동되는 것으로 한정하며 자동식 볼링장용구는 제외한다)	Other games, operated by coins, banknotes, bank cards, tokens or by other means of payment, other than automatic bowling alley equipment
	40	오락용 카드	Playing cards
	50	**비디오게임 콘솔과 비디오게임기(소호 제9504.30호의 것들은 제외한다)**	**Video game consoles and machines, other than those of subheading 9504.30**

◉ 총설

이 류에는 어린이나 어른의 오락용으로 설계·제작된 각종의 완구(toys)를 분류한다. 이 류에는 또한 실내 또는 옥외 게임용구·운동용구·체조용구 또는 육상용구·낚시용구·수렵용구 및 회전목마와 그 밖의 놀이공원용품도 포함된다.

Chapter 96

제 96 류 잡품

호	호의 용어
9601	가공한 아이보리(ivory)ㆍ뼈ㆍ귀갑(龜甲)ㆍ뿔ㆍ가지진 뿔ㆍ산호ㆍ자개ㆍ그 밖의 동물성 조각용 재료와 그 제품(성형품을 포함한다)
9602	가공한 식물성이나 광물성 조각용 재료와 그 제품, 성형품이나 조각품[왁스ㆍ스테아린(stearin)ㆍ천연수지ㆍ모델링페이스트(modelling paste)로 만든 것으로 한정한다], 따로 분류되지 않은 그 밖의 성형품이나 조각품, 가공한 비경화(非硬化) 젤라틴(제3503호의 젤라틴은 제외한다)과 비경화(非硬化) 젤라틴의 제품
9603	비ㆍ브러시(기계ㆍ기구ㆍ차량 등의 부분품을 구성하는 브러시를 포함한다)ㆍ모터를 갖추지 않은 기계식 바닥청소기(수동식으로 한정한다)ㆍ모프(mop)ㆍ깃 먼지털이, 비나 브러시의 제조용으로 묶었거나 술(tuft)의 모양으로 정돈한 물품, 페인트용 패드ㆍ롤러ㆍ스퀴지(squeegee)[롤러스퀴지(roller squeegee)는 제외한다]
9604	수동식 체와 어레미
9605	개인용 여행세트(화장용ㆍ바느질용ㆍ신발이나 의류 청소용으로 한정한다)
9606	단추ㆍ프레스파스너(press-fastener)ㆍ스냅파스너(snap fastener)ㆍ프레스스터드(press-stud)ㆍ단추의 몰드(mould)와 이들의 부분품, 단추 블랭크(blank)
9607	슬라이드파스너(slide fastener)와 그 부분품
9608	볼펜, 팁(tip)이 펠트로 된 것과 그 밖의 포러스팁(porous-tip)으로 된 펜과 마커, 만년필ㆍ철필(鐵筆)형 만년필(stylograph pen)과 그 밖의 펜, 복사용 철필(鐵筆), 프로펠링펜슬(propelling pencil)이나 슬라이딩펜슬(sliding pencil), 펜홀더ㆍ펜슬홀더와 이와 유사한 홀더, 이들의 부분품[캡과 클립(clip)을 포함하며 제9609호의 것은 제외한다]
9609	연필(제9608호의 펜슬은 제외한다)ㆍ크레용ㆍ연필심ㆍ파스텔ㆍ도화용 목탄ㆍ필기용이나 도화용 초크와 재단사용 초크
9610	석판과 보드(필기용이나 도화용 면을 갖춘 것으로 한정하며, 틀이 있는지에 상관없다)
9611	날짜 도장ㆍ봉합용 스탬프ㆍ넘버링스탬프(numbering stamp)와 이와 유사한 물품[레이블(label)에 날인하거나 양각하는 기구를 포함하며, 수동식으로 한정한다], 수동식 조판용 스틱과 조판용 스틱을 결합한 수동식 인쇄용 세트
9612	타자기용 리본이나 이와 유사한 리본(잉크가 침투되어 있거나 인쇄에 사용할 수 있는 상태인 것을 포함하며, 스풀에 감긴 것이거나 카트리지 모양인지에 상관없다)과 잉크 패드(잉크가 침투되어 있는지 또는 상자들이의 것인지에 상관없다)
9613	흡연용 라이터와 그 밖의 라이터(기계식이나 전기식인지에 상관없다)와 이들의 부분품(라이터 돌과 심지는 제외한다)
9614	흡연용 파이프[파이프 볼(pipe bowl)을 포함한다]ㆍ시가홀더ㆍ시가렛홀더, 이들의 부분품
9615	빗ㆍ헤어슬라이드(hair-slide)와 이와 유사한 물품ㆍ머리핀ㆍ컬링핀(curling pin)ㆍ컬링그립(curling grip)ㆍ헤어컬러(hair curler)와 이와 유사한 물품(제8516호에 해당하는 물품은 제외한다)과 이들의 부분품
9616	향수용 분무기와 이와 유사한 화장용 분무기, 이들의 마운트(mount)와 두부(頭部), 화장용 분첩과 패드
9617	보온병과 그 밖의 진공용기(케이스를 갖춘 것으로 한정한다)와 그 부분품(유리로 만든 내부용기는 제외한다)

9618	마네킹 인형과 그 밖의 모델형 인형, 자동인형과 그 밖의 쇼윈도 장식용인 움직이는 전시용품
9619	위생 타월(패드) · 탐폰(tampon), 유아용 냅킨 · 냅킨라이너(napkin liner)와 이와 유사한 물품(어떤 재질이라도 가능하다)

◉ 류주

1. 이 류에서 다음 각 목의 것은 제외한다.
   가. 화장용 연필(제33류)
   나. 제66류의 물품[예 : 산류(傘類)나 지팡이의 부분품]
   다. 모조 신변장식용품(제7117호)
   라. 제15부의 주 제2호의 범용성 부분품으로서 비금속(卑金屬)으로 만든 물품(제15부)이나 이와 유사한 플라스틱으로 만든 물품(제39류)
   마. 제82류의 칼붙이나 그 밖의 물품으로서 조각용이나 성형용 재료로 만든 자루와 그 밖의 부분품을 갖춘 것. 다만, 제9601호나 제9602호에는 이러한 물품의 자루나 부분품이 단독으로 제시되는 경우에 적용한다.
   바. 제90류의 물품[예 : 안경테(제9003호), 제도용 펜(제9017호), 내과용 · 외과용 · 수의용 특수 브러시(제9018호)]
   사. 제91류의 물품(예 : 시계 케이스)
   아. 악기와 그 부분품 · 부속품(제92류)
   자. 제93류의 물품(무기와 그 부분품)
   차. 제94류의 물품(예 : 가구, 램프와 조명기구)
   카. 제95류의 물품(완구 · 게임용구 · 운동용구)
   타. 예술품 · 수집품 · 골동품(제97류)

2. 제9602호에서 "식물성이나 광물성 조각용 재료"란 다음 각 목의 물품을 말한다.
   가. 조각용으로 사용하는 견과(堅果) · 근경(根莖) · 껍질 · 너트(nut)와 이와 유사한 식물성 재료 [예 : 상아야자와 돔(dom)]
   나. 호박 · 해포석(meerschaum) · 응결시킨 호박과 응결시킨 해포석(meerschaum) · 흑옥과 광물성 흑옥대용품

1) **제9602호** : 가공한 식물성이나 광물성 조각용 재료와 그 제품, 성형품이나 조각품[왁스 · 스테아린(stearin) · 천연수지 · 모델링페이스트(modelling paste)로 만든 것으로 한정한다], 따로 분류되지 않은 그 밖의 성형품이나 조각품, 가공한 비경화(非硬化) 젤라틴(제3503호의 젤라틴은 제외한다)과 비경화(非硬化) 젤라틴의 제품

2) 제9602호에는 조각용 재료로 사용되는 식물성 재료와 광물성 재료로서 가공한 것[224]만을 분

224 여기에서 "가공"이라는 것은 해당 원재료의 호에서 인정하고 간단한 제조 이상의 공정을 거친 것을 말한다.

류한다. 따라서 가공하지 않은 식물성이나 광물성 재료는 각각 다음과 같이 분류한다.

① 조각용으로 사용하는 견과・근경・껍질・너트(hard seeds, pips, hulls and nuts)와 이와 유사한 식물성 재료(제14류)

② 호박・해포석(meerschaum)・응결시킨 호박과 응결시킨 해포석・흑옥(jet)(제25류)

3. 제9603호에서 "비나 브러시의 제조용으로 묶었거나 술의 모양으로 정돈한 물품(prepared knots and tufts for broom or brush making)"이란 동물의 털・식물성 섬유나 그 밖의 재료를 묶었거나 술(tuft)의 모양으로 정돈한 것으로서 소량으로 나누지 않고 바로 비나 브러시가 될 수 있는 것이나 끝부분에 트리밍(trimming)과 같은 추가적인 단순가공만을 필요로 하는 상태의 물품을 말한다.

1) **제9603호** : 비・브러시(기계・기구・차량 등의 부분품을 구성하는 브러시를 포함한다)・모터를 갖추지 않은 기계식 바닥청소기(수동식으로 한정한다)・모프(mop)・깃 먼지털이, 비나 브러시의 제조용으로 묶었거나 술(tuft)의 모양으로 정돈한 물품, 페인트용 패드・롤러・스퀴지(squeegee)[롤러스퀴지(roller squeegee)는 제외한다]

2) 비나 브러시를 만드는 데 주로 사용되는 기본적인 동물성 재료는 제05류에 분류되고, 식물성 재료는 제14류에 분류된다. 이러한 재료는 절단한 것・표백한 것・염색한 것・빗질한 것(방적용의 것은 제외) 또는 다발이나 꾸러미 상태(in hanks or bundles)로 되어 있는지의 여부에 상관없이 제05류 또는 제14류에 분류된다.

비나 브러시의 제조용으로 묶었거나 술의 모양으로 정돈한 물품은 위의 기본적인 재료를 한 단계 가공하여 만든 것으로, 완제품 비나 브러시와 사이의 중간제품이라 할 수 있다. 이러한 물품은 묶었거나 술의 모양으로 정돈한 물품으로서 소량으로 나누지 않고 바로 비나 브러시가 될 수 있는 것 또는 끝부분에 트리밍(trimming)과 같은 추가적인 단순가공만을 필요로 하는 상태의 물품이다. 이들은 아직 비나 브러시의 틀에 장착되지 않은(unmounted) 상태인데, 이러한 물품도 가공한 비나 브러시의 특성을 갖추고 있다고 보아 제9603호에 분류된다.

4. 제9601호부터 제9606호까지와 제9615호를 제외한 이 류의 물품은 그 전부나 일부가 귀금속이나 귀금속을 입힌 금속, 천연진주・양식진주나 귀석・반귀석(천연의 것, 합성・재생한 것)을 사용하여 만든 것인지에 상관없이 제96류로 분류한다. 다만, 제9601호부터 제9606호까지와 제9615호에는 천연진주・양식진주・귀석・반귀석(천연의 것, 합성・재생한 것)・귀금속・귀금속을 입힌 금속을 단지 미소한 부분에 사용한 물품이 포함된다.

본 주는 제71류의 주 제2호와 제95류의 주 제2호와 맥을 같이하니 당해 내용을 참조하기 바란다. 제9601호부터 제9606호의 물품과 제9615호의 물품으로서 그 전부나 일부가 귀금속이나 귀금속을 입힌 금속, 천연진주・양식진주나 귀석・반귀석을 사용하여 만든 것(이들은 단지 미소한 부분

예로 조각용으로 사용하는 견과・근경・껍질・너트는 원료상태의 것과 절편한 것 이상의 가공을 한 것만이 가공한 조각용 재료로 볼 수 있다.

에 사용한 물품은 제외한다)은 제71류에 분류한다.

◉ 총설

이 류에는 조각 및 성형용 재료와 그 제품, 비·브러시 및 체(sieves), 바느질도구, 필기구 및 사무용품, 흡연용품, 화장용품, 위생용품[재질을 불문하고 위생타월(패드) 및 탐폰, 유아용 냅킨과 냅킨라이너 및 이와 유사한 물품] 및 이 표의 다른 호에 특별히 분류되지 않은 각종의 물품을 분류한다.

제 21 부 예술품 · 수집품 · 골동품

류	류의 표제
97	예술품 · 수집품 · 골동품

Chapter 97

제97류 예술품 · 수집품 · 골동품

호	호의 용어
9701	회화 · 데생 · 파스텔(손으로 직접 그린 것으로 한정하며, 제4906호의 도안과 손으로 그렸거나 장식한 가공품은 제외한다), 콜라주(collage)와 이와 유사한 장식판
9702	오리지널 판화 · 인쇄화 · 석판화
9703	오리지널 조각과 조상(彫像)(어떤 재료라도 가능하다)
9704	우표 · 수입인지 · 우편요금 별납증서 · 초일(初日)봉투 · 우편엽서류와 이와 유사한 것(이미 사용한 것이나 제4907호의 것은 제외한 사용하지 않은 것을 포함한다)
9705	수집품과 표본[동물학 · 식물학 · 광물학 · 해부학 · 사학 · 고고학 · 고생물학 · 민족학 · 고전학(古錢學)에 관한 것으로 한정한다]
9706	골동품(제작 후 100년을 초과한 것으로 한정한다)

◉ 류주

1. 이 류에서 다음 각 목의 것은 제외한다.
   가. 제4907호의 사용하지 않은 우표 · 수입인지 · 우편엽서나 그 밖에 이와 유사한 것
   나. 극장용 배경 · 스튜디오용 배경막이나 이와 유사하게 사용되는 그림이 그려진 캔버스(제5907호). 다만, 제9706호로 분류되는 것은 제외한다.
   다. 천연진주 · 양식진주나 귀석 · 반귀석(제7101호부터 제7103호까지)

2. 제9702호에서 "오리지널 판화 · 인쇄화 · 석판화"란 한 개나 여러 개의 원판(plates)에 예술가의 손으로 직접 제작한 흑백이나 원색의 판화(impressions)를 말하며, 어떤 제작공정과 재질이라도 상관없다. 다만, 기계적 방법이나 사진제판법으로 한 것은 포함하지 않는다.

   1) 제9702호에 분류되는 오리지널 판화 · 인쇄화 · 석판화는 연대를 불문한다. 즉, 사용되는 재료 또는 제작방법(다만, 기계적 방법 또는 사진제판법을 제외한다)에 관계없이 순전히 예술가의 손으로 작업하여 만들어진 한 개나 여러 개의 원판으로부터 직접 제작된 흑백이나 원색의 판화를 말한다.
   2) 오리지널 판화 · 인쇄화 · 석판화는 이들을 다시 복사하거나 복제 또는 위조한 작품과 구별하는 것이 곤란할 수 있다. 다만 발간수량이 비교적 적다는 점과 종이의 품질상태가 오리지널 판화 · 인쇄화 · 석판화를 식별하는 데 도움이 될 수 있다.

3. 제9703호에는 비록 이들 작품이 예술가가 디자인하였거나 창작하였다 하더라도, 대량생산에 따른 복제품이나 상업적 성격을 지닌 판에 박힌 기교의 작품은 분류하지 않는다.

1) 제9703호에는 오리지널의 조각과 조상(original sculptures and statuary)이 분류되며, 연대는 불문한다. 이들 작품은 다음의 방법을 포함한 다양한 방법에 의해서 만들어진다.
   ① 경질재료를 사용하여 예술가가 직접 조각하는 방법
   ② 예술가가 유연한 재료를 어떤 모양으로 성형하는 방법이다. 이러한 작품은 청동이나 플라스터(plaster)로 주조되거나, 불에 굽는 등 그 밖의 방법으로 경화된다. 또는 이들은 예술가에 의해 대리석이나 그 밖의 경질재료로 복제되기도 한다.
   이렇게 제작되거나 복제된 예술품들은 각각의 작업방법이나 작업단계에서 예술가가 작품 모델을 추가시키고 주물에 교정을 가하며, 작품에 녹청(綠靑)이 생기기 때문에 사실상 똑같은 물품은 있을 수 없다. 실제로 복제된 작품의 총수가 12개를 넘는 것은 드물다. 따라서 이 호에는 조각가에 의하여 만들어진 원작의 모델뿐만 아니라, 이를 기초로 하여 만들어진 작품과 이들의 복제품도 포함되며, 이러한 것은 조각가 자신에 의하여 만들어지든 다른 예술가에 의하여 만들어지든 무관하다.
2) 그러나 비록 이들 작품이 예술가가 디자인하였거나 창작하였다 하더라도, 대량생산에 따른 복제품이나 상업적 성격을 지닌 판에 박힌 기교의 작품은 분류하지 않는다.

4. 가. 이 류와 이 표의 다른 류로 동시에 분류될 수 있는 물품은 주 제1호부터 주 제3호까지에서 정한 경우를 제외하고는 전부 이 류로 분류한다.
   나. 제9706호는 이 류의 다른 호로 분류되는 물품에는 적용하지 않는다.

1) 제97류에 분류되는 예술품 · 수집품 · 골동품(works of art, collectors' pieces and antiques)은 거의 전부가 관세가 없고 부가가치세도 면세품목에 해당되기 때문에, 이들 물품을 수입하는 자는 물품의 품목분류에 혼선이 있을 때에 제97류로 분류되기를 희망하게 된다. 다만 제97류로 분류되기 위해서는 골동품인 경우에는 제작 후에 100년이 초과되었다는 공인감정기관의 감정서 등을 제출해야 하고, 그 외의 예술품과 수집품도 관련 규정을 충족해야 한다.
2) 이렇게 어떤 물품이 제97류의 규정과 다른 류의 규정에 동시에 부합하여 경합할 때에는 제97류 주 제1호의 제외규정 해당 물품, 오리지널 판화 · 인쇄화 · 석판화로서 기계적 방법이나 사진제판법으로 한 것 및 오리지널 조각과 조상(彫像)로서 대량생산에 따른 복제품이나 상업적 성격을 지닌 판에 박힌 기교의 작품을 제외하고는 전부 제97류로 분류한다.
3) 또한 제9706호에는 제작 후 100년을 초과한 골동품으로서, 제9701호부터 제9705호까지에 해당하지 않는 것이 분류된다. 따라서 제9701호~제9705호에 해당하는 예술품과 수집품은 제작연도에 관계없이 이들 호에 분류된다.

5. 회화·데생·파스텔·콜라주(collage)나 이와 유사한 장식판·판화·인쇄화·석판화 등의 틀은 이들 작품과 같이 분류한다(이들의 틀은 위의 물품에 비추어 가격이나 종류가 적정하여야 한다). 이 주에서 언급된 작품에 비하여 가격이나 종류가 적정하지 않은 틀은 별도로 분류한다.

◉ 총설

이 류에는 다음의 것이 분류된다.

① **특정의 예술품(works of art)** : 회화·데생 및 파스텔(손으로 직접 그린 것으로 한정한다) 및 콜라주와 이와 유사한 장식판(제9701호), 오리지널 판화·인쇄화·석판화(제9702호), 오리지널 조각 및 조상(제9703호)

② **우표 또는 수입인지와 이와 유사한 스탬프·우편요금별납증서·초일봉투(初日封套, first-day covers)**[225] **·우편엽서류와 이와 유사한 것** : 사용된 것인지는 상관이 없으나, 제4907호에 분류되는 것을 제외한다(제9704호). 우표 또는 수입인지와 이와 유사한 물품은 사용되지 않은 경우에는 제4907호에 분류하고, 사용하였거나 사용하지 않았다고 하더라도 수입하는 국가에서 통용되지 않거나 신규발행 우표가 아닌 것은 제9704호에 분류된다.

③ **수집품과 표본** : 다만 동물학·식물학·광물학·해부학·사학·고고학·고생물학·민족학 또는 고전학(古錢學)[226]에 관한 것에 한한다(제9705호).

④ 골동품(제작 후 100년을 초과한 것에 한정한다)(제9706호)

---

225 초일봉투(first-day covers)란 발행 첫날의 소인(消印)이 찍힌 우표가 붙은 봉투를 말한다.

226 고전학(古錢學, numismatics)이란 옛날 화폐나 기념 메달들의 모양, 크기, 새겨진 글과 그림, 재료와 금속성분 따위를 조사하여 그 기능적·예술적 가치를 연구하는 학문을 말한다. 동양에서는 금석학의 한 부분으로, 서양에서는 역사학·고고학·신화학·미술사학의 보조학문으로, 특히 그리스·로마 고고학의 중요 부문으로 발달하였다.

부 록

기출문제(2013년)

1 화학공업이나 연관공업의 생산품에 대한 품목분류를 다음을 중심으로 논술하시오. (50점)

(1) 제6부에 분류되는 물품의 특성

(2) 제6부 주 제1호, 주 제2호, 주 제3호에서 규정한 품목분류기준

(3) 제28류 주 제1호 및 제29류 주 제1호의 규정

(4) 제30류부터 제38류까지의 분류체계 및 제30류부터 제38류까지 류(Chapter)의 주에서 규정한 제외되는 물품

2 다음 각각의 물품을 설명하시오. (10점)

(1) 관세율표 제83류 주 제2호의 카스터(caster)

(2) 열펌프(heat pumps)

3 통칙 제3호 (나)는 "혼합물, 서로 다른 재료로 구성되거나 서로 다른 구성요소로 이루어진 복합물과 소매용으로 하기 위하여 세트로 된 물품으로서 (가)목에 따라 분류할 수 없는 것은 가능한 한 이들 물품에 본질적인 특성을 부여하는 재료나 구성요소로 이루어진 물품으로 보아 분류한다"라고 규정하고 있다. 여기서 "소매용으로 하기 위하여 세트로 된 물품"의 요건과 "본질적인 특성"을 결정하는 요소를 설명하시오. (10점)

4 다음은 둘 이상의 호에 분류될 수 있는 물품을 열거한 것이다. 각각의 물품이 분류될 수 있는 류(Chapter)와 분류기준(물품의 특성이나 품명 등)을 쓰시오. (10점)

(1) 초크(Chalk)

(2) 우표

(3) 저울

(4) 말(馬, Live Horses)

(5) 판화

5 다음 각각의 물품이 분류되는 류(Chapter)를 쓰시오. (10점)

(1) 신선한 고추, 냉장한 고추, 냉동한 고추, 건조한 고추

(2) 고춧가루, 고추장, 고추다데기

(3) 고추 피클(식초로 보존처리한 것), 고추씨, 고추씨기름

★ : 고추다데기는 ① 전체 성분 중 고추의 중량비율이 40% 이하임 ② 전체 성분 중 마늘, 파, 양파, 생강 등 다데기의 특성을 부여하는 물품이 두 종류 이상 적정한 비율로 혼합되어 있으며 이들의 합의 중량비율이 10% 이상임 ③ 전체 성분 중 소금의 중량비율이 20% 이하임 ④ 전체 성분 중 총 수분(원료 자체의 함유수분 포함)의 중량비율이 45% 이상임 ⑤ 균질하게 혼합되어 있으며 분리가 불가능함

6 관세율표 제15부의 프로파일(profiles)과 중공 프로파일(hollow profiles)을 설명하시오. (10점)

기출문제(2012년)

1 통칙 제1호 내지 제7호에 대해 논하고, 관세법 제85조에서 규정한 품목분류적용기준(해설서)에 제시된 위 각호의 상품사례를 기술하시오. (50점)

2 제72류 주에서 규정한 '선철'과 '페로얼로이'에 대해서 설명하고 그 차이점을 기술하시오. (10점)

3 관세율표 및 동 해설서에서 규정한 제16부 주 제3호, 주 제4호의 복합기계(또는 다기능기계)와 기능단위기계에 대해서 설명하고, 해설서에 제시된 상품사례를 각각 5개씩 기술하시오. (10점)

4 제8509호 가정용 전기기기에 대해서 설명하고 제85류 주 3호의 주요 내용을 기술하시오. (10점)

5 제54류 주 제1호 '인조섬유' 및 제55류 주 제1호의 제5501호와 제5502호의 '인조필라멘트 토우'의 분류요건과 특성에 대해 설명하시오. (10점)

6 용어 설명(10점)

(1) 제4류 주 제2호 제0405호 '버터 및 데어리스프레드'
(2) 제5류 주 제3호 '아이보리'
(3) 제17류 소호 주 제1호 '조당(Raw sugar)'
(4) 제20류 주 제6호 제2009호의 발효하지 아니한 것으로서 주정을 함유하지 아니한 주스

기출문제(2011년)

1 관세율표 제17부 및 제87류의 "주"와 해당 "호의 용어" 및 상품학적 관점에서 아래 사항을 설명하시오. (50점)

(1) 제17부의 개요
(2) 제87류의 분류체계
(3) 승용자동차 관점에서 승용자동차와 화물자동차의 일반적인 설계상 차이점
(4) 디젤엔진과 승객용 좌석이 없는 상태로 제시된 수송용자동차의 품목분류 결정방법
(5) 제17부의 수송기기에 사용하는 아래 "부분품 부속품 소모품"의 해당 류

(가) 엔진오일
(나) 부동조제품
(다) 공기타이어
(라) 방직용 섬유제의 바닥깔개
(마) 백미러
(바) 철강제 스프링
(사) 자동차번호(숫자)판
(아) 불꽃 점화식 엔진
(자) 축전지
(차) 속도계

2 아래 물품으로 직조한 혼방직물의 해당 “류”를 결정하고 관세율표 제11부 주 제2호에 따른 품목분류 결정 근거를 설명하시오. (10점)

- 짐프한 마모사(제51류) 35%
- 합성필라멘트사(제54류) 30%
- 재생스테이플섬유사(제55류) 15%
- 코움한 양모사(제51류) 10%
- 아마사(제53류) 10%

3 관세율표 제64류 “주”에 의거 신발류의 갑피와 바깥바닥재료의 품목분류방법과 이 “류”에서 제외되는 물품을 설명하시오. (10점)

4 관세율표상 디지털 카메라(제8525호)와 광학식 카메라(제9006호)의 유사점과 차이점을 상품학적인 관점에서 설명하고 제90류 기기의 부분품과 부속품의 분류원칙을 해당 “류의 주”에 근거하여 쓰시오. (10점)

5 아래 물품으로 조제된 식료품에 대하여 관세율표 제16류 주 제2호에 따른 품목분류 결정근거를 설명하고 동 물품의 품목번호 4단위 호의 결정과정을 쓰시오. (10점)

- 감자 25%
- 토마토 25%
- 참치 15%
- 양파 10%
- 새우 10%
- 각종 향신료 5%
- 과실즙 10%

6 다음 물품의 관세율표 해당 "류"를 쓰시오. (10점)

(1) 우라늄광물
(2) 동위원소
(3) 원자로 및 동위원소 분리기기
(4) 방사선치료용 기기

기출문제(2010년)

1 제14부의 분류에서 다음에 대해 서술하시오. (50점)

(1) 제71류의 분류체계와 주1에서 규정하는 분류기준
(2) 용어의 정의에 대해 서술(귀금속/귀금속을 입힌 금속/신변장식용품/모조 신변장식용품)
(3) 귀금속을 함유한 합금의 분류원칙
(4) 제71류 귀석, 반귀석의 정의 및 제96류 주 제2호 나목에 의거하여 귀석, 반귀석에 해당하지 않는 물품
(5) 제71류 주 제4호 백금과 소호 제7110.11호, 제7110.19호 규정에서 정의하는 백금의 차이점을 언급 하고 이에 근거하여 통칙 6의 규정을 설명

2 상품학상 대용물을 설명하고, 관세율표상에 명시된 종류를 해당류와 함께 모두 제시하시오. (10점)

3 4류 낙농품(Dairy produce)의 분류체계를 서술하시오. (10점)

4 관세율표 제57류의 '양탄자류와 기타 방직용 섬유제의 바닥깔개'에 대하여 설명하시오. (10점)

(1) 정의(주 제1호에 근거하여)
(2) 종류(제5701호~제5705호의 용어에 근거하여)

5 고무에 펠트, 부직포 적층(결합)한 물품을 제56류 주 제3호 단서규정에 의해 제40류에 분류되는 세 가지 유형물품과 이를 통칙 3의 관점에서 논하시오. (10점)

6 상품학상 SEGWAY란 전기모터로 구동되며 한 사람이 서서 타는 차량으로 WCO 품목분류위원회에서 제8711호(모터사이클)로 결정하였다. 이들의 구성품은 다음과 같다. 이들이 해당하는 류를 서술하시오. (10점)

① Electric Motors
② Rubber Tyres
③ Frames of Steel

④ Tachometers

⑤ Transmission Shafts

기출문제(2009년)

1 곡물과 그 생산품, 관련 기계의 분류에 대해 다음을 중심으로 설명하시오. (50점)

(1) 제10류의 분류체계(호의 용어 중심으로)와 주에 따른 분류체계

(2) 제11류 분류체계와 가공방법

(3) 곡물조제식료품이 분류되는 제19류의 분류체계

(4) 사료용으로 사용되는 제10류, 제11류의 부산물의 분류(짚, 미강, 옥수수대, 기울 등)

(5) 곡물수확용의 기계와 트랙터가 함께 제시될 경우의 분류

2 통칙 제5호 (가)목과 (나)목을 비교, 설명하시오. (10점)

3 관세율표상 원피의 분류에 대하여 설명하고 모피 및 인조모피의 정의를 쓰시오. (10점)

4 해당 류를 쓰시오. (10점)

(1) 베릴륨

(2) 희토류금속

(3) 철강의 제조 시 생기는 슬랙

(4) 비금속제의 체인스쿠프를 갖춘 슬라이드파스너

(5) 전자공업에 사용하기 위하여 도프처리된 화학원소(디스크상의 것)

5 코움한 양모 제5112호 50%, 합성필라멘트 제5407호 25%, 합성스테이플섬유 제5515호 25%를 분류하는 경우, 제11부 주 제2호의 내용에 의거하여 품목분류하시오. (10점)

6 제8471호 주 제5호의 (다) 규정에도 불구하고 따로 제시될 경우 제8471호에 분류되지 아니하는 (라) 규정에 따른 물품에 대해 설명하시오. (10점)

기출문제(2008년)

1 다음 물품에 대하여 품목분류를 결정하고자 한다.

- 품명 : Mobile cellular phone with TV receiver, MP3 player and camera
- 기능 : 무선통신 이외에도 디지털 지상파 TV 수신, 정지영상 촬영, MP3 파일재생 기능을 추가로 수행할 수 있음
- 물품상태 : 본체와 배터리 충전기, 이어폰, 반도체식의 저장용 매체, 사용자 매뉴얼 및 휴대용 가죽케이스가 종이박스에 함께 포장되어 소비자에게 판매됨

동 물품에 대한 품목분류 결정 시에 검토해야 할 것을 다음 사항을 중심으로 논하시오. (50점)

(1) 소매용으로 하기 위하여 세트로 된 물품의 인정요건과 품목분류기준
(2) 다기능기계와 복합기계의 차이점 및 품목분류기준
(3) 케이스 및 포장재료가 내용물과 함께 분류되기 위한 요건
(4) 고체상태의 비휘발성 기억장치와 스마트카드의 정의 및 요건
(5) 적정한 품목번호(HS 4단위) 및 그 분류 이유

2 제11부(방직용 섬유와 그 제품)에서 '제품으로 된 것'이라 함은 어떤 것을 말하는가? (10점)

3 관세율표상 제74류 주의 규정을 기초로 봉과 선을 정의하고 두 물품의 차이점을 비교, 설명하시오. (10점)

4 관세율표 제7류 및 제8류에 분류되는 물품은 저장처리방법에 따라 제20류의 채소 또는 과일의 조제품으로 분류된다. (1) 제7류 및 제8류와 (2) 제20류에서 허용하는 저장처리방법에 대하여 관세율표의 호의 용어를 중심으로 비교 설명하시오. (10점)

5 관세율표 제38류 주 제4호에서 규정하고 있는 생활폐기물과 이러한 생활폐기물에 포함되지 아니하는 것에 대하여 설명하시오. (10점)

6 다음은 물(水)과 관련된 물품을 나열한 것이다. 관세율표상 해당류를 쓰시오. (10점)

(1) 천연수, 광수, 탄산수
(2) 해수(海水)
(3) 증류수
(4) 화장수
(5) 얼음

기출문제(2007년)

1 다음 사항에 대하여 관세율표의 해석에 관한 통칙 및 관세율표 제16부 및 제84류와 제85류의 주의 내용을 중심으로 설명하시오. (50점)

(1) 기계의 정의 및 주요 분류내용
(2) 미완성기계와 미조립기계의 개념 및 품목 분류원칙
(3) 다기능기계와 복합기계의 개념
(4) 기능단위기계의 개념, 품목분류원칙 및 사례(5개 이상)
(5) 발전세트 및 다중칩 집적회로의 개념 및 품목분류원칙

2 관세율표에서 설육의 종류 및 해당 설육의 품목분류원칙에 관해 설명하시오. (10점)

3 고춧가루 39%와 마늘분말 11%, 참깨분말 10%, 소금 등으로 균질하게 혼합된 물품을 제0904호에 분류할 것인지 또는 제2103호에 분류할 것인지 여부에 관하여 관세율표 제9류 주에 근거하여 다음 사항을 설명하시오. (10점)

(1) 분류근거
(2) 쟁점사항
(3) 분류견해

4 관세율표 제76류 소호주에 근거하여 '합금하지 않은 알루미늄'과 '알루미늄합금'에 관하여 서술하시오. (10점)

5 관세율표 제8479호 및 제8543호에는 고유의 기능을 가진 기계류가 분류된다. 동 호에 분류되기 위하여 충족시켜야 하는 조건을 쓰시오. (10점)

6 제4차 HS협약개정에 따라 반도체 제조용 기계를 특정 호에 분류하도록 2007년도 시행 관세율표를 개정하였는 바, 해당 호와 동 호에 분류되는 제조기계(4개 이상)를 쓰시오. (10점)

기출문제(2006년)

1 관세율표상 인쇄회로(제8534호), 전자집적회로 및 초소형 조립회로(제8542호)의 분류와 관련하여 아래 물음을 중심으로 논하시오. (50점)

(1) 인쇄회로의 개념과 분류기준

(2) 전자집적회로의 개념과 종류
(3) 초소형 조립회로의 개념과 종류
(4) 초소형 조립회로의 분류기준

2 다음과 같은 대두 및 그 관련 제품 각각에 해당하는 관세율표상의 류를 쓰시오. (10점)

(1) 대두
(2) 대두유 추출 시에 얻어지는 오일케이크 및 기타 고형의 유박
(3) 대두유
(4) 탈지대두분의 특정 성분을 제거하여 얻은 단백질 농축물로서 단백질 함량이 일반적으로 90% 이상의 것

3 관세율표상 정형외과용 기기를 설명하시오. (10점)

4 관세율표상 합성섬유와 재생(또는 반합성)섬유를 설명하고, 각각에 해당하는 섬유 종류를 2개 이상 쓰시오. (10점)

5 각종 공구와 도구가 관세율표 제82류에 분류되기 위해서는 작용부분이 일정한 재료로 구성되어야 한다. 해당 재료를 모두 쓰시오. (10점)

6 휘발유에 식물유와 메틸알콜을 혼합해서 만든 하이브리드 연료를 수입하고자 한다. 이 물품의 품목분류를 위해 고려해야 할 내용을 설명하시오. (10점)

기출문제(2005년)

1 HS관세율표해설서상 제16부 제84류 물품의 품목분류와 관련하여 아래 사항에 대하여 설명하시오. (50점)

(1) 제84류의 일반적인 구성과 제84류의 2이상의 호에 해당하는 기기의 분류기준
(2) 도자제 또는 유리제의 기계류 및 기계부분품에 대한 분류기준
(3) 제8485호 분류기준과 주요 분류품목

2 왁스의 종류와 품목분류에 관하여 설명하시오. (10점)

3 "통일상품명 및 부호체계에 관한 국제협약"의 제1조는 각종 용어에 관한 정의를 하고 있다. 협약에서

정의한 아래 각항의 용어에 대하여 설명하시오. (10점)

(1) 가항 : the harmonized Commodity Description and coding system
(2) 나항 : customs tarriff nomenclature
(3) 다항 : statistical nomenclature
(4) 라항 : combined tarriff/statistical nomenclature

4 조립식 건축물의 HS품목분류에 대하여 설명하시오. (10점)

5 관세율표에서 일정중량 또는 용량의 포장단위를 기준으로 품목을 분류하는 경우가 있다. 이 중 5개의 품명을 예시하고, 그 규정 중량 또는 용량과 HS품목번호를 설명하시오. (10점)

6 수출입신고에 웨이스트와 스크랩의 품목분류 착오가 가끔 발생하고 있다. 철강제의 웨이스트와 스크랩(제7204호)에서 제외되는 품목에 대하여 설명하시오. (10점)

기출문제(2004년)

1 의류와 그 부속품(관세율표 제61류~제62류)의 분류에 관하여 다음 내용을 중심으로 논하시오. (50점)

(1) 각 류의 개략적인 분류범위
(2) 각 류에 공통적으로 적용되는 다음 것에 대한 분류기준
  (가) 가죽, 모피, 우모, 플라스틱 또는 금속제의 의류 부속품과 부분품
  (나) 남녀의류의 구분
  (다) 셔츠와 셔츠블라우스
  (라) 소매용 세트로 포장된 의류의 분류
(3) 의류임에도 불구하고 각 류에서 제외되는 물품과 그 물품들의 해당 류

2 관세율표 제90류의 일반적인 분류내용과 그 배열을 설명하시오. (10점)

3 다음 방직용 섬유제품을 비교, 설명하시오. (10점)

- 워딩
- 펠트
- 부직포

4 관세율표 제8502호의 발전세트에 대하여 설명하시오. (10점)

5 관세율표 제29류 유기화학품 주 제2호에서 제외되는 물품 10개항 중 5개항을 관세율표 4단위 번호와 함께 설명하시오. (10점)

6 관세율표 제85류 소호주 제2호의 소호 제8542.10호에서 '스마트카드'란 무엇을 말하는지 설명하시오. (10점)

기출문제(2003년)

1 제16부에서 규정하는 기계의 부분품에 대해 아래의 사항을 중심으로 품목분류를 논하시오. (50점)

(1) 기계의 부분품에 대한 규정과 제16부와 제84류 제85류에서 제외되는 각각의 부분품
(2) 기계류 부분품의 분류순서에 따른 품목분류와 제84류 및 제85류 각각 부분품의 예
(3) 범용성 부분품이 해당 기계와 함께 분류되는 경우와 범용성 부분품의 분류규정에 따라 분류하는 경우

2 특수용도 차량의 해당 류와 어떠한 차량을 말하는지 예를 들어 설명하시오. (10점)

3 관세율표상 제11부의 토우(TOW)와 탑(TOP)을 설명하시오. (10점)

4 비금속과 제품이 분류되는 제15부 제72류의 스테인레스강과 제74류의 마스터얼로이에 대해 설명하시오. (10점)

5 조상의 글리세롤제법(만드는 법)을 서술하고 정제한 것과 정제하지 않은 것의 품목분류를 쓰시오. (10점)

6 상품화 계획을 위한 다섯 가지의 적정한 조건(5R's)를 설명하시오. (10점)

기출문제(2002년)

1 관세율표상 채소류 및 그 조제품의 분류와 관련하여, 제7류와 제20류의 일반적인 분류범위를 비교하여 논하시오. (50점)

2 제조물 책임(PL)에 대하여 설명하시오. (10점)

3 다음 물품이 해당하는 관세율표상의 류(Chapter)를 쓰시오. (10점)

(1) 건조한 인삼
(2) 천연 다이아몬드
(3) 가정형 세탁기
(4) 보청기
(5) 플라스틱 마네킹

4 LPG와 LNG를 비교 설명하시오. (10점)

5 소매을 위하여 세트로 포장한 물품(예 : 제도용 키트)이 수입되었을 때 HS품목분류는 관세율표의 해석에 관한 통칙 제3호 (나)의 규정에 의거 결정한다. 여기서 "소매를 위하여 세트로 한 물품"의 요건에 대하여 설명하시오. (10점)

6 고추류(캡시컴속 또는 피멘타속의 열매)의 성상에 따라 달라지는 품목분류에 대하여 설명하시오. (10점)

기출문제(2001년)

1 제16부 기계류의 분류체계에 대해서 다음을 설명하시오. (50점)

(1) 제85류의 분류구조
(2) 제84류에 분류되는 전기식 기기
(3) 제8509호에 분류되는 가정용 전기기기

2 인조꿀, 인조섬유로 만든 가발, 페로얼로이, 건조한 고추류가 분류되는 류를 쓰시오. (10점)

3 제28류와 제29류에 분류되는 불순물의 범위를 구체적으로 설명하시오. (10점)

4 국내에서 추가되는 주의 내용을 서술하시오. (10점)

5 OEM의 개념과 장단점을 쓰시오. (10점)

6 제4102호, 제6309호, 제9704호의 공통점을 설명하시오. (10점)

기출문제(2000년)

〈서술형〉

플라스틱과 그 제품에 대하여 다음에 유의하여 논하시오. (50점)

(1) 플라스틱의 정의와 종류

(2) 품목분류(류의 구성)

(3) 품목분류기준(주를 중심으로)

〈약술형〉

1 관세율표 전체에 동일하게 통용되는 주 규정의 용어의 종류를 서술하시오(예 : 범용성 부분품). (10점)

2 제4부에 분류되는 '균질화된 조제품'의 공통점과 해당 류를 설명하시오. (10점)

3 상품의 Merchantability(적상성과 상품성) 제고요인을 사회적 요인과 실용적 요인으로 나누어 설명하시오. (10점)

4 POS의 의의와 이점에 대해서 논하시오. (10점)

5 제품수명주기의 의의와 특성에 대하여 설명하시오. (10점)

기출문제(1999년)

1 관세율표상 비금속 중 비철금속의 분류체계를 간략히 설명하고, 특히 정제한 동(구리)과 동합금 및 합금하지 않은 알미늄과 알미늄합금의 차이점과 그 의의를 논술하시오. (50점)

2 HS상 소호(Sub-Heading)의 분류방법을 설명하시오. (10점)

3 관세율표 제8609호의 컨테이너에 관하여 설명하시오. (10점)

4 동위원소를 설명하시오. (10점)

5 상품의 1차 품질을 설명하시오. (10점)

6 하이브리드집적회로(Hybrid-IC)에 대하여 설명하시오. (10점)

기출문제(1998년)

1 관세율표상 고무와 고무제품의 HS품목분류(통칙 제1호를 중심으로)를 서술하시오. (50점)

2 다음을 간단히 설명하시오. (각 10점)

(1) 상표의 기능을 3가지 이상 열거하라.
(2) HS의 full name
(3) 상품 품위결정의 목적과 표준조건을 간단히 설명하라.
(4) 상품의 표준화와 그 단계
(5) 관세율표상의 Station Wagon의 정의 및 HS code

기출문제(1997년)

1 관세율표상 농산물(수산물과 축산물 포함)과 그들의 가공품에 대한 HS분류체계를 설명하시오. (50점)

2 다음을 약술하시오. (각 10점)

(1) 동일한 물품이 둘 이상의 호(heading)에 분류되는 것으로 볼 수 있는 경우 관세율표상의 품목분류는 어떻게 하는가?
(2) 계획적 상품 진부화 정책
(3) 경험적(관능적) 감정법의 장점
(4) 머시닝센타(MC, Machinning Center)
(5) 오늘날 산업디자인이 중요시되는 이유를 설명하고 디자인 원칙에는 어떤 것이 있는지 열거하시오.

기출문제(1996년)

1 관세율표 제15부 주에서 정한 범용성 부분품을 설명하고 다른 부 또는 류의 주에서 이를 어떻게 수용하고 있는지 그 내용을 간략하게 언급하시오. (50점)

2 다음을 간략히 설명하시오. (각 10점)

(1) 관세율표 제11부에서 정한 2종 이상의 상이한 방직용 섬유재료로서 혼합된 섬유제품의 분류기준
(2) 상품 라이프사이클의 4단계
(3) 국내포장과 수출포장의 차이점
(4) 품질마크의 문제점
(5) 열가소성수지와 열경화성수지

기출문제(1995년)

1 관세율표 제16부에 분류되는 기계류의 일반적 분류기준을 요약 설명하시오(품목번호 4단위를 중심으로). (50점)

2 다음을 간략히 설명하시오. (각 10점)

(1) 소매를 위하여 세트로 한 물품이라 함은 어떠한 요건을 갖춘 물품을 의미하는가?
(2) 관세율표와 관련된 HS에 관한 협약내용 중 의무조항은?
(3) 표준품 매매
(4) 상품의 운반성
(5) 바코드

기출문제(1993년)

1 관세율표상 품목분류구조(품목번호 6단위까지)와 기본분류원칙을 요약 설명하시오. (50점)

2 다음을 간략히 설명하시오. (각 10점)

(1) 관세율표 제21류에서 정한 "균질화한 혼합 조제식료품"
(2) 상품의 보존성
(3) 표준화의 단점
(4) 규격의 제정시기
(5) 관세율표 제84류에서 정한 디지털 자동자료처리기계

기출문제(1991년)

1 HS구조와 해석에 관한 통칙을 설명하시오. (50점)

2 다음을 간략히 설명하시오. (각 10점)

(1) 광섬유에 대하여 아는 바를 쓰시오.
(2) 상품의 대상이 되는 것은?
(3) 상품의 감정방법은?
(4) 상품의 특성은?
(5) 기계의 부분품과 부속품에 대하여 구분규정을 설명하라.

기출문제(1989년)

1 HS분류의 기본구조와 내용을 요약 설명하시오. (50점)

2 다음을 간략히 설명하시오. (각 10점)

(1) HS에서 무기 및 유기 단일화합물에 타 물질이 혼합되어도 단일화합물로 분류할 수 있는 공통적인 물품은?
(2) HS에서 귀금속과 귀금속합금이란?
(3) Chamois Leather(세무가죽)
(4) HS에서 플라스틱과 구분하여 합성고무라 함은 어떤 조건의 물품을 말하는지 설명하고, 물품명 5개를 쓰시오.
(5) HS에서 플라스틱의 정의와 물품명 5개를 쓰시오.

| 참 | 고 | 문 | 헌 |

Australia Customs Service, Commercial Education Program, 2001.

Canada Border Services Agency. *Memorandum D10-13-2-Administrative Policy—Tariff Interpretation of "Functional Units"* http://www.cbsa-asfc.gc.ca/publications/dm-md/d10/d10-13-2-eng.html.

EUROPEAN COMMISSION, EXPLANATORY NOTES TO THE COMBINED NOMENCLATURE OF THE EUROPEAN UNION, 2011.

European Union, Commission Implementing Regulation (EU) No 927/2012 of 9 October 2012. amending Annex I to Council Regulation (EEC) No 2658/87 on the tariff and statistical nomenclature and on the Common Customs Tariff, 2012.

US CUSTOMS AND BORDER PROTECTION, U.S. ustoms & Border Protection Rulings Program, 2009.

______, Customs Rulings Online Search System (CROSS), 2012.

WCO, INTERNATIONAL CONVENTION ON THE HARMONIZED SYSTEM, 1986.

______, Harmonized System Classification Handbook with Amending Supplements, 2004.

______, The Harmonized System, a universal language for international trade, 2006.

______, WEBSITE, http://www.wcoomd.org/home_hsoverviewboxes.htm, Nomenclature and Classification, OVERVIEW, 2012.

______, World History of the Customs and Tariffs, 2003.

______, 홈페이지(http://www.wcoomd.org).

경윤범 · 한상필, 『품목분류 결정제도 개선방안에 관한 연구』, 관세학회지 11(3), 2010.

관세청, 『그림으로 분류하는 품목분류 100』, 관세청고객지원센터, 2012.

______, UNIPASS, 2012 HSK, 해설서 및 품목분류 사례, 2012.

______, 『누구나 알기쉬운 품목분류 e-Guide Book, 기계 및 전자기기편』, 관세평가분류원, 2004.

김구태, 『품목분류 체계정비와 관리규정 개선을 통한 품목분류의 효율성 제고 방안』, 강릉원주대학교 박사논문, 2012.

김구태, 박형래, 『기능단위기계의 개념 정비와 실무상 적용에 있어서의 유의점에 관한 연구』, 관세학회지, 2013. 05.

김기인, 『한국관세법』, 한국관세무역개발원, 1997.

김용원, 『국내 HS 품목분류정책의 품질결정에 관한 실증연구』, 건국대학교 박사논문, 2008.

김창길 · 노덕수, 『HS 품목분류표와 한국 품목분류지침 운용에 관한 연구』, 관세학회 2006 국제컨퍼런스, 2006.

박상태, 『관세율표해설서의 운용에 관한 소고』, 관세와무역, 1984.

오상훈, 『FTA시대에 대비한 HS 품목분류 쟁송 해결방안에 관한 연구』, 고려대학교 석사논문, 2011.

오수교, 『FTA · 관세 · 무역실무자 및 수험생을 위한 관세율표』, 세인북스, 2013.

______, 『관세율표 통칙 명칭 및 품목번호 표기에 관한 고찰』, 관세와무역 8월호, 2008.

우종안, 『관세율표해설서의 법적지위를 확고하게』, 관세와무역, 1985.

정재완, 『수입물품에 대한 내국세 부과를 위한 HS 적용문제의 고찰』, 관세무역연구, 2010.

지평관세포럼, 『관세율표 및 상품학』, 웅진패스원, 2009.

최천식, 『반도체 용어분석을 통한 관세율표 고찰』, 관세와무역 6월호, 2004.

______, 『HS8525호에대한관세율표분류체계재정립』, 관세와무역 9월호, 2004.

______, 『디지털 방송용 기기의 품목분류에 대한 대법원 판결 오류』, 관세와무역 4월호, 2008.

한국판유리산업협회 홈페이지(http://www.flatglass.or.kr).

| 저자약력 |

박형래

- 동아대학교 법경대학 무역학과 졸업(경영학사 1979)
- 고려대학교 대학원 무역학과 석사과정 졸업(경영학 석사 1981)
- 고려대학교 대학원 무역학과 박사과정 졸업(경영학 박사 1988)
- 고려대학교 경영대학 강사 및 고대기업경연연구소 연구원(1984-1988)
- 강릉대학교 기획연구처장(1997-98)
- 영국 Oxford University, Wolfson College, Vsiting Scholar (1997)
- 미국 University of Colorado-Boulder, Visiting Scholar (2001-2003) : LG연암문화재단 해외연구교수 지원
- 일본 후쿠이 현립대학교 연구교수(2001)
- International Atlantic Economic Society, Member(1999~2004 현재)
- 현 강릉대학교 사회과학대학 무역학과 교수
  한국관세학회장(2010), 한국무역통상학회장(2014), 한국무역학회 부회장 및 한국무역학회 편집위원장
  국무총리실 조세심판원 심판관(관세심판부 비상임, 2011년- 현재)
  기획재정부 관세심의위원회 심의위원(2012-현재), 기획재정부 국세예규심의위원회 심의위원(2012-현재)
  기획재정부 조세개혁추진위원회 심의위원(2012-현재)
  지식경제부 무역위원회 정책평가 위원(2003-2005)
  법제처 전문심리위원 (경제 · 기업/국제거래/반덤핑업무 분야), 2008-현재
  관세청 관세행정발전심의위원회 위원(2009-2010)
  관세청 관세심사위원회 심의위원(2013-현재)
  관세청 9급, 7급 공무원 공개시험 출제위원 및 선정위원, 관세청 5급 승진시험 출제위원, 행정고등고시 출제위원
  관세사 시험 출제 및 선정위원

[주요저서]

- 관세론, 도서출판 두남, 2006
- 세계경제와 국제통상(공저), 무역경영사, 2001
- 산업피해구제와 대외무역법, 도서출판 두남, 2009
- 국제무역환경론, 도서출판 청람, 2010
- 국제무역개론, 도서출판 청람, 2010
- 국제통상분쟁사례의 이해, 도서출판 청람, 2010

[주요논문]

- 수입경쟁성과와 산업의 조정속도에 관한 실증적 연구 : 한국무역학회, 무역학회지 1994
- "Strategic Trade Policy under Imperfect Competition" : Journal of Youngdong Industrial Research, KNU 1995
- "Measuring the Impact of Economic Integration" : Journal of Youngdong Industrial Research, KNU 1996
- 무역구조와 생산구조조정과의 연계성에 관한 연구 : 한국무역학회, 무역학회지 1995
- 시장개방에 반응한 산업의 조정과정과 조정속도 결정요인에 관한 실증적 연구 : 한국무역학회, 무역학회지 1996
- 무역위원회의 긴급수입제한조치, 반덤핑관세, 상계관세조치의 의사결정과정에 관한 실증적 연구 : 한국무역학회, 무역학회지 1996
- 불완전경쟁하의 무역정책 효과에 관한 실증적 연구 : 한국무역학회, 무역학회지 1999
- WTO협정과 농산물협상의 쟁점에 관한 연구, 한국관세학회, 관세학회지 2000
- 국제무역요인의 시장성과에 관한 실증적 연구, 한국무역학회, 무역학회지 2001
- WTO국제규범과 우리나라 반덤핑제도와의 조화, 한국관세학회, 관세학회지 2001외 40여 편
- 다자간 투자규범과 개도국의 정책과제, 국제경영학회, 말레이시아 국제학술대회 2001년
- USITC의 대아시아 개도국 반덤핑, 상계관세조치의 의사결광과정에 관한연구, 한국무역학회, 무역학회지 2004.
- 전자적 형태의 무체물 국제인터넷거래의 관세부과 쟁점과 과세모델, 2007
- 국가별 지적재산권 보호 수준 결정 요인에 대한 실증 분석, 국제통상학회 국제통상연구 2007
- 기초원재료납세증명서의 과다 발급 시 추징 전 정정의 가능성 여부에 대한 연구, 한국관세학회, 관세학회지 2009. 12
- 주요국의 주기적 신고제도 및 신고세관 선택제도 도입실태 연구, 한국관세학회, 관세학회지 2010
- WCO 교토협약의 주기적 신고제도 및 신고세관 선택제도에 관한 고찰, 한국관세학회, 관세학회지 2010. 5
- 탄력관세제도 효과 제고와 새로운 관세율제도 도입가능성 연구, 조세연구원 2012. 8
- 기능단위기계 품목분류 실무상의 유의점에 관한 연구, 한국관세학회, 관세학회지 2013. 5
- HS품목분류 결정요소와 법적 지위에 관한 고찰, 한국무역통상학회, 무역통상학회지 2013. 9
- 국제무역거래에 있어서 품목분류의 난해성에 관한 연구, 한국관세학회, 관세학회지 2014. 2
- The Effects of Foreign Antidumping on the Value of Korean Firms,The Journal of Customs and Trade,Korea Research Society for Customs, 2009
- A Study on the Optimal Passenger's Inspection Ratio, The Journal of Customs and Trade, Korea Research Society for Customs, 2009
- Korea' s Alternatives for the Korea-China-Japan FTA and Regional Comprehensive Economic Partnership Negotiations, KRAIC, Journal of Trade and Commerce, 2013. 4 외 다수

김구태

• 대전대신고등학교 졸업 (1990)
• 고려대학교 경영대학 무역학과 졸업 (1997)
• 강릉원주대학교 대학원 무역학과 석사과정 졸업 (경제학 석사 2010)
• 강릉원주대학교 대학원 무역학과 박사과정 졸업 (경영학 박사 2013)
• 관세사 자격증 취득(1999)
• 관세법인한영 대표이사
• 현　한음관세사무소 대표관세사
　강릉원주대학교 강사
　배화여대 강사
　WIAS 아카데미 HS 강사

[주요저서 및 논문]
• 기초원재료납세증명서의 과다 발급 시 추징 전 정정의 가능성에 대한 연구 : 석사논문 2009
• 품목분류 체계정비와 관리규정 개선을 통한 품목분류의 효율성 제고 방안 : 박사논문 2012
• 기능단위기계의 개념 정비와 실무상 적용에 있어서의 유의점에 관한 연구 : 한국관세학회, 관세학회지 2013
• 한・중 FTA의 원산지협정 제정에 관한 연구 : 무역통상학회, 무역통상학회지 2013
• HS품목분류 결정요소와 법적 지위에 관한 고찰 : 무역통상학회, 무역통상학회지 2013
• 국제무역에 있어 품목분류의 난해성에 관한 연구 : 관세학회, 관세학회지 2014

쉽게 풀어쓴 HS품목분류

2014년 3월 10일 1판 1쇄 인쇄
2014년 3월 15일 1판 1쇄 발행

저　자 | 박형래 김구태
발행인 | 이수영
발행처 | 도서출판 청람
서울시 마포구 독막로 288(대흥동, 세양상가 109호)
TEL | 02)3272-2601~2
FAX | 02)3272-2603
E-mail | crbooks@hanmail.net
홈페이지 | http://www.crbooks.co.kr
등록 | 2000.8.26 제6-0509호

ISBN 978-89-5972-387-4 93320　　[정가 49,000원]